ALMANAQUE ANOS 70

Ediouro

Ana Maria Bahiana
ALMANAQ
ANO
PROJETO GRÁFICO DE Marcelo Martinez
Ediouro

70

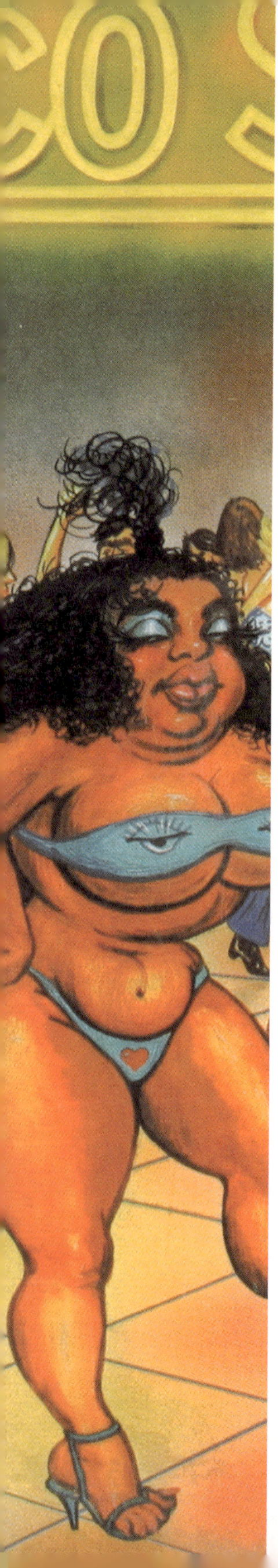

DIREÇÃO DE ARTE E DESIGN MARCELO MARTINEZ LABORATÓRIO SECRETO

DESIGNER JOÃO FERRAZ

ASSISTENTE DE ARTE MILENA BENEVENTO

PESQUISA ICONOGRÁFICA PATRÍCIA PAMPLONA

COPIDESQUE PINA BASTOS

REVISÃO RACHEL AGAVINO E WANDA BRANT

PRODUÇÃO EDITORIAL FELIPE SCHUERY

FOTO DE CAPA MARCELO THEOBALD

FOTO DA AUTORA BEL PEDROSA

FOTOGRAFIA MARCELO THEOBALD, PEPE SCHETTINO, JOÃO FERRAZ, MARCELO MARTINEZ, ARQUIVO LABORATÓRIO SECRETO, AFP (p 170, 235), AFP/GETTY IMAGE (p 166), AGÊNCIA O GLOBO (p 21, 24, 46, 65, 94, 145, 150, 157(2), 169, 176, 181, 183, 184, 189, 196, 339, 367, 370, 371, 376, 395), ARQUIVO CDI/AGÊNCIA O GLOBO (p 168), ARQUIVO O DIA (p 26), CHICO NELSON/ABRIL IMAGENS (p 34, 233), EDER ACCORSI JR/ABRIL IMAGENS (p 284), FERNANDO SEIXAS (p 356), FOLHA IMAGEM (p 382), HULTON-DEUTSCH COLLECTION/ CORBIS/STOCKPHOTOS (p 232), JB SALCO/ABRIL IMAGENS (p 368, 371), JOSÉ PINTO (p 372), LAPI (p 67), LEMYR MARTINS/ABRIL IMAGENS (p 153, 373), LUIZ FERNANDO BORGES (p 1, 70, 78, 124, 143, 147, 148, 266, 358), LUIZ PAULO MACHADO/ABRIL IMAGENS (p 162, 278, 285), LUIZ PINTO/AGÊNCIA O GLOBO (p 105), MANCHETE (p 68, 76, 77, 115, 139), REX FEATURES/KEYSTONE (p 190), SEBASTIÃO MARINHO/ABRIL IMAGENS (p 156)

RUA NOVA JERUSALÉM, 345 - BONSUCESSO - RIO DE JANEIRO - RJ - CEP 21042-235

TEL (21) 3882-8200 FAX (21) 3882-8313/8212 WWW.EDIOURO.COM.BR

CIP-BRASIL. CATALOGAÇÃO-NA-FONTE
SINDICATO NACIONAL DOS EDITORES DE LIVROS, RJ.

B135A

BAHIANA, ANA MARIA, 1950-
ALMANAQUE ANOS 70 / ANA MARIA BAHIANA. - RIO DE JANEIRO : EDIOURO, 2006
ISBN 85-00-01788-0

1. ALMANAQUES BRASILEIROS. 2. CURIOSIDADES E MARAVILHAS. I. TÍTULO.

05-3868 **CDD 056.9**
CDU 050.9

Para Bernardo, que nasceu em 1978:
esta é a história de como seus pais se conheceram.

Ana Maria Bahiana

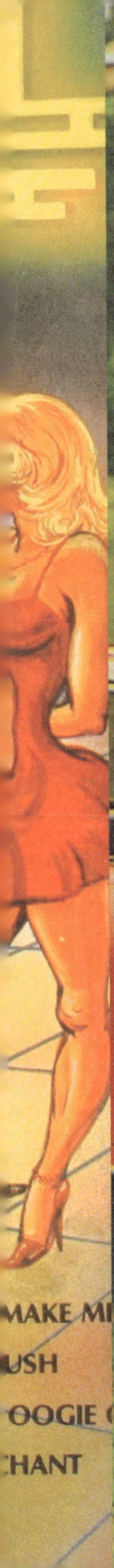

Anos 70: modo de usar

QUEM VIVEU INTENSAMENTE OS ANOS 70 está condenado a não se lembrar deles. Pelo menos não inteiramente. Há uma ironia tão grande nisso, uma ironia tão... anos 70...

Porque foi uma década de experiências, com muito pouca intermediação. Não importava, realmente, se havia ou não registro, memória, inventário do que se experimentava. A captura do momento fugaz, em toda a sua intensidade, era privilégio e tormento de cada uma, de cada um. Não eram experiências para serem lavradas em ata. Eram para ser carregadas no mais fundo da alma.

Uma coisa interessante acontece quando nos abandonamos assim tão completamente ao vôo do instante: ele assume as características do sonho, algo muito nítido guardado numa outra realidade que não conseguimos mais habitar inteiramente mas temos certeza de que existe, existiu.

Na nitidez da distância, os anos 70 aparecem com uma importância que não se suspeitava: as raízes das delícias e dos horrores do novo século estão inteirinhas ali. O triunfo do corpo, o terror político. Interatividade e crise do petróleo. Fartura, escassez. Aiatolás no Irã, um mentiroso na Casa Branca. A possibilidade de uma sociedade mais justa, com lugar para as vozes de mulheres, homossexuais, crianças, jovens, místicos, alternativos, e a realidade de sociedades em que nada disso era sequer o esboço de uma vontade.

Ao organizar fragmentos e vestígios desses portentos e experiências, quis em primeiro lugar, como nos 70, evitar a intermediação. Quis salpicar toda a viagem com o material de origem, deixar os personagens, os incidentes, os detalhes falarem por si mesmos, com suas próprias vozes.

Por isso, também, não há menções ao futuro, ao que acontece depois com nossos personagens. É como se nada existisse depois de 1979, porque, em 1979, nada existia depois, apenas possibilidades e alguns medos.

Pode-se abrir este Almanaque e lê-lo em qualquer pedaço, em qualquer ordem — cada experiência é uma experiência. Mas, para efeito de organização, ele se divide como a década, nitidamente em dois. Porque os 70 não são apenas individuais, idiossincráticos, tribalizados: eles também são duas décadas em uma.

No Brasil e no mundo, acontecimentos claros balizam as duas décadas que são os 70. A primeira delas é o rescaldo dos 60, e seu eixo de tensão é polarizado — caretas de um lado, desbundados do outro. Sistema e alternativa. Superfície e subterrâneo. No Brasil, o subterrâneo é mais embaixo: de 1970 a 1974 vive-se sob a sombra do AI-5, no governo Médici, no qual quase tudo é proibido.

No exterior, os primeiros 70 são os anos Nixon, a agonia do militarismo americano no Sudeste Asiático. Watergate, a derrota no Vietnã e a escalada do poder da Opep marcam o final da primeira década lá fora.

É uma era psicodélica: as drogas em uso são as da calma, da reflexão, da viagem. É uma década de silêncio, forçado ou escolhido.

A segunda década é a pré-estréia dos 80. A diversão é sua palavra de ordem, a dança, sua expressão. No Brasil, são os anos da abertura, culminando com a anistia e o governo Figueiredo. A tensão se desfaz em vários núcleos: discotequeiros e punks, roqueiros e naturebas, surfistas e playboys.

É uma era trincada: a cocaína torna-se onipresente a partir de 1975, mudando tudo — a percepção do tempo, a estrutura do crime, a intensidade e o ritmo da música, as deformações do afeto, a distribuição do poder nas cidades. É uma década de ruído.

Para balizar a jornada, escolhi David Bowie, alguém que soube transformar a experiência de viver em obra de arte, e a obra de arte em experiência de vida. Olhando para David Bowie, é sempre possível saber onde se está na década.

Enfim: não é um mapa, é uma confeitaria. Não é necessário nem ter vivido então ou sequer ter nascido por lá. O tempo fica e está sempre disponível. Nós é que passamos. Se liga nessa.

"Não, não é uma estrada, é uma viagem"
("Ferro na boneca", de Luís Galvão e Moraes Moreira, 1969)

1970 1974

Parte 1:

PARTE 2: DISCOTECA E ROCK

aretas e Desbundados

ROLL

1975 1979

Parte 1

...leve
êste
tam
WELLA
BLUPON

1970

O CRUZE
Cr$ 5,00 / 30 de janeiro de 1974 / N.º 5 / Ri
CARLINE
VIVO OU
LEILA D
'A vida
de casada
é boa'

AS
FANTASIAS
DOS
CAMPEÕES
1974

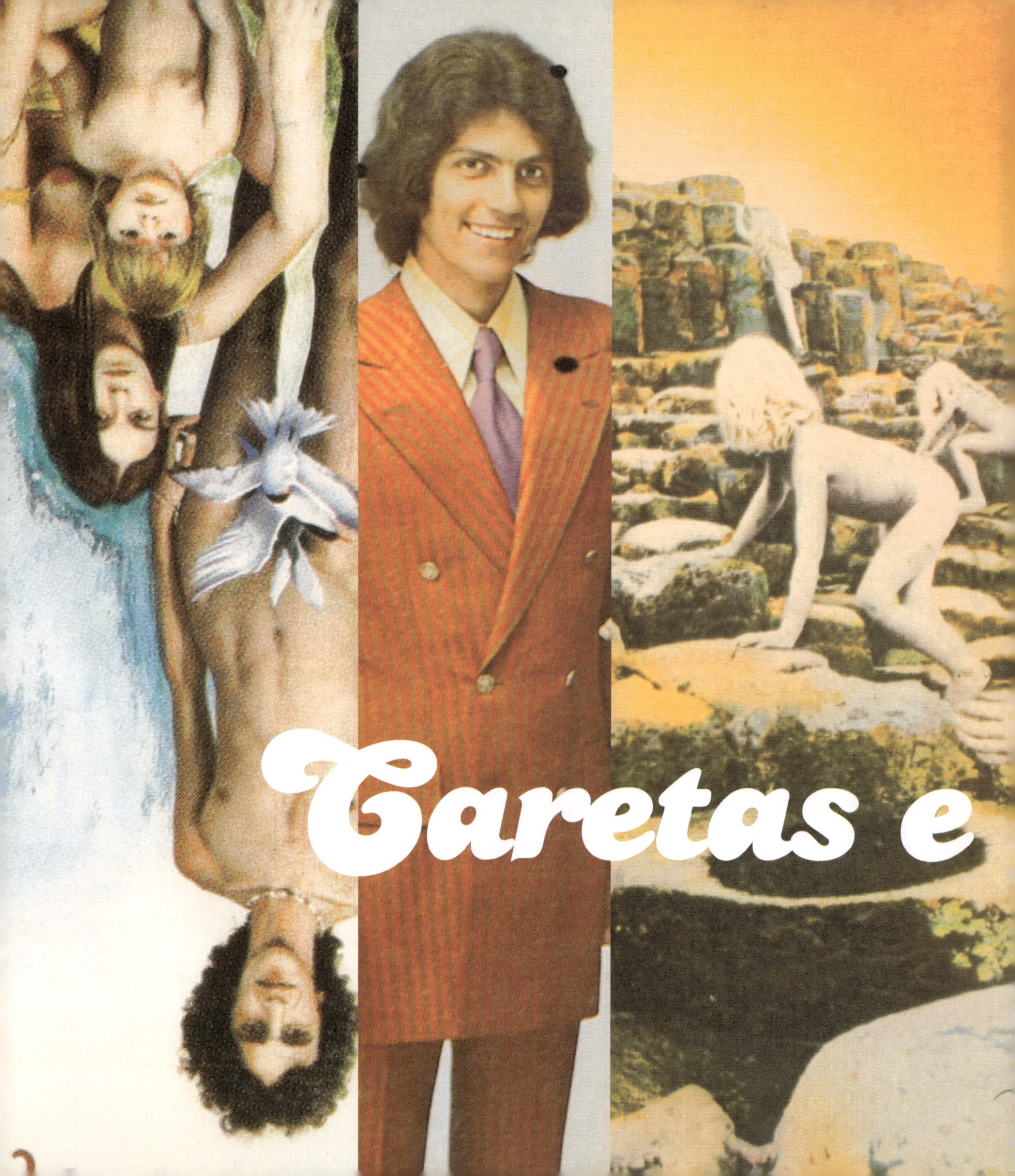

Caretas e

Desbundados

LHA SÓ
UEM VI
TRÁS
E NÓS
primeiro. É bom estar instalado aqui em cim
missor já equipado para côres, uma antena
le par de microondas para receber e transmitir
faz de melhor em televisão no Brasil e no mundo
era.) Bom isso!!! E nós já estamos
há mais de seis meses.
VEM DEPOIS
A ...
LOBO
ANAL
12
SERRA DO CURRAL
E HOJE
ESSA.
ÕEM
ORI,
ER.
s.
nhando
ste mais.
ulher.
r essa
s pais.
om calma aquêle
recer de calça Cori.
cori
RHODIANYL
Helanca
35 ANOS
CRIANDO ALEGRIA
ESTRELA
DESEJA
ARA TODA
CRIANÇA
MA PÁSCOA
FELIZ
BOLSA DE VALORES
DE VALORES
emoções da Bolsa, num jogo
nte! Um presente que diverte
nte, de todas as idades.
TUFÃO/FURACÃ
Dois carrinhos genia
supersônica da Estre
disparada em qualqu
Novíssimo sistema d

Páscoa
brinquedo da
é Páscoa para
criança nenhuma
esque
COMPRE LOGO OS BRINQUEDOS DA ESTRELA QUE VOCÊ VAI DAR NO DOMINGO DE PÁSCOA. AS CRIANÇAS VÃO ADORAR!
BARCO TIRA-PÕ
Um brinquedo da N
Pam Pum. Estimula
habilidade, a percep
cores. Excelente pre
de 1 a 4 anos.
PASSA-FUSO
Pode ser jogado a dois numa divertida troca de bastões. Sempre girando. . . um brinquedo que atrai toda criança.
ESTRELÃO
Inaugure em sua cas
o super-gramado da
campeonato de botõe
vendido separadamer
dois times.
POLLY

A músic
de bols
BEETHOVEN
SINFONIA N.º 1, EM DÓ MAIOR, OP. 21
SINFONIA N.º 2, EM RÉ MAIOR, OP. 36
Orquestra Filarmônica de Berlim
KARAJAN
k7 Phonogra
Temos uma pequena razão para você se decidir a ouvir esse produto.
É uma razão tão pequena que cabe no seu bolso: K7 Phonogram. Além de
ele faz tudo para defender a lei do menor esforço: o K7 Phonogram já vem gra
E o que isso representa em melhoria de qualidade de som, você não en
qualquer lugar. Sem falar nas capas do K7 Phonogram, que você identifica com
facilidade, no meio de outras fitas.
Mas as vantagens do K7 Phonogram não param por aí.
A variedade de músicas que você encontra nele agrada a todo tipo de gosto. Mas o mais importante de tudo isso é que o K7 Phonogram não tira a sua liberdade de movimentos.
O K 7 Phonogram cabe realmente no seu bolso. E aí não dá para atrapalhar ninguém.
MÁXIMO DE SUCESSOS Nº 10
k7: a música de bolso.
produzido e distribuído pela

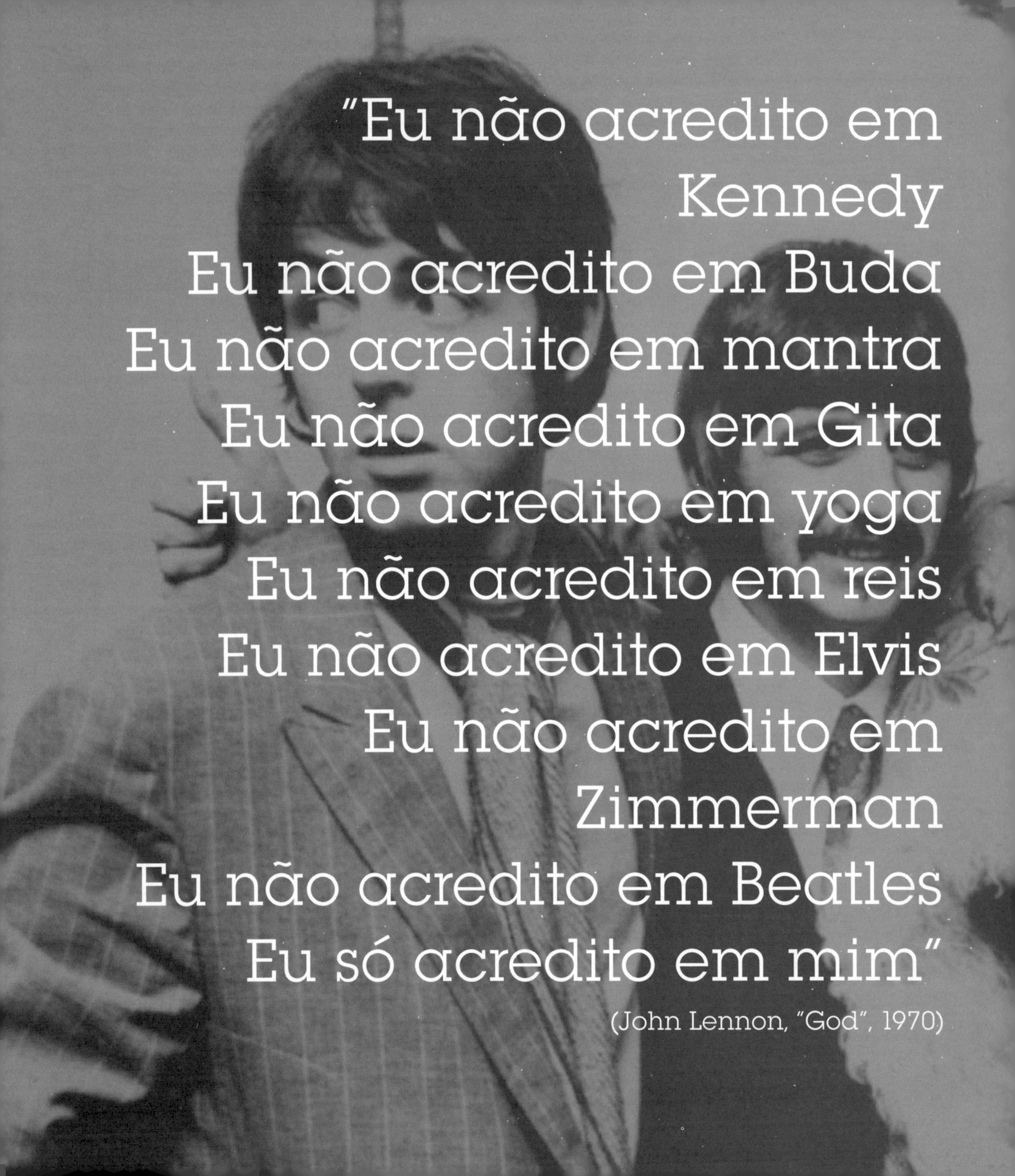

"Eu não acredito em
Kennedy
Eu não acredito em Buda
Eu não acredito em mantra
Eu não acredito em Gita
Eu não acredito em yoga
Eu não acredito em reis
Eu não acredito em Elvis
Eu não acredito em
Zimmerman
Eu não acredito em Beatles
Eu só acredito em mim"

(John Lennon, "God", 1970)

ÍCONES 1970-1974

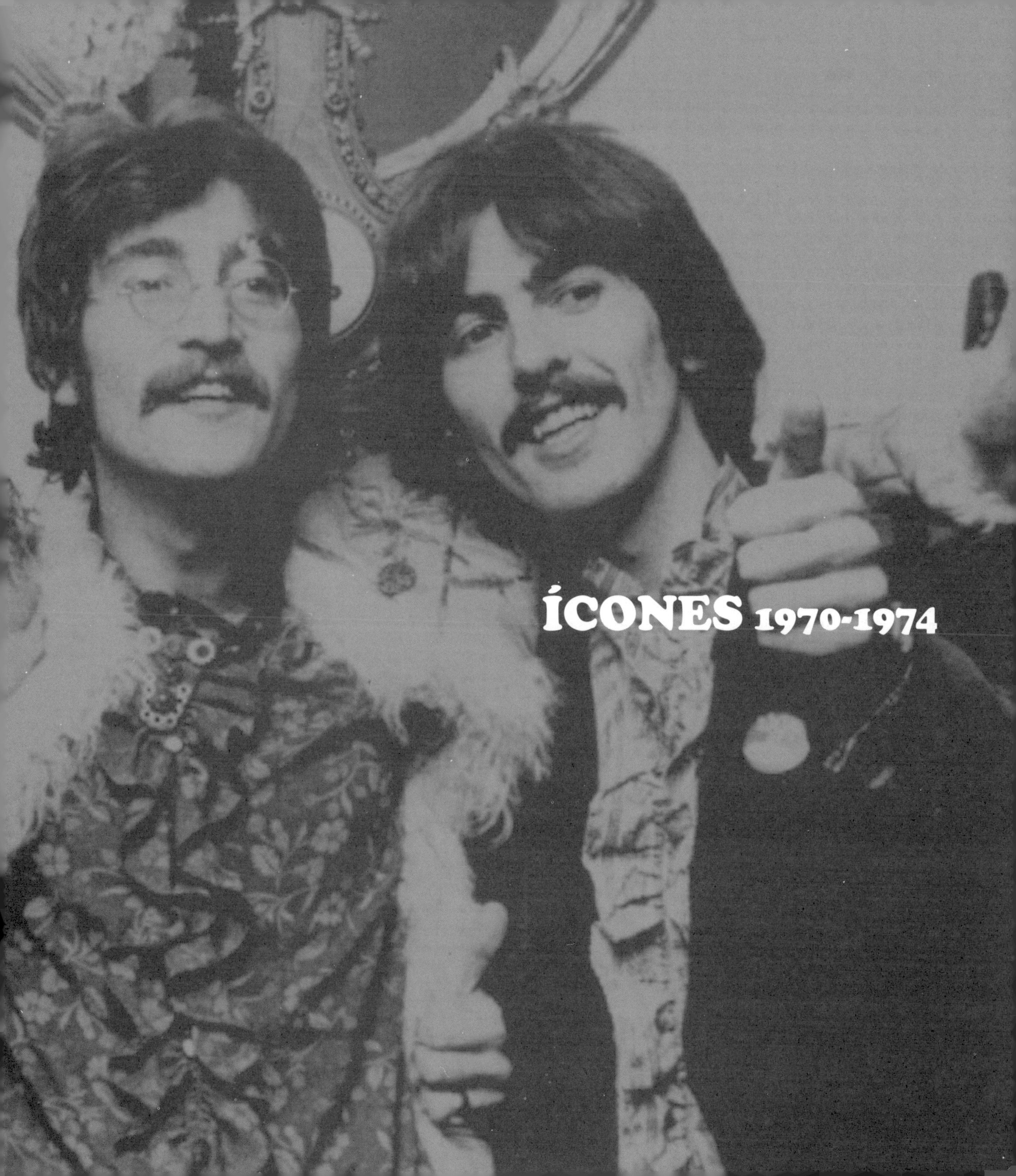

ELAS

Misses Brasil

1970 **ELIANE FIALHO THOMPSON**, MISS GUANABARA, PROFESSORA, ESTUDANTE DE ENGENHARIA; RECEBE A FAIXA E A COROA DE **VERA FISCHER**, MISS BRASIL 1969

1971 **ELIANE PARREIRA GUIMARÃES**, MISS MINAS GERAIS
LUCIA PETERLE, MISS MUNDO 1971, CARIOCA DO LEME, ESTUDANTE DE MEDICINA, PRIMEIRA BRASILEIRA A CONQUISTAR O TÍTULO

1972 **REJANE VIEIRA DA COSTA**, GAÚCHA DE PELOTAS, DIZ EM SEU DISCURSO QUE "A MULHER TEM QUE DEIXAR DE SER OBJETO"

1973 **SANDRA MARA FERREIRA**, MISS SÃO PAULO

1974 **SANDRA GUIMARÃES OLIVEIRA**, MISS SÃO PAULO, DESFILOU COM UM COLLANT DOURADO EM HOMENAGEM À SELEÇÃO BRASILEIRA

Maria Schneider **(27/3/1952, PARIS, FRANÇA)**

Tinha 20 anos quando, em 1972, estrelou *O último tango em Paris*. "Quando fiz *Último tango* era muito jovem, não quero que me julguem por aquele papel idiota, em que fui mais figurante do que qualquer outra coisa." "Ela tinha os maiores peitos naturais que já vi na minha vida. Ela não tinha nem cintura nem quadril, tinha pernas longuíssimas e o cabelo até a bunda. E um rosto lindo — a boca parecia um botão de rosa, os olhos eram imensos, cor-de-avelã. Ela era mais do que linda." (sua amiga Patti D'Arbanville)

Faye Dunaway **(14/1/1941, FLÓRIDA, EUA)**

Depois do sucesso de *Bonnie & Clyde*, em 1967, torna-se uma das principais ativistas contra a Guerra do Vietnã em dezembro de 1971. Estraçalha corações na *Chinatown* de 1974. "Ela é minha filha. Ela é minha irmã. Ela é minha filha."

Florinda Bulcão/Bolkan **(15/2/1941, URUBURETAMA, CE)**

Saiu desconhecida do Brasil, trabalhando como aeromoça para a Varig. Ganhou dois David di Donatello; estreou no cinema italiano em 1967, num *western spaguetti* produzido pela condessa Marina Cicogna, e galgou rapidamente a carreira de atriz, trabalhando em *Os deuses malditos*, de Visconti, e em *Anônimo veneziano*, de Enrico Maria Salerno, um sucesso em 1970.

Ali McGraw **(1/4/1938, POUND RIDGE, EUA)**

A mais linda vítima de morte precoce na tela encheu lenços e bilheterias em *Love Story* (1970) e teve tempo de namorar duas das pessoas mais poderosas de Hollywood na época, o astro Steve McQueen, e o produtor-astro Robert Evans.

Jane Fonda (21/12/1937, NOVA YORK, EUA)

Fase "Hanoi Jane" — cabelo semicurto lançando moda no mundo todo com *Klute, o passado condena* (Oscar de melhor atriz em 1971), camisetinha de manga curta e mãos nas cadeiras, visita o Vietnã em plena guerra, para mostrar solidariedade com o vietcongue. "A classe média americana tem medo de mim e do que representa minha ação."

Lauren Hutton (17/11/1943, CHARLESTON, EUA)

Ex-coelhinha da Playboy, nascida Mary Hutton — o Lauren ela pegou emprestado de Lauren Bacall. Recordista de capas da Vogue nos anos 70, fez muita gente querer ter os dentes da frente separados.

Liza Minnelli (12/3/1946, LOS ANGELES, EUA)

A linhagem (Judy Garland e Vicente Minelli)! As pestanas! A voz! As pernas! A presença, tomando a tela de assalto, ocupando todos os espaços, no filme que apresentou o diretor Bob Fosse ao Brasil e virou mania — *Cabaret* (1972). "Minha mãe me deu a garra, mas os sonhos eu herdei de meu pai."

Adriana Prieto (1950, BUENOS AIRES, ARGENTINA – 1975, SANTOS, SP)

Soninha toda pura. A viúva virgem. Lúcia McCartney. Anjo mau. Uma saída súbita, trágica, inesperada, em 1975.

Darlene Glória (1943, SÃO JOSÉ DO CALÇADO, ES)

Melhor atriz no Festival de Berlim, 1973, por *Toda nudez será castigada*, de Arnaldo Jabor. "Tive a chance de fazer um papel, de reconhecer meu talento! Tive essa sorte! Um papel importante que me jogou internacionalmente. Eu ainda era aquela atriz brasileira que se despia, mulher bonita que aparecia na tela, aquela que era amiga dos diretores, dos produtores, aquela que sonhava que era a chave do cinema novo. Nosso lema era: TUDO PELO CINEMA NACIONAL... Tudo!" (Darlene Glória no curta metragem *Ninguém suporta a Glória*)

Leila Diniz (25/3/1945, RIO DE JANEIRO – 14/7/1972, SOBRE A ÍNDIA)

O donzelo (1970), de Stefan Wohl; *Asyllo muito louco* (1970), de Nelson Pereira dos Santos; *Mãos vazias* (1971), de Luiz Carlos Lacerda; *Amor, carnaval e sonhos* (1972), de Paulo César Saraceni; e a revista *Vem de ré que estou de primeira*, no Rio, logo após o nascimento de sua filha Janaína, em 1972 — a barriga mais fotografada da década. "Se eu não quisesse me expor, não saía da barriga da minha mãe. O que vale é viver, ser feliz, transar com as pessoas."

Isabel Ribeiro (8/7/1941 – 13/2/1990, SÃO PAULO)

Azyllo muito louco (1970), de Nelson Pereira dos Santos; *São Bernardo* (1972), de Leon Hirszman (prêmio Air France de melhor atriz); *Quem é Beta* (1972), de Nelson Pereira dos Santos; *Toda nudez será castigada* (1973), de Arnaldo Jabor; *Os condenados* (1973), de Zelito Vianna. E a fundamental Adélia, a doce matriarca de *Hoje é dia de rock*, Teatro Ipanema, 1971-1972. "Quem nasceu para voar, voe no rumo do céu. Quem nasceu para cantar, cante. Teus pássaros viajam voando no espaço estreito da América, contra sertões, procurando ar, cor, luz, flor, pão. Pássaros viajam ao redor da Máquina, contra a Máquina, antes da Máquina e depois."

Dina Sfat (28/10/1938, SÃO PAULO – 20/3/1989, SÃO PAULO)

Os deuses e os mortos (1970), de Ruy Guerra; *Jardim de guerra* (1970), de Neville d'Almeida; *Perdidos e malditos* (1970), de Geraldo Veloso; *Gaudêncio, o centauro dos pampas* (1971), de Fernando Amaral; *A culpa* (1971), de Domingos de Oliveira; *O capitão Bandeira contra o doutor Moura Brasil* (1971), de Antônio Calmon; *O barão Otelo no barato dos milhões* (1971), de Miguel Borges; *Tati, a garota* (1973), de Bruno Barreto. "Eu gostaria de ser capa de revista, mas ser uma pessoa tão importante que dispensasse os xampus, as sombras, o rímel, o *blush*, toda aquela parafernália. Eu queria ser fotografada assim, como eu sou, sem qualquer maquiagem. E vender todas as revistas, entende? Você acha que eu vou deixar um maquiador apagar do meu rosto o tempo, o show, o riso, a vida? Tá louco. Isso me custou muito caro."

Regina Duarte (5/2/1947, FRANCA, SP)

Como a sofrida Simone/Rosana, bateu todos os recordes de audiência no capítulo 152 da novela *Selva de pedra*. Na seqüência, estrelou seu próprio show no Canecão, em 1973, com *Regina mon amour*, no qual fez uma sátira a Barbra Streisand numa fantasia de bailarina grávida. (Sandra Bréa e Vera Fischer eram as coadjuvantes.) De direito e de fato, a Namoradinha do Brasil.

Dominique Sanda (11/3/1948, PARIS, FRANÇA)

Musa de Bertolucci, estrela de *O conformista* e de *O jardim dos Finzi Contini*. Um ar docemente perverso; casou-se secretamente aos 16 anos, virou modelo em Roma.

Angela Davis (26/1/1944, ALABAMA, EUA)

Ativista política, feminista, um dos 10 Mais Procurados do FBI em 1970, musa dos Rolling Stones. "Ela é um doce anjo negro/ por que vocês não lhe dão uma chance?/ ela é um doce anjo negro/ e não uma doce escrava negra." ("Sweet Black Angel", *Rolling Stones*, 1972)

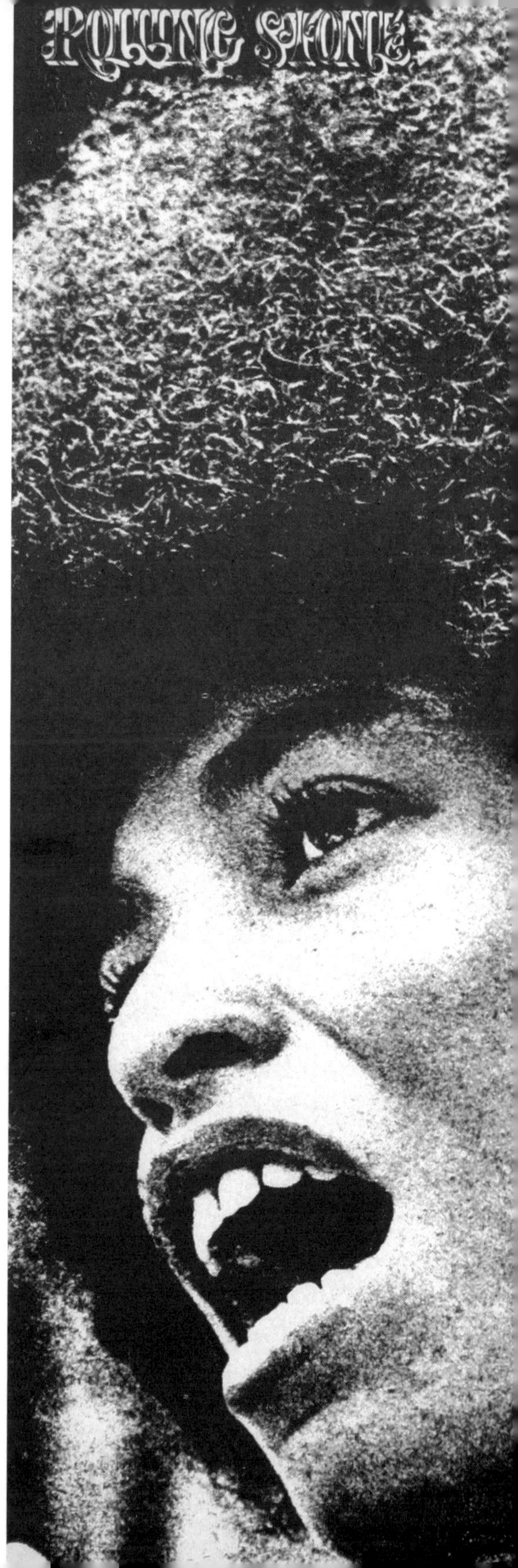

Marisa Berenson (15/2/1946, NOVA YORK, EUA)
Das páginas da *Vogue* para a praia do Lido de Veneza pelas mãos de Luchino Visconti.

Patty Hearst (20/2/1954, SÃO FRANCISCO, EUA)
No dia 4 de fevereiro de 1974, Patty Hearst, neta do miliardário William Hearst, foi seqüestrada pelo Exército Simbionês de Libertação, um grupo guerrilheiro americano. Depois de dois meses de cativeiro, Patty tinha assumido o codinome Tania, era mencionada em comunicados simbioneses como "nossa querida namorada revolucionária" e foi pega pelas câmeras de segurança do Banco Hibernia de São Francisco empunhando uma arma durante um assalto perpetrado por seus ex-captores, depois companheiros.

Yoko Ono (18/2/1933, TÓQUIO, JAPÃO)
Não contente em se sentar entre John Lennon e Paul McCartney durante as malsinadas sessões de *Let It Be*, Yoko inaugura a década lançando o seu disco *Yoko Ono/Plastic Ono Band* — uma gritaria para lá de primal — seguido de mais três títulos. Também escreve um livro — *Grapefruit* —, recebe os Panteras Negras e os Panteras Brancas no apartamento novaiorquino do casal, canta/urra com John no álbum *Sometime in New York City* e faz campanha pela libertação do líder yippie John Sinclair. "Não descansaremos enquanto os irmãos e irmãs presos não forem libertados de todas as prisões, com ou sem muros." Em 1973, de saco cheio das inconstâncias da complicada personalidade de seu ilustríssimo esposo, manda John Lennon passear — literalmente. O casal só se reuniria em 1975.

Beki Klabin (1926, ISTAMBUL – 20/10/2005, RIO DE JANEIRO)
Em 1971, a "locomotiva" Beki se separa do industrial Horácio Klabin e desbunda em grande estilo. Entabula um tórrido *affair* com Waldick Soriano — "se ela é céu azul, ele é negra tempestade" (*O Cruzeiro*, 17 de maio de 1972) —, produz um show do cantor na boate Flag, desfila na Portela ladeada pelos cabeleireiros Silvinho e Antonio Carlos e passa a integrar o júri de calouros do programa do Chacrinha.

Linda Lovelace (10/1/1949, NOVA YORK, EUA – 22/4/2002, DENVER, COLORADO, EUA)
Linda tinha um talento, e um talento apenas — mas era absolutamente único, insubstituível — e tornou *Garganta profunda* (1972) o filme pornô mais visto, conhecido e comentado da história do cinema.

ELES

A seleção de 1970

Félix, Ado, Leão, Brito, Piazza, Carlos Alberto, Clodoaldo, Marco Antonio, Jairzinho, Gerson, Tostão, Pelé, Rivelino, Zé Maria, Roberto, Baldocchi, Fontana, Everaldo, Joel, Paulo César, Edu, Dario. "Brasil está vazio na tarde de domingo, né?/ olha o sambão aqui é o país do futebol/ No fundo desse país/ ao longo das avenidas/ nos campos de terra e grama/ Brasil só é futebol/ nestes noventa minutos/ de emoção e alegria/ esqueço a casa e o trabalho/ a vida fica lá fora/ a fome fica lá fora/ e tudo fica lá fora..." ("Aqui é o país do futebol", Milton Nascimento / Fernando Brant, 1970)

Big Boy (Newton Duarte) (1/1/1943, RIO DE JANEIRO – 7/3/1977, SÃO PAULO)

Professor de geografia do Colégio de Aplicação da Lagoa, no Rio de Janeiro, durante o dia. O mais celebrado DJ de rock & soul do rádio à noite — o homem que recebia todos os melhores discos primeiro, que lançava as novas bandas, que animava os Bailes da Pesada, que sacramentava o que era ou não importante. "Eu só queria que as pessoas me respeitassem por tudo o que eu fiz. Eu me comparo, sim, ao Elvis Presley, viu?, eu acho que fui pra juventude do Rio o que o Elvis Presley foi pros Estados Unidos e eu queria ser respeitado por isso. Que parem de me chamar de careta." (Big Boy a Joel Macedo, *Rolling Stone*, 1º de fevereiro de 1972)

Pedrinho Aguinaga (1952, RIO DE JANEIRO)

O rei das passarelas, das festas, *escort* de Liza Minnelli no Carnaval de 1974, eleito O Homem Mais Bonito do Brasil no *Programa Flávio Cavalcanti*, em 1971.

Al Pacino (25/4/1940, NOVA YORK, EUA)

Os executivos da Paramount recusaram todos os seus testes para o papel de Michael, o filho conflituado e herdeiro aparente de Don Corleone em *O poderoso chefão*. Foi preciso muitos berros e murros na mesa de Francis Ford Coppola para que todos vissem o óbvio: que Pacino era Michael Corleone. Não contente, ele atravessa toda a década como um cometa, em *Serpico, Chefão II* e *Um dia de cão*. "Tive muita sorte. Muita sorte que, nessa época, pessoas como Coppola estivessem fazendo filmes."

Clint Eastwood (31/5/1930, SÃO FRANCISCO, CALIFÓRNIA, EUA)

O diretor estreante de *Play Misty for Me* (1971) e o forasteiro de *High Plains Drifter* (1973). Mas sobretudo o inspetor Harry Callahan de *Dirty Harry* (1971) e *Magnum Force* (1973). Uma geração de garotos repetindo diante do espelho: "Você acha que tem sorte, moleque? *Make my day*!"

Robert Redford (18/8/1937, SANTA MÔNICA, CALIFÓRNIA, EUA)

Butch Cassidy & Sundance Kid chegou ao Brasil apenas em 1970 — e foi uma loucura. Depois, uma seqüência de papéis heróicos e românticos — o *western* politicamente correto *Jeremiah Johnson, The Sting, The Way We Were,* com Barbra Streisand. E pronto: um galã para a era de Aquário. "Eu era extremamente competitivo na minha carreira, mas agora tudo o que me interessa é minha família, o meio ambiente e os índios." (Redford nos bastidores do Oscar em 1974)

John Lennon (9/10/1940, LIVERPOOL, GRÃ-BRETANHA; 8/12/1980, NOVA YORK, EUA)

"Eu gosto de rock and roll. Não gosto de quase mais nada." "Eu não acredito nos Beatles. Não tem outro jeito de dizer isso, não é? Não acredito neles, no que eles supostamente foram na cabeça das pessoas, inclusive nós mesmos, por um período. Foi um sonho. Só isso. Eu não acredito mais nesse sonho. O sonho acabou." Numa entrevista a *Rolling Stone* em 1970, antes mesmo que Paul McCartney oficializasse a separação, Lennon encerrava uma década e traçava um plano de vôo diferente para os anos 70.

Marlon Brando (3/4/1924, OMAHA, NEBRASKA, EUA - 1/7/2004, LOS ANGELES, CALIFÓRNIA, EUA)

Possivelmente o segundo ato mais espetacular de uma profissão que, em geral, não admite segundos atos — astro de Hollywood. Não mais o rebelde sem causa, mas o Poderoso Chefão, e o sedutor grisalho e *blasé* dançando um *Último tango em Paris*. Ganha sua sexta e sétima indicações para o Oscar — e não aparece para receber a estatueta pelo *Chefão*. "Ser ator é uma profissão vazia e inútil. Mas graças ao *Chefão* eu conheci vários mafiosos. Não consigo pagar uma conta nos restaurantes de Little Italy."

Waldick Soriano (13/5/1933, CAETITÉ, BA)

Os óculos escuros. Os ternos de quatro botões. O chapéu. E sobretudo: "Eu não sou cachorro, não". "Cristo pra mim foi um arruaceiro. Eu li a Bíblia de cabo a rabo e não vi nada do que se fala. Tudo com muita cascata." (Waldick Soriano ao jornal *Zero Hora*, de Porto Alegre, 1973)

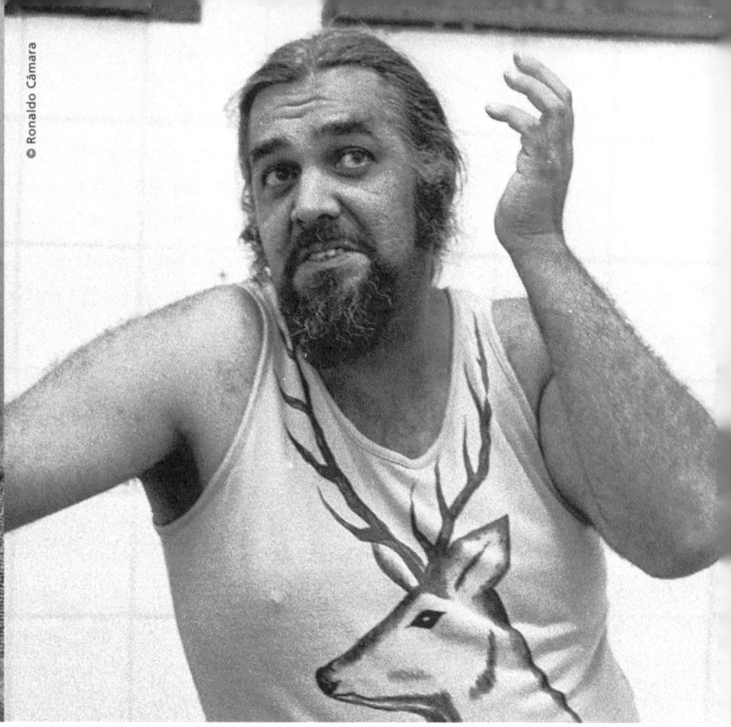

© Ronaldo Câmara

Flávio Cavalcanti (15/1/1923, PETRÓPOLIS, RJ – 27/5/1986, SÃO PAULO)

Em 1970, quando completava 14 anos no ar, Flávio Cavalcanti passou a ser o senhor das noites de domingo, graças ao *Programa Flávio Cavalcanti*, da TV Tupi. Tudo o mais que acontecesse na telinha, naquele dia, tinha de ser medido por ele. Vivia em Petrópolis, onde tinha um viveiro com centenas de pássaros, e já fora agredido fisicamente várias vezes. "A censura, como instituição, é válida. Existe no mundo todo, com outra nomenclatura. Naturalmente, o juiz em campo sempre existe." (Flávio Cavalcanti a *Manchete*, 26/5/1973) Quando, depois de sua entrevista ao *Pasquim*, Leila Diniz se viu perseguida pela Polícia Federal e incapaz de achar trabalho na TV, Flávio lhe deu santuário em sua casa, em Petrópolis, e a colocou no júri do seu programa.

Bruce Lee (27/11/1940, SÃO FRANCISCO, CALIFÓRNIA, EUA – 20/7/1973, HONG KONG)

O homem que ensinou ao mundo o que eram as artes marciais. E, como uma lenda, morreu misteriosamente aos 33 anos, quando o mundo, graças a *Enter The Dragon*, tinha começado a aprender. "Aprenda o que é útil, abandone o que não é. Acrescente aquilo que é só seu. Saber não é suficiente: é preciso praticar. Querer não é suficiente: é preciso fazer."

Carlos Imperial (24/11/1935, CACHOEIRO DO ITAPEMIRIM, ES – 4/11/1992, RIO DE JANEIRO)

O homem renascentista dos primeiros 70: compositor, produtor, apresentador de TV, cineasta, tenta desfile de fantasia (como Libélula Deslumbrada, em 1971, no baile do Municipal), sai em escola de samba, quer ser o Hugh Hefner brasileiro. Cria uma linguagem própria: abater lebres, ser cafona. "Em 1972 transforma-se no mais bem-sucedido empresário de teatro do Rio de Janeiro, montando seis peças ao mesmo tempo, com 52 artistas sob contrato." (Revista *Manchete*)

Luciano Pavarotti (12/10/1935, MODENA, ITÁLIA)

Nove dós agudos, seguidos, sem esforço, na ária "Pour mon âme" da ópera *La Fille du régiment*, no Metropolitan de Nova York, em 1972, e pronto — Caruso estava novamente entre nós. "Aprender música apenas na teoria é como fazer amor por correspondência."

Emílio Garrastazu Médici (4/12/1905, BAGÉ, RS – 9/10/1985, RIO DE JANEIRO)
Assume a Presidência em 30 de outubro de 1969 e governa até 15 de março de 1974.

Richard Nixon (9/1/1913, YORBA LINDA, CALIFÓRNIA, EUA – 22/4/1994, NEW JERSEY, EUA)
Trigésimo sétimo presidente dos Estados Unidos. Restabelece relações diplomáticas com a China, cria a Agência de Proteção Ambiental, aumenta os bombardeios e diminui o número de tropas no Vietnã, começa o programa do ônibus espacial. Eleito em 1968, reeleito em 1972, renuncia à Presidência no dia 9 de agosto de 1974, quando o chamado "caso Watergate" revela os níveis de corrupção em curso na Casa Branca. "Eu não sou um bandido."

Bob Woodward (26/3/1943, GENEVA, ILLINOIS, EUA) e **Carl Bernstein** (14/2/1944, WASHINGTON, DC, EUA)
Os dois jornalistas do *Washington Post* que, em 1973, levantaram a pauta e cobriram em profundidade o caso Watergate. "Woodward e eu achávamos que a principal razão pela qual todo mundo reagiu com ceticismo às nossas descobertas era a intimidade entre nossos chefes e as fontes de poder em Washington." (Carl Bernstein)

Tony Tornado (ANTONIO VIANNA GOMES, 26/5/1931, MIRANTE DE PARANAPANEMA, SÃO PAULO, SP)
Nos 60, ele fazia mímica de Chubby Checker no programa de Jair de Taumaturgo, trabalhava de segurança para Carlos Imperial e, imigrante ilegal, lavava carros e aprendia sobre *black power* nos Estados Unidos. Em outubro de 1970, explodia nas telinhas, olhos e ouvidos do Brasil, cabeleira afro e sol amarelo ao peito, cantando "A gente corre/ na BR3/ e a gente morre/ na BR3", antecipando a maciça presença soul do final da década. "Eu quero um homem de cor/ um deus negro do Congo ou daqui" — "Black is Beautiful", Marcos e Paulo Sergio Valle, gravada por Elis Regina no LP *Ela*, 1971.

© Ronaldo Câmara

Enquanto isso, em 1970,
David Bowie...
SPACE ODDITY "GROUND CONTROL TO MAJOR TOM..." BOWIE TEM LONGAS MADEIXAS LOURAS E SE CASA COM ÂNGELA, A AMERICANA QUE CONHECEU NUM CLUBE ("NÓS DOIS NAMORÁVAMOS O MESMO CARA"), PARA EVITAR QUE ELA SEJA DEPORTADA.

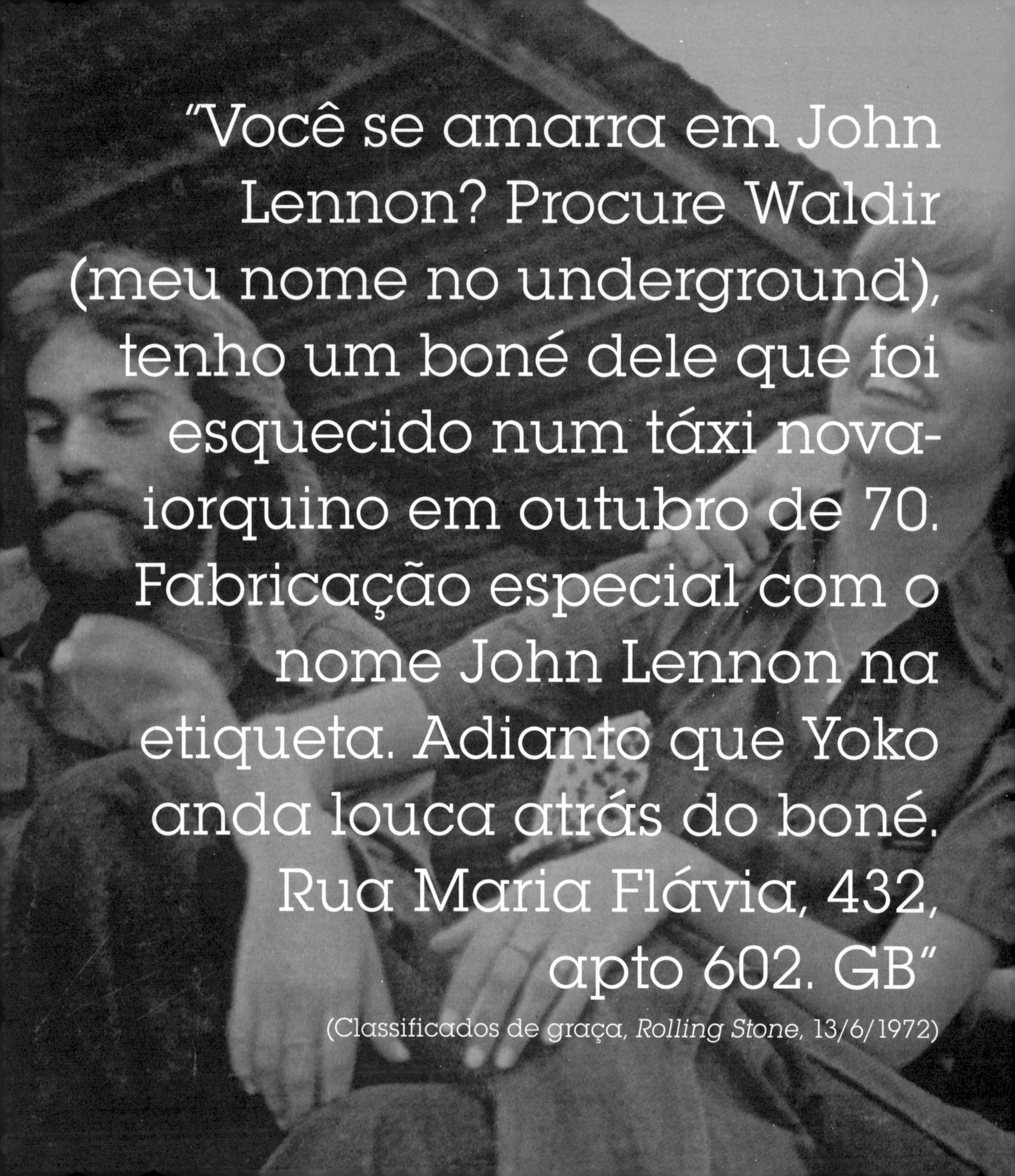

"Você se amarra em John Lennon? Procure Waldir (meu nome no underground), tenho um boné dele que foi esquecido num táxi nova-iorquino em outubro de 70. Fabricação especial com o nome John Lennon na etiqueta. Adianto que Yoko anda louca atrás do boné. Rua Maria Flávia, 432, apto 602. GB"

(Classificados de graça, *Rolling Stone*, 13/6/1972)

ESTILO 1970-1974

FIGURINO BÁSICO

Para elas

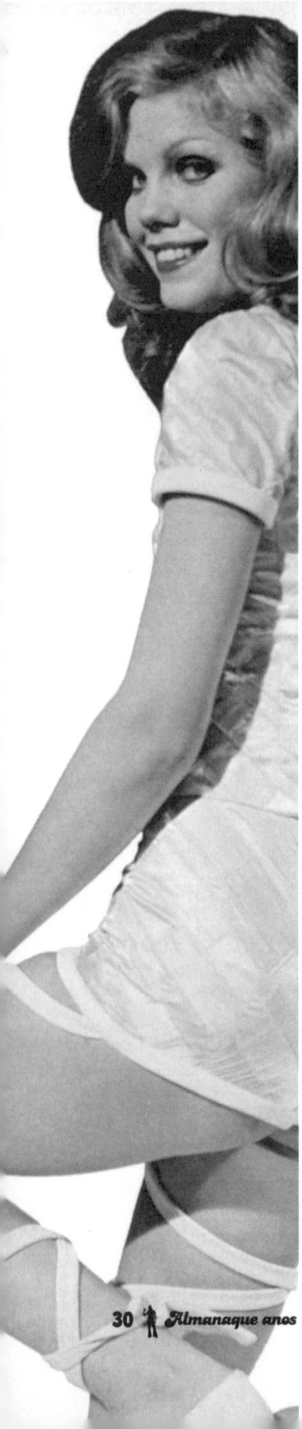

A guerra das bainhas

A míni, vinda dos anos 60, teve uma overdose e virou micro antes de perder a vez para o short, a mídi e a máxi. Do short (também conhecido como *hot pants*) disse o árbitro da elegância, Ibrahim Sued: "O short, para quem não tem bom gosto, tem uma vantagem, você o usa para cozinhar e, se tiver que fazer compras à tardinha, pode sair com o próprio". (*Manchete*, fevereiro de 1971)

A mini/micro fazia a alegria da estudantada nas escolas e universidades com escadas. Na PUC do Rio, os padres finalmente liberaram o uso de calças pelas moças diante do fato incontornável que a subida para as aulas, pelas escadas vazadas, estava se tornando um espetáculo com alto índice de audiência.

A mídi transformava instantaneamente qualquer mulher numa matrona, mas Bianca Jagger usava com saltos plataforma e tudo bem.

A máxi acabou imperando e, em todos os materiais possíveis e imagináveis, trafegou livremente entre caretas e desbundadas. Só era complicado quando chovia. E na hora de pegar ônibus.

Estampas

Tinha as florzinhas do *baby look*, muito xadrez, *patchwork* (aquele visual colcha de retalhos) e, freqüentemente, tudo misturado.

Cores fortes

Roxo era rei. E também: laranja, verde-pistache, amarelo-limão, turquesa, rosa-choque.

Crochê

Em saias, blusas, biquínis, touquinhas, coletes compridos. Como quase tudo na época, a diferença entre crochê careta e transado era o contexto, o material e o acabamento.

Baby look

Começou em torno de 1972 e acabou se espichando por uns bons três anos, de um modo ou de outro. Cinturas altas, mangas bufantes, casinhas de abelha, estampas miúdas, laços nas costas.

Moda camponesa

A musa era a inglesa Laura Ashley, que se lançou com um lenço florido para Audrey Hepburn em *A princesa e o plebeu*, nos idos de 50. Com suas estampas de flores miudinhas sobre fundo escuro, o estilo Ashley estourou em 1970, por aqui a estampa acabou se chamando "mamãe dolores" em homenagem à heroína (negra e sofredora, nada britânica) da meganovela *O direito de nascer*. Além das florzinhas, o estilo se traduzia em grandes saias rodadas, com estampas de flores, blusinhas bufantes com bordados e fitinhas, e batinhas ciganas.

Calças amplas

A calça da década de 70 raramente era estreita — mesmo nas jeans, a coisa ganhava amplidão do joelho para baixo. Sem ser jeans: pantalonas, palazzo-pijamas e variantes.

Você se lembra?

Por um breve mas aterrador momento, o "su" eram calças bufantes enfiadas em botas. As meninas do grupo do Sérgio Mendes se apresentaram assim para Richard Nixon, na Casa Branca, em 1971.

Lingerie estruturada

Muita cinta, cinta-liga, sutiãs com enchimento (a ponta do peito sempre amassava em momentos inconvenientes), costuras nos lugares mais incômodos.

Moda praia

Biquínis com top cortininha e bandô. A parte inferior era baixa mas reta, não super-cavada — como Leila Diniz usava nas famosas fotos que tanto escândalo causaram em 1971, com sua bela barriga grávida de Janaína. Argolas, fivelas e outros adereços eram opcionais na lateral ou no meio do sutiã do biquíni. Na cabeça, gigantescos chapéus de palha.

Acessórios

Bijuterias finas da Ethel; tudo de plástico bem grande ou de materiais naturais; para a noite, boás de plumas; toucas, lenços amarrados na cabeça.

Para eles

Os **ternos** tinham lapelão, gravatas super largas e vinham em quase todas as cores do universo. A marca Club Um, de roupas prontas a preços módicos, era onipresente.

As **calças esporte** tinham cores fortes, com cintura alta. Calça de helanca era o chique.

Para acompanhar, **camisas de tergal** de corte estreito, em estampas freqüentemente berrantes. O auge da modernidade era a camisa Valisère Volta ao Mundo, que "nunca precisa passar a ferro".

A **bolsa capanga** masculina é lançamento dessa época. Tinha que ser usada discretamente, com a alça passada no punho, a bolsa na mão.

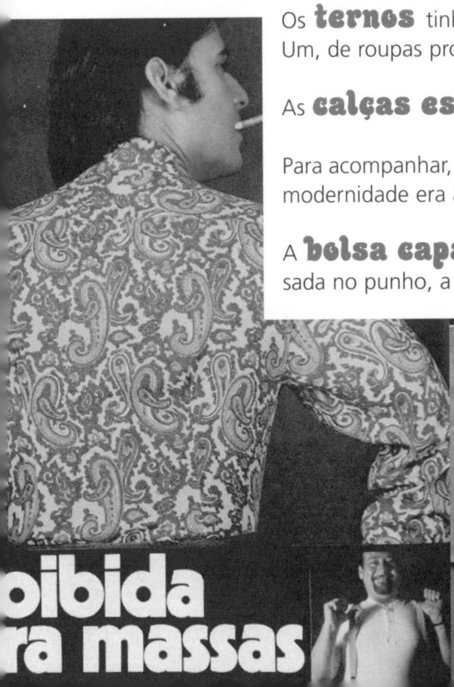

© Ronaldo Câmara

Você se lembra?

Couro era um material quase impensável de tão caro, mas os novos tempos tinham seu substituto ideal: o courvin e a napa, sintéticos e plásticos. Uma calça de napa com uma jaqueta de courvin era completamente prafrentex. Impossivelmente quente, uma verdadeira sauna ambulante — mas prafrentex.

Sapato social era sobretudo Samello ("Samello colabora para o sucesso dos homens"), Makerli ("Makerli é que é, Makerli é bom no pé!") ou Vulcabrás — que também era a marca mandatória de 80% dos uniformes escolares. Em 1973, um personagem vivido por Tarcísio Meira na novela das oito deu a todos os homens licença para usar salto, graças ao modelo de sapato de motoqueiro que ficaria conhecido pelo nome da novela — *Cavalo de aço*.

A **cueca samba-canção** estava com os dias contados. O negócio era cueca-sunga Zorba que, sim, se inspirava no filme estrelado por Anthony Quinn.

Camisas Raphy

Para os dois

OS ANOS 70 SÃO A DÉCADA UNISSEX POR EXCELÊNCIA — O TERMO FOI ENTÃO CUNHADO E APLICADO COM TODA A EMPOLGAÇÃO DAS COISAS NOVAS. A QUESTÃO QUE FLERTAVA COM OS TEMPOS ERA A DA ANDROGINIA, MAS NO MUNDO PRÁTICO DO COTIDIANO BRASILEIRO, ELA SE TRADUZIU MAIS OU MENOS ASSIM:

Tecidos sintéticos

Banlon, orlon, tergal, crylor, poliéster — se tivesse fibras sintéticas e não amassasse, era o máximo. O único problema era o odor intensamente químico que se desprendia com o suor.

Plataformas

Os sapatos com uma camada extra de sola desaparecidos em algum lugar dos anos 40, junto com Carmem Miranda. No Brasil, Clodovil garante ter (re)lançado o estilo no final de 1972, numa coleção em que deveriam "fazer contraste com peças diáfanas". "Os sapatos, criados por Cirrut (*sic.* Possivelmente Cerruti), têm 10cm de altura e são conhecidos como sapatos-plataforma", dizia uma reportagem da revista *Manchete* da época. Ao longo da década as plataformas foram crescendo, e os saltos também.

Tênis

A década terminaria com a consagração do calçado esportivo de luxo, criado especificamente para a corrida (o *cooper*) e os exercícios aeróbicos. A Nike nasce em 1972, e as veteranas Adidas e Puma têm de se reposicionar por conta de seu enorme sucesso. Mas isso é lá na frente. Aqui, neste momento, tênis era de lona, sola simples de borracha e se chamava Conga, Bamba ou Rainha. A famosa biqueira do Conga, estreada na linha infantil em 1965, vem, em 1972, para a linha adulto e faz um grande sucesso — a década de 70 vê o auge de vendas da marca. Para futebol e aula de educação física na escola havia sempre o Kichute, preto e reforçado.

Camisa de gola rulê cacharel

Em tecido fino, aderente (sintético, é claro). Para as mulheres, era usada com tudo, menos roupa de praia. Para os homens, substituía camisa e gravata quando usada sob um paletó.

Jeans

As calças Rancheira e Faroeste existiam desde os 50, a Topeka saiu nos anos 60, mas todas tinham o mesmo defeito — não desbotavam de jeito nenhum e, duras de goma, tinham até vinco. Em 1972 foi lançada a US Top que fazia as duas coisas muito bem — desbotar e amolecer. Seguiu-se a Hippie (o nome era esse mesmo...) da Fjord, que tinha um comercial ao som de "Flying", dos Beatles. Pegando carona nos novos tempos, a Rancheira lançou as jaquetas de brim índigo em 1970 — igualmente duronas e azulonas, embora a campanha publicitária garantisse que eram "o casaco dos jovens, o paletó do prafrente, o cobertor do mais por dentro". Pela linguagem já dava para ver que não eram mesmo...

Japona

Idealmente da marinha mesmo, azul-marinho com botões dourados ou prateados e dragonas. Dava *status* na escola — a maioria permitia japona como agasalho do uniforme.

Camisetas

Nos 50 eram brancas, nos 60 tinham coisinhas escritas, nos 70 começaram a viver seus dias de glória. No esquema mais comportado, eram Hering de cores pastéis, gola redonda ou com três botõezinhos sobre uma tira de cetim. Estas eram chamadas "de português".

Sandálias

Não mais a província exclusiva da praia, as sandálias de borracha ganhavam terreno, e a marca Havaianas fazia campanhas agressivas para mostrar que eram "as autênticas, que não soltam as tiras e não têm cheiro". Mas o modelo era um só, a sola era fininha e as cores, uma meia dúzia. Mais socialmente aceitáveis eram as sandálias Franciscanas, de courvin.

Relógios digitais

No pulso ou em casa, esses primeiros marcadores de tempo com números em vez de ponteiros eram sinal de que o dono tinha viajado recentemente ou tinha acesso aos grandes centros internacionais — os primeiros relógios digitais de pulso foram lançados no mercado americano em 1972.

ALTA COSTURA

Os estilistas ainda se chamavam costureiros e, no Brasil, eram principalmente Dener, Guilherme Guimarães e Clodovil. No exterior, a Itália começava a ameaçar a hegemonia francesa com Valentino e Pucci (o das estampas e do palazzo-pijama) à frente. Na *couture* francesa, a era pertencia a Givenchy, Balenciaga e Yves Saint Laurent, e os EUA ameaçavam entrar para o clube exclusivo da alta moda com Oscar de la Renta, Halston e o politicamente engajado (e controvertido) Rudi Gernreich, inventor do monoquíni e da moda unissex. Londres já estava no circuito da moda desde a década anterior, mas a estrela de Mary Quant havia sido substituída pela de Ossie Clark, que sabia interpretar os estilos underground para a alta sociedade, inclusive a do rock — Ossie era o costureiro oficial do casal Mick e Bianca Jagger, e desenhou as roupas de Mick para a turnê dos Rolling Stones em 1973.

AS LOJAS

A loja brasileira de departamentos estava no auge. Sloper e Sears eram lançadoras de moda de consumo. No Rio, as butiques mais badaladas eram Lebelson, Mariazinha, Maria Cebola, Blu Blu (que começou "especializada em blusas" em 1973) e as masculinas Dijon e Mau Mau. Em São Paulo, a Casa Vogue, a Voguinha, a Madame Rosita e a Rastro, de Aparício Basílio da Silva.

FIGURINO DESBUNDE

Calças jeans ultradesbotadas, moldadas no corpo, com boca-de-sino bem grande. Quanto mais personalizada, melhor: o lance era bordar e costurar miçangas, lantejoulas, *patches*, debruns. Para obter a boca-de-sino, a costura lateral era desfeita e pedaços de pano eram inseridos — estampas, renda, bordados, cetim, valia tudo. A US Top ou a Hippie da Fjord eram claramente armações da caretice, e só muita miséria e fome levavam um desbundado a entrar numa delas. Valia uma visita às áreas de comércio bem popular (Saara no Rio, Brás em São Paulo) para comprar, em brechós, as Lees e Levi's americanas de terceira ou quarta mão. No Rio, havia o Lixão no Shopping da Siqueira Campos, convenientemente próximo dos teatros Teresa Raquel e Cimento Armado, onde sempre rolavam altos shows. Criado como filial de uma loja do Saara, o Lixão vendia Lees e outras "calças descoladas" por 30 cruzeiros e quem não corresse para pegar as melhores dançava.

Roupa usada de um modo geral era tanto necessidade quanto estilo: um modo de dizer "não" ao consumo e, ao mesmo tempo, se expressar com originalidade e muito poucos cruzeiros. Isso depois se chamou "vintage", mas na primeira metade dos 70 era apenas mais uma transação, realizada nos classificados da imprensa nanica e em lojas como a Lixão, onde, além das jeans, havia as militares americanas, outra assinatura da época (nessa brincadeira irônica cada pessoa ganhava instantaneamente um novo nome, o do soldado a quem a roupa tinha pertencido. Pensar que destino ele havia tido, possivelmente na Guerra do Vietnã, podia ou não fazer parte da experiência de usar a roupa).

"Quero trocar uma camiseta que tem mil lances: coraçãozinho, letras coloridas em inglês, muito sobre o cafetão. Transo por uma calça muito louca. Rochê, SP." (BONDINHO, janeiro de 1972)

"Meninos, tamos na pior. Saca só: caímos na estrada, foi um transdesbunde pelo "Florão da América". Agora voltamos às raízes, mas estamos nus. Mandem roupas, novas ou usadas (melhor ainda), pra gente, não importa a cor nem o sabor nem sexo. Ajudem apenas Lalo, o Dudu e elas se cobrirem. Mandem p/ R. Álvaro Alvim, número 76, Vila Mariana, São Paulo. Telefone 70 9870. Falar com Hilário, que a gente vai buscar." (ROLLING STONE, fevereiro de 1972)

© Ronaldo Câmara

Calças de pijama

Além das jeans, as calças frouxas, amarradas na cintura por cadarço eram a peça mais importante do vestuário desbum. Quanto mais baixas, melhor. Pontos extras se fossem de flanela, carne-seca ou veludo molhado.

Batas indianas, caftans marroquinos e africanos

Se fossem autênticas, contavam ponto, mas também denotavam que o(a) portador(a) era possivelmente hippie de butique.

Vestidos compridos, saias compridas

Começavam lá embaixo dos quadris (como Gal usava no show *Gal a todo vapor*) e eram usadas com bustiê, top de biquíni, camiseta dois tamanhos abaixo do normal ou uma echarpe indiana enrolada nos locais estratégicos.

Tecidos naturais

Algodão, flanela, chita e as três grandes estrelas: veludo, especialmente veludo molhado; cetim; e carne-seca, um tecido baratíssimo (custava menos de um cruzeiro o metro em lojas populares). Na realidade, a carne-seca era um algodãozinho cru usado para forrar as máquinas estampadoras e absorver o excesso de tinta. No processo da estamparia a tinta impregnava o tecido criando borrões impressionistas em toda gama de cores — uma espécie de *tie-dye* tropical, acessível a todos os bolsos e bolsas, que podia ser transformado em tudo: calça, bata, camisa, saia, vestido, biquíni, bolsa, short. Impossível achar algum integrante das tribos *under* que não possuísse ao menos uma peça feita de carne-seca. O cheiro forte de tinta que naturalmente emanava da carne-seca se misturava aos aromas de patchuli e maconha para formar uma das mais específicas assinaturas olfativas do período.

"Parhadox (sic) rides again: óculos originais de Peter Max (mais psicodélicos que o Jefferson Airplane), calças de cetim, camisetas com patches importados, coletes de crochê hand made, especiarias as mais avassalantes. Sem nome, Guanabara." (Rolling Stone, 21 de março de 1972)

Camisetas

Junto com a jeans, a saia longa e a calça pijama, eram o feijão-com-arroz do figurino *under*. Nenhuma relação com a camiseta certinha dos caretas. A mesma Hering de três botões ou gola redonda ganhava uma nova interpretação: para começar, tinha que ser justíssima e curta, o que significava comprar pelo menos um tamanho abaixo do seu habitual. Depois, tinha que personalizá-la: tingimento, *tie-dye* (tingimento com partes da peça torcidas, para provocar manchas que depois são tingidas de outra cor), bordados, apliques, *patches*, imagens em *silk-screen*. O melhor modelo: camiseta Hering de manga três-quartos, gola redonda afastada do pescoço. O fetiche: qualquer camiseta original de turnês de astros de rock. O maior fetiche: a camiseta preta com o símbolo astrológico de Leão usada por Mick Jagger na turnê dos Stones de 1969 e eternizada no documentário *Gimme Shelter*. Em ordem de grandeza, contudo, nada superava uma autêntica camiseta de bandas de rock, especialmente as que traziam os logotipos de shows e turnês.

© Ronaldo Câmara

Você se lembra?

Cor-de-rosa era tabu para homens. Embora o rosa-choque estivesse na palheta de cores da moda feminina "oficial", era completamente vetado aos homens. O gesto definitivo do desafio desbum era um homem se vestir de rosa — uma peça que fosse já causava rebuliço, e essa peça era em geral uma camiseta bem justa. José Wilker, estrela desbundada do teatro carioca, parava o trânsito em Ipanema, no Rio, vestido de rosa da cabeça aos pés, com uma micro-camiseta, calças de pijama bem baixas e uma enorme bolsa a tiracolo.

Nos pés

Sandálias de sola de pneu, couro de bode (verdadeiro, nada de courvin), ou de jeans, solado de cortiça; tamancos tipo sueco/holandês, de preferência comprados na butique Smuggler, do Rio; tênis Conga pintados à mão; para os candidatos a *popstar*, botas de salto, idealmente de couro de cobra, como a de Keith Richards, à venda na butique Frágil por uma pequena fortuna alcançável apenas por hippies de butique.

Moda praia

A tanga — dois pequenos triângulos de alguma coisa, presos nas laterais por fios finos —, lançada por Rose di Primo em Ipanema, pegou mesmo, inicialmente, só na galera desbundada, e era usada sem distinção por garotas e garotos. Crochê era um dos materiais favoritos, mas malha com aplicações, carne-seca e até camurça não estavam fora de cogitação. Pulseira nos tornozelos ou no alto dos braços completava o *look*.

AS LOJAS

No Rio, além do comércio do Saara e do Lixão, havia a Frágil na Farme de Amoedo, em Ipanema — o nec plus ultra do hippie chique. Os artistas plásticos Adriano de Aquino e Célia Rezende eram os donos, Gal se vestia lá, tinha coisas importadas de Londres e números razoavelmente recentes da *Rolling Stone* americana e do *New Musical Express* inglês à venda.

Um outro canto de Ipanema — o beco da rua Montenegro, uma vila de lojas que seria ponto quente até o fim da década — abrigava a Veste Sagrada, misto de butique desbum (de ultra luxo) e galeria de arte.

Outro point era a Bibba de José Luiz Queiroz Itajahy, "o primeiro homem do Rio a usar calça Lee tacheada".

Em São Paulo, as butiques desbum eram a Freedom e a Paraphernália.

Acessórios

Bolsa

Bem grande, podia ser de couro de bode com tachas, franjas, crochê, ou lã, em geral feitas à mão no Peru e adjacências, com o desenho de uma lhama bem no meio. Usava-se atravessada no peito ou a tiracolo.

Brincos

Para as meninas, um só bem grande, em geral com penas e contas coloridas; ou argolas imensas, nas quais se podia pendurar adereços diferentes em cada orelha. Para os meninos, um brinco só, pequeno, uma continha ou, chique dos chiques, um dente de bicho. Ter caçado o bicho não era necessário, mas era aconselhável deixar um clima no ar.

Colares

Contas, muitas contas. O ideal era comprar as próprias contas e fazer seus colares, super-individuais. Lojas de macumba eram a segunda melhor opção.

Boás de plumas, como os de Janis, Gal e Bowie. Mas, quando os caretas começaram a usar, foram aposentados.

Óculos de aro fino, com lentes supercoloridas — roxas, laranjas, amarelas.

No frio, real ou imaginário

Casacos de camurça com franjas enormes como os de Roger Daltrey do Who; casacos de/com pêlo de carneiro como o de Caetano em Londres; jaquetas de farda do exército americano, personalizadas com símbolos de paz como o de John Lennon; *blazers* de veludo molhado e cetim como os de Mick Jagger e David Bowie.

"Faço flores de papel, de pano, de metal, de couro, de arame, do material que você quiser. É só pedir. Procure "La Violetera". Dunas do Barato. Ipanema." (ROLLING STONE, 21 de março de 1972)

Visual básico

A **maquiagem** era em cores frias (azul-claro, verde-claro), com lábios bem pálidos e olhos enormes, bem marcados e de preferência com cílios postiços, a grande sensação. Para os homens, o **cabelo** podia encostar na gola da camisa; bigodes, barbas e suíças eram o máximo. Para as mulheres, franja, corte em camadas, pontas bem arrebitadas ou então os cortes severos de Vidal Sassoon. Laquê era mandatório.

"O símbolo sexual dos anos 70 são os cabelos sadios, lisos, bem cortados."
(VIDAL SASSOON. Dezembro de 1973)

Desodorante era Avanço e Van Ness, mas o Odorono antiperspirante, o "primeiro desodorante inteligente", que "funciona a suor", era um grande concorrente.

Xampu

Era Colorama (1010 e Camomila – "luz! Mais luz! Está no ponto!"), Helene Curtis em frascos de vidro, Wella (Neopon, Blupon) e, herança dos 60, Emulsified. Para tratamento, banho de óleo e Wellamed em tubinhos dose única.

Você se lembra?

Pasta de dentes Kolynos "azul com smf"; xampu anticaspa Selsun S; autobronzeador QT (que cheirava como alumínio e deixava a pele rigorosamente cor-de-abóbora); para tratar os cabelos, Oleocap e Wellamed; Skin Dew, um dos primeiros umectantes; Ladyshave, que "chegou para acabar com o drama da depilação"; os produtos da Turma da Mônica — xampu, sabonete, talco — que foram lançados em 1973.

Na praia, os surfistas usavam pasta de lassar (óxido de zinco) branca mesmo. E o resto do pessoal mandava óleo Johnson com alguma coisa dentro (Coca-Cola e suco de laranja, por exemplo) ou o creme argentino Rayito de Sol, que tinha a vantagem de dar uma disfarçada imediata na brancura e a desvantagem de manchar qualquer roupa que entrasse em contato com ele. Filtro solar não existia, a não ser por prescrição médica, feito em farmácia de manipulação — e ficava sempre branco, gosmento, embolotado e com cheiro de mofo.

Perfumes da moda: Pinho Silvestre, Alfazema Garrão, Canoe (era para homem, mas as meninas usavam), Sândalus e, na linha popular, os perfumes da Myrurgia.

"Em 74 toda mulher será um pouco Liza Minnelli e um pouco Marlene Dietrich." (MANCHETE, dezembro de 1973)

Visual desbunde

Considerando que Abbie Hoffman pregava a falta de banho como gesto político de desafio ao sistema — "gente tem que ter cheiro de gente" —, tudo era lucro quando os instintos nativos e o calor abrasador de Pindorama compeliam as tribos desbundadas a quebrar essa norma. O mínimo, evidentemente, era o máximo:

Banho: preferencialmente de cachoeira, e pelado;

Cabelo: evidentemente sem corte, e muito, por toda parte, quanto mais, melhor;

Maquiagem: kohl nos olhos (meninos também, nos passos de Keith Richards, Mick Jagger, Alice Cooper) e boca bem vermelha (como a de Gal em *Fa-tal — Gal a todo vapor*);

Tatuagens: eram difíceis de conseguir a não ser por quem, como o escritor e jornalista Joel Macedo, caía na estrada no roteiro internacional. No Brasil, o único tatuador em atividade era o dinamarquês Knud Harald Gegersen, o Lucky ou Mr. Tattoo, que trabalhava exclusivamente no porto de Santos. A opção era mesmo pintar rosto e corpo com o que estivesse à mão;

Perfume: patchuli e misturas de ervas e essências naturais feitas em casa.

"Pinte seu rosto, pinte seus braços, pinte seus sapatos. Faça deste verão o maior." (Sandra Panzera, PRESENÇA, número 1, 1971)

© Ronaldo Câmara

GLAM!

O estilo glam exigia cetim, lantejoulas, palidez, olhos bem marcados e uma certa disposição para fazer as sobrancelhas desaparecerem — os mais empolgados chegavam a raspá-las inteiramente, mas a maioria mandava mesmo uma água oxigenada nelas. O modelo era David Bowie (fase *Ziggy Stardust / Pin Ups / Diamond Dogs*) e a base era a androginia, o visual que Bowie mesmo definia na canção "Rebel Rebel": "seus pais não sabem se você é menino ou menina".

Quem não tinha acesso à maquiagem teatral dos *popstars* recorria ao *pancake* e colava estrelinhas de papel e lantejoulas no rosto com cola de cílios postiços. Rita Lee teve uma longa fase glam, Wanderléa teve seu momento, em 72-73, quando se mudou brevemente para Los Angeles, mas os grandes ícones do estilo foram os Secos & Molhados e os Dzi Croquettes. Os antecedentes do estilo disco da segunda metade da década estão com certeza no visual glam.

A CASA MODERNA

MÓVEIS DE ACRÍLICO, INCLUSIVE TRANSPARENTE ::: AS CORES DA MODA: LARANJA COM MARROM, VÁRIOS TONS DE VERDE, LARANJA COM AMARELO ::: ESTOFADOS EM PLÁSTICO E COURVIN ::: TAPETES EM CORES FORTES ::: PAPÉIS DE PAREDE (A GRANDE NOVIDADE!) E FORROS SINTÉTICOS ::: NA COZINHA E BANHEIROS, LAMINADOS EM AMARELO E LARANJA E AZULEJOS ESTAMPADOS ::: ESTILO COLONIAL EM TODOS OS DETALHES ERA O MÁXIMO DO CHIQUE ::: A FAMÍLIA PRAFRENTEX NÃO COMPRAVA SIMPLESMENTE MÓVEIS MENORES PARA AS CRIANÇAS — AGORA HAVIA MÓVEIS INFANTIS PLANEJADOS, E O MAIS NOTÓRIO ERA UM QUARTO INTEIRO QUE PARECIA UMA SÉRIE DE CAIXAS, COM UMA CAMA BELICHE COM UM GRANDE CÍRCULO SERVINDO DE "JANELA"

Você se lembra?

Chique mesmo era morar na Joatinga, na Barra da Tijuca, Rio de Janeiro, numa casa desenhada pelo arquiteto Zanine, com grandes janelas e paredes brancas. Florinda Bulcão investiu em uma na sua fase "I want to be alone". Odete Lara, Paulo César Sarraceni, Tarcísio Meira e Glória Menezes, Chacrinha, Gérard e Regina Leclery também moravam lá. Na casa dos Leclery rolou o *réveillon* de 1972, totalmente hippie de luxo com socialites, artistas e uma "sessão de rock".

"Troco aquelas horríveis reproduções dos profetas de Aleijadinho (tenho 3: Jonas, Isaías e Nahum) por qualquer coisa menos bíblica. Chame Marília de Dirceu." (ROLLING STONE, 21 de março de 1972)

Na área de serviço, a **máquina de lavar roupa**, luxo muito raro até então, começava a se tornar subitamente indispensável. Era vendida com um apelo gloriosamente sexista como toda a publicidade da época: "Pare de lavar roupa enquanto você é bonita. Lavar roupa deixa você cansada, abatida, estraga suas mãos e humor".

Na sala, os **televisores** cresciam e se animavam com a promessa da transmissão em cores. Na grande discussão sobre qual sistema o Brasil seguiria, um fabricante optou pela diplomacia: "nossos engenheiros dissecaram modelos americanos, europeus e japoneses, estudaram, pesquisaram, aperfeiçoaram (...) Nosso circuito foi elaborado para dar melhor rendimento nas condições de clima, topografia e transmissão específicos do Brasil".

Os **telefones** faziam trriiim-trriim e eram de discar, mas não mais exclusivamente pretos — chique era tê-los de plástico (baquelita) de cores vivas combinando com o resto da casa: laranja, amarelo, salmão, creme e vermelho eram muito populares. Os realmente estilosos já haviam descoberto os novíssimos designs de telefone: aquele que ficava em pé e tinha o discador na base (um design sueco dos anos 50/60 que só começou a ser fabricado em massa no início dos 70), e os que dobravam formando uma espécie de tatu telefônico (desenho italiano da Siemens, que é a base dos celulares *flip* de hoje).

© Ronaldo Câmara

Nada de ponteiros e carrilhões: o **relógio** realmente moderno tinha números. Os mais acessíveis imitavam os cobiçados digitais com numerais que giravam num tambor. Os verdadeiros digitais tinham uma luz bem fraquinha, mas davam *status*.

Para escrever, **canetas hidrográficas**, a nova sensação. Ou máquinas de escrever, que agora eram portáteis e, para os mais ambiciosos, elétricas.

A CASA DESBUNDADA

ABAIXO OS MÓVEIS: ALMOFADAS PELO CHÃO E PANOS INDIANOS POR TODA PARTE ::: POSSÍVEIS EXCEÇÕES: UM FUTON JAPONÊS; UMA CAMA D'ÁGUA CALIFORNIANA; UMA POLTRONA MOLENGA, SEM FORMA, QUE SE CHAMAVA "BEAN BAG" LÁ FORA E AQUI RECEBEU O NOME DE "VACA."

"Bote uma VACA na sua casa. A VACA é uma poltrona mole, inteiramente desbundada. Telefone para KLAUS, GB." (Rolling Stone, 5 de setembro de 1972)

Nas paredes

Pôsteres de concertos e festivais de rock, divindades indianas, colagens, mais panos.

Decoração

Porta-incenso; Lava Lamp (aquele abajur de fraca luz ambiente no qual flutuam bolas de cera em líquido de várias cores — na verdade uma invenção alemã de 1965 que começou a ser fabricada em grande escala na virada da década); luz negra.

O som

O coração da casa ainda não era a televisão, mas a complexa estrutura de aço, válvulas, circuitos e componentes conhecida coletivamente como O Som.

A versão *connoisseur* d'O Som podia incluir dezenas de itens entre amplificadores, pré-amplificadores, *receivers*, gravadores de rolo, grandes caixas acústicas, toca-discos e a grande novidade da época: os gravadores e toca-fitas cassete, de preferência de marcas estrangeiras, principalmente as japonesas Kenwood, Pioneer, Akai e Sony, que começam a dominar o setor.

A versão popular tinha o indispensável toca-discos, um amplificador/*receiver* e, para ser moderno, o toca-fitas cassete, mas tudo em versão nacional, já que recém-impostas barreiras tarifárias começavam a tornar o produto estrangeiro inviável. A Gradiente, nascida em 1965, começa a ganhar terreno como substituta de importações e lança os "sons compactos" ou "três em um" — toca-discos/toca-fitas/amplificador-rádio — que acabam se tornando O Som médio da família brasileira.

Para a garotada restava o famoso "eletrofone", conhecido carinhosamente como "sapateira": uma base retangular de plástico na qual se abrigava um toca-discos manual (tinha que estalar o braço para fazer o prato rodar) e um ou dois alto-falantes enfiados numa tampa de plástico que servia de cobertura e maleta para a coisa toda. O som era incrivelmente distorcido e metálico, o que talvez explique muitas das preferências musicais do período.

"Transo uma vitrola portátil estéreo Delta com 2 alto-falantes em bom estado. Comprei por 600 cruzas, tem um ano de uso e vendo por 500. E pode levar por 450. Tratar com Inês, SP." (Rolling Stone, 31 de outubro de 1972)

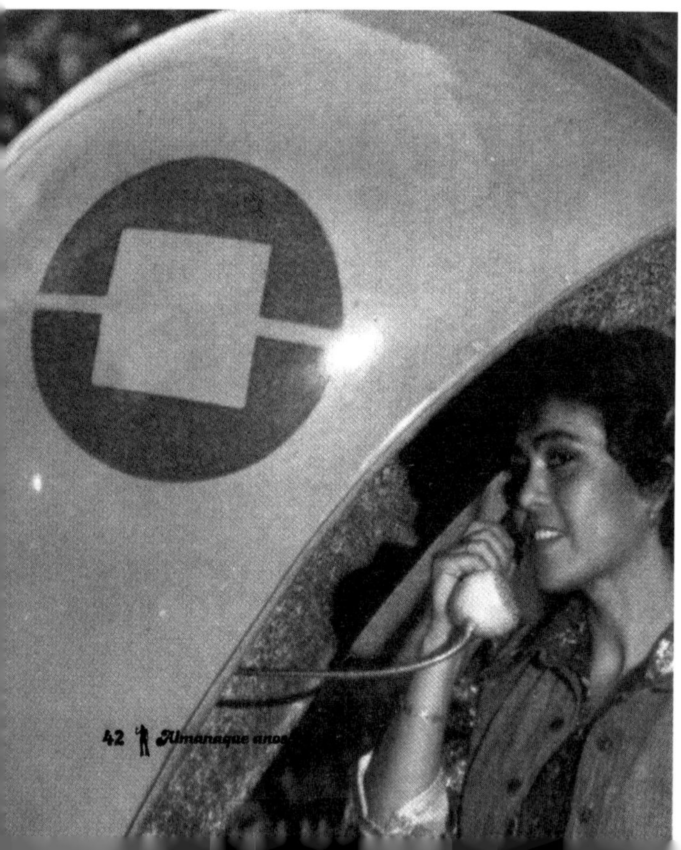

MARAVILHAS DA MODERNIDADE BRASILEIRA

O orelhão

Até 1971, no Brasil, não havia telefone público na rua — dependia-se da boa vontade de botequins e quitandas para se fazer uma chamada. Em setembro de 71, São Paulo experimenta instalar algumas cabines circulares de fibra de vidro e acrílico, com resultados desastrosos. Os primeiros orelhões surgem em janeiro de 1972 no Rio de Janeiro e em São Paulo — com design da arquiteta paulista Chu Ming Silveira, chefe da engenharia de prédios da Companhia Telefônica Brasileira em São Paulo. Funcionavam com fichas de ranhura dupla. O aparelho telefônico em si era um caixotão vermelho, que habitava uma cúpula de fibra de vidro cor-de-laranja.

As telecomunicações pan-nacionais

Em julho de 1972, a Lei 5.792 cria a Telebrás e transforma a Embratel em sua subsidiária. A Telebrás passa a ser responsável por todo o sistema de telecomunicações do Brasil. Surge o interurbano automático e, gradativamente, ocorre a homogeneização da programação das TVs, que até então era estritamente local. A "integração nacional" era um dos projetos prioritários dos governos militares de exceção, expressada no lema "integrar para não entregar".

As novas cédulas

Em maio de 1970 começaram a circular as novas notas de cruzeiro desenhadas por Aluísio Magalhães da Escola Superior de Desenho Industrial. Maior impressão da Casa da Moeda até então, as cédulas aumentavam de tamanho de acordo com o valor, e punham um fim à era do "cruzeiro novo", que voltava a ser apenas "cruzeiro". Segundo o Ministro da Fazenda Delfim Neto, "o novo padrão de cruzeiro é o símbolo da estabilização da moeda". As novas cédulas eram:

UM CRUZEIRO EFÍGIE DA REPÚBLICA; NO VERSO, A CASA DA MOEDA ::: **CINCO CRUZEIROS**: EFÍGIE DE DOM PEDRO I; NO VERSO, A PRAÇA XV DO RIO DE JANEIRO ::: **DEZ CRUZEIROS**: EFÍGIE DE DOM PEDRO II; NO VERSO, O PROFETA DANIEL DE ALEIJADINHO ::: **CINQÜENTA CRUZEIROS**: EFÍGIE DE DEODORO DA FONSECA; NO VERSO, PORTINARI ::: **CEM CRUZEIROS**: EFÍGIE DO MARECHAL FLORIANO; NO VERSO, A PRAÇA DOS TRÊS PODERES ::: EM 1972, PARA CELEBRAR OS 150 ANOS DA INDEPENDÊNCIA DO BRASIL, COMEÇAM A CIRCULAR AS CÉDULAS DE 500 CRUZEIROS, QUE TINHAM VÁRIOS PERFIS DE HOMENS DE DIVERSAS ETNIAS, COM VÁRIAS VERSÕES DO MAPA DO BRASIL NO VERSO

A loteria esportiva

Criada por decreto em dezembro de 1969, começa a funcionar em 1970, com cartões que eram perfurados numa maquineta a partir dos palpites preenchidos à mão pelos apostadores. Em 1972 foram inauguradas "máquinas eletrônicas" e lançado o *slogan* "insista e não desista, seu dia chegará". No início da década seu maior herói é Eduardo Varela, o Dudu da Loteca, que (em 72) ganhou sozinho 11,6 milhões de cruzeiros.

A calculadora portátil

Os enormes caixotes dos anos 60 começam a encolher graças à transistorização e, na virada da década, com o circuito integrado de silício, passam a memorizar funções. A Facit, líder no mercado brasileiro, ainda posiciona o produto como profissional, voltado para comércio e negócios, porém no exterior os japoneses da Casio, Commodore, Sharp e Canon começam a lançar produtos portáteis para o usuário comum. Mas ainda eram trambolhos do tamanho de um tijolo.

O computador

Na década de 60, os primeiros computadores comerciais foram postos à venda nos Estados Unidos. No Brasil, a IBM começa, em 1970, uma campanha agressiva para introduzir as imensas "máquinas pensantes" no mercado empresarial, enquanto a Olivetti lançava o Programa 101, "meio caminho entre a penosa máquina de calcular e o dispendioso e grande computador", e estudantes do Departamento de Engenharia e Eletricidade da Politécnica da USP trabalhavam no "Patinho Feio", que seria o primeiro computador *made in* Brasil. Em 1974 a Vasp anuncia uma grande novidade: reservas de passagens por computador em algumas lojas do Rio e de São Paulo, onde os clientes podiam até "ver o sistema funcionando".

O metrô

Em setembro de 1972, ele chega afinal ao Brasil, com a primeira viagem do metrô de São Paulo — um gesto simbólico, já que apenas o general Médici e autoridades variadas estavam a bordo. A operação comercial do metrô de São Paulo começou no dia 14 de setembro de 1974, circulando entre as estações Jabaquara e Vila Mariana, na Linha Norte-Sul (6,4 quilômetros de via), como era chamada então a Linha 1–Azul.

A câmera kodak

A Kodak, que em 1965 já havia lançado sua primeira câmera feita no Brasil, parte para uma grande expansão de suas operações, inaugurando o complexo industrial de São José dos Campos e lançando a linha de câmeras populares Instamatic — a novidade era ser pequena e ter "*flash* sem pilha", que funcionava com "magicube" e filme em cartucho.

SOBRE RODAS

ALGUNS VEÍCULOS INESQUECÍVEIS ::: **OPALA** "O CHARME", E **OPALA CUPÊ**, "DESPERTE O GRANDE PILOTO QUE EXISTE EM VOCÊ" ::: **DODGE DART CORCEL**, "O CARRO JOVEM", "É JOVEM, EU SINTO ISSO" ::: **JEEP**, "O CARRO MAIS BARATO DO BRASIL" ::: **FORD LTD LANDAU**, VOLTADO PARA AS ELITES ::: **VARIANT**, QUE TINHA UM MOTOR QUE "TRABALHAVA DEITADO" ::: **VOLKSWAGEN TL**, "O CARRO DE QUEM NÃO ESTACIONOU NA VIDA" ::: **IMPALA** ::: **FORD GALAXIE**, CARRO DE LUXO QUE ESTREOU O FREIO A DISCO ::: **CHEVETTE**, LANÇADO EM 1974, "NÃO APENAS UM CARRINHO, UMA GRANDE ESCOLHA" ::: **VERANEIO**, CAMINHONETE QUE COSTUMAVA CAUSAR ARREPIOS NA GALERA DESBUM, PORQUE TAMBÉM SERVIA DE CAMBURÃO ::: **VOLKSWAGEN SP**, "O FAMOSO JEITINHO BRASILEIRO", "MÁQUINA ENVENENADA" ::: **KHARMANN GHIA** ::: **CAMIONETE BELINA** ::: **FUSCA** E **FUSCÃO** ::: **BRASÍLIA**, LANÇADA EM 1972 ::: **CORCEL I** E **CORCEL II** ::: **DODGE DART**, **DODGE CHARGER RT** ::: SONHOS DE CONSUMO IMPORTADOS: **MUSTANG**, **MAVERICK**, **CHEVROLET CORVETTE STINGRAY** E **CAMARO**; NA LINHA ECONOMIA, O **GREMLIN**

Você se lembra?

Começa aqui a era do som no carro, graças ao toca-fitas cassete, que passa a ser acoplado ao rádio. Nas palavras de um anúncio de 1973: "é um radio AM com dial eletrônico, que procura estações sozinho. Até o momento em que entra no ar o último sucesso de Waldick Soriano. Aí é só apertar o botão que ele se transforma num toca-fitas estereofônico".

ouviram do atlantic o barulho sêco
dos sacos e mochilas no chão. chão
de novo. terra nova. cheiro de sol e óleo
misturado ao gôsto do leite. bocejaram
preguiçosas as caras despenteadas.
o viajante desceu e se despediu.
as crianças se olharam nos mapas e
seguiram seus destinos
sacolejavam lembranças e paixões en
quanto minas gerais espiava desconfiada

O carro desbundado

Desbundado, desbundado mesmo andava a pé, de carona, na caçamba do caminhão, de ônibus ou de bicicleta (embora a maioria não tivesse coordenação motora suficiente para tanto).

Um Fusca, para quem podia, era uma opção digna. Mas o ideal mesmo, o carro desbundado por excelência, era o Buggy. Na década anterior, o californiano Bruce Meyers havia criado o protótipo de um veículo que pudesse andar na areia, inspirando-se no transporte dos guarda-vidas de Pismo Beach e utilizando um chassi de Kombi e fibra de vidro. Era o Buggy Manx, que estreou no cinema em 1968, pilotado por Steve MacQueen em *The Thomas Crown Affair*.

O carioca Ângelo Lima foi o responsável pela migração do Dune Buggy para areias brasileiras, trazendo na bagagem um *kit* de Buggy quando voltou de seus anos de *high school* nos Estados Unidos. A primeira viagem deste Buggy pioneiro foram só 50 quilômetros no Rio de Janeiro, entre Itaúna, em Saquarema, e a Praia Grande de Arraial do Cabo, um lugar "absolutamente desconhecido e misterioso com lagoas cheias de jacarés, areias brancas como a neve, o mar de um lado e lagoa do outro. Uma região mágica e maravilhosa", segundo o próprio Ângelo (em depoimento ao *site* planetabuggy.com.br). "A travessia durou todo o dia, fomos saboreando o território virgem, surfando pelo caminho."

O primeiro Buggy com design brasileiro foi o Buggy Tropi Kadron, desenhado por Anísio Campos. Arnaldo Baptista, dos Mutantes, era um fã que logo comprou o seu e a ele dedicou a canção "Dune Buggy", uma parceria com o irmão Sérgio Dias e Rita Lee, gravada no álbum *Mutantes e seus cometas no país do Baurets*, de 1972:

> *Dune Buggy / Mais de mil HP / Dune Buggy / Passa e nem dá pra ver / Na hora "H" / Eu derramei na gasolina / Um barato que eu não sei / Se é STP (Dune) / Ou MSLD (Dune Buggy) / Meu Dune Buggy liga / Meu Dune Buggy liga! / Dune Buggy / Tem motor de Rolls-Royce / Dune Buggy / Nada é mais veloz / Na hora "H" / Eu derramei na gasolina / Um barato que eu não sei / Se é STP (Dune) / Ou MSLD (Dune Buggy) / Meu Dune Buggy liga! / Meu Dune Buggy liga! / Dune Buggy!*

"Arnaldo dos Mutantes vende 1 Corvette 59, toda maluca, Comando Skenberian, dois carburadores quádruplos, roda e pneus americanos de drugster, 12 polegadas, magnésio. Instrumental Veglia. Custa 20 milhos. Vende também por motivo de viagem. Está na Cinco Rodas, na Consolação, São Paulo". (Rolling Stone, 18 de julho de 1972)

"Vendo um Black Volks 72 que atende pelo nome de Black Spider. Bancos reclináveis acolchoados. Volante GT. Rádio, vitrola estéreo. Vidro ray-ban, aros de magnesium (sic), dupla carburação com injeção direta, estabilizador, descarga Grand Prix etc... 1.000 de sinal e transferência do financiamento. José, Guanabara" (Rolling Stone, 5 de setembro de 1972)

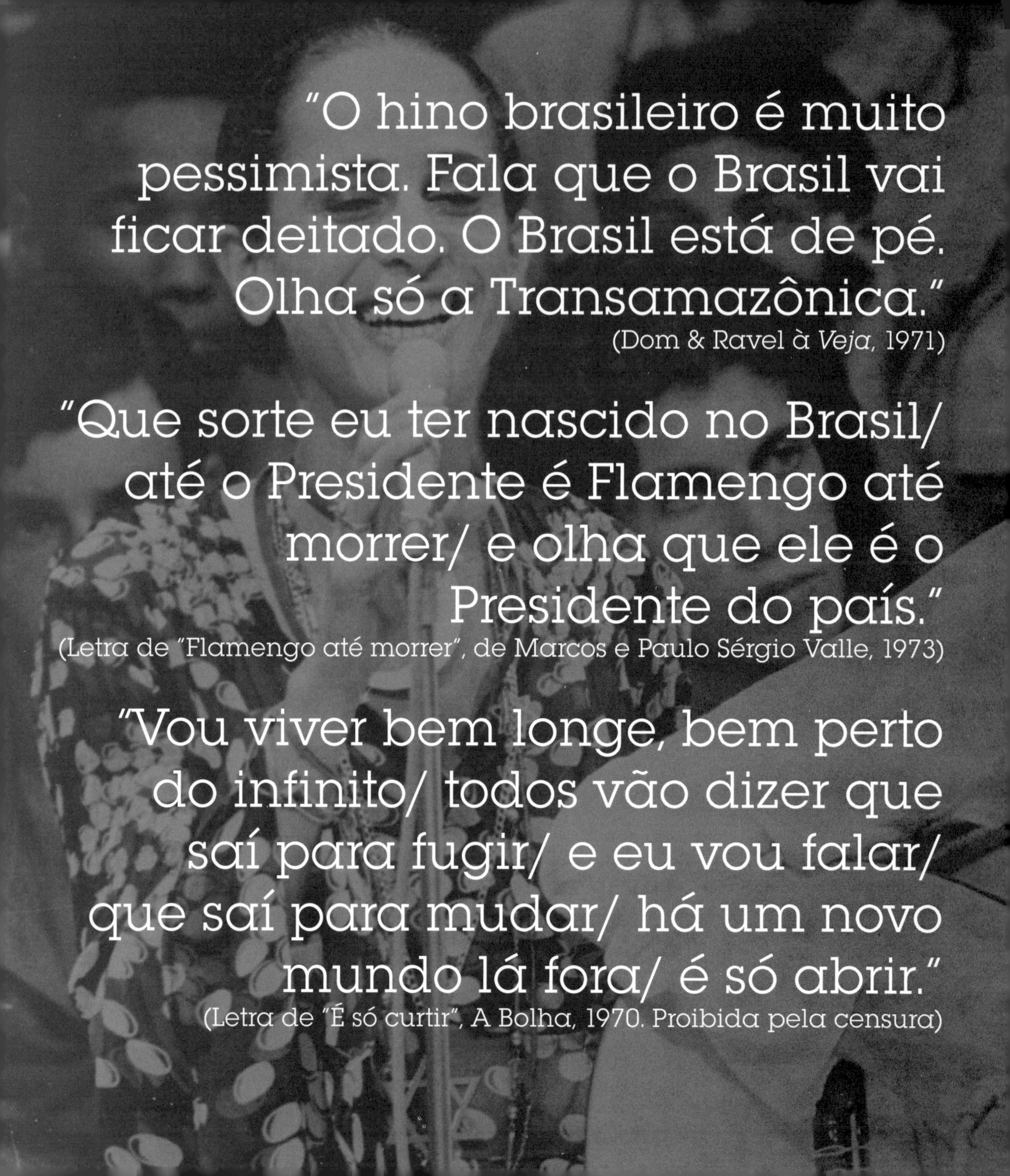

"O hino brasileiro é muito pessimista. Fala que o Brasil vai ficar deitado. O Brasil está de pé. Olha só a Transamazônica."

(Dom & Ravel à *Veja*, 1971)

"Que sorte eu ter nascido no Brasil/ até o Presidente é Flamengo até morrer/ e olha que ele é o Presidente do país."

(Letra de "Flamengo até morrer", de Marcos e Paulo Sérgio Valle, 1973)

"Vou viver bem longe, bem perto do infinito/ todos vão dizer que saí para fugir/ e eu vou falar/ que saí para mudar/ há um novo mundo lá fora/ é só abrir."

(Letra de "É só curtir", A Bolha, 1970. Proibida pela censura)

MÚSICA 1970-1974

A TRILHA BÁSICA DO COMEÇO DA DÉCADA:

ALGUMAS CANÇÕES ESSENCIAIS ::: "APESAR DE VOCÊ" (1970) ::: "LONDON, LONDON" (1970) ::: "FOI UM RIO QUE PASSOU EM MINHA VIDA" (1970) ::: "PRIMAVERA" (1970) ::: "COMO DOIS E DOIS" (1971) ::: "IT'S A LONG WAY" (1971) ::: "TRISTE BAHIA" (1971) ::: "CONSTRUÇÃO" (1971) ::: "VAPOR BARATO" (1971) ::: "ACABOU CHORARE" (1972) ::: "CASA NO CAMPO" (1972) ::: "MUCURIPE" (1972) ::: "NADA SERÁ COMO ANTES" (1972) ::: "ÁGUAS DE MARÇO" (1972) ::: "CHUVA, SUOR E CERVEJA" (1972) ::: "EXPRESSO 2222" (1972) ::: "BACK IN BAHIA" (1972) ::: "PÉROLA NEGRA" (1972) ::: "ESTÁCIO HOLY ESTÁCIO" (1973) ::: "OURO DE TOLO" (1973) ::: "SANGUE LATINO" (1973) ::: "ACORDA AMOR" (1974) ::: "GITA" (1974) ::: "MARACATU ATÔMICO" (1974) ::: "OS ALQUIMISTAS ESTÃO CHEGANDO" (1974)

ALGUNS ÁLBUNS ESSENCIAIS ::: **SONHO 70**, EGBERTO GISMONTI (1970) ::: **STONE FLOWER**, TOM JOBIM (1970) ::: **TIM MAIA** (1970) ::: **A BANDA VENENO DE ERLON CHAVES** (1971) ::: **A TUA PRESENÇA**, MARIA BETHÂNIA (1971) ::: **FA-TAL — GAL A TODO VAPOR** (1971) ::: **CONSTRUÇÃO**, CHICO BUARQUE (1971) ::: **CARLOS, ERASMO** (1971) ::: **NELSON ANGELO E JOYCE** (1971) ::: **TRANSA**, CAETANO VELOSO (1972) ::: **A DANÇA DA SOLIDÃO**, PAULINHO DA VIOLA (1972) ::: **ARAÇÁ AZUL**, CAETANO VELOSO (1972) ::: **BATUQUE NA COZINHA**, MARTINHO DA VILA (1972) ::: **BEN**, JORGE BEN (1972) ::: **CLARA CLARICE CLARA**, CLARA NUNES (1972) ::: **CLUBE DA ESQUINA**, MILTON NASCIMENTO E LÔ BORGES (1972) ::: **ELIS** (1972) ::: **EXPRESSO 2222**, GILBERTO GIL (1972) ::: **JARDS MACALÉ** (1972) ::: **LÔ BORGES** (1972) ::: **PASSADO, PRESENTE, FUTURO**, SÁ, RODRIX E GUARABYRA (1972) ::: **QUANDO O CARNAVAL CHEGAR**, TRILHA DO FILME (1972) ::: **ROBERTO CARLOS** (1972) ::: **KRIG-HA, BANDOLO!**, RAUL SEIXAS (1973) ::: **MATITA PERÊ**, TOM JOBIM (1973) ::: **MILAGRE DOS PEIXES**, MILTON NASCIMENTO (1973) ::: **OU NÃO**, WALTER FRANCO (1973) ::: **NERVOS DE AÇO**, PAULINHO DA VIOLA (1973) ::: **PÉROLA NEGRA**, LUIZ MELODIA (1973) ::: **SECOS & MOLHADOS** (1973) ::: **TIM MAIA** (1973) ::: **TODOS OS OLHOS**, TOM ZÉ (1973) ::: **ÍNDIA**, GAL COSTA (1973) ::: **A TÁBUA DE ESMERALDAS**, JORGE BEN (1974) ::: **APRENDER A NADAR**, JARDS MACALÉ (1974) ::: **CARTOLA** (1974) ::: **ELIS E TOM** (1974) ::: **PROJETO SALVA TERRA**, ERASMO CARLOS (1974) ::: **GITA**, RAUL SEIXAS (1974) ::: **MILAGRE DOS PEIXES – AO VIVO**, MILTON NASCIMENTO (1974) ::: **ACADEMIA DE DANÇAS**, EGBERTO GISMONTI (1974) ::: **O BANQUETE DOS MENDIGOS**, JARDS MACALÉ (1974)

Alguns dos maiores sucessos nacionais

1970 "JESUS CRISTO", ROBERTO CARLOS ::: "BANDEIRA BRANCA", DALVA DE OLIVEIRA ::: "CORONÉ ANTONIO BENTO", TIM MAIA ::: "COQUEIRO VERDE", ERASMO CARLOS ::: "MENINA", PAULINHO NOGUEIRA ::: "MADALENA", ELIS REGINA ::: "MEU PEQUENO CACHOEIRO", RAUL SAMPAIO ::: "PAIXÃO DE UM HOMEM", WALDICK SORIANO

1971 "VOCÊ ABUSOU", ANTÔNIO CARLOS & JOCAFI ::: "DEBAIXO DOS CARACÓIS DOS SEUS CABELOS", ROBERTO CARLOS ::: "DETALHES", ROBERTO CARLOS ::: "IMPOSSÍVEL ACREDITAR QUE PERDI VOCÊ", MÁRCIO GREYCK ::: "TARDE EM ITAPOÃ", TOQUINHO, VINICIUS E MARÍLIA MEDALHA ::: "A TONGA DA MIRONGA DO CABULETÊ", TOQUINHO & VINICIUS ::: "COTIDIANO", CHICO BUARQUE

1972 "EU QUERO É BOTAR MEU BLOCO NA RUA", SÉRGIO SAMPAIO ::: "EU NÃO SOU CACHORRO NÃO", WALDICK SORIANO ::: "EU VOU TIRAR VOCÊ DESSE LUGAR", ODAIR JOSÉ ::: "BALA COM BALA", ELIS REGINA ::: "POR DEUS EU JURO", CLÁUDIA BARROSO ::: "TAJ MAHAL", JORGE BEN ::: "VOCÊ NÃO ENTENDE NADA", MARIA BETHÂNIA ::: "PRETA PRETINHA", NOVOS BAIANOS ::: "ATRÁS DA PORTA", ELIS REGINA ::: "PARTIDO ALTO", MPB4

1973 "SÓ QUERO UM XODÓ", DOMINGUINHOS ::: "UMA VIDA SÓ" (PARE DE TOMAR A PÍLULA), ODAIR JOSÉ ::: "RETALHOS DE CETIM", BENITO DI PAULA ::: "ORAÇÃO DE MÃE MENININHA", GAL COSTA E MARIA BETHÂNIA ::: "RÉU CONFESSO", TIM MAIA ::: "O VIRA", SECOS & MOLHADOS ::: "EU BEBO SIM", GOLDEN BOYS ::: "PORTA ABERTA", LUIZ AYRÃO ::: "ROSA DE HIROSHIMA", SECOS & MOLHADOS ::: "O HOMEM DE NAZARÉ", CLÁUDIO FONTANA

1974 "FEELINGS", MORRIS ALBERT ::: "NA RUA, NA CHUVA, NA FAZENDA" (CASINHA DE SAPÉ), HYLDON ::: "FELICIDADE", CAETANO, GIL, GAL (AO VIVO NA BAHIA) ::: "SÓ QUERO UM XODÓ", GILBERTO GIL E DOMINGUINHOS ::: "TEIMOSA", ANTÔNIO CARLOS & JOCAFI ::: "FLASH BACK", DALTO

Chico, Gil e Caetano: volta do exílio

A década vira com Chico Buarque na Itália, "comendo a pizza que o diabo amassou", segundo Nelson Motta. Caetano Veloso e Gilberto Gil estão em Londres, exilados e, apesar da vital cena local e das visitas de Guilherme Araújo e Gal Costa, nada felizes. Chico volta primeiro, em março de 1970, marcando o retorno com um especial da TV Globo. Para Caetano e Gil que, ao contrário de Chico (que se auto-exilara), tinham sido de fato expulsos do país depois de encarceramento, as coisas demoram um pouco mais. Em 1971 Caetano recebe uma autorização especial para participar do programa *Som Livre exportação*, da TV Globo, e de um especial com João Gilberto para a TV Tupi. Dá entrevistas supersucintas: "Uma série de fatores determinou uma certa alteração (do trabalho), mas a base continua igual. Toda a minha produção é romântica, não tem fases". Diz ter gostado de "Quero voltar para a Bahia", de Paulo Diniz, e acrescenta: "Não sou mudo, mas não posso falar neste momento".

Finalmente, em janeiro de 1972, com alguns dias de diferença, Caetano e Gil retornam de vez ao Brasil. Caetano chega primeiro, com um enorme casaco de peles (o mesmo de seu disco gravado em Londres), vai para a capa da edição número 1 da *Rolling Stone* e é saudado pelo editor Luís Carlos Maciel com um editorial: "Boas-vindas, boa vida, Caetano. A hora está boa, o sol está forte, o mar está calmo".

A produtora Aquarius, de Nelson Motta e dos irmãos Valle, produz os shows que marcam o retorno, no teatro Municipal e no João Caetano, no Rio. No show do teatro Municipal, Caetano rebola cantando "Cada macaco no seu galho", enquanto Jom Tob Azulay documenta tudo em super-8, com um macaquinho no ombro (que acabou fugindo para o palco).

Glam à brasileira: o brilho fugaz dos Secos & Molhados

O nome veio de um armazém em Ubatuba, São Paulo. A iniciativa, de João Ricardo, jornalista do *Última Hora* de São Paulo, filho do poeta português João Apolinário. O primeiro recrutado foi Gerson Conrad, para violões e vocal de apoio. Ney Matogrosso, hippie que vivia de artesanato no Rio, chegou por intermédio de uma amiga comum, Luli, da dupla Luli & Lucinha. A estréia foi na Casa da Badalação e Tédio, em São Paulo, em dezembro de 1972, e o visual e postura cênica já eram aqueles que os tornaram famosos: androginia, sensualidade, máscaras, maquiagem pesada, a voz de contratenor de Ney. Um conceito que, João Ricardo me disse numa entrevista para o *Opinião* em dezembro de 1973, era todo dele, muito bem planejado: "Eu disse (a Gerson e Ney), eu me proponho a isso e isso, dessa forma". O LP de estréia, que continha "O vira", "Sangue latino" e "Rosa de Hiroshima", saiu em 1973 e vendeu trezentas mil cópias, número assombroso para a época. No início de 1974, o Secos & Molhados faz shows superlotados no Rio e em Brasília e vira mania nacional. São "três rapazes que balançam os sólidos alicerces dos grandes mitos da juventude musical", diz a revista *Manchete*. João Ricardo nega que o trio seja "o Alice Cooper brasileiro" ("eles são americanos, refletem a decadência de uma sociedade superdesenvolvida, e nós somos brasileiros, um país subdesenvolvido"), e os três lançam um segundo álbum. Mas já é o fim: Ney sai em outubro de 1974, dizendo: "Olha, pra mim, na hora em que deixou de ser verdade, eu saltei".

Em 1972, na mesma linha glam/andrógina dos Secos — mas bem mais radicais e teatrais — surgem os **Dzi Croquettes**, liderados pelo coreógrafo Lennie Dale e integrados por Jorge Fernando, Cláudio Tovar, Wagner Ribeiro, Ciro Barcelos, Cláudio Gaya, Reginaldo de Poli, Rogério de Poli, Paulo Bacellar, Carlinhos Machado, Benedictus Lacerda, Eloy Simões e Bayard Tonelli. Seu primeiro espetáculo, estreado em São Paulo, foi intitulado *Gente computada igual a você.*

Grandes sucessos internacionais

O fim dos Beatles

No dia 31 de dezembro de 1970, Paul McCartney dá entrada na justiça britânica com o pedido oficial de extinção dos Beatles. Os primeiros anos da nova década são em grande parte marcados por essa sombra que, na realidade, como é comum em árvores frondosas, produz uma proliferação de novos projetos individuais que refletem de modo notável todas as facetas públicas, privadas e artísticas do quarteto. No Brasil, alguns discos circulam exclusivamente pelo underground e pela nascente cena rock — no caso de discos importados, em suas versões originais, como o vasto álbum *All Things Must Pass,* de George Harrison —, muitas vezes passados de mão em mão como preciosas gemas, não isentas, já naquele momento, de alguma dor e saudade.
Algumas canções, contudo, vão direto para as paradas de sucesso:

"LET IT BE", THE BEATLES (1970) ::: "SOMETHING", THE BEATLES (1970) ::: "MOTHER", JOHN LENNON (1971) ::: "MY SWEET LORD", GEORGE HARRISON (1971) ::: "ANOTHER DAY", PAUL MCCARTNEY (1971) ::: "IT DON'T COME EASY", RINGO STARR (1971) ::: "WILD LIFE", WINGS (1972) ::: "IMAGINE", JOHN LENNON (1972) ::: "MY LOVE", PAUL MCCARTNEY & WINGS (1973) ::: "BAND ON THE RUN", PAUL MCCARTNEY & WINGS (1973) ::: (FONTE: *A CANÇÃO NO TEMPO*, DE ZUZA HOMEM DE MELLO E JAIRO SEVERIANO)

Os primeiros álbuns pós-separação (um * indica que o álbum é recomendado)

*__LET IT BE__, THE BEATLES (1970) ::: *__MCCARTNEY__, PAUL MCCARTNEY (1970) ::: *__ALL THINGS MUST PASS__, GEORGE HARRISON (1970) ::: *__JOHN LENNON & PLASTIC ONO BAND__ (1970) ::: **SENTIMENTAL JOURNEY**, RINGO STARR (1970) ::: **BEAUCOUPS OF BLUES**, RINGO STARR (1970) ::: *__IMAGINE__, JOHN LENNON (1971) ::: **RAM**, PAUL MCCARTNEY (1971) ::: *__THE CONCERT FOR BANGLADESH__, GEORGE HARRISON AND FRIENDS (1971) ::: **WILD LIFE**, WINGS (1971) ::: **SOMETIME IN NEW YORK CITY/LIVE JAM**, JOHN LENNON (1972) ::: **MIND GAMES**, JOHN LENNON (1973) ::: **RED ROSE SPEEDWAY**, PAUL MCCARTNEY & WINGS (1973) ::: **LIVING IN THE MATERIAL WORLD**, GEORGE HARRISON (1973) ::: *__RINGO__, RINGO STARR (1973) ::: **WALLS AND BRIDGES**, JOHN LENNON (1974) ::: *__BAND ON THE RUN__, PAUL MCCARTNEY & WINGS (1973) ::: **DARK HORSE**, GEORGE HARRISON (1974) ::: **GOODNIGHT VIENNA**, RINGO STARR (1974)

Enquanto isso, em 1971, David Bowie...

THE MAN WHO SOLD THE WORLD. AS MADEIXAS ESTÃO MAIS LONGAS. BOWIE ANDA DE VESTIDO, QUE ELE TENTA LANÇAR COMO "O TRAJE MASCULINO ALTERNATIVO". QUANDO NÃO DÁ CERTO, TROCA POR CALÇAS SUPER-LARGAS E UM CHAPELÃO..

Cantores/compositores

Uma das grandes tendências internacionais dos primeiros 70 é a aparição de um tipo muito específico de cantor/compositor. Ao contrário do conjunto, que vinha dominando a cena pop desde os Beatles em meados dos 60, o cantor/compositor dos 70 é uma atração em si mesma, valendo-se às vezes apenas de seu violão, piano e maestria no comando da canção pop para construir uma carreira. A tendência se nutre tanto do country da costa oeste dos Estados Unidos quanto da cena folk de Nova York. Vindo da Grã-Bretanha, mas soando distintamente americano em gosto, voz e opções pop, Elton John toma rapidamente a dianteira como grande estrela. Como não é agressivo como boa parte do rock desse período, muitos dos cantores/compositores atravessam com facilidade para o gosto popular no Brasil.

Alguns sucessos

"THE BOXER", SIMON & GARFUNKEL (1970) ::: "BRIDGE OVER TROUBLED WATER", SIMON & GARFUNKEL (1970) ::: "FIRE AND RAIN", JAMES TAYLOR (1971) ::: "IT'S TOO LATE", CAROLE KING (1971) ::: "YOU'VE GOT A FRIEND", CAROLE KING (1971) ::: "ROCKET MAN", ELTON JOHN (1972) ::: "DANIEL", ELTON JOHN (1973) ::: "SKYLINE PIGEON", ELTON JOHN (1973) ::: "BENNIE AND THE JETS", ELTON JOHN (1974) ::: "GOODBYE, YELLOW BRICK ROAD", ELTON JOHN (1974) ::: "SUNSHINE ON MY SHOULDERS", JOHN DENVER (1974) ::: (FONTE: *A CANÇÃO NO TEMPO*, DE ZUZA HOMEM DE MELLO E JAIRO SEVERIANO)

Álbuns recomendados dos cantores/compositores:

SWEET BABY JAMES, JAMES TAYLOR (1970) ::: **BRIDGE OVER TROUBLED WATER**, SIMON & GARFUNKEL (1970) ::: **MUD SLIDE SLIM AND THE BLUE HORIZON**, JAMES TAYLOR (1971) ::: **TAPESTRY**, CAROLE KING (1971) ::: **BLUE**, JONI MITCHELL (1971) ::: **TUMBLEWEED CONNECTION**, ELTON JOHN (1971) ::: **MADMAN ACROSS THE WATER**, ELTON JOHN (1971) ::: **NO SECRETS**, CARLY SIMON (1972) ::: **FOR THE ROSES**, JONI MITCHELL (1972) ::: **PAUL SIMON**, PAUL SIMON (1972) ::: **HONKY CHATEAU**, ELTON JOHN (1972) ::: **JACKSON BROWNE (SATURATE BEFORE USING)**, JACKSON BROWNE (1972) ::: **THERE GOES RHYMIN' SIMON**, PAUL SIMON (1973) ::: **FOR EVERYMAN**, JACKSON BROWNE (1973) ::: **GOODBYE, YELLOW BRICK ROAD**, ELTON JOHN (1973) ::: **COURT AND SPARK**, JONI MITCHELL (1974) ::: **LATE FOR THE SKY**, JACKSON BROWNE (1974)

Outros sucessos internacionais:

"RAINDROPS KEEP FALLING ON MY HEAD", BURT BACHARACH (1970). PAUL NEWMAN LEVANDO KATHERINE ROSS DE CARONA NA BICICLETA EM UMA CENA DO FILME *BUTCH CASSIDY* (GEORGE ROY HILL, EUA, 1969) GARANTIU O SUPERSUCESSO DESTA CANÇÃO. USADA, COM EFEITOS HILÁRIOS, COMO TRILHA DE UMA MATERIAZINHA DE TV QUE MOSTRAVA O JOGADOR FIO, DO FLAMENGO, APRENDENDO A ANDAR DE BICICLETA. ::: "MY PLEDGE OF LOVE", JOE JEFFREY GROUP, (1970) ::: "YELLOW RIVER", CHRISTIE (1970). OBRIGATÓRIA EM TODOS OS BAILES. GANHOU UMA VERSÃO HORRENDA — "AMARELO/AMARELO/FOI O RIO QUE EU CRUZEI" — DOS FEVERS. ::: "HAVE YOU EVER SEEN THE RAIN" (1971), CREEDENCE CLEARWATER REVIVAL ::: "ANONIMO VENEZIANO", STELVIO CIPRIANI (1971) ::: "IF", BREAD (1971). ESTA MELOSÍSSIMA BALADA DA BANDA PRODUZIDA POR PAUL MCCARTNEY EMPLACOU COMO TEMA DE AMOR DA NOVELA *SELVA DE PEDRA*. VIROU ASSUNTO NA LINHA "PARANORMAL" QUANDO SE DESCOBRIU UMA CRIANÇA QUE CHORAVA CONVULSIVAMENTE, SEM PARAR, TODA VEZ QUE OUVIA A CANÇÃO. ::: "LOVE STORY", FRANCIS LAI (1970) ::: "ROSE GARDEN", JOE SOUTH (1971) ::: "SHAFT", ISAAC HAYES (1972). O TEMA DO FILME BLACK DE MAIOR SUCESSO — UM DOS POUCOS TÍTULOS QUE CHEGARAM AO BRASIL DESSA SAFRA TÃO POPULAR NOS EUA, NA ÉPOCA — "INSPIROU" O TEMA DE ABERTURA DA NOVELA *BANDEIRA DOIS*, DE DIAS GOMES. ::: "MAMMY BLUE", RICKY SHAYNE (1972). SUCESSO DA TRILHA DE *BANDEIRA DOIS*, EM QUE ERA O TEMA DOS PERSONAGENS ZELITO E NOELI, VIVIDOS POR JOSÉ WILKER E MARÍLIA PÊRA. ::: "ALONE AGAIN" (NATURALLY), GILBERT O'SULLIVAN (1972) ::: "BEN", MICHAEL JACKSON (1972). MICHAEL JACKSON CANTAVA ISSO PARA UM RATINHO CHAMADO BEN, PERSONAGEM QUE DAVA TÍTULO AO FILME DE TERROR DIRIGIDO POR PHIL KARLSON. ::: "ROCK AND ROLL LULLABY", BJ THOMAS (1972). TEMA DE SIMONE (REGINA DUARTE) E CHRISTIANO (FRANCISCO CUOCO) NA NOVELA *SELVA DE PEDRA*, TORNOU-SE A CANÇÃO-GRUDE DO ANO, ONIPRESENTE E INEVITÁVEL. ::: "SOUL MAKOSSA", MANU DIBANGO (1973) ::: "ME AND MRS. JONES", BILLY PAUL (1973) ::: "MACCARTHUR PARK", RICHARD HARRIS (1973). VÁRIOS INTÉRPRETES GRAVARAM ESTA BELA CANÇÃO DO COMPOSITOR AMERICANO JIMMY WEBB, MAS A QUE EMPLACOU NO BRASIL FOI ESTA VERSÃO SEMI-OPERÍSTICA CANTADA PELO ATOR RICHARD HARRIS. ::: "FOR ONCE IN MY LIFE", THE FOUR TOPS (1973) ::: "THE GUITAR MAN", BREAD (1973) ::: "KILLING ME SOFTLY WITH HIS SONG", ROBERTA FLACK (1973) ::: "TELL ME ONCE AGAIN", CHARLES HILTON BROWN (1973). AQUELA MESMA QUE, MUITOS ANOS DEPOIS, VIROU "TELMA, EU NÃO SOU GAY". ::: "YOU ARE THE SUNSHINE OF MY LIFE", STEVE WONDER (1973) ::: "LOVE'S THEME", BARRY WHITE (1974). RESSUSCITADA TRÊS DÉCADAS DEPOIS COMO TEMA DE ABERTURA DA NOVELA *CELEBRIDADE*. ::: "ROCK THE BOAT", HUES CORPORATION (1974) ::: "ROCK YOUR BABY", KC AND THE SUNSHINE BAND (1974). INDISPENSÁVEL EM BAILES, ONDE GANHOU O NOVO TÍTULO DE "MELÔ DO PULADINHO". ::: (FONTE: *A CANÇÃO NO TEMPO*, DE ZUZA HOMEM DE MELLO E JAIRO SEVERIANO)

PREÇO ESPECIAL 120,00 ISAAC HAYES

Interessantes e inusitadas: grandes e breves sucessos com histórias curiosas

"Menina da ladeira"

O piauiense João Evangelista de Melo Fortes ou João Só, como ficou conhecido depois de uma aparição na TV Aratu de Salvador (quando lhe perguntaram seu nome, respondeu: "É João, só".), emplacou este supersucesso na alvorada da década. "Menina que mora na ladeira/ E desce a ladeira sem parar/ Debaixo do pé da laranjeira/ Se senta pra poder descansar." Infelizmente, fiel ao seu nome artístico, seu sucesso ficou apenas nesta canção.

"Quero voltar para a Bahia"

O pernambucano Paulo Diniz já tinha marcado presença na Jovem Guarda com a sua "O chorão". Mas 1970 viu seu maior sucesso com esta canção-recado para Caetano e Gil exilados em Londres e mais conhecida como "ai uanti tchu gou bequi tchu Bahia".

"Procurando tu"

Composta pelo paraibano Antônio Barros a partir da lembrança de sua mãe chamando por ele — "onde é que tu tá? Tô procurando tu" — este xote lotado de duplo sentido driblou a censura em grande estilo e, em 1970, estourou nas paradas em diversas gravações: Trio Nordestino (que o lançou) e, em seguida, Ivon Curi, Jackson do Pandeiro e o próprio Antônio Barros.

"Aonde a vaca vai"

Executada por seu autor, João da Praia, num violão todo quebrado com uma única corda, esta canção se resumia ao seu título — "aonde a vaca vai/ o boi vai atrás" — e pegou mais que praga de piolho em jardim de infância. Seu criador morava mesmo na praia do Arpoador e era figura constante no *Programa Flávio Cavalcanti*, no qual era usado como exemplo do lamentável estado de coisas que aguardava a música brasileira se deixada ao léu, sem as devidas governanças de mentes esclarecidas (como as de Flávio e seu júri, é claro).

"Balada número 7 (Mané Garrincha)"

Moacyr Franco emplacou este sucesso em 1971, uma valsa tristíssima (co-autoria de Alberto Luiz) lamentando a decadência do grande Mané Garrincha. O refrão, cantado a plenos pulmões por Moacir, era inesquecível: "Cadê você, cadê você... você passou/ No videoteipe do sonho a história gravou".

"Marcha do Odorico"

Capitalizando o enorme sucesso da novela *O bem amado*, o veterano compositor de marchinhas Brasinha fez uma das suas para o Carnaval de 1974: "E sou o Odorico Paraguassu/ Eu sou um sujeito direito pra chuchu/ Emboramente criticado/ Por esses badernistas difamantes/ Eu sou o bem amado/ De todas as donzelas militantes".

Tragédia no fundo do mar

Em 1974, Os Originais do Samba (Mussum à frente) puseram todo mundo para cantar o breque "Assassinaram o camarão", ponto de partida de um samba que descrevia um verdadeiro *thriller noir* sob as ondas: "O guaiamu que não se apavora/ Disse: eu que vou investigar/ Vou dar um pau nas piranhas lá fora/ Logo ao saber da notícia a tainha tratou de se mandar/ Até o peixe-espada também foi se entocar/ Malandro foi o peixe-galo / Bateu asas e voou".

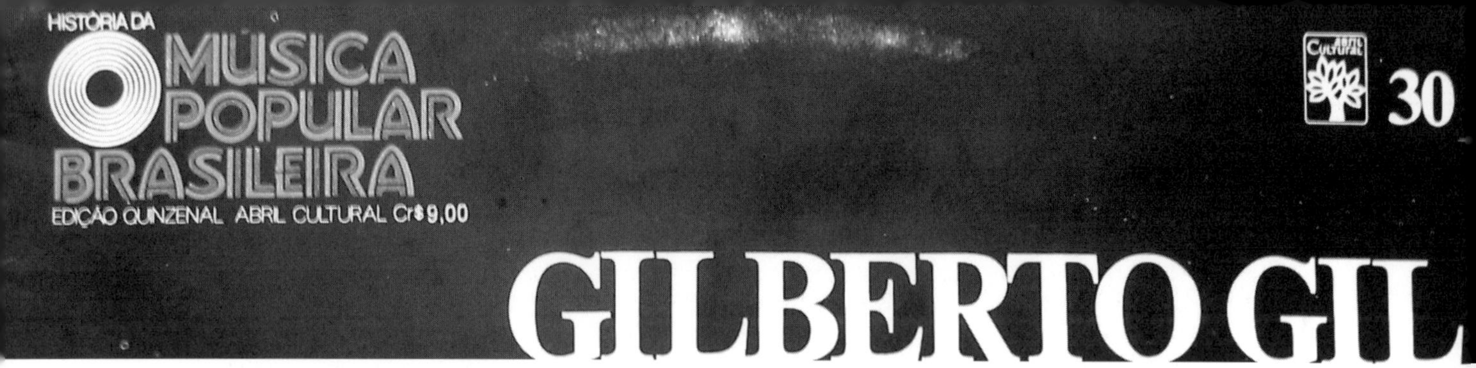

ALGUMAS HISTÓRIAS DA CENSURA

A voz do censor

"A alegria. Eu trabalhava realmente com muito gosto. Me dedicava a fundo procurando desempenhar a minha função com o máximo de responsabilidade e procurando sempre humanizar aquilo que estava fazendo. Na hora em que me era dada uma missão para examinar ou censurar um espetáculo de televisão ou de rádio, ou peça teatral, ou letra musical, eu procurava ver naquilo apenas uma obra de arte. E não procurava... 'bom eu vou ver isso aqui, se tem alguma coisa que eu possa cortar'. Não! Eu não examinava assim. Procurava ver o que tinha de bonito ali dentro do trabalho. Então, eu sempre tive muito mais prazer no meu trabalho do que desprazer."

Carlos Lúcio Menezes, censor, em entrevista a Wagner Homem (do site www.chicobuarque.com.br)

Em outubro de 1971, o Centro de Informações do Exército emitiu um documento à Censura pedindo a retirada de circulação dos fascículos da coleção *História da Música Popular Brasileira*, da editora Abril, relativos a Geraldo Vandré, Gilberto Gil e Caetano Veloso. Sob o título "Propaganda subversiva em forma de fascículo com disco anexo", o documento dizia: "tais fascículos se distinguem dos demais da coleção tendo em vista os comentários tecidos a essa gente, com vida fora do nosso país, publicados nesses fascículos pelos organizadores da coleção. Nesses comentários se poderiam achar trechos sutilíssimos com os quais o Exército não pode concordar". Os fascículos foram retirados de circulação.

A maioria das letras do repertório de *Milagre dos peixes*, LP de Milton Nascimento (1973), foi vetada na integralidade pela censura. Em vez de cancelar o lançamento ou escolher novo repertório, Milton optou por gravar um disco praticamente sem texto, ancorado em sua extraordinária voz, usada como um instrumento. Como complemento, a capa inteiramente negra.

Odair José e Chico Buarque foram os campeões de músicas censuradas do período. Odair José incomodava os censores na linha "moral e bons costumes", e teve o número recorde de 47 títulos tesourados, começando com "Em qualquer lugar", que foi proibida na íntegra por ter um texto "descritivo de atitudes comportamentais alusivas ao desejo sexual". Seu maior sucesso, "Uma vida só (Pare de tomar a pílula)", foi proibido em todo o território nacional, mas Odair o cantava em shows assim mesmo. Até ser chamado para uma conversa ao vivo com um general. Segundo o livro *Eu não sou cachorro, não* (Paulo César de Araújo), Odair teria dito: "Poxa, general, pílula é uma coisa normal. O senhor permite a proposta gay do Secos & Molhados e não permite que eu faça uma proposta de homem. O senhor é gay?"

Uma canção romântica de Waldick Soriano, gravada originalmente em 1962 e regravada em 1974, provocou uma verdadeira overdose de repressão. Num caso claro de vestir a carapuça — metáfora horrivelmente cruel neste caso — a censura compreendeu que "Tortura de amor" podia chamar a atenção para uma prática que, muitos sabiam mas não podiam dizer, imperava nos porões da ditadura.

Chico Buarque sofreu todos os tipos de censura possíveis — *a priori, a posteriori* e tudo entre uma coisa e outra. "Apesar de você" foi liberada e depois proibida, os discos compactos recolhidos. A versão de Chico para a música italiana "Gesubambino" foi aprovada desde que não tivesse o mesmo título ("Menino Jesus") e saiu como "Minha história". A peça *Calabar* foi liberada em texto, caiu num vácuo porque nenhum censor apareceu para liberar seu ensaio geral, e acabou interditada por oito anos. Houve uma prensagem inicial do LP com as músicas da peça, uma capa branca (a original já havia sido previamente vetada) e o título *Chico canta* — mas foi recolhida. "Geni" foi proibida por conta da palavra "bosta", "Atrás da porta", pela palavra "pêlos". Um verso de "Partido alto" foi cortado com a seguinte justificativa do censor: "Se é engraçado ou uma infelicidade para o autor ter nascido no Brasil, país onde ele vive e encontra esse povo tão generoso que lhe dá sustento comprando e tocando seus discos e pagando-o regiamente nos seus shows, afirmo que ele está nos gozando".

Em 1974 Chico criou o personagem Julinho da Adelaide, que assina várias canções de enorme sucesso como "Acorda amor" e "Jorge maravilha". Mario Prata, amigo de Chico, teve a rara honra de "entrevistar" Julinho da Adelaide para uma matéria do jornal *Última Hora* do Rio. Nela se estabeleceu que o compositor, nascido na favela da Rocinha, no Rio, tinha grande cicatriz no rosto, um irmão chamado Leonel Paiva, que sua mãe era mesmo a dadivosa Adelaide de Oliveira (a foto, publicada no jornal, era de uma nativa africana tirada de uma enciclopédia do pai de Chico, o historiador Sérgio Buarque de Hollanda) e que o sambista estava indignado com seu intérprete: "O Chico Buarque quer aparecer às minhas custas", declarou Julinho.

Chapa branca

TODA DITADURA PRECISA DE UMA TRILHA MUSICAL. A DITADURA DOS MILITARES DO GOLPE DE 64 HABITAVA UM PAÍS E UM MOMENTO REPLETO DE MÚSICA, E AGIU DE ACORDO. SOME-SE A ISSO A EUFORIA EM TORNO DO "MILAGRE BRASILEIRO" E DO TRICAMPEONATO CONQUISTADO EM 1970 E COMPREENDE-SE QUE A PRODUÇÃO CHAPA BRANCA DO COMEÇO DOS 70 SEJA TÃO VASTA.

"Eu te amo, meu Brasil" OS INCRÍVEIS (1970)

"Eu te amo, meu Brasil, eu te amo/ Meu coração é verde, amarelo, branco e azul anil/ Eu te amo, meu Brasil, eu te amo /Ninguém segura a juventude do Brasil." Depois de "Pra frente, Brasil", a canção mais imediatamente ligada ao ufanismo do período. Segundo seu compositor Dom (Eustáquio Gomes de Farias), da dupla Dom & Ravel (seu irmão Eduardo Gomes de Farias), em entrevista dada a Paulo César de Araújo no livro *Eu não sou cachorro, não*, a inspiração para a música lhe veio subitamente numa manhã de 1969, enquanto chupava laranjas e tangerinas na cozinha de seu modesto apartamento na periferia de São Paulo. Entretanto, em entrevista à revista *Veja*, em fevereiro de 1971, Dom & Ravel diziam que a canção tinha sido "fabricada mesmo. Para uma música fazer sucesso, nós estudamos o mercado com todos os detalhes. Temos um trabalho planificado, pastas com paradas de sucesso, épocas do ano, faixas de público". "Eu te amo, meu Brasil" foi estreada por Os Incríveis no programa de Hebe Camargo, em agosto de 1970, e tornou-se um dos maiores sucessos do ano.

"Que cada um cumpra com o seu dever"/ "Brasil, eu fico" WILSON SIMONAL (1970)

A primeira é de autoria do próprio Simonal, e a segunda, uma resposta clara ao *slogan* da ditadura — "Brasil, ame-o ou deixe-o", dirigido especificamente a exilados e banidos — de Jorge Benjor (então Jorge Ben). A letra diz: "este é meu Brasil/ futuro e progresso do ano dois mil/ quem não gostar e for do contra/ que vá pra..."

"Protesto ao protesto" ROBERTO SILVA (1970)

"Vamos ajudar o presidente/ a enfrentar firme o batente/ para o Brasil melhorar." Composição de Manoel e Eriberto Rufino, com destino certo: os opositores do regime no ambiente musical.

"Sempre Brasil" CACIQUE DE RAMOS (1971)

O samba, de Ubiracy e Neoci, foi incluído no LP *Cacique 1972*, lançado para o Carnaval do que seria o ano do Sesquicentenário da Independência. A letra — "bem disse o presidente/ é dever de toda gente participar" — fazia uma referência direta ao *slogan* "Brasil, ontem, hoje, sempre", lançado pelo governo em setembro de 1971.

"Você também é responsável" DOM & RAVEL (1971)

Convidados por um vereador a conhecer o projeto Mobral, de alfabetização em massa — um dos programas mais queridos de Médici — os irmãos se empolgam e compõem esta balada, incluída em seu LP de estréia. "A nação merece maior dimensão/ marchemos pra luta de lápis na mão."

"Só o amor constrói" DOM & RAVEL (1971)

Um dos megassucessos do ano, esta faixa do LP *Terra boa*, da dupla — que a essa altura era convidada regular de todos os eventos do governo — foi, segundo Dom, motivada pela violência da época. "Gente da esquerda matando, gente da direita torturando, aquela confusão toda", disse ele a Paulo César de Araújo (em *Eu não sou cachorro, não*). "Só o amor constrói/ por favor, plante uma flor/ pra florir nosso país."

"Sua Excelência, a Independência" ZÉ KÉTI (1972)

Homenagem do sambista ao Sesquicentenário, este compacto saiu com uma foto do General Médici na capa.

"Sete de Setembro" JAIR RODRIGUES (1972)

Composição de Ozir Pimenta e Antônio Valentim, este samba, interpretado por Jair, abriu o Encontro Cívico Nacional que marcou a abertura do Sesquicentenário da Independência e também fez parte do seu LP daquele ano. A letra abre com "1972 engalana o Brasil".

"Das duzentas para lá" JOÃO NOGUEIRA (1972)

Empolgado com o decreto presidencial de junho de 1971, que estendeu o mar territorial do Brasil de 12 para 200 milhas, João Nogueira compôs este samba de grande sucesso: "Obrigado seu doutor/ Pelo acontecimento/ Vai ter peixe, camarão/ Lagosta que só deus dá/ Pegou bem a sua idéia/ Peixe é bom pro pensamento/ A partir desse momento/ O meu povo vai pescar". Eliana Pittman gravou e emplacou nas paradas.

E TAMBÉM (ENTRE OUTRAS) ::: "PRA FRENTE, BRASIL" (1970), DE MIGUEL GUSTAVO (VER CAPÍTULO "ESPORTE"), CORAL DO JOAB; "BRASIL, EU ADORO VOCÊ!" (1970), DE MIGUEL GUSTAVO, GRAVADA POR ÂNGELA MARIA E CORAL DO JOAB; "SR. PRESIDENTE", CONJUNTO WALDECK CARVALHO (1971); "MINHA PÁTRIA AMADA", LEO CANHOTO E ROBERTINHO (1971), "INDEPENDÊNCIA OU MORTE", ZÉ DI (1971); "A CANÇÃO ANTITÓXICO", DOM & RAVEL, GRAVAÇÃO DE BARROS DE ALENCAR (1971); "SALVE, SALVE BRASILEIRO", EDUARDO ARAÚJO E MARCOS DURÃES; "SEMANA DO EXÉRCITO", MIGUEL GUSTAVO, CORAL DO JOAB, (1971); "MARCHA DO SESQUICENTENÁRIO DA INDEPENDÊNCIA", DE MIGUEL GUSTAVO, GRAVADA POR MILTINHO (1972); "VOCÊ CONSTRÓI O BRASIL", EMILINHA BORBA (1972); "TRANSAMAZÔNICA", LUIZ VIEIRA (1972). "O BRASIL MERECE NOSSO AMOR", OS TRÊS MORAIS (1973); "VIVA O MOBRAL", CAREQUINHA (1973); "OH MEU BRASIL COMO EU TE AMO", FREDSON (1973) (FONTES: *A CANÇÃO NO TEMPO*, DE ZUZA HOMEM DE MELLO E JAIRO SEVERIANO; *EU NÃO SOU CACHORRO, NÃO: MÚSICA POPULAR CAFONA E DITADURA MILITAR*, DE PAULO CÉSAR DE ARAÚJO)

Controvérsia número 1: Hoje é um novo dia

Se a oposição, a resistência e o desbunde tinham seus códigos, o *status quo* da ditadura também tinha o seu. Jargões como "Brasil grande", "integração nacional", "ame-o ou deixe-o", "ilha de paz", "pra frente Brasil, "ninguém segura este país" eram afluentes de um grande rio que ia desaguar no maior mito de todos, o Milagre Brasileiro. O problema com essa linguagem eufórica é que, freqüentemente, ela lançava a sombra da suspeita sobre qualquer texto que a tangenciasse. Em seu livro de memórias *Noites tropicais,* Nelson Motta descreve um desses casos: no final de 1971, sob encomenda da TV Globo, ele e seus sócios na produtora Aquarius, os irmãos Marcos e Paulo Sérgio Valle, compõem uma canção — um *jingle* institucional, na verdade — para a mensagem de Natal da emissora. Saltitante e alegre à moda do então *fashionable* Burt Bacharach, a canção começava com: "hoje/ é o novo dia/ de um novo tempo/ que começou". Otimismo ocasional de fim de ano ou otimismo compulsório do Milagre? Na hora da gravação da mensagem, em que a canção deveria ser dublada por todo o elenco da casa, Nelsinho se viu confrontado com uma interpretação, fornecida por Dina Sfat. "Era uma vergonha: aquela música servia aos objetivos da propaganda da ditadura, com a cumplicidade da TV Globo." A canção tornou-se um gigantesco sucesso, e Nelsinho, passado o primeiro choque com a dura de Dina, confessa: "Eu não sabia se sentia orgulho ou vergonha".

Controvérsia número 2: O amor é meu país

Uma sombra semelhante se estendeu sobre Ivan Lins nos primeiros anos de sua carreira, graças justamente a um dos seus primeiros grandes sucessos, a canção soul "O amor é meu país". Uma parceria com seu letrista mais constante do período, Ronaldo Monteiro de Souza, "O amor..." estreou em 1970 no V Festival Internacional da Canção da TV Globo, com Ivan numa roupa toda franjada, cantando com tanta energia que parecia que suas veias do pescoço iam saltar fora: "eu queria/ eu queria/ eu queria/ um segundo/ lá no fundo/ de você", o que já deveria estabelecer o território que a canção habitava. Mas seu *gran finale* — "Não me importo se é pra chegar/ Eu sei, eu sei/ De você fiz o meu país/ Vestindo festa e final feliz/ Eu vi, eu vi/ O amor é o meu país" — deixou um gosto amargo. O rótulo de adesista colou em Ivan, e, numa entrevista ao *Pasquim*, em 1972, ele foi verbalmente linchado. Ivan só se recuperaria do incidente trocando de parceiro e estilo, renascendo com o LP *Modo livre*, letrado por Vitor Martins.

© Ronaldo Câmara

Controvérsia número 3: Elis Regina

A apresentação de Elis no Encontro Cívico Nacional (21/4/1972), regendo um coral de artistas que cantava o Hino Nacional, levou-a a ser hostilizada por boa parte da crítica e a levar uma vaia sonora quando se apresentou no evento Phono 73, no Anhembi de São Paulo. Embora tenha se recuperado com uma faxina em regra em seu repertório — especialmente a partir da segunda metade da década —, a questão permaneceu um ponto sensível na carreira da cantora até o fim de sua vida.

Controvérsia número 4: Wilson Simonal

O caso de Wilson Simonal é mais complexo. Em 1971, ele teria sido o mandante de uma surra, dada por dois policiais — um deles do Dops — no contador de sua firma, que o teria roubado. Denunciado pela vítima, Simonal foi condenado — e durante o inquérito, em 1972, um agente do Dops revelou que o cantor tinha sido informante do órgão. Em 1991, a Secretaria de Assuntos Estratégicos da Presidência da República emitiu um documento negando que Simonal tenha colaborado com os órgãos da repressão.

SAMBA

Os grandes sucessos do samba

Os primeiros anos 70 são um período extremamente significativo para o samba. Posto meio de lado pelo público classe média desde a bossa nova, ele começa a voltar ao primeiro plano no final dos 60. Agora, nos 70, as comportas se abrem de par em par, trazendo uma nova geração de compositores e intérpretes — Chico Buarque, Paulinho da Viola, Martinho da Vila, Clara Nunes, Alcione, Beth Carvalho, João Nogueira — e uma nova apreciação de veteranos mestres que, muitas vezes, têm apenas aqui, no início dos 70, sua estréia em disco.

"FOI UM RIO QUE PASSOU EM MINHA VIDA", PAULINHO DA VIOLA (1970) ::: "APESAR DE VOCÊ", CHICO BUARQUE (1970) ::: "MEU LAIÁRAIÁ", MARTINHO DA VILA (1970) ::: "Ê BAIANA", CLARA NUNES (1971) ::: "DESACATO", ANTÔNIO CARLOS E JOCAFI (1971) ::: "ACONTECE", CARTOLA (1972) ::: "PARTIDO-ALTO", MPB 4 (1972) ::: "FOLHAS SECAS", NELSON CAVAQUINHO E GUILHERME DE BRITO (1973) ::: "TRISTEZA PÉ NO CHÃO", CLARA NUNES (1973) ::: "NINGUÉM TASCA", MARINHO DA MUDA (1973) ::: "PORTA ABERTA", LUIZ AYRÃO (1973) ::: "ORGULHO DE UM SAMBISTA", JAIR RODRIGUES (1973) ::: "QUANDO EU ME CHAMAR SAUDADE", NELSON CAVAQUINHO (1973) ::: "CONTO DE AREIA", CLARA NUNES (1974) ::: "QUANTAS LÁGRIMAS", CRISTINA E MANACÉIA (1974) ::: "BOI DA CARA PRETA", ZUZUCA (1974) ::: "E LÁ VOU EU", JOÃO NOGUEIRA (1974) ::: "DISRITMIA", MARTINHO DA VILA (1974) ::: "DISFARÇA E CHORA", CARTOLA (1974) ::: "CANTA, CANTA, MINHA GENTE", MARTINHO DA VILA (1974)

Os sambas-enredo que estouraram

O outro fenômeno importante do mundo do samba foi a migração do samba-enredo para fora dos desfiles e para dentro do que ainda se chamava "o meio de ano", graças ao lançamento sistemático — iniciado em 1970 — de LPs de coletânea dos sambas-enredo das escolas pertencentes à Associação das Escolas de Samba. Em 1973 um contrato de longo prazo é assinado com a Top Tape, uma gravadora de porte substancial na época, e as escolas começam a tentar fazer valer seu direito de arena, ou seja, cobrar pela transmissão do desfile — uma batalha vitoriosa em 1974, quando a TV Rio assinou um contrato de exclusividade para a transmissão. As escolas de samba estavam a caminho de se tornar um megaespetáculo de *showbusiness*.

"LENDAS E MISTÉRIOS DO AMAZONAS", SAMBA-ENREDO DA PORTELA, VENCEDORA DO DESFILE (1970) ::: "FESTA PARA UM REI NEGRO (PEGA NO GANZÊ)", SAMBA-ENREDO DO SALGUEIRO, VENCEDORA DO DESFILE (1971) ::: "RIO GRANDE DO SUL NA FESTA DO PRETO FORRO", SAMBA-ENREDO DA UNIDOS DE SÃO CARLOS EM 1972; BETH CARVALHO GRAVOU EM 1971 ::: "LAPA EM TRÊS TEMPOS", SAMBA-ENREDO DA PORTELA (1971) ::: "ALÔ ALÔ TAÍ CARMEM MIRANDA", SAMBA-ENREDO DA IMPÉRIO SERRANO, VENCEDORA DO DESFILE (1972) ::: "MARTIM CERERÊ", SAMBA-ENREDO DA IMPERATRIZ LEOPOLDINENSE (1972), POPULARIZADO PELA NOVELA *BANDEIRA DOIS*, NA QUAL ERA O TEMA DO BICHEIRO TUCÃO (PAULO GRACINDO) ::: "ILU AYÊ, TERRA DA VIDA", SAMBA-ENREDO DA PORTELA, CLARA NUNES (1972) ::: "MANGUEIRA, MINHA MADRINHA QUERIDA" (TENGO TENGO), ZUZUCA, SAMBA-ENREDO DO SALGUEIRO (1972) ::: "LENDAS DO ABAETÉ", SAMBA-ENREDO DA MANGUEIRA, VENCEDORA DO DESFILE (1973) ::: "REI DA FRANÇA NA ILHA DA ASSOMBRAÇÃO", SAMBA-ENREDO DO SALGUEIRO, VENCEDORA DO DESFILE (1974) ::: "A FESTA DO DIVINO", SAMBA-ENREDO DA MOCIDADE INDEPENDENTE DE PADRE MIGUEL (1974) ::: "O MUNDO MELHOR DE PIXINGUINHA", SAMBA-ENREDO DA PORTELA (1974)

Outros fatos marcantes do mundo do samba

EM 1970 TORNA-SE OBRIGATÓRIO O ENVIO DOS CROQUIS DAS ALEGORIAS E FANTASIAS À CENSURA ::: O BLOCO CACIQUE DE RAMOS É FUNDADO EM 20/1/1970 ::: O CARNAVAL DE 1971 É O PRIMEIRO EM QUE O TEMPO DOS DESFILES DAS ESCOLAS DE SAMBA É LIMITADO E CONSIDERADO QUESITO CAPAZ DE DESCONTAR PONTOS ::: A RIOTUR S/A, EMPRESA DE TURISMO DO ESTADO DA GUANABARA, É CRIADA NO DIA 14/7/1972 ::: A MANGUEIRA INAUGURA A SUA QUADRA DE ENSAIOS, O PALÁCIO DO SAMBA, EM 7/4/1972 ::: SILAS DE OLIVEIRA, MESTRE DA IMPÉRIO SERRANO, MORRE NO DIA 20/5/1972 ::: LEILA DINIZ E MARÍLIA PÊRA ENCARNARAM DUAS VERSÕES DE CARMEM MIRANDA NO DESFILE CAMPEÃO DA IMPÉRIO SERRANO, EM 1972, ASSINADO POR FERNANDO PINTO ::: 1973 FOI O *ANNUM HORRIBILIS* DA PORTELA: SUA BATERIA TEVE UM COLAPSO NO DESFILE E PERDEU COMPLETAMENTE A CADÊNCIA. O ENREDO ERA "PASÁRGADA, O AMIGO DO REI". ATÉ HOJE OS PORTELENSES CONSIDERAM ESTE COMO UM DOS MAIORES DESASTRES DA HISTÓRIA DA ESCOLA ::: O EX-BAILARINO JOÃO JORGE TRINTA ESTRÉIA COMO CARNAVALESCO NO SALGUEIRO EM 1973, ASSINANDO O DESFILE "ENEIDA, AMOR E FANTASIA". NO ANO SEGUINTE ELE SERIA CAMPEÃO COM O ENREDO "REI DA FRANÇA NA ILHA DA ASSOMBRAÇÃO". ALÉM DE UM CARRO COM CAVALOS SEM CABEÇA, O DESFILE CONTA COM AS PRESENÇAS DE RITA LEE, WILSON SIMONAL E DOS JOGADORES JAIRZINHO E CAFURINGA ::: DONGA, UMA DAS FIGURAS CENTRAIS DA CRIAÇÃO DO SAMBA, MORRE EM 25/8/1974 ::: NO FINAL DE 1974, CANDEIA, COMPOSITOR, INTÉRPRETE E ILUSTRE PORTELENSE, DEIXA A ESCOLA E FUNDA A QUILOMBO, UMA ESCOLA DE SAMBA ALTERNATIVA, REUNINDO SAMBISTAS DESCONTENTES COM A CRESCENTE COMERCIALIZAÇÃO DO CERTAME. A QUILOMBO NÃO DESFILAVA E NÃO COMPETIA.

OS FESTIVAIS

A era de ouro dos festivais já tinha acabado, mas as emissoras de televisão ainda não tinham percebido. Inebriadas pelas possibilidades da transmissão em rede nacional proporcionada pela criação da Embratel, e com a *TV Globo* — que havia perdido o melhor do filão dos festivais dos anos 60 — à frente, elas insistiam em manter o evento vivo. O que obviamente muito agradava aos donos do poder, por cristalizar um momento de paz, canção e torcida como convinha a um país próspero que ninguém segurava. Os resultados foram muito curiosos.

III Festival Universitário da Canção Popular (RIO DE JANEIRO E SÃO PAULO)

PRODUTORA/EMISSORA: TV TUPI

DATA: JULHO/1970

RESULTADOS: Rio de Janeiro: **1º LUGAR:** "Dia cinco" (Rui Maurity e José Jorge Miquinioty) — intérprete: Ruy Maurity. Prêmio de melhor letra: "Luzia Mãe d'Água" (José Mauro e Ana Maria Bahiana) — intérprete: Nana Caymmi.

São Paulo: **1º LUGAR:** "Pra que lagoa se eu não tenho canoa" (Hilton Acioly), intérprete: Trio Maraiá.

V FIC (Festival Internacional da Canção)

PRODUTORA/EMISSORA: TV GLOBO

DATA: OUTUBRO/1970

RESULTADOS:

1º LUGAR: "BR-3" (Antonio Adolfo e Tibério Gaspar) — intérprete: Tony Tornado e Trio Ternura. **2º LUGAR:** "O amor é o meu país" (Ivan Lins e Ronaldo Monteiro) — intérprete: Ivan Lins **3º LUGAR:** "Universo no teu corpo" (Taiguara) — intérprete: Taiguara

O que rolou: Foram 41 canções selecionadas para a parte nacional do festival (que também tinha uma competição internacional inacreditavelmente cafona), número esdrúxulo porque os selecionadores quase se mataram tentando desempatar entre "Conquistando e conquistado", de Carlos Imperial e Ibrahim Sued, e "Encouraçado", de Sueli Costa e Tite de Lemos — e no final entraram as duas. Representantes da nascente (e ainda largamente subterrânea) cena de rock estavam entre os escolhidos: o recém-nascido O Terço com "Um milhão de olhos" e o Som Imaginário de Zé Rodrix, Wagner Tiso, Fredera, Tavito e Robertinho Silva com "Feira moderna". Mas o ritmo do momento era a soul music — até Wanderléa aderiu a ela, interpretando uma composição sua com Dom (da dupla Dom & Ravel) chamada "A charanga" — e ungiu, além dos dois primeiros lugares, o *happening-canção* "Eu quero mocotó", com Erlon Chaves, sua Banda Veneno e dúzias de cantores no estilo gospel. Para incrementar a apresentação da música na final, Erlon arregimentou as dançarinas do Canecão — todas brancas — que se requebravam sensualmente e o cobriam de beijos. Foi o bastante para que o maestro — que na época namorava Vera Fischer — fosse detido e levado para a Polícia Federal, de onde saiu depois de alguns dias, com suas atividades artísticas suspensas por portaria do chefe da Censura Federal.

A figura épica de Antônio Viana Gomes, mais conhecido como Tony Tornado, com um sol amarelo pintado no peito contorcendo-se como James Brown e gritando "meu Deus! Meu povo!" ao final de "BR-3" tornou-se a imagem-ícone do festival. Na semana seguinte Elis Regina escrevia, num artigo especial da revista *Manchete*: "Que quer dizer Tony Tornado? Que coisa maravilhosa é aquela? Preciso urgentemente de uma explicação".

IV Festival Universitário da Canção Popular (RIO DE JANEIRO E SÃO PAULO)

PRODUTORA/EMISSORA: TV TUPI

DATA: JULHO/1971

RESULTADOS: Rio de Janeiro: **1º LUGAR:** "Na hora do almoço" (Belchior) — intérpretes: Jorginho Telles e Jorge Neri.

São Paulo: **1º LUGAR:** "Lá se vão meus anéis" (Eduardo Gudin e Paulo César Pinheiro) — intérprete: Eduardo Gudin.

VI FIC

PRODUTORA/EMISSORA: TV GLOBO

DATA: SETEMBRO/1971

RESULTADOS:

1º LUGAR: "Kyrie" (Paulinho Soares e Marcelo Silva) — intérprete: Evinha **2º LUGAR:** "Karany Karanuê" (José de Assis e Diana Camargo) — intérprete: Trio Ternura **3º LUGAR:** "Desacato" (Antônio Carlos e Jocafi) — intérpretes: Antônio Carlos e Jocafi

O que rolou: Duas questões espinhosas se apresentaram logo de cara: os compositores de nome, escolados, não estavam nem um pouco contentes com a maneira óbvia como o Festival, com seus artistas, jurados e convidados estrangeiros, estava sendo usado para remendar a imagem do Brasil no exterior e fazer propaganda do "Brasil Grande"; e o convite a 17 deles para fazer parte de um "balaio especial", enquanto os estreantes passavam pelos crivos normais, também não pegou bem. Chico Buarque recusou o convite de cara. Quando a Polícia Federal exigiu que todos os participantes selecionados fossem fichados e vetou duas canções de compositores convidados — "Corpos nus", de Taiguara, e "Pirambeira", de Hermínio Bello de Carvalho e Maurício Tapajós —, 12 dos 16 convidados restantes se retiraram do evento. Uma derradeira tentativa, capitaneada pelo diretor artístico do Festival, Gutemberg Guarabyra, terminou catastroficamente: Gut convenceu um grupo seleto de compositores cinco estrelas — inclusive Chico — a apresentar canções na última hora, sem ter que passar por seleção alguma e com trâmite mínimo pela Censura graças a uma série de subterfúgios. Isso daria o recado, com certeza. De nada adiantou: todas foram proibidas, e os compositores optaram por se retirar formalmente do festival. Uma carta-manifesto contando toda a história só foi veiculada no jornal *Última Hora* do Rio de Janeiro — que foi recolhido — e por uma agência internacional de notícias — cujo correspondente foi preso e expulso do país. Os compositores — Chico, Egberto Gismonti, Vinicius de Moraes, Paulinho da Viola, entre outros — foram arrebanhados um a um pelo Dops e levados para "averiguações". Gut foi forçado a se demitir da direção do festival — e assim começou sua carreira como parte do trio de rock rural Sá, Rodrix & Guarabyra.

No final das contas, entre as vencedoras, apenas o samba "Desacato", de Antônio Carlos e Jocafi, fez sucesso — a grande favorita, que ganharia longa vida na voz de vários intérpretes, inclusive Elis Regina, foi "Casa no campo", de Zé Rodrix e Tavito, que não se classificou entre as vencedoras.

VII FIC

PRODUTORA/EMISSORA: TV GLOBO

DATA: SETEMBRO/1972

RESULTADOS:

1º LUGAR: "Fio maravilha" (Jorge Ben) — intérprete: Maria Alcina

2º LUGAR: "Diálogo" (Baden Powell e Paulo César Pinheiro) — intérpretes: Tobias e Cláudia Regina

PRÊMIO ESPECIAL: "Cabeça" (Walter Franco) — intérprete: Walter Franco **RESULTADO ALTERNATIVO: 1º LUGAR:** "Cabeça" (Walter Franco) — intérprete: Walter Franco **2º LUGAR:** "Nó na cana" (Ari do Cavaco e Cesar Augusto) — intérpretes: Mirna e Elson

O que rolou: A tormenta do ano anterior afastou uma geração do FIC, e no seu vácuo entrou outra turma. Raul Seixas estreou com duas músicas — "Eu sou eu Nicuri é o Diabo" (interpretada com a excelente banda Os Lobos) e "Let Me Sing". Seu amigo Sérgio Sampaio entrou com "Eu quero botar meu bloco na rua". A nova geração nordestina, que dominaria a metade final da década, compareceu em peso: Alceu Valença e Geraldo Azevedo com "Papagaio do futuro" (que seria interpretada com Jackson do Pandeiro), Raimundo Fagner com "Quatro graus", Belchior e Ednardo com "Bip bip". O experimentalismo marcou presença com o estreante Walter Franco e "Cabeça", Hermeto Paschoal e "Serearei". A galera da cena rock também se animou: além dos Lobos e de Raul, havia Os Mutantes com "Mande um abraço pra velha", Luli & Lucina com "Flor lilás", A Bolha com "Liberdade, liberdade". De Recife veio O Peso com "O pente". De Belo Horizonte veio Sirlan, que já havia montado um pocket show com letras de rock traduzidas e, fingindo ser um pobre matuto do Vale do Jequitinhonha, conseguiu liberar na censura a única concorrente que ficou de rabo preso, a sua "Viva Zapátria" (parceria com Murilo Antunes que ele apresentaria com dois então desconhecidos do grande público: Beto Guedes e Flávio Venturini). A repressão estava preocupada, aparentemente, com outras coisas: mandou para a organização do festival uma lista de dez itens proibidos — entre eles, letras perigosas, menções ao "poder negro" — e plantou agentes nos bastidores para controlar os decotes das participantes, sob a alegação de que, sendo o festival transmitido a cores pela primeira vez, "os decotes vistos (em 1971) não seriam permitidos", porque "decote avantajado em cores é muito mais imoral que decote avantajado em preto-e-branco".

Foi um festival muito louco, com um grande bode no meio. Na verdade, quatro galinhas e dois porcos, que deveriam participar, com Hermeto e Alaíde Costa, da apresentação de "Serearei" e que foram proibidos terminantemente pela Polícia Federal. Temendo que Hermeto desse um jeito de trazê-los de volta com a música já em cena, a produção cortou seu som — o começo de uma escalada de repressão e violência que terminou com Alaíde Costa presa em seu camarim, o jurado Roberto Freire espancado, e o júri — que tinha Nara Leão à frente, Rogério Duprat, Big Boy e Sérgio Cabral entre os integrantes — demitido depois de ter escolhido a vaiadíssima "Cabeça" e o pagode "Nó na cana" como vitoriosas.

Outro júri acabou consagrando "Fio maravilha" — a revista *Rolling Stone* revelou que a cantora Maria Alcina já vinha há meses recebendo salários "de 4 mil cruzeiros mensais" da Globo —, Raul Seixas levantou a platéia do Maracanãzinho duas vezes e, numa estranha surpresa típica da noite, o menino Grilo, doce figura do underground carioca, subiu ao palco para dançar "Hey Jude" com Wilson Pickett, uma das poucas atrações não-caretas do que viria a ser o último FIC.

OS SHOWS QUE TODO MUNDO COMENTOU

Waldick Soriano na boate Flag RIO DE JANEIRO, 1971

A idéia e a produção foram da "locomotiva" Beki Klabin, namorada de Waldick na época. Luiz Carlos Vinhas forneceu o acompanhamento ao piano, e Waldick, sentindo "uma coisa estranha", enfrentou "a fera" do público chique que, a princípio comedido e irônico, acabou se descabelando ao som de "Eu não sou cachorro não". Um colunista do jornal *O Globo* disse que o show tinha sido "uma espécie de circo ou seqüência de mundo cão".

Gal a todo vapor, Gal Costa, teatro Opinião RIO DE JANEIRO, 1971-1972

Eternizado no álbum *Fa-tal — Gal a Todo Vapor*. A saia nos quadris e a testa pintada de dourado criaram moda; a banda, com Lanny Gordin (Gabriel O'Meara na versão "na estrada"), Bruce Henry e Robertinho Silva, era um luxo; o repertório, o creme da fusão da década. "Nos seus piores dias, Gal é desbundantemente *sexy*", escreveu Mick Killingbeck na *Rolling Stone*.

Caetano Veloso e Gilberto Gil, teatros Municipal e João Caetano
RIO DE JANEIRO, JANEIRO DE 1972

Os "shows da volta". Uma festa.

Caetano e Chico, teatro Castro Alves SALVADOR, NOVEMBRO DE 1972

Criado expressamente para se transformar num disco — um dos primeiros de uma tendência que se firmaria cada vez mais —, o encontro, nas palavras de Nelson Motta, tinha também o propósito de neutralizar a tensão entre partidários de um e de outro. "Os admiradores de Chico acusam (Caetano) de individualismo internacionalizado, de fazer o jogo da direita. Já os fãs radicais de Caetano consideram Chico um tradicionalista e populista" (em *Noites tropicais*). A estratégia deu certo.

Secos & Molhados no Maracanãzinho RIO DE JANEIRO, FEVEREIRO DE 1974

Mesmo com sérios problemas de som, um delírio.

Brasileiro Profissão Esperança, Clara Nunes e Paulo Gracindo, teatro Opinião RIO DE JANEIRO, 1974

A vida de Antônio Maria no show que firmou a trajetória de Clara Nunes.

Phono 73, Anhembi, SÃO PAULO, MAIO DE 1973

Em 1973, a Phonogram (que, ao longo do tempo e após várias fusões, é hoje a Universal Music) promoveu um espetáculo de três dias no Palácio das Convenções do Anhembi. O objetivo era mostrar ao público e à imprensa a vastidão e a qualidade de seu elenco, além de produzir material para futuros discos ao vivo. Na verdade, a Phono 73 acabou ficando ilustre por outros motivos:

A vaia em Elis Regina

Grande estrela da Phillips, o selo nobre da Phonogram, Elis foi recebida com poucos aplausos, muitos assobios, apupos e um grito anônimo de "Vai cantar na Olimpíada do Exército!". Caetano, na platéia, tomou as dores da cantora, replicando: "Respeitem a maior cantora do Brasil!"

O beijo de Gal e Bethânia

Gal e Bethânia, ambas iniciadas por Mãe Menininha nos mistérios do Gantois, cantaram juntas a "Oração de Mãe Menininha" de Dorival Caymmi, que viria a ser um dos maiores sucessos de execução do ano. No final, mandaram um belo beijo na boca que estatelou a platéia.

O silêncio de "Cálice"

A música "Cálice", uma parceria entre Chico Buarque e Gilberto Gil, seria um dos lançamentos exclusivos da Phono, mas teve a letra proibida pela censura em sua integralidade. Quando Gil e Chico subiram ao palco e começaram a cantar a melodia de "Cálice" — que não havia sido proibida — o som desapareceu de seus microfones. O episódio contribuiria, mais tarde, para o rompimento de ambos com a Phillips.

O encontro de Caetano com Odair José

Os shows eram sempre montados em duplas, com um artista fazendo um número solo e depois convidando um parceiro. Caetano escolheu Odair José, que estava fazendo enorme sucesso com "Vou tirar você deste lugar", e estava prestes a lançar "Pare de tomar a pílula", seu libelo contra o controle da natalidade. Odair achou o convite estranhíssimo, mas entendeu-se imediatamente com Caetano. Quem não se entendeu com a dupla foi o público, que vaiou estrepitosamente a entrada do cantor/compositor no que seria o encerramento do evento — a performance, a dois, de "Vou tirar você deste lugar". Caetano mandou uma frase histórica: "Não há nada mais Z que um público classe A".

DESBUNDE!

A "GERAÇÃO PERDIDA" DO ROCK BRASILEIRO ::: ENTRE A EXPLOSÃO DA JOVEM GUARDA NOS 60 E O ROCK BR DOS ANOS 80 HÁ UM CAPÍTULO IMPORTANTE E POUCO DOCUMENTADO DA ACLIMATAÇÃO DO ROCK NOS TRÓPICOS.

Os Mutantes/Rita Lee/Arnaldo Baptista

Nos anos 60, os Mutantes fazem facilmente a ponte entre rock e MPB graças à Tropicália. Sem ela, nos primeiros 70, eles embarcam numa viagem de transformação que impulsionaria a carreira solo de Rita Lee na segunda metade da década. Em 72 a banda se desfaz, retornando um ano depois, sem Rita e Arnaldo, e com um som progressivo. Em 1974, Arnaldo Baptista lança um álbum solo que, apesar de oficialmente não acabado, é uma obra-prima.

A DIVINA COMÉDIA OU ANDO MEIO DESLIGADO, OS MUTANTES (1970) ::: **JARDIM ELÉTRICO**, OS MUTANTES (1971) ::: **MUTANTES E SEUS COMETAS NO PAÍS DO BAURETS**, OS MUTANTES (1972) ::: **HOJE É O PRIMEIRO DIA DO RESTO DA SUA VIDA**, RITA LEE (1972) ::: **TUDO FOI FEITO PELO SOL**, OS MUTANTES (1973) ::: **ATRÁS DO PORTO TEM UMA CIDADE**, RITA LEE (1974) ::: **LOKI**, ARNALDO BAPTISTA (1974)

Novos Baianos

Com a niteroiense Baby Consuelo à frente, os Novos Baianos chegam ao Rio no final dos 60 com um som pesadíssimo, puxado pela guitarra psicodélica de Pepeu. Instalam-se primeiro na casa do produtor João Araújo e depois vão viver em comunidade num apartamento em Botafogo, repleto de panos indianos, incenso e outras especiarias. Ali recebem a visita que vai mudar sua vida: João Gilberto. Armados com as epifanias do velho baiano, os Novos Baianos se mudam para um sítio em Jacarepaguá e forjam *Acabou chorare*, o disco que, de um fôlego só, aponta quase todos os caminhos que seriam seguidos por rock e MPB nas décadas seguintes.

ACABOU CHORARE (1972) ::: **NOVOS BAIANOS F. C.** (1973) ::: **LINGUAGEM DO ALUNTE** (1974)

A Bolha

Nascida como The Bubbles nos anos 60 — um conjunto de covers, muito requisitado para bailes —, a banda dos irmãos César e Renato Ladeira se transforma, na virada da década, no primeiro supergrupo carioca, depois de um espetáculo "muito louco" (definição de Renato) com Gal Costa na boate Sucata e uma passagem "mais louca ainda" pelo festival da ilha de Wight. Com Renato (teclados, guitarra, vocal), Arnaldo Brandão (baixo, vocal), Pedro Lima (guitarra, vocal) e Gustavo Schroeter (bateria), superlotam teatros e ginásios com um som pesado, composições próprias, virtuose instrumental e a mais completa e poderosa aparelhagem em atividade naquele momento. Criam legiões de fãs — muitos dos quais tomariam a frente do Rock BR, dez anos depois.

SEM NADA/18:30/OS HEMADECONS CANTAVAM EM CORO CHÔÔÔÔÔ... (COMPACTO) (1971) ::: **UM PASSO À FRENTE** (1973)

Módulo Mil

Luís Paulo (órgão, piano, vocal), Eduardo (baixo), Daniel (guitarra, violão, vocal) e Candinho (bateria) mesclavam pesado com psicodélico, e não se ligavam muito em letras — onomatopéias, palavras ao contrário e latim bastavam para dar o recado. O que muito enervava a censura, que tinha certeza de que a viajante banda carioca estava passando mensagens em código para grupos de militantes.

NÃO FALE COM PAREDES (1971)

Som Nosso de Cada Dia

Formado em 1970, em São Paulo, com o nome Cabala, tinha Pedrão (contrabaixo, viola e vocal), Pedrinho (bateria e vocal) e Manito (órgão Hammond, Mini Moog, piano, violino, flauta e sax) e o letrista/mentor intelectual Paulinho Mastrote Machado, o "Capitão Fuguete", figura prezadíssima na cena paulista. O som era progressivo à maneira King Crimson/Emerson Lake & Palmer, e seu momento de maior glória foi abrir o show de Alice Cooper no Anhembi em 1974.

SNEGS (1974)

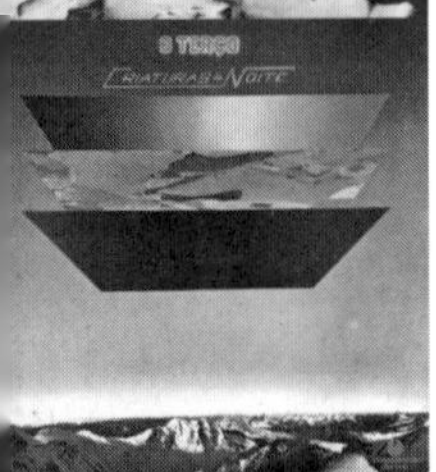

O Terço/Karma

Passando por diversas encarnações nos anos 60 — inclusive a improvável ocupação de ser o conjunto residente do *Programa Flávio Cavalcanti*, na TV — Sérgio Hinds, Jorge Amiden, Vinicius Cantuária assumem o nome O Terço na virada para os 70. O som é incrivelmente melódico, elaborado e fino, com destaque para as harmonias vocais entre os três e belas canções como "Tributo ao sorriso" e "Criaturas da noite". Em 1972, Jorge Amiden sai e forma o Karma com Luiz Mendes Júnior e Gastão Lamounier.

TERÇO (1972) ::: KARMA (1972)

Os Brazões

Espetacular banda rock/soul/psicodélica formada pelos paulistas Miguel (guitarra base) e Eduardo (bateria), pelo maranhense Roberto (guitarra solo) e pelo paranaense Taco (baixo), os Brazões estouraram num festival em 69 interpretando "Gotham City", de Macalé. Seu único álbum tem cintilantes releituras do repertório da Tropicália, especialmente de Gilberto Gil.

OS BRAZÕES (1970)

Liverpool/Bixo da Seda

Saídos do bairro operário do IAPI, na zona norte de Porto Alegre, com o nome Liverpool, eram, como a Bolha, uma banda de *covers* especializada em Rolling Stones. Migraram para a psicodelia pesada. Sua estrela era o guitarrista Mimi Lessa, complementado por Edinho (bateria), Fuguetti (cantor), Pekos (baixo) e Marcos (base). Depois da mudança para o Rio de Janeiro, transformaram-se em Bixo da Seda.

BIXO DA SEDA (1973)

Som Imaginário

Grupo originalmente formado em 1970 para acompanhar Milton Nascimento, ganhou vida própria rapidamente. Era um verdadeiro jardim zoológico: só feras. Wagner Tiso (teclados), Luís Alves (contrabaixo), Robertinho Silva (bateria), Tavito (violão), Fredryko (guitarra), Zé Rodrix (teclados, voz e flauta), Laudir de Oliveira (percussão), Naná Vasconcelos (percussão) e participações de Nivaldo Ornelas (sax) e Toninho Horta (guitarra).

SOM IMAGINÁRIO (1970) ::: SOM IMAGINÁRIO 2 (1971) ::: A MATANÇA DO PORCO (1973)

E também...

Paulo Bagunça e a Tropa Maldita

Uma peculiar fusão de músicos da Cruzada São Sebastião (conjunto habitacional que substituiu a favela da praia do Pinto, no Rio), e garotos da zona sul, com um som acústico e pré-funk. Deixaram uma gravação antológica numa coletânea: "Grinfa louca".

Os Lobos

Da mesma cena que produziria o *hitmaker* Dalto, na segunda metade da década, Os Lobos de Cássio Tucunduva eram intensamente melódicos, na linha Traffic. Têm um LP antológico, no qual se destaca a magnífica faixa "Miragem".

Paulo, Cláudio e Maurício

Os gêmeos Paulo e Cláudio uniram-se a Maurício Maestro, ex-Momento Quatro, para produzir uma suave mescla de rock e MPB. Sucessos na cena carioca eram "Morais acadêmicas" e "Acordar, acender".

Soma

Liderados por Bruce Henry (baixo), com Alírio Lima na bateria, cantavam em inglês e tiveram Richard Court, o Ritchie (que vinha da banda Scaladacida), como vocalista e flautista da formação que participou do LP *O banquete dos mendigos*, de Macalé.

Veludo Elétrico

Luís Maurício na guitarra solo, Paulo Augusto na guitarra-base, Fernando Gama no baixo e Rui Motta na bateria. Não gravaram, mas tocavam muito pela cena carioca entre 1970 e 1973. Em 1975 Luís Maurício troca de nome e de banda e passa a ser o Lulu Santos do Vímana.

Rock Ebó

Muito antes de ser a legendária Dama de Branco das ruas de Ipanema, Anamaria era a vocalista desta banda que tinha Pedrinho Santana na guitarra e Paulinho de Camafeu na percussão, com a proposta de misturar rock e ritmos baianos.

Rio Blues: A breve e estranha visita de Janis Joplin ao país tropical

Como uma turista qualquer, sem fanfarra e sem divulgação, Janis Joplin visita o Rio de Janeiro em fevereiro de 1970, meses antes de sua morte. Descrita pela imprensa careta como "rainha, deusa e musa dos hippies", Janis desembarca no Galeão com plumas roxas na cabeça, pantalonas e blusão florido. Descola convites para o baile do teatro Municipal, é expulsa de um camarote chique, e João Luiz Albuquerque, cobrindo o baile para a *Manchete*, diz que Janis é "feia, muito feia". Queria fazer um show na praça General Osório, em Ipanema, para os hippies, mas acaba se enturmando com os integrantes de uma comunidade no então remotíssimo bairro do Recreio dos Bandeirantes e vai com um deles — um americano veterano da Guerra do Vietnã — de carona para a Bahia e Cabo Frio, onde sofre um acidente de moto. Encanta-se com os destilados *made in Brazil* — especialmente Fogo Paulista e Creme de Ovos — e, num inferninho da rua Prado Júnior, no coração da Boca do Lixo de Copacabana, faz seu único show, dividindo o palco com seu fã Serguei.

Direto do Planeta Lamma: Damião Experiença

Pioneiro do disco independente, do rock desconstrutivista e da documentação musical de contato com as esferas galáticas, o baiano Damião Ferreira da Cruz era uma das figuras mais onipresentes e queridas do *under* carioca e paulista. Atendendo pelos nomes Daminhão Experyença, Damião Experiença, Daimeão Experiencia ou Damiâo Expériyença, com grandes *dreadlocks* caindo-lhe às costas, este ex-operador de radar da Marinha e ex-cafetão freqüentava shows, festivais e redações de jornais independentes com seus discos autoproduzidos. Neles, com um violão de uma, duas ou três cordas e percussão de chapinhas de refrigerante, sua voz esgarçada expressava os sons que, Damião dizia, lhe chegavam diretamente do Planeta Lamma, em trabalhos entitulados *Planeta Bicho, 1308 Registrou gravou rose Olíria Experiença, Loucura total 1999, Som planeta Lamma, Humanidade sem poder ser livre, Mente astrológica* e *Planeta Lamma no tango*.

DAMIÃO: PUNK SIDERAL É COM ELE!

ONDISTOUQUE?

Desde que as primeiras notícias dos festivais de Monterey, Wight e, principalmente, Woodstock, chegaram ao Brasil, o sonho ficou solto. Dias e noites de som e liberdade sob as estrelas do hemisfério sul, não seria uma curtição? As tentativas de fazer pelo menos um Ondistouque foram muitas.

Festival de Guarapari ESPÍRITO SANTO, 1971

Também conhecido como "Guarapastock", foi o momento de glória da Bolha, que teve 40 minutos para, nas palavras de Fernando Lemos da *Rolling Stone*, "fazer o som que quisesse diante de um público ligado". Mas, diz Renato Ladeira na mesma matéria, "nem o táxi de Vitória para Guarapari estava pago".

Concerto Pirata, Estádio de Remo da Lagoa RIO DE JANEIRO, 1971

Organizado por Nelson Motta e Carlos Alberto Sion, "depois de uma *via crucis* burocrática". Oitocentas pessoas apareceram para, nas palavras de Nelsinho, curtir "o palco iluminado" que "parecia uma nave espacial brilhando na noite carioca".

Dia da Criação, Caxias RIO DE JANEIRO, OUTUBRO 1972

A cidade do Rio de Janeiro era o Estado da Guanabara; o Estado do Rio, onde fica Caxias, era quase o oeste selvagem para a turma *under*. Mas para lá foram os desbundados — alguns até, como disse a *Rolling Stone*, "curtindo de trem" — para ver, entre outros, Milton Nascimento e Som Imaginário, Karma, Liverpool e Módulo Mil. Choveu a cântaros.

Festival Kohoutek, Ibirapuera SÃO PAULO, 1973.

Em homenagem ao cometa que se aproximava e que, garantiam, ia finalmente inaugurar a Era de Aquarius. Em vez disso, inaugurou a carreira do Som Nosso de Cada Dia.

Você se lembra?

Não importava se o show era pequeno, médio ou grande, ao ar livre ou em teatro, nativo ou internacional: entrar nele nunca era garantia que dele se sairia. A polícia em suas diversas facções e atribuições era uma aparição constante, súbita e imprevisível, e tanto podia dar uma olhadela de intimidação quanto levar alguns espectadores para um passeio de camburão.

...E os primeiros grandes shows internacionais

Santana, teatro Municipal, Rio de Janeiro 24 DE SETEMBRO DE 1971

Um acontecimento. Quando foi anunciado, muita gente achou que era mentira, impossível, um delírio. Todo o Rio desbundado compareceu. A polícia, do lado de fora, limitou-se a olhar a turba cabeluda com hostilidade. Santana voltaria para shows e turnês em São Paulo, Porto Alegre e Brasília em 1973 e 1974, mas a primeira vez ninguém esqueceu.

Ravi Shankar, teatro Municipal, Rio de Janeiro DEZEMBRO 1971

Incenso e túnicas por toda parte. Como no *Concerto para Bangla Desh*, a afinação da complicadíssima sitar foi aplaudidíssima. Muita gente aproveitou para viajar.

Miles Davis, teatro Municipal, Rio de Janeiro 1974

Som pesado, *fusion*. Miles tocando de costas para o público, o que Ezequiel Neves achou "chiquérrimo". Platéia estranha, híbrida de bossa novistas, jazzistas e a turma do rock.

Alice Cooper, Anhembi, São Paulo, e Canecão e Maracanãzinho, Rio de Janeiro

MARÇO-ABRIL DE 1974

Temporariamente desinteressados da Europa, que penava com a crise de energia, os grandes *promoters* do circuito rock "descobrem" a América Latina, e Alice Cooper é o carro-chefe. Vem com cobra e tudo, sofre com o calor e as dificuldades de adaptar seu mega-equipamento a localidades que jamais haviam visto um verdadeiro show de rock.

Estrelas internacionais: uma discografia selecionada

Os discos estrangeiros chegavam tarde e mal ao Brasil. A prensagem (discos eram, obviamente, de vinil preto) era desigual, os repertórios divergiam dos originais e as capas... ai, as capas! Algumas vinham embrulhadas num plástico bem grosso, outras eram coladas com alguma coisa que tinha cheiro de cocô de cachorro. Por isso faziam-se sacrifícios aos poucos importadores, punham-se economias nas mãos dos amigos que porventura viajavam e ouviam-se discos importados em grupo, numa experiência compartilhada e quase religiosa. O que não podia faltar:

EXILE ON MAIN STREET, ROLLING STONES (1972) ::: **GOAT'S HEAD SOUP**, ROLLING STONES (1973) ::: **ZIGGY STARDUST**, DAVID BOWIE (1972) ::: **ALADDIN SANE**, DAVID BOWIE (1973) ::: **DIAMOND DOGS**, DAVID BOWIE (1974) ::: **WHO'S NEXT**, THE WHO (1971) ::: **QUADROPHENIA**, THE WHO (1973) ::: **DÉJÀ VU**, CROSBY, STILLS, NASH & YOUNG (1971) ::: **BLIND FAITH**, BLIND FAITH (1970) ::: **JOHN BARLEYCORN MUST DIE**, TRAFFIC (1970) ::: **THE LOW SPARK OF HIGH HEELED BOYS**, TRAFFIC (1971) ::: **EVERY PICTURE TELLS A STORY**, ROD STEWART (1972) ::: **WOODSTOCK**, TRILHA DO FILME (1970) ::: **EAT A PEACH**, ALLMAN BROTHERS BAND (1972) ::: **BROTHERS AND SISTERS**, ALLMAN BROTHERS BAND (1973) ::: **CARNEY**, LEON RUSSELL (1972) ::: **MAD DOGS AND ENGLISHMEN**, JOE COCKER (1973) ::: **AQUALUNG**, JETHRO TULL (1971) ::: **THICK AS A BRICK**, JETHRO TULL (1972) ::: **THE TRANSFORMER**, LOU REED (1972) ::: **HARVEST**, NEIL YOUNG (1972) ::: **BERLIN**, LOU REED (1973) ::: **ROCK'N'ROLL ANIMAL (LIVE)**, LOU REED (1974) ::: **ON THE BEACH**, NEIL YOUNG (1974) ::: **IT'S ONLY ROCK'N'ROLL**, THE ROLLING STONES (1974)

Pesado

KILLER, ALICE COOPER (1971) ::: **SCHOOL'S OUT**, ALICE COOPER (1972) ::: **LED ZEPPELIN III** (1970) ::: **LED ZEPPELIN IV** (1971) ::: **HOUSES OF THE HOLY**, LED ZEPPELIN (1974) ::: **GRAND FUNK** (1970) ::: **CLOSER TO HOME**, GRAND FUNK (1971) ::: **ROCKIN' THE FILLMORE**, HUMBLE PIE (1971) ::: **SMOKIN'**, HUMBLE PIE (1972) ::: **MACHINE HEAD**, DEEP PURPLE (1972) ::: **BLACK SABBATH** (1970) ::: **VERY 'UMBLE, VERY 'EAVY**, URIAH HEEP (1970) ::: **FUN HOUSE**, THE STOOGES (1970) ::: **RAW POWER**, THE STOOGES (1973) ::: **BACK IN THE USA**, MC5 (1970)

Prog

THE YES ALBUM, YES (1971) ::: **FRAGILE**, YES (1972) ::: **CLOSE TO THE EDGE**, YES (1972) ::: **TALES FROM TOPOGRAPHIC OCEANS**, YES (1974) ::: **NURSERY CRYME**, GENESIS (1971) ::: **THE LAMB LIES DOWN ON BROADWAY**, GENESIS (1974) ::: **EMERSON, LAKE & PALMER (O "DISCO DA POMBA")** (1970) ::: **ATOM HEART MOTHER**, PINK FLOYD (1970) ::: **TARKUS**, EMERSON LAKE & PALMER (1971) ::: **MEDDLE**, PINK FLOYD (1971) ::: **TUBULAR BELLS**, MIKE OLDFIELD (1973) ::: **THE DARK SIDE OF THE MOON**, PINK FLOYD (1973) ::: **IN THE COURT OF THE CRIMSON KING**, KING CRIMSON (1970) ::: **IN THE WAKE OF POSEIDON**, KING CRIMSON (1971) ::: **CRIME OF THE CENTURY**, SUPERTRAMP (1974)

Glam

MARC BOLAN ::: **MOTT THE HOOPLE** (LANÇADO EM 1969, "CHEGOU" AO BRASIL EM 1971) ::: **ROXY MUSIC** ::: **T. REX** (1970) ::: **ELECTRIC WARRIOR**, T. REX (1971) ::: **THE SLIDER**, T. REX (1972) ::: **ROXY MUSIC** (1972) ::: **FOR YOUR PLEASURE**, ROXY MUSIC (1973) ::: **NEW YORK DOLLS** (1973) ::: **COUNTRY LIFE**, ROXY MUSIC (1974) ::: **ALL THE YOUNG DUDES**, MOTT THE HOOPLE (1972) ::: **MOTT**, MOTT THE HOOPLE (1973)

"Ocupar espaço:
espantar a caretice:
tomar o lugar:
manter o arco:
os pés no chão:
um dia depois
do outro."

(Torquato Neto, coluna "Geléia Geral", *Última Hora*, terça-feira, 30/11/1971)

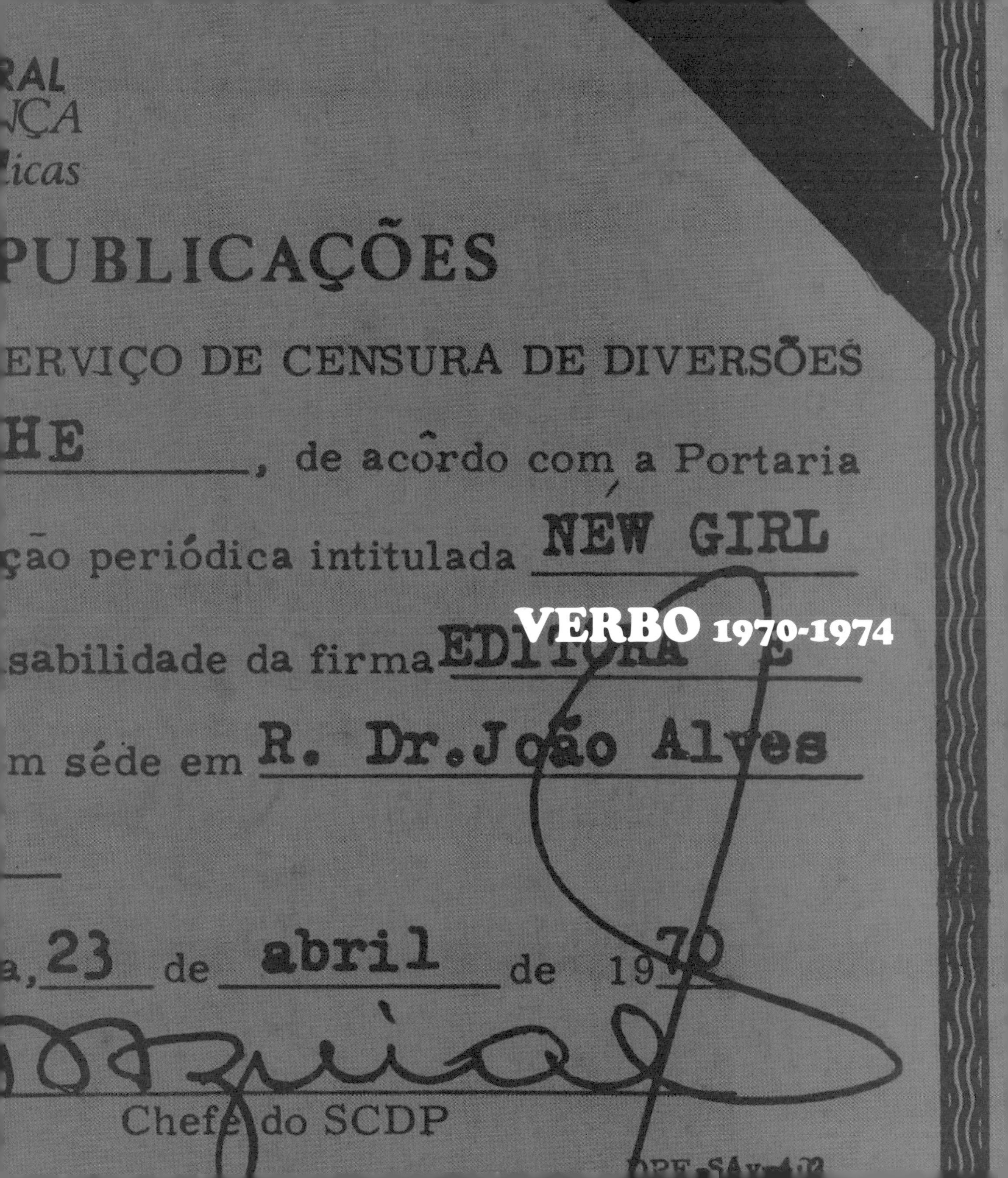

RAL
NÇA
ticas

PUBLICAÇÕES

ERVIÇO DE CENSURA DE DIVERSÕES

HE ______, de acôrdo com a Portaria

ção periódica intitulada NEW GIRL

sabilidade da firma EDITORA E

m séde em R. Dr.João Alves

a, 23 de abril de 1970

Chefe do SCDP

VERBO 1970-1974

O PRINCÍPIO:

Decreto-lei nº 1.077, de 26 de janeiro de 1970

Dispõe sobre a execução do artigo 153, § 8º, parte final, da Constituição da República Federativa do Brasil.

O PRESIDENTE DA REPÚBLICA, usando da atribuição que lhe confere o artigo 55, inciso I da Constituição e CONSIDERANDO que a Constituição da República, no artigo 153, § 8º dispõe que não serão toleradas as publicações e exteriorizações contrárias à moral e aos costumes; CONSIDERANDO que essa norma visa a proteger a instituição da família, preservar-lhe os valores éticos e assegurar a formação sadia e digna da mocidade; CONSIDERANDO, todavia, que algumas revistas fazem publicações obscenas e canais de televisão executam programas contrários à moral e aos bons costumes; CONSIDERANDO que se tem generalizado a divulgação de livros que ofendem frontalmente à moral comum; CONSIDERANDO que tais publicações e exteriorizações estimulam a licença, insinuam o amor livre e ameaçam destruir os valores morais da sociedade Brasileira; CONSIDERANDO que o emprego desses meios de comunicação obedece a um plano subversivo, que põe em risco a segurança nacional, decreta:

Art. 1º Não serão toleradas as publicações e exteriorizações contrárias à moral e aos bons costumes quaisquer que sejam os meios de comunicação. Art. 2º Caberá ao Ministério da Justiça, através do Departamento de Polícia Federal, verificar, quando julgar necessário, antes da divulgação de livros e periódicos, a existência de matéria infringente da proibição enunciada no artigo anterior. Parágrafo único. O Ministro da Justiça fixará, por meio de portaria, o modo e a forma da verificação prevista neste artigo. Art. 3º Verificada a existência de matéria ofensiva à moral e aos bons costumes, o Ministro da Justiça proibirá a divulgação da publicação e determinará a busca e a apreensão de todos os seus exemplares. Art. 4º As publicações vindas do estrangeiro e destinadas à distribuição ou venda no Brasil também ficarão sujeitas, quando de sua entrada no país, à verificação estabelecida na forma do artigo 2º deste Decreto-lei. Art. 5º A distribuição, venda ou exposição de livros e periódicos que não hajam sido liberados ou que tenham sido proibidos, após a verificação prevista neste Decreto-lei, sujeita os infratores, independentemente da responsabilidade criminal: I. À multa no valor igual ao do preço de venda da publicação com o mínimo de NCr$10,00 (dez cruzeiros novos); II. À perda de todos os exemplares da publicação, que serão incinerados a sua custa. Art. 6º O disposto neste Decreto-lei não exclui a competência dos Juízes de Direito, para adoção das medidas previstas nos artigos 61 e 62 da Lei no 5.250, de 9 de fevereiro de 1967. Art. 7º A proibição contida no artigo 1º deste Decreto-lei aplica-se às diversões e espetáculos públicos, bem como à programação das emissoras de rádio e televisão. Parágrafo único. O Conselho Superior de Censura, o Departamento de Polícia Federal e os juizados de Menores, no âmbito de suas respectivas competências, assegurarão o respeito ao disposto neste artigo. Art. 8º Este Decreto-lei entrará em vigor na data de sua publicação, revogadas as disposições em contrário.

Brasília, 26 de janeiro de 1970; 149º da Independência e 82º da República.

Emílio G. Médici; Alfredo Buzaid

A prática:

A censura da palavra escrita e das imagens publicadas e publicáveis seguia uma espécie de decálogo que proibia sumariamente:

::: INCONFORMIDADE COM A PRÓPRIA CENSURA DE LIVROS, PERIÓDICOS, JORNAIS E DIVERSÕES.

::: QUALQUER CONTESTAÇÃO DO REGIME OU MANIFESTAÇÃO A FAVOR DA REVOGAÇÃO DOS ATOS INSTITUCIONAIS.

::: NOTÍCIAS CONSIDERADAS "SENSACIONALISTAS", "NEGATIVAS", QUE PREJUDICASSEM A IMAGEM DO BRASIL OU DIMINUÍSSEM "AS VITÓRIAS CONQUISTADAS PELO PAÍS". NOTÍCIAS NEGATIVAS DE UM MODO GERAL — EPIDEMIAS DE MENINGITE, DESABAMENTOS, ENCHENTES, CRIMES, ESPECIALMENTE SE OS SUSPEITOS PERTENCESSEM A "BOAS FAMÍLIAS" — DEVIAM DESAPARECER OU SER MINIMIZADAS.

::: CRÍTICAS ÀS OBRAS, INICIATIVAS, PRÁTICAS DO REGIME, COMO POLÍTICA HABITACIONAL, GRANDES OBRAS, MERCADO DE CAPITAIS ETC.

::: NOTÍCIAS DE ASSALTOS A ESTABELECIMENTOS DE CRÉDITO E COMERCIAIS.

::: REFERÊNCIAS À TENSÃO ENTRE A IGREJA CATÓLICA E O ESTADO E À AGITAÇÃO NOS MEIOS SINDICAL E ESTUDANTIL.

::: MENÇÕES POSITIVAS DE NAÇÕES COMUNISTAS.

::: TEXTOS E IMAGENS QUE PUDESSEM SER CONSIDERADOS EXALTAÇÃO DA IMORALIDADE, COMO NOTÍCIAS SOBRE HOMOSSEXUAIS, PROSTITUIÇÃO E TÓXICOS. PÊLOS PUBIANOS, SEIOS DESNUDOS, GRANDES DECOTES, SAIAS MUITO CURTAS NÃO PODIAM SER MOSTRADOS.

::: MENÇÕES A MOVIMENTOS DE REBELDIA DO PASSADO RECENTE E REMOTO.

::: MENÇÕES POSITIVAS QUE PUDESSEM SER TOMADAS COMO DIVULGAÇÃO DE INDIVÍDUOS CONSIDERADOS INIMIGOS DO REGIME VIGENTE OU VISTOS COMO AMEAÇAS A SUA SOBERANIA; DA MESMA FORMA, MENÇÃO DE TORTURA, PERSEGUIÇÃO, PRISÃO OU EXECUÇÃO SUMÁRIA DESSES MESMOS INDIVÍDUOS ERA VETADA.

Além disso, qualquer coisa que o censor ou censora considerasse imprópria, ameaçadora ou contrária à moral, bons costumes e segurança nacional levava a temida caneta vermelha (ou lápis crayon, em muitos casos).

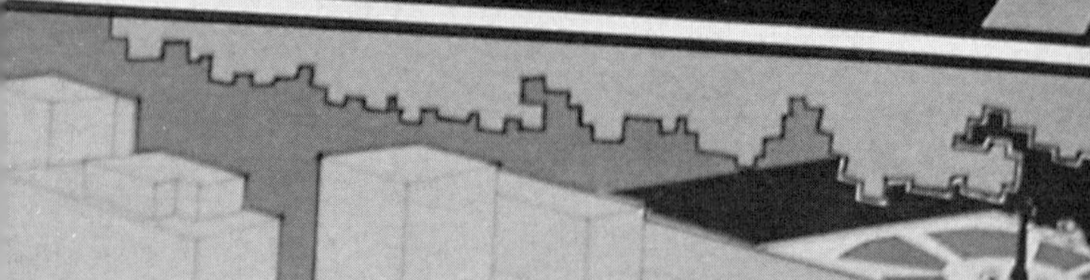

BARREIRA DO INFERNO

Um foguete de fabricação canadense, lançado sob a supervisão de técnicos alemães e espionado por um navio rastreador russo, marcou mais um êxito para base de Natal

O BRASIL NA ERA ESPACIAL

Reportagem de JOÃO EUSTAQUIO • Fotos de GIL PINHEIRO

HAVIA nuvens no céu, mas a temperatura era agradável e os ventos racos na manhã de 8 de março, na Barreira do Inferno, em Natal. Na principal plataforma da base espacial brasileira o oguete Black Brant VC, canadense, adquirido pelos alemães para lançamento o espaço de uma carga útil com cerca e 200 quilos, estava pronto para ser disparado. A contagem regressiva desenolvia-se normalmente, tendo havido penas um pequeno retardamento. Os bservadores, nos mirantes, conversaam, até que uma sirene varreu a área om som estridente. A um minuto e neio do disparo, ninguém mais falava. omente os alto-falantes iam contando s etapas vencidas, condições da carga til, casamata, te[...]a, decisão final o coordenador do projeto: 3 — — 2 — 1 — **disparo.**

Em quatro minutos o foguete atingiu seu apogeu — cerca de 230 quilômeros — quando a carga-útil, separano-se, iniciou a queda que durou seis

Para os alemães, eufóricos com a execução perfeita da operação, ela cumpria apenas uma etapa do programa que culminará no lançamento de um satélite para uma órbita permanente (talvez em novembro e provavelmente lançado na Noruega).

Vinte e oito técnicos e cientistas alemães, coordenados por Reinhard Klein e Walter Luksch e dirigidos por Horst Schreiber, trabalharam espalhados nas equipes de localização e resgate, cálculo de trajetória, telemetria, montagem-lançamento, juntamente com técnicos e cientistas brasileiros. Só não havia brasileiros no setor da carga útil, aliás, único elemento genuinamente alemão em todo o projeto, que tem a denominação Skylark. Durante o vôo, a carga útil executou quatro verificações básicas: 1 a densidade e composição de componentes neutros e ionizados na atmosfera superior e a temperatura da atmosfera neutra; 2 a intensidade das linhas de emissão solar em faixas predetermina-

ARMAS DO BRASIL PARA O MUNDO

Depois de depender exclusivamente durante séculos de armas importadas dos Estados e da Europa, o Brasil possui hoje, reconhecidamente, uma indústria bélica de razoáveis pr De acordo com as revistas internacionais especializadas em armamentos, o material produzi nada fica a dever aos similares estrangeiros. Pelo contrário: algumas peças, como o tanque a oferecem excepcionais condições técnicas, além de um custo relativamente baixo. Quase a aeronaves da Força Aérea Brasileira é de fabricação nacional, assim como praticamente armamento ligeiro do Exército e um grande número de belonaves da Marinha de Gu

Uirapuru é um avião de treinamento nacional de ótima performance. Acima, algumas das un

e ao Exército e à Marinha. Totalmente fabricado no Brasil, enfrenta ondas de 3 m, sobe degraus de

BELEM CAPITAL DO FUTURO

UMA NOVA CIDADE COMANDARA O DESENVOLVIMENTO QUE SE PROCESSA NO MAIS RICO E FERTIL ESTADO DA AMAZONIA

SURGE, no Pará, um novo impulso progressista. Neste segundo govêrno da Revolução, em tudo se percebe o toque, o desenvolvimento. O isolamento e a imensidão da floresta foram agredidos e violados por essa ânsia de expansão. A nova infra-estrutura do estado convida, realmente, a uma explosão industrial. Homens e coisas mudaram de fisionomia. O Governador Alacid Nunes, administrador de atitudes firmes e de decisões corajosas, trabalha sem alardes, acreditando no valor da técnica e do planejamento. Enquanto aumentam os quilowatts oferecidos às indústrias e as escolas e estradas chegam ao interior, o Prefeito Mauro Fernando Pilar Pôrto, que é, em Belém, o seu principal auxiliar, desempenha a importante tarefa de transformar a capital paraense numa nova cidade, vencendo a resistência da rotina e resolvendo problemas crônicos. Dêsse modo, Belém se torna um testemunho físico das transformações do estado e o seu melh

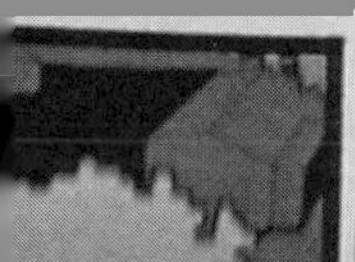

Parte da ca
recuperad
por um he
dos técnic
missão na

realment
guém ma
surgimen
bélica. E
como e
apesar d
res à Pri
Hoje
Segunda
de man
bindo-lh
quer tip
atualme
apenas
pode s
pesquis
VC lan
então
nada n
foguete

E
canade
bricad
Canad
dos e
pode
prio t

CUIABÁ SANTARÉM

a conquista da selva

Numa clareira aberta em algum ponto da selva amazonica, trinta homens, ligados ao mundo apenas por um helicóptero, participam de uma das obras mais corajosas do Brasil moderno: a abertura da estrada Cuiabá—Santarém perpendicular à Transamazônica. Nossos repórteres Lucy Dias e Vic Parisi contam e

ALGUMAS COISAS BACANAS QUE SOBREVIVIAM NA GRANDE IMPRENSA

Plug, um caderno de arte e cultura que tinha Torquato Neto e Waly Salomão (ou Sailormoon, como ele assinava na época) entre seus colaboradores (1971).

A coluna **"Geléia Geral"**, de Torquato Neto, no jornal *Última Hora* — o registro do lado de dentro, de fora, de cima e de baixo da cultura no Brasil, e alguns dos melhores textos já publicados em papel jornal (1971-1972).

José Carlos Oliveira, ainda o melhor texto da imprensa carioca. Quatro vezes por semana, no Caderno B do *Jornal do Brasil*, que, por sua vez, era o melhor caderno de cultura da imprensa brasileira.

As colunas de **Big Boy** e **Nelson Motta** em *O Globo* (Rio). "Por intermédio de Armando Nogueira, diretor de jornalismo da Globo, cheguei a Evandro Carlos de Andrade, diretor de redação de *O Globo,* que me encomendou uma crônica musical para o jornal de domingo. (...) fiz uma longa e profunda análise do Secos & Molhados, o novo fenômeno musical brasileiro. (...) Evandro, um homem charmosíssimo, mais conhecido por uma certa rispidez nas críticas e pela extrema parcimônia nos elogios, não disse nada. Pediu outra para o domingo seguinte. Foi sobre Raul Seixas e seu estrondoso sucesso. Na segunda-feira ele me convidou para escrever uma coluna diária em *O Globo*, com notícias e comentários sobre música popular." (Nelson Motta em *Noites tropicais*).

A coluna de **Ezequiel Neves** no *Jornal da Tarde* (São Paulo). Mais comedido do que no "Toque" da *Rolling Stone*, mas brilhante e impagável do mesmo modo.

Colunistas sociais

Todo jornal que se prezasse tinha pelo menos um colunista social. Era cargo sério, de *status* — muito mais, por exemplo, do que crítica musical, tarefa que ainda engatinhava e era tratada com tanta displicência que Torquato Neto, em uma de suas "Geléia Geral", implora às gravadoras que "mandem uns disquinhos de vez em quando".

O *Correio da Manhã* tinha Germana de Lamare. O *Jornal do Brasil* tinha Zózimo Barroso do Amaral; a *Última Hora* tinha Daniel Más, que chama Zózimo de "meu Proust" e, numa entrevista, declara: "prefiro tirar a roupa de luz acesa porque todas as minhas etiquetas são estrangeiras".

O Globo tinha a mineira Nina Chaves aos sábados (os jornais não circulavam aos domingos). E, nos outros dias, o decano dos colunistas, o infatigável Ibrahim Sued, que também mantinha uma coluna na *Manchete* e na Rede Globo. No início dos 70, Ibrahim lança seu livro de memórias *20 anos de caviar* — que ele pluga incessantemente em suas colunas — e se torna produtor de cinema. Mais que qualquer outro colunista, Ibrahim estabelece uma persona completa, que vem com estilo e jargão próprios.

Pequeno glossário do Ibrahim

À COTÊ: EM COMPANHIA DE ::: **ADEMÃ, QUE EU VOU EM FRENTE**: SAUDAÇÃO DE DESPEDIDA ::: **BOOOOMBA! BOOOOOMBAAAA!**: PARA ANUNCIAR UMA NOTÍCIA ESPECIALMENTE QUENTE. EM SUAS APARIÇÕES NA TV, ISTO ERA DITO COM A VOZ TRÊMULA, OS PAPÉIS NAS MÃOS TREMENDO TAMBÉM ::: **BONECAS E DESLUMBRADAS/PANTERAS E PANTERINHAS**: SOCIALITES ::: **CHAMPANHOTA**: CHAMPANHE ::: **DE LEVE**: EXPRESSÃO MULTIUSO EMPREGADA, EM GERAL, EM UMA NOTA ESPECIALMENTE QUENTE OU EXCLUSIVA, PARA DENOTAR O QUANTO ELE ERA SUPERIOR À CONCORRÊNCIA ::: **ELA PASSA E DÁ AQUELE ALÔOOOOO** (ALTERNATIVA: **ELA PASSA E DÁ AQUELE ALÔOOOOO COM AQUELE CLIMA DE CAMA E MESA**): SAUDAÇÃO SEXY-CRÍPTICA DE DESPEDIDA ::: **EM SOCIEDADE TUDO SE SABE**: EXPRESSÃO USADA PARA SUBLINHAR NOTAS QUENTES OU DAR A ENTENDER QUE HAVIA MAIS DO QUE TINHA NOTICIADO ::: **ESTÁ MACHUCANDO**: ESTÁ FAZENDO SUCESSO ::: **FROU-FROU**: CONFUSÃO, "FOI AQUELE FROU-FROU" ::: **GERAÇÃO PÃO COM COCADA**: JOVENS SOCIALITES ::: **GIGI, EU CHEGO LÁ**: INTERJEIÇÃO GENÉRICA USADA PARA PONTUAR AS NOTAS COM UM LEVE TOM DE TRIUNFO QUE DEIXAVA IMPLÍCITO QUE, É CLARO, ELE JÁ ESTAVA "LÁ" ::: **LOCOMOTIVA**: LANÇADOR(A) DE MODAS, TENDÊNCIAS, MODISMOS. QUEM SEGUIA ERA VAGÃO ::: **OLHO VIVO QUE CAVALO NÃO DESCE ESCADA**: SAUDAÇÃO DE DESPEDIDA ::: **OS CÃES LADRAM E A CARAVANA PASSA**: SAUDAÇÃO DE DESPEDIDA, ESPECIALMENTE DEPOIS QUE ALGUÉM FALAVA MAL DELE ::: **REBU**: FESTA ::: **SHANGAY**: CAFONA, POBRE, FEIO, FEITO DE QUALQUER JEITO ::: **SORRY, PERIFERIA**: MODO PREFERIDO DE SUBLINHAR UMA NOTÍCIA ULTRAQUENTE OU A PARTICIPAÇÃO EM ALGUM EVENTO EXCLUSIVO ::: **SU**: SUCESSO

Noir

Na confluência entre o banido e o permitido, entre horrores e interesses escusos, a nova década viu casos policiais célebres. Os jornais que "se espremesse saía sangue" — *O Dia, A Notícia, Notícias Populares* — se esbaldavam, mas não estavam sozinhos.

Esquadrões da Morte

Na virada da década, praticamente toda grande cidade tinha uma "operação paralela" de extermínio sumário, venda de proteção e tráfico de influência e outras drogas, que em muitos casos estavam em ação desde os anos 40. Os mais famosos e sinistros eram os do Rio de Janeiro e de São Paulo. O do Rio se chamava oficialmente Scuderie Le Cocq, em memória do detetive Milton Le Cocq, morto pelo contraventor Cara de Cavalo durante uma ação nos morros do Rio de Janeiro. O jornalista David Nasser teria sido presidente de honra da Scuderie Le Cocq. O ícone do EM carioca foi o detetive Mariel Mariscot, policial e bandido em uma única persona carismática, com direito até a antagonista à altura, o marginal-galã Lúcio Flávio, boa-pinta e inteligentíssimo. Ambos foram eternizados em livro e filme, na segunda metade da década.

Lamarca

Em setembro de 1971, a morte, no interior da Bahia, do ex-capitão Carlos Lamarca, líder do Movimento Revolucionário 8 de outubro, foi fartamente noticiada pela imprensa. Lamarca trocara o exército pela guerrilha em 1969, e sua morte era estratégica para os militares — por isso foi divulgada em toda a imprensa. O *Estado de S. Paulo*, de 20 de setembro de 1971, divulgou trechos da carta de Lamarca a sua amante Iara Yavelberg, morta dias antes em Salvador.

Aracelli

No dia 18 de maio de 1973, em Vitória, Espírito Santo, Aracelli Cabrera Crespo, de 9 anos, foi espancada, torturada, estuprada e morta. Seu corpo foi mutilado com ácido. Aracelli foi assassinada ao levar, por ordem da mãe, um envelope com drogas a um grupo de rapazes de famílias ricas e importantes da cidade, no edifício Apolo, ainda em construção. O corpo de Aracelli permaneceu por mais de três anos na gaveta do Instituto Médico Legal de Vitória, porque ninguém ousava mexer no caso. Duas pessoas que se envolveram com o assunto morreram em circunstâncias misteriosas. O livro investigativo de José Louzeiro sobre caso — *Aracelli meu amor* — foi proibido pela censura e permaneceu fora de circulação até 1976, quando se tornou um dos maiores best-sellers do ano.

Ana Lídia

Em Brasília, no dia 11 de setembro de 1973, a menina Ana Lídia Braga, de 7 anos, foi seqüestrada e morta. Ana Lídia foi raptada por seu irmão, Álvaro Henrique Braga, na época com 20 anos de idade, a namorada dele, Gilma Varela de Albuquerque, e Raimundo Duque, um conhecido traficante. Segundo as investigações, Álvaro teria levado Ana Lídia ao sítio do então vice-líder da Arena no Senado, Eurico Rezende, situado em Sobradinho, uma cidade satélite de Brasília. Testemunhas disseram que, à noite, Álvaro e a namorada saíram e deixaram a menina com Alfredo Buzaid Júnior, Eduardo Ribeiro Rezende (filho do senador, dono do sítio) e Raimundo. Quando voltaram ao sítio, encontraram Ana Lídia morta. O caso, extremamente polêmico, especialmente em Brasília, foi abafado na imprensa — o principal suspeito, Alfredo Buzaid, era filho do então ministro da Justiça.

Carlinhos

Na noite de 2 de agosto de 1973, o menino Carlos Ramirez Costa, de 10 anos, foi seqüestrado de sua casa em Laranjeiras, pacato bairro classe média do Rio de Janeiro, enquanto assistia televisão com a família. O seqüestrador, descrito como um homem negro de cabelo afro, pediu 100 mil cruzeiros de resgate, mas a troca jamais foi feita. O cantor e compositor Fernando Mendes compôs uma canção sobre o caso (que até hoje permanece sem solução): "Meu pequeno amigo", que, após alguns dias de execução, foi retirada do ar por ordem da censura. Aparentemente os versos "digam pra mim/ digam pra mim onde ele está/ e o que foi que fizeram/ com meu pequeno amigo" incomodaram Brasília por se prestarem a muitas outras indagações sobre desaparecimentos sem explicação.

ALGUMAS REVISTAS DOS PRIMEIROS 70 QUE NÃO EXISTEM MAIS ::: **MANCHETE** ::: **O CRUZEIRO** — A GRANDE DAMA QUE COROAVA MODAS E MISSES NOS ANOS 50 DEIXA DE CIRCULAR EM 1972 ::: **FATOS & FOTOS** ::: **REALIDADE** — POSSIVELMENTE A MELHOR REVISTA BRASILEIRA DE REPORTAGEM, ELA DEIXA DE CIRCULAR EM 1976, DEPOIS DE PASSAR APERTOS SUPREMOS COM A CENSURA PÓS-AI-5. ::: **PAIS & FILHOS** ::: **ELE & ELA** — LANÇADA PELA EDITORA BLOCH NA DÉCADA DE 60 COMO UMA PUBLICAÇÃO "ADULTA" PARA HOMENS E MULHERES, NOS ANOS 70 PERDE ESSA CARACTERÍSTICA E VIRA EFETIVAMENTE REVISTA DE MULÉPELADA ::: **PLANETA** — EDIÇÃO BRASILEIRA DA *PLANETE* FRANCESA, CRIADA POR LOUIS PAUWELS, UM DOS AUTORES DO BEST-SELLER DESBUM E LIVRO DE CABECEIRA DE RAUL SEIXAS E PAULO COELHO, NA ÉPOCA, *O DESPERTAR DOS MAGOS*. ERA BEM DIFERENTE DA REVISTA QUE CIRCULA HOJE COM O MESMO NOME — TINHA UM FORMATO PEQUENO, QUADRADO, E SE OCUPAVA EXCLUSIVAMENTE DE PARANORMALIDADE. PAULO COELHO FOI UM DE SEUS PRIMEIROS EDITORES. ::: **VISÃO** — REVISTA SEMANAL DE NOTÍCIAS, ANÁLISES E COMENTÁRIOS. VLADIMIR HERZOG ERA O EDITOR DE CULTURA. ::: **SENHOR** — PROTÓTIPO E PADRÃO DA REVISTA MASCULINA DE ALTO NÍVEL, A SENHOR VINHA DO FINAL DOS 50, E TEVE SEU MOMENTO DE GLÓRIA NOS 60 PRÉ-AI-5. MESMO ASSIM, AINDA REUNIA A NATA DO JORNALISMO, ARTE E LITERATURA — DE PAULO FRANCIS A MILLÔR FERNANDES, DE FORTUNA A BEA FEITLER E OTTO STUPAKOFF. ::: REVISTAS DE FOTONOVELA: **ROMANCE MODERNO, CONTIGO, SÉTIMO CÉU, ILUSÃO, GRANDE HOTEL**

POP

Primeira investida da grande imprensa num novo mercado jovem, centrado em música e comportamento próprios, a *Pop* (ou *Geração Pop*, como era seu nome completo) da editora Abril abraçou a década, sendo publicada mensalmente de 1972 a 1979.

No seu primeiro número, em editorial, a *Pop* se apresenta assim: "Este é o primeiro número da primeira revista da nossa idade. Feita especialmente para você, jovem de quinze a vinte e poucos anos. Com coisas do seu interesse, que, além de informar e divertir, também sejam úteis. Indicações para você comprar as últimas novidades em discos, livros, aparelhos de som e fotografia, máquinas e motocas, roupas incrementadíssimas. Orientação na escolha de uma profissão, reportagens sobre assuntos da atualidade. E muita música, claro. Veja a revista. Depois, escreva para a gente. Nós queremos saber o que você achou".

Era uma interpretação organizada, sanitizada e comercialmente estruturada do boom de títulos alternativos que dominaram o início dos 70, com matérias de moda, esporte, viagem, comportamento, saúde ("masturbação faz mal?") e beleza, além, é claro, de música. Tinha um foco bem marcado em cima do que era "por dentro" e "por fora", com uma perspectiva de consumo. Entre seus colaboradores e jornalistas estavam Ezequiel Neves, Leon Cakoff, Caio Fernando Abreu, Pinky Wainer, Júlio Barroso, Caco Barcelos, Alberto Carlos de Carvalho, Okky de Souza, Valdir Zwetsch e José Emílio Rondeau.

Pequeno dicionário do uso comum

À BEÇA (GRAFIA OPCIONAL: **À BESSA**): MUITO, EM GRANDE QUANTIDADE. MUITO USADA NOS SINISTROS CARTAZES DO ESQUADRÃO DA MORTE DEIXADOS JUNTO AOS CORPOS DE SUAS VÍTIMAS ("EU MATEI À BESSA" ETC.). ::: **ABAFAR**: ARRASAR, CHAMAR A ATENÇÃO. ::: **AVANÇADO**: MUITO MODERNO, QUASE SEMPRE NO SENTIDO PEJORATIVO, MODERNO DEMAIS. ::: **BARRA LIMPA**: TUDO CERTO, TUDO BEM. ::: **BARRA PESADA**: INDIVÍDUO QUE NÃO PRESTA OU SITUAÇÃO TENSA, COMPLICADA, PERIGOSA. ::: **BECA**: ROUPA BONITA, BEM-PRODUZIDA, PARA OCASIÕES ESPECIAIS. ::: **BICÃO**: PENETRA, PESSOA NADA A VER. ALGUÉM QUE QUERIA ENTRAR NUM DETERMINADO AMBIENTE SEM SER CONVIDADO. ::: **BIDU**: PESSOA GENIAL, SUPERESPERTA. COSTUMAVA-SE USAR ESTA EXPRESSÃO QUANDO ALGUÉM CONSEGUIA DEDUZIR ALGUMA COISA ANTES QUE ELA FOSSE EXPLICADA. ::: **BOCO-MOCO** (TAMBÉM GRAFADO **BOKO-MOKO**): CAFONA, BREGA. SINÔNIMO: MOCORONGO. ::: **BOLADA**: MUITO DINHEIRO. ::: **BOLAR**: CRIAR, INVENTAR. ::: **BRONCA**: REPREENSÃO. TAMBÉM: ESTAR DE MAU HUMOR. "TÔ NA MAIOR BRONCA COM ESSE CARA QUE NÃO APARECEU HOJE." ::: **BROTO**: GAROTO OU GAROTA. (EXPRESSÃO VINDA DOS ANOS 50, SOBREVIVEU ATÉ O INÍCIO DOS 70.) ::: **CHÁ DE CADEIRA**: PASSAR O BAILE INTEIRO SEM QUE ALGUÉM O(A) TIRASSE PARA DANÇAR. (OUTRA GÍRIA ANTIGA, DOS ANOS 40, QUE SOBREVIVEU.) ::: **CUCA**: CABEÇA, NO SENTIDO DE PENSAMENTO, MENTE. ESTAR "LELÉ DA CUCA" QUERIA DIZER ESTAR LOUCO(A). ::: **DAR BOLA**: CORRESPONDER AOS APELOS AMOROSOS DE ALGUÉM. ::: **DESLIGADO**: DISTRAÍDO, AVOADO. ETERNIZADO PELOS MUTANTES NA CANÇÃO "ANDO MEIO DESLIGADO". ::: **DEIXAR CAIR**: FICAR À VONTADE E/OU CHEIO DE DISPOSIÇÃO. (GÍRIA SOBREVIVENTE DOS 60, LANÇADA PELA "TURMA DA PILANTRAGEM" DE WILSON SIMONAL.) ::: **ESTAR POR DENTRO**: SER ATUALIZADO, MODERNO. SINÔNIMO: SABER DAS COISAS. ANTÔNIMO: ESTAR POR FORA. ::: **ESTOURO**: MUITO BOM, EXCEPCIONAL, ARRASADOR. (SOBREVIVÊNCIA DOS ANOS 60.) ::: **FALOU E DISSE**: DISSE BEM, FEZ UM PRONUNCIAMENTO IMPORTANTE, FOI CONCLUSIVO, DEFINITIVO. ::: **FARISEU**: MAU-CARÁTER, FINGIDO. ::: **FIGURA**: UMA PESSOA DIFERENTE, ENGRAÇADA OU SIMPLESMENTE ESTRANHA. SINÔNIMO: PEÇA. "VOCÊ É UMA FIGURA MESMO, HEIN?" ::: **FORÇAR A BARRA**: PROVOCAR UMA SITUAÇÃO QUE DE OUTRA FORMA NÃO TERIA ACONTECIDO; PASSAR DOS LIMITES ::: **FOSSA**: DEPRESSÃO, DOR DE COTOVELO. UMA PERSONAGEM CÉLEBRE DE HENFIL NO *PASQUIM* VIVIA PERMANENTEMENTE NA FOSSA E JAMAIS ERA VISTA, APENAS SEUS BALÕES APARECIAM. (O TERMO VEM PROVAVELMENTE DOS ANOS 50 E RESISTE ÀS DÉCADAS.) ::: **GAMADO**: COMPLETAMENTE APAIXONADO. ::: **MANJAR DE**: COMPREENDER, SABER, SACAR, ESTAR POR DENTRO. "ELE MANJA DE MATEMÁTICA." ::: **PÃO**: HOMEM BONITO, IRRESISTÍVEL. (SOBREVIVÊNCIA DOS ANOS 60.) ::: **PAPO FIRME**: GAROTO OU GAROTA INTERESSANTE, SEGURO(A) DE SI, LEAL. ::: **PAPO FURADO**: CONVERSA SEM SENTIDO, QUE NÃO VAI A PARTE ALGUMA; CONVERSA MENTIROSA, ENROLAÇÃO. TAMBÉM QUERIA INDICAR PESSOA MENTIROSA, ENROLADORA. ::: **PRA FRENTE**: MODERNO ::: **PRAFRENTEX**: METIDO A MODERNO ::: **PRA CHUCHU**: MUITO, EM GRANDE QUANTIDADE. O MESMO QUE "À BEÇA". ::: **NA MINHA**: SEM SE METER COM OS OUTROS; SÓ OBSERVANDO; QUIETO, DISCRETO. COMPLEMENTAVA-SE COM O VERBO "FICAR" OU "ESTAR". COM O VERBO "ENTRAR" — "FULANO ENTROU NA MINHA" — PODIA QUERER INDICAR CONCORDÂNCIA DE OPINIÃO OU SINAL DE INTERESSE AMOROSO. ::: **NA SUA**: OS MESMOS USOS DE "NA MINHA", MAS INDICANDO PARTICIPAÇÃO NOS INTERESSES, IDÉIAS E INCLINAÇÕES AMOROSAS DE OUTRA PESSOA. TAMBÉM USADO NO IMPERATIVO PARA ACALMAR OU DAR UM CORTE EM OUTRA PESSOA: "FIQUE NA SUA QUE EU FICO NA MINHA". ::: **TÁBUA**: TER SEU PEDIDO DE DANÇA RECUSADO POR UMA DAMA — UMA GRANDE E TERRÍVEL HUMILHAÇÃO. ::: **O(A) TAL**: O MÁXIMO. QUANDO ALGUÉM ERA "O(A) TAL", TINHA CHEGADO AO TOPO. ::: **TRANSVIADO**: MAU ELEMENTO, TIPO PERIGOSO, MARGINAL; EM GERAL APLICADO COM GENEROSIDADE A QUALQUER INDIVÍDUO JOVEM, QUE FUGIA AOS PADRÕES. ::: **ZEBRA**: RESULTADO INESPERADO. "DAR ZEBRA": SAIR ERRADO (ALUSÃO À LOTERIA ESPORTIVA).

DESBUNDE

Pequeno dicionário do underground

ADOIDADO: MUITO, MAS MUITO MESMO. VEJA "CURTIR" ::: **AGITO**: NOVIDADE, PROJETO.::: **AMIZADE**: UM POUCO MENOS QUE BICHO, UM POUCO MAIS QUE "EI, VOCÊ". APELATIVO GENÉRICO ETERNIZADO POR TONY TORNADO NO HIT "PODES CRER, AMIZADE"::: **BAGANA**: TOCO DE BASEADO, BEM NO FINAL ::: **BANDEIRA**: EM GERAL USADO COM O VERBO "DAR", NA EXPRESSÃO "DAR BANDEIRA" — SE EXPOR, SE ENTREGAR, DAR MOLEZA, CORRER RISCOS DESNECESSÁRIOS ::: **BARATO**: SENSAÇÃO BOA, PRAZEROSA; ÊXTASE, EUFORIA. TAMBÉM: COISA MUITO BOA, PRECIOSA. QUANDO SE DIZIA QUE ALGO ERA O MAIOR BARATO, DIZIA-SE QUE AQUILO ERA ALGO MUITO BOM, EXCEPCIONAL ::: **BARRA**: EXPERIÊNCIA, MOMENTO DE VIDA. PODIA SER LEVE — UM BOM MOMENTO, FÁCIL, PRAZEROSO — OU PESADA — MOMENTO DE DIFICULDADE, PERIGO, PARANÓIA ::: **BASEADO**: CIGARRO DE MACONHA ::: **BICHO**: PESSOA, ESPECIALMENTE PESSOA AMIGA, OU DA MESMA TRIBO/GRUPO ::: **BODE**: O OPOSTO DO BARATO. SENSAÇÃO RUIM, ASSUSTADORA, MAL-ESTAR. BODE PRETO ERA TUDO ISSO COM GRANDE E TENEBROSA INTENSIDADE. COM E COMO VERBO, DIZIA-SE "ESTAR BODADO" OU "BODEAR" OU AINDA "AMARRAR UM BODE". LEILA DINIZ DIZIA "EMBODIADA(O)" ::: **CARETICE/CARETA**: O SISTEMA. A OPRESSÃO. A CULTURA PATRIARCAL-MILITAR-TERRITORIAL. O OPOSTO DE DESBUNDADO. TAMBÉM: CHATO, ENTEDIANTE, PRETENSIOSO. *STRICTO SENSU*, PESSOA QUE NÃO USA DROGAS ::: **CHAPAR/CHAPANTE/CHAPADO**: *STRICTO SENSU*, ESTAR INTEIRAMENTE FORA DE SI GRAÇAS A ALGUM ADITIVO QUÍMICO DE NATUREZA ILEGAL. *LATO SENSU*, ESTAR FORA DE SI NO SENTIDO DE ÊXTASE, ESTAR MARAVILHADO ("O SHOW DOS STONES ME DEIXOU CHAPADO"), APAIXONADO ("AQUELA MENINA ME CHAPOU") OU SIMPLESMENTE NUM ESTADO ALTERADO ("AQUELE BODE ME CHAPOU LEGAL") ::: **COCÔ-BOY**: GAROTO CARETA E ENDINHEIRADO. PLAYBOYZINHO. SUA CONTRAPARTIDA FEMININA ERA A XIXI-GIRL ::: **COISAS**: DROGAS, PETISCOS ILEGAIS. SABER DAS COISAS SIGNIFICAVA, INICIALMENTE, QUE A PESSOA USAVA DROGAS E, EVENTUALMENTE, AS DISTRIBUÍA. EM POUCO TEMPO PASSOU A SER SINÔNIMO DE PESSOA BEM INFORMADA, POR DENTRO ::: **CRAU**: ABRASILEIRAMENTO DE CROWD. MULTIDÃO, GRANDE AJUNTAMENTO DE GENTE. SINÔNIMO: INFLAMAÇÃO. EXPRESSÃO VINDA DOS SURFISTAS ::: **CURTIR**: DIZIA-SE DE QUALQUER EXPERIÊNCIA POSITIVA, INTENSA. APROVEITAR, EXPERIENCIAR, VIVER. CURTIR ADOIDADO ERA FAZER TUDO ISSO COM GRANDE INTENSIDADE. TAMBÉM: APROVAR, ENDOSSAR ::: **DESBUNDE** OU **DESBUM**: ESTADO DE ESTAR FORA DO SISTEMA, À MARGEM, EM NEGAÇÃO À CARETICE ::: **FREAK**: COMPLETAMENTE DESBUNDADO. *HIPPIE* RADICAL ::: **LIMPEZA**: TRANQÜILIDADE, SEGURANÇA. "O AMBIENTE DO SHOW TAVA LIMPEZA" ::: **MALUQUETE**: EXPRESSÃO CUNHADA POR EZEQUIEL NEVES — INDIVÍDUO ORIGINAL QUE NÃO LIGA A MÍNIMA PARA AS CONVENÇÕES SOCIAIS ::: **MARICA**: QUALQUER ADEREÇO USADO PARA FACILITAR O CONSUMO DA BAGANA; PITEIRA DE BASEADO ::: **OURIÇO**: AGITO, GRANDE MOVIMENTAÇÃO, ENTUSIASMO. COMO VERBO, "OURIÇAR" ::: **PAULADA**: DE GRANDE IMPACTO. "O SOM TAVA UMA PAULADA" ::: **PESADO**: COMO DESCRIÇÃO DE SONORIDADE, TINHA UMA CONOTAÇÃO POSITIVA. COMO ADJETIVO DE VIBRAÇÕES OU TRANSAÇÕES ERA O OPOSTO ::: **PICO**: DROGA INJETÁVEL ::: **PINTAR**: APARECER, DAR-SE A CONHECER. "PINTOU MUITA COISA NOVA NO FESTIVAL DE SAQUÁ." MANIFESTAR-SE, COMPARECER. "O PESSOAL NÃO PINTOU NO PÍER ONTEM" ::: **PODES CRER**: EXORTAÇÃO DE EXTREMA CONCORDÂNCIA, USADA EM GERAL DEPOIS DE LONGO SILÊNCIO, QUANDO SE QUERIA MOSTRAR RESPEITO AO PRONUNCIAMENTO DE ALGUÉM OU PROFUNDA ADMIRAÇÃO POR UM MOMENTO MUSICAL OU UM *INSIGHT* PSICODÉLICO ::: **POR DENTRO**: QUE PERTENCIA AO GRUPO/COMUNIDADE/TRIBO. SEU ANTÔNIMO ERA "POR FORA" ::: **QUAL É A TUA?**: INTERPELAÇÃO HOSTIL. TAMBÉM UM MODO RAZOAVELMENTE POLIDO DE DIZER: DISCORDO INTEIRAMENTE DA SUA OPINIÃO ::: **ROLÊ**: UMA VOLTA, UMA BANDA. USADA EM GERAL COM O VERBO "DAR" ::: **SACAR/SACAÇÃO**: SABER RAPIDAMENTE. COMPREENDER PROFUNDAMENTE. UMA SACAÇÃO ERA UMA IDÉIA GENIAL, UM MOMENTO DE GRANDE BRILHO ::: **SARTAR**: SAIR, DAR O FORA, DAR NO PÉ ::: **SUJEIRA**: REPRESSÃO, ENTREGAÇÃO, MAU-CARATISMO, MÁS VIBRAÇÕES. "PINTOU SUJEIRA" ERA UM BRADO COMUM DE ALERTA QUANDO ALGUMA FORÇA REPRESSIVA — EM GERAL ALGUM TIPO DE POLÍCIA — APARECIA. O OPOSTO DE "LIMPEZA" ::: **TRANSAR/TRANSAÇÃO**: FAZER. A EXPRESSÃO NÃO TINHA A CONOTAÇÃO ESTRITAMENTE SEXUAL DE HOJE, E ERA MUITO USADA PARA SIGNIFICAR QUALQUER PROJETO — "OS NOVOS BAIANOS ESTÃO TRANSANDO UMA COMUNIDADE EM JACAREPAGUÁ"— OU RELACIONAMENTO — "CAETANO ANDA TRANSANDO COM JOÃO GILBERTO UNS AGITOS MUSICAIS" ::: **VIAGEM/VIAJAR**: EXPERIÊNCIA PSICODÉLICA INDUZIDA POR DROGAS, SOM, TEXTO OU TUDO JUNTO. NA EXPRESSÃO "VIAJA NESSA", QUERIA DIZER "LEVE EM CONSIDERAÇÃO ISTO QUE ACABEI DE DIZER" ::: **VIBRAÇÕES**: TUDO O QUE ERA IMPALPÁVEL MAS SENSÍVEL. USADO LIBERALMENTE PARA DESCREVER QUALQUER COISA QUE DESAFIASSE DESCRIÇÃO ::: **XIXI-GIRL**: GAROTA CARETA E ENDINHEIRADA. DONDOCA. SUA CONTRAPARTIDA MASCULINA ERA O COCÔ-BOY.

Imprensa nanica

Por absoluta necessidade de dizer o que não podia ser dito, e expressar o que, apesar de tudo, era vivido, a imprensa fora das grandes empresas floresce como em nenhum outro momento da vida brasileira. No começo da década, dois títulos em especial têm um impacto longo e profundo:

O Pasquim

"Vamos fazer um jornal pra baixar o cacete, então todo mundo vai dizer que é um pasquim. Vamos chamá-lo de *Pasquim* de uma vez pra cortar a onda dos caras." Assim Jaguar cristalizou a proposta da mais longeva das publicações independentes. Fiel a si mesmo desde o início, *O Pasquim* nasceu numa mesa de um bar da Cinelândia, no Rio de Janeiro, em torno da qual se reuniram, entre outros, os sócios-fundadores Fortuna, Claudius, Millôr, Ziraldo, Sérgio Cabral, Luís Carlos Maciel, Tarso de Castro. O primeiro número chegou às bancas no apagar das luzes dos 60 e em plena vigência do AI-5, em 26 de junho de 1969 — a tiragem inicial de 20 mil exemplares, esgotou-se. *O Pasquim* cobriu do seu modo pessoal e idiossincrático os principais temas da década — drogas, feminismo, sexo, futebol, divórcio, música — e seu mutante quadro de jornalistas e colaboradores — que incluía, entre outros, Paulo Francis, Henfil, Sérgio Augusto, Ruy Castro, Ivan Lessa, José Carlos Oliveira e Rubem Fonseca, Antônio Callado, Gláuber Rocha e Nelson Motta — conseguia ser preso com espantosa regularidade, na medida exata do seu grau de provocação ao regime vigente.

Na mais célebre prisão coletiva de todas, em novembro de 1970, o pivô foi uma capa reproduzindo quadro de Pedro Américo em que Pedro I declara a Independência do Brasil — só que, em vez de "independência ou morte", um balãozinho fazia Dom Pedro dizer "eu quero mocotó".

Comprovou-se assim, infelizmente na prática, que tiranos realmente não têm senso de humor.

Rolling Stone

"Estava lendo *Rolling Stone*/ veio um cara que me abriu a cabeça/ fui correndo e tropecei no arco-íris/ foi muito... uffff!" (letra de "Rolling Stone", do disco "O A e o Z", Os Mutantes)

Um inglês e um americano amigos dos Mutantes — Mick Killingbeck e Theodore George —, um acerto não muito detalhado (possivelmente um aperto de mão em condições quimicamente favoráveis) com Jann Wenner, criador e dono da já muito bem-sucedida *Rolling Stone* americana, um sobrado cor-de-rosa em Botafogo, no Rio de Janeiro. E Luís Carlos Maciel, que já vinha desde 1969 investigando e reportando sobre contracultura e idéias alternativas, primeiro na coluna "Underground" de *O Pasquim* e depois, brevemente, no *Jornal de Amenidades* de Tarso de Castro e na sua, igualmente breve, *Flor do Mal*. Esta combinação de elementos permitiu que, de janeiro de 1972 a janeiro de 1973, o Brasil tivesse a sua primeira experiência com uma publicação underground de longo alcance.

A redação inicial tinha, além do editor Maciel, Ezequiel Neves, Joel Macedo, Mônica Hirst, Marilene Alves da Silva, o repórter Carlos Marques, o diretor de arte Lapi e a secretária da redação Anna Maria Lóbo. Na seqüência, outros jornalistas e colaboradores — como Okky de Souza, Carlos Alberto Sion, a astróloga Sheila Shelders, e até eu, em meu primeiro emprego, como secretária da redação — nos agregamos ao sobrado.

Embora música fosse essencial para a publicação — como era essencial para seus leitores —, a *Rolling Stone* tinha textos sobre literatura, psiquiatria e antipsiquiatria, astrologia, zenbudismo, teatro, cinema. A matéria de Carlos Marques pondo a nu o "homem de ouro" Nelson Duarte — um delegado carioca conhecido por seus esquemas de extorsão — foi um clássico.

E, através do amplo espaço dado a seus leitores — em cartas, classificados e na seção "Recado do leitor" — a revista-jornal de fato servia de traço de união para uma geração em busca de alternativas:

"De repente o gigante Brasil começou a despertar. Acordou com muita fome, com uma vontade desgraçada de construir estradas, fábricas e casas. (...) O gigantão exige definições: se quiser ficar comigo, corta essa de loucura; corta o cabelo que eu te financio. (...) A batalha contra a caretice brasileira deverá começar. Ou então eles vencerão. Infelizmente são a maioria." Paulo César Nobre (Recado do leitor, ROLLING STONE, 15 de agosto de 1972)

"O conjunto subiu muito desde *Sticky Fingers*; os Stones melhoram numa velocidade incrível de LP para LP. Não são previsíveis como Grand Funk e Black Sabbath, por exemplo." Jamari França (TIM) (Recado do leitor, ROLLING STONE, 5 de setembro de 1972)

"Sou um verdadeiro gênio renegado. Escrevo peças, poemas, trechos tétricos, eróticos e paranóicos. Adivinho o futuro de qualquer pessoa que já pisou sobre a avareza maldita da Terra. Eu sou o Profeta do Além e moro num beco confortável da rua Augusta pegado ao Center 3." – SP

(Classificados de graça, ROLLING STONE, 13 de junho de 1972)

"Vendo calças de carne-seca, túnicas indianas e thousands de inutilidades indispensáveis. Chame Paradox, GB."
(Classificados de graça, ROLLING STONE, 29 de fevereiro de 1972)

"Maciel, este é meu último aviso! Que que há, hem? Falta de dinheiro? Má vontade? Falta de incentivo? Olhe que quem acaba perdendo são vocês mesmos. O número zero tava tão bonitinho, tão perfeitinho e bem dividido. (Ah se eu pego quem resolveu piorar o jornal!)" José Emílio Rondeau, Rio, GB (Cartas, ROLLING STONE, 5 de setembro de 1972)

"Ben Elkis – Bicudo te procura urgente. Babão casa – 16 de dezembro. Venha ao Rio."
(Classificados de graça, ROLLING STONE, 5 de dezembro de 1972)

"Bichos aí da RS, espalhem por todos os lugares que puderem que existe um cara que quer, de qualquer jeito, debandar da família e entrar pra uma comunidade. Tenho fé. Eu preciso mesmo é sair daqui, dessa merda. Espero resposta. Marco. Aguardo ansioso, amigos."
(Classificados de graça, ROLLING STONE, 5 de dezembro de 1972)

SERV

Classificados de Graça

You must speak english man! Eu ensino, e como a gente precisa comer enquanto o sol não brilha, é 25,00 a aula. Experiência, diplomas, blá blá blá, blá blá blá. Procurar na rua Buarque de Macedo, 62/701, Flamengo.

Americano vende seu amor: guitarra com alavanca, estojo, cordas de reserva Gibson, incrível!! Buarque de Macedo, 62/701, Flamengo. Flávio ou Richard.

Transo equipamento fotográfico em perfeitas condições, constando de 1 câ-

Tô transando em Multitester Sanwa 320 — jóia, sem uso, na embalagem. Quanto? Só 200 crusas à vista (metade do preço normal). Motivo? Desisti da profissão. Transar com Regis, Rua dos Andradas, 393, ap. 11. P. Alegre.

Vendo uma luz negra de 125 watts (sem o transformador) made in Holland ou transo a lâmpada por discos ou ainda por um macacão Lee novo ou em bom estado, procurar Paulo César tel. 246-2035.

Vendo uma guitarra Begheve com distorcedor por Cr$ 500,00, e um sax Alaconte (francês) Cr$ 500,00, telefone 261-4244 — José. GB.

Troco o último LP do Ginger Baker — Stratavarious (novinho em folha) pelo Ginger Baker's Air Force vol. 1.

DIV

ROI

ME
UM T
moon
incre
rações.

ROLLING STONE
Dropê
Rua Visconde de Caravelas, 73
Caixa Postal n.º 9036 - Rio - Gb

E também (entre centenas de outras)

Presença

Rubinho Gomes era o editor, as principais cabeças pensantes eram Torquato Neto e Joel Macedo. Custava um cruzeiro, durou alguns poucos números em 1971.

JA—Jornal de Amenidades

Invenção de Tarso de Castro em 1971, com Maciel, Marta Alencar, Lapi, Ronaldo Bôscoli, José Carlos Oliveira. Tinha colunas muito bem sacadas sobre astrologia e I Ching, uma coluna "Gay Power", a seção Planeta Diário que tratava quadrinhos como se seus enredos fossem reais. Tinha uma coluna sensacional assinada pelo Chacrinha — pensatas em clima surrealista. Publicou uma das primeiras investigações a fundo sobre o Esquadrão da Morte do Rio, por Percival de Souza.

O Bondinho

Começou em São Paulo como *house organ* do grupo de supermercados Pão de Açúcar, mas, a partir de 1969, era uma das melhores, mais espertas, bonitas e bem-produzidas revistas independentes do país. A redação era de altíssimo calibre: os editores Sérgio de Souza, Eduardo Barreto e Narciso Kalili; e, na redação, Mylton Severiano da Silva (Myltainho), Hamilton Almeida, Roberto Freire e Woile Guimarães, prêmio Esso em 1972. Tiragem absurda para a época: 50 a 75 mil exemplares.

Flor do Mal

Em 1971, o primeiro projeto solo de Luís Carlos Maciel, com Tite de Lemos e Rogério Duarte. Acima de tudo poético, um verdadeiro *objet d'art*, de diagramação psicodelicamente barroca.

Patata

"O mais novo jornaleco da subterrânea paulista. O número que está circulando tem 13 páginas mimeografadas e uma bossinha na capa: há o desenho de uma porta e o leitor é quem vai abri-la." (nota na *Rolling Stone* de 1º de agosto de 1972)

Opinião

Lançado em outubro de 1972, era, segundo ele mesmo, "um jornal que não defende interesses pessoais, não pertence a nenhum partido, não é porta-voz de qualquer ideologia e se recusa a aceitar um volume de publicidade que ultrapasse a 20% de sua receita". Independente de luxo, apoiado no investimento generoso do dono, o empresário Fernando Gasparian, o *Opinião* tinha à frente o editor Raimundo Pereira e, na redação, Flavio Pinheiro, Ronaldo Brito, Paulo Francis, Sérgio Augusto, Tárik de Sousa, Jean-Claude Bernardet (e eu mesma, a partir de 1973). Cássio Loredano, Grilo e Luis Trimano colaboravam com ilustrações. Muito chique, tinha coluna de xadrez, que estreou falando de Henrique Mecking, o Mequinho. Como *O Pasquim*, era visadíssimo pela censura e, também como ele, tinha que submeter suas matérias diretamente a Brasília — uma estratégia estressante destinada a quebrar a espinha do jornal. No entanto, o *Opinião* resistiu até o final da década.

A Pomba

Paulo Coelho era o editor. Circulou entre 1971-1972.

Navilouca

Projeto de estimação de Torquato Neto, sai apenas depois de sua morte, em 1974. Edição única — como ele havia planejado — de belo acabamento gráfico, reúne textos e trabalhos de, entre outros, Waly Salomão, Augusto de Campos, Hélio Oiticica e Lygia Clark.

"Evite circular informações geradoras de paranóia. Favor não confundir tocar com pegar e muito menos com espremer." (PRESENÇA, número 2, 1971)

GIBILÂNDIA: QUADRINHOS E FIGURINHAS

As revistas de quadrinhos eram grandes, do tamanho de revistas "normais" — menos o *Pato Donald*, que era pequeno e da editora Abril, minoritária no segmento HQ. Alguns momentos e títulos inesquecíveis da vida em quadrinhos nos primeiros 70:

TÍTULOS VETERANOS QUE AINDA CIRCULAVAM ::: **MIRIM** E **GLOBO JUVENIL**, DA RIO GRÁFICA ::: **SUPERMAN, TARZAN, O HERÓI** E **REIS DO FAROESTE**, DA EBAL ::: **PATO DONALD**, DA ABRIL. NO FINAL DO ANO, TODAS PUBLICAVAM AS ESPERADÍSSIMAS EDIÇÕES ESPECIAIS DE NATAL OU ALMANAQUES.

Judoka

Criado no Brasil em 1968 pela editora Ebal — líder no segmento HQ na época — para substituir o personagem *Judô-Master*, da Charlton Comics, que deixara de ser produzido nos EUA, esse herói nativo sobreviveu até 1973. Juarez Odilon, Cláudio de Almeida, Floriano Hermeto de Almeida Filho (que assinava FHAF), Francisco Sampaio, Fernando Ikoma e Alberto Silva eram os desenhistas. Em 1972 o *Judoka* virou filme, estrelado por Pedrinho Aguinaga, "o homem mais bonito do Brasil", e Elizângela, o sonho de todos os meninos pós-púberes.

Alguns lançamentos

Revista Patota, de São Paulo.
Editada por Álvaro Pacheco, foi a primeira revista em quadrinhos com o melhor das tiras internacionais, como *Peanuts, Hagar* etc.

A **revista Tex**, da Editora Vecchi, com quadrinhos na linha faroeste, lançada em 1971.

Revista Mandrake, da Saber. O personagem de Lee Falk data de 1924, mas estréia aqui, com seu hipnotismo, sua eterna noiva Narda e seu assistente Lothar, em 1972.

Também nesta época a editora Saber relançou o **Fantasma**, o primeiro dos justiceiros mascarados, criado pelo mesmo autor. Mais tarde também teve o *Álbum de figurinhas do Fantasma*.

Gibi Semanal da Rio Gráfica, reunindo personagens variados, como Popeye, Brucutu, Tarzan, Spirit, Recruta Zero, Lucky Luke, Dick Tracy, Sir Tereré, O Mestre, Flash Gordon, é lançado em 1974.

Em 1974 a Ebal lança diversas edições de luxo, de capa dura, com álbuns de Flash Gordon, Tarzan, Jim das Selvas, Mandrake e Príncipe Valente

A Turma da Mônica

Em 1959, o então repórter policial Mauricio de Sousa, do jornal paulistano *Folha da Manhã*, criou uma série de tiras em quadrinhos com um cãozinho e seu dono — Bidu e Franjinha. Era o começo de uma transformação profissional que o levaria a criar, nos anos seguintes, os personagens (quase todos baseados na própria família) da Turma da Mônica: Cebolinha (1960), Cascão (1961), Mônica (1963). Em 1970, as tiras de jornal transformam-se afinal em revista, com uma tiragem de duzentos mil exemplares. Foi seguida, dois anos depois, pela revista *Cebolinha* e, nos anos seguintes, pelas publicações do *Chico Bento, Cascão, Magali, Pelezinho* e outras.

PERSONAGENS CRIADOS NOS PRIMEIROS 70 ::: **HAGAR O HORRÍVEL**, O VIKING TRAPALHÃO DE DICK BROWNE ::: **CORTO MALTESE**, O AVENTUREIRO SEXY DE HUGO PRATT ::: O FOFO CASAL GORDINHO DA SÉRIE **AMAR É..**, DE KIM CASALI ::: **CONAN, O BÁRBARO E RED SONJA**. CRIADO PELO ESCRITOR ROBERT E. HOWARD NOS ANOS 30 COMO PERSONAGEM DE UMA SÉRIE DE FOLHETINS FANTÁSTICOS, O BOMBADÍSSIMO E SOTURNO CONAN, GUERREIRO DA TRIBO DOS CIMERIANOS ESTRÉIA NOS QUADRINHOS EM 1970, DESENHADO POR BARRY WINDSOR-SMITH E ROTEIRIZADO POR RAY THOMAS, PARA A MARVEL. EM 1973 ELE GANHA UMA CONTRAPARTIDA FEMININA À ALTURA: RED SONJA, GUERREIRA EM TRAJES SUMÁRIOS, IGUALMENTE DECIDIDA E MUSCULARMENTE BEM-DOTADA. LOGO DEPOIS, EM SINTONIA COM A ERA DA LIBERTAÇÃO FEMININA, RED SONJA GANHA SUA PRÓPRIA NARRATIVA EM QUADRINHOS.

Terror e terrir

Desde o final dos 60 o subgênero terror em quadrinhos fazia enorme sucesso, com títulos como *O estranho mundo de Zé do Caixão*, *Sexta-Feira 13*, *Lobisomen*, *Múmia* e *Histórias caipiras de assombração.* Nessa fase surge nossa principal personagem de terror *made in Brazil*, a vampira Mirza, criação de Eugênio Colonnese. Sua revista durou apenas dez edições, mas foi republicada nos anos 70.

O sucesso era tanto, na verdade, que atraiu a atenção da censura: a partir de 1972, as revistas de terror em quadrinhos entram para o triste submundo da censura prévia.

Com o terror censurado, o "terrir" começa a ganhar popularidade com títulos como *Gasparzinho e Brasinha*, de Alfred Harvey; *Satanésio*, de Ruy Perotti; e *Penadinho,* de Mauricio de Sousa.

Um dos personagens mais célebres do terror HQ nasceu em 1971, graças à imaginação de Forrest Ackerman, um verdadeiro homem renascentista multitarefa (produtor, editor, colecionador e escritor de ficção científica, criador da famosa revista americana *Famous Monsters of Filmland*): Vampirella, a gostosíssima e tenaz vampira do planeta Drakulon. Meio Drácula, meio Barbarella, Vampirella foi detalhada pelo traço voluptuoso de Frank Frazetta, um dos expoentes dos comix dos 70. Sensual demais para o Brasil dos militares, Vampirella só viu as páginas locais em 1976.

Figurinhas

AINDA NÃO HAVIA A FIGURINHA AUTOCOLANTE — GOMA ARÁBICA OU, A GRANDE NOVIDADE, A COLA TENAZ ("DESCOLE SE FOR CAPAZ!") ERAM OS RECURSOS PARA OS JOVENS COLECIONADORES. O QUE, SEGUNDO UM *EXPERT*, FOI A MALDIÇÃO — SE A FIGURINHA NÃO FOSSE COLADA DIREITO DA PRIMEIRA VEZ, ADEUS.

Alguns álbuns que deixaram lembranças:

Álbuns de TV

Era chique para artistas televisivos aparecer em álbuns de figurinha. Novelas tinham álbuns próprios, mas atores, apresentadores e programas também ganhavam os seus. O álbum *Cavalo de aço*, de 1973, ia além da novela — era um "álbum educativo", com bandeiras dos países, trajes típicos e presidentes do Brasil.

Álbuns de futebol

Em torno de 1970 e do tricampeonato houve uma verdadeira enxurrada: *Brasil* (editora Vecchi, 102 figurinhas), *Copa 70 Show* (272 cromos), *Campeonato Mundial México-70* (297 cromos). Mas também havia os álbuns dos campeonatos nacionais e estaduais, o muito cobiçado *Futebol espetacular de 1972* (216 cromos) e o *Futebol dente de leite/Campeonato 69*, que saiu em 1970 e tinha 280 cromos.

Disneylândia

Imagens do Reino Encantado original, o da Califórnia (1970).

Mundo dos Animais

Este clássico, lançado em 1973, se repetiria ao longo da década até os anos 80. Consta que a figurinha da baleia era a mais difícil.

Carros Famosos

De 1971, tinha toda a evolução do automóvel, mais modelos famosos e astros do automobilismo. Em 1973 saiu também o *Show de automóveis,* na mesma linha.

Em Curitiba havia o álbum das **Balas Zequinha**. A figurinha 10 era a mais difícil.

Você se lembra?

Os *Almanaques do Biotônico Fontoura* e do *Sadol* que você ganhava na farmácia e vinham cheios de dicas, piadas e passatempos!

Quadrinhos desbundados

Grilo

A principal publicação de quadrinhos subterrâneos era o *Grilo*. Pilotado por Geraldo Ferraz e Delfim Fujiwara em São Paulo, ele estréia em outubro de 1971 com o melhor das HQs desbundadas, ousadas ou simplesmente modernas — Robert Crumb (o *Grilo* foi o primeiro a publicar seu trabalho no Brasil), os *Freak Brothers* de Gilbert Shelton (única publicação brasileira desses personagens ícones da contracultura nos EUA), Feiffer, Frank Frazetta, Peanuts, Pogo, Tumbleweeds, BC. Lançou novos artistas brasileiros — inclusive Sérgio Macedo, que, na metade final da década, seria uma das estrelas da revista *Metal Hurlant/Heavy Metal*. Também publica entrevistas e ensaios. Seus carros-chefe são duas musas dos primeiros 70: a curvilínea Paulette, de Wolinski e Pichard (direto da igualmente *under* revista francesa *Hara-Kiri*) e a angulosa e sadomasoquista Valentina, de Guido Crepax.

Em grande parte por conta das saborosas aventuras dessas duas, em 1972, no número 48, o *Grilo* traz uma interessante mensagem correndo pela margem inferior de suas páginas: "*Stop press*: a censura negou o registro do *Grilo*, por considerar o conteúdo da revista atentatório à moral e aos bons costumes. *O Grilo* então recorreu à própria censura retirando desta edição as histórias que o censor julgou inapropriadas para os nossos leitores. Tal pedido do *Grilo*, de reconsideração quanto ao registro, porém, está há 15 dias aguardando uma palavra final de Brasília. Caso a resposta seja negativa, *o Grilo* passará a ser impresso em formato tablóide. Ou seja: deixará de ser revista para ser jornal (os jornais estão dispensados de registro na censura) e já a partir do próximo número — o número 49 — circulará com um novo nome: *EX-*"
E foi exatamente o que aconteceu.

Além disso:

O Pasquim publicou primeiro os melhores quadrinhos brasileiros pontas-de-lança, como Henfil: Os Fradinhos (que também saíam no *Jornal do Brasil* e ganharam uma revista própria), Zeferino, Graúna & Bode Orelana, o Cemitério dos Mortos-Vivos com o Cabôco Mamadô (para onde ia quem colaborava ou aparentava colaborar, com a ditadura). Jaguar: os Chopnics. Vasques: Rango, um desempregado pobre e barrigudo que vivia em um depósito de lixo com o filho, um amigo dele e o cachorro Sarna. A tira vivia ficando presa na censura, mas em 1974 Rango saiu em livro pela LP&M.

Na **Rolling Stone**, o diretor de arte Lapi incluía seus próprios trabalhos, inclusive a série Flomps (que deveria ter se tornado uma revista que acabou não decolando).

Balão, fanzine nascido na Universidade de São Paulo (USP), em 1972, revela Luís Gê, Laerte, Kiko, Angeli e Paulo e Chico Caruso.

LIVROS

Mulheres em fúria

Os primeiros 70 são o momento em que o feminismo se define. Suas idéias centrais podem estar no pós-guerra ou nos anos 60, quando a pílula anticoncepcional se tornou acessível. Mas é a nova década que vê seus passos mais marcantes:

EM 1970, UMA GIGANTESCA E PACÍFICA PASSEATA DE MULHERES EM WASHINGTON MARCA O CINQÜENTENÁRIO, NOS EUA, DO VOTO FEMININO. A REVISTA *MANCHETE* REGISTRA DESTA FORMA O EVENTO: "HÁ UM NOVO E ORIGINAL MOVIMENTO DE PROTESTO NOS EUA: O MOVIMENTO FEMINISTA. NO COMEÇO NINGUÉM O IDENTIFICAVA — E ATÉ O RIDICULARIZAVA" (*MANCHETE*, 9 DE SETEMBRO DE 1970). ::: A PUBLICAÇÃO NO BRASIL, EM 1970, DE *A LIBERTAÇÃO SEXUAL DA MULHER*, DE ROSE MARIE MURARO. LOGO TOMA A DIANTEIRA COMO LÍDER FEMINISTA NO PAÍS DO FUTEBOL, QUE, COMO SE SABE, É ESPORTE DE MACHO. SEGUEM-SE, EM 1971, OS LANÇAMENTOS BRASILEIROS *A MULHER EUNUCO* E *A MÍSTICA FEMININA* (TÍTULO ORIGINAL DE 1963), DE BETTY FRIEDAN, TRADUZIDOS POR ROSE MARIE. ::: A CRIAÇÃO, NOS EUA, DA REVISTA *MS*, DE GLORIA STEINEM (NO TÍTULO MESMO A NOVIDADE DESAFIADORA: UMA NOVA MANEIRA DE SE CHAMAR A MULHER, NÃO MAIS DEFINIDA POR SEU ESTADO CIVIL DE "SENHORITA" — MISS — OU "SENHORA" — MRS. —, EM 1971). ::: EM 1973, O LANÇAMENTO NO BRASIL DA REVISTA *NOVA*, VERSÃO LOCAL DA REVISTA AMERICANA *COSMOPOLITAN* QUE, DESDE 1965, VINHA SEGUINDO UMA LINHA AGRESSIVAMENTE FEMININA. EMBORA NÃO NECESSARIAMENTE FEMINISTA, É O PRIMEIRO TÍTULO A ABORDAR CLARAMENTE O SEXO COMO UM PRAZER, FORA DE LAÇOS MATRIMONIAIS.

LAMPIÃO da esquina

CASSANDRA RIOS AINDA RESISTE

Com 36 livros proibidos, ela só pensa em escrever

NORMAN MAILER e o vício homossexual

Fans de EMILINHA botam pra quebrar

PASOLINI aconselha: desbloquear tabus

Os anjos pornográficos: Cassandra e Adelaide

No país dos machões, na era dos generais, as campeãs de vendagem de livros eram duas mulheres: Cassandra Rios e Adelaide Carraro.

Cassandra, nascida Odete Rios Perez Gonzalez Hernandes Arellano, numa família espanhola de São Paulo, escrevia sobre lesbianismo, paixões proibidas, romances tórridos: *Volúpia do pecado, Nicoleta ninfeta, Carne em delírio, A piranha sagrada*, entre dezenas de títulos. Mesmo com as mutilações da censura, vendia 300 mil cópias de seus livros, vivia exclusivamente de direitos autorais e tinha uma cachorrinha chamada Betânia (consta que Maria Bethânia era uma de suas maiores fãs).

Sua principal rival era Adelaide Carraro, que, em 1974, se orgulhava de suas 18 passagens por delegacias diversas e das vendas astronômicas de seus livros — *Eu e o governador* (que contava seu caso com Jânio Quadros), *Submundo da sociedade* e *O travesti*, entre dúzias de outros.

"Até bofetada de delegado, na cara, levei. O que mais temiam? Já não estava eu proibida? (...) Verdade que, na época, assim diziam, só eu vendia! O público consumidor via, só nas páginas dos meus livros, gente com as quais hoje cruzam nas ruas, livres, sem ter que disfarçar e pagar pelo que nasceram."
(Cassandra Rios em sua autobiografia, FLORES E CASSIS)

Livros proibidos

Imediatamente após o AI-5, vinte títulos foram sumariamente proibidos no Brasil. Nos 70, já eram mais de 350 títulos que os brasileiros não podiam ler — não em português, não no Brasil. Entre eles estavam:

HISTÓRIA MILITAR DO BRASIL, NELSON WERNECK SODRÉ ::: **O PODER JOVEM**, ARTHUR JOSÉ POERNER ::: **O LIVRO VERMELHO**, GENERAL MAO TSÉ-TUNG ::: **FELIZ ANO NOVO**, RUBEM FONSECA ::: **ZERO**, IGNÁCIO DE LOYOLA BRANDÃO ::: **TRÓPICO DE CÂNCER**, HENRY MILLER ::: **TRÓPICO DE CAPRICÓRNIO**, HENRY MILLER ::: **ARACELLI MEU AMOR**, JOSÉ LOUZEIRO ::: **MINHA LUTA**, ADOLF HITLER

"Sabe, não quero desanimar nem nada, mas acho que as tuas novelas não passarão na censura – pelo menos o Osmo.(...) Hilda, não te abaixa, não faz correções no texto, não corta os palavrões. Espera que tudo mude, ainda que isso não aconteça antes de vinte anos." (Caio Fernando Abreu em carta a Hilda Hilst, Porto Alegre, 4 de março de 1970)

Uma bibliografia desbundada

Os livros que faziam a cabeça da galera:

A contracultura, THEODORE ROSZAK

A tradução brasileira de *The Making of Counter Culture* — que já tinha sido o livro de cabeceira dos estudantes de Berkeley — saiu em 1972 pela Vozes, que, com Rose Marie Muraro à frente, era um foco de luz numa escuridão medonha. "Principalmente para quem está pensando que contracultura é só um som da pesada, a leitura deste livro faz-se urgente", escreveu Flávio Moreira da Costa na *Rolling Stone* de 24 de outubro de 1972.

Uma realidade isolada, Os ensinamentos de Don Juan, Viagem a Ixtlan E **A erva do Diabo**, CARLOS CASTAÑEDA

Luís Carlos Maciel foi um dos tradutores da obra deste antropólogo, nascido no Brasil e educado na Califórnia, que apresentou ao mundo as jornadas xamânicas e o uso ritual e mágico do peiote e da mescalina.

O despertar dos mágicos, JACQUES BERGIER E LOUIS PAUWELS

Revisão da história à luz de magia, ocultismo, mutantes e extraterrestres. Saiu no Brasil em 1971 e tornou-se livro de cabeceira de Raul Seixas e Paulo Coelho — aliás, ter esse livro em comum foi um dos principais fatores da mútua atração da dupla.

Tatuagem: histórias de uma geração na estrada, JOEL MACEDO

"*Get it while you can*. Seguir a trilha de Joel Macedo pelo Marroco, Afaganistão (*sic*), Nova York e Índia. Uma viagem por dez cruzeiros. Nas principais livrarias do Brasil." (anúncio, *Rolling Stone*, 15 de fevereiro de 1972)

Eros e civilização, HERBERT MARCUSE

"A nossa autobiografia", *Rolling Stone*, 24 de outubro de 1972.

O espírito do zen, O caminho do zen E **A sabedoria da insegurança**, ALAN WATTS.

Zen e Taoísmo explicados por este inglês que já tinha virado guru dos hippies da Califórnia.

O Senhor dos anéis, J. R. R. TOLKIEN

A primeira tradução brasileira da ilustríssima trilogia sai (em 1974) em seis volumes em vez de três — cada livro partido ao meio, com adaptações estranhíssimas para os nomes dos personagens (Meirinho para Merry Brandebuque, Peregrin Tuk virou Pipinho). Mesmo assim — e com as páginas mal coladas se soltando em plena batalha de Helm's Deep — rapidamente se tornou uma das obras mais lidas, compartilhadas, emprestadas e roubadas da cena.

LIVROS PARA UMA BIBLIOTECA BÁSICA UNDERGOUND, POR LUÍS CARLOS MACIEL, **JORNAL DE AMENIDADES**, MARÇO DE 1971 ::: **THE NAKED LUNCH**, WILLIAM BURROUGHS ::: **WOODSTOCK NATION**, ABBIE HOFFMAN ::: **ROCK**, SUE CLARK E DOUGLAS HALL ::: **DO IT**, JERRY RUBIN ::: **THE POLITICS OF EXPERIENCE**, RD LANG ::: **A**, ANDY WARHOL ::: **THE YAGES LETTERS**, ALLEN GINSBERG E WILLIAM BURROUGHS ::: **AN INTRODUCTION TO AMERICAN UNDERGROUND FILM**, SHELDON DENAN

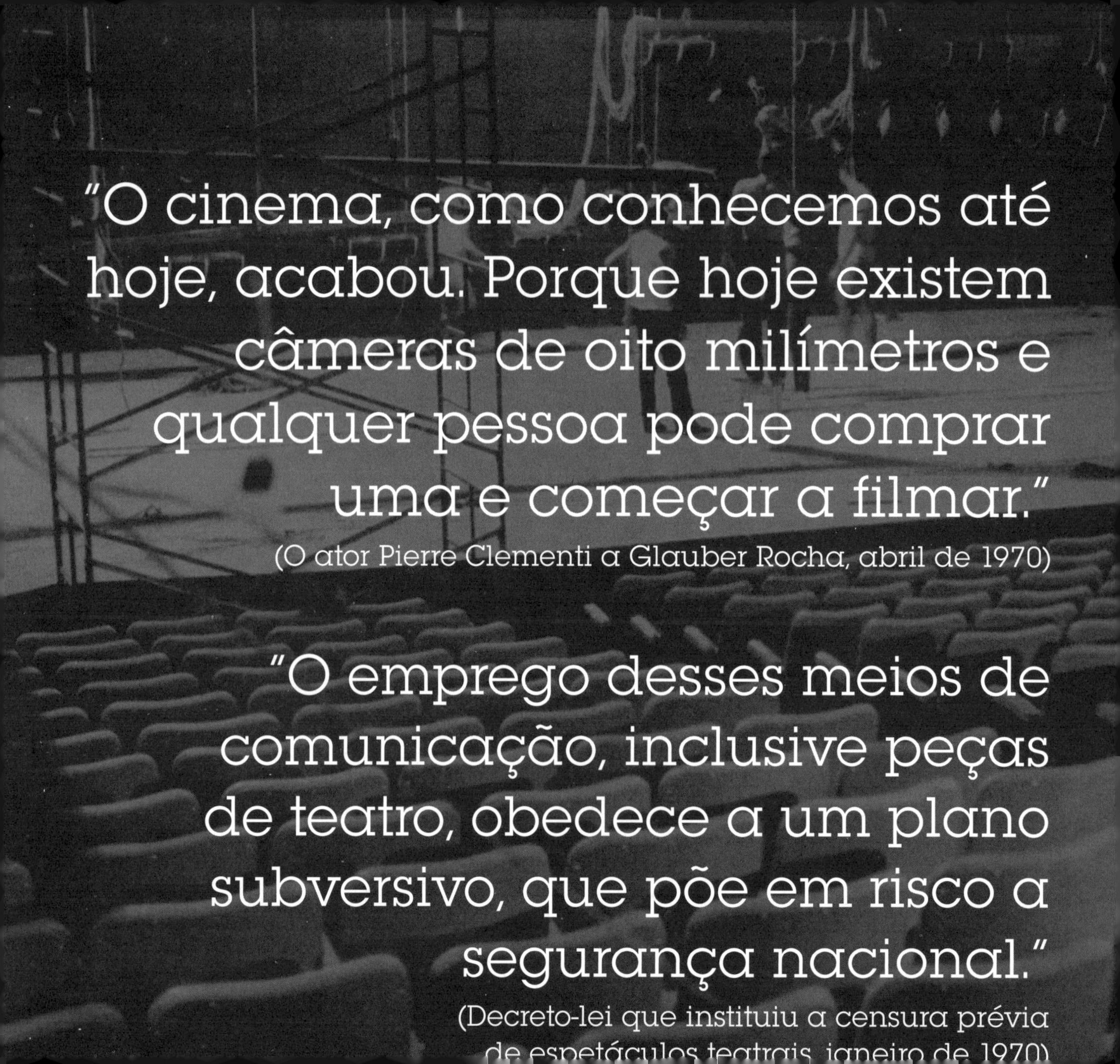

"O cinema, como conhecemos até hoje, acabou. Porque hoje existem câmeras de oito milímetros e qualquer pessoa pode comprar uma e começar a filmar."

(O ator Pierre Clementi a Glauber Rocha, abril de 1970)

"O emprego desses meios de comunicação, inclusive peças de teatro, obedece a um plano subversivo, que põe em risco a segurança nacional."

(Decreto-lei que instituiu a censura prévia de espetáculos teatrais, janeiro de 1970)

ARTES & MANHAS 1970-1974

CINEMA

Os grandes sucessos

O EXORCISTA (1973) – 358 MILHÕES DE DÓLARES ::: **O PODEROSO CHEFÃO** (1972) – 245 MILHÕES DE DÓLARES ::: **GOLPE DE MESTRE** (1973) – 170 MILHÕES DE DÓLARES. RECÉM-SAÍDOS DO SUCESSO DE **BUTCH CASSIDY**, A DUPLA PAUL NEWMAN-ROBERT REDFORD REPETE A DOSE COM ESTA MULTIOSCARIZADA COMÉDIA DE AÇÃO NA CHICAGO DOS GÂNGSTERES ::: **BANZÉ NO OESTE** (1974) – 130 MILHÕES DE DÓLARES. MEL BROOKS, EM SUA MELHOR FORMA, ATACA O OESTE NÃO MUITO SELVAGEM. ESSE É O QUE TEM AQUELE "DUELO" DE AEROFAGIA À VOLTA DA FOGUEIRA ::: **INFERNO NA TORRE** (1974) – 120 MILHÕES DE DÓLARES ::: **AMERICAN GRAFFITI** (1973) – 117 MILHÕES DE DÓLARES ::: **LOVE STORY** (1970) – 110 MILHÕES DE DÓLARES. MILHÕES DE PESSOAS PELO MUNDO AFORA PAGARAM PARA VER ALI MCGRAW FICAR CADA VEZ MAIS LINDA À MEDIDA QUE MORRE NOS BRAÇOS DE RYAN O'NEAL. O TEMA, DE FRANCIS LAI, COLOU NO OUVIDO DE TODO MUNDO ::: **AEROPORTO** (1970) – 101 MILHÕES DE DÓLARES ::: **O PODEROSO CHEFÃO – PARTE 2** (1974) – 70 MILHÕES DE DÓLARES ::: **NOSSO AMOR DE ONTEM** (1973) – 34 MILHÕES DE DÓLARES. O DIRETOR SIDNEY POLLACK EMPLACA COM O PÚBLICO FEMININO PONDO ROBERT REDFORD E BARBRA STREISAND JUNTOS COMO UM JOVEM CASAL QUE NÃO TEM NADA EM COMUM MAS MESMO ASSIM SE APAIXONA ::: (FONTE: WWW.IMDB.COM)

Os oscarizados

42nd Academy Awards: 7-4-1970

FILME *PERDIDOS NA NOITE (MIDNIGHT COWBOY)* ::: **DIRETOR** JOHN SCHLESINGER POR *PERDIDOS NA NOITE (MIDNIGHT COWBOY)* ::: **ATOR** JOHN WAYNE POR *BRAVURA INDÔMITA (TRUE GRIT)* ::: **ATRIZ** MAGGIE SMITH POR *A PRIMAVERA DE UMA SOLTEIRONA (THE PRIME OF MISS JEAN BRODIE)* ::: **ATOR COADJUVANTE** GIG YOUNG POR *A NOITE DOS DESESPERADOS (THEY SHOOT HORSES, DON'T THEY?)* ::: **ATRIZ COADJUVANTE** GOLDIE HAWN POR *FLOR DE CACTO (CACTUS FLOWER)* ::: **ROTEIRO ADAPTADO** WALDO SALT POR *PERDIDOS NA NOITE (MIDNIGHT COWBOY)* ::: **ROTEIRO ORIGINAL** WILLIAM GOLDMAN POR *BUTCH CASSIDY (BUTCH CASSIDY AND THE SUNDANCE KID)* ::: **MONTAGEM** FRANÇOISE BONNOT POR *Z (Z)* ::: **DIREÇÃO DE ARTE** JOHN DECUIR, JACK MARTIN SMITH, HERMAN BLUMENTHAL, WALTER M. SCOTT, GEORGE JAMES HOPKINS E RAPHAEL BRETTON POR *ALÔ, DOLLY! (HELLO DOLLY!)* ::: **FOTOGRAFIA** CONRAD L. HALL POR *BUTCH CASSIDY (BUTCH CASSIDY AND THE SUNDANCE KID)* ::: **TRILHA SONORA** BURT BACHARACH POR *BUTCH CASSIDY (BUTCH CASSIDY AND THE SUNDANCE KID)* ::: **CANÇÃO** "RAINDROPS KEEP FALLIN' ON MY HEAD", MÚSICA DE BURT BACHARACH E HAL DAVID PELO FILME *BUTCH CASSIDY (BUTCH CASSIDY AND THE SUNDANCE KID)* ::: **FILME ESTRANGEIRO** *Z (Z)* ARGÉLIA ::: **PRÊMIO HUMANITÁRIO JEAN HERSHOLT** GEORGE JESSEL

43rd Academy Awards: 15-4-1971

FILME *PATTON, REBELDE OU HERÓI? (PATTON)* ::: **DIRETOR** FRANKLIN J. SCHAFFNER POR *PATTON, REBELDE OU HERÓI? (PATTON)* ::: **ATOR** GEORGE C. SCOTT POR *PATTON, REBELDE OU HERÓI? (PATTON)* ::: **ATRIZ** GLENDA JACKSON POR *MULHERES APAIXONADAS (WOMEN IN LOVE)* ::: **ATOR COADJUVANTE** JOHN MILLS POR *A FILHA DE RYAN (RYAN'S DAUGHTER)* ::: **ATRIZ COADJUVANTE** HELEN HAYES POR *AEROPORTO (AIRPORT)* ::: **ROTEIRO ADAPTADO** RING LARDNER JR. POR *M.A.S.H. (MASH)* ::: **ROTEIRO** FRANCIS FORD COPPOLA E EDMUND H. NORTH POR *PATTON, REBELDE OU HERÓI? (PATTON)* ::: **MONTAGEM** HUGH S. FOWLER POR *PATTON, REBELDE OU HERÓI? (PATTON)* ::: **DIREÇÃO DE ARTE** URIE MCCLEARY, GIL PARRONDO, ANTONIO MATEOS E PIERRE-LOUIS THEVENET POR *PATTON, REBELDE OU HERÓI? (PATTON)* ::: **FOTOGRAFIA** FREDDIE YOUNG POR *A FILHA DE RYAN (RYAN'S DAUGHTER)* ::: **TRILHA SONORA** FRANCIS LAI POR *UMA HISTÓRIA DE AMOR (LOVE STORY)* ::: **CANÇÃO** "FOR ALL WE KNOW", MÚSICA DE FRED KARLIN, ROBB ROYER E JAMES GRIFFIN PELO FILME *AS MIL FACES DO AMOR (LOVE HAS THOUSAND FACES)* ::: **FILME ESTRANGEIRO** *INVESTIGAÇÃO SOBRE UM CIDADÃO ACIMA DE QUALQUER SUSPEITA (INDAGINE SU UN CITTADINO AL DI SOPRA DI OGNI SOSPETTA)*, ITÁLIA ::: **PRÊMIO HUMANITÁRIO JEAN HERSHOLT** FRANK SINATRA ::: **PRÊMIO IRVING G. THALBERG MEMORIAL** INGMAR BERGMAN

44th Academy Awards: 16-4-1972

FILME *OPERAÇÃO FRANÇA (THE FRENCH CONNECTION)* ::: **DIRETOR** WILLIAM FRIEDKIN POR *OPERAÇÃO FRANÇA (THE FRENCH CONNECTION)* ::: **ATOR** GENE HACKMAN POR *OPERAÇÃO FRANÇA (THE FRENCH CONNECTION)* ::: **ATRIZ** JANE FONDA POR *KLUTE, O PASSADO CONDENA (KLUTE)* ::: **ATOR COADJUVANTE** BEN JOHNSON POR *A ÚLTIMA SESSÃO DE CINEMA (THE LAST PICTURE SHOW)* ::: **ATRIZ COADJUVANTE** CLORIS LEACHMAN POR *A ÚLTIMA SESSÃO DE CINEMA (THE LAST PICTURE SHOW)* ::: **ROTEIRO ADAPTADO** ERNEST TIDYMAN POR *OPERAÇÃO FRANÇA (THE FRENCH CONNECTION)* ::: **ROTEIRO ORIGINAL** PADDY CHAYEFSKY POR *HOSPITAL (THE HOSPITAL)* ::: **MONTAGEM** JERRY GREENBERG POR *OPERAÇÃO FRANÇA (THE FRENCH CONNECTION)* ::: **DIREÇÃO DE ARTE** JOHN BOX, ERNEST ARCHER, JACK MAXSTED, GIL PARRONDO E VERNON DIXON POR *NICHOLAS E ALEXANDRA (NICHOLAS AND ALEXANDRA)* ::: **FOTOGRAFIA** OSWALD MORRIS POR *UM VIOLINISTA NO TELHADO (FIDDLER ON THE ROOF)* ::: **TRILHA SONORA** MICHEL LEGRAND POR *HOUVE UMA VEZ UM VERÃO (SUMMER OF '42)* ::: **CANÇÃO** "THEME FROM SHAFT", MÚSICA DE ISAAC HAYES PELO FILME *SHAFT (SHAFT)* ::: **FILME ESTRANGEIRO** *O JARDIM DOS FINZI-CONTINI (IL GIARDINO DEI FINZI-CONTINI)* ITÁLIA ::: **HOMENAGENS** CHARLES CHAPLIN

45th Academy Awards: 27-3-1973

FILME *O PODEROSO CHEFÃO (THE GODFATHER)* ::: **DIRETOR** BOB FOSSE POR *CABARET (CABARET)* ::: **ATOR** MARLON BRANDO POR *O PODEROSO CHEFÃO (THE GODFATHER)* ::: **ATRIZ** LIZA MINNELLI POR *CABARET (CABARET)* ::: **ATOR COADJUVANTE** JOEL GREY POR *CABARET (CABARET)* ::: **ATRIZ COADJUVANTE** EILEEN HECKART POR *LIBERDADE PARA AS BORBOLETAS (BUTTERFLIES ARE FREE)* ::: **ROTEIRO ADAPTADO** MARIO PUZO E FRANCIS FORD COPPOLA POR *O PODEROSO CHEFÃO (THE GODFATHER)* ::: **ROTEIRO ORIGINAL** JEREMY LARNER POR *O CANDIDATO (THE CANDIDATE)* ::: **MONTAGEM** DAVID BRETHERTON POR *CABARET (CABARET)* ::: **DIREÇÃO DE ARTE** ROLF ZEHETBAUER, JURGEN KIEBACH E HERBERT STRABEL POR *CABARET (CABARET)* ::: **FOTOGRAFIA** GEOFFREY UNSWORTH POR CABARET *(CABARET)* ::: **TRILHA SONORA** CHARLES CHAPLIN, RAYMOND RASCH E LARRY RUSSELL POR *LUZES DA RIBALTA (LIMELIGHT)* ::: **CANÇÃO** "THE MORNING AFTER", MÚSICA DE AL KASHA E JOEL HIRSCHHORN PELO FILME *O DESTINO DO POSEIDON (THE POSEIDON ADVENTURE)* ::: **FILME ESTRANGEIRO** *O DISCRETO CHARME DA BURGUESIA (LE CHARM DISCRET DE LA BURGEOISIE)*, FRANÇA ::: **PRÊMIO HUMANITÁRIO JEAN HERSHOLT** ROSALIND RUSSELL ::: **HOMENAGENS** EDWARD G. ROBINSON

46th Academy Awards: 2-4-1974

FILME *GOLPE DE MESTRE (THE STING)* ::: **DIRETOR** GEORGE ROY HILL POR *GOLPE DE MESTRE (THE STING)* ::: **ATOR** JACK LEMMON POR *SONHOS DO PASSADO (SAVE THE TIGER)* ::: **ATRIZ** GLENDA JACKSON POR *UM TOQUE DE CLASSE (A TOUCH OF CLASS)* ::: **ATOR COADJUVANTE** JOHN HOUSEMAN POR *O HOMEM QUE EU ESCOLHI (THE PAPER CHASE)* ::: **ATRIZ COADJUVANTE** TATUM O'NEAL POR *LUA DE PAPEL (PAPER MOON)* ::: **ROTEIRO ADAPTADO** WILLIAM PETER BLATTY POR *O EXORCISTA (THE EXORCIST)* ::: **ROTEIRO** DAVID S. WARD POR *GOLPE DE MESTRE (THE STING)* ::: **MONTAGEM** WILLIAM H. REYNOLDS POR *GOLPE DE MESTRE (THE STING)* ::: **DIREÇÃO DE ARTE** HENRY BUMSTEAD E JAMES PAYNE POR *GOLPE DE MESTRE (THE STING)* ::: **FOTOGRAFIA** SVEN NYKVIST POR *GRITOS E SUSSURROS (VISKININGAR OCH ROP)* ::: **TRILHA SONORA** MARVIN HAMLISCH POR *GOLPE DE MESTRE (THE STING)* ::: **CANÇÃO** "THE WAY WE WERE", MÚSICA DE MARVIN HAMLISCH, ALAN BERGMAN E MARILYN BERGMAN PELO FILME *NOSSO AMOR DE ONTEM (THE WAY WE WERE)* ::: **FILME ESTRANGEIRO** *A NOITE AMERICANA (LA NUIT AMERICAINE)*, FRANÇA ::: **PRÊMIO HUMANITÁRIO JEAN HERSHOLT** LEW WASSERMAN ::: **PRÊMIO IRVING G. THALBERG MEMORIAL** LAWRENCE WEINGARTEN ::: **HOMENAGENS** HENRI LANGLOIS E GROUCHO MARX

Coisas estranhas que aconteceram nos Oscars:

O "careca" deve ter-se sentido rejeitadíssimo: primeiro George C. Scott, depois Marlon Brando recusaram a estatueta de melhor ator. Scott venceu em 1971 por sua atuação como o General Patton em *Patton, rebelde ou herói?*, mas recusou seu Oscar com um telegrama em que dizia que "a vida não é uma corrida de competição". Dois anos depois, foi a vez de Marlon Brando não aparecer — quando seu nome foi anunciado como vitorioso (por *O poderoso chefão*), quem subiu ao palco do Dorothy Chandler Pavillion em seu lugar foi Sacheen Littlefeather, nome indígena da atriz Maria Cruz, de descendência Yaki. Vestida em traje de gala dos apaches, Sacheen/Maria leu um texto de Brando recusando o Oscar em protesto contra o tratamento dos indígenas no cinema americano. Como se isso não bastasse, em 1974 Dustin Hoffman — indicado por *Lenny* — chamou o Oscar de "feio, grotesco e embaraçoso". Felizmente, ele não ganhou.

Em 1972, um Clint Eastwood nervosíssimo, suando em bicas em seu *smoking*, subiu ao palco para apresentar um dos prêmios. Seu nome não estava no programa da noite: Clint foi pego à unha, na última hora, para substituir Charlton Heston, que ficou retido a caminho do Dorothy Chandler por um pneu furado. "Foram escolher logo um cara que mal falou 12 palavras em 12 filmes", Clint desabafou depois.

Em 1973, enquanto David Niven apresentava um prêmio, um sujeito inteiramente nu atravessou o palco do Dorothy Chandler: era Robert Opal, um dedicado praticante do *streaking*, o modismo do momento daquele ano, que consistia exatamente nisso, disparar sem roupa por lugares públicos. Com total fleuma britânica, Niven se limitou a dar uma breve olhadela, erguer levemente as sobrancelhas e retomar o texto de onde tinha parado.

A geração que reinventou Hollywood

A chamada era de ouro de Hollywood tinha sido explodida pela televisão, levando com ela o sistema de estúdios, suas longas folhas de pagamento e suas restrições quanto a sexo, drogas e violência nas telas. Hollywood estava acéfala, em crise financeira, falência artística e depressão psicológica. Território perfeito para o aparecimento de uma nova geração de diretores e roteiristas, alimentados pelo cinema europeu e asiático, sem medo da televisão e da cultura pop — pelo contrário, fascinados por ambas. Trabalhando com orçamentos reduzidos e recursos reciclados — Robert Altman filmou *M.A.S.H.* literalmente nos fundos dos estúdios da 20th Century Fox —, escrevendo seus próprios filmes ou colaborando intensamente com uma nova safra de roteiristas, trazendo caras novas para os elencos e colocando suas câmeras nas ruas, eles eram os independentes dos anos 70:

Martin Scorsese (17/11/1942, QUEENS, NOVA YORK)

Filho de imigrantes italianos, asmático e franzino, cresceu literalmente vendo as sessões duplas do cinema do bairro para evitar confrontos com as gangues de rua. Pensou em ser padre ou mafioso, optou por estudar cinema. Um de seus primeiros trabalhos foi operando uma das câmeras do documentário *Woodstock*.

SEUS FILMES DA ÉPOCA: BOXCAR BERTHA (1972) ::: **RUAS DO MEDO** (1973) ::: **ALICE NÃO MORA MAIS AQUI** (1974) ::: **SEUS AMIGOS:** AL PACINO, ROBERT DE NIRO, HARVEY KEITEL, ROGER CORMAN

Enquanto isso, em 1972,
David Bowie...

ZIGGY STARDUST. "BOWIE SERÁ UM ÍDOLO CARISMÁTICO À MODA ANTIGA, PORQUE SEU SHOW É REPLETO DE BRILHO, GLAMOUR E RITMO. VESTIDO NA ROUPA MAIS ESPALHAFATOSA E APERTADA POSSÍVEL (...) NAMORA SUA PLATÉIA DE UM MODO DISTANTE QUE O TORNA VAGAMENTE INTOCÁVEL." (*MELODY MAKER*, JULHO DE 1972)

Francis Ford Coppola (7/4/1939, DETROIT, MICHIGAN)

Outro ítalo-americano que descobriu o cinema quando estava doente — com poliomielite — e foi treinado na dura mas excelente escola dos filmes B de Roger Corman, para quem dirigiu seu primeiro filme, *Dementia 13*. O roteiro de *Patton, rebelde ou herói?* lhe valeu um Oscar em 1970 e deslanchou sua carreira, mas foi a criação da produtora independente Zoetrope, em San Francisco — em parceria com George Lucas —, que lhe deu foco. Coppola produziu os dois primeiros longas de Lucas e, na seqüência, recebeu da Paramount um convite irrecusável — adaptar o livro *O chefão*, de Mario Puzo, para a tela.

SEUS FILMES DA ÉPOCA: O PODEROSO CHEFÃO (1972) ::: THE CONVERSATION (1974) ::: O PODEROSO CHEFÃO – PARTE 2 (1974) ::: **SEUS AMIGOS:** SEU PAI, O MAESTRO CARMINE COPPOLA; GEORGE LUCAS; MARTIN SHEEN; ROBERT DUVALL; ROBERT DE NIRO; AL PACINO; GENE HACKMAN; ROGER CORMAN

George Lucas (14/5/1944, Modesto, Califórnia)

Nascido e criado (com três irmãos) numa fazendola de cultivo de nozes no interior da Califórnia, doentio e diabético, Lucas sonhava ser piloto de corrida até sofrer um terrível acidente que quase lhe tira a vida. Os três temas, a cidadezinha isolada, a vertigem da velocidade e o golpe do destino que tudo muda apareceriam em praticamente todos os seus filmes. Conheceu Francis Ford Coppola na universidade, onde ambos cursavam cinema, e forjou a parceria que, como o acidente, mudou sua trajetória. O enorme e inesperado sucesso do autobiográfico *American Graffiti* possibilitou seu salto quântico na segunda metade da década.

SEUS FILMES DA ÉPOCA: THX 1138 (1971) ::: AMERICAN GRAFFITI (1973) ::: **SEUS AMIGOS:** FRANCIS FORD COPPOLA; STEVEN SPIELBERG; HARRISON FORD; ROBERT DUVALL; RICHARD DREYFUSS

Steven Spielberg (18/12/1946, CINCINNATI, OHIO)

Foi morar no Arizona quando seus pais se separaram e matava aula para ver os filmes de repertório no cineminha local. Ganhou uma câmera oito milímetros e não deixou mais os irmãos e colegas de escola em paz, rodando 18 curta-metragens até se formar no segundo grau. Estudou cinema em Long Beach, subúrbio de Los Angeles, e começou a trabalhar como diretor na televisão, em séries como *Columbo* e *Night Gallery*. Seu primeiro longa foi feito para a televisão.

SEUS FILMES DA ÉPOCA: ENCURRALADO (1971) ::: SUGARLAND EXPRESS (1974) ::: **SEUS AMIGOS:** FRANCIS FORD COPPOLA; GEORGE LUCAS; MARTIN SCORSESE; HARRISON FORD; ROBERT DUVALL; RICHARD DREYFUSS

Robert Altman (20/2/1925, KANSAS CITY, MISSOURI)

O veterano da safra 70 só descobriu o cinema quando voltou da guerra, onde havia servido como piloto. Trabalhando com filmes de treinamento e documentários industriais, Altman tomou gosto pela coisa e passou rapidamente para a televisão, onde trabalhou durante quase uma década (especialmente na série Alfred Hitchcock apresenta). O "sim" ao roteiro de *M.A.S.H.* — que praticamente todos os diretores de algum nome na época tinham recusado — revelou o cineasta que ele provavelmente sempre tinha sido.

SEUS FILMES DA ÉPOCA: **M.A.S.H.** (1970) ::: **MCCABE E MRS. MILLER** (1971) ::: **THE LONG GOODBYE** (1973) ::: **VOAR É COM OS PÁSSAROS** (1973) **::: SEUS AMIGOS:** SEU FILHO, MIKE ALTMAN (QUE COMPÔS A LETRA DE "SUICIDE IS PAINLESS", CANÇÃO-TEMA DE **M.A.S.H.**); SHELLEY DUVALL; SALLY KELLERMAN; LILY TOMLIN; ALAN ALDA.

Peter Bogdanovich (30/7/1939, KINGSTON, NOVA YORK)

Filho de imigrantes da Sérvia, Bogdanovich começou como ator de teatro no Actor's Studio de Nova York. Fã e leitor ávido dos *Cahiers du Cinema*, foi programador de cinema do Museu de Arte Moderna de Nova York, com uma predileção pelo resgate dos diretores americanos clássicos, os *auteurs* que os europeus adoravam e seus compatriotas esnobavam: John Ford, Howard Hawks, Preston Sturges, Frank Capra. É uma admiração que aparece em seu trabalho como diretor e rapidamente lhe garante um lugar no coração das platéias internacionais. Em 1973 funda com Francis Ford Coppola e William Friedkin uma produtora-cooperativa, a Directors' Company, de vida curta.

SEUS FILMES DA ÉPOCA: **A ÚLTIMA SESSÃO DE CINEMA** (1971) ::: **O QUE É QUE HÁ, GATINHA?** (1972) ::: **LUA DE PAPEL** (1973) ::: **DAISY MILLER** (1974) **::: SEUS AMIGOS:** CYBILL SHEPERD (QUE AOS 19 ANOS SE TORNOU SUA NAMORADA NO SET DE *ÚLTIMA SESSÃO DE CINEMA*, LEVANDO BOGDANOVICH A UM RUMOROSO DIVÓRCIO); RYAN O'NEAL; TATUM O'NEAL; JEFF BRIDGES; FRANCIS FORD COPPOLA; WILLIAM FRIEDKIN.

E também (outros filmes da renascença americana):

FIVE EASY PIECES (1970), BOB RAFELSON ::: **KLUTE, O PASSADO CONDENA** (1970), ALAN PAKULA ::: **HAROLD E MAUDE** (1971), HAL ASHBY ::: **DRIVE, HE SAID** (1971), JACK NICHOLSON ::: **PLAY MISTY FOR ME** (1971), CLINT EASTWOOD ::: **SUNDAY, BLOODY SUNDAY** (1971), JOHN SCHLESINGER ::: **BADLANDS** (1973), TERRENCE MALICK ::: **THE LAST DETAIL** (1973), HAL ASHBY ::: **ELECTRA GLIDE IN BLUE** (1973), JAMES WILLIAM GUERCIO ::: **THE PARALLAX VIEW** (1974), ALAN PAKULA

...e outros filmes bacanas do mundo todo:

PEQUENO GRANDE HOMEM (1970), ARTHUR PENN ::: **O CONFORMISTA** (1970), BERNARDO BERTOLUCCI ::: **MORTE EM VENEZA** (1970), LUCHINO VISCONTI ::: **BANANAS** (1971), WOODY ALLEN ::: **MACBETH** (1971), ROMAN POLANSKY ::: **SHAFT** (1971), GORDON PARKS ::: **DELIVERANCE** (1972), JOHN BOORMAN ::: **O DISCRETO CHARME DA BURGUESIA** (1972), LUIS BUÑUEL ::: **AMARCORD** (1973), FEDERICO FELLINI ::: **SAVE THE TIGER** (1973), JOHN AVILDSEN ::: **DORMINHOCO** (1973), WOODY ALLEN ::: **SERPICO** (1973), SIDNEY LUMET ::: **GIORDANO BRUNO** (1973), GIULIANO MONTALDO ::: **FRENESI** (1973), ALFRED HITCHCOCK ::: **O CRIADO** (1973), JOSEPH LOSEY ::: **A NOITE AMERICANA** (1973), FRANÇOIS TRUFFAUT ::: **ZARDOZ** (1973), JOHN BOORMAN ::: **CENAS DE UM CASAMENTO** (1973), INGMAR BERGMAN ::: **CHINATOWN** (1974), ROMAN POLANSKY ::: **JOVEM FRANKENSTEIN** (1974), MEL BROOKS ::: **OS MOSQUETEIROS DO REI** (1974), RICHARD LESTER ::: **O DIA DO GAFANHOTO** (1974), JOHN SCHLESINGER ::: **DARK STAR** (1974), JOHN CARPENTER

Os proibidos...

República da traição (1970), DE CARLOS EBERT
Interditado por 17 anos por conta de uma seqüência inicial que incluía uma cena de tortura. O drama se passava num país fictício da América Latina.

A guerra dos pelados (1970), DE SYLVIO BACK
Drama histórico sobre uma rebelião campesina ocorrida em 1913, em Santa Catarina. Não se sabe se os censores temeram a palavra "guerra" ou "pelados".

Laranja mecânica (1971), DE STANLEY KUBRICK
Proibido durante muito tempo (aqui e na Grã-Bretanha), teve seu título em português sugerido por Ruy Castro, que, em março de 72, escreveu, na seção Leitura Dinâmica da revista *Manchete*: "qual será o título maluco que o filme vai ganhar no Brasil? *Uma laranja na relojoaria*? *Um mecanismo de relógio cor-de-laranja*? Minha sugestão é *A laranja mecânica*. Agora vamos cruzar os dedos e esperar que ele passe por aqui".

O país de São Saruê (1971), DE VLADIMIR CARVALHO
Estréia de Walter Carvalho — irmão mais novo do diretor — na fotografia, este documentário sobre a seca no Nordeste, narrado por Paulo Pontes, passou oito anos nos porões da censura.

O último tango em Paris (1973), DE BERNARDO BERTOLUCCI
Um homem, uma mulher, um pote de manteiga. "Eu teria visto se não morasse no Leme", escreve Heloneida Studart na revista *Manchete*.

A comilança (1973), DE MARCO FERRERI
Suicídio por indigestão, coisas da angústia existencial da época. Nota no *Pasquim:* "um daqueles filmes de que, nos últimos anos, tanto se ouve falar, mas ver que é bom... neca".

Z (1969/1973), DE COSTA GAVRAS
O sensacional *thriller* político de Costa Gavras — sobre o assassinato de um líder da esquerda grega — chegou ao Brasil quatro anos depois de sua estréia no mundo (e seus dois Oscars). E foi prontamente encaixotado pelos censores.

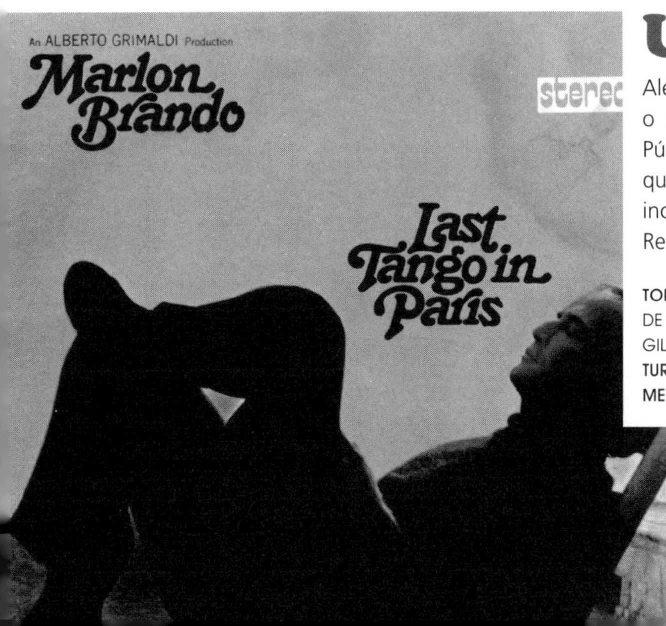

Um pacote de silêncio

Além de todos esses filmes proibidos e mutilados, em 20 de junho de 1973, o General Antônio Bandeira, chefe da Divisão de Censura e Diversões Públicas da Polícia Federal baixa uma portaria retirando uma série de filmes que haviam sido liberados anteriormente por seus subordinados. O pacote incluía pornochanchadas, o representante brasileiro na Quinzena dos Realizadores de Cannes e clássicos do cinema europeu da época:

TODA NUDEZ SERÁ CASTIGADA, DE ARNALDO JABOR ::: **GAROTOS VIRGENS DE IPANEMA**, DE OSWALDO DE OLIVEIRA ::: **SACCO E VANZETTI**, DE GIULIANO CONTALDO ::: **QUEIMADA**, DE GILLO PONTECORVO ::: **SOPRO NO CORAÇÃO**, DE LOUIS MALLE ::: **A AVENTURA É UMA AVENTURA**, DE LOUIS MALLE ::: **A CLASSE OPERÁRIA VAI AO PARAÍSO**, DE ELIO PETRI ::: **MIMI, O METALÚRGICO**, DE LINA WERTMÜLLER

E os cortados:

Vozes do medo (1970), COORDENAÇÃO DE ROBERTO SANTOS

Doze episódios misturando animação, ficção, documentário com ensaios dirigidos por amigos convidados. O episódio "Santa ceia", de Aloysio Raulino está desaparecido até hoje.

Como era gostoso o meu francês (1971), DE NELSON PEREIRA DOS SANTOS

Os índios, especialmente as índias, foram considerados nus demais.

Os inconfidentes (1972), DE JOAQUIM PEDRO DE ANDRADE

Corte na seguinte frase: "Precisamos tomar cuidado para que o poder não caia na mão dos militares".

São Bernardo (1972), DE LEON HIRSZMAN

Pronto em março de 1972, o filme ficou retido na censura. Queriam cortar 10 minutos, mas o diretor não aceitou. A estréia foi um ano e meio depois de finalizado e, por conta do atraso, a Saga Filmes (de Hirszman e Marcos Faria) foi à falência.

Dois estranhos no ninho

ENTRE OS MUITOS FILMES ESQUISITOS DA ÉPOCA, DUAS PRODUÇÕES NACIONAIS MERECEM DESTAQUE:

O agente positivo. **Produzido por Jece Valadão, o filme lançava o personagem Ed Sex como "o primeiro agente secreto internacional *made in Brazil*". Ed era vivido pelo ator Edson Silva que, na coletiva de lançamento (no Copacabana Palace), disse que "cada país tem o James Bond que merece". Rossana Ghessa era sua companheira na luta contra bandidos que tentam roubar segredos do reator atômico brasileiro.**

Roleta russa. **Reunia Ibrahim Sued (como produtor) e Bráulio Pedroso (como diretor e roteirista). Ítala Nandi era uma fotógrafa, "um *Blow Up* de saias", segundo a dupla de cineastas e tinha sido inspirado pela heroína de HQ, Valentina. Mas Sérgio Augusto, no jornal *Opinião*, chamou o filme de "um *grand guignol* de flagelações, sadomasoquismo, erotismo e histórias em quadrinhos".**

Música!

Depois do apogeu do filme musical, nos anos 30-50, os primeiros 70 trouxeram uma febre curta, mas intensa, de cantoria. A turbina dessa volta foi o multitalentoso Bob Fosse (23/6/1927, Chicago, Illinois – 23/9/1987, Washington DC), dançarino, coreógrafo, diretor de teatro e finalmente de cinema. Com a transposição para a tela do musical *Cabaret,* Fosse cobre-se de Oscars, lança a carreira internacional de Liza Minnelli e cria um dos estilos de dança e *mise en scène* mais copiados da década — e além dela.

Além de Fosse, os musicais pop, rescaldo da contracultura, também contribuem para o renascimento do gênero e anunciam um nome que logo se tornaria muito ilustre: Andrew Lloyd Webber, criador de *Jesus Cristo superstar* no teatro. No Brasil, Cacá Diegues junta um elenco de sonho — Nara Leão, Chico Buarque e Maria Bethânia — e evoca o espírito da era de ouro do rádio, emplacando várias canções de sucesso.

OS FILMES ::: **O VIOLINISTA NO TELHADO** (1971), DE NORMAN JEWISON ::: **CABARET** (1972), DE BOB FOSSE ::: **QUANDO O CARNAVAL CHEGAR** (1972), DE CACÁ DIEGUES ::: **GODSPELL** (1973), DE DAVID GREENE ::: **JESUS CRISTO SUPERSTAR** (1973), DE NORMAN JEWISON

Sexo!

O código Hayes de autocensura, que havia mantido Hollywood no espartilho das metáforas desde 1930, encerrou suas atividades em 1968. Em 1969 um filme classificado como "X" — apenas para adultos — ganhou o Oscar: *Perdidos na noite*, de John Schlesinger. A mensagem era clara: a sacanagem estava liberada. Na Europa, é claro, a coisa já vinha bem apimentada de algum tempo. Mas o exemplo de Hollywood teve aquele impacto de massa: capitalizando a nova era do sexo desencucado — pílula, contracultura, emancipação feminina — as telas "oficiais" se encheram de gemidos e contorções impensadas, meros dois, três anos antes. Os 70, principalmente os primeiros 70, são a apoteose do sexo cinematográfico.

Pornô de autor

Diretores de nome, em nada associados à indústria do erotismo, não pensaram duas vezes na hora de incluir sexo e nudez em seus filmes. *O último tango em Paris*, de Bernardo Bertolucci, é o marco mais ilustre, mas existe um bocado de peitos, bundas e penetrações em *Laranja mecânica*, de Stanley Kubrick, *Os demônios* (1971), de Ken Russel (ambos proibidos pela censura britânica, além da brasileira), *Straw Dogs*, de Sam Peckinpah, e *Deliverance*, de John Boorman (ambos contêm cenas de estupro que foram substancialmente cortadas no Brasil e na Grã-Bretanha). Em 1971, numa entrevista à imprensa francesa, Stanley Kubrick disse que estava considerando seriamente a possibilidade de fazer um filme *hardcore*, com atos sexuais explícitos, um grande orçamento e estrelas de verdade.

Pornô de massa

Gerard Damiano, dono de um salão de beleza em Nova York, garante que se inspirou nas fofocas e queixas de suas clientes para criar o filme que deflagrou a maior onda pornô do cinema americano: *Garganta profunda* (1972), estrelando Linda Lovelace como a garota com um clitóris num lugar fora do comum mas muito conveniente. Damiano deu seqüência a sua carreira de cineasta pornô das massas com *The Devil in Miss Jones* (1973), que conta a odisséia de uma dona-de-casa pecaminosa. A essa altura, a competição era pesada. Os irmãos Mitchell, de San Francisco, atacaram com *Behind the Green Door* (1973), tirando completamente a aura de inocência do balanço e lançando a carreira de Marilyn Chambers. A Europa mandou *Emmanuelle* (1974), dirigido por Just Jaeckin, a saga do aprendizado erótico de uma linda modelo francesa — a musa Sylvia Kristel — na exótica Tailândia; e *Score* (1973), de um mestre do *softcore*, Radley Metzger, que apesar de americano rodava no Leste europeu com dinheiro francês e alemão. E o Japão, *Sei Ju Gakuen*, 1974, *(A escola das bestas selvagens)*, pelo mestre do sexploitation Norifumi Suzuki: orgias, lesbianismo e ritos sadomasoquistas num mosteiro aparentemente casto.

O mais interessante era que todos esses filmes — e muitos mais na mesma linha — eram exibidos em circuitos "normais" (e não em casas especializadas), comentados por todo mundo e inteiramente assimilados no cotidiano da cultura.

Pornochanchada

É claro que o Brasil não podia ficar alheio a esta onda de libidinagem que assolava o mundo. Mesmo com a ditadura tentando impor — ou, muitos diriam, por causa dela — virtude e modéstia a toda prova, moças desnudas e rapazes fogosos tomaram conta da produção nacional. A palavra "pornochanchada" só se cristaliza na segunda metade da década, quando a produção também se torna verdadeiramente em série. Mas os primeiros 70 tem as suas gemas, e apresentam as grandes estrelas do gênero — Carlo Mossy, Rossana Ghessa, Adriana Prieto, Vera Fischer, Nídia de Paula. Alguns títulos:

LUA DE MEL E AMENDOIM (1971), de Fernando de Barros, com Rossana Ghessa, Consuelo Leandro e Otelo Zeloni. Os diferentes hábitos de paquera de cariocas e paulistas ::: A VIÚVA VIRGEM (1972), de Pedro Carlos Rovai, com Adriana Prieto, uma viúva jovem depois de um casamento arranjado pela tia ::: ESSA GOSTOSA BRINCADEIRA A DOIS (1973), de Vitor di Mello, com Carlo Mossy e Vera Fischer ::: O LEITO DA MULHER AMADA (1973), de Egídio Eccio, com Nídia de Paula, sobre "mulheres que na calada da noite abandonam o monótono leito conjugal e se aconchegam no excitante leito do amante" ::: COM A CAMA NA CABEÇA (1973), de Mozael Silveira. As aventuras cariocas de dois garotos de programa ::: AINDA AGARRO ESSA VIZINHA (1974), de Pedro Carlos Rovai, com Adriana Prieto, Wilza Carla e Cecil Thiré, e um roteiro de Oduvaldo Vianna Filho e Armando Costa sobre um publicitário paquerador e uma vizinha gostosa recém-chegada do interior ::: A VIRGEM E O MACHÃO (1974), de "J. Avelar" (José Mojica Marins). Bizarra estréia do criador de Zé do Caixão na pornochanchada — compreensivelmente assinando a obra com um pseudônimo. Um médico recém-chegado a uma cidadezinha do interior aceita o desafio de conquistar Maria Sorvete, a prostituta mais fria do lugar.

OUTROS TÍTULOS DA SAFRA ::: PUREZA PROIBIDA ::: QUANDO AS MULHERES PAQUERAM ::: OH, QUE DELÍCIA DE PATRÃO ::: AS MULHERES QUE FAZEM DIFERENTE ::: O PADRE QUE QUERIA PECAR ::: COMO É BOA NOSSA EMPREGADA ::: MAIS OU MENOS VIRGEM ::: OS MANSOS ::: COM AMOR E VASELINA ::: A INFIDELIDADE AO ALCANCE DE TODOS ::: UM UÍSQUE ANTES, UM CIGARRO DEPOIS

Catástrofe!

O mundo ia acabar em breve, todo mundo sabia. Nos 70 caiu a ficha de que o temido milênio estava próximo e, dependendo de como e a partir de quando se contava o tempo, coisas medonhas podiam acontecer. Se não no mundo, pelo menos na tela, onde destruir de diferentes maneiras grandes estruturas, cidades, países e planetas tornou-se garantia certa de ótima bilheteria.

Aeroporto (1970), DE GEORGE SEATON
Passageiros num grande jato são ameaçados por louco homicida com uma bomba. O primeiro da safra, com Burt Lancaster, Dean Martin, Jean Seberg e Jacqueline Bisset.

A síndrome de Andrômeda (1971), DE ROBERT WISE
Muito antes de dinossauros e companhia, Michael Crichton escreve sobre um vírus vindo do espaço que mata com grande disposição.

O destino do Poseidon (1972), DE RONALD NEAME
Um grande transatlântico vira de cabeça para baixo no meio do oceano. Com Gene Hackman, Shelley Winters, Ernest Borgnine.

Terremoto (1974), DE MARK ROBSON
Los Angeles é destruída por um terremoto fora da escala Richter. Mario Puzo escreveu, Charlton Heston e Ava Gardner encabeçaram o elenco.

Furacão (1974), DE JERRY JAMESON
Quando não é uma coisa, é outra... Ainda bem que dessa vez não é Los Angeles, mas várias pequenas cidades do Meio-Oeste americano que são destruídas.

Inferno na torre (1974), DE IRWIN ALLEN E JOHN GUILLERMIN
Os perigos das falcatruas na construção civil são expostos de modo dramático quando um megaprédio explode em chamas no dia da inauguração. Elenco de estrelas: Steve McQueen, Paul Newman, William Holden, Faye Dunaway, Fred Astaire, Richard Chamberlain, Robert Wagner, Robert Vaughn e, numa ponta, O. J. Simpson.

Juggernaut (1974), DE RICHARD LESTER
O homem que dirigiu os filmes dos Beatles se ocupa de um transatlântico ameaçado por um terrorista. A estrela é Richard Harris, mas um muito jovem Anthony Hopkins está a bordo também.

Porrada!

Os heróis de ação eram solitários, monossilábicos, filosóficos, quase. As coisas não se resolviam com grandes esquemas e super-efeitos especiais, mas no cara-a-cara, mano-a-mano, olho-no-olho, bala-com-bala. Três ícones do estilo eu-contra-o-mundo:

Clint Eastwood (31/5/1930, SÃO FRANCISCO, CALIFÓRNIA, EUA)

Eastwood queria, inicialmente, ser administrador de empresas, mas deixou a universidade, em Los Angeles, pela satisfação instantânea da vida de ator de filmes B nos anos 50. Em 1959 o sucesso da série de TV *Rawhide* levou-o a uma inesperada carreira na Itália, no peculiar subgênero do *western espaguete*. Sua volta a Hollywood é aqui, nos primeiros 70, capitalizando sua imagem de renegado taciturno e silencioso seja no Oeste selvagem, como o *Pistoleiro sem nome* (*High Plains Drifter*, 1973, dirigido pelo próprio Clint) ou nas ruas das grandes cidades, como o Detetive Harry Callahan, o Dirty Harry de *Perseguidor implacável* (Don Siegel, 1971) e *Magnum 44* (Ted Post, 1973).

Charles Bronson (3/11/1921, EHRENFELD, PENSILVÂNIA, EUA – 30/8/2003, LOS ANGELES, CALIFÓRNIA, EUA)

Charles Buchinsky nasceu muito pobre numa família de imigrantes poloneses que já tinha outros sete filhos. Seu primeiro trabalho foi ao lado do pai nas minas de carvão, uma experiência que o levou a sofrer a vida inteira de claustrofobia. Após servir o Exército durante a Segunda Guerra Mundial, Bronson foi estudar arte em Los Angeles e conseguiu seus primeiros papéis graças à recomendação dos professores. O sucesso veio com tudo nos anos 60, e levou-o a uma bem paga trajetória na Europa. Como seu contemporâneo Clint, os primeiros 70 trazem convites de Hollywood, prontamente atendidos. De uma série de filmes de ação e aventura nos quais faz, basicamente, o mesmo papel — o herói sofrido, durão mas capaz de ternura —, o grande sucesso ficou com o controvertido *Desejo de matar* (Michael Winner, 1974), no qual Bronson é um pacato arquiteto que faz justiça com as próprias mãos para vingar a morte da mulher e o estupro da filha.

Bruce Lee (27/11/1949, SÃO FRANCISCO, CALIFÓRNIA, EUA – 20/7/1973, HONG KONG)

Nascido Lee Jun Fan em São Francisco, filho de um ator da Ópera de Pequim, Bruce Lee cresceu em Hong Kong, franzino, tímido e vítima de gangues de rua — até descobrir as artes marciais e a elas se dedicar com total devoção, treinando durante cinco anos sob a tutela do mestre Sifu Yip Man e depois por conta própria. Nos anos 60, Bruce Lee volta a São Francisco para estudar filosofia, mas rapidamente se integra à comunidade de caratê e tae-kwon-do da Califórnia, onde fica sabendo dos testes para o papel de Kato, o companheiro do Besouro Verde na série de TV. O trabalho na TV o torna primeiro uma minicelebridade em Hollywood — onde ensina artes marciais a Steve McQueen e James Coburn — e, de volta a Hong Kong, uma verdadeira superestrela, atraindo multidões para uma série de filmes que estabelece o glossário das artes marciais no cinema. Em 1972, seu sucesso na Ásia era tamanho que os estúdios Warner decidem lançar Bruce Lee formalmente nos Estados Unidos e no resto do mundo com um filme em inglês — *Operação dragão*, dirigido por Robert Clouse e filmado em 1973 em Hong Kong. Durante a pós-produção, Lee morre súbita e misteriosamente após tomar um analgésico numa tentativa de acalmar as fortes dores de cabeça que vinha sentindo.

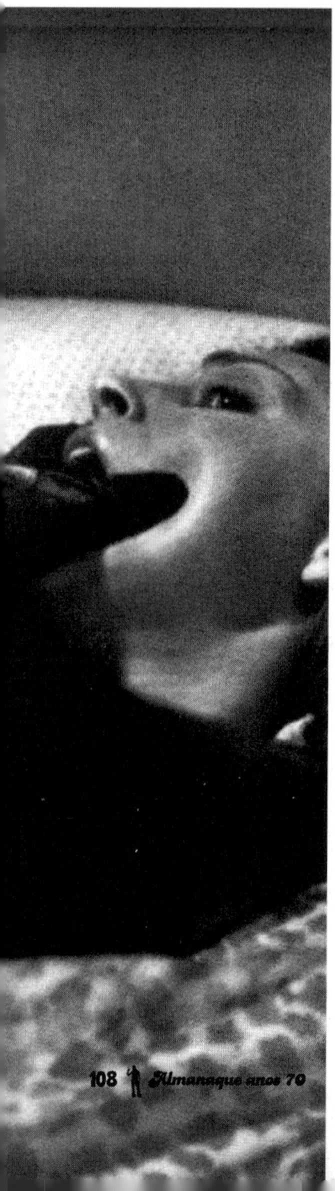

Terror!

O diabo estava solto no começo dos 70. Nas décadas anteriores, invasores de outros planetas e monstros vindos da literatura eram os principais artifícios para fazer as platéias subirem pelas poltronas. Mas as badalações midiáticas de Anton LaVey e sua *Igreja de Satã*, o impacto de *O bebê de Rosemary*, de Roman Polansky, em 1968 — principalmente com a verdadeira tragédia que se seguiu, em 1969, com o massacre de Sharon Tate e amigos nas mãos de Charles Manson —, inauguraram uma era em que o terror parecia estar dentro de cada um. Ou quem sabe na casa do vizinho.

O pássaro das plumas de cristal (1970) DE DARIO ARGENTO

Bem antes do megassucesso de *O exorcista*, este *thriller* italiano apresentava ao mundo o estilo *giallo* — assassino em série, enluvado, perseguindo belas moças com armas medonhas.

The Dunwich Horror (1970) DE ROGER CORMAN

O terror ocultista de H. P. Lovecraft ganha sua única adaptação cinematográfica graças ao mestre supremo do filme B — Dean Stockwell é o mago ensandecido, descendente de Cthullu, o ancestral supernatural da humanidade, que acha em Sandra Dee a mãe perfeita para uma nova e extraordinária prole.

O homem de palha (1973) DE ROBIN HARDY

Um sargento da Scotland Yard vai a uma remota ilha da costa britânica para investigar o desaparecimento de uma menina e encontra Britt Ekland dançando pelada, um sinistro Christopher Lee com más intenções e o velho hábito do sacrifício humano.

Don't Look Now (1973) DE NICOLAS ROEG

Donald Sutherland e Julie Christie encontram duas médiuns em Veneza que garantem poder fazer contato com a filha morta do casal. É claro que as coisas não são tão simples.

Soylent Green (1973) DE RICHARD FLEISCHER

Em 2022, a Terra está superpovoada e com recursos naturais devastados, mas um novo alimento sintético, o *soylent green* do título, resolve todos os problemas. Charlton Heston descobre a nada apetitosa fórmula canibalesca do fome zero futurista.

O exorcista (1973) DE WILLIAM FRIEDKIN

Um dos maiores sucessos de todos os tempos, o filme de Friedkin cristalizou de vez todos os medos da "maioria silenciosa", criou uma estranha estrela — Linda Blair — e eternizou a sopa de ervilha como manifestação do Mal.

O massacre da serra elétrica (1974) DE TOBE HOOPER

Com orçamento minúsculo e uma sensibilidade *new-hollywood*, o estreante Tobe Hooper reconta os feitos sinistros de um verdadeiro assassino/canibal, Ed Gein, colocando-o nas pradarias do Texas com uma máscara de couro, uma serra elétrica e uma família sinistríssima.

Exorcismo negro (1974) DE JOSÉ MOJICA MARINS

Com sua capa preta e suas longuíssimas unhas, o personagem mais ilustre da filmografia de horror brasileira surgiu em 1963 graças à mente genialmente doentia de José Mojica Marins. Com *O despertar da besta* interditado pela censura, *Exorcismo negro* foi a reapresentação de Zé do Caixão, com Mojica fazendo um papel duplo: o cineasta e seu demoníaco alter-ego.

CINEMA DESBUNDADO

"OLHO VIVO, amizades. Um grupo particular da Guanabara está transando a importação de todos os filmes do super-undergound Andy Warhol (inclusive os desbundantes Lonesome Cowboys, Flesh e Trash, assinados por Paul Morrissey). O negócio já está quase fechado e os interessados estão estudando um jeito de liberar os filmes sem maiores complicações. Tentarão descolar um certificado especial da censura para exibição exclusiva em cinemas de arte."
(Serviço, ROLLING STONE, 18/4/1972)

Hollywood muito doida

Conta a lenda que, num belo dia no alvorar dos 70, as cabeças corporativas dos estúdios Warner Brothers demitiram toda a sua veterana diretoria de produção e, em seu lugar, contrataram todos os cabeludos doidões com 30 anos ou menos que tinham algum interesse em curtir essa de fazer uns filmes. Há uma parcela de verdade no mito — a crise financeira, o terremoto social e as pressões de um novo mercado desconhecido, o elusivo "mercado jovem", se combinaram para, literalmente, enlouquecer a Velha Dama da Califórnia.

Os subgêneros, combinações e ramificações dessa loucura são quase infinitos: filmes doidões, filmes políticos doidões, filmes de orgia hippie, filmes de motocicleta com orgias hippies, filmes de estrada e drogas, filmes de magia, drogas e orgias hippies etc.

Dennis Hopper & Peter Fonda, em grande parte responsáveis pela piração graças ao inesperado sucesso de *Sem destino* (Dennis Hopper, 1969), estavam no coração desse vendaval. Hopper e um grupo informal de amigos e comparsas que incluía os atores Jack Nicholson e Bruce Dern e o megacineasta-maluquete Alejandro Jodorowsky aprontaram um lote de filmes que não seria possível em nenhuma outra época. Por exemplo:

El topo (1971) E A Montanha Sagrada (1973) AMBOS DE ALEJANDRO JODOROWSKY (7/2/1929, IQUIQUE, CHILE)

Hopper ajudou a financiar a segunda e John Lennon conseguiu um distribuidor internacional para a primeira dessas duas superpirações cinematográficas desse discípulo dos surrealistas. *El topo (A toupeira)* é uma fábula zen-budista no deserto mexicano, com monges flagelados por cáctus, uma anãzinha e balões coloridos. Para fazer a Montanha — com um orçamento de um milhão e meio de dólares, a mais cara produção mexicana até então — Jodorowsky passou uma semana jejuando em vigília com um mestre zen, e viveu em comunidade com os nove protagonistas que, no filme, passam pelas mais bizarras situações em busca da iluminação no topo da tal Montanha Sagrada.

O último filme (1971) DE DENNIS HOPPER

Rodado no Peru e editado na casa de Hopper (17/5/1936, Dodge City, Kansas, EUA) com ajuda de Jodorowsky, o *Filme* é uma viagem muito doida na fronteira entre ficção e realidade. Hopper faz um dublê que decide largar sua profissão e viver com uma prostituta num vilarejo perdido nos Andes. Peter Fonda é o xerife local, conhecido como Chinchero.

Psicotrash

Em torno e além do novo coração *under* de Hollywood, imperava o cinema-lixo. Nada de paz, amor e hippielândia, muito pelo contrário. John Waters (22/4/1946, Baltimore, Maryland, EUA), o decano do trash 70, odiava os hippies e sua laia. *Pink Flamingos* (1972) rola na lama do lixo americano explorando os amplos talentos do travesti Divine em sua busca do título de Pessoa Mais Porca do Mundo. Em *Female Trouble* (1974) Divine foge de casa, é estuprada, torna-se mãe solteira e é descoberta por uma dupla de caça-talentos que gosta de fotografar lindas (?!!) mulheres cometendo crimes hediondos.

Bem perto de Waters, em Nova York, Paul Morrissey (23/2/1938, Nova York) pilotava a divisão de cinema da Factory de Andy Warhol e tinha em Joe Dallesandro seu maior astro. Em *Trash* (1970), Dallesandro é um *junkie* impotente batalhando seu próximo pico nas ruas de Manhattan. Em *Heat* (1972), ele é a Norma Desmond de um *Crepúsculo dos deuses* trash. No ápice do psicolixo, *Flesh for Frankenstein* (1973), Dallesandro torna-se a gostosa mas indiferente criatura do louco barão vivido por Udo Kier, esmagando a assanhada mulher de seu criador quando transa com ela. Em *Blood for Dracula* (1974), Dallesandro é o coadjuvante — a estrela é Udo Kier como um Conde Drácula morrendo à mingua de sangue de virgens num mundo sexualmente liberado.

Além do vale das bonecas (1970) DE RUSS MEYER

Rei do filme trash dos 60, surfou a onda psicodélica às gargalhadas, caindo com tudo no que deveria ser uma continuação do hit *Vale das bonecas*, e acabou sendo um pastiche muito doido e superinfluente na psicotrash.

Myra Breckenridge (1970) DE MICHAEL SARNE

Possivelmente o pior filme do mundo depois da obra de Ed Wood, essa adaptação do livro de Gore Vidal foi chamada por um crítico americano de "uma indesculpável pilha de bosta". Racquel Welch (no papel da Myra do título, um transexual), Rex Reed, Farrah Fawcett, John Huston e Mae West estão no elenco, o que já diz muita coisa. Sarne (6/8/1939, Londres, Grã-Bretanha) veio parar no Brasil depois do espetacular fracasso de sua *œuvre*.

Rock na tela

Já que o rock não vinha até nós ao vivo, íamos ao cinema. Com sorte e sem muita chateação com a polícia, podíamos ver quase todo mundo que importava e sonhar melhor. Entre os muitos de uma era fecunda de ótimos documentários musicais, estes chegaram até o Brasil:

Let it Be (1970) DE MICHAEL LINDSAY-HOGG

Tristíssimo. Todo mundo sabia que os Beatles acabavam no final. Mas valia se divertir perversamente com os micos de Yoko Ono e a épica seqüência do telhado.

Woodstock (1970) DE MICHAEL WADLEIGH

Uma verdadeira experiência mística, o Pai de Todos. Via-se duas, três, quatro, dez vezes. Alguns se tornavam especialistas, decoravam nota a nota os solos de Jimi Hendrix ou (os mais ousados) o de Alvin Lee, do Ten Years After, em "I'm Going Home (by helicopter)". Unanimidade: uma vaia para Joan Baez. E o Sha-Na-Na? O que, exatamente, era aquilo?

Mad Dogs and Englishmen (1971) DE ROBERT ABEL E PIERRE ADIDGE

Divertido, substancial, todo mundo adorava ver os cachorros no colo das cantoras Rita Coolidge e Claudia Linenar e as contorções de Joe Cocker quando cantava "I can tryyyyyyy with a little help of my friends".

Celebration at Big Sur (1971) DE BAIRD BRYANTY E JOANNA DEMETRAKIS

O lugar era de uma beleza arrebatadora e estranha, os shows pareciam estar acontecendo suspensos no meio de um sonho de mar e verde. Era ótimo ver Crosby, Stills, Nash & Young e Joni Mitchell mas... ei! Não é aquela chata da Joan Baez de novo?!!

Fillmore (1972) DE RICHARD HEFFRON

Ninguém sabia quem Bill Graham era, ele parecia apenas um chato que cismava em falar pelos cotovelos justo no meio das (para nós) muito raras apresentações de Grateful Dead, Santana, Hot Tuna, Jefferson Airplane e New Riders of the Purple Sage. Mas ele era o dono dos teatros Fillmore East e West e um dos maiores empresários e *promoters* de rock de todos os tempos.

A estranha história de Gimme Shelter no Brasil

"Durante uns dois meses, nos programas distribuídos nos cinemas da cadeia Severiano Ribeiro, havia um espaço ocupado pelo anúncio de *Gimme Shelter*, filme com os Rolling Stones, distribuído pela Fox. Interessada em divulgar o documentário, a direção da *Rolling Stone* entrou em contato com os dirigentes da Fox, sendo informada que o filme só entraria em cartaz no mês de junho. Dia 10 de abril, da forma mais discreta possível, com publicidade mínima nos jornais, o filme entrou em exibição no Cine Palácio, permanecendo em cartaz até dia 16, um domingo". Assim a *Rolling Stone* de 16 de maio de 1972 descreve o começo da bizarra odisséia do maravilhoso documentário dos irmãos Albert e David Maysles que captura em imagens a histórica turnê americana dos Rolling Stones em 1969, culminando com a apresentação em Altamont, tumultuada por conflitos e quatro mortes. Depois dessa brevíssima temporada no Centro do Rio de Janeiro, haveria várias outras tentativas de exibir *Gimme Shelter* em cinemas do Rio, São Paulo e outras capitais, com sucesso desigual, não pela falta de público — muito pelo contrário, a tribo under/rock comparecia em peso —, mas pela falta de filme. Com diferentes alegações — falta de liberação da censura, ordens superiores — muitas dessas não-sessões eram acompanhadas de choques policiais determinados a controlar o público de qualquer maneira. Um desses confrontos, no Cine Ópera, na praia de Botafogo, no Rio de Janeiro, resultou num quebra-quebra de consideráveis proporções, prontamente não-noticiado pela imprensa *overground*.

"De repente vimos um carro-choque da polícia chegando e os gorilões no maior avanço de cacetetes por cima da multidão. A porta de vidro do cinema espatifou-se e uma centena de gente ficou ferida pra valer."

(Coluna Toque, Ezequiel Neves, ROLLING STONE, 12/12/1972)

Marginália

Prioritariamente em super-oito (mas também em bitolas convencionais), indo fundo nas propostas da Tropicália, o cinema desbundado brasileiro abraça o terror e o riso — o terrir, como define Ivan Cardoso — para contar o avesso da história, na contramão dos filmes históricos chapa-branca do período. *O bandido da luz vermelha* (1968, Rogério Sganzerla) é uma grande referência e influência. Em 1971 Sganzerla (1946, Joaçaba, Santa Catarina - 2004, Rio de Janeiro) assina *Sem essa, Aranha*, com um elenco interessantíssimo — Luiz Gonzaga, Helena Ignez, Maria Gladys e Moreira da Silva.

Julio Bressane (13/2/1946, Rio de Janeiro) faz *Matou a família e foi ao cinema* — com Renata Sorrah e Carlos Eduardo Dolabella — e *O anjo nasceu* — Milton Gonçalves e Hugo Carvana como dois assassinos brutais — em 1970 e vai para Londres, onde se exila por três anos. Superprolífico, Ivan Cardoso (1952, Rio de Janeiro), assistente de direção de Sganzerla em *Aranha,* começa, em 1970, sua série de super-oito *Quotidianas Kodak*, minissessões de cinema com trailer, telejornal e filme principal, tudo estrelado por seus "Ivamps", Helena Lustosa, Ricardo Horta, Cristiny Nazareth, Zé Português. Um desses "filmes principais" é *Nosferato no Brasil* (1971), com Torquato Neto como um melancólico e magérrimo vampiro assombrando praias cariocas, em preto-e-branco. A amizade entre Ivan e Torquato leva o poeta e jornalista a se apaixonar pelo super-oito e começar, em sua terra natal, Teresina, Piauí, as filmagens de algo que se chamaria *Crazy Pop Rock*. Quando Torquato morre em 1972, Ivan Cardoso completa a obra do amigo, que se torna *O terror da vermelha*, uma estranha elegia edipiana na qual Torquato, *serial killer* piauiense à moda de Jean Paul Belmondo em *Acossado*, mata todos os seus amigos mas poupa sua mãe, dona Salomé.

"Olho vivo, amizades: O filme chama-se O demiurgo, é em Eastmancolor, com uma hora e meia de projeção e tem Caetano e Gil nos papéis principais. É filme musical delirante onde a fantasia jorra como um sonho. Leilah Assunção, Dedé (esposa de Caê), Sandra (esposa de Gil) reunidas num complô de amazonas e women lib contra Caetano – o demiurgo. (...) Jorge Mautner, além de diretor, faz também Satã, que tenta corromper Caetano e seduzi-lo para os infernos. Gil é o deus Pã, mitológico, arquetípico, o deus da flauta que morre misteriosamente."
(Serviço, ROLLING STONE, 2/5/1972)

É isso aí, bicho: o psicodelismo na serra fluminense

Na virada da década, um sítio com alguns amigos, próximo ao Rio de Janeiro, se transforma rapidamente numa comunidade hippie. São mais de cinqüenta pessoas vivendo de agricultura e artesanato na cidade serrana de Nova Friburgo, no Estado do Rio de Janeiro, e a dupla Carl Kohler e Carlos Roberto Bini, eles próprios membros da comunidade, resolve documentar tudo isso em 35mm. Assim nasceu *Geração bendita* ou *É isso aí, bicho* (título que o filme recebeu ao ser lançado em 1972). Usando um fiapo de história — uma comunidade hippie é ameaçada por um pastor batista e pela adesão inesperada de um advogado rico — *Geração bendita* foi filmado inteiramente em Nova Friburgo. As filmagens foram rumorosamente interrompidas pelo delegado local aos gritos de "Corta! Está todo mundo em cana. Ninguém sai de cena!". Cabeleiras e barbas foram raspadas, equipamento confiscado e houve um protesto liderado pelo resto da turma dos sítios Quiabo's e Abóbora's, num jipe pintado com cores psicodélicas. O filme foi concluído com grande esforço e altas dívidas que acabaram esfacelando a comunidade. Seu grande destaque e apelo, contudo, tornou-se a trilha musical de bom rock psicodélico brasileiro, a cargo da (também finada) banda Spectrum.

TEATRO

Os silenciados

"A situação aqui é a seguinte: os que têm alguma coisa a dizer andam calados e os que não tem nada a dizer andam falando muito." (Trecho da carta de Odete Lara a Antonio Bivar, 4/7/1972)

Depois do AI-5 e ao longo dos anos 70, mais de 450 peças teatrais foram proibidas, e um número infinitamente maior foi modificado pela ação de cortes dos censores. A maioria dessas interdições se deu nos primeiros anos da década. Algumas vítimas desse período:

QUANTOS OLHOS TINHA SEU ÚLTIMO CASINHO? (1970) DE FERNANDO MELO. PRIMEIRA PEÇA A SER INTERDITADA PELO DECRETO-LEI 1.077 ::: **A FALECIDA** (1970) DE NELSON RODRIGUES ::: **CHAPEUZINHO VERMELHO** (OUTUBRO DE 1970). A CENSURA DE VITÓRIA, ESPÍRITO SANTO, PROÍBE A MONTAGEM DA PEÇA INFANTIL SEM MAIORES EXPLICAÇÕES ::: **LES GIRLS** (1971) REVISTA DE MEIRA GUIMARÃES E JOÃO ROBERTO KELLY. RETIRADA DE CENA APÓS DOIS MESES EM CARTAZ. **OUTROS ESPETÁCULOS DE REVISTA PROIBIDOS E/OU COM TEMPORADAS CANCELADAS PELA CENSURA INCLUEM TÔ NA DONGA DELA**, DE SILVA FILHO (O DIRETOR É CHAMADO PARA DEPOR NO DOPS) ::: **QUERO FAZER BLUP BLUP COM VOCÊ**, DE NONATO FREIRE (1972) ::: **ELAS QUEREM É PODER** (LIBERADA DEPOIS QUE A PALAVRA "PODER" É RETIRADA DO TÍTULO), 1974 ::: **A VIDA ESCRACHADA DE JOANA MARTINI E BABY STOMPANATO** (1971) DE BRÁULIO PEDROSO. BASEADA EM PERSONAGENS DE SUCESSO DE UMA NOVELA, A PEÇA É RETIRADA DE CARTAZ APÓS 25 DIAS EM CENA ::: **ANTECEDENTES DE NOSSA INDEPENDÊNCIA** (1972) DE RUBENS CARNEIRO, POR "INCITAR A SUBVERSÃO CONTRA O REGIME" ::: **NAVALHA NA CARNE** (1973) DE PLÍNIO MARCOS, "EM TODO O TERRITÓRIO NACIONAL" ::: **GRACIAS, SEÑOR** (1972) DO GRUPO OFICINA ::: **PILATO SEMPRE** (1973) DE GIORGIO ALBERTAZZI, TRAZIDA AO BRASIL EM EXCURSÃO OFICIAL PELO GOVERNO ITALIANO ::: **BASTA** E **ELES NÃO USAM BLACK-TIE** (1974) DE GIANFRANCESCO GUARNIERI ::: **CHAPETUBA FUTEBOL CLUBE** (1974) DE ODUVALDO VIANNA FILHO ::: **SOMMA OU OS MELHORES ANOS DE NOSSAS VIDAS** (1974) DE AMIR HADDAD. O ESPETÁCULO SERIA UM RESUMO DA TRAJETÓRIA DO GRUPO DE TEATRO A COMUNIDADE, SEDIADO NO MAM DO RIO DE JANEIRO.

Em 1973 *Calabar ou O elogio da traição*, de Chico Buarque e Ruy Guerra, foi inicialmente liberada pela censura, e os ensaios começaram normalmente em São Paulo. A peça musical repleta de grandes canções como "Fado tropical", "Tatuagem", "Ana de Amsterdam", "Não existe pecado ao sul do Equador" e "Tire as mãos de mim" explorava um episódio da colonização de Pernambuco pelos holandeses para refletir sobre a natureza e os usos do poder no Brasil. Seria o espetáculo mais caro já encenado no país, uma produção superior a 400 mil cruzeiros. Já no meio dos ensaios começaram a circular rumores de que tudo era em vão, porque as autoridades jamais permitiriam que a peça fosse encenada. Questionada diversas vezes, a Censura não se manifestava. Depois de sete meses de trabalho, o ensaio geral foi marcado e, como mandava o figurino, a Censura foi comunicada. Retrucou afirmando que o ensaio geral não seria apreciado para liberação porque "o texto havia sido avocado por instâncias superiores para reexame". A classe artística faz petições, Bibi Ferreira vai a Brasília conversar pessoalmente com o General Médici. Tudo em vão. *Calabar* entra para o estranho purgatório do que poderia ter sido, e a imprensa é proibida de sequer mencionar o título da peça.

Os presos

Aparentemente em 1971 a ditadura resolveu que o pessoal do teatro tinha mesmo é que ir em cana.

Em março, logo depois da interdição de sua peça *O comportamento do homem, da mulher e do etc.*, o dramaturgo Augusto Boal é preso e torturado em São Paulo. Durante a sessão de torturas, é informado que seus tormentos se devem ao fato de ele declarar, em suas peças, "que existe tortura no Brasil". Boal é processado e absolvido pela 2ª Auditoria, mas opta por se exilar até 1979.

Em maio, o grupo Living Theater, no Brasil há seis meses a convite do grupo Oficina, é preso em Ouro Preto, Minas Gerais. O grupo liderado por Julian Beck e Judith Molina é preso enquanto ensaiava "mais uma de suas experiências teatrais de vanguarda. Para a polícia, o encontro parecia uma grande orgia sexual, onde as pessoas se contorciam no chão em cenas eróticas, dando gritos alucinados, envolvidas numa densa fumaça de maconha." (*Manchete*, 26/6/1971)

Em 1974, após toda espécie de intervenções e proibições, a polícia acaba definitivamente com o grupo Oficina, de José Celso Martinez, atuante na vanguarda dramática desde meados dos 60. O teatro Oficina em São Paulo é invadido e José Celso é preso. Liberado, parte para o auto-exílio em Portugal.

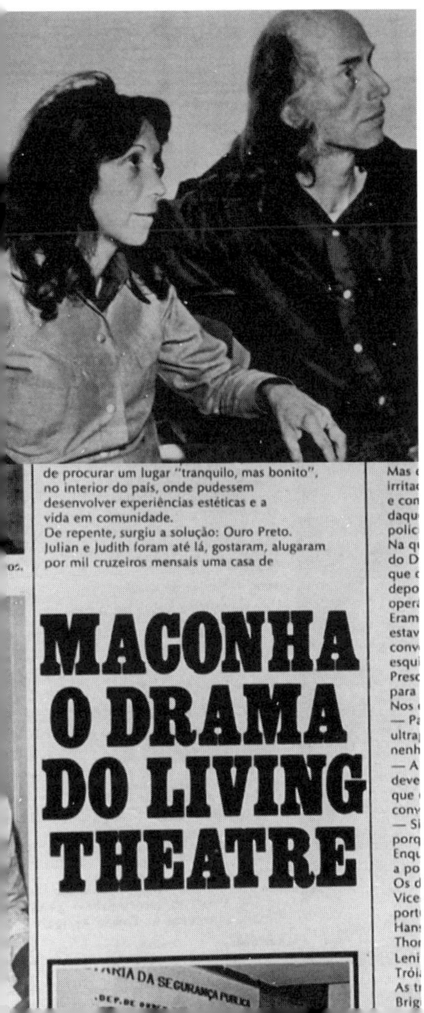

de procurar um lugar "tranquilo, mas bonito", no interior do país, onde pudessem desenvolver experiências estéticas e a vida em comunidade. De repente, surgiu a solução: Ouro Preto. Julian e Judith foram até lá, gostaram, alugaram por mil cruzeiros mensais uma casa de

MACONHA O DRAMA DO LIVING THEATRE

Alguns sobreviventes

"ATENÇÃO DRAMATURGOS TUPINIQUINS!!!! Preciso de peças nacionais para serem montadas logo. Procurar Abujamra no Teatro Brasileiro de Comédia, São Paulo."

(Classificados de graça, ROLLING STONE, 18/4/1972)

Um enorme e inesperado sucesso foi *Apareceu a Margarida*, de Roberto Athayde. Dirigida por Aderbal Júnior, a peça tinha uma única atriz — Marília Pêra — e um único personagem, dona Margarida, uma neurótica, solitária e autoritária professora. Mesmo com vários cortes impostos pela censura, *Apareceu a Margarida* é um grande sucesso de público em 1973 e no ano seguinte começa uma igualmente bem-sucedida carreira internacional, sendo montada em Nova York e diversas cidades da Europa.

Sonhando trazer a Broadway para o Rio, Adolpho Bloch inaugurou o teatro Manchete no prédio da Glória. O *foyer* da sala de 430 lugares era a coleção de quadros e esculturas de artistas nacionais adquiridos por Adolpho Bloch. A estréia da casa, em 15 de janeiro de 1973, foi com *O homem de la mancha*, dirigido por Flávio Rangel, com Bibi Ferreira como Dulcinéia, Paulo Autran como Dom Quixote e Grande Othelo no papel de Sancho Pança.

A atração seguinte, em 1974, foi o musical *Pippin* de Stephen Schwartz, com coreografia de Bob Fosse. Em versão de Paulo César Pinheiro, a montagem brasileira tinha Marília Pêra e Marco Nanini nos papéis principais. O visual hippie/medieval e a coreografia-assinatura de Fosse, mantidos na versão brasileira, foram uma influência marcante na primeira abertura do *Fantástico*, que estreou na TV Globo nessa época.

Um musical marcantemente diverso foi *Balbina de Iansã*, de Plínio Marcos, que estreou em novembro de 1970 no teatro São Pedro, em São Paulo, fazendo depois uma temporada na sede da Escola de Samba Camisa Verde e Branco. Em julho de 1971, a peça estréia no Rio de Janeiro com o casal Yoná Magalhães e Carlos Alberto.

Depois de tentar quase tudo, Carlos Imperial se torna um grande produtor de teatro no início dos 70. Em 1972 ele tinha seis peças em cartaz ao mesmo tempo, com 52 artistas sob contrato, entre eles Tânia Scher, Hildegard Angel, Milton Morais, Marco Nanini e Juca de Oliveira. Seus maiores sucessos como produtor foram *Um edifício chamado 200*, de Paulo Pontes, *Check-Up, Cordão umbilical, Marido, mulher e filial* e o musical *Jardim das borboletas,* com músicas de Zé Rodrix, Taiguara, Jorge Omar e Eduardo Souto Neto.

TEATRO DESBUNDADO

Se não era produzido pelo Oscar Ornstein ou não estava no teatro Manchete, o teatro dos primeiros 70 que conseguia não ser preso ou proibido era, provavelmente, desbundado de algum modo. Uma linhagem profissional ligada a alguns dos grupos inovadores dos 60 — Arena, Oficina e Opinião — era garantia de credencial vanguarda. Alguns destaques:

Quando estreou off-Broadway em 1968 (no Public Theater ainda em construção), o musical *Hair* era uma coisa — um protesto contra a guerra do Vietnã assinado por dois atores desempregados, James Rado e Gerome Ragni, que, em suas próprias palavras, conheciam "a linguagem da Broadway" mas não tinham "a menor vontade de fazer a mesma coisa". Quando chegou ao Brasil, em pleno 1970 do desbunde total, *Hair* virou o evento-manifesto da paz e amor. Com um elemento de suspense — a polícia ia ou não aparecer para descer o sarrafo na famosa cena em que o elenco ficava todo inteiramente nu? Sempre dirigido por Ademar Guerra, *Hair* fica em cartaz no teatro Aquarius de São Paulo até 1971, com Ney Latorraca e Nuno Leal Maia liderando o elenco que também tinha Stenio Garcia, Sônia Braga e Bibi Vogel. O musical vem para o Rio em 71/72, com um elenco modificado, e logo atrai multidões ao teatro Casa Grande, localizado em frente à famosa 14ª DP, onde reinava o delegado Nelson Duarte, o inimigo número um do cabelo comprido e do "tóxico". Era uma emoção a mais.

Aquarius

CANÇÃO DE ABERTURA DE *HAIR*

When the moon is in the Seventh House
and Jupiter aligns with Mars
Then peace will guide the planets
And love will steer the stars

This is the dawning of the age of Aquarius
The age of Aquarius
Aquarius! Aquarius!

Harmony and understanding
Sympathy and trust abounding
No more falsehoods or derisions
Golden living dreams of visions
Mystic crystal revelation
And the mind's true liberation
Aquarius! Aquarius!

When the moon is in the Seventh House
and Jupiter aligns with Mars
Then peace will guide the planets
And love will steer the stars
This is the dawning of the age of Aquarius
The age of Aquarius

Não muito longe do Casa Grande, no teatro Ipanema, na rua Prudente de Morais, outra peça criou seguidores apaixonados no underground carioca desde setembro de 1971: *Hoje é dia de rock*, de José Vicente, dirigida por Rubem Correia. Nildo Parente e Rubem Correia se revezam no papel de Pedro Fogueteiro, o *pater familias* de uma prole que cai na estrada para descobrir a si mesma. Isabel Ribeiro era a Grande Mãe da tribo e, segundo José Vicente, a peça era "a história de uma mulher que, cansada de ser realista sozinha acena para os sonhos cercada de seus filhos".

Em São Paulo, em 1971, uma outra peça de José Vicente tinha deixado marcas pelo underground: *A última peça (The Last Play)*, uma tentativa, segundo seu autor, de "agitar este monte de concreto armado, poluição, arrogância caipira e tensa que é São Paulo" (*Presença*, novembro 1971). Parte integrante do espetáculo era a banda Tigres da Noite, integrada, em sua formação inicial (e segundo o texto original de José Vicente) por: "Clóvis Bueno, guitarra, baixo, piano e vocais, *metteur en scene*; Ricardo Petraglia, guitarra, violão, vocais, ("o nome dele era GATO"); Seme Lufti ("meu nome é Coringa"), pandeiro, presença e vocais; Ezequiel Neves ("meu nome é YES! Se eu soubesse que te amava, mas eu não sei..."), o mais importante divulgador do rock em São Paulo, tem uma coluna diária no *Jornal da Tarde*, está por dentro até um pouco demais; Cláudio e Sérgio Mamberti".

"Tem incenso, market, perfume de jasmim e tem olhos. Os Tigres da Noite, eles se revelam em black out**, e a diferença entre eles e o tigre é que o tigre tem dois olhos. Na transa de energias e vibrations da** Rolling Stone **eles só me fizeram este favor: erguer-me da humilhante profissão de dramaturgo e transformar-me no primeiro autor de** lyrics**, por que não dizer, do underground."** (José Vicente, PRESENÇA, novembro de 1971)

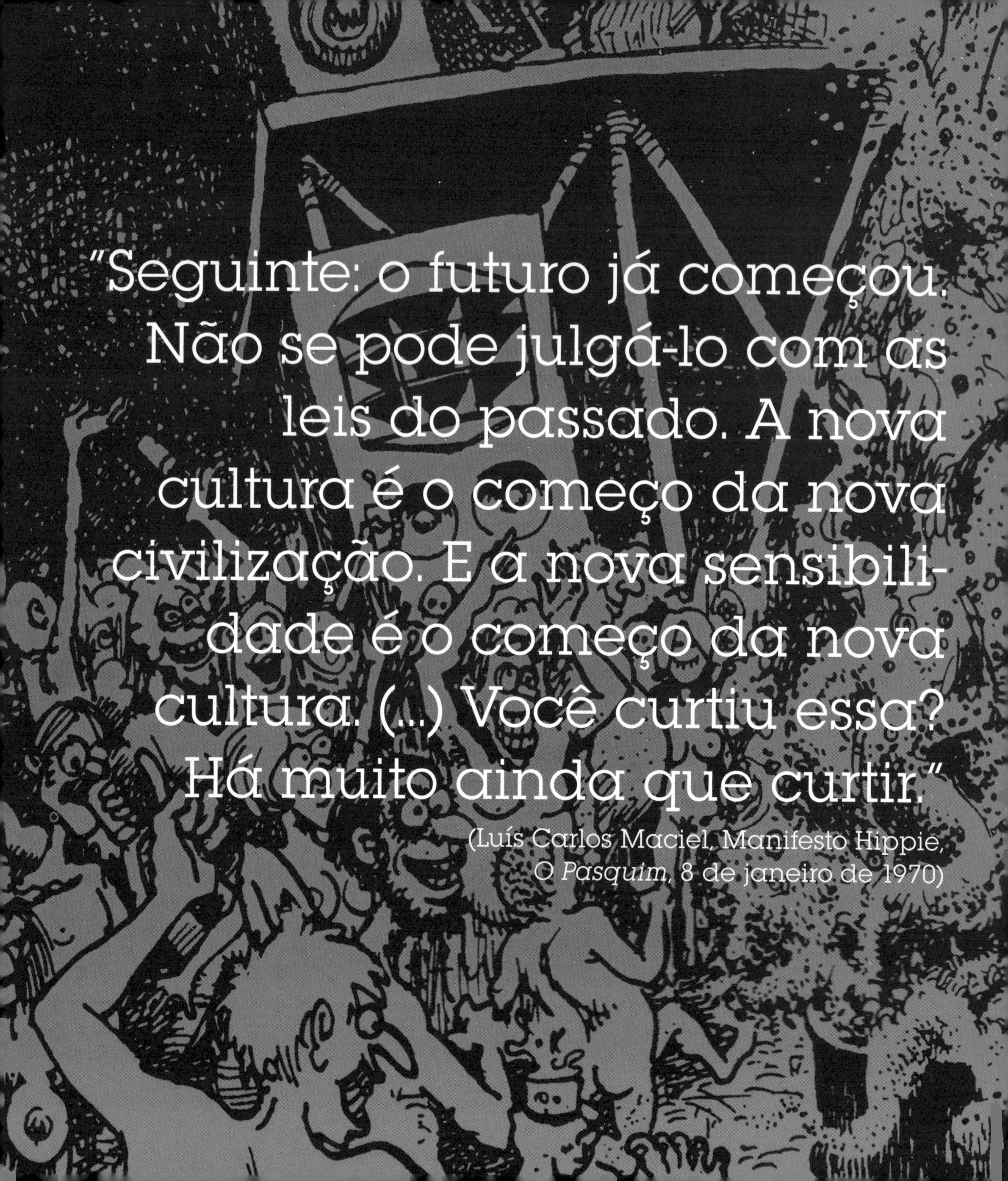

"Seguinte: o futuro já começou. Não se pode julgá-lo com as leis do passado. A nova cultura é o começo da nova civilização. E a nova sensibilidade é o começo da nova cultura. (...) Você curtiu essa? Há muito ainda que curtir."

(Luís Carlos Maciel, Manifesto Hippie, O *Pasquim*, 8 de janeiro de 1970)

CURTIÇÃO 1970-1974

BEBIDAS

Refrigerante vinha em garrafa de vidro, cerveja estreava em lata (de folha de flandres, superdura, quase impossível de amassar), leite ainda era em garrafa, mas na maior parte das vezes, em sacos plásticos que vazavam com impressionante assiduidade, e o uísque "engarrafado no Brasil" era o grande vendedor. Vinho, só branco e olhe lá. Ou então tinto, de garrafão, Sangue de Boi, para a turma *underground*.

Alguns favoritos imortais:

Coca-Cola tinha garrafinha e garrafa média, e o *slogan* era "isso é que é". A Pepsi entrou agressiva no mercado jovem no início da década, com uma campanha puxada por um jingle infeccioso de Sá, Rodrix e Guarabyra cujo refrão era: "só tem amor/ quem tem amor pra dar".

Você se lembra?

Bebida diet era a TaB, fabricada pela Coca-Cola. Lançada nos anos 60, ela havia sido recolhida do mercado em 1969, quando os ciclamatos foram proibidos por serem cancerígenos, e relançada um ano depois com sacarina e uma pitada de açúcar. O sabor... bem... inesquecível é um modo de descrevê-lo. Havia também a lenda de que provocava espinhas.

Guaraná era Antarctica (caçula, a garrafa menor, verde), mas havia também Guaraná Skol, Mirinda e, por breve tempo, Fanta Guaraná.

E os refrigerantes sabor "de frutas"? Para a laranja havia o clássico Crush e suas concorrentes, a Sukita e a Fanta Laranja. A Soda Limonada dos anos 40-50 ganhava a Gini (que vinha numa garrafa verde e era um pouco turva, parecendo uma limonada) e a Fanta Limão para disputar os palatos. E, no sabor uva, o tradicional Grapette ("quem bebe Grapette/ repete Grapette/ Grapette é gostoso demais", segundo o *jingle* de Miguel Gustavo, lançado em 1963 mas ainda em franco uso nos anos 70) passou a enfrentar a Fanta Uva a partir de 1971.

Você se lembra?

O refrigerante de máquina, em que o xarope é misturado na hora, é coisa dos anos 70 — foi lançado pela Coca-Cola durante a Copa do Mundo de 1970, numa lanchonete do Leblon, no Rio de Janeiro.

Para quem não dispensava um amarguinho, havia a Água Tônica de Quinino; na ala superdoce, o xarope de groselha era imbatível, e a *pièce de résistance* de muita merenda escolar, especialmente em dias de festa.

Suco em pó, 100% artificial, era o sucesso. O Ki Suco foi lançado em 1961 com apenas um sabor — Uvita — mas se multiplicou nos anos 70 com aquela embalagem que tinha a garrafinha sorridente. Não estava sozinho: havia também o Q-Refresco, igualmente artificial e adorado, e que depois lançou uma linha de balas.

DELÍCIAS REGIONAIS **:::** MINEIRINHO — GARANTIA TER A ERVA CHAPÉU-DE-COURO NA FÓRMULA, MAIS ÁGUA, AÇÚCAR E CARAMELO; UM GOSTO DEFINITIVAMENTE PECULIAR, MEIO AZEDO, MEIO AMARGO, MEIO DOCE PRA CARAMBA; ENCONTRÁVEL NO ESTADO DO RIO, NO ESPÍRITO SANTO E, É CLARO, EM MINAS GERAIS ::: **TUBAÍNA** — CRIADO NO INTERIOR PAULISTA NA DÉCADA DE 70, COM GOSTO DE TUTTI FRUTTI E OS DIZERES "TUBAÍNA BACANA" E "ARTIFICIAL" NO RÓTULO. VINHA EM GARRAFAS PARECIDAS COM AS DE CERVEJA ::: **GUARANÁ FRATELLI VITA E GASOSA LIMÃO** — BAHIA; O GUARANÁ ERA FORTE, BEM DOCE E POUCO GASOSO ::: **LARANJINHAS ÁGUA DA SERRA E KIENEN** — SANTA CATARINA; VINHAM EM GARRAFINHAS ÂMBAR OU VERDE ::: **CEREJINHA** — SÃO PAULO; ERA DE CEREJA, É CLARO, E VINHA EM UMA GARRAFINHA PEQUENA E GORDINHA. TEVE SEUS DIAS DE GLÓRIA NOS ANOS 50/60, QUANDO PATROCINAVA O CIRCO DO ARRELIA NA TV ::: **MINUANO** — RIO GRANDE DO SUL, PARANÁ, SANTA CATARINA. TINHA SABOR LIMÃO E GUARANÁ, E OPÇÕES LATA E GARRAFA COR-DE-ÂMBAR

A guerra dos achocolatados

Em 1970 a Nestlé lançou um achocolatado instantâneo chamado Quik ("Quick faz do leite uma alegria!"). Tinha um coelhinho rosa no rótulo. Saiu do mercado alguns anos depois e só voltou na década de 80, já com o sabor morango. Três anos depois a Kibon lançou o Muki, que tinha a vantagem de dar brindes em cada embalagem.

Você se lembra?

Refrigerantes em saco, de origem dúbia e suspeita, eram um delicioso quebra-galho em piqueniques, acampamentos e dias escaldantes de verão. O x da questão era abrir o saco o suficiente (com aquele canudo de ponta afiada) para degustar o conteúdo sem tomar um banho com o líquido megacolorido.

ALGUNS UÍSQUES DA MODA::: PASSPORT, TILLERS CLUB, OLD EIGHT E SEU RIVAL ROYAL LABEL BLACK, LANÇADO EM DEZEMBRO DE 1971, VAT 69 **::: OS DRINKS DA MODA :::** MARTINI ::: ST RAPHAEL ::: CAMPARI ::: CONHAQUE DREHER ::: CUBA-LIBRE (OU SIMPLESMENTE CUBA: COCA-COLA COM RUM) ::: HI-FI (CRUSH COM RUM) ::: ALEXANDER (LICOR DE CACAU, CONHAQUE, CREME DE LEITE) ::: MEIA DE SEDA (LEITE CONDENSADO, CREME DE LEITE, LICOR DE CACAU, PASTA DE AMENDOIM, GIM) ::: LEITE DE ONÇA (CACHAÇA OU VODCA, LEITE DE COCO, LEITE CONDENSADO E AÇÚCAR) ::: BATIDAS (ESPECIALMENTE MARACUJÁ, CAJU E COCO).

Você se lembra?

No Rio de Janeiro o programa do fim de noite era ir à remotíssima Barra da Tijuca, mais especificamente na área da Barrinha, para degustar as batidas do Oswaldo. Outra opção era o Bip Bip, em Ipanema.

Cerveja em lata

Lançada em 1971 com a Skol, a cerveja em lata foi a princípio vista com desconfiança — a história era que a folha de flandres contaminava o sabor da bebida. Mas logo se descobriu a grande vantagem — a cerveja gelava muito mais rápido e era fácil de levar para os lugares dentro daquela outra invenção moderna, a geladeira de isopor. A Brahma aderiu rapidamente à novidade e, em 1972, lançou as latas de Brahma Chopp e Extra.

Você se lembra?

Enquanto Skol e Brahma se digladiavam no *front* das latas, a Antarctica corria por fora com a campanha "Nós viemos aqui para beber ou para conversar?", estrelada por Adoniran Barbosa.

GULOSEIMAS

Chocolates

Dois grandes lançamentos da década: Prestígio, com recheio de coco, bem no comecinho da década, e, em 1974, Chokito, recheado com leite condensado ("Leite condensado caramelizado coberto com flocos crocantes e o delicioso chocolate Nestlé"). A Dulcora, dos drops, também lançou seu chocolate. A Nhá Benta da Kopenhagen, a caixa mista da Garoto e os bombons Sonho de Valsa tinham enorme popularidade com a turma udigrudi. Chocolates também assumiam formas inusitadas, como os já ultraclássicos cigarrinhos Pan, que vinham dos anos 50; os guarda-chuvinhas de chocolates, e as moedas da Nestlé — vinham num tubo de cartolina vermelha que, uma vez vazio, revelava ter mil e uma utilidades. A gaúcha Neugebauer, primeira fábrica de chocolates do país, tinha a poderosa barra "Chocolate Refeição", e os bombons recheados Amor Carioca e Noite de Gala.

Biscoitos

Os recheados são o grande sucesso do começo da década, ao lado dos clássicos Mabel, Aymoré, Piraquê, São Luiz (o jingle era aquele "é hora do lanche, que hora tão feliz"). Na hora do recreio, nada superava o Lanche Mirabel.

Balas e drops

Drops Dulcora ("a delícia que o paladar adora") era o máximo da modernidade porque 1) era embalado um a um e 2) nunca se sabia que sabor ia aparecer, a embalagem era sempre mista. Depois apareceu o de hortelã. O Dulcora de hortelã vinha numa embalagem verde-garrafa metálica. Mas tinha muito mais no megabaleiro do cinema e da lojinha da escola: balas Boneco (rosinhas, azedinhas, durinhas, facílimas de engolir inteiras e engasgar), Juquinha, Supra-sumo, balas e drops Xaxá; balas Paulistinha, coloridas e bem fininhas, espetavam o céu da boca; bala Chita (sabor abacaxi, com a dita cuja macaca na embalagem). No setor hortelã-bafo-quente, Mentex (lançamento dos anos 60, mas ainda em sua embalagem e sabor originais) e seu grande rival, o Halls (que ainda se chamava Hall MentoLyptus e, em 1973, representava metade das vendas totais de seu fabricante, a Adams). E, na carrocinha da Kibon, uma delícia extra: os pirulitos todos coloridos, fininhos. O melhor era escuro: de chocolate.

Você se lembra?

Em contraste com tanto açúcar, os adoçantes artificiais começavam a entrar nos hábitos cotidianos. O que não era exatamente saudável, como se saberia depois — aqui mesmo, no início da década, a sacarina havia sido proibida no Brasil depois que estudos americanos mostraram sua ligação com o câncer. Em seu lugar surgiu uma nova geração de adoçantes, liderada por Adocyl e Suita. Em sua canção "Você não entende nada", de 1972, Caetano Veloso cantou a novidade: "Traz meu café com Suita, eu tomo/Bota a sobremesa, eu como, eu como".

Gomas de mascar clássicas eram o chiclete Adams (cobertos de açúcar, dois a dois nas caixinhas amarelas, rosas e verdes) e Ping-Pong, na embalagem listradinha ("Ping-Pong, Ping-Pong é que é, um estouro, ié-ié-ié-ié").

Você se lembra?

Em 1970, para concorrer com o Ping Pong, a Adams lançou o Bola Adams, goma com flocos de sabor dentro da massa que explodiam na boca quando era mastigada. Era para ser o cúmulo da novidade, mas não pegou, em grande parte porque a garotada ficou apavorada com aquela coisa que estourava na boca.

Sorvetes

Kibon imperava; Chicabon, o carro-chefe, vinha embrulhado num papel amarelo com dizeres azuis, mas também tinha Já-Já de coco, Tombon de limão e Kalu de abacaxi; Ki-Crocante e Eskibon eram bem maiores e vinham em caixinhas de papelão, e o novo sabor era goiaba. Seus principais rivais eram o Yopa, da Nestlé, lançado em 1972, e o Gelato, que tinha o famoso Cornetto cantado à moda operística nos comerciais ("dá-me um Cornetto/ muito crocante/ é pio cremoso").

Morais

Em Ipanema, no coração de onde as coisas aconteciam no Rio de Janeiro (que por sua vez era onde as coisas aconteciam no Brasil), reinava a Sorveteria Morais, ou, pelo nome completo, Sorveteria das Crianças "Morais". Ficava exatamente no número 484 da rua Visconde de Pirajá, o mesmo endereço desde 1936. As pazinhas eram de madeira, as casquinhas, *faites maison* com aipim. O sorvete de manga era absolutamente sublime e insubstituível, mas havia (dependendo da estação e da inspiração da família Morais) os igualmente divinos abacaxi, pitanga, jabuticaba, coco, pistache, tangerina. Num dia quente, *le tout* Píer se mudava para a fila do Morais, que dava a volta, fácil, fácil, na rua Garcia D'Ávila. E, na doce expectativa do nirvana gelado, uniam-se caretas e desbundados, politizados e doidões, famílias e todas as inclinações sexuais do universo, alegremente alinhados sob o sol de Ipanema.

A alguns quarteirões dali, na rua Montenegro (hoje Vinicius de Moraes), a mercearia Nelson havia se desdobrado, na alvorada da década, na sorveteria Alex (nome do filho do seu Nelson, dono do estabelecimento). Uma possível concorrente, mas que só entraria mesmo na disputa da segunda metade da década.

Você se lembra?

Sorvete Kibon era vendido também em lata, grandes objetos redondos de folha de flandres imensamente úteis depois que seu conteúdo havia sido (em geral vorazmente) consumido. Exceções eram novidades como a Cassata, que tinha três sabores e vinha em tijolo embrulhado em cartão.

ALGUNS CLÁSSICOS ::: PINGO DE LEITE DA AVARÉ ::: PAÇOQUINHA AMOR ::: AMENDOIM JAPONÊS NAKAYAMA ::: **BALA DE CEVADA SONKSEN** ::: **GELATINA ARCO-ÍRIS**, COM QUADRADINHOS DE TODAS AS CORES COBERTOS DE AÇÚCAR CRISTALIZADO (NO RIO, A CONFEITARIA COLOMBO TINHA A MELHOR) ::: **JUJUBA** (AS MELHORES TINHAM UM LEÃO NA EMBALAGEM) ::: **AÇÚCAR-CÂNDI** (CAMINHO MAIS CURTO PARA O DENTISTA) ::: **DELICADO** ::: **CORAÇÃO DE ABÓBORA E BATATA** ::: **QUEBRA-QUEIXO** ::: **MARIA-MOLE** ::: **TRINGUILIM** (NOME GENÉRICO TANTO PARA O PIRULITO PONTUDO, DE AÇÚCAR CARAMELIZADO, QUANTO PARA O BISCOITO EM CANUDO, CROCANTE, QUE O VENDEDOR APREGOAVA SOANDO UMA ESPÉCIE DE CASTANHOLA EM FORMA DE RATOEIRA).

Você se lembra?

Uma confeitaria era um lugar muito sério: uma catedral de açúcar sem medo de hiperglicemia, obesidade, síndrome de deficiência de atenção, placa bacteriana e outros monstros. Um templo repleto de inocência e perfume com grandes aléias de vidro e aqueles maravilhosos carrosséis com bujões de delícias.

Pirulitos

Zorro, que era quadrado, de caramelo, e tinha apito no cabinho; Dip Lik, que devia ser mergulhado num pozinho (100% artificial).

Salgadinhos

O Mandiopã, vindo dos anos 60, era uma aventura. Massa de mandioca vendida crua, em discos irregulares, devia ser frita em grandes quantidades de óleo bem quente, quando então se abria como uma flor de papel. Tinha doce e salgado, e o doce era uma celestial palangana de massa frita, oleosa, com açúcar e canela adicionados assim que saíam da frigideira. Os Elma Chips foram lançados no Brasil em 1974.

Maravilhas de lanchonete

Sanduíche de queijo com banana do Bob's; submarino do Gordon (que vinha com molho verde); sanduíche de peito de frango do Chaplin, em Ipanema; vaca preta: Coca-Cola batida com sorvete de creme; vaca amarela: guaraná batido com sorvete de creme; milk-shake de Ovomaltine (mais gostoso se ingerido à beira da Via Dutra, na lojinha do Ovomaltine).

Delícias da praia

No Rio, as carrocinhas de sorvete estacionavam na areia e praticamente os únicos ambulantes eram o tringuilim, o vendedor de biscoitos Globo e o homem do mate, que vinha com dois botijões, um de mate e outro de limonada, a serem misturados ao gosto do freguês. Apesar da provável adição de água de procedência suspeita, até a turma da macrobiótica aderia. Gal Costa, rainha absoluta das Dunas do Barato e, na época, macrô estrita, admitia que na praia saía da alimentação prescrita e "tomava uns mates gelados".

Na calçada imperava, absoluto, um único tipo de vendedor: a carrocinha do cachorro-quente Geneal, branca com o logotipo de listras azuis e letras vermelhas. Seu cardápio era estrito e perfeito: cachorro-quente recolhido com pinças de uma cuba de líquido quente não especificado e laranjada, servida em cones de papel sobre uma base de alumínio.

Na confluência: a larica

Existem provavelmente tantas receitas de administração de larica quanto de ressaca. A sabedoria dos antigos, ou seja, dos anos 70, lista os seguintes itens como alguns dos mais eficientes para saciar aquela fome muito especial:

Leite condensado

De preferência *in natura*, virado direto da lata.

Figo Ramy

Eram figos caramelizados que vinham numa lata redonda e custavam bem caro, mas eram divinos e extremamente eficazes na larica.

Paçoca

Mais eficiente se consumida com o leite condensado.

Doce de leite

O pingo de leite Avaré, convenientemente embrulhado um a um e com aquela casquinha mais dura, era o ideal. Mas comer de colher, direto da panela, tinha seu mérito também.

Mariola

Os realmente chiques sabiam que a melhor era a Lula ("mariola-lá, mariola-lá, mariola-lá, mariola Lula!").

Suspiro e maria-mole

Crepes e panquecas doces

No Rio, a Rick do Leblon tinha as melhores, e a rede Gordon, as piores e mais baratas. "Panqueca do Gordon" virou sinônimo de coisa confusa, amorfa, indefinível. Uso: "o solo de guitarra do cara tava uma panqueca do Gordon". Mas batia um bolão na hora do desespero, às três da manhã, com um cruzeiro no bolso.

Chocolate

O consumo de chocolate era controvertido. Muitos juravam sua extrema eficiência e detectável contribuição. Outros diziam que era o caminho mais curto da larica ao bode preto. Certa vez, depois de uma longa sessão de consumo de *cannabis* com vinho Sangue de Boi ao som do álbum *Fragile* do Yes, um amigo teve um violento ataque de enjôo ao chegar à metade de um Sonho de Valsa. Seguiu-se um longo debate entre os presentes para estabelecer se o bode tinha sido causado pelo bombom ou pela sonoridade altamente glicêmica da faixa solo de Rick Wakeman no álbum.

GULOSEIMAS DO DESBUNDE

Maconha

Substância definidora da cultura desbum, a *cannabis sativa* era sobretudo um rito social, antes mesmo de ser um tapinha nas portas da percepção. Baseados eram obrigatoriamente divididos em grupo, com amigos, conhecidos e desconhecidos, trafegando circularmente, em ritual. Comandos e facções estavam ainda sendo gestados nas prisões — o fumo, muitas vezes plantado artesanalmente, em pequena escala, circulava por redes locais e extremamente informais. O manga rosa era legendário — os *connoisseurs* garantem que podiam identificá-lo pelo aroma, a distância. Maconha era o anti-uísque e portanto o anti-careta. Mas também era o anti-militância, o que, em muitos setores do udigrudi, também queria dizer que era o anti-careta. Em *Enquanto corria a barca* (Senac São Paulo), Lucy Dias reporta a narrativa de Alice que, em 1973, morava em São Paulo com um grupo de integrantes do movimento Liberdade e Luta, a Libelu: "Na Libelu era proibido fumar maconha. Proibidíssimo. Se soubessem de alguém que fumava, essa pessoa era expulsa. Nós sabíamos de um que tinha fumo, mas ele escondia, enterrava".

Nem toda figura do universo udigrudi queimava fumo. Caetano Veloso famosamente detestava todas as drogas e se limitava a beber Coca-Cola. Numa entrevista à *Rolling Stone* número 1, perguntado se daria drogas a um hipotético filho, ele respondeu curtamente: "Não. Detesto drogas. Enquanto ele fosse criança eu daria leite". Em seu livro *Verdade tropical* o próprio Caetano elabora: "Eu não era um desbundado: não tomava drogas, mantinha algum conforto burguês para minha família com os proventos do meu trabalho de música, amava o essencial da cultura do Ocidente. Rogério [Duarte] tinha inventado um apelido para mim que me agradava: Caretano".

No cenário internacional, a maconha vinha sobretudo do México, e apenas em 1970 havia sido colocada oficialmente fora da lei nos Estados Unidos, pela mesma medida, o Controlled Substances Act, que também suspendeu a legalidade do LSD 25.

O primo rico da maconha era o haxixe — coisa de Jagger e Richards com os músicos de Jououka no Marrocos, ou de mochileiros que atravessassem o oceano especialmente rumo à Europa.

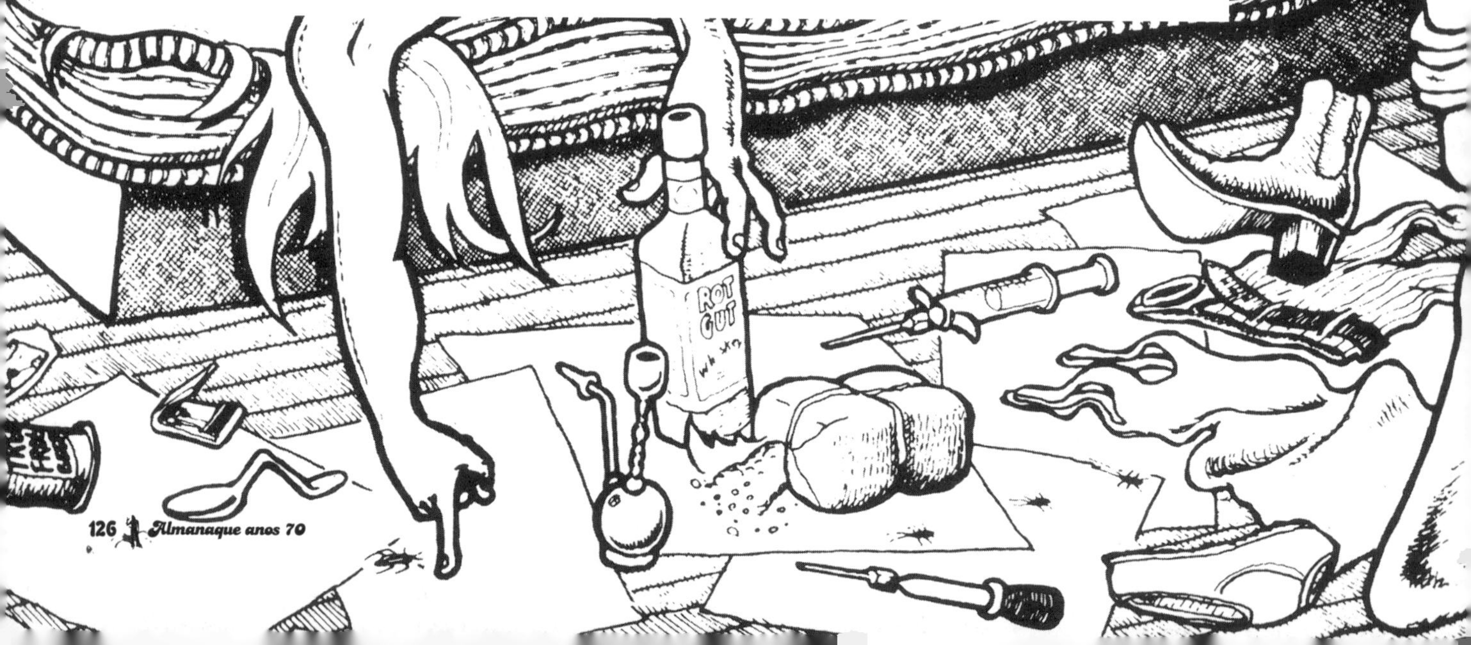

“Reza a lenda que o primeiro cara a fazer comércio da erva ali no Nove chamava-se Índio e tinha uma kombi velha ancorada nas imediações do posto. Era a Oca do Índio que servia não só para fumar como fazia as vezes de motel.” (Chacal em POSTO NOVE, Relume Dumará)

LSD

O ácido, como era mais conhecido, é na verdade um alcalóide sintetizado a partir de um dos componentes do fungo ergotina *(Claviceps purpurea)*. Seu nome completo é Dietilamida do Ácido Lisérgico, e foi descoberto acidentalmente em 1943 pelo suíço Albert Hoffman enquanto estudava pragas prejudiciais à agricultura. Hoffman involuntariamente aspirou o componente e prontamente embarcou no que se chamaria, vinte anos depois, "uma viagem": "Os objetos e o aspecto dos meus colegas de laboratório pareciam sofrer mudanças ópticas", Hoffman escreveu em seu diário. "Não conseguindo me concentrar em meu trabalho, num estado de sonambulismo, fui para casa, onde uma vontade irresistível de me deitar apoderou-se de mim. Fechei as cortinas do quarto e imediatamente caí em um estado mental peculiar semelhante à embriaguez, mas caracterizado por uma imaginação exagerada. Com os olhos fechados, figuras fantásticas de extraordinária plasticidade e coloração surgiram diante de meus olhos."

O LSD começou a ser utilizado experimentalmente nos Estados Unidos no final da década de 50, inclusive em usos bélicos e estratégicos. Mas rapidamente vazou da comunidade psi para o grande caldeirão da contracultura americana, pelas mãos de, entre outros, Timothy Leary (que fazia os famosos "testes de ácido" administrando LSD diluído em Ki-suco para multidões crescentes de alegres cobaias, ao som de Grateful Dead e Jefferson Airplane tocando ao vivo) e Alan Watts.

O ácido no Brasil era caro e relativamente raro se comparado com seus substitutos nativos, a maconha e o cogumelo. Músicos e surfistas eram sua via ideal de disseminação. Puro e relativamente descontaminado, ele tinha subgradações com nomes próprios, como *sunshine* e *clear light*.

Peiote

Usado pelas populações do continente americano desde os tempos dos maias e astecas como planta sagrada, o cacto *Lophophora williamsii*, também conhecido como mescal, mescalina e mescalita, já era chique quando Antonin Artaud visitou a tribo Tarahumara no México em 1936 e escreveu, em *O rito do peiote*: "todas as sensações são agradáveis e nada perturba essa vida de sonhos (...) Por comparação o mundo lá fora parece pálido e morto. Grandes arabescos coloridos, figuras geométricas... desenhos de tapeçarias... figuras fantásticas... anões de diversas cores... seres extraordinários". Ou, nas palavras de um músico militante na cena carioca nos primeiros 70: "a mescalina era a melhor coisa para curtir as cores". Tornou-se ainda mais importante depois que os livros de Carlos Castañeda — especialmente *A erva do Diabo* — narraram suas jornadas xamânicas guiadas pela mescalina e pelo *brujo* Don Juan.

Cogumelo

A trufa dos doidões vinha em dois tipos: a original, *Psylocybe* mexicana, que também aparecia como personagem na obra de Castañeda, e a nativa, *Psylocybe cubensis*, cujo habitat natural não podia ser mais telúrico: os dejetos deixados por gado, notadamente gado zebu. Não é difícil imaginar as fantásticas cenas de figuras cabeludas vagando por pastos em busca de placas de bosta de vaca, e forjando peculiares amizades com criadores de gado zebu. Uma vez obtido o precioso cogumelo, a técnica pedia que fosse transformado em chá para extração de seu princípio ativo (e psicodélico), a psilocibina.

Farmacêuticos

Na ausência dos produtos naturais ou importados, o engenho brasileiro prontamente achou um estoque de drogas alucinogênicas disponíveis na farmácia da esquina. Esse menu tóxico ia de medicamentos contra mal de Parkinson, como Artane e Bentyl, até potentes analgésicos já retirados do mercado, como Veramon, Fiorinal e Optalidom, que continham barbitúricos em suas fórmulas. Xaropes e preparados como Elixir Paregórico, Setux e Gotas Binelli também eram populares por conter opiáceos. A progressiva degeneração do sistema nervoso central que eles provocam levaram à expressão "xarope" para definir uma pessoa excepcionalmente chata, apática e confusa. A subcultura glam tinha apreço especial por tranqüilizantes e hipnóticos como Mandrix, Quaalude e fórmulas com diazepam.

Anfetaminas

Também conhecidas como *speed* e bola, ainda não eram populares como seriam na segunda metade da década, quando se entrelaçam à cocaína na cultura disco — os primeiros 70 eram mais condutivos à contemplação e à introspecção dos relaxantes e alucinogênicos. A cena *speed freak* se concentrava no Sul e consumia ampolas de Methedrim e Perventin vindas do Paraguai ou moderadores de apetite fornecidos pela farmácia do bairro.

"Era engraçado porque eu tomava pico e ia fazer ioga. Era toda zen, fazia meditação. Achava que era uma ajuda para eu me descobrir."
(Letícia em ENQUANTO CORRIA A BARCA, Lucy Dias, ed. Senac São Paulo.)

Um hit parade ligado

DEZ CANÇÕES SOBRE PETISCOS FORA DA LEI, SAFRA 1970-1974 ::: "TEMA BASEADO NA COISA", THE BRAZILIAN BITLES: **"VEM E VAI ENTRANDO COMPANHEIRO, PORQUE MESMO SEM DINHEIRO AQUI TEM COISA PRA GASTAR"** ::: "VAMOS TRATAR DA SAÚDE", RITA LEE: **"QUE TAL UM CHÁ, CHÁ, CHÁ, CHÁ, CHÁ, CHÁ/ PRA GENTE SE ACHAR"** ::: "FUMACÊ", GOLDEN BOYS: **"EH... EH... FUMACÊ... AH... AH FUMAÇA... EH FUMACEIRA, TÁ SAINDO DO LADO DE LÁ, TEM ALGUÉM QUEIMANDO COISA, TÁ BOTANDO PRA QUEBRAR..."** ::: "SUBENTENDIDO", A BOLHA **"TOMEI UM SUNSHINE NA PRAIA E SAÍ VIAJANDO POR AÍ/ QUANDO DE REPENTE ALGUMA COISA BATEU E EU FIQUEI FORA DE MIM"** ::: "MARIA JOANA", ERASMO CARLOS **"O AMOR, O AMOR VEM COMO NUVEM DE FUMAÇA"** ::: "LINDO SONHO DELIRANTE", FÁBIO **"LINDO SONHO DELIRANTE, HOJE EU QUERO VIAJAR... ONDE ESTÁ O MEU CASTELO, MEU TAPETE VOADOR?"** ::: "ROSAS", A BOLHA **"VIAGEM SELEÇÕES MARAVILHOSAS/ NO TERÇO DE UM PINGO/ NUM BOTÃO DE ROSAS/ CADÊ AS COISAS É O FIM DA PICADA"** ::: "JARDIM ELÉTRICO", MUTANTES **"NO JARDIM/ EU ME LIGO/ EM VOCÊ"** ::: "CABEÇÃO", GOLDEN BOYS **"VOCÊ VIU O CABEÇÃO POR AÍ?/ EU NÃO/ EU NÃO/ EU NÃO VI NÃO"** ::: "ANDO JURURU", RITA LEE E TUTTI FRUTTI **"QUERO ENCONTRAR NO MEU CAMINHO/ UM COGUMELO DE ZEBU"**.

Clara Nunes
LED ZEPPELIN III
JOE COCKER
MAD DOGS & ENGLISHMEN
ELIS & TOM
NERVOS DE AÇO
PAULINHO DA VIOLA
SOM NOSSO DE CADA DIA
PAULINHO DA VIOLA
NOVOS BAIANOS
ACABOU CHORARE
egberto gismonti
SONHO 70
GIL
BEN
ALADDIN SANE
THE SLIDER
RCA
MARTINHO DA VILA
PELO TELEFONE
VICTOR
MUTANTES
Stones
A tua presença
Band on the Run
BOWIE
DIAMOND DOGS
GRAND FUNK
Closer To
NÃO FALE COM PAREDES
MÓDULO 1000
rita lee build up
Close to the Edge
yes
Chico Buarque

ELLER 100
fino satisfaz?
Enfim, um cigarro fino e bonito não é só fino e bonito.
Tem gosto, tem sabor, não fica só nas aparências.
Chanceller é o primeiro cigarro fino que satisfaz mesmo.
Você sente quando fuma.
Conheça o Chanceller hoje mesmo.
Ele gratifica seu dia com uma novidade que vai desde a embalagem até o último cigarro.
CARLTON
Continental
O homem fuma Presidente.
HILTON 100
Reserva Especial
St. James
Cigarrilhas Especiais
FILTRO
SHELTON
100 MM
FILTRO
Presidente
FILTRO DE LUXO
KING SIZE
du Maurier
120's

Mal-me-quer,
SODA
LIMONADA
BRAHMA
Um dia, alguém me tocará
os lábios. E, nesse dia, despertarei
tôda a pureza do
limão e a doçura
Soda Limon
O patinho feio d
ARANÁ
AHMA
IAA
Garoto

lupla alimentação
Em casa, ligado na tomada, não gasta as pilhas: econômico. No campo ou na praia, as pilhas entram em ação: versátil. Total portabilidade. Estabilizador eletrônico de rotação: sempre constante
a rotação do prato, mesmo quando as pilhas começam a enfraquecer. Potência, pureza e fidelidade na reprodução dos sons. Caixa atraente: formato de maleta estilo James Bond.
PHILIPS
Eletrofone Hot Dupla alimentação. Tomada para gravador e caixa acústica. Contrôle de tonalidade. Estabilizador eletrônico de rotação.
Eletrofone Hit Dupla alimentação. O mais leve dos eletrofones portáteis. 3 velocidades. Estabilizador eletrônico de rotação.
VADOR JAPONÊS
OS
IPRAM.
60 MEMOPACK S
MEMOPACK
SOLID STATE
LEVEL
REW
FF
PLAY
STOP
REC
ão mais
subishi.
Nin
gravad
japonês,
tanto um japonê
como a qualidade Mits
gravador dessa marca vem c
o total.
o que você poderia esperar de
muito mais. Veja bem:
ara gravador - permite que você
ente em fita, sem interferências,
da do eletrofone
ão das gravações.
para caixa acústica -
acústica do aparelho é
você poderá empregar, se
ixa acústica maior.
ção eletrônica da rotação - um
trônico mantém rigorosamente estável
smo após o uso prolongado das pilhas.
mentação - em casa, você pode economizar
zando a rede; a conversão é automática.
o amplificador transistorizado com
otência musical assegura som claro e
dução dos seus discos.
e outro eletrofone portátil tem a graça,
harme deste Philips 610?
tudo nesta vida, não pode se contentar
o seu Philips 610.
ais, você está coberto pelo
Philips, sua segunda garantia.
Philip
Para que
tudo ac
tem
PHILIPS
rro pensando
escolher um
agora.
a quer
ro.
Ford
LTD

POLYVOX
Ou
Entrada 1.1
12 x 1.167
WS FOUR II
Toca-discos automático,
3 velocidades, Lifit, motor de
4 polos, com base, tampa e
cápsula shure.
À vista 3.042,
Ou
Entrada 344,
12 x 344,
ara Polaroid.
o que aparece
ra. Bata e veja
penas
gundos.
Fotos ficou muito mais divertido.
ck 80 da Polaroid.
ue revela colorido e em apenas
oto que você bateu. Veja como é
o que é preciso fazer, é bater (1),
ara fora da câmara (2) e pronto (3).
ndos a foto aparece revelada e em
sas (4). Para usar o flash é muito
rpack 80 possui flash integrado
om cubos de flash comuns, à venda
gar.
maneira de fotografar custa muito
você está pensando.
Cr$ 499,00, você adquire a sua
existe também a Polaroid Zip para
que revela suas próprias fotos em
usta Cr$ 299,00. Conheça você
ova maneira de fotografar.
Polaroid
parece na hora.
2
3
4
POLAROID COLORPACK 80
câmara
KODAK INSTAMATIC 11
APENAS
Cr$ 239.00
PHILIPS
1971

mônica
e sua turma
com LIVRO e DISCO
DISNEY
A GALINHA RUIVA
REVISTA MENSAL CR$ 3,50 N.º 2
Patota
NESTE NUMERO:
MAFALDA, SNOOPY, B.C., KID FAROFA (Tumbleweeds)
ZE DO BONE (Andy Capp), O COELHO MUITO LOUCO (Pernalonga)
O MAGO DE ID (The Wizard of Id), OS DESLIGADOS (Dropouts)
HAGAR O HORRIVEL, EEK E MEEK, NANCY, KELLY
BOLOTA

“A dona de casa de
DISCOS INTERCAMBIÁVEIS
CANDY
INHA limpa os tapetes... os móveis
TORAMA
fittipaldi
OVO GÁVEA
URVA
LIGIER GITANES
25
elf
MICHELIN
Agip
FITTI-SHOW
BLOCOS PARA CONS
ALEGRI
PARA
TODOS

LED ZEPPELIN HOUSES OF THE HOLY
VICTOR
MEMÓRIAS
DE UM
SARGENTO
DE MILÍCIAS
Martinho da Vila
DAVID BOWIE
ZIGGY STARDUST
Krig-ha, bandolo!
Raul Seixas
TIM MAIA
SOM IMAGINÁRIO
Bixo da Seda
SÁ ★ RODRIX ★ GUARABYRA
passado
presente
futuro
ÍNDIA
RINGO STARR
GOODNIGHT VIENNA
T. REX
-FA-TAL-
GAL
A TODO VAPOR
Secos & Molhados
O TERÇO
CRIATURAS DA NOITE
CARTOLA
the stooges
fun house
LÔ BORGES
SCHOOL'S OUT
ALICE COOPER
MOTT
Who's next
MILAGRE DOS PEIXES
JETHRO TULL
The St. Cleve Chronicle
& Linwell Advertiser
THICK AS A BRICK
JUDGES DISQUALIFY "LITTLE MILTON" IN LAST MINUTE RUMPUS
LATE EXTRA

A iluminação pelo arroz: macrô

A dieta macrobiótica foi criada nos final dos anos 60 no Japão por Michio Kushi, inspirado pelo filósofo zen Georges Ohsawa. Utilizando-se dos princípios asiáticos clássicos do yin e yang, respectivamente, energia negativa-passiva e positiva-ativa, a dieta macrobiótica enfatiza cereais integrais cultivados localmente, principalmente o arroz, seu alimento básico. Legumes e produtos de soja fermentada, combinados em refeições pelo princípio das propriedades do yin e yang, muita alga marinha, algumas frutas e um peixe ocasional complementam a alimentação, que também inclui muitas porções de sopa de missô, chá verde e a mastigação lenta, longa e deliberada.

A macrobiótica — ou macrô, como logo foi carinhosamente chamada — chegou ao Brasil na alvorada dos 70, trazida, inicialmente para São Paulo, pelos professores Flávio Zanata e Tomio Kikuchi. Caiu rapidamente no circuito underground como alternativa à comida careta, e muita gente garantia que só mudando a comida para macrô já dava um barato todo especial — embora mais de um desbundado nativo fizesse peculiares combinações de arroz integral com feijão preto, farofa e doce de leite para atender a necessidades físicas, químicas e laricais.

Points macrôs em São Paulo eram o restaurante de Tomio Kikuchi, na Liberdade, o Arroz de Ouro, no Largo do Arouche e a Associação Macrobiótica de São Paulo, que ficava na Bela Cintra. No Rio, tinha as lojas Frigele, a Casa Mixta, no centro da cidade, e o Restaurante da Sociedade Macrobiótica, em frente ao Passeio Público. Todos, points de troca de informação, distribuição de imprensa alternativa etc. Desde o início, Gilberto Gil foi um dos maiores divulgadores da macrobiótica no Brasil.

"Acho que você vai gostar de saber: estou há quase dois meses firme na macrobiótica. Não é uma dieta rígida porque, trabalhando, não há mesmo condições. Mas cortei completamente a carne, como arroz integral e muitos vegetais, chá de Mu — não tomo refrigerantes nem café. Só não consigo cortar o cigarro." (Caio Fernando Abreu em carta a Vera Antoun, Londres 19/10/1973, em Caio 3D: O essencial da década de 1970, Agir)

Nicotina

FILTRO AINDA ERA SINAL DE LUXO, E OS CIGARROS FININHOS ERAM IMENSAMENTE POPULARES ::: **CIGARRO CONTINENTAL** "PREFERÊNCIA NACIONAL" (TAMBÉM TINHA OPÇÃO SEM FILTRO) ::: **CIGARRO HOLLYWOOD** "AO SUCESSO" (O *SLOGAN* É LANÇADO NA DÉCADA DE 70) ::: **CIGARRO CHARM** "O CIGARRO DA MULHER. PODES CRER." COM O *SLOGAN* "NO BRASIL TODA MULHER TEM CHARM", A MARCA FOI LANÇADA EM 1972 COM UMA CAMPANHA QUE REUNIA, NUMA MESMA FOTO E COMERCIAL DE TV, ALGUMAS DAS MULHERES MAIS FAMOSAS DO BRASIL NA ÉPOCA. ENTRE ELAS, LEILA DINIZ, DANUZA LEÃO E CLEMENTINA DE JESUS ::: **CIGARRO CARLTON** "UM PRIVILÉGIO" ::: **CIGARRO ALBANY** "O SABOR MAIS PURO" ::: **CIGARRO MINISTER** "PARA QUEM SABE E QUER MAIS" ::: **CIGARRO SHELTON** "PARA QUEM ENTENDE"

DESBUNDE PARA CARETAS: O BAILE DE CARNAVAL

Na primeira metade da década, o baile de Carnaval era a coisa mais próxima de uma desbundada geral que a classe média podia experimentar. Toda grande cidade tinha pelo menos uns dois, e o Rio de Janeiro, que ainda era uma metrópole importantíssima, vital e formadora de opinião, tinha vários: Teatro Municipal, Copacabana Palace, Sírio e Libanês, dos Artistas, Hotel Nacional, Monte Líbano (Noite em Bagdá, o nome mesmo um barato histórico, com a perspectiva de hoje), Hotel Glória, Quitandinha. E — proibido por dois anos mas voltando triunfalmente em 1972 — o dos Enxutos, uma noite de gala gay antes que o termo caísse no uso comum.

O baile de carnaval era, oficialmente, uma coisa muito séria e até *high society,* especialmente o do Municipal, baile oficial da cidade, prestigiado por autoridades. O traje era "*black-tie* ou fantasia de luxo", e, comparado com os desfiles das escolas de samba de hoje, a nudez relativa era quase casta.

Celebridades as mais variadas freqüentavam os grandes bailes nestes primeiros 70. Entre elas, Roman Polansky, Liza Minnelli, estrelas de TV e praticamente todas as locomotivas da alta sociedade da época. Em 1970, Janis Joplin teve uma experiência bizarra: conseguiu um par de convites e, depois de ter sido insultada pelos travestis da Cinelândia, conseguiu entrar com seu namorado carioca, o fotógrafo Ricky Marques Ferreira, e um boá de plumas roxas na cabeça. Convidada a subir para o camarote de alguns socialites, viu-se expulsa ao primeiro contato visual. "Eles não a conheciam, só de fama, que era a cantora mais famosa dos EUA. Achavam que era uma mulher maravilhosa." Ricky contou à revista *Manchete*. "Quando a viram, contudo, acharam que ela era horrorosa, parecia uma mendiga" e a puseram para fora.

O barato do baile era o lança-perfume — oficialmente proibido, mas largamente disponível durante o tríduo momesco — e o uísque em diferentes graus de pureza e origem. Moças cavalgando rapazes também era uma grande onda, assim como — para quem ficava em casa — as transmissões ao vivo pelas TVs, com seus repórteres a princípio ungidos de uma estranha solenidade, e progressivamente mais doidões e desconexos à medida que a noite avançava.

Não havia necessidade de auxílios químicos para viagens visuais — para isso existiam os desfiles de fantasias. Julgavam-se os trajes nas categorias "luxo" e "originalidade", masculino e feminino (o desfile masculino no Municipal esteve brevemente suspenso no início dos 70), e os desfilantes se especializavam: Mário Rosas, Evandro Castro Lima, Clóvis Bornay e Marlene Paiva eram as estrelas da categoria luxo. Eloy Machado era a celebridade da originalidade.

Wilza Carla tinha uma carreira toda sua, com fantasias legitimamente psicodélicas — João e Maria com casa, bruxa e tudo; Magia do Candomblé, de cabeça raspada, e Mamãe Gansa, com perninhas falsas saindo de um gigantesco ganso — e um hábito de ter ataque e destruir tudo quando não se classificava.

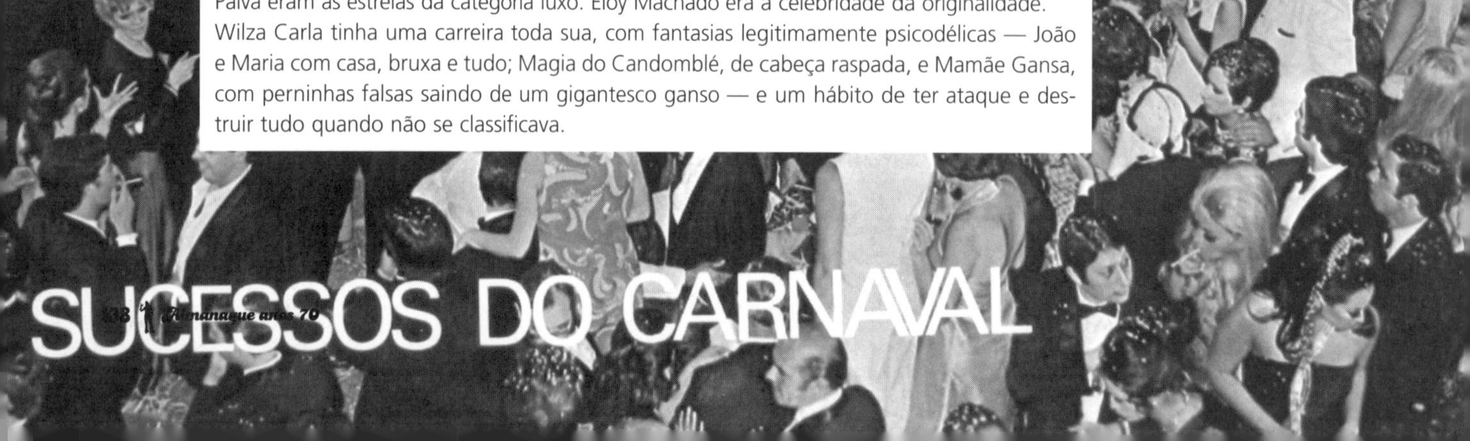

SUCESSOS DO CARNAVAL

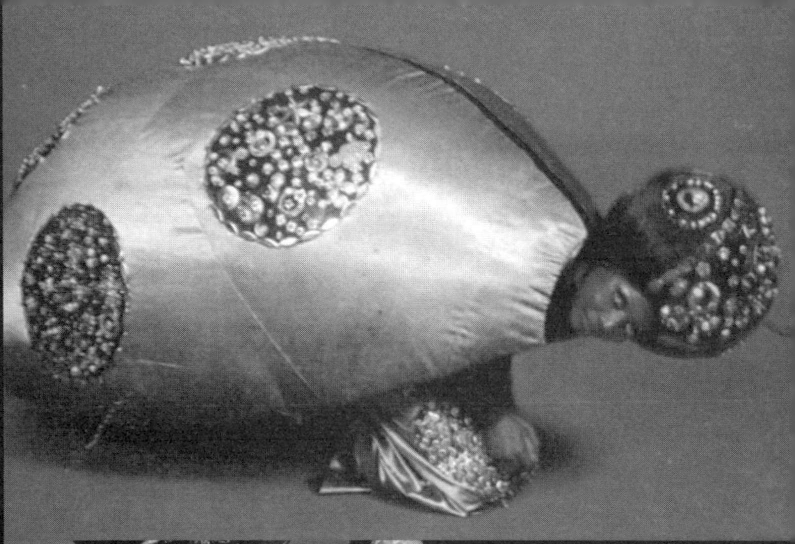

Você se lembra?

Carlos Imperial desfilou em 1971 como Libélula Deslumbrada, uma de suas expressões favoritas. E em 1972 Clóvis Bornay gravou uma marchinha entitulada "Paz e amor", também tema de sua fantasia para o baile do Municipal.

ALGUNS NOMES DE FANTASIAS DE LUXO ::: FOGOS DE ARTIFÍCIO ::: DELÍRIO MOURO ::: O ECLIPSE ::: QUANDO O SOL ILUMINOU A ATLÂNTIDA ::: POSEIDON ::: DEUS DO MAR ::: BIG STAR ::: NOITES DE ISTAMBUL ::: BIZÂNCIO EM MARFIM ::: JARDINS SUSPENSOS DA BABILÔNIA ::: MISSA LUBA ::: PIERRÔ DO PROFUNDO MAR AZUL ::: ALVORADA DE LUZ E CONCÓRDIA

ALGUMAS FANTASIAS ESDRÚXULAS (ALÉM DAS DE WILZA CARLA) ::: BESOURO (A MODELO LUANA TINHA QUE SE AGACHAR PARA MOSTRAR A "HORIZONTALIDADE" DA PEÇA) ::: **ABRAHAM LINCOLN**, QUE TRAZIA O PRESIDENTE AMERICANO SENTADO COMO EM SUA ESTÁTUA NO CAPITÓLIO ::: **O MONSTRO SAGRADO**, UMA COISA CHEIA DE ASAS ::: **GAIVOTA EM NOITE DE GALA**, QUE ERA BASICAMENTE UM TRAJE DE RAINHA COM CABEÇA DE GAIVOTA ::: E, COM O SUCESSO DOS SECOS & MOLHADOS EM 1974, APARECEU ATÉ UM **BUMBA-MEU-BOI** INSPIRADO EM NEY MATOGROSSO.

BRINQUEDOS ETC.

Brincar ainda queria dizer se mover — física e espiritualmente. Ainda se chamava pela imaginação e pelos joelhos para que nos guiassem além do limite, sem medo das conseqüências. As cidades ainda eram civilizadas, as vizinhanças, conhecidas, e os espaços, razoavelmente abertos. Respirava-se. Via-se o sol e as estrelas. Havia árvores.

Você se lembra?

A Estrela tinha uma "cartinha a Papai Noel" pré-impressa que vinha encartada em revistas de grande circulação. A idéia era que os pais dessem a lista para a criançada marcar o que queria, e depois a encaminhassem para o Bom Velhinho. Evidentemente, a lista continha apenas os últimos lançamentos da Estrela...

CLÁSSICOS, MAS AINDA EM PLENA ATIVIDADE ::: BILBOQUÊ: BOLA DE MADEIRA PRESA POR UM BARBANTE QUE TINHA QUE SER ENCAIXADA NUM PINO ::: CARRINHOS DE ROLIMÃ ::: PEGA-VARETAS ::: BALÕES AINDA LEGAIS E FEITOS COM PAPEL DE SEDA OU JORNAL E COLA DOMÉSTICA DE ÁGUA E FARINHA DE TRIGO ::: JOGOS DE RUA E NO PÁTIO DO RECREIO: PULAR AMARELINHA, PULA-SELA, QUEIMADO, SALADA MISTA (BEIJO, ABRAÇO OU APERTO DE MÃO/ PÊRA, UVA, MAÇÃ); CINCO MARIAS (CINCO SAQUINHOS CHEIOS DE ARROZ, JOGAVA-SE UM PARA CIMA E TINHA-SE DE PEGAR OS QUE FICAVAM NO CHÃO)

QUANDO CHOVIA NAS FÉRIAS: JOGO DO MICO PRETO; QUE PENA! (UM JOGO DE TABULEIRO QUE TINHA UMA TENEBROSA CARTA QUE FAZIA O INFELIZ JOGADOR VOLTAR AO COMEÇO); XADREZ CHINÊS; MONOPÓLIO/BANCO IMOBILIÁRIO; BATALHA NAVAL (EM BLOQUINHOS SEMPRE IMPRESSOS EM VERMELHO. C3! G6! M8! ÁGUA!)

Carimbos, velhos como o papel, voltaram à moda nos anos 70 graças a conjuntos com personagens de histórias em quadrinhos. Em 1973 a Coluna, marca forte dos "jogos educativos" lançou o kit Mônica no Parque, da Turma da Mônica. Depois de carimbados, os desenhos podiam ser coloridos com aquarela, crayons Caran D'Ache (símbolo de *status*) ou o popular conjunto multicolor da Johann Faber que vinha naqueles estojinhos com 24 lápis. Quem era realmente "por cima" tinha os de 36, 48 ou — uau! — 72 cores.

Você se lembra?

Cada cor tinha um número e um nome. O nº 51 era o Azul Cobalto, o 16 era o Amarelo Canário, o 22 era o Ocre...

WAR

Sem dúvida o jogo de mesa mais popular do começo da década foi o War. Pioneiro nos jogos de estratégia, o War era capaz de criar o tipo de adesão emocional, envolvente, que se veria vinte anos depois nos RPGs. A primeira versão do War surgiu em meados dos anos 50, graças a um diretor de cinema, o francês Albert Lamorisse. Com o nome original de "La Conquête du Monde" (A Conquista do Mundo), o jogo foi comercializado primeiro na França e, nos anos 60, nos Estados Unidos, através da empresa Parker Brothers, responsável por outro grande sucesso da época, o Monopólio/Banco Imobiliário.

No Brasil, o jogo foi o primeiro lançamento de uma nova empresa, a Grow, nascida nos anos 60 com a união de quatro amigos formados em engenharia na USP. Com o nome War e o "quartel general" numa garagem da Mooca, em São Paulo, o jogo foi lançado em 1972 com enorme sucesso — o primeiro jogo para adultos lançado no Brasil.

Algumas novidades:

MÃEZINHA O GRANDE SONHO DE CONSUMO DAS MENINAS DA ÉPOCA, DAVA-SE CORDA E ELA FAZIA O BEBÊ DORMIR TOCANDO UMA CANÇÃO DE NINAR ::: **RODA JATO** CARRINHOS QUE ANDAVAM SEM PILHA, SEM CORDA, SEM ELETRICIDADE, COM O "SUPER DISPARADOR", NUM LOOP ::: **ESTOURA BALÃO** VARETAS QUE ESTOURAVAM BALÕES ::: **CANDY** BONECA QUE CANTAVA MÚSICAS DIFERENTES E CONTAVA HISTÓRIAS ::: **POLLY** BLOCOS DE CONSTRUÇÃO TIPO LEGO ::: **AUTORAMA** E SEU CONCORRENTE TCR DA TROL — DELÍRIO DE TODOS OS MENINOS. **AUTOVIA** (AUTORAMA COM 8 SEÇÕES RETAS, CURVAS E CRUZAMENTOS, SINAIS DE TRÂNSITO E UM... ÔNIBUS! EM 1972, A ESTRELA LANÇA O PRIMEIRO DOS **AUTORAMAS FITTIPALDI**, EXPLORANDO O MARKETING DO NOVO CAMPEÃO DA FÓRMULA 1 ::: **SEGURE SE PUDER** BONEQUINHOS TINHAM QUE DESCER POR DUAS VARETAS, SEM CAIR ::: **SUSI** ANTECESSORA DA BARBIE, FAZIA POSE, VINHA COM FIGURINO CAPRICHADO E VARIADO, EM MÁXI, MÍDI E NA MODA CIGANA, OU DE PANTALONAS ::: **BOLSA DE VALORES** JOGO DE TABULEIRO NA ONDA DO MONOPÓLIO, APROVEITANDO O BOOM DO "MILAGRE BRASILEIRO" ::: **TUFÃO E FURACÃO** CARRINHOS DA LINHA SUPERSÔNICA, DISPARAVAM EM QUALQUER SUPERFÍCIE ::: **ESTRELÃO FUTEBOL DE BOTÃO** ::: **BONECA DANIELLA** DA ATMA VINHA COM BERCINHO, COLCHÃOZINHO E... SERINGA. "SENTIA" E CHORAVA QUANDO TOMAVA INJEÇÃO ::: VELOCÍPEDES INCREMENTADOS DE PLÁSTICO: **SINCROM E VELOTROL**. ::: **KITS REVELL** PARA MONTAR AVIÕEZINHOS E CARROS ::: MINIATURAS DE CARRO **MATCHBOX**; **MINIATURAS DE CARROS NACIONAIS**, DE PLÁSTICO, DA TROL ::: **DIORAMAS CLÁSSICOS DA GULLIVER**: FORTE APACHE, ZORRO, ÁFRICA MISTERIOSA E, EM HONRA DO SESQUICENTENÁRIO (EM 1972), INDEPENDÊNCIA OU MORTE.

Você se lembra?

Quando Emerson Fittipaldi foi campeão em 1972, as revistinhas Disney vinham com um pôster no qual ele era carregado em triunfo, com a taça na mão, por Mickey, Donald, Pateta etc. Na parte de baixo havia espaço para sete figurinhas de Fórmula 1 que viriam nas próximas edições. Eram Lotus, Ferrari, McLaren, Tyrrell, Brabham, Surtees e BRM (www.memorychips.com.br).

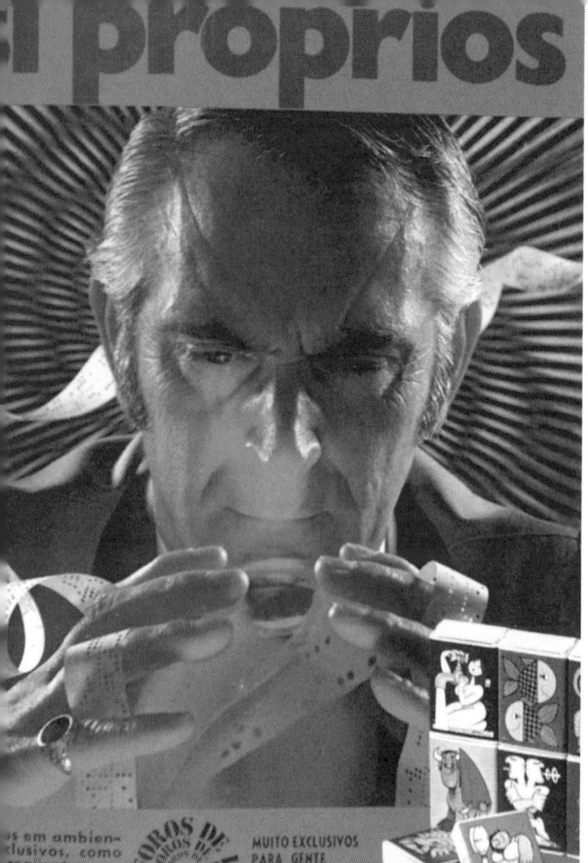

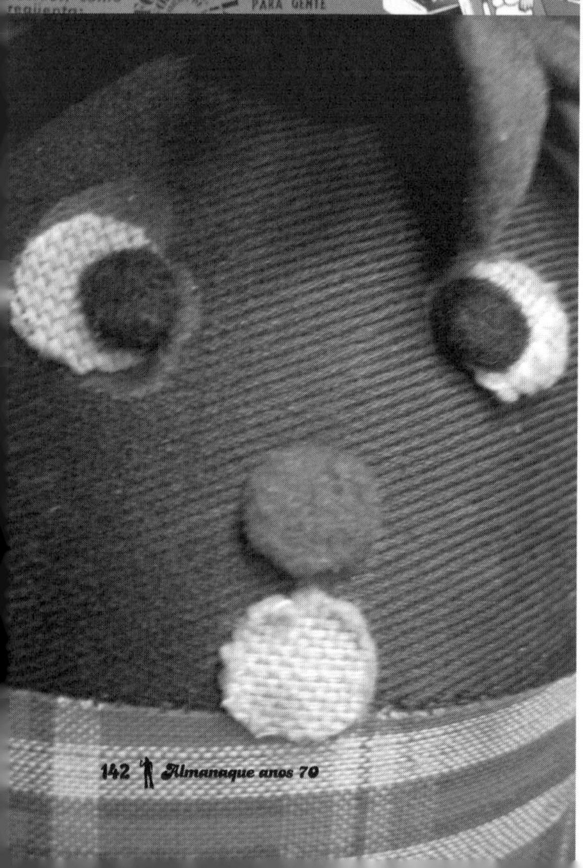

Manias e gadgets

A série de quadrinhos "Amar É..."

estréia em 1970. Criada pela neozelandesa Kim Casali a partir dos bilhetinhos açucarados que deixava para o futuro marido Roberto Casali, a série pega embalo na onda romântica provocada pelo filme *Love Story* e rapidamente se torna um sucesso como marca, em camisetas, chaveiros, cadernos etc.

Vitafor

O estimulante magnético. Um amuleto com poderes cura-tudo, usado por Nelson Ned e Christian Barnard.

Fósforos astrológicos

Lançados pela Fiat Lux em 1970, tinham caixinhas de papel *glossy* com desenhos dos 12 signos feitos por Ziraldo.

Mug

Na verdade uma criatura de 1966, esse boneco feio, de pernas cotós e saiote escocês foi lançado com o apoio de celebridades como Chico Buarque e Wilson Simonal. Mas ainda estava na moda no começo da década. Tinha três tamanhos: grande, médio e pequeno.

Carrinhos de monstro

A Turma do Rat Fink, criada nos anos 60, na Califórnia, por Ed "Big Daddy" Roth entrou os 70 fazendo furor no Brasil, inclusive na galera desbum, que tinha especial carinho pelos olhos esbugalhados, vermelhos, da maioria dos personagens — monstrinhos variados mas bem-humorados que pilotavam carros e motos envenenadas.

Proto-spa: Bel Linha, o "massageador elétrico projetado de acordo com os princípios da fisioterapia". Seus efeitos "nada têm de sobrenatural", mas "são resultados científicos". Em 1974 o visagista Menezes cria, no Rio, "o primeiro consultório estético do país", que ele chama de Centro de Orientação Geral para a Mulher. A casa oferece cursos pessoais de maquiagem e estilo, tratamentos para pele, cabelos e corpo ("aplicações de forno de Bier e massagens elétricas").

Lugares da moda

Rua Augusta

São Paulo, ancorada pela recém-inaugurada loja de discos Hi Fi, fonte segura dos últimos lançamentos internacionais.

Boates Ton-Ton

São Paulo; Le Bateau (com os proto DJs Messiê Limá e Ademir) e Pujol (*pocket shows* de Miele e Number One), Rio de Janeiro.

Você se lembra?

Um lugar da moda com estilo próprio era a boate Cafona's, em Copacabana. Madame Satã era a estrela, e, em 1971, o show Quanto Mais Cafona Melhor, com Jararaca e Ratinho, fez o maior sucesso.

Restaurante Helsingor

Na Garcia D'Ávila, 77, Ipanema, em frente ao Bob's, lançando os sanduíches abertos e aquavit.

O "novo" Zeppelin

Que vendia revistas, discos, objetos de arte e era, segundo o Jornal de Amenidades de Tarso de Castro, "um dos pontos do *young power* de Ipanema".

Fliperamas

Ainda eram estritamente de pinball, e a maioria das máquinas era de uma empresa chamada Orixá. No Rio, o Superfliper de Ipanema era o point.

LUGARES DESBUNDADOS

Qualquer lugar que não fosse o Brasil. Ia-se de navio cargueiro, motocicleta, carona ou até mesmo de avião, em grupo ou juntando dinheiro pacientemente, por alguns anos.

> "Pretendo viajar com destino a Berlim, Bankok, Karachi, Índia, Japão, Honolulu; São Francisco e Nova York. As pessoas que desejarem participar desta trip deverão procurar Tarcílio de Souza Barros, av. Rebouças, 1480, ap 142-A. Informamos que desejamos apenas two boys and two girls para a viagem, conveniente saber inglês. Não faremos excursão apenas na sola. Saída deverá ser em outubro (SP)." (Rolling Stone, 12 de setembro de 1972)

No Brasil, em primeiro lugar, Bahia — santificada pela re-presença de Caetano Veloso e Gilberto Gil. Na Bahia, Itapoã, Trancoso e sobretudo Arembepe, a coisa mais próxima de Goa que esta outra ex-colônia portuguesa experimentou. Ou, nas palavras de Chacal (em *Posto Nove*, Relume Dumará): "o caminho de São Thiago dos desbundados", que incluía o Carnaval em Salvador, seguido de peregrinação a Itapoã e Arembepe. "Lá, vivendo em cabanas de pescadores entre o mar azul e a lagoa verde, dentro de uma paisagem idílica e selvagem, jovens rebeldes fugidos da cidade viviam com simplicidade e liberdade, comendo frutas e peixe frito, tocando violão, namorando, fumando maconha, viajando de ácido e conversando, conversando, conversando enquanto o tempo parecia não passar." (Nelson Motta em *Noites Tropicais*, Objetiva)
Além da Bahia, Rio de Janeiro, que tinha mar, sol, verde e espaços abertos. Áreas verdes cariocas segundo a *Rolling Stone*, Guia, 29 de dezembro de 1972:

> PARQUE LAJE (*SIC*): **verde a granel, num bosque de sonhos chapantes. Instituto de Belas Artes, lagos e som de pássaros. Bons fluidos e ótimo para se curtir.**
> JARDIM BOTÂNICO: **todas as plantas que vocês ousam imaginar, exposição permanente de orquídeas. Lugar ideal para uma fugida da poluição, o som fica também por conta dos pássaros.**
> FLORESTA DA TIJUCA: **cascatas sem cascatas e açudes, floresta mesmo, lugar ideal para piqueniques e sonhos coloridos.**
> QUINTA DA BOA VISTA: **ex-toca de Pedro I e Pedro II. Museu Nacional (com múmia egípcia e tudo) e até Zoo com a bicharada toda.**
> PARQUE DA CIDADE: **bosques, jardins, lagos incríveis, atmosfera inglesa (*if you want it*).**

"E assim como o desfile das escolas e o baile do Municipal são grandes atrações para o turista careta, o Píer e Arembepe são as grandes ligações do "turista" freak internacional que já colocou o Rio e a Bahia no seu roteiro de fim de ano, concorrendo palmo a palmo com Benares, Katmandu, Mikonos, Goa e Afeganistão, outros buracos já há algum tempo presentes no calendário de fim de ano dos coiotes do planeta."

(Rolling Stone, 12 de dezembro de 1972)

“Quem disse que nós não temos o nosso Hyde Park? O parque da cidade taí mesmo com suas montanhas de grama maravilhosa. Só não curte quem não quer – ou pior – não tem tempo.”

(PRESENÇA, número 2, setembro de 1971)

Na noite

Adega Pérola, exatamente em frente ao complexo da Siqueira Campos em Copacabana e aberta até quatro da manhã. Braseiro, na Farme de Amoedo, farto e espetacularmente barato.

Para a tribo do artesanato

As nascentes feiras hippies: Ipanema, praça General Osório, e São Paulo, praça da República.

Para a tribo do surfe

Saquarema, Maresias, Itaúna, Imbinhorara (Ceará), Macumba, Praia Grande/ Ubatuba.

Para o melhor vinil

No Rio, Modern Sound, que era um verdadeiro templo, a ser abordado com grande respeito e suficientes recursos; em São Paulo, a Hi-Fi, que sempre parecia receber as primeiras coisas “lá de fora”.

Para o cinema

Cinema Paissandu, Cinemateca do MAM.

Para livros, revistas e jornais importados

A banca do Black John na Frágil, Ipanema; o Hippie Center em Ipanema onde se “pode comprar artigos importados, artesanato brasileiro, pôsteres, mil bagulhos” (anúncio no *Jornal de Amenidades*, 1971); Rito, no segundo andar do shopping Siqueira Campos, Copacabana, “do grupo Ralé, que fazia artesanato na feira hippie” e que tinha “as coisas mais loucas num cenário especial, os restos do cenário da peça Cemitério de automóveis” (*Jornal de Amenidades*, 1971); a banca da praça General Osório, que ficava na loja da frente de uma longa galeria cor-de-rosa onde também havia uma quitanda e uma loja de artigos de umbanda.

Fontes de saber

INSTITUTO VILLA-LOBOS, RIO, **O PRÉDIO DA ANTIGA UNE**, CAPITANEADO POR REGINALDO CARVALHO; CELEIRO DE BOA PARTE DAS BANDAS DA CIDADE ::: **ECO — ESCOLA DE COMUNICAÇÃO DA UFRJ** (PROFESSORES: HELOISA BUARQUE DE HOLLANDA, CACASO, ABEL SILVA) ::: **ECA/SÃO PAULO** (PROFESSORES: MAURICE CAPOVILLA, PAULO EMÍLIO SALLES GOMES, JEAN-CLAUDE BERNARDET).

OS PALCOS DA CENA ROCK NA ZONA SUL DO RIO ::: TOCA DO ROCK/CACHIMBO DA PAZ (QUE FICAVA NO SUBSOLO DO CINEMA PAX, EM FRENTE À PRAÇA NOSSA SENHORA DA PAZ, EM IPANEMA) ::: **CINE PIRAJÁ** ::: **TEATRO FONTE DA SAUDADE** ::: **TEATRO OPINIÃO** ::: **TEATRO TERESA RAQUEL** — O TERESÃO (NO MESMO SHOPPING DE COPACABANA ONDE FICAVA O LIXÃO) ::: **TEATRO DA PRAIA** (NA FRONTEIRA ENTRE COPA E IPA, EMBAIXO DE UM GIGANTESCO PRÉDIO RESIDENCIAL QUE SERVIA DE ABRIGO A VÁRIAS ESTRELAS E TRANSAS DO UNDER CARIOCA) ::: **TEATRO DA LAGOA** (DE RICARDO AMARAL, COM A LANCHONETE DRUGSTORE DO LADO DE FORA) ::: GINÁ**SIO DA PUC**
OS PALCOS DA CENA ROCK NA ZONA NORTE/OESTE DO RIO::: MARABU TÊNIS CLUBE ::: **PIEDADE** ::: **BANGU ATLÉTICO CLUBE** ::: **CASSINO BANGU** ::: **GRAJAÚ TÊNIS CLUBE** ::: **TIJUCA TÊNIS CLUBE**

"Em São Paulo os fins de semana só acontecem se você se mandar para o Círculo Militar, no Ibirapuera. O Konfas, Hot Rock, Distorção Neurótica, Made in Brazil e Mona lascando um som superlegal. Quatro mil pessoas chapadas a cada noite." (Notas Ligadas, ROLLING STONE, 30 de maio de 1972)

EM BELO HORIZONTE ::: A CENA SE CONCENTRAVA NO **BAR SALOON**, DE DONA CLÉLIA, UMA DAS SEDES DO CLUBE DA ESQUINA: FLAVIO VENTURINI, BETO GUEDES, WAGNER TISO, LÔ E MÁRCIO BORGES E, É CLARO, MILTON NASCIMENTO.

Enquanto isso, em 1973, David Bowie...

ALADDIN SANE. O FAMOSO CABELO CURTO E ESPETADO NA FRENTE... BOWIE VIAJA NO EXPRESS TRANSIBERIANO PARA O JAPÃO E, ENCANTADO COM O PAÍS, COMPRA DÚZIAS DE QUIMONOS E MAQUIAGEM KABUKI.

Viajando na maionese: um guia desbundado das lanchonetes do Rio

(OS ELEMENTOS EM ASPAS SÃO DO JORNAL *PRESENÇA*, NÚMERO 2, SETEMBRO DE 1971)

Rick

Pertencia a Ricardo e Gisela Amaral e ficava na Ataulfo de Paiva em frente à Praça Antero de Quental, onde hoje é uma agência dos correios. Ficava aberta até as duas horas, era "moderna", tinha refrigerante de máquina, tortas brotinho de vários sabores e crepes, que, como se viu, eram tiro certo na larica. "Tem pintado muita sujeira ultimamente, não no lugar mas no ar."

Chaplin

Visconde de Pirajá, Ipanema, quase esquina da Farme de Amoedo. A proximidade do Píer, da praça General Osório, do cinema Pirajá e da butique Frágil colocava esta simpática lanchonete bem no coração do País Desbum. Transações variadas se operavam em seus bancos de tijolo vermelho. "Destaque para sanduíche de siri e peito de frango. Vibrações boas, aberto até duas da manhã."

Bob's

Ipanema, Copacabana, Largo do Machado, Centro, Tijuca. A mais antiga das lanchonetes, em atividade desde os anos 50, era um porto seguro. "Cardápio sem inovações mas sempre bem-vindo. Atrai pelas vibrações permanentemente tranqüilas."

Gordon

A das legendárias panquecas e do submarino, o sanduíche verde. Tinha uma no Leblon, outra na praça General Osório, esquina da Jangadeiros, e uma na avenida Copacabana em frente à Galeria Menescal. "Vibrações esquisitíssimas."

Uma ponte para o infinito: O Píer

Construído no final de 1970 na praia de Ipanema, entre as ruas Montenegro (atual Vinicius de Moraes) e a Farme de Amoedo, para servir de apoio ao emissário submarino de esgoto, destinado a levar os dejetos da zona sul do Rio para alto-mar, demolido a dinamite em 1974 com a conclusão da obra. Os surfistas foram os primeiros a descobrir dois interessantes efeitos colaterais da obra: ao alterar o fundo do oceano, as ondas haviam se tornado excepcionalmente diferentes; e o canteiro de obras, com suas dunas, garantia privacidade quase total. "Ali existia uma cerca e as dunas logo atrás", o pioneiro Cauli lembrou numa entrevista ao site SurfReporter.com.br. "Era impossível passar, apenas os surfistas entravam pelo outro lado, remando pela água."

Não necessariamente. Em breve formaram-se duas comunidades distintas e nem sempre em perfeitos termos de coexistência: a tribo surfista, do lado direito (conhecido como Backdoor) e a galera desbundada do lado esquerdo, as Dunas do Barato ou da Gal.

"Tudo era underground. Tudo era à socapa. As grandes cabeleiras serviam para nos identificar. Todos eram iguais em seu pêlo e seu bronze. Às vezes rolava no Píer um quiproquó da galera com os surfistas, donos do pedaço, raça pura de Ipanema. Mas logo rodava um e a paz voltava."

(Chacal em Posto Nove, Relume Dumará).

"Todo mundo ficava de pé. Impressionante! Parecia uma tribo de zulus! Em pé, conversando, sem parar. A cada onda que estourava a gente bolava um novo espetáculo." (José Simão, revista O CARIOCA, número 3, 1996).

"Na praia, revendo amigos enquanto chego de breve *tournée* por outros cafundós. Rápido: pra poder pegar a praia. Praia? Ipanema, sim senhor. O mar etc., enquanto chega o poeta Sailormoon e vamos descendo a duna."

(Torquato Neto, coluna "Geléia Geral", ÚLTIMA HORA, segunda-feira, 3 de janeiro de 1972)

"Tá pintando muito careta de uns tempos para cá – hoje até gringo pinta aqui."

(Um local à revista MANCHETE, 26 de outubro de 1974)

"Deviam continuar até aquela ilha lá na frente. Não tem essa de dinamitar."

(Um local à revista MANCHETE, 26 de outubro de 1974)

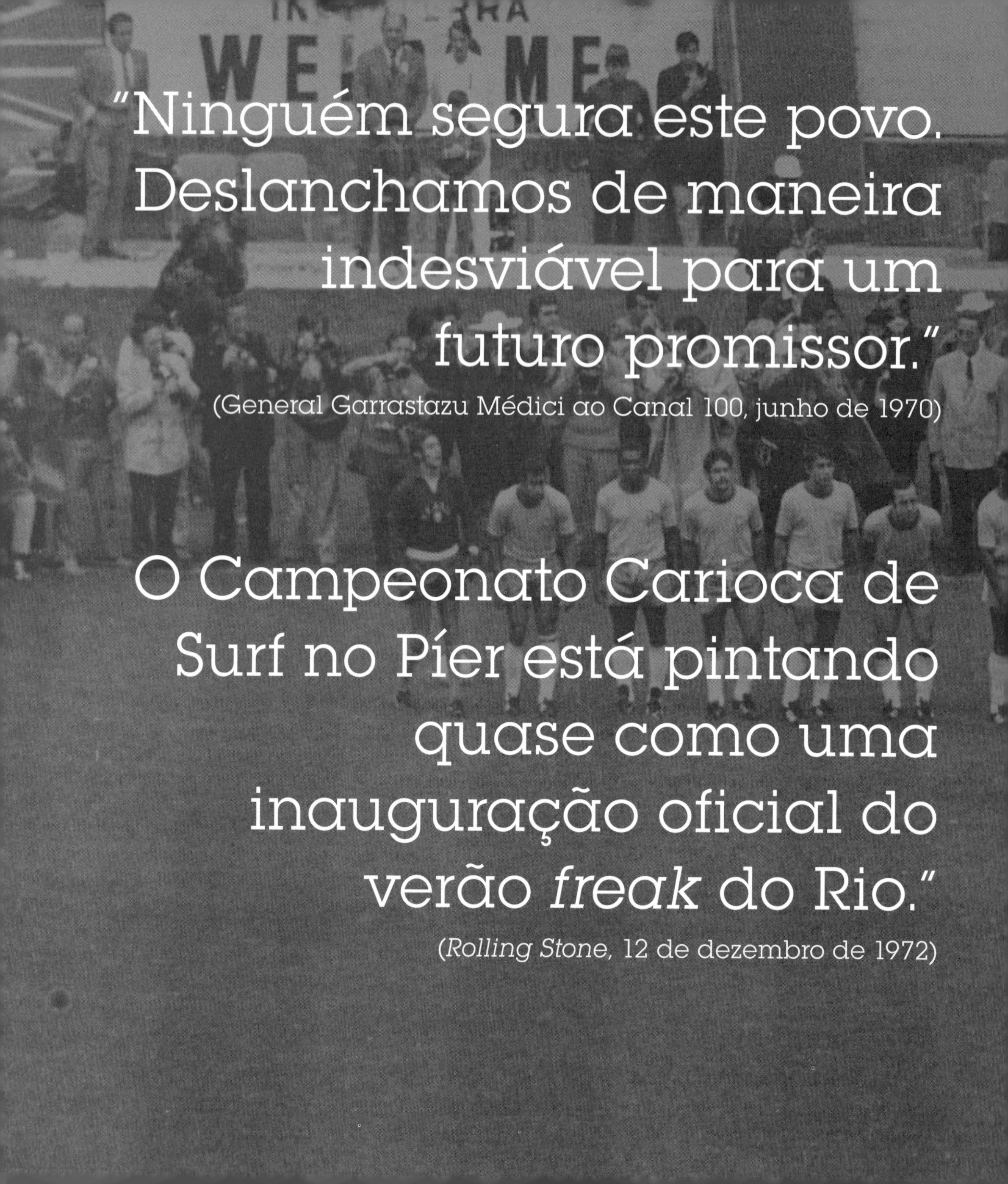

"Ninguém segura este povo. Deslanchamos de maneira indesviável para um futuro promissor."

(General Garrastazu Médici ao Canal 100, junho de 1970)

O Campeonato Carioca de Surf no Píer está pintando quase como uma inauguração oficial do verão *freak* do Rio."

(*Rolling Stone*, 12 de dezembro de 1972)

ESPORTE 1970-1974

COPAS

IX Copa do Mundo, México

31 DE MAIO A 21 DE JUNHO DE 1970

O TEMA: PRA FRENTE BRASIL

A DELEGAÇÃO ::: **SUPERVISOR** CLÁUDIO COUTINHO ::: **TÉCNICO** MÁRIO JORGE LOBO ZAGALLO ::: **MÉDICOS** LÍDIO TOLEDO E MAURO POMPEU ::: **PREPARADORES FÍSICOS** ADMILDO CHIROL E CARLOS ALBERTO PARREIRA ::: **MASSAGISTAS** MÁRIO AMÉRICO E NOCAUTE JACK.

OS JOGADORES ::: 1 **FÉLIX** (FLUMINENSE) ::: 2 **BRITO** (FLAMENGO) ::: 3 **PIAZZA** (CRUZEIRO) ::: 4 **CARLOS ALBERTO** (SANTOS) ::: 5 **CLODOALDO** (SANTOS) ::: 6 **MARCO ANTONIO** (FLUMINENSE) ::: 7 **JAIRZINHO** (BOTAFOGO) ::: 8 **GERSON** (SÃO PAULO) ::: 9 **TOSTÃO** (CRUZEIRO) ::: 10 **PELÉ** (SANTOS) ::: 11 **RIVELINO** (CORINTHIANS) ::: 12 **ADO** (CORINTHIANS) ::: 13 **ROBERTO** (BOTAFOGO) ::: 14 **BALDOCCHI** (PALMEIRAS) ::: 15 **FONTANA** (CRUZEIRO) ::: 16 **EVERALDO** (GRÊMIO) ::: 17 **JOEL** (SANTOS) ::: 18 **PAULO CÉSAR** (BOTAFOGO) ::: 19 **EDU** (SANTOS) ::: 20 **DARIO** (ATLÉTICO MG) ::: 21 **ZÉ MARIA** (PORTUGUESA) ::: 22 **LEÃO** (PALMEIRAS)

A CHAVE DO BRASIL ::: GRUPO 3, ESTÁDIO JALISCO, GUADALAJARA, MÉXICO ::: INGLATERRA ::: ROMÊNIA ::: TCHECOSLOVÁQUIA

Resultados gerais:

GRUPO 1 ::: MÉXICO 0 X 0 URSS ::: BÉLGICA 3 X 0 EL SALVADOR ::: URSS 4 X 1 BÉLGICA ::: MÉXICO 4 X 0 EL SALVADOR ::: URSS 2 X 0 EL SALVADOR ::: MÉXICO 1 X 0 BÉLGICA

GRUPO 2 ::: URUGUAI 2 X 0 ISRAEL ::: ITÁLIA 1 X 0 SUÉCIA ::: URUGUAI 0 X 0 ITÁLIA ::: SUÉCIA 1 X 1 ISRAEL ::: SUÉCIA 1 X 0 URUGUAI ::: ITÁLIA 0 X 0 ISRAEL

GRUPO 3 ::: INGLATERRA 1 X 0 ROMÊNIA ::: BRASIL 4 X 1 TCHECOSLOVÁQUIA ::: ROMÊNIA 2 X 1 TCHECOSLOVÁQUIA ::: BRASIL 1 X 0 INGLATERRA ::: BRASIL 3 X 2 ROMÊNIA ::: INGLATERRA 1 X 0 TCHECOSLOVÁQUIA

GRUPO 4 ::: PERU 3 X 2 BULGÁRIA ::: ALEMANHA OCIDENTAL 2 X 1 MARROCOS ::: PERU 3 X 0 MARROCOS ::: ALEMANHA OCIDENTAL 5 X 2 BULGÁRIA ::: ALEMANHA OCIDENTAL 3 X 1 PERU ::: BULGÁRIA 1 X 1 MARROCOS

QUARTAS-DE-FINAL ::: BRASIL 4 X 2 PERU ::: ALEMANHA OCIDENTAL 3 X 2 INGLATERRA ::: URUGUAI 1 X 0 URSS ::: ITÁLIA 4 X 1 MÉXICO

SEMIFINAIS ::: BRASIL 3 X 1 URUGUAI ::: ITÁLIA 4 X 3 ALEMANHA OCIDENTAL

DISPUTA PELO TERCEIRO LUGAR ::: ALEMANHA OCIDENTAL 1 X 0 URUGUAI

FINAL ::: BRASIL 4 X 1 ITÁLIA

A campanha do Brasil

ELIMINATÓRIAS ::: BRASIL 2 X 0 COLÔMBIA (BOGOTÁ). GOLS: TOSTÃO ::: BRASIL 5 X 0 VENEZUELA (CARACAS). GOLS: TOSTÃO (3) E PELÉ (2) ::: BRASIL 3 X 0 PARAGUAI (ASSUNÇÃO). GOLS: MENDOZA (CONTRA), JAIRZINHO E EDU ::: BRASIL 6 X 2 COLÔMBIA (RIO). GOLS: TOSTÃO (2), EDU, PELÉ, RIVELINO E JAIRZINHO ::: BRASIL 6 X 0 VENEZUELA (RIO). GOLS: TOSTÃO (3), PELÉ (2) E JAIRZINHO ::: BRASIL 1 X 0 PARAGUAI (RIO). GOL: PELÉ

PRIMEIRA FASE (ESTÁDIO JALISCO, GUADALAJARA) ::: BRASIL 4 X 1 TCHECOSLOVÁQUIA. GOLS: JAIRZINHO (2), RIVELINO E PELÉ. 3/6/1970 ::: BRASIL 1 X 0 INGLATERRA. GOL: JAIRZINHO. 7 DE JUNHO DE 1970 ::: BRASIL 3 X 2 ROMÊNIA. GOLS: PELÉ (2) E JAIRZINHO

QUARTAS-DE-FINAL (ESTÁDIO JALISCO, GUADALAJARA) ::: BRASIL 4 X 2 PERU. GOLS: TOSTÃO (2), RIVELINO E JAIRZINHO

SEMIFINAL (ESTÁDIO JALISCO, GUADALAJARA) ::: BRASIL 3 X 1 URUGUAI. GOLS: CLODOALDO, RIVELINO E JAIRZINHO

FINAL (ESTÁDIO AZTECA, CIDADE DO MÉXICO) ::: BRASIL 4 X 1 ITÁLIA. GOLS: PELÉ, GERSON, JAIRZINHO E CARLOS ALBERTO

Como se jogou

A desorganização que imperou em 1966 serviu de lição à Confederação Brasileira de Desportos. Para a campanha do México, a CBD traçou um plano eficiente. A rigidez do regime militar que governava o Brasil foi levada para a seleção brasileira. O comando da delegação foi entregue ao major-brigadeiro Jerônimo Bastos, que tinha um major do Exército como seu principal assistente. Na comissão técnica havia mais militares. O supervisor era o capitão do Exército Cláudio Coutinho e um dos preparadores físicos era o também capitão Carlos Alberto Parreira.

COMUNISTA NO COMANDO

Curiosamente, o comando técnico ficou a cargo do jornalista e ex-técnico do Botafogo, João Saldanha, notório simpatizante do extinto Partido Comunista. Saldanha convocou o que havia de melhor no futebol brasileiro e seu time foi apelidado de "as Feras do Saldanha". O Brasil não teve dificuldade em se classificar. A dupla de frente Pelé-Tostão aterrorizou as defesas de Colômbia, Venezuela e Paraguai e as goleadas se sucederam. Foram 23 gols marcados em 6 jogos. Na fase de amistosos, porém, João Saldanha comprou uma briga com a imprensa e os torcedores, dizendo que Pelé tinha um problema na vista e não tinha condição de jogo. A torcida não queria saber, preferia Pelé no time, mesmo que com tapa-olho.

MÉDICI

Saldanha acabou sendo demitido do comando da seleção ao resistir a uma tentativa de interferência feita pelo então presidente da República, o general Emílio Garrastazu Médici, um torcedor fanático. Médici tentou impor a convocação do atacante Dario, do Atlético Mineiro. Saldanha teria respondido: "Eu não opino na escolha do seu ministério, portanto não aceito que o senhor dê palpites no meu time". A sessenta dias do início da Copa, o ex-jogador bicampeão em 58 e 62, Zagallo, foi convidado para substituir Saldanha. Coincidência ou não, Dario, o preferido do presidente Médici, acabou convocado. Zagallo aproveitou a base do excelente time armado por Saldanha e fez algumas modificações fundamentais, como a escalação do meio-de-campo Wilson Piazza, do Cruzeiro, na quarta-zaga ao lado de Brito, e de Rivelino, o fabuloso craque do Corinthians, na ponta-esquerda, no lugar do driblador Edu. Dois meses antes de a Copa começar, o Brasil foi o primeiro time a chegar ao México, instalando-se na cidade de Guanajuato para se aclimatar à altitude de mais de 2 mil metros.

CAMPANHA

A seleção ficou no grupo 3, o mais forte de todos, ao lado da fortíssima Tchecoslováquia, da Romênia e da então campeã do mundo, Inglaterra. A seleção estreou em 3 de junho, no estádio Jalisco, em Guadalajara, contra a Tchecoslováquia. Logo aos 12 minutos, o tcheco Petras aproveitou uma indecisão da zaga brasileira e abriu o placar. Antes do final do primeiro tempo, o Brasil empatou com um gol de Rivelino. Uma "bomba" numa cobrança de falta na entrada da área. No segundo tempo, Pelé e Jairzinho aproveitaram lançamentos precisos de Gerson para colocar 3 X 1 no placar. No final, Jairzinho deixou quatro tchecos caídos e empurrou a bola no canto direito do goleiro Viktor para fazer Brasil 4 X 1. Neste jogo, Pelé quase faz um dos mais belos gols de sua carreira. Percebendo que o goleiro tcheco estava adiantado, Pelé chutou forte, ainda do campo brasileiro. O estádio se divertiu vendo a bola encobrir o desesperado Viktor que corria de volta para o gol. A bola passou a um palmo da trave indo caprichosamente para fora. No segundo jogo o Brasil enfrentaria os atuais campeões mundiais. Naquele que foi considerado o melhor jogo da Copa, o Brasil venceu a Inglaterra por 1 X 0, com um gol de Jairzinho. Neste jogo, o goleiro inglês, Gordon Banks, faria uma defesa incrível, salvando uma cabeçada certeira de Pelé. Muitos a consideram a maior defesa de todos os tempos. No terceiro jogo, contra a Romênia, o time brasileiro entrou confiante e, sem perder o comando da partida, venceu por 3 X 2, com dois gols de Pelé e um de Jairzinho.

O PERU DE DIDI

Nas quartas-de-final, o Brasil pegou pela frente o excelente time do Peru, treinado pelo ex-jogador brasileiro Didi. No Peru brilhavam o ótimo zagueiro Chumpitaz, os meio-campistas Perico Leon e Cubillas, e o veloz ponta-esquerda Gallardo, que jogava no Palmeiras de São Paulo. No final de um jogo duríssimo, vitória brasileira por 4 X 2, gols de Tostão, Rivelino e dois de Jairzinho. Gallardo e Cubillas descontaram para o Peru. Para felicidade da seleção brasileira, a semifinal seria disputada no mesmo estádio Jalisco. A maioria dos habitantes de Guadalajara torcia para o Brasil, o que fazia os jogadores se sentirem em casa. O adversário do Brasil seria o Uruguai. Este seria o primeiro jogo entre os dois times em Copas do Mundo, desde a fatídica final de 1950. O Uruguai abriu o placar com um gol de Cubilla, aproveitando uma falha do goleiro Félix e do zagueiro Brito, sinal do nervosismo da defesa brasileira. Pouco antes do final do primeiro tempo, o meio-campo Clodoaldo empatou a partida. No segundo tempo o predomínio do Brasil foi total. Um gol de Jairzinho e outro de Rivelino fecharam o placar da partida, que foi marcada por um show de Pelé, que deixou a defesa uruguaia tonta com jogadas fenomenais.

FINAL

Na outra semifinal, a Itália venceu a Alemanha na prorrogação por 4 X 3, depois de um empate em 1 X 1 no tempo normal. No dia 21 de junho, Brasil e Itália, dois bicampeões mundiais, entravam no estádio Azteca para decidir quem ficaria de posse definitiva da taça Jules Rimet. Ainda no primeiro tempo, Pelé abriu o placar de cabeça. Uma falha de Clodoaldo provocou uma sucessão de erros da defesa, deixando a bola livre nos pés do italiano Boninsegna que completou para o gol vazio. A superioridade do Brasil era evidente e, no segundo tempo, os gols foram surgindo. Gerson fez 2 X 1 aos 20 minutos num chute forte cruzado a meia altura, colocado no canto esquerdo do goleiro Albertosi. Aos 32, Gerson fez um lançamento preciso do meio de campo, colocando a bola na cabeça de Pelé, dentro da área. Pelé tocou para a finalização atabalhoada de Jairzinho. Jair passaria para a história das Copas por ter marcado em todos os jogos do Brasil no torneio. Para completar a festa brasileira, aos 42 minutos, o capitão Carlos Alberto completava para o fundo da rede italiana um passe de Pelé. Os italianos foram derrotados por um dos melhores times de todos os tempos, consagrado por imprensa e torcedores de todo o mundo. Depois da final, o técnico da equipe da Tchecoslováquia, que tinha sido muito criticado pela derrota para o Brasil na estréia disse: "Agora o mundo compreende a razão de termos perdido de quatro a um. Ninguém vence esse time do Brasil". Após a festa e a invasão do gramado pela torcida, o capitão Carlos Alberto levantou a taça Jules Rimet, que seria levada em definitivo para o Brasil.

INOVAÇÕES

A FIFA CRIARIA UM NOVO TROFÉU PARA PREMIAR O CAMPEÃO. LAMENTAVELMENTE, A TAÇA JULES RIMET ORIGINAL SERIA ROUBADA DA SEDE DA CBD NO RIO DE JANEIRO, E O OURO, PROVAVELMENTE, DERRETIDO PELOS LADRÕES ::: A COPA DE 70 FOI A PRIMEIRA A SER TRANSMITIDA PELA TV VIA SATÉLITE, MARCANDO, ASSIM, A COMERCIALIZAÇÃO MACIÇA DO TORNEIO ::: FOI TAMBÉM NA COPA DE 70 QUE A FIFA INTRODUZIU OS CARTÕES VERMELHO E AMARELO PARA ADVERTIR OS JOGADORES FALTOSOS. CURIOSAMENTE, NÃO HOUVE EXPULSÃO DE JOGADORES DURANTE A COMPETIÇÃO ::: PELA PRIMEIRA VEZ SERIAM PERMITIDAS SUBSTITUIÇÕES DE JOGADORES DURANTE OS JOGOS.

(RICARDO ACAMPORA — ESTE ARTIGO FOI PUBLICADO NO SITE DE NOTÍCIAS DA BBC BRASIL: WWW.BBCBRASIL.COM)

Pra Frente Brasil

(Miguel Gustavo)

Noventa milhões em ação
Pra frente Brasil do meu coração
Todos juntos vamos
Pra frente Brasil, Brasil
Salve a seleção

De repente é aquela corrente pra frente...
Parece que todo o Brasil deu a mão
Todos ligados na mesma emoção,
tudo é um só coração
Todos juntos vamos
Pra frente Brasil, Brasil
Salve a seleção

"Fiz a melodia e o Miguel Gustavo, a letra. Só que ninguém registrou no meu nome. Fiz por fazer, num estúdio no Bairro Peixoto (Rio de Janeiro). Ele estava sem voz e ficou assobiando. Compus a introdução, ele fez um sinal de positivo, pois se encaixou perfeitamente, e seguimos em frente. (...) Gravamos com a orquestra da Rádio Globo e eu era um dos trombonistas, mas ninguém sabia que eu era o autor. Não quis processar ninguém. Não sou brigão. Preferi deixar pra lá."

(O trombonista e compositor Raul de Souza ao JORNAL DO BRASIL, 30 de setembro de 2002)

Algumas histórias

FUTEBOL E METRANCA

Um dia depois da vitória contra a Romênia, militantes ligados à Aliança Libertadora Nacional (ALN) seqüestraram, no Rio de Janeiro, o embaixador alemão Ehrenfried Von Holleben. A ação aconteceu no dia 11 de junho. Cinco dias depois, véspera da semifinal entre Brasil e Uruguai, o diplomata foi libertado em troca de quarenta presos políticos que seguiram para a Argélia. Em seu cativeiro no bairro de Santa Teresa, o diplomata não só discutiu política com seus seqüestradores como lhes acompanhou na audição de vários jogos da Copa num rádio de pilha — entre eles, a partida em que a Alemanha venceu a Inglaterra por 3 X 2 e o jogo entre Brasil e Peru. **(FELIPE ARAÚJO IN NOOLHAR.COM)**

TORCER OU NÃO TORCER, EIS A QUESTÃO

No coração dos engajados, dos mais críticos e da turma do underground, torcer representava compactuar com "isso que está aí", um sentimento ainda mais plausível diante do desapontamento da Copa de 66 — a sensação era a de uma enorme armação política em cima de um futebol medíocre. Com a brilhante campanha da fase de classificação, a segunda parte do argumento começou a ficar seriamente abalada. Seguiram-se longas, acaloradas, às vezes violentas discussões nos bares e *campi* universitários, entre o que o intelecto engajado aconselhava e o que o coração, encantado com tanta beleza, exigia.

Um dia, sumiu o relógio do jogador e este passou a acusar profissionais de imprensa que cercavam o hotel em Guadalajara, cidade-sede do Brasil no México. No disse-me-disse da confusão, os jornalistas decidiram boicotá-lo. Com a seqüência de gols por partida, Jairzinho passou a ser um dos mais procurados pela imprensa. Ficou impossível esconder o feito do "Furacão". Depois se descobriu que ele mesmo havia perdido o relógio. (Cláudio Ribeiro em NoOlhar.com)

Tostão derramou lágrimas em campo durante os últimos 20 minutos da final contra o Itália. E, emocionado, o ainda garoto Rivelino foi à lona: desmaiou logo após o apito do juiz e a invasão da fanática e apaixonada torcida mexicana ao gramado do estádio Azteca para despir os jogadores brasileiros, na tentativa de guardar alguma lembrança da conquista do Tri. (Felipe Araújo em NoOlhar.com)

Jairzinho é o único jogador na história de todas as Copas a, numa mesma edição de Mundial, fazer gols em todas as partidas e sair campeão. Foram sete gols em seis jogos: dois contra a Tchecoslováquia (4 X 1) e um a cada nova partida. Na seqüência, Inglaterra (1 X 0), Romênia (3 X 2), Peru (4 X 2), Uruguai (3 X 1) e a final contra a Itália (4 X 1). (Cláudio Ribeiro em NoOlhar.com)

Em Brasília, foram mais de cem mil pessoas saudando os campeões (maior aglomeração desde a inauguração da cidade). A Seleção, com a Jules Rimet, voou diretamente da Cidade do México para Brasília. A chegada foi explorada ao máximo para fins de propaganda. Na festa da vitória, Médici presenteou os jogadores com dinheiro, posou para os fotógrafos com a taça Jules Rimet nas mãos e fez embaixadas na frente das câmaras. Até uma Assessoria Especial de Relações Públicas (Aerp) chegou a ser criada para mudar a imagem do governo e cristalizar de vez junto à opinião pública a imagem de um país vitorioso, alavancando diversas campanhas que criavam o mito do "Brasil grande" que "vai para frente". Todos os jogadores principais da Copa de 70 foram usados como garotos-propaganda de alguma coisa. No mesmo mês, o governo militar anunciou ao país o projeto da estrada Transamazônica. (Felipe Araújo em NoOlhar.com)

O que se disse:

"Raríssimos acreditavam no Brasil. Um deles era o presidente, que me dizia: 'vamos ganhar, vamos ganhar'. Amigos, glória eterna aos tricampeões mundiais. Somos 90 milhões de brasileiros, de esporas e penachos, como os Dragões de Pedro Américo." (Nelson Rodrigues, O GLOBO, 22 de junho de 1970)

"Obrigado a vocês todos." (General Garrastazu Médici à seleção, junho de 1970)

"O cansaço não importa. Já posso dormir tranqüilo, porque a Copa é definitivamente nossa." (Pelé, em Brasília, junho de 1970)

"(A Copa foi) um reino de lealdade humana exercida ao ar livre." (Antonio Gramsci)

"O último gol deve ser lembrado de pé: a bola passou por todo o Brasil, foi tocada pelos onze, e finalmente Pelé a entregou de bandeja, sem olhar, para que Carlos Alberto, que vinha como um tufão, arrematasse."
(Eduardo Galeano em FUTEBOL AO SOL E À SOMBRA)

"Agora o mundo compreende a razão de termos perdido de 4 x 1."

(técnico da equipe da Tchecoslováquia, comentando a final)

RECORDES E NOVIDADES ::: O ARTILHEIRO DA COPA DO MÉXICO FOI O ALEMÃO GERD MÜLLER, COM 10 GOLS. NO MUNDIAL SEGUINTE, JOGANDO EM CASA, ELE MARCARIA 4, TORNANDO-SE RECORDISTA DE GOLS DE TODA A HISTÓRIA DA COMPETIÇÃO ::: OS ITALIANOS CHEGARAM AO MUNDIAL COM UMA INOVAÇÃO TÁTICA, O *CATENACCIO*, ESQUEMA EM QUE A DEFESA GANHA MAIS JOGADORES, QUE EVENTUALMENTE PARTEM PARA O CONTRA-ATAQUE ::: EM 1986, O MÉXICO VOLTARIA A SER SEDE DE UMA COPA DO MUNDO — FOI O PRIMEIRO PAÍS A MERECER TAL DEFERÊNCIA ::: NADA MENOS QUE CINCO JOGADORES DA SELEÇÃO BRASILEIRA DE 70 ERAM CAMISAS 10 EM SEUS TIMES: RIVELINO (CORINTHIANS), GÉRSON (SÃO PAULO), PELÉ (SANTOS), JAIRZINHO (BOTAFOGO) E TOSTÃO (CRUZEIRO) ::: NUMA VOTAÇÃO FEITA ENTRE CINQÜENTA JOGADORES PELO JORNAL FRANCÊS *L'ÉQUIPE*, A PARTIDA ENTRE ITÁLIA E ALEMANHA NA COPA DO MÉXICO FOI ELEITA O JOGO DO SÉCULO.

Outros personagens

GIANNI RIVERA (18/8/1943) MILAN, ITÁLIA. MARCOU O TENTO DA VITÓRIA PARA A ITÁLIA NO 111º MINUTO — JÁ NA PRORROGAÇÃO — DA PARTIDA CONTRA A ALEMANHA, COLOCANDO SEU TIME NA FINAL COM O BRASIL.

FRANZ BECKENBAUER (11/9/1945) BAYERN, MUNIQUE, ALEMANHA. CONTUNDIDO NA PARTIDA COM A ITÁLIA, JOGOU COM UMA CLAVÍCULA QUEBRADA E O BRAÇO NA TIPÓIA.

GORDON BANKS (30/12/1937) CHESTERFIELD, GRÃ-BRETANHA. GOLEIRO DA SELEÇÃO BRITÂNICA, DEFENDEU UMA CABEÇADA À QUEIMA-ROUPA DE PELÉ, CONSIDERADA A DEFESA MAIS DIFÍCIL DE TODAS AS COPAS.

X Copa do Mundo, Alemanha

13 DE JUNHO A 7 DE JULHO 1974

O TEMA: A LARANJA MECÂNICA

A DELEGAÇÃO ::: CHEFE DA DELEGAÇÃO CORONEL ERIC TINOCO MARQUES ::: **SECRETÁRIO DA CHEFIA** MAJOR KLEBER CALDAS ::: **TÉCNICO** ZAGALLO ::: **CHEFE DA COMISSÃO TÉCNICA** ANTÔNIO DO PASSOS ::: **SUPERINTENDENTE** CARLOS ALBERTO CAVALHEIRO ::: **MÉDICOS** LÍDIO TOLEDO E MAURO POMPEU ::: **PREPARADORES FÍSICOS** ADEMILDO CHIROL, CLÁUDIO COUTINHO E CARLOS ALBERTO PARREIRA ::: **MASSAGISTAS** MÁRIO AMÉRICO E NOKAUTE JACK

OS JOGADORES ::: LEÃO ::: WALDIR PERES ::: RENATO ::: ZÉ MARIA ::: NELINHO ::: LUÍS PEREIRA ::: MARINHO PEREZ ::: WILSON PIAZZA ::: ALFREDO ::: MARINHO CHAGAS ::: MARCO ANTÔNIO ::: PAULO CÉSAR CARPEGGIANI ::: RIVELINO ::: ADEMIR DA GUIA ::: JAIRZINHO ::: VALDOMIRO ::: CÉSAR ::: MIRANDINHA ::: LEIVINHA ::: PAULO CÉSAR LIMA ::: EDU ::: DIRCEU

A campanha

GRUPO 1 ::: ALEMANHA OCIDENTAL 1 X 0 CHILE ::: ALEMANHA ORIENTAL 2 X 0 AUSTRÁLIA, HAMBURGO ::: CHILE 1 X 1 ALEMANHA ORIENTAL ::: ALEMANHA OCIDENTAL 3 X 0 AUSTRÁLIA ::: AUSTRÁLIA 0 X 0 CHILE ::: ALEMANHA ORIENTAL 1 X 0 ALEMANHA OCIDENTAL

GRUPO 2 ::: BRASIL 0 X 0 IUGOSLÁVIA ::: ESCÓCIA 2 X 0 ZAIRE ::: IUGOSLÁVIA 9 X 0 ZAIRE ::: ESCÓCIA 0 X 0 BRASIL ::: ESCÓCIA 1 X 1 IUGOSLÁVIA ::: BRASIL 3 X 0 ZAIRE. GOLS: JAIRZINHO NO PRIMEIRO TEMPO. RIVELINO E WALDOMIRO NO SEGUNDO TEMPO

GRUPO 3 ::: SUÉCIA 0 X 0 BULGÁRIA ::: HOLANDA 2 X 0 URUGUAI ::: HOLANDA 0 X 0 SUÉCIA ::: BULGÁRIA 1 X 1 URUGUAI ::: HOLANDA 4 X 1 BULGÁRIA ::: SUÉCIA 3 X 0 URUGUAI

GRUPO 4 ::: ITÁLIA 3 X 1 HAITI ::: POLÔNIA 3 X 2 ARGENTINA ::: POLÔNIA 7 X 0 HAITI ::: ARGENTINA 1 X 1 ITÁLIA :: ARGENTINA 4 X 1 HAITI ::: POLÔNIA 2 X 1 ITÁLIA

Fase final

GRUPO A ::: HOLANDA 4 X 0 ARGENTINA ::: BRASIL 1 X 0 ALEMANHA ORIENTAL. GOL DE JAIRZINHO NO SEGUNDO TEMPO ::: HOLANDA 2 X 0 ALEMANHA ORIENTAL ::: BRASIL 2 X 1 ARGENTINA. GOLS: RIVELINO, BRINDISI NO PRIMEIRO TEMPO E JAIRZINHO NO SEGUNDO TEMPO ::: HOLANDA 2 X 0 BRASIL. GOLS: NEESKENS E CRUYFF NO SEGUNDO TEMPO ::: ARGENTINA 1 X 1 ALEMANHA ORIENTAL

GRUPO B ::: ALEMANHA OCIDENTAL 2 X 0 IUGOSLÁVIA ::: POLÔNIA 1 X 0 SUÉCIA ::: ALEMANHA OCIDENTAL 4 X 2 SUÉCIA ::: POLÔNIA 2 X 1 IUGOSLÁVIA ::: SUÉCIA 2 X 1 IUGOSLÁVIA ::: ALEMANHA OCIDENTAL 1 X 0 POLÔNIA

DISPUTA PELO TERCEIRO LUGAR POLÔNIA 1 X 0 BRASIL. GOL DE LATO NO SEGUNDO TEMPO

FINAL ALEMANHA OCIDENTAL 2 X 1 HOLANDA. GOLS: NEESKENS. BREITNER E GERD MÜLLER NO PRIMEIRO TEMPO

Como se jogou

Em 1974, o brasileiro João Havelange substituiu o inglês Stanley Houss na presidência da Fifa. Havelange se tornaria o primeiro não-europeu a ocupar o cargo, que manteria por 24 anos. Na Alemanha, estava em disputa, pela primeira vez, a Taça do Mundo, um troféu de 37 centímetros de altura, em ouro maciço, obra do artista italiano Silvio Gazzaniga. A nova taça não seria mais retida em definitivo. Segundo determinação da Fifa, o campeão passaria a reter o troféu por 4 anos até a próxima Copa, quando então receberia em troca uma réplica. Para a Copa da Alemanha houve novo recorde de inscrições, com 94 países disputando as eliminatórias. Os ingleses, campeões do mundo em 66, também passavam por uma fase de renovação e não se classificaram.

BRASIL

Em 74, o futebol brasileiro se encontrava numa das chamadas fases de "entressafra", com o envelhecimento da geração tricampeã. O comando ficou com o técnico da campanha de 70, Mário Jorge Lobo Zagallo, que lamentava a perda dos craques: "O Gerson parou, perdemos o Carlos Alberto e o Clodoaldo, e o Pelé preferiu ficar de fora". O time brasileiro chegou à Alemanha mal preparado, com um futebol antiquado. Em entrevista concedida à BBC dois meses antes da Copa, Zagallo demonstrou total desconhecimento do novo futebol jogado pelos europeus. Desconhecia até a grande novidade da época: o "futebol-total", da Holanda, o "carrossel" treinado por Rhinus Michel. Sem Pelé, a camisa 10 da seleção foi entregue a Rivelino, que, com Jairzinho e Paulo César, formava a grande esperança da torcida brasileira. Entre as revelações, despontavam o goleiro Leão, do Palmeiras, e o lateral Marinho Chagas, do Botafogo.

ESTRÉIA

No dia 13 de julho, o Brasil estreou sem brilho contra a Iugoslávia, na partida de abertura do mundial. A trave e uma ótima atuação do goleiro Leão garantiram o 0 X 0. O Brasil não era mais o bicho-papão de 70. No segundo jogo da seleção brasileira, outro empate sem graça com a esforçada equipe da Escócia. Para se classificar, o Brasil precisava ganhar do Zaire por 3 X 0. Gols de Jairzinho, Rivelino e um de Valdomiro, ajudado por uma falha do goleiro adversário, asseguraram a passagem para a fase seguinte. O Brasil ficou no grupo A, com Alemanha Oriental, Argentina e a poderosa Holanda, que deslumbrava o mundo com um futebol coletivo, rápido e ágil, em que todos defendiam e atacavam em bloco, não dando chance ao adversário. No time holandês, as posições não eram fixas e as jogadas rápidas de contra-ataque eram praticamente fatais. Contra os alemães orientais, o Brasil continuou se arrastando. Um gol de falta de Rivelino garantiu a vitória magra. No jogo seguinte, contra a Argentina, o Brasil se apresentou bem melhor, com os jogadores nitidamente mais à vontade, por enfrentar um adversário sul-americano que também jogava um futebol ultrapassado, lento, incapaz de romper as defesas européias. Um gol de Jairzinho e outro de Rivelino contra um de Brindisi asseguraram a vitória brasileira por dois a um.

"LARANJA MECÂNICA"

O próximo adversário do Brasil, a Holanda, impressionava a todos. O time, comandado em campo pelo incrível Johan Cruyff — considerado o maior jogador do mundo no momento — contava com o talento do líbero Rud Krol, do meia Neeskens e dos pontas Rep e Resenbrink. A campanha dos dois times mostrava bem as diferenças entre as seleções do Brasil e da Holanda. Enquanto o Brasil tinha suado para se classificar e nos cinco primeiros jogos tinha vencido apenas três, marcando apenas 6 gols, os holandeses contabilizavam quatro vitórias e 12 gols. Surpreendentemente, o Brasil fez contra a Holanda o seu melhor jogo na Copa de 74 e, se Jairzinho e Paulo César não tivessem perdido gols fáceis, os brasileiros teriam deixado o campo no intervalo vencendo por 2 X 0. Segundo Jairzinho, os holandeses "tremeram diante da seleção brasileira e só no segundo tempo encontraram seu jogo". Um gol de Neeskens e outro de Cruyff, completando rápidos contra-ataques, foram suficientes para despachar o Brasil, fazendo justiça à melhor campanha da chamada "Laranja Mecânica". No final do jogo, o zagueiro brasileiro, Luís Pereira, foi expulso depois de atingir o holandês Neeskens com uma entrada desleal e escandalosa. Ao Brasil, restava a disputa do terceiro lugar contra a Polônia. Os holandeses seguiam para fazer a grande final contra a segunda melhor seleção de 74, a dona da casa, a Alemanha. Num jogo disputado em ritmo de treino, o Brasil perdeu de 1 X 0 para a Polônia, com um gol do ponta Lato, aproveitando um avanço do lateral Marinho. O Brasil perdia merecidamente o terceiro lugar para o eficiente time polonês.

FINAL

No dia 7 de julho, a seleção holandesa pisou o gramado do estádio Olímpico, em Munique, como grande favorita, para fazer a primeira final de uma Copa do Mundo na sua história. Mas o time alemão era igualmente respeitável, com o eficiente goleiro Sepp Mayer, o lateral Paul Breitner e o capitão Franz Beckembauer, os meio-campistas Bonhof e Overath, e o eficiente artilheiro Gerd Müller. No começo da partida, Cruyff e companhia envolveram os alemães com seus toques de primeira e deslocamentos rápidos. Antes que um adversário tocasse na bola, o craque Johan Cruyff foi derrubado na entrada da área por

Vogts e Hoeness. Pênalti, que Neeskens converteu. Mas o experiente time alemão fez uma marcação cerrada sobre Cruyff, anulando o cérebro do time, emperrando a engrenagem principal do carrossel. Antes do término do primeiro tempo, a Alemanha já tinha virado o jogo com um gol de pênalti cobrado por Breitner e um outro do oportunista centroavante Müller. No segundo tempo, os holandeses se intimidaram e os alemães seguiram administrando a vantagem sem descuidar da defesa. Como na final de 54 contra a Hungria, a Alemanha reverteu um favoritismo quase que unânime para conquistar o bicampeonato. Apesar do quarto lugar, a inexpressiva campanha da seleção brasileira foi duramente criticada pela imprensa brasileira. O técnico Zagallo foi chamado de medroso e de retranqueiro, numa alusão ao esquema excessivamente defensivo e cauteloso do técnico campeão de 70.

Algumas histórias

A Copa da Alemanha não foi a primeira a ser vencida pelo time do país anfitrião. Antes dela, houve os casos do Uruguai (1930), Itália (1934) e Inglaterra (1966). Depois, seria a vez de Argentina (1978) e França (1998).

Em 1974, registrou-se a única participação em Copas da Alemanha Oriental — time que, por sinal, foi derrotado pelo Brasil.

O prêmio para cada jogador da vencedora seleção alemã foi de 50 mil dólares. Bem mais populares, no entanto, os integrantes do escrete holandês receberam 100 mil dólares por cabeça — e ainda cobravam para dar autógrafos.

Ainda assustados com os ataques terroristas da Olimpíada de Munique, em 1972, os alemães reforçaram a segurança na Copa. Muitos soldados foram destacados para proteger as concentrações.

Os personagens

JOHAN CRUYFF (25/4/1947) do Ajax, Holanda. Estrela da Seleção Holandesa, expressão mais pura do esquema Futebol Total, o Carrossel Holandês do treinador Rinus Michels.
GREZEGORZ LATO (8/4/1950) capitão da seleção da Polônia e artilheiro da Copa, com sete gols.

O que se disse:

"O Gerson parou, perdemos o Carlos Alberto e o Clodoaldo, e o Pelé preferiu ficar de fora."
(Zagallo à imprensa antes da Copa)

"Os holandeses tremeram diante da seleção brasileira e só no segundo tempo encontraram seu jogo." (Jairzinho após o jogo com a Holanda)

"Espantados por uma radical evolução, voltamos com o quarto lugar." (MANCHETE, agosto 1974)

O CAMPEONATO NACIONAL

Empolgados com o potencial do futebol como ferramenta de propaganda capaz de promover "a unidade na diversidade", os militares deram carta branca a João Havelange, presidente da CBD, para, em 1971, realizar um projeto de estimação: a criação de um torneio nacional de futebol. "O Campeonato", diz o cronista Ney Bianchi, "será o Scala de Milão do nosso futebol". O torneio, que viria a ser o Brasileiro, mas que nasceu como Campeonato Nacional, substituía o Torneio Roberto Gomes Pedrosa ou Taça de Prata, que por sua vez havia sido o resultado da expansão do Rio-São Paulo.

ANO	CAMPEÃO	VICE	3º LUGAR	4º LUGAR	ARTILHEIRO	CLUBE	GOLS
1971	ATLÉTICO-MG	SÃO PAULO	BOTAFOGO	CORINTHIANS	DARIO	ATLÉTICO-MG	15
1972	PALMEIRAS	BOTAFOGO	INTERNACIONAL	CORINTHIANS	DARIO / PEDRO ROCHA	ATLÉTICO-MG / SÃO PAULO	17
1973	PALMEIRAS	SÃO PAULO	CRUZEIRO	INTERNACIONAL	RAMON	SANTA CRUZ	21
1974	VASCO	CRUZEIRO	SANTOS	INTERNACIONAL	ROBERTO DINAMITE	VASCO	16

A "Minicopa"

Em 1972, para esquentar as massas entre a triunfal Copa de 70 e a de 74, a CBD de Havelange cria a Taça Independência: 20 seleções de 18 países (duas representavam a África e a Concacaf — Confederação das Américas do Norte, Central e Caribe) competindo em dez capitais brasileiras. O pretexto: o Sesquicentenário da Independência do Brasil.
Alemanha, Inglaterra e Itália recusaram-se a participar, alegando (com razão) que o torneio tinha fins políticos. Pelé também não participou.
A final, no dia 7 de setembro de 72, no Maracanã, colocou colônia e colonizador — ambos sob o tacão de ditaduras naquele momento — cara a cara diante do gol. O Brasil ganhou por 1 X 0, gol de Jairzinho, de cabeça, no último minuto.

Alguns casos

(DO SITE DETRIVELA.COM.BR)

Concentração do Mengo. O atacante Peu contava que havia sonhado com o jogador Fio e estava preocupado com o que poderia significar tal sonho. Zico, para gozar o companheiro, disse que sonhar com um dentuço como o Fio significava morte de um parente próximo. Peu suspirou aliviado, e disse:
— Não preciso me preocupar então, pois não tenho parentes próximos, todos moram lá em Maceió...

Em 1971 jogavam, no Mineirão, São Paulo e Atlético Mineiro pelo triangular final do Campeonato Brasileiro. Falta contra o São Paulo, barreira já dentro da grande área. Prepara-se para a cobrança Oldair, cujo canhão era famoso. Vai e dispara o míssil. A bola vai bem na direção da cabeça de Gerson que, ao perceber a porrada que iria receber, instintivamente se abaixa. A bola passa e pega o goleiro Sérgio, de surpresa. Não tem tempo nem para pensar e... bola na rede 1 x 0 para o Atlético, que ganha o jogo e dispara para o título. Nos vestiários, Sérgio, desalentado, diz:
— Pô, Gerson, tu podia ter tirado aquela bola, pô!
Gerson simplesmente responde:
— Fica frio, certo... Se eu não tiro a cabeça, agora estava sem ela. Título a gente pode ganhar no próximo. Cabeça eu nunca mais ia arranjar outra igual, certo?...

Concentração do Mengo. Fio Maravilha, aquele, contava um caso e disse:
— Foi lá onde Judas perdeu as meias.
Zico corrigiu, dizendo que o certo é "onde Judas perdeu as botas". Fio não se deu por achado e retrucou:
— É que, depois de perder as botas, ele andou mais um pouco e perdeu as meias também...

Craques, escretes e uma canção

O **Inter** de Tovar, Claudiomiro, Valdomiro, Dejair e do zagueiro Dom Elias, ídolo da torcida colorada, que estréia no time em 1971.

O **Flamengo** de Zico, Doval, Fio (o Maravilha). Yustrich foi técnico brevemente, depois entrou Zagallo. O argentino Doval comemorava os gols correndo para a beira do fosso que separava o gramado do Maracanã da geral, cerrando os punhos e curvando o tronco para a frente. Arthur Antunes Coimbra, Zico, o Galinho de Quintino, estréia no Flamengo em 1971.

Palmeiras bicampeão do Nacional/Brasileiro em 1974 tinha Ademir da Guia, que havia sido o maior craque do super clássico Bangu desde seu pai, Domingos da Guia, e o goleiro Leão, doce-de-coco da mulherada.

O **Cruzeiro** de Wilson Piaza, Dirceu Lopes e, é claro, Tostão, que fica no time mineiro até 1972.

O **Fluminense** de Cafuringa, Rivelino (que veio do Palmeiras) e do goleiro Félix.

O **Vasco** de Bob Dinamite.

Afonso Celso Garcia Reis, o **Afonsinho**, primeiro passe livre do Brasil, conquistado após uma disputa jurídica com a cartolagem do Botafogo, que queria proibi-lo de jogar de cabelo grande, barba e bigode.

Marinho, o **Diabo Louro**. Veio do Náutico de Recife para o Botafogo do Rio por 300 mil cruzeiros.

Paulo César "Caju" e Jairzinho, exemplos pioneiros do jogador-celebridade, presentes em todas as festas. Jairzinho tenta, em 1973, uma carreira como cantor. Segundo a *Manchete*, Jairzinho é "playboy da linhagem Black Power de Ipanema, moderninho em carro, roupas e garotas, mas um pouco antigo em idéias". Paulo César ganha o apelido de "Caju" ao pintar os cabelos de ruivo e passa os primeiros 70 migrando do Botafogo para o Flamengo e depois para o Fluminense.

Uma canção: "Fio Maravilha", Jorge Ben, 1972

Torcedor fanático do Flamengo, Jorge Ben Jor (que então era apenas Jorge Ben) estava no Maracanã, curtindo um amistoso entre Flamengo e Benfica, de Portugal, em 1972, e uniu-se ao coro da torcida rubro-negra pedindo a entrada do atacante Fio Maravilha, que estava no banco de reservas. O megadentuço Fio entrou, fez uma bela jogada e inspirou Jorge Ben a compor "Fio Maravilha", defendida mais tarde naquele ano pela cantora Maria Alcina vestida de odalisca. A música rapidamente se tornou um dos maiores sucessos do ano. Fio, um mineiro que jogava no Flamengo desde 1966, tornou-se extremamente popular — uma celebridade, se diria hoje — e até seu jogo, veloz e oportunista, melhorou. Alguns anos depois, contudo, Fio seguiu conselhos de um advogado e processou Jorge exigindo direitos pelo uso do nome. "Quando um oficial de Justiça chegou na minha casa com a notificação para que comparecesse no Fórum, quase não acreditei", recorda o cantor, que, com sentença favorável, exigiu que o jogador pagasse até honorários de seu advogado. Durante a tramitação do processo, Fio confessou ter ficado constrangido quando duas mulheres cochicharam a seu respeito. "Tá vendo este cara aí atrás?", apontou uma delas. "É o tal de mau-caráter que processou o Jorge Ben." (Informações a Ariosvaldo Isac, coluna *Nosso Futebol*, nortemania.com.br.)

Fio Maravilha, JORGE BEN

E novamente ele chegou com inspiração
Com muito amor, com emoção, com explosão em gol
Sacudindo a torcida
Aos trinta e três minutos do segundo tempo
Depois de fazer uma jogada celestial em gol
Tabelou, driblou dois zagueiros
Deu um toque driblou o goleiro
Só não entrou com bola e tudo
Porque teve humildade em gol
Foi um gol de classe
Onde ele mostrou sua malícia e sua raça
Foi um gol de anjo
Um verdadeiro gol de placa
Que a galera agradecida assim cantava
Fio Maravilha nós gostamos de você
Fio Maravilha, faz mais um pra gente ver

Algumas figuras

Yustrich (Nascido Dorival Knippleel. Yustrich era seu "apelido para jogar futebol"), temido técnico do Flamengo de 1970 a 1972, depois de uma temporada nos anos 60. "Não voltei ao Flamengo para cortar a juba de ninguém, mas cortarei, se a isso me obrigarem. Jogador de futebol não é cantor de iê-iê-iê", disse ele a *O Cruzeiro* (13/1/1971). Sai do Flamengo eleito o pior técnico em 1972, depois de ter sido considerado o melhor em 70. Em 73 vai para o Corinthians e diz: "Os paulistas devem pensar que eu mordo e devoro os jogadores. Não é nada disso. Sou apenas um disciplinado disciplinador". Tinha o hábito de mandar carregar uma imagem de Nossa Senhora da Aparecida pelos vestiários antes do time entrar em campo e se ajoelhava diante dela para orar.

Entre os cartolas, **Francisco Horta**, do Fluminense, é uma grata figura para os tricolores cariocas — montou o que muitos consideram o melhor time do Flu. Juiz de Direito por profissão, seu lema para o clube das Laranjeiras era "vencer ou vencer".

Os juízes cujas mães mais sofriam: **Armando Marques** e **Mário Vianna** ("com dois enes!"), ambos controvertidos, autoritários e de pavio curto. Em 1973, na final do Campeonato Estadual entre Santos e Portuguesa, Marques errou nas contas das cobranças alternadas da prorrogação e deu a vitória ao Santos (no dia seguinte, a Federação Paulista proclamou os dois clubes campeões). Vianna é o autor da frase: "Não tocou na bola, mas teve a intenção. É pênalti. Não admito discussões".

É no começo dos anos 70 que as primeiras mulheres se aventuram em campo para cobrir futebol, até então a mais sacrossanta província do machismo brasileiro. As pioneiras são Marilene Dabus, do jornal *Última Hora*, do Rio, e Sheila Tardeli, repórter de campo do megassucesso de audiência, o programa *Ataque e defesa*, de Ruy Porto, na TV Tupi.

OLHALÁ OLHALÁ OLHALÁ NO PLACAR!!: agonia e êxtase do futebol de ouvido

(POR MÁRIO JORGE DOURADO, WWW.DOURADO.ETI.BR)

Nenhum locutor esportivo gritava "gol". Cada um inventava alguma coisa para dizer na hora do gol, que podia ter de tudo, menos a palavra "gol". Um dos mais absurdos era o Fernando Solera, da TV Bandeirantes de São Paulo. Eram raras as transmissões do Solera que chegavam ao Rio, mas, quando passavam, era muito estranho ver um gol e o sujeito gritar "o melhor futebol do mundo no treze". Só isso. Nada de gol. A bola entrava, ele berrava "o melhor futebol do mundo no treze" em vez do grito de gol. Pior que ele, talvez só o locutor da TV2 Cultura de São Paulo, que na hora do gol gritava "esporte é cultura!!!". Assim mesmo... Imaginem a narração: "lá vai Toninho, entrega para Pelé, chutou... esporte é cultura!!!"

Ainda em São Paulo, havia o Alexandre Santos, eterno locutor da Bandeirantes. A bola entrava e ele gritava "guardou!!!!". De vez em quando se empolgava: "guardoooooou! Certinho, certinho!" E não era na rede, era no balaio. "Guardou! Tá no balaio, Chico!" Não, Chico não era nenhuma gíria, era um repórter que ficava no campo e explicava a jogada depois que o Alexandre dizia que o sujeito tinha guardado no balaio.

No Rio, a TV Tupi tinha o José Cunha. Era um bom locutor, sóbrio, preciso. Mas também não gritava gol. Era "tá lá". Um "tá lá" muito estendido, alto, longo. Mas não tinha a palavra gol. "Zanata... Olha aí o Dionísio... Limpa... Tá láááááááá! Dioniíííísio!!! Depois de uma jogada espetacular do Zanata! Agora Flamengo HUM, Vasco da Gama zero!" Eu escrevi o "um" como "hum", tipo cheque, porque o José Cunha se empolgava tanto ao pronunciar o "um" (acho que ele adorava monossílabos) que parecia que estava falando "hum".

Mas o melhor de todos era o inesquecível Geraldo José de Almeida. Foi o locutor da TV Globo no Tri. Narrações pomposas e empolgantes. Autor de diversos apelidos para os nossos craques. Esse era fantástico. Gritava, se emocionava. "Linda, linda, linda", ele dizia quando a jogada era bonita. "Que é que é isso, minha gente?" era a frase quando acontecia um erro. "Que bola bola" para um passe bem dado. "Ponta de bota" para chute com o bico da chuteira. E não gritava gol... Era "olhalá olhalá olhalá olhalá no placarrrrrrrrr". Esse "r" final era repetido à exaustão. Devia beber um gole d'água a todo momento, para ficar com a garganta molhada e pronunciar bem os erres. Se hoje as pessoas brincam com o Galvão Bueno por causa do "Ronaldinho", o "r" do Geraldo José de Almeida dava de dez... "Gerrrrrrrson, o canhotinha de ouro". E tinha o jogador que o Geraldo mais gostava, que era o Roberto Dias, do São Paulo. Não que jogasse tão bem, mas porque tinha dois erres no nome e adorava chutar de bico. "Ponta de bota de Rrrrrrrrrrroberrrrrrrrrrrrrrrrtão Dias!" Saudades do Geraldo.

Havia outros locutores esportivos com expressões estranhas para substituir o "gol". Lembro-me de um que gritava "barrrrbaaaaaante!" quando a bola entrava, mas não me lembro o nome dele. Enfim, acho que tirando o Luiz Mendes e o Walter Abraão, que pelo que me lembro ainda usavam a anacrônica palavra "gol", todos os outros tinham sua expressão característica e não gritavam "gol" de jeito nenhum...

Loteria esportiva

A loteria esportiva foi instituída pelo Decreto-lei nº 594, de 27 de maio de 1969, e o primeiro concurso — que se chamava "teste" — foi realizado em dezembro de 1970, apenas no Rio de Janeiro. Era mais uma forma do governo militar explorar ao máximo o brilho duradouro dos feitos da Seleção. Mais um projeto para encampar o futebol como instrumento de propaganda, juntamente com o Campeonato Nacional e a inauguração de vários estádios pelo país afora (entre eles o Rei Pelé, em Maceió, o Castelão, no Ceará, e a obra final do Morumbi, em São Paulo).

Os palpites eram inicialmente marcados em cartelas de papelão furadas numa maquineta. Em 1972, com grande fanfarra e autoridades sortidas foram inauguradas "máquinas automáticas".

Os primeiros "milionários" da Loteca foram a dona-de-casa Joana Scarlato Ribeiro (5,2 milhões de cruzeiros), a lavadeira Sebastiana Paulo Dias (3,4 milhões), o maquinista Jovinio Viriato (2,6 milhões) e o pedreiro (5,2 milhões). O vitorioso-estrela, contudo, foi Eduardo Varela, o Dudu da Loteca, que, em 1972, ganha sozinho 11,6 milhões de cruzeiros.

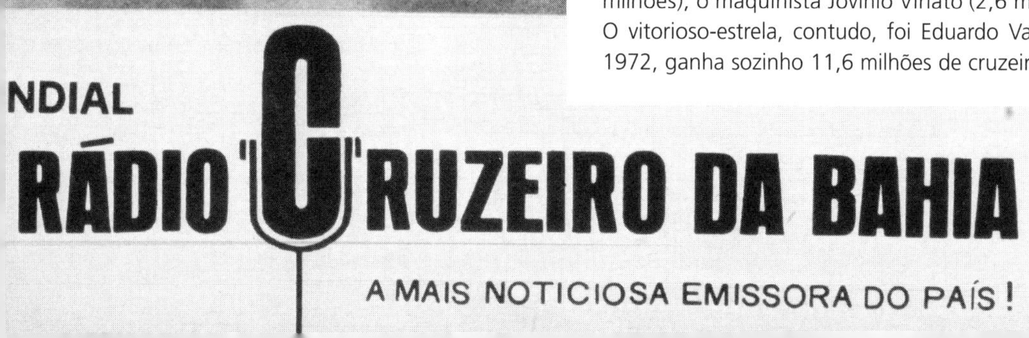

XX JOGOS OLÍMPICOS

SEDE: MUNIQUE, ALEMANHA
26 DE AGOSTO A 11 DE SETEMBRO DE 1972
121 PAÍSES PARTICIPANTES
7.134 ATLETAS (1.059 MULHERES, 6.075 HOMENS)
195 EVENTOS

O que aconteceu:

Os Jogos de Munique foram os maiores até aquele momento. Entretanto, a empolgação com o tamanho e a impecável organização germânica se dissipou na manhã do dia 5 de setembro: dez dias depois do início dos Jogos, oito terroristas palestinos invadiram a Vila Olímpica, tomando de assalto os alojamentos da equipe israelense. No final de um longo e penoso confronto, 11 atletas israelenses, cinco terroristas e um policial estavam mortos. Em sinal de luto, as Olimpíadas foram suspensas por 34 horas.

A grande estrela de Munique foi o nadador americano Mark Spitz, ganhador de um número recorde de medalhas de ouro: sete ao todo, cada uma um novo recorde, três delas em três dias seguidos.

Outra celebridade das Olimpíadas foi a ginasta russa Olga Korbut. Apelidada "bonequinha loura" pela imprensa brasileira, sua trajetória dramática nas competições — sucesso, fracasso, sucesso novamente — tornou-a, imediatamente, o quindim da mídia internacional.

Para grande desapontamento dos poderosos, o time olímpico de futebol do Brasil foi desclassificado logo de cara. A salvação da pátria veio com o time de basquete de Kanela e Marquinho, considerado a "grande revelação" dos jogos, e Nelson Prudêncio, medalha de bronze em salto triplo.

No departamento das novidades: Munique foi a primeira Olimpíada a ter um mascote — o cãozinho Waldi. Canoagem slalom foi incluída pela primeira vez na competição, e arco-e-flecha e handball voltaram ao programa, o primeiro depois de 52 anos e o segundo depois de 36 anos de ausência.

Um incidente estranho numa data estranha (mas não se sabia disso então...): no dia 11 de setembro, encerramento dos Jogos, um pequeno avião particular foi roubado do aeroporto de Stuttgart. As autoridades receberam informações de que o roubo era ligado ao atentado do dia 5, e que a mesma organização terrorista estava planejando usar o avião para bombardear a festa de conclusão. Jatos militares foram despachados, mas o único avião encontrado foi um jatinho civil privado em rota normal. O avião roubado jamais foi encontrado.

Quadro de medalhas

		OURO	PRATA	BRONZE
1	**UNIÃO SOVIÉTICA**	**50**	**27**	**22**
2	**ESTADOS UNIDOS**	**33**	**31**	**30**
3	**ALEMANHA OCIDENTAL**	**20**	**23**	**23**
4	ALEMANHA ORIENTAL	13	11	16
5	JAPÃO	13	8	8
6	AUSTRÁLIA	8	7	2
7	POLÔNIA	7	5	9
8	HUNGRIA	6	13	16
9	BULGÁRIA	6	10	5
10	ITÁLIA	5	3	10
11	SUÉCIA	4	6	6
12	INGLATERRA	4	5	9
13	ROMÊNIA	3	6	7
14	FINLÂNDIA	3	1	4
15	CUBA	3	1	4
16	HOLANDA	3	1	1
17	FRANÇA	2	4	7
18	TCHECOSLOVÁQUIA	2	4	2
19	QUÊNIA	2	3	4
20	IUGOSLÁVIA	2	1	2
21	NORUEGA	2	1	1
22	CORÉIA DO NORTE	1	1	3
23	NOVA ZELÂNDIA	1	1	1
24	UGANDA	1	1	0
25	DINAMARCA	1	0	0
26	SUÍÇA	0	3	0
27	CANADÁ	0	2	3
28	IRÃ	0	2	1
29	BÉLGICA	0	2	0
30	GRÉCIA	0	2	0
31	ÁUSTRIA	0	1	2
32	COLÔMBIA	0	1	2
33	ARGENTINA	0	1	0
34	CORÉIA DO SUL	0	1	0
35	LÍBANO	0	1	0
36	MÉXICO	0	1	0
37	MONGÓLIA	0	1	0
38	PAQUISTÃO	0	1	0
39	TUNÍSIA	0	1	0
40	TURQUIA	0	1	0
41	BRASIL	0	0	2
42	ETIÓPIA	0	0	2
43	GANA	0	0	1
44	ÍNDIA	0	0	1
45	JAMAICA	0	0	1
46	NÍGER	0	0	1
47	NIGÉRIA	0	0	1
48	ESPANHA	0	0	1

OUTROS ESPORTES

Automobilismo

Os 70 são a era de ouro de Emerson Fittipaldi (São Paulo – SP, 12/12/1946). Em 1972, terceiro ano de sua carreira como profissional pela Lotus, Fittipaldi torna-se, aos 25 anos, o mais jovem campeão de Formula 1 do mundo, ao acumular cinco vitórias. Em 1973 Emerson vence mais três corridas, mas perde o título para o escocês Jackie Stewart.

Seu prestígio leva à entrada do Grande Prêmio do Brasil (circuito de Interlagos) no calendário internacional em 1974. No mesmo ano Fittipaldi troca a Lotus pela McLaren, e com três vitórias (inclusive Interlagos), sagra-se bicampeão do mundo. Prontamente seu estilo — costeletas, óculos escuros — torna-se a grande moda masculina jovem.

Xadrez

Dois jovens gênios despontam no começo dos 70: o gaúcho Henrique Costa Mecking (Santa Cruz do Sul – RS, 23/1/1952) o Mequinho; e o norte-americano Bobby Fischer (Robert James Fischer, 9/3/1943).

Campeão Brasileiro em 1965 e 1967 e Sul-Americano em 1966, em 1971 Mequinho vence os Torneios Interzonais em Bogotá, Colômbia e Vrsac, Iugoslávia e, em 1973, o Interzonal de Petrópolis, um feito extraordinário. Em 1974 Mequinho representa o Brasil nas Olimpíadas de Xadrez de Nice, França, tornando-se o primeiro brasileiro a chegar a Grande Mestre Internacional de Xadrez.

Bobby Fischer sagra-se campeão mundial de xadrez, em 1972, vencendo o campeão Boris Spassky e quebrando a hegemonia soviética que reinava desde 1948.

Asa-delta

Subproduto da corrida espacial — estudada como opção para reentrada de cápsulas na atmosfera —, a asa-delta havia sido registrada como patente em 1951 pelos engenheiros norte-americanos Francis e Gertrude Rogallo e sido objeto de muitos estudos em várias versões ao longo das décadas seguintes.

Em 1971 organiza-se o primeiro encontro competitivo não-oficial (na Califórnia, Estados Unidos); em 1972 é realizado um dos primeiros vôos públicos (em Paris), e em 1973 é criada a primeira fábrica de asas-delta, a Willis Wing. No mesmo ano, houve o primeiro campeonato oficial do esporte, nos Estados Unidos.

Em 1974 é criada a Federação Francesa de Vôo Livre, e em julho do mesmo ano um francês — Stephan Dunoyer de Segonzac — realiza o primeiro vôo de asa-delta no Brasil, partindo do alto do Corcovado, no Rio de Janeiro.

Dois meses depois, o carioca Luís Cláudio de Mattos — que havia sido levado ao esporte pelo entusiasmo de dois amigos que depois desistiram — tornou-se o primeiro brasileiro a voar de asa-delta, partindo do topo da Pedra da Agulhinha, em São Conrado, no dia 7 de setembro de 1974. Algumas semanas depois ele abriria outra rampa, no pé da pedra Bonita, também em São Conrado (Informações do site 360graus.terra.com.br).

Corrida

Chamava-se "teste de Cooper" aqui, enquanto nos EUA, seu país de origem, era *jogging* — e começou a se tornar mania nos primeiros anos 70.

No exterior, tudo começa em 1968, quando o coronel médico da Força Aérea, Kenneth Cooper, lança seu primeiro livro, *Aerobics*. Cooper estava buscando um modo rápido e eficiente para testar o nível de preparo físico dos cadetes, e para isso criou um sistema simples de pontuação, baseado na distância que um indivíduo era capaz de cobrir em 12 minutos de caminhada ou corrida (o verdadeiro "teste de Cooper").

Ao apresentar o termo e a idéia de "aeróbica" ao grande público, Cooper começaria uma verdadeira revolução de costumes que desembocaria na moda *fitness* da segunda metade da década.

Em 1970 Cooper lança mais um livro, com sucesso ainda maior e, um ano depois, inaugura o seu Cooper Fitness Center em Dallas, no Texas, com o objetivo de divulgar suas técnicas de preparo físico. No mesmo ano ele vem ao Brasil a convite do Capitão Cláudio Coutinho, supervisor da Seleção Brasileira, para implementar em nossos jogadores o seu sistema de capacitação física.

Cooper voltaria ao Brasil muitas vezes mais na década, a começar por 1972, quando é a estrela do Primeiro Seminário Brasileiro de Educação Física, patrocinado pela Coopersucar, a Cooperativa Central dos Produtores de açúcar que, com sua campanha "açúcar é mais energia", estava se associando a atividades esportivas.

Era uma interessante confluência de interesses, entre um Coronel da Força Aérea norte-americana pregando a forma física ao alcance de todos, uma ditadura militar empenhada num projeto ufanista e a indústria do açúcar preocupada em criar uma imagem de saúde para seu discutível produto.

Boxe

No dia 8 de março de 1971, o Madison Square Garden de Nova York completamente lotado viu Muhammad Ali perder seu título de campeão peso-pesado para Joe Frazier ao final de 15 rounds. Ali — nascido Cassius Clay — havia passado os anos 60 capitalizando sua imensa popularidade como campeão e transformando-a em militância política contra a Guerra do Vietnã, além de estar alinhado com o islamismo radical da Nation of Islam, um projeto que lhe custou o título de campeão e a licença de boxeador. Em 1970, depois de árdua batalha legal, Ali teve sua licença renovada a tempo para a "Luta do Século" contra Frazier.

Em 28 de janeiro de 1974 Ali recuperou o título vencendo Frazier numa luta de 12 rounds, também no Madison Square Garden. Assinando com o carismático empresário Don King, Ali faz, em 30 de outubro de 1974, a primeira de um pacote de lutas internacionais que visavam explorar sua fama como "O Maior Lutador de Boxe de Todos os Tempos". O local não podia ser mais bizarro: Kinshasa, no Zaire, África Central, então sob o domínio do sanguinário ditador Idi Amin Dada, famoso por seus acessos de fúria canibalística. Ali vence o jovem George Foreman no oitavo *round*, recebendo o cinto de Maior Atleta Profissional do Ano.

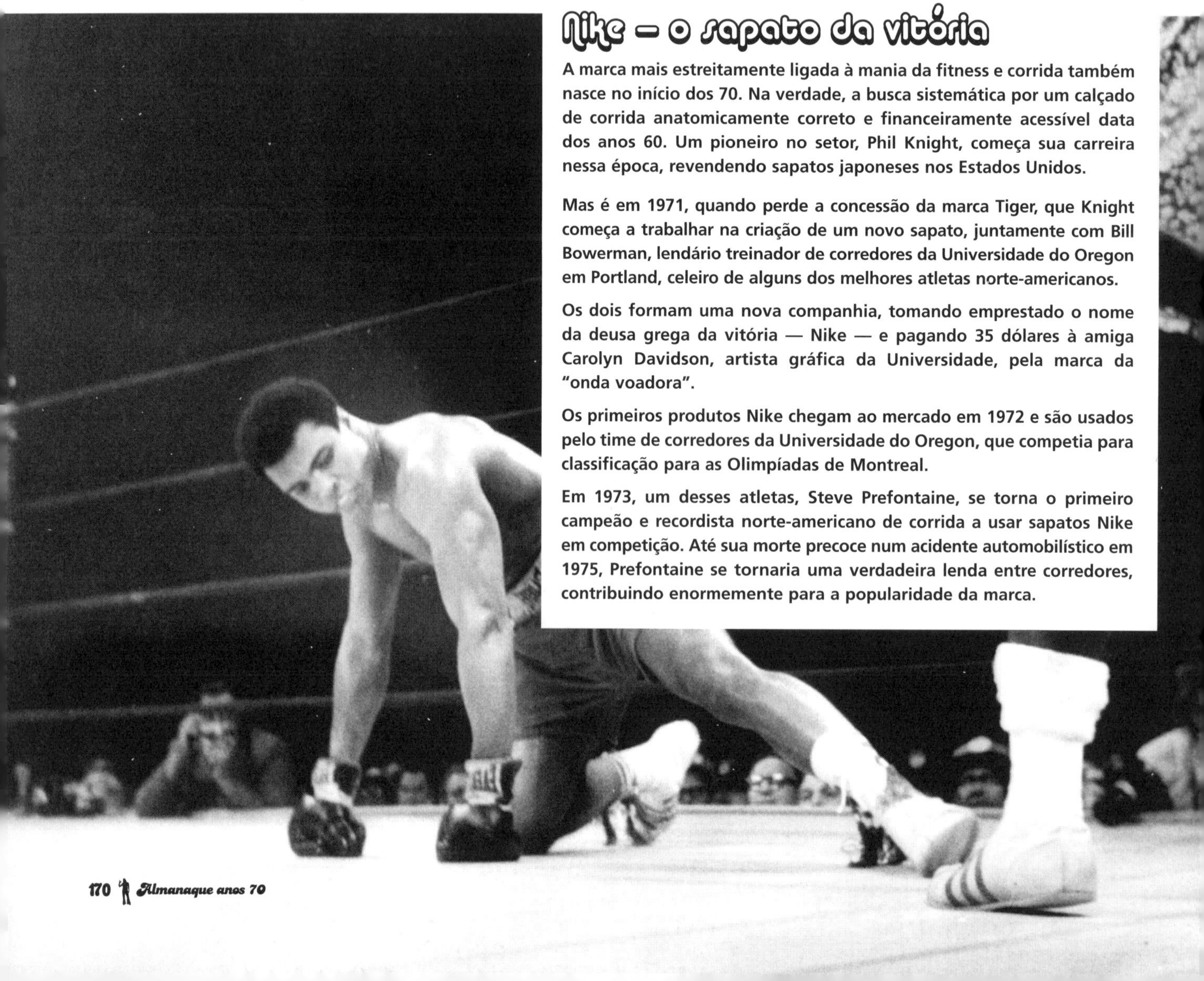

Nike – o sapato da vitória

A marca mais estreitamente ligada à mania da fitness e corrida também nasce no início dos 70. Na verdade, a busca sistemática por um calçado de corrida anatomicamente correto e financeiramente acessível data dos anos 60. Um pioneiro no setor, Phil Knight, começa sua carreira nessa época, revendendo sapatos japoneses nos Estados Unidos.

Mas é em 1971, quando perde a concessão da marca Tiger, que Knight começa a trabalhar na criação de um novo sapato, juntamente com Bill Bowerman, lendário treinador de corredores da Universidade do Oregon em Portland, celeiro de alguns dos melhores atletas norte-americanos.

Os dois formam uma nova companhia, tomando emprestado o nome da deusa grega da vitória — Nike — e pagando 35 dólares à amiga Carolyn Davidson, artista gráfica da Universidade, pela marca da "onda voadora".

Os primeiros produtos Nike chegam ao mercado em 1972 e são usados pelo time de corredores da Universidade do Oregon, que competia para classificação para as Olimpíadas de Montreal.

Em 1973, um desses atletas, Steve Prefontaine, se torna o primeiro campeão e recordista norte-americano de corrida a usar sapatos Nike em competição. Até sua morte precoce num acidente automobilístico em 1975, Prefontaine se tornaria uma verdadeira lenda entre corredores, contribuindo enormemente para a popularidade da marca.

ESPORTE DESBUNDADO

Surfe

Steve Prefontaine era cabeludo, ouvia rock e queimava fumo, mas, para todos os efeitos, vivia do outro lado do mundo. No Brasil 1970-1974, ser desbundado no esporte era ser surfista.

O esporte era praticado no Brasil desde os anos 30 e, na década de 60, havia começado a se tornar uma verdadeira subcultura.

Porque desbundados e surfistas prezavam as mesmas coisas — natureza e privacidade — a geografia das duas comunidades se confunde nos 70. Locais como Saquarema ("Saquá"), Arembepe, Macumba e, sobretudo, o Píer de Ipanema passam a ser habitados pelas duas tribos, e hábitos, rituais e linguagem são compartilhados intensamente.

O Píer se torna o ícone dessa confluência. "Existia aquele velho estereótipo de que todo maconheiro não era surfista, porém todo surfista era maconheiro, existia uma grande discriminação", disse o pioneiro Cauli ao site SurfReporter.com. "Não posso negar que alguns se drogavam, além de gostar de música, os hippies vieram por esse caminho."

Descoberto pelos surfistas, adotado pelos *under*, em 1972 o Píer foi palco do primeiro Campeonato Carioca de Surfe — curiosamente patrocinado pela Skol sob seu lema "a gente se entende" — reunindo 150 surfistas vindos de todo o país.

ALGUNS NOMES ::: **RICARDO BOCÃO** ::: **DANIEL FRIEDMAN** ::: **CAULI** ::: **PEPÊ** ::: **PAULETE** ::: **PENHO** ::: **BETÃO** ::: **DANIEL HABIB** ::: **THIOLA** ::: **KIKO** ::: **ANDRÉ PITZALIS** ::: **RICO** ::: **MARACA** ::: **OTÁVIO** ::: **FÁBIO PACHECO** ::: **FERNANDO "FEDOCA" LIMA**, UM DOS PRIMEIROS FOTÓGRAFOS DE SURFE DO BRASIL

"Sinto-me feliz todas as noites quando ligo a televisão para assistir ao jornal. Enquanto as notícias dão conta de greves, agitações, atentados e conflitos em várias partes do mundo, o Brasil marcha em paz, rumo ao desenvolvimento. É como se eu tomasse um tranqüilizante após um dia de trabalho."

(General Emílio Garrastazu Médici, março de 1973)

"Liberdade é uma calça velha, azul e desbotada."

(Jingle da calça jeans US TOP, 1972)

DON'T MESS WITH MISTER "T"
SUPERMAN

MÍDIA 1970-1974

Você se lembra?

Daquela música que tocava no final do Jornal Nacional, depois que o Cid Moreira dava o "boa-noite?" "pá-pá/pá-pá-parapá..." Você também percebeu que era um trecho de "Summer of '68", do Pink Floyd, faixa do álbum *Atom Heart Mother*?

O DESPERTAR DA TELEVISÃO

Um novo hábito nacional

Em 1970, o censo registra que 27% dos lares brasileiros possuem um televisor — 75% deles estão nas cidades do Rio de Janeiro e São Paulo. Em 1971, já é 31% o percentual de residências brasileiras com televisores. Isso significa que, depois do pico de audiência da Copa do México, o mercado brasileiro tinha 4 milhões de residências, equivalendo, aproximadamente, a 25 milhões de espectadores. Um ano depois, em 1972, graças ao *frisson* da TV em cores, são 6 milhões e 250 mil aparelhos em uso no Brasil. Em 1974, existem quase 8 milhões de televisores no país, ocupando 43% dos lares. Em três anos apenas, o consumo de televisão dobrou no Brasil.

Você se lembra?

Quando foi lançado, nos idos de 1973, um televisor em cores era um luxo caríssimo: de seis a sete mil cruzeiros, cerca de 22 salários mínimos, na época. Como nos primórdios da TV nos anos 50, as pessoas se reuniam na casa de um vizinho, amigo ou parente que tivesse a "novidade" para ver programas específicos — era a volta triunfal, em cores, dos televizinhos... Uma outra opção era se ajeitar estrategicamente diante de uma loja de eletrodomésticos. O problema, em ambos os casos, é que ninguém sabia regular os aparelhos, e as cores saíam... bem... intensamente psicodélicas. O que tinha lá suas vantagens.

Preto-e-branco em cores

A Copa de 1970 foi transmitida do México em cores no sistema americano, NTSC. Foi também a estréia da Embratel, da transmissão ao vivo, em rede, via satélite. O sinal chegava na Embratel em cores, onde podia ser visto por uma platéia seleta de VIPs num auditório especialmente montado. Mas como não havia equipamento para transmissão nem TVs em cores para recepção, vimos os feitos de Pelé, Tostão, Jairzinho e Rivelino em preto-e-branco mesmo.

Ao vivo e a cores

Em 1971, a TV Bandeirantes transmite, experimentalmente, alguns programas em cores. A primeira transmissão oficial em cores vem no dia 31 de março de 1972 — obviamente, no aniversário do golpe militar. Um *pool* de emissoras cobre a Festa da Uva, em Caxias do Sul-RS. A TV Difusora gera a imagem, com a colaboração de um caminhão de externa e técnicos da TV Rio. Entre um e outro carro alegórico, astros das novelas, apresentadores e comediantes se apresentam. Em 1973, a TV Globo, que já havia assumido a liderança no setor, põe no ar o primeiro programa em cores — *Caso especial: Carnê de baile* — e a primeira novela — *O bem amado*, de Dias Gomes. Nosso sistema de transmissão é único no mundo — Pal M, uma variação do sistema alemão Pal. A singularidade tem um propósito político e econômico: desestimular a importação de televisores.

O mundo está em chamas

Praticamente todas as emissoras sofrem incêndios nos primeiros anos da década: a Record pega fogo duas vezes, a Globo, uma vez, e a Excelsior é praticamente destruída por um incêndio — que ela mesma, heroicamente, cobre.

Jogando as redes

Em dezembro de 1972, o governo federal baixa um decreto regulamentando a formação de redes de emissoras, através do Prontel (Programa Nacional de Telecomunicações). Os interesses dos empresários de mídia eletrônica se encontram, com grande facilidade, com os da ditadura: para ambos era interessante um Brasil só, homogêneo em consumo, linguagem e, quem sabe, ideologia. É o começo do fim das emissoras locais e da programação regionalizada.

Você se lembra?

Da TV Continental do Rio? Inaugurada em 1959, teve seus momentos de glória na era pré-AI-5 — seu dono, o deputado Rubens Berardo, era afiliado ao extinto PTB de João Goulart, portanto *persona non grata* do regime militar. Em 1970 foi despejada de suas instalações na rua das Laranjeiras — onde tinha um dos maiores estúdios do Brasil, com piscina e tudo — e teve que se mudar para Vila Isabel. Foi lacrada e saiu do ar em 1972.

Estréias...

NOS PRIMEIROS ANOS 70 ENTRAM NO AR ALGUNS PROGRAMAS QUE FIZERAM HISTÓRIA ::: **PROGRAMA FLÁVIO CAVALCANTI** (1970, TV TUPI) ::: **PROGRAMA SILVIO SANTOS** (1970, REDE GLOBO) ::: **GLOBO SHELL ESPECIAL** (1971, REDE GLOBO). EM 1974 ELE SE TRANSFORMA EM **GLOBO REPÓRTER DOCUMENTO** ::: **JORNAL HOJE** (1971, REDE GLOBO) ::: **GLOBINHO** (1972, REDE GLOBO) ::: **VILA SÉSAMO** (1972, CO-PRODUÇÃO TV CULTURA SP E REDE GLOBO) ::: **FANTÁSTICO** (1973, REDE GLOBO) ::: **A GRANDE FAMÍLIA** (1973, REDE GLOBO) ::: **OS INSOCIÁVEIS**: RENATO ARAGÃO (DIDI), DEDÉ E MUSSUM (1973, TV RECORD) ::: **O CLUBE DO BOLINHA** (1974, TV BANDEIRANTES)

O plim-plim

Criação do genial chargista Borjalo, o plim-plim, vinheta de assinatura da TV Globo, estreou em 1973. Sua primeira versão era uma variação do globo múltiplo que Borjalo já havia lançado como logotipo da emissora — com enorme sucesso — no Festival Internacional da Canção de 1969. O som do plim-plim é criação do músico Luiz Paulo Simas, multitecladista de grande talento, superantenado nas mais recentes novidades de sintetizadores, que na época tocava na banda Módulo Mil. Era uma medida da crescente hegemonia da Globo o uníssono acorde de "plim-plins" que se ouvia pelas ruas das grandes cidades brasileiras, ecoando em becos e poços de edifício entre 19h e 22h.

...E despedidas

"BOA-NOITE, SENHORAS E SENHORES. AQUI FALA O **REPÓRTER ESSO**, O PORTA-VOZ TELERRADIOFÔNICO DOS REVENDEDORES ESSO. PELA ÚLTIMA VEZ." A VOZ EMBARGADA DE GONTIJO TEODORO, NO DIA 31 DE DEZEMBRO DE 1970, FOI A DESPEDIDA DO TELEJORNAL PIONEIRO DO BRASIL, HÁ 18 ANOS NO AR PELA TV TUPI. NA RECORD DE SÃO PAULO, KALIL FILHO ERA O APRESENTADOR ::: EM 1970, NA SEQÜÊNCIA DE SEU ÚLTIMO INCÊNDIO, A **TV EXCELSIOR** DEIXA DE OPERAR. NOS ANOS 60, ELA HAVIA SIDO A GRANDE ESTRELA DA ERA DOS FESTIVAIS ::: EM 1972, A BUZINA E A DISCOTECA DO CHACRINHA — **O PROGRAMA DE CALOUROS** E **A PARADA DE SUCESSOS DO VELHO GUERREIRO** — SAEM DA REDE GLOBO, QUE ESTÁ EMPENHADA NUM VASTO PROJETO DE REFINAMENTO DE SUA PROGRAMAÇÃO. CHACRINHA PASSARÁ O RESTANTE DA DÉCADA ENTRE A TV TUPI E A TV BANDEIRANTES ::: EM 1974, DEPOIS DE 21 ANOS NO AR, TERMINA O **CIRCO DO ARRELIA**, TRADICIONAL PROGRAMA INFANTIL DA TV RECORD ::: EM SUA CURVA DESCENDENTE, A **TV TUPI**, PIONEIRA DA TV NO BRASIL, FECHA SUA BASE NO RIO DE JANEIRO EM 1974 E PASSA A TRANSMITIR APENAS DE SÃO PAULO.

"Mas eu não sei se essas coisas que acontecem na televisão são de verdade mesmo. Acho que não: pois não é que esses dois tinham se casado no Astro e agora parece que nem se conhecem de novo?" (uma telespectadora de Porto Seguro, Bahia, citada por Maria Rita Kehl em "As Novelas, novelinhas e novelões: mil e uma noites para as multidões", em Anos 70)

Mil e uma noites às 18h, 20h e 22h: as novelas dominam

É nos primeiros 70 que a novela pega de verdade como hábito cotidiano da brasileira e do brasileiro. Ela não é mais apenas uma febre episódica provocada pela história certa no momento certo, como *O direito de nascer* nos anos 60, mas algo em torno do qual se planeja o final do dia, ali perto do Jornal Nacional (que havia estreado em 1969 no que era até então o horário do Repórter Esso: 19:45h). Não é um acaso, mas uma conjunção do poder prático do videoteipe (introduzido nos 60), do músculo da transmissão em rede e do *know-how* das pesquisas e dos roteiros bem-trabalhados, dois dos muitos investimentos-chave da Rede Globo entre 1970 e 1973. Não é à toa que, com Janete Clair e Dias Gomes à frente — e Lauro Cesar Muniz logo atrás — a emissora do Jardim Botânico toma a dianteira do gênero sem dificuldade, apesar dos milhares de bilhetinhos da censura, uma "colaboradora" constante.

Os grandes sucessos:

Super Plá (TV TUPI, 1970)

Escrita por Bráulio Pedroso e Marcos Rey, dirigida por Walter Avancini e Antônio Abujamra. Com Rodrigo Santhiago, Bete Mendes, Marília Pêra, Hélio Souto, Irene Ravache, Jofre Soares, Wálter Forster, Karin Rodrigues, Elísio de Albuquerque, Margarida Rey e Othon Bastos.

Voltada mais para o público infanto-juvenil, tentava misturar ação e falas de histórias em quadrinhos e cativou os adolescentes. Seu herói, o bancário Plácido (Rodrigo Santhiago), ganhava superpoderes quando bebia o refrigerante que dava título à novela. Curiosidades extras: o personagem de Jofre Soares era baseado no Tio Patinhas, a Titina de Bete Mendes era uma florista cega como a do filme *Luzes da ribalta*. A Joana Martini de Marília Pêra, inspirada em Joan Crawford, acabou se tornando personagem de uma peça de Bráulio Pedroso que fez sucesso na época: *A vida escrachada de Joana Martini & Baby Stompanato*.

Pigmalião 70 (TV GLOBO, 4/3/1970 A 24/10/1970)

Escrita por Vicente Sesso, dirigida por Régis Cardoso. Com Sérgio Cardoso, Suzana Vieira, Tônia Carrero e a participação especial de Silvio Santos. Muitas estréias aqui: Vicente Sesso e Suzana Vieira debutavam, e Silvio Santos, que era prata da casa na época, fazia uma solitária incursão dramática. O corte de cabelo de Tônia Carrero virou mania, todo mundo queria um igual — e ficou conhecido como "o pigmalião". A história, inspirada na peça *Pigmalião*, de George Bernard Shaw, punha Sérgio Cardoso no papel do objeto do experimento de ascensão social, como um feirante rude (mas bondoso e boa-pinta) que se transformava em moço fino graças aos esforços de uma dona de salão, Tônia Carrero. A trilha era original, produzida por Nelson Motta e tinha canções de Marcos e Paulo Sérgio Valle, Egberto Gismonti (a maravilhosa "Pêndulo") e Antonio Adolfo/Tibério Gaspar. Erlon Chaves e sua Banda Veneno dominavam.

Irmãos Coragem (TV GLOBO, 8/6/1970 A 12/6/1971)

Escrita por Janete Clair, dirigida por Daniel Filho e Milton Gonçalves. Com Tarcísio Meira, Glória Menezes, Cláudio Cavalcanti, Cláudio Marzo, Lúcia Alves, Sônia Braga, Milton Gonçalves, Zilka Salaberry, Regina Duarte, Emiliano Queiroz. "Irmãaao... é preciso coragem!...", cantava Jair Rodrigues no tema de abertura, de autoria de Nonato Buzar. A toada, intencionalmente, lembrava o sucesso recente do cantor, "Disparada". Tinha queixada de boi e tudo, mas só se ouviu a letra a partir do capítulo 12, quando o garimpeiro João (Tarcísio Meira) achava o cobiçado diamante pivô de toda a trama. E que trama! Janete Clair diz ter se inspirado em *As três máscaras de Eva* de Corbertt e Hervey M. Checkley (a narrativa que deu origem ao filme *As três faces de Eva*), *A pérola* de John Steinbeck, *Os irmãos Karamazov* de Dostoiévski, *O garimpeiro* de Herberto Salles e na peça *Mãe coragem* de Bertold Brecht para construir sua longa (328 capítulos, a mais longa novela do Brasil) saga de três irmãos — Tarcísio e os dois Cláudios —, suas namoradas — Glória Menezes, Lúcia Alves, Sônia Braga e Regina Duarte — e sua mãe — Zilka Salaberry — na fictícia cidade de Coroado, que seria em Goiás mas foi construída na então deserta Barra da Tijuca. No final das contas, o mix ficou mais parecido com um Bonanza à brasileira, o verdadeiro faroeste caboclo. Tinha de tudo: traição, roubo, tiros, estupro, conflito racial, o tal diamante roubado, futebol (o irmão Duda — Cláudio Marzo — vira craque do Flamengo e joga na seleção campeã do mundo; João Saldanha foi o consultor de Janete para compor o personagem) e até personalidades múltiplas (Lara, a tímida personagem de Glória Menezes, se transformava, sem aviso prévio, na sedutora Diana e na comedida Márcia). Dois personagens coadjuvantes fizeram enorme sucesso: a Índia Potira de Lúcia Alves (cuja canção-tema, "Menina", de Paulinho Nogueira, virou um dos grandes hits do ano) e o "bobo da aldeia", Juca Cipó, vivido por Emiliano Queiroz. Na medida do possível, Janete teceu na trama um sutil comentário sobre a ditadura, na figura do odiado vilão Pedro Barros (Gilberto Martinho), que mandava e desmandava em Coroado. Irmãos Coragem foi o primeiro megassucesso da década, e a primeira novela a realmente emplacar em todo o país.

O cafona (TV GLOBO, 24/3/1971 A 20/10/1971)

Escrita por Bráulio Pedroso, dirigida por Daniel Filho e Walter Campos. Com Francisco Cuoco, Marília Pêra, Tônia Carrero, Renata Sorrah, Carlos Vereza, Osmar Prado. Marco Nanini, Djenane Machado, Paulo Gracindo. Ainda capitalizando o seu sucesso com Beto Rockfeller em 1968, Bráulio Pedroso estréia na Globo trazendo uma visão nova, crítica e ácida, da alta sociedade na história de um novo-rico (Francisco Cuoco, o "cafona" do título) e sua desastrada escalada social pelo mundo dos grã-finos. Bráulio traz também para a novela um traço que ficaria por muito tempo: a novela-a-clé, em que ficção e realidade se misturam e se referem mutuamente. Os personagens chiques andavam pela pérgola do Copacabana Palace lendo e citando colunistas sociais da época; o trio do "núcleo jovem" — Osmar Prado, Carlos Vereza e Marco Nanini — compunha-se de três cineastas chamados Cacá, Rogério e Julinho (só faltava terem como sobrenomes Diegues, Sganzerla e Bressane...) e Marília Pêra gravou a canção-tema de sua personagem, "Shirley Sexy". O tema de abertura, de Marcos e Paulo Sérgio Vale, e "Lúcia Esparadrapo", de Antônio Carlos e Jocafi (tema da personagem hippie de Djenane Machado), emplacaram firme nas paradas. Além de enorme sucesso de crítica e público, *O cafona* contribuiu para lançar gírias e expressões, causou *frisson* entre as locomotivas e colunáveis, teve a primeira trilha sonora internacional lançada em disco. E deixou uma cena-ícone: Francisco Cuoco como o "cafona" Gilberto Athayde bebendo a lavanda num jantar de gente fina.

BANDEIRA 2

Minha doce namorada **(TV GLOBO, 19/4/1971 A 25/1/1972)**
Escrita por Vicente Sesso, dirigida por Fernando Torres e Régis Cardoso. Com Regina Duarte, Cláudio Marzo, Célia Biar, Mário Lago, Maria Cláudia. Vindo na cola de *Irmãos Coragem*, era tudo o que Regina Duarte precisava para virar mesmo a Namoradinha do Brasil: ela fazia a doce Patrícia, uma órfã que vivia num parque de diversões ambulante e se apaixona por Renato, vivido por Cláudio Marzo, um estudante rico. Ecos do musical *Lili*, mas Sesso garante que se inspirou num texto dele mesmo apresentado no Teatro de Fantasia da TV Record, nos anos 50. A novela emplacou com tudo no horário água-com-açúcar das 19h.

Bandeira 2 **(TV GLOBO, 23/10/1971 A 15/7/1972)**
Escrita por Dias Gomes, dirigida por Daniel Filho e Walter Campos. Com Paulo Gracindo, Stepan Nercessian, Marília Pêra, Elisângela, José Wilker, Milton Morais. O mundo do samba e do jogo do bicho estréia nas novelas — assim como os atores José Wilker e Milton Morais, que têm aqui seus primeiros trabalhos televisivos, nos papéis, respectivamente, de Zelito, o "filho rebelde", e Quidoca, o braço direito do bicheiro Tucão de Paulo Gracindo, grande estrela da trama. A Imperatriz Leopoldinense — na época uma escola pequena — era também personagem e ambiente da história, e seu samba enredo, "Martim Cererê", virou sucesso de "meio de ano" graças à novela. Provando o poder da conexão realidade-ficção, por duas vezes a novela emplacou no jogo do bicho real: em maio de 72, o personagem Jovelino Sabonete (Felipe Carone) deu seu palpite para uma fezinha no jogo do bicho — macaco — e no dia seguinte, na vida real, deu macaco na cabeça; e quando o personagem Tucão morreu, no dia seguinte, o número de sua sepultura fictícia também emplacou no jogo: macaco de novo!
A morte de Tucão, aliás, foi encomendada — pela censura, que desaprovava um contraventor tão espetacularmente popular. No dia seguinte ao capítulo em que Tucão partia desta para melhor, o jornal carioca *Luta democrática* — que era daqueles que, se espremidos, jorravam sangue — estampou em sua manchete: "MORREU TUCÃO!"

Você se lembra?

O tema de abertura era "Shaft", de Isaac Hayes. Ou pelo menos soava igualzinho, com aquele wah-wah e tudo. Jamais saberemos: a versão do tema de abertura que está no disco da trilha oficial é diferente da que ouvíamos todas as noites às 22h. O restante da trilha internacional era puro soul do bom: Stevie Wonder, Diana Ross, Jackson Five e até "Mercy, Mercy Me" de Marvin Gaye. Para enfarofar, só aquele "Mamy Blue" (tema romântico de Zelito e Noeli, a personagem de Marília Pêra) que colou nas rádios — e nos nossos ouvidos.

Selva de pedra (TV GLOBO, 8/4/1972 A 23/1/1973)

Escrita por Janete Clair, dirigida por Daniel Filho e Walter Avancini. Com Regina Duarte, Francisco Cuoco, Dina Sfat, Carlos Vereza, Sônia Braga, Neuza Amaral, Kadu Moliterno, Glória Pires. Um sucesso super, hiper, megamonstro. Recordista absoluto de audiência até aquele momento. Na noite de 4 de outubro de 1972, ao que consta, a competição da Globo morreu: 100% dos televisores do país estavam sintonizados no capítulo 152, no qual Simone (Regina Duarte), que até então vivia sob a falsa identidade de Rosana Reis, seria desmascarada pelo Cristiano Vilhena de Francisco Cuoco, seu ex e futuro marido. Era uma situação confusa mesmo: Simone, que era casada com Cristiano, tinha "morrido" num acidente automobilístico no começo da novela, quando ambos eram pobres. Mas tinha decidido — por razões extremamente novelísticas — se fingir de morta e assumir outra personalidade, a da aclamada escultora Rosana Reis. A trama — inspirada no livro *Uma tragédia americana* de Theodore Dreiser, que já havia rendido duas versões cinematográficas, inclusive *Um lugar ao sol*, de George Stevens, em 1951, com Shelley Winters, Montgomery Clift e Elizabeth Taylor — provocava aflições na censura, que impediu que Cristiano se casasse com a personagem de Dina Sfat — um caso claro de bigamia, na visão dos censores. A trilha sonora internacional emplacou o seu megassucesso: "Rock and Roll Lullaby", de B. J. Thomas, tema de Simone e Cristiano.

Você se lembra?

Do vilão Miro, de Carlos Vereza? O pobre ator era xingado na rua por causa das maldades do seu personagem, mas lançou a gíria "amizadinha", que, infelizmente, pegou como uma praga.

O bem amado (TV GLOBO, 24/1/1973 A 9/10/1973)

Escrita por Dias Gomes, dirigida por Régis Cardoso. Com Paulo Gracindo, Lima Duarte, Emiliano Queiroz, Milton Gonçalves, Sandra Bréa, Jardel Filho. Além de um grande sucesso e a primeira novela em cores da TV brasileira, um marco — um desses momentos de cultura pop que se alojam no tecido geral de um país. Lima Duarte, que na época trabalhava como diretor, estava no fim de seu contrato com a Globo quando aceitou ser o cangaceiro Zeca Diabo (a censura não deixava que o chamassem de "Capitão"). Paulo Gracindo incorporou mediunicamente o untuoso Odorico Paraguaçu e sua linguagem maravilhosa: "cachacistas juramentados", "donzelas praticantes", "alma lavada e enxaguada", "vamos botar de lado os entretanto e chegar nos finalmente". Emiliano Queiroz repetiu e ampliou, com seu tímido Dirceu Borboleta, o sucesso de *Irmãos Coragem*. Dias Gomes entretecia sua trama com elementos da história real, do momento — até Watergate apareceu, disfarçado na realidade da fictícia Sucupira. É claro que a censura se meteu na história — inspirada por um caso real, no Espírito Santo, de um político que se candidatou a prefeito prometendo construir um cemitério — que já tinha sido vetada sob a forma de peça, em 1962. Até a canção-tema original, "Paiol de pólvora", de Toquinho e Vinicius, foi proibida. Mas a trama era sólida demais para sofrer com semelhantes bisbilhotices estapafúrdias.

O espigão (TV GLOBO, 1/4/1974 A 1/11/1974)

Escrita por Dias Gomes, dirigida por Régis Cardoso. Com Carlos Eduardo Dolabella, Suzana Vieira, Cláudio Marzo, Milton Morais, Débora Duarte, Milton Gonçalves, Betty Faria, Ary Fontoura. A especulação imobiliária que, mais e mais, mudaria dramaticamente a face do Rio de Janeiro, apenas começava, mas Dias Gomes a colocou bem no centro dessa trama das 22h que emplacou na crítica e no público. Trazendo temas então inéditos na dramaturgia televisiva, como ecologia e poluição, a novela já começou com impacto, num super engarrafamento no Rio, onde nascia o filho da personagem Dora, de Débora Duarte. O nó da coisa era o conflito entre um ambicioso empresário do ramo imobiliário (Milton Morais) e quatro irmãos (Dolabella, Ary Fontoura, Wanda Lacerda e Suzana Vieira), herdeiros de uma grande propriedade em Botafogo que atrai o olho gordo do vilão. Mas, mais uma vez, as tramas paralelas caíram nas graças do público, especialmente as aventuras de Lazinha Chave-de-Cadeia (Betty Faria) e Nenê Alegria-das-Gringas (Milton Gonçalves). A trilha sonora trazia o estreante Alceu Valença, com "3 X 4", mas quem fez sucesso mesmo foi Zé Rodrix, com a música-tema.

O espigão

(ZÉ RODRIX)

Hoje eu não preciso mais coçar as costas
Inventaram o coça-costas eletrônico
Eu só fazia força
Quando ia abrir a porta da minha Mercedes
O único exercício que eu fazia
(era abrir a porta)
Hoje o meu motorista faz por mim
(ah, sim!)
Ah, sim, é isso sim!
(ah, sim!)
Me disseram que tudo que eu tenho é demais
(é demais!)
Me disseram que tudo que é demais está
sobrando
Que é que eu posso fazer
Se inventaram o mundo prá me dar prazer
Minhas máquinas estão fazendo tudo
(que eu fazia)
Eu não preciso mais me mexer prá viver
Viver sem me mexer, viver...
(eu não!)

Você se lembra?

Do texto que chamava as cenas do capítulo seguinte?

"Cidade grande! O homem vira máquina, a máquina esmaga o homem. Chega pro lado! Abre caminho!... A engrenagem engolindo... O futuro brotando... O Espigão!"

Mulheres de areia (TV TUPI, 26/3/1973 A 5/2/1974)

Escrita por Ivani Ribeiro, dirigida por Edson Braga. Com Eva Wilma, Carlos Zara, Gianfrancesco Guarnieri, Maria Isabel de Lizandra, Cláudio Correia e Castro, Rolando Boldrin, Antônio Fagundes, Othon Bastos. Um dos maiores sucessos da Tupi, e seu grande êxito dos 70, pós-*Beto Rockfeller*. Eva Wilma fazia o papel duplo das gêmeas Ruth (boazinha) e Rachel (malvada), apaixonadas pelo mesmo Marcos Assunção, de Carlos Zara. Guarnieri era o deficiente mental Tonho da Lua, que acabou se tornando uma das principais atrações da novela — e mote do título, já que ele esculpia as tais mulheres de areia. O papel duplo — outro trunfo que sempre dá certo — também contava ponto, e o público gostava mesmo era das maldades de Rachel. Uma cena de festa na casa do personagem de Cláudio Correia e Castro teve as participações especiais de Chacrinha, Ayrton e Lolita Rodrigues e do cantor Sílvio César.

E também:

E nós aonde vamos? (TV TUPI, FEVEREIRO A MAIO DE 1970)

Escrita por Glória Magadan, dirigida por Sérgio Britto e Mário Brasini. Com Leila Diniz, Marieta Severo, Ítalo Rossi, Jorge Dória, Neide Aparecida, Gracindo Júnior e Márcia de Windsor, Theresa Amayo. Não deu certo, mas foi importante por vários motivos — foi a última novela de Leila Diniz e a saideira de Glória Magadan, que havia sido chutada da Globo e tentava desesperadamente ser moderna na nova casa para continuar a onda de espetacular sucesso que a Tupi havia desfrutado no fim dos 60 com *Beto Rockfeller*. O enredo era o chamado *fudevu de casserole*: Leila Diniz era "uma moça moderna, pra frente mesmo, liberta de tabus e atavismos" (segundo o release da emissora), mas que "não consegue se libertar totalmente das raízes inculcadas no seu subconsciente por efeito da formação". Era filha de Márcia de Windsor, grande senhora mineira, e tinha como melhor amiga Theresa Amayo, que era uma médica jovem recém-chegada da África do Sul, onde estagiou com dr. Barnard.

"É uma geração que pergunta: e nós, aonde vamos? Para o vazio? Para a incoerência? Para a vitória? Que vitória? E nós aonde vamos? é mais do que uma simples novela: coloca corajosamente no vídeo os problemas básicos de uma geração. Grandioso elenco sob a direção de Sérgio Britto."

(Anúncio original da novela **E nós aonde vamos?** O CRUZEIRO, 13/1/1970)

O homem que deve morrer (TV GLOBO, JUNHO DE 1971 A ABRIL DE 1972)

Escrita por Janete Clair, dirigida por Daniel Filho e Milton Gonçalves. Com Tarcísio Meira, Glória Menezes, Jardel Filho. A censura vetou de alto a baixo os primeiros dez capítulos, nos quais Janete Clair estabelecia uma origem misteriosa para o personagem de Tarcísio Meira, Ciro Valdez, que deveria ser uma espécie de Jesus Cristo contemporâneo. A solução foi transformá-lo num extraterrestre, sob a inspiração do livro *Eram os deuses astronautas?*, do suíço Erich Von Daniken, que havia sido lançado em 1968 e ainda era muito comentado. A novela também incorporava dois fatos marcantes da época: o transplante de coração e o Esquadrão da Morte.

O primeiro amor (TV GLOBO, 24/1/1972 A 17/10/1972)

Escrita por Walter Negrão, dirigida por Walter Campos e Régis Cardoso. Com Tônia Carrero, Sérgio Cardoso, Aracy Balabanian, Paulo José, Flávio Migliaccio. Destinada ao público infanto-juvenil, teve a glória dúbia de ser a primeira com merchandising (no caso, de uma bicicleta). Mas também gerou dois personagens de longo alcance: Shazan e Xerife, vividos por Paulo José e Flávio Migliaccio. Durante suas gravações, Sérgio Cardoso morreu subitamente, de infarto, e foi substituído por Leonardo Vilar. A cena da troca dos atores marcou: a imagem congelava num *take* de Sérgio Cardoso saindo por uma porta que se fechava, quando ela abria novamente, entrava Leonardo Vilar.

Os ossos do barão (TV GLOBO, 8/10/1973 A 31/3/1974)

Escrita por Jorge Andrade e Bráulio Pedroso, dirigida por Régis Cardoso e Gonzaga Blota. Com Lima Duarte, Paulo Gracindo, Sandra Bréa, Gracindo Jr. Elogiadíssima pela crítica, a novela foi uma rara contribuição do dramaturgo Jorge Andrade à TV. A trama, surgida da fusão de duas peças dele, contrapunha a decadência de uma tradicional família paulista (a de Gracindo) com a ascensão de um ambicioso imigrante (Lima Duarte). Na trilha, o estreante Djavan, com "Qual é", e "Love's Theme", de Barry White.

Cavalo de aço (TV GLOBO, 24/1/1973 A 21/8/1973)

Escrita por Walther Negrão, dirigida por Walter Avancini. Com Tarcísio Meira, Glória Menezes, José Lewgoy, Renata Sorrah, Cláudio Cavalcanti, José Wilker, Elizângela, Mário Lago. A censura conseguiu abortar esta novela, obrigando Walther Negrão a mudar de assunto tantas vezes que ela jamais conseguiu emplacar completamente. O tema original — a revolta do herói Rodrigo (Tarcísio Meira, sempre montado em sua moto, o seu "cavalo de aço") contra os responsáveis pela morte do pai — tinha um subtexto de reforma agrária que a censura vetou. Mas o sapato de Tarcísio virou mania nacional.

O machão (TV TUPI, 5/2/1974 A 15/4/1975)

Escrita por Sérgio Jockyman e Ivani Ribeiro, dirigida por Luiz Galon, com Antônio Fagundes, Maria Isabel de Lizandra, Irene Ravache. Adaptação de *A megera domada*, de Shakespeare, reunindo o casal Fagundes/Isabel que fizera tanto sucesso em *Mulheres de areia* e pegando a onda de discussão que começava a se formar em torno do feminismo.

Corrida do ouro (TV GLOBO, 1/7/1974 A 25/1/1975)

Escrita por Lauro César Muniz e Gilberto Braga, dirigida por Reynaldo Boury. Com Aracy Balabanian, Renata Sorrah, Célia Biar. O estreante Gilberto Braga começa numa comédia maluca inspirada pelos clássicos americanos do gênero: cinco mulheres têm que enfrentar uma verdadeira gincana para ganhar a polpuda herança — 15 mil cruzeiros! — deixada por um milionário excêntrico. O grande sucesso foi a personagem Kiki Vassourada, a motoqueira de Zilka Salaberry. Na trilha sonora, um dos sucessos do ano — "Feelings", de Morris Albert. E a canção-tema, outro hit de Zé Rodrix.

"Não quero ouvir, na novela, nenhuma música feita porque provoca a venda do disco. Se eu ouvir música da Philips nesta novela, ou em qualquer outra, perde o emprego."

(Diálogo entre José Bonifácio de Oliveira Sobrinho, o Boni, e o sonoplasta Faya, da TV Globo, reportado no JORNAL DE AMENIDADES, número 1, 1971.)

A corrida do ouro

(ZÉ RODRIX)

Muito dinheiro fora de hora
Sempre modifica as pessoas
Muito dinheiro
Quando chega ninguém espera
Modifica todas as coisas
Muito dinheiro quando pinta na vida
Modifica tudo na vida
Mas as pessoas vivem todas
Correndo atrás de muito dinheiro

Muito dinheiro fora de hora
Dá um revertério na cuca
Muito dinheiro
Pra quem não sabe o que é dinheiro
Põe toda a moçada maluca
Muito dinheiro no bolso e no banco
É pior do que pouco dinheiro
Mas as pessoas vivem todas
Correndo atrás de muito dinheiro

Quem corre atrás do tesouro
Da mina de ouro
Tem conta secreta no banco suíço
Se esquece que a vida
Existe só pra ser vivida

Quem pensa que a grana
Que pinta de graça
Resolve os problemas
Do amor e da vida
Perdeu a sua chance
De ter a tal felicidade
De verdade!...

Sitcom à brasileira

DUAS FAMÍLIAS *SUI GENERIS* FIZERAM ENORME SUCESSO E INAUGURARAM UM NOVO FORMATO NA TV:

A primeira foi A FAMÍLIA TRAPO (TV Record, 1967-1971; criação de Nilton Travesso, A. A. de Carvalho, Raul Duarte e Manoel Carlos; roteiros de Carlos Alberto da Nóbrega e Jô Soares; direção de Nilton Travesso, Manoel Carlos e Tuta de Carvalho). Gravada ao vivo no teatro da emissora e no teatro Paramount, em São Paulo, a família que circundava o patriarca Pepino Trapo (Otelo Zeloni) reunia Renata Fronzi (Helena), Cidinha Campos (Verinha), Ricardo Corte Real (Sócrates) e Jô Soares como o mordomo Gordon. Ronald Golias era o hilário Carlo Bronco Dinossauro, o idiota de plantão que, num episódio clássico, em 1970, depois do tricampeonato, se põe a ensinar futebol ao convidado especial, Pelé. Outros convidados dos Trapo — uma gozação com os Von Trapp da *Noviça rebelde* — incluíam Jair Rodrigues, Hebe Camargo, Ronnie Von e Nara Leão. Não se sabia o que era mais engraçado, a premissa de cada episódio, os cacos (improvisos) que todos os atores soltavam, ou as tentativas (frustradas, quase sempre) dos colegas de cena de controlar o riso.

A GRANDE FAMÍLIA (TV Globo, 1972-1975; criação de Max Nunes e Marcos Freire; roteiristas: Max Nunes, Oduvaldo Vianna Filho, Armando Costa e Paulo Pontes; direção de Milton Gonçalves e Paulo Afonso Grisolli) era mais organizada. Inicialmente inspirada no sitcom *All In the Family*, um megassucesso da TV americana da época, rapidamente assumiu contornos brasileiros ao seguir as desventuras da família do veterinário Lineu (Jorge Dória), sua esposa, a supermãe Nenê (Eloísa Mafalda), e seus filhos, o ripongo Tuca (Luiz Armando Queiroz), o engajado Júnior (Osmar Prado) e a mimada Bebel (Djenane Machado e depois Maria Cristina Nunes) e o marido dela, o folgado Agostinho (Paulo Araújo). A censura marcou sob pressão o tempo todo, principalmente as falas de Júnior, que funcionava como um alter-ego de Vianinha. Quando Djenane Machado brigou com a Globo e saiu no meio da segunda temporada, a substituição por Maria Cristina Nunes veio de um capítulo para o outro, como se nada tivesse acontecido — só um personagem comentou que a Bebel estava "meio diferente".

"Na sua curta história, a televisão teve sua fase de conquista de audiência. Foi a época das concessões. Era uma etapa necessária. Felizmente para a Rede Globo, a época das concessões já acabou. O espectador brasileiro começa a se cansar do popularesco, exigindo mais." (Anúncio da TV Globo em revistas, junho de 1973)

É Fantástico!

Às 20h de domingo, dia 5 de agosto de 1973, uma voz feminina anunciou: "Olhe bem, preste atenção". Era fantástico, ou melhor, era o *Fantástico* entrando no ar, com aquela musiquinha cantada — "é fantástico/ da idade da pedra/ ao homem de plástico/ o show da vida..." — e uma abertura com bailarinos vestidos em estilo meio hippie, meio cigano, com gigantescos adereços na cabeça, tudo com design de Hans Donner. Era um novo conceito de programa, o programa-revista, misturando entretenimento — números musicais, humorismo — com jornalismo, durante duas horas. Tudo — inclusive a música-tema — criação do então diretor superintendente da Globo, José Bonifácio de Oliveira Sobrinho, o Boni. E tudo ousadíssimo para 1973, uma saída radical para o impasse de todos os domingos, quando o tépido *Só o amor constrói*, da Globo, apanhava regularmente do ainda mais requentado *Programa Flávio Cavalcanti*, da TV Tupi.

O primeiro diretor-geral do *Fantástico* foi Augusto César Vanucci, e o apresentador, Cid Moreira. O programa de estréia teve uma reportagem sobre criogenia — pessoas que se deixavam congelar depois de mortas, na esperança de serem ressuscitadas no futuro —, um musical com Sandra Bréa homenageando Marilyn Monroe, esquetes cômicos com Chico Anysio e Raul Solnado e uma exclusiva-bomba com Tostão recebendo diante das câmeras o laudo médico que o faria parar de jogar. Tudo isso em preto-e-branco, costurado por vinhetas de balé.

O *Fantástico* passou a ser transmitido em cores em abril de 1974, quando também estreou aquela que seria uma de suas mais duradouras estrelas: a Zebrinha, uma criação de Mauro Borja Lopes, o Borjalo, dublada por Mara Lisi numa voz extrafina ("coluuuuunaa uuu-umm..." "iiih.... Olha eu aí... zeeeebra.."), com narração em *off* de Pedro Braga, citando sempre as estatísticas do matemático Oswald de Souza. A apresentação era do âncora esportivo Leo Batista, que dialogava com a Zebrinha. O simpático eqüino mexia apenas a boca e — muito sestrosamente, aliás — os olhos, num efeito que, além de embalar os sonhos e decepções de milhões de apostadores, também assustava muitas criancinhas. Isso a colocou no panteão duvidoso dos novos bichos-papões (na linha "come toda a cenoura senão vou chamar a zebrinha!").

Outras personalidades dos primeiros anos do Fantástico eram a repórter Cidinha Campos, com matérias-denúncia, e Ibrahim Sued, que tinha uma coluna na qual aparecia sempre com um maço de papéis na mão, suando e tremendo muito, especialmente quando mandava o seu clássico "booomba!", "booomba!".

"Comunicamos que o casamento da Central Globo de Produções com a Central Globo de Jornalismo está consumado. Que o casal tenha muitos filhos e que a felicidade dure até que a morte nos separe. Com muito amor." (Memorando de Borjalo, diretor-geral da Central Globo de Produções, dirigido a Boni, depois da estréia do **Fantástico**, agosto de 1973).

Notícias na hora do almoço: Jornal Hoje

Com um formato mais para telerrevista que para jornal, o *Jornal Hoje* estreou em 21 de abril de 1971 na Rede Globo, apenas no Rio de Janeiro. A proposta era lançar uma revista diária voltada para a mulher, com matérias sobre arte, espetáculos e entrevistas, e Léo Batista e Luís Jatobá eram os apresentadores. O cenário seguia o padrão da emissora para todos os telejornais: fundo azul e o logotipo do jornal — um enorme H — ao lado da primeira versão do logotipo da emissora criado por Hans Donner. O *Hoje* rapidamente ganhou popularidade, lançando apresentadoras como Márcia Mendes e Paula Saldanha, e contando com colunas de Nelson Motta e Big Boy. Em 1974 o *Hoje* se tornou um programa nacional.

Futebol com defeitos especiais: Ataque e Defesa

(POR MÁRIO JORGE DOURADO, WWW.DOURADO.ETI.BR)

Ataque e Defesa (TV Tupi) foi uma guinada de objetividade. Um programa de uns 20 ou 25 minutos de duração, com três blocos separados entre si por um intervalo de 30 segundos. Num dos blocos, as notícias principais, resultados da rodada, loteria esportiva. No outro bloco, os gols — muitos gols, gols de todo o Brasil, aproveitando a novidade do satélite e *links* de microondas da Embratel, e o fato de a TV Tupi ser a primeira a ter uma rede com emissoras em várias capitais.

O auge do programa era a explicação da tática do jogo de domingo. Naquela época, o jogo de domingo era assunto até pelo menos a quarta-feira. E as análises de especialistas como João Saldanha, Ruy Porto e Luiz Mendes eram de conhecimento obrigatório. E o *Ataque e Defesa* inovou. Em vez de apenas ouvir o Ruy Porto, podíamos agora ver o Ruy Porto explicando, gesticulando e mostrando a tática das equipes com os recursos audiovisuais disponíveis.

Esse era o problema: os recursos audiovisuais disponíveis (na época).

De início, uma mesa de botão. Era moda explicar tática com mesa de botão, alguns técnicos a usavam regularmente com seus jogadores — como o grande estrategista Tim. Colocaram a mesa de botão no cenário, os botões posicionados (um time claro e um time escuro, pois a TV era em preto-e-branco) e o Ruy Porto explicando a tática. Funcionava bem, mas havia o problema do Ruy Porto com a mesa. Ele era muito alto, devia ter mais de 1,90m. E a mesa não podia ficar muito alta por causa do ângulo da câmera (as câmeras de TV em 1970 eram gigantescas). O Ruy Porto se inclinava, ficava numa posição incômoda para mover os botões, as pessoas não viam direito, enfim, não era o esquema ideal.

Um belo dia aposentaram a mesa de botão e colocaram um simples quadro-negro. Não existiam esses quadros mais modernos, era quadro-negro com giz mesmo. E o Ruy Porto, de terno, empunhando o giz que nem um professor, explicando a tática dos times. Lutando contra sua alergia — o Ruy Porto era meio alérgico, vivia com um lenço na mão. E o giz do quadro quase matava o coitado. Uma vez — juro que é verdade — ele teve um acesso de tosse, e o programa acabou. Primeiro colocaram o comercial e deixaram o logotipo no ar, tentaram acalmar a tosse e ver se o Ruy Porto conseguia terminar o programa, mas não teve jeito.

No outro domingo, a novidade: um quadro mágico — na realidade, um quadro de ímã com um campo de futebol desenhado, e 22 botões imantados representando os jogadores. Uma festa para Ruy Porto. As melhores explicações táticas de *Ataque e Defesa* vieram dessa época.

Mas o quadro mágico tinha um problema: era de parede, ficava lá o tempo todo atrás do Ruy Porto. Tirava um pouco da graça, ficava ocupando o cenário, as pessoas acabavam focando a atenção no quadro.

Como o quadro imantado atrapalhava o programa, a Tupi resolveu subir o quadro com umas cordas e um complexo sistema de roldanas, só descendo na hora de explicar a tática. Era o Ruy Porto se dirigir para o local do quadro e algum contra-regra escondido descia magicamente o campo. Foi a melhor solução, mas provocou constrangimentos em algumas oportunidades. Numa época, as roldanas estavam precisando nitidamente de óleo. Roinc-roinc-roinc para descer o quadro, o Ruy Porto meio sem jeito. Uma vez, realmente prendeu. Várias tentativas, sobe e desce o quadro, mas não deu — não abaixava mais do que certa altura. Ele teve que explicar a tática, literalmente, por alto. Não podia mexer nos jogadores.

OS REIS DO RISO

Balança mas não cai (TV GLOBO, 1968-1972; TV TUPI, 1972-1974)

Paulo Gracindo e Brandão Filho, o Primo Rico e o Primo Pobre, eram "donos" dos personagens desde sua criação no programa homônimo da Rádio Nacional. Os bordões mais famosos eram do Primo Pobre: "mata o velho, mata" e "Primo, você é óóótimo". Mas havia também Lúcio Mauro e Sônia Mamede, o casal Fernandinho e Ofélia — "Só abro a boca quando tenho certeza!"; Consuelo Leandro, do "aceita um coqrete, seu Jacinto?". E mais sessenta comediantes, como Berta Loran, Paulo Silvino, Walter e Ema D'Ávila, Tutuca, Ary Leite, Costinha e Lilico ("como é bom ser hippie!"), todos ao vivo, apresentados por Augusto César Vanucci, dirigidos por Lúcio Mauro.

Faça humor não faça a guerra (TV GLOBO, 31/7/1970 A 25/3/1973)

A referência para o programa deve ter sido o *Laugh-In* da NBC americana, o show que mudou o conceito e o *timing* da comédia televisiva (e, entre outras coisas, inspirou o Monty Python inglês e lançou a carreira de Goldie Hawn). Da abertura (com imagens "psicodélicas" e uma música contagiante que dizia: "Vai dizer que sim, vai dizer que não, vai ficar assim, sem opinião?") ao ritmo e cenário dos esquetes, *Faça humor não faça guerra* era mesmo um *Laugh-In* tupiniquim. Jô Soares tinha os tipos O Bêbado, Irmão Thomas, Norminha (um enorme sucesso na época) e, com Renato Côrte Real, os pirados Lelé e DaCuca. Renato Côrte Real tinha, entre outros, Sigismundo Fraude, o analista louco, e o faxineiro Humirde, com o bordão: "nós semo humirde".

Chico City (TV GLOBO, 5/1/1973 A 24/4/1980)

Na fictícia Chico City, em algum lugar no sertão nordestino, viviam Seu Bilingui, dono de quase todas as terras da cidade; o coronel Pantaleão e o coronel Limoeiro; o Canavieira; o Velho Zuza; o Popó; o ator e DJ Alberto Roberto (cujo forte era um monólogo ao som de "All By Myself", no qual ele se lamentava, "tudo eu! Tudo eu!") e seu irmão, o galã Mauro Maurício; o detetive Zé da Silva; o craque de futebol Coalhada; Badé Mangaio, um feirante que sabia da vida de todo mundo; Gastão Franco, o homem mais pão-duro da cidade; Bilac Biruta, que se achava um gênio incompreendido; Tavares, um típico malandro que só falava em mulher; Bexiga, um paulista convicto que nem sequer conhecia o Maracanã; Tadinho, um milionário fútil que estava no sexto casamento; Teteu, um motorista de táxi que se satisfazia contando os grandes feitos do amigo Reginaldo (Ítalo Rossi); Meinha, um craque de futebol; Divino, que, junto com o auxiliar Serafim (Martin Francisco), iludia a boa-fé das pessoas com uma misteriosa seita religiosa; Nico Bondade, um homem extremamente bom que não conseguia emprego; Gamação, um mecânico que à noite se transformava em falso malandro; Alfano, diretor de uma firma, sempre envolvido em negócios confusos; Armando Cascata, pai-coruja que sempre justificava os erros do filho Cascatinha (vivido por Castrinho); Zé Tamborim; Azambuja; o Professor Raimundo; e os astros Baiano e os Novos Caetanos. Todos, é claro, eram Chico Anysio.

"S A T I R I C O M" - 75

PROGRAMA Nº 16 - (Gravação: NO AR - 20/10

Texto-Produção: MAX NUNES - HAROLDO BARBOSA

Textos Adicionáis: JÔ SOARES - RENATO CÔRTE RE
JOTA RUY - LAFAYETTE-GALVÃO
TON MARQUES

Direção Geral: AUGUSTO CÉSAR VANUCCI

Coordenação: MOZART RÈGIS - RUY MATOS

Música: GUIO DE MORAES

Destaques: JÔ SOARES - AGILDO RIBEIRO - RENATO
REAL - MIÈLE

CENTRAL GLOBO DE PRODUÇÕES - RIO

Satiricom (TV GLOBO, 2/4/1973 A 23/9/1974)

O nome era uma contração de sátira e comunicação, e, pelo menos na primeira fase, essa era a idéia desse humorístico quinzenal escrito por Max Nunes e Haroldo Barbosa. *Satiricom* era dividido em pequenos quadros de dois minutos cada, centrados em Jô Soares, Renato Côrte Real, Luiz Carlos Miéle e Agildo Ribeiro. Outra característica dessa primeira fase eram as gargalhadas artificiais, tão queridas da TV americana da época, e a abundância de externas.

Os Insociáveis (TV RECORD, 1973-1974) e **Os Trapalhões** (TV TUPI, 1975-1976). As origens mais remotas do quarteto de comediantes mais popular do Brasil estão na TV Excelsior, em 1965, no programa *Adoráveis Trapalhões*, que já contava com Renato Aragão. Com a falência da Excelsior, Renato se muda para a TV Record, onde, ao lado de Manfredi Santana, o Dedé, vindo do teatro de revista, e Antonio Carlos Bernardo Gomes, o Mussum, do conjunto musical Os Originais do Samba, lança *Os Insociáveis* — basicamente, o mesmo tipo de humor circense que fariam por toda a carreira. Contratado pela Tupi, o trio ganha Mauro Faccio Gonçalves, que já fazia parte do elenco humorístico da emissora, com o tipo que o tornaria célebre — o bobo-esperto, eterna criança, que ele já havia criado para um outro programa da Tupi, inspirado numa figura de sua cidade natal, Sete Lagoas – MG. Foi Renato quem batizou o tal tipo de "Zacarias", nome de um galo que ele tinha. Com o nome *Os Trapalhões*, o programa se tornou campeão de audiência, batendo o recém-criado *Fantástico* da Rede Globo.

...ANTIGA - MULHERZINHAS EM
...PAS DE ÉPOCA - RAPAZES DE
...PÉU DE PALHA E BENGALINHAS
...UZES - CENÁRIO TIPO ANTIGO: - ÉPOCA 1920 -

...RTURA ANIMADA DE ORQUESTRA:

...OS DANÇAM - CÔRO CANTA: CÔRO - "APRENDERÁS

Os senhores do auditório

Com seu **Programa Flávio Cavalcanti** representando um terço do faturamento da emissora e registrando 70% de audiência aos domingos na TV Tupi, Flávio Cavalcanti era o dono da noite entre 1970 e 1973 — até a estréia do *Fantástico*, propositadamente no mesmo horário. Juntando elementos de seus vários programas anteriores, nos anos 60, o *Programa Flávio Cavalcanti* tinha quadros como "Canção Nota 10", "Flávio Confidencial" e "Repórter na História". Havia um júri que dava palpites em tudo, e tinha, além de Leila Diniz — que Flávio apadrinhou quando a atriz estava em apuros com a ditadura —, o folclórico José Fernandes, sempre do contra e de mau humor. Mas a grande estrela era mesmo Flávio, pondo e tirando os óculos, mandando seus bordões — "um instante, maestro", "os comerciais, por favor" — e provocações: contra John Lennon, contra Caetano Veloso, contra os Secos & Molhados, contra os homossexuais, contra tudo o que não fosse do seu gosto na linha Deus-Pátria-Família, espetacularmente, sinceramente, bombasticamente contra. Um verdadeiro *showman*. Estar tão em sintonia com o ideário da ditadura não deixava Flávio imune às suas perseguições. Por duas vezes o programa foi tirado do ar alegando ofensas aos bons costumes (numa matéria um sujeito tinha um harém, na outra uma mulher era compartilhada por dois amigos). Em 73, Flávio é suspenso mais uma vez, mas pela própria Tupi, por reclamar, diante das câmeras, do atraso nos pagamentos.

Cidinha Campos ainda não tinha chegado aos 30 anos e comandava dois programas na TV Record — o **Programa Cidinha Campos** e o inovador *Dia D,* que já tinha equipes volantes e matérias de rua. "É uma figura que desponta", diz Ronaldo Bôscoli em 1971 na sua coluna no *Jornal de Amenidades*. "Ganhando menos de 10% do salário de Flávio Cavalcanti, briga quase igual a ele contra a *Discoteca do Chacrinha*." Cidinha tinha começado na TV aos 8 anos no *Clube do Papai Noel* e depois no *Pullman Jr.* "Ela tem um charme incomparável para fazer perguntas incômodas sem incomodar, e conhece profundamente o espírito popular", diz Manoel Carlos. Em sua coluna no *Jornal de Amenidades,* Ronaldo Bôscoli dizia também que "a Globo está de olho" em Cidinha. Estava mesmo.

Quando a recém-nascida TV Globo compra a TV Paulista, em 1966, ela leva consigo a nova sensação dos auditórios: Silvio Santos e seu **Música e Alegria**. Na entrada dos 70, Silvio comanda seis horas de programa ao vivo na Globo, aos sábados — já com o nome *Programa Silvio Santos* — com suas "colegas de trabalho" e seus quadros — "Show da Loteria", "Só Compra Quem Tem", "Campeonato de Calouros", "Arrisca Tudo", "Sinos de Belém", "Disco de Ouro", "Boa Noite, Cinderela", "Cuidado com a Buzina".

Nos primeiros anos da década, o Velho Guerreiro Abelardo Barbosa, o Chacrinha, tinha dois programas de enorme sucesso na TV Globo, ambos gravados ao vivo: a **Buzina do Chacrinha** (aos domingos no Rio de Janeiro, aos sábados em São Paulo, sempre depois do *Programa Silvio Santos*), e, nas quartas, a *Discoteca do Chacrinha*. Chacretes, os grandes símbolos sexuais da TV no início da década, animavam os dois shows em trajes bem mais recatados do que seria de se esperar. Nos dois programas, aquela farta distribuição de bacalhau, abacaxi, batatas, goiabadas e "alôoooo, Terezinha". A *Buzina* tinha mais calouros, e um júri com o alucinado Pedro de Lara e a rubicunda Aracy de Almeida. A *Discoteca* plugava os lançamentos do momento. Nos dois programas rolavam concursos psicodélicos como O Cachorro Com Mais Pulgas, A Empregada Doméstica Mais Bonita do Nordeste, A Galinha Que Botava Ovo Mais Rápido e a Estudante Mais Bonita do Brasil.

ALGUMAS MÁXIMAS DO CHACRINHA ::: RODA, RODA, RODA E AVISA (CHACRINHA TERIA OUVIDO O DIRETOR RÉGIS CARDOSO USAR ESTA EXPRESSÃO) ::: AS MULHERES ADORAM OS HOMENS CARECAS, OU POR OUTRAS, AS MULHERES ADORAM AS COISAS CARECAS ::: O RELÓGIO MARCAVA JUSTAMENTE A HORA QUE DEVERIA ESTAR MARCANDO ::: MUITA COISA BOA ESTÁ ACONTECENDO, UNS CHUPANDO PIRULITO, OUTROS TOMANDO SORVETE E OUTROS MORRENDO ::: CIDADE DESCONTRAÍDA, CONTRAÍDA, MORTIFICADA, CIDADE SEM LUZ, CIDADE APAGADA ::: O PADEIRO SE COMUNICA, A GALINHA PÕE OVOS E PINICA ::: QUEM NÃO SE COMUNICA SE TRUMBICA ::: EU NÃO VIM PARA EXPLICAR, VIM PARA CONFUNDIR ::: DURO É O POSTE DA LIGHT, DURO É O CABO DE VASSOURA, DURO É O RABANETE ::: ALÔ, ALÔ, SEU AMARAL! CADÊ O FIO DENTAL! ::: ALÔ, ALÔ, DONA MARIA, PANELA NO FOGO, BARRIGA VAZIA! ::: ALÔ, ALÔ, SEU MANUEL, ACABOU O PAPEL! ::: ALÔ, RAMALHETE, COMO VAI SEU CAPACETE? ::: ALÔ, NICOLAU, COMO VAI SEU BERIMBAU? ::: ALÔ, SEU TORQUATO, PERCA A VERGONHA E DEIXE DE SER CHATO! ::: A VIDA É UMA RODA, UMA RODA-VIVA, UMA RODA, UMA ROLETA, UMA CARA DE SIRI-BUFANHA, ALEGRE E BEM RISONHA.

A BABÁ ELETRÔNICA

É NESTA ÉPOCA QUE A TV COMEÇA A INVESTIR FUNDO NO MERCADO FUTURO: A CRIANÇADA.

Topo Gigio Especial (TV GLOBO, 28/11/1970 A 6/2/1971)

O ratinho criado pela italiana Maria Perego, que em seu país de origem era apresentado pela atriz Gina Lollobrigida e nos Estados Unidos aparecia no famoso show do Ed Sullivan, já tinha emplacado no Brasil como um quadro do programa Mister Show, em 1969. Agora Topo Gigio ganhava seu próprio programa com Agildo Ribeiro como coadjuvante. Os dois cantavam "Meu limão, meu limoeiro" juntos (o compacto foi sucesso em 1971), davam bons conselhos na linha "escovar os dentes, obedecer aos pais e mestres etc." e, no fim, balançando a perninha, o ratinho pedia "um beijinho de boa noite" com seu sotaque italiano. Quando o *Pasquim* começou a espalhar que Topo Gigio talvez tivesse desejos não muito ocultos por seu interlocutor humano, ele rapidamente ganhou a companhia de Regina Duarte. Teve choradeira da criançada no episódio final, quando Topo Gigio foi embora com uma trouxinha no ombro, virando-se no caminho para acenar para o público.

Lingüinha X Mr. Yes (TV GLOBO, OUTUBRO DE 1971 A ABRIL DE 1972)

Explorando um dos tipos criados por Chico Anysio — um garoto normal não muito brilhante que se transformava em super-herói quando punha a língua para fora —, esta série de programetes curtos, de sete a oito minutos (no Rio, iam ao ar diariamente logo depois do *Jornal Nacional*; em São Paulo, uma vez por semana) pegou feito piolho na molecada em idade escolar. Pôr a língua para fora virou modismo, e o LP com as músicas do programa vendeu os tubos. Lingüinha era filho de Lingote (Chico Anysio também), que gostava de Waldick Soriano e vivia tomando vitaminas, e tinha como ajudante Cassius Ali, aliás Mohamed Clay (Grande Otelo). Seus inimigos incluíam o arquimau Mr. Yes (Luís Delfino) e Monótonus (Jorge Loredo) que matava as pessoas com a chatice de repetir tudo várias vezes.

Vila Sésamo (TV CULTURA-TV GLOBO, 12/10/1972 A 1974; TV GLOBO, 1974 A 4/3/1977)
Adaptação brasileira da já premiadíssima e aclamada *Sesame Street* da Children's Television Workshop americana, *Vila Sésamo* foi pouco a pouco se aclimatando ao novo território graças a autores — Ivan Lessa, Dinah Silveira de Queiroz, Marcos Rey, entre outros — e elenco cinco estrelas. Na nossa versão tinha o seu Almeida (Manoel Inocêncio), dono do armazém, amigo do Juca (Armando Bógus), casado com a Gabriela (Aracy Balabanian) e primo da professora Ana Maria (Sônia Braga), que namorava o Antônio (Flávio Galvão). Os bicharocos de cena foram criados em 1973 por Naum Alves de Souza: o "passarão" Garibaldo, interpretado por Laerte Morrone (que era azul, para fotografar melhor em preto-e-branco, ao contrário do americano, amarelo) e o Gugu, que vivia dentro de um barril. Vindos dos EUA tinha a dupla Ênio (um bobão que não sabia de nada) e Beto (um ranzinza que não gostava de ter que ensinar tudo ao Ênio) e o Monstrinho Come-Come, que só queria saber de "biscoooooito!".

Alegria da vida – Tema da Vila Sésamo

(PAULO SÉRGIO VALLE – NELSON MOTTA – MARCOS VALLE)

Todo dia é dia,
Toda hora é hora.
De saber que este mundo é seu...
Se você for amigo e companheiro,
Com alegria e imaginação!
Vivendo e sorrindo,
Criando e rindo,
Será muito feliz e todos...
Serão também!

O Globinho (TV GLOBO, 2/1/1972 A 24/7/1982)

Na estréia, em 1972, o programa tinha narração em *off* de Sérgio Chapelin e um conceito revolucionário para o Brasil: notícias e temas da atualidade para crianças. Em meio às entrevistas e reportagens, também eram apresentados desenhos animados: *Mio e Mao*, dois gatos de animação *stop motion* em massa de modelar (acompanhados de sua musiquinha-tema: "Mio, Mao, Mio, Mao, lá, lá, lá, lá, lá, lá!"), *A linha*, uma linha de lápis que se transformava em diversos elementos enquanto contava uma história, *Vermelho e Azul*, outra animação *stop motion* com massa, e *A família Barbapapa*, nove bicharocos de cores diferentes — Barbapapa, Barbamama e seus sete filhos Barbaclic, Barbacuca, Barbazoo, Barbatinta, Barbalala, Barbaploc e Barbabela — capazes de assumir qualquer forma.

Shazan, Xerife & cia. (TV GLOBO, 26/10/1972 A 1/3/1974)

Depois do sucesso na novela *O primeiro amor*, a dupla de mecânicos de bicicleta criada pelo roteirista Walther Negrão e pelos atores Paulo José e Flávio Migliaccio ganhou uma série própria. Pilotando sua camicleta — mistura de caminhão com bicicleta — os dois passaram 66 episódios tentando montar seu grande sonho, a bicicleta voadora. Viraram mania entre a garotada. Os nomes dos dois personagens foram tirados dos apelidos de dois primos de Walther Negrão.

A patota (TV GLOBO, 27/11/1972 A 29/3/1973)

Escrita por Maria Clara Machado, esta mininovela juvenil lançou uma turma de jovens atores: José Prata (filho de Grande Othelo), Rosana Garcia, Fábio Mássimo e Córis Junior. Débora Duarte era a professorinha bacana, e Marco Nanini, o professor.

Globo Cor Especial (TV GLOBO, 2/4/1973 A 4/3/1983)

Entrava no ar inicialmente às 17h, na hora certa para a volta da escola, e tinha basicamente desenhos e seriados infanto-juvenis. Alguns dos desenhos eram *Papa-Léguas* (Bip-Bip e sua eterna vítima, o Coiote), *Urso do Cabelo Duro*, *Formiga Atômica* ("Lá vem a triônica, a Formiga Atômica"), *Esquilo Sem Grilo* (o super agente secreto, com seu assistente, Moroco Moleza), *A Fábrica de Mickey Mouse*, *Abbott e Costelo*, *Jackson Five* e *Dick Van Dyke Show*. Nos seriados, o maior sucesso era *A Família Dó Ré Mi*. Em 1974, o Globo Cor passou para a volta do turno da manhã: meio-dia. Mas o sucesso, sucesso mesmo era a música-tema...

Música-tema Globo Cor Especial

(MARCOS VALLE – NELSON MOTTA)

Não existe nada mais antigo;
Do que cowboy que dá cem tiros de uma vez;
A vó da gente deve ter saudade do Zing Pow;
Do cinto de inutilidades;
No nosso mundo tudo é novo e colorido;
Não tem lugar pra essa gente que já era;
Morcego velho, bang-bang de mentira, vocês já eram;
O nosso papo é alegria!

Clube do Capitão Aza (TV TUPI, ATÉ 1979)

Com seu capacete de piloto com duas asinhas desenhadas, óculos de lentes negras e um muito bem-passado uniforme da Aeronáutica cheio de medalhas, Wilson Vianna abria seu programa com o já tradicional: "Alô, alô, Sumaré! Alô, alô, Embratel! Alô, alô, Intelsat 4! Alô, alô, criançada do meu Brasil! Aqui fala o Capitão Aza, comandante-chefe das forças armadas infantis desse Brasil!". Em 1966, quando o *Clube do Capitão Aza* estreou, ainda não dava para notar o quanto este bordão era assustador, e a gurizada que, nos primeiros 70, curtia desenhos e as reprises de séries dos anos 60 como *A Feiticeira, Jeannie é um Gênio, Speed Racer, Corrida Maluca, Alma de Aço, O Agente da UNCLE, A Garota da UNCLE*, e *Mannix* também devia passar batida pelo bizarro subtexto do programa.

Clube do Guri (TV TUPI, ATÉ 1976)

No início se chamava *Gurilândia*, mas mesmo na sua nova encarnação era a mesma coisa — um concurso de calouros para crianças, com um clima meio histérico, repleto de supermães nervosas e crianças-prodígio bem-penteadas, todas na esperança de se tornar a nova Elis Regina (que havia sido descoberta no *Clube do Guri* de Porto Alegre).

Jardim Zoológico (TV CULTURA, 1971-1976)

Apresentado por Renato Consorte e gravado no Jardim Zoológico de São Paulo, o programa falava sobre coisas inéditas como ecologia, ecossistemas, cadeia alimentar, interação entre as espécies. Em 1972 ganhou o prêmio da Associação Paulista dos Críticos de Arte de Melhor Programa Infantil do ano.

Os enlatados

As séries estrangeiras, predominantemente americanas, chegaram em massa no Brasil em 1964-65, quando a censura, instalada depois do golpe militar, começou a tornar mais complicada e cara a produção local. Nos primeiros 70 via-se muita repetição dos títulos da década anterior — a safra *Feiticeira, Jeannie é um Gênio, Perdidos no Espaço* etc. Mas pintavam novidades:

Bandas que não estavam no mapa:

Os Bugaloos

A TV Globo podia ter o *Jornal Nacional*, mas a TV Bandeirantes tinha *Os Bugaloos* — exatamente no mesmo horário em que Cid Moreira desfiava as notícias permitidas daquele dia, quatro atores ingleses com asas e antenas contracenavam com marionetes e fantoches num outro mundo claramente de faz-de-conta: a Floresta da Tranqüilidade criada pelos irmãos Sid & Marty Krofft. A precisa ironia desse contraponto deve ter sido casual, mas não deixava de ser sublime. *Os Bugaloos* em questão eram uma banda pop-fantástica, sempre em luta contra Benita Bizarre e seu assistente, o Rato Funky, pelo controle da Kook Rádio e seu DJ, Peter Platter.

Família Dó Ré Mi

Os executivos da rede americana ABC misturaram o velho formato da comédia familiar de costumes com uma pitada de música, inspirados pelos Von Trapp da *Noviça rebelde*; e, só para não parecer muuuuito demodê, puseram todo mundo para tocar "rock" — na verdade um popzinho bem safado. Pronto! Nascia a *Família Partridge*, que no Brasil (onde era exibida pela Globo a partir de 1972) recebeu o nome de *Família Dó Ré Mi* (para o caso de ninguém ter percebido a referência aos Von Trapp...). Os Partridge cantadores eram a supermãe Shirley Partridge (Shirley Jones) e seus cinco petizes: o enteado Keith Douglas (David Cassidy, que rapidamente se tornou o astro-símbolo sexual da série), Laurie (Susan Dey), Danny (Danny Bonaduce), Chris (Brian Forster) e Tracy (Suzanne Crough). Todos andavam alegremente num ônibus pintado no estilo psicodélico e, de tempos em tempos, punham-se a dublar alguma coisa saltitante e açucarada.

Detetives que sabiam de tudo:

Columbo

Segundo a revista *Manchete*, o detetive interpretado por Peter Falk parecia "um flagelado, com cara de bobo". Mas — e isso era o charme — "nada lhe escapa". Columbo (que não tem e nunca teve nome de batismo) começou como personagem coadjuvante do telefilme *Enough Rope*, de 1961, e depois apareceu, também como segundo-escalão, numa peça de teatro. E a surpresa era sempre a mesma: o detetive com cara de otário, capa de chuva amassada, um cotoco de charuto no canto da boca, fazendo as perguntas aparentemente mais disparatadas — em geral sobre os sapatos dos suspeitos — roubava todas as cenas. Quando o ator Peter Falk entrou na pele de Columbo para a série de TV, trouxe consigo mais dois elementos-chave: sua voz e sua expressão facial, esta tornada ainda mais dramática pelo fato de não ter o olho direito, substituído por um olho de vidro quando Falk tinha três anos e fora vítima de câncer. O sucesso foi fulminante. Ao contrário de outras séries e filmes em que detetives e público têm um mistério para resolver, em *Columbo* todo mundo sabia quem havia cometido o horrível crime — todo mundo menos Peter Falk. E a graça era ver como, dessa vez, ele ia conseguir pegar o assassino...

Mod Squad

Eles vinham correndo em câmera lenta, vestidos na última moda hippie-de-butique e aí, tchan!, as imagens congelavam... "e estrelando... Michael Cole! Peggy Lipton! E Clarence William Terceiro!" Era o máximo do *cool*. Terceiro, o cara era Terceiro! E era mesmo — um excelente ator, Clarence Williams III tinha um cabelão afro e fechava com os outros dois uma trinca de agentes à paisana infiltrados nos "ambientes jovens" (clubes, ginásios, bandas) para resolver casos igualmente "jovens". Passava na Globo.

Havaí 5-0

"Papapa-papapáaaa-pa"... Tocava aquela música dos Ventures e vinha aquele ondão... Estava começando mais uma aventura do impecavelmente penteado Steve McGarrett (Jack Lord), chefe de uma unidade policial de elite em Honolulu, no Havaí, capaz de resolver os mais complexos crimes e golpes sem uma gota de suor ou um amassado em seu belo terno, mesmo debaixo do calor dos trópicos. Seu arquiinimigo era o misterioso Wo Fat, e de vez em quando rolavam umas cenas de surfe (com os surfistas láaaaa looooongeee...) para mostrar como a série era diferente. Detalhe curioso: Magnum, o policial bigodudo que fez sucesso nos anos 80, é uma espécie de continuação de Havaí 5-0, usando até o personagem de Lord como referência para o de Tom Selleck.

E mais...

Os Invasores

Muito antes do *Arquivo X*, seres sinistros de outro planeta já faziam sucesso na TV nessa série genial, que ia ao ar na TV Tupi, logo depois do *Ataque e Defesa*. O herói, David Vincent (Roy Thinnes), era a única testemunha da aterrissagem de uma nave espacial trazendo a primeira leva dos tais invasores, seres de um planeta em vias de extinção que tomavam a forma humana para ocupar a Terra. O detalhe, que só David Vincent sabia, é que na hora de copiar o corpo humano os ETs tinham errado e feito uns dedinhos mindinhos meio tortos. Nunca um detalhe tão ínfimo conseguiu causar tanto suspense e insônia quanto esses dedinhos...

Terra de Gigantes

Num futuro não muito distante — 1983, para ser preciso — a nave espacial Spindrift, em seu vôo normal entre Los Angeles e Londres, cai numa tempestade magnética que a ejeta para uma Terra alternativa povoada por gigantes, todos vivendo numa ditadura controlada por maléficos representantes da polícia política. Um prato cheio para a TV brasileira: a série, criada em 1968 nos Estados Unidos, começou a ser exibida em 1972 pela TV Globo, e nem uma vez foi importunada pela censura, que devia achar essa coisa de ficção científica um bando de besteira.

A noviça voadora

Muito antes de ser uma oscarizada e seriíssima atriz, Sally Field era a simpática noviça Irmã Bertrille que, graças à aerodinâmica do seu estapafúrdio hábito, era capaz de voar pelos céus de Porto Rico, onde ficava o alegre convento de San Tanco. A série estreou na TV Globo em 1973, e migrou para a Excelsior dois anos depois.

M*A*S*H

Deve ser o tema mais improvável para uma série de TV, especialmente nos anos 70 — um bando de médicos e enfermeiras militares, cínicos, exaustos, gozadores e nada patrióticos, sobrevivendo e tentando manter a sanidade em plena guerra da Coréia, na alvorada da década de 50. E, de fato, a primeira temporada dessa série (inspirada pelo filme de Robert Altman) quase vai para o brejo. Até o humor do público mudar e coincidir com o dos personagens, transformando o hospital-volante (que é o que a sigla significa) num dos maiores sucessos da década. Aqui, passava na TV Tupi, nas noites de domingo dos primeiros 70, depois do Flávio Cavalcanti.

Um instante, maestro! Música na TV

Com os festivais agonizando, e a então já esgotada fórmula do programa de auditório — *Programa Flávio Cavalcanti, Discoteca do Chacrinha* — em seus meses finais, as emissoras, principalmente a Globo, buscavam uma outra forma de capitalizar o *frisson* em torno de uma música brasileira vital, moderna, importante que havia se formado na década anterior. Algumas soluções:

Som Livre Exportação (TV GLOBO, 1970-1971)

Ivan Lins e Elis Regina apresentavam esse programa que inicialmente se propunha a divulgar a MPB no mundo, mas que rapidamente se tornou um musical de estúdio, dominado pela galera do M.A.U. — o Movimento Artístico Universitário, que se formara na casa do médico psiquiatra Aloísio Portocarrero, na Tijuca, no Rio de Janeiro. Ivan era a figura mais conhecida da turma, mas em breve ele seria sobrepujado por Gonzaguinha, que já pintava no Som Livre, assim como outros MAUs, como Aldir Blanc, Ruy Maurity e César Costa Filho. Mas o *Som Livre* era eclético — Mutantes e a Bolha se apresentavam com Clementina de Jesus, Toquinho & Vinicius e Chico Buarque. Em alguns momentos especiais, o programa era gravado ao vivo — como foi o caso, em março de 1971, da histórica apresentação de Caetano Veloso, vindo especialmente do exílio em Londres para o Anhembi de São Paulo.

Globo de Ouro (TV GLOBO, 6/12/1972-1990)

Uma mistura de parada de sucessos e lançamento de novidades, o *Globo de Ouro* era típico da TV musical pré-videoclipes: as canções eram apresentadas com os artistas dublando diante das câmeras, com cenários e bailarinos completando a produção. O *Globo de Ouro* tinha vários apresentadores a cada programa mensal. Os primeiros foram Antonio Marcos e Vanusa, Odair José, Jerry Adriani, Sandra Bréa, Wanderley Cardoso e Murilo Nery.

TV DESBUNDADA?

Vamos combinar: os realmente desbundados não viam televisão. Nenhuma. Ou melhor, outras televisões, interplanetárias, multidimensionais, em todas as cores dos solos de Jimi Hendrix. Mas isso não impedia as emissoras de tentarem conquistar o chamado "público jovem" — e pegar quem tinha descoberto o rock e vivia seco por informações das então muito distantes terras do Norte. As tentativas:

Papo Firme (TV GLOBO, 1969-1973)

Com Nelson Motta, começou em 1969 e logo estabeleceu Nelsinho como uma figura simpática, próxima da galera, confiável em informações e opiniões. Em cinco minutos diários, antes da novela das sete (a "novela jovem"), Nelsinho dava notícias da cena brasileira e internacional. "Domingo no parque" era o tema de abertura. Em 1971, quando Nelsinho saiu de férias, ele chamou seu colega Big Boy — que dava notícias de rock no *Jornal Hoje,* ao meio-dia — para substituí-lo.

Click (TV TUPI, 1972)

Em pleno 1972 a Tupi contra-atacava o Big Boy, ao meio-dia, com Micheline Cristophe, uma moça bonita e simpática que tinha se tornado popular respondendo sobre o Egito no falecido programa J. Silvestre. Não durou muito.

Opção (TV GAZETA 1971-1972)

A estreante (começou a operar em 1970) Gazeta, de São Paulo, entrava aos domingos com esse programa que tinha no cardápio "*tape* de Ray Charles", Clodovil, e o colunista Giba Um dando "notícias quentes".

Hello Crazy People (TV GLOBO, 1972)

O sucesso de Big Boy — que já era um nome respeitadíssimo no rádio e no circuito de "bailes" — na substituição de Nelsinho gerou este programa semanal. Big Boy, falando igual a uma metralhadora, entrava aos sábados no começo da tarde, dando notícias do mundo do rock, cercado por convidados que iam da Bolha a Taiguara, passando por Tom Zé, Macalé e amigos variados. Durou pouco — meros seis meses.

Sábado Som (TV GLOBO, 1974-1975)

A tentativa mais duradoura de unir rock e TV num programa de longa duração foi este projeto de Nelson Motta. Incrivelmente atualizado e arrojado para a época, *Sábado Som* apresentava gravações de concertos e os ancestrais dos videoclipes, que na época eram chamados de "promos" pelas gravadoras. O antológico *Pink Floyd at Pompeii* passou lá, além de Black Sabbath, Emerson Lake & Palmer, George Harrison, Alice Cooper, Allman Brothers, Edgar Winter e outras estrelas dos primeiros 70. A galera não acreditava na sorte — ir para a casa de algum amigo mais afortunado assistir a *Sábado Som* em cores e em grupo era *de rigueur* nos fins de semana.

TV REALMENTE DESBUNDADA: NATIONAL KID!

"Será nuvem, tempestade ou raio?
Lutando pela paz do mundo...
Levantando alto as duas mãos...
Voando pelo cosmo o nosso herói...
Oh! O seu nome é Kid!!!
Hey! National Kid!
Ele é o nosso herói, Kid!!!
National Kid"

(TEMA DO *NATIONAL KID*, TRADUZIDO)

ELENCO DE VOZES DA DUBLAGEM ORIGINAL: (DO SITE WWW.NATIONAROKIDO.HPG.IG.COM.BR) **MASSAO HATA**: EMERSON CAMARGO ::: **THIAKO**: CRISTINA CAMARGO ::: **GORO**: MARIA INÊS ::: **KURAZO**: MAGALY SANCHES :: **TOMOHIRO**: RAFAEL MARQUES ::: **YUKIO**: SÔNIA REGINA ::: **DR. MIZUNO**: OSMANO CARDOSO ::: **DIREÇÃO DE DUBLAGEM**: AMAURY COSTA

Criado no Japão em 1960, pelo desenhista Daiji Kazumini como uma espécie de garoto-propaganda da marca de eletrônicos National, National Kid já havia sido exibido no Brasil, pela TV Record, em 1966. Mas a série foi reprisada muitas vezes depois em diversas emissoras. Em pleno coração desbundado de 1972, o herói da capa durona e capacete com anteninha, vindo de Andrômeda para salvar a Terra (ou pelo menos Tóquio...) estava na Globo. Era a companhia ideal para quem realmente habitava outra dimensão. Uma leitura nova para os 39 episódios que compunham o cânon das aventuras do professor Massao Hata e sua identidade secreta, National Kid, com seus ajudantes, os detetives-mirins (Goro, Kurado, Yukio, Kioko, Tomohiro e a mais velha, Tiako, que tomava conta da galera toda).
As aventuras eram divididas em cinco séries:

National Kid contra os Incas Venusianos

Orelhas pontudas, saudação awika! com os braços cruzados. A líder era a cruel Imperatriz Aura. Voavam dum jeito todo próprio, elevando os joelhos como se "corressem" no espaço. National Kid era o ator Ichiro Kojima.

MOMENTOS INESQUECÍVEIS ::: NATIONAL KID TRADUZ A MENSAGEM CIFRADA DOS INCAS, NA PAREDE DO PARLAMENTO JAPONÊS, SEM OLHAR PARA ELA ::: PRISIONEIRO NUMA NAVE INCA, O DETETIVE-MIRIM GORO CONVENCE UM GUARDA A LHE MOSTRAR SUA ARMA ULTRA-ESPACIAL COM UM PAPO DE QUE NUNCA TINHA VISTO UMA ARMA NA VIDA, SÓ DE BRINQUEDO ETC. E O GUARDA CAI! NUMA PERFORMANCE INCRÍVEL, ALIÁS ::: NO EPISÓDIO DOIS — "O RAPTO DO DR. YAMADA" — O FAMOSO TREM EXPRESSO KODAMA (CRIADO EM 1958 PARA LIGAR TÓQUIO, OSAKA E KOBE) ENTRA MAS NÃO SAI DE UM TÚNEL ::: NO MESMO EPISÓDIO TRAVA-SE UM DIÁLOGO ANTOLÓGICO. O PROFESSOR MASSAO HATA VOLTA-SE PARA SEU AMIGO, O DR. YAMADA DO TÍTULO, E ANUNCIA: "O EXPRESSO KODAMA VAI PARTIR". DEPOIS DE ALGUNS LONGOS MINUTOS, O DR. YAMADA RETRUCA, SUCINTAMENTE: "SIM". ::: ERA MOTIVO DE GRANDE CONFUSÃO PARA MENTES JÁ CONFUSAS O FATO DE OS INCAS TEREM TRAJES COM UM Z NO PEITO. UMA CORRENTE DE PENSAMENTO GARANTIA QUE ELES ERAM "ZINCAS" VENUSIANOS.

National Kid contra os Seres Abissais

Um megaclássico, centrado no líder dos Abissais, Nelkon, o Demônio do Reino Abissal, a bordo do ainda mais temível Guilton, o submarino-monstro também conhecido como Celacanto, o que provoca maremotos (quando agita as barbatanas-monstro, segundo o texto de um dos vilões).

MOMENTOS INESQUECÍVEIS ::: INFILTRADO NO GUILTON-CELACANTO, DISFARÇADO DE ABISSAL, NATIONAL KID ENFRENTA A REVISTA DAS TROPAS EFETUADA POR NELKON, QUE JÁ SUSPEITA DE ALGO. NELKON VAI PEDINDO AS SENHAS DE SEUS GUERREIROS, QUE PRONTAMENTE RESPONDEM: PEIXE 5! ATUM!, PEIXE 7! TUBARÃO! AÍ CHEGA A VEZ DO NATIONAL KID, QUE É PEIXE 4. E ELE MANDA: SARDINHA! NELKON DÁ A SUA INTERNACIONALMENTE FAMOSA GARGALHADA SINISTRA, MANDA PRENDER O HERÓI E AINDA ACRESCENTA: SARDINHA NÃO É PEIXE ABISSAL!

Enquanto isso, em 1974, **David Bowie...**

DIAMOND DOGS. BOWIE LANÇA A MAQUIAGEM DOURADA E A SUPERGRUA COMO ELEMENTOS DE CENA. ÁLBUM E SHOW SÃO INSPIRADOS PELA VIAGEM À RÚSSIA NO TRANSIBERIANO. BOWIE DIZ QUE É UM CONCEITO POLÍTICO.

National Kid contra o Império Subterrâneo

O ator Tatsume Shiutaro assume o manto e o capacete com anteninha de National Kid. Aparece a sinistríssima figura do Professor Kuroiva, comparsa dos Subterrâneos — cujos líderes são Hellstar e Hana. Todos passam o tempo todo perseguindo a fórmula do Cobálcio.

MOMENTOS INESQUECÍVEIS ::: NUMA ESTAÇÃO DE TREM, DOIS DETETIVES-MIRINS ENCONTRAM O DR. KUROIVA, OBVIAMENTE SEM SABER QUEM ELE É... QUANDO ELE SE AFASTA OS GAROTOS SE ENTREOLHAM E DIZEM EM UNÍSSONO "DESAGRADÁVEL!".

National Kid contra os Zarrocos do Espaço

Eram narigudíssimos. Fora isso, a grande estrela era mesmo o monstro Giabra, que, como tantos outros antes e depois, destrói Tóquio, Osaka e adjacências. A falta de um z em seus uniformes levava à mesma indagação dos Incas, só que ao contrário: não seriam eles os "Arrocos" do espaço?

National Kid e o mistério do garoto espacial

Tarô, o menino do espaço, cai na Terra por engano e é feito prisioneiro. A mais cabeça das aventuras de National Kid.

MOMENTOS INESQUECÍVEIS ::: O PAI DE TARÔ, JUSTIFICADAMENTE PAU DA VIDA COM OS HABITANTES DA TERRA QUE APRISIONARAM SEU PETIZ, AMEAÇA DESTRUIR O PLANETA, COMEÇANDO, É CLARO, POR TÓQUIO. MAS TARÔ, QUE JÁ TINHA SE TORNADO AMIGO DOS DETETIVES-MIRINS, TENTA IMPEDI-LO SUBINDO NO ALTO DE UM PRÉDIO, PONDO AS MÃOS EM CONCHA E MANDANDO UM BERRO PROS ARES: "PA-PAAAAAI! OS TERRÁQUEOS SÃO BONDOOOOSOS!" ::: TARÔ ERA MESMO UMA SUMIDADE DAS COMUNICAÇÕES — EM OUTRA CENA ELE DESENHA O LOCAL ONDE ESTÁ APRISIONADO E FAZ UMA GAIVOTA COM O PAPEL PARA QUE OS DETETIVES-MIRINS, EM ALGUM LUGAR DE TÓQUIO, POSSAM SABER ONDE ELE ESTÁ.

RÁDIO

Rádio ainda era, simplesmente, rádio AM. A opção real da FM só surge na segunda metade da década — FM por enquanto (quando existia...) era música de elevador.
Em rádio AM, coisas acontecem por causa de vozes poderosas e únicas. Algumas delas:

RIO DE JANEIRO PAULO GIOVANI, **PAULO BARBOSA** E **PAULO LOPES**: A SANTÍSSIMA TRINDADE DOS "PAULOS" DE GRANDE PRESTÍGIO DO RÁDIO AM ::: **CIDINHA CAMPOS** E SEU *CIDINHA LIVRE*, COM DEBATES, VARIEDADES E "POVO FALA" ::: **HAROLDO DE ANDRADE**, **MÁRIO LUIZ**, E O REI DA NOITE E DO SAMBA, **ADELZON ALVES** ::: **EM SÃO PAULO PICA-PAU (WALTER SILVA)**, E SUA *PICK UP DO PICA-PAU* NA RÁDIO BANDEIRANTE, DIÁRIO DAS 10 AO MEIO-DIA. EM 1972, ERA O MAIOR ÍNDICE DE AUDIÊNCIA DO RÁDIO ::: TAMBÉM NA BANDEIRANTES SÃO PAULO, O REPÓRTER ESPORTIVO **ROBERTO SILVA** (QUE NA VERDADE SE CHAMAVA GONÇALO LEME DA SILVA), O *OLHO VIVO*.

Em 1970, o locutor esportivo Edmo Zarife, da Globo AM, gravou a célebre vinheta "Brasil", que até hoje é usada quando o Brasil vence em qualquer modalidade esportiva, seja futebol, tênis, Fórmula 1, vôlei etc. A princípio a vinheta era usada apenas para a Copa do Mundo do México, mas imediatamente ela se popularizou.

No Rio de Janeiro, para o básico da música, a parada de sucessos, a rainha vinda dos anos 60 era a Rádio Tamoio, com seu **Músicas na Passarela**, em que a poderosa voz de Majestade (Jorge da Silva) entoava solenemente as "cores" que identificavam cada canção à disposição dos votos (por telefone) dos ouvinte: "múúúsica ciclâmen... múúúsica escarlate..." Sua rival, de popularidade cada vez maior, era a **Rádio Mundial**, que entra agressivamente no "mercado jovem" depois da reforma posta em ação por Reinaldo Jardim. Seu novo *slogan*, que marcou a década, era: "Sua paz mundial... todo mundo na sua... na sua... paz mundial. No prazer do som!" Na Mundial — entre muitas outras rádios país adentro — imperava o maior DJ/locutor pop que o Brasil já teve: Newton Duarte, o Big Boy. Que tinha um outro *slogan* para ela: "Mundial!!! A única rádio que pega no túnel!!!" "É a maior cascata", disse Big Boy.

Transmissões interplanetárias: os primeiros passos do rock no rádio

Além dos programas de Big Boy, o grande Rio de Janeiro contava com duas outras ótimas opções para rock e novidades em geral:

A **Federal AM**, em Niterói até 1974 (quando se muda para o Rio e vira Rádio Manchete). Tocava rock nacional e internacional, tinha Ademir como DJ-estrela e, aos sábados, punha no ar o *Concerto Pop*, que tocava um disco inteiro sem interrupção de comerciais.

"Oi. Estou escrevendo esta carta para notificar um achado: a Rádio Federal (fica umas três ou quatro depois da JB e umas duas antes da Globo, por aí... 1090) tem um som maneiro: Traffic, Janis, CS&N, Jethro... é sim. E na parte nacional, só gente maneira: Gal, Gil, Caetano, João Gilberto, Milton, Módulo Mil, Mutantes." Cezar, Rio, GB (Cartas dos leitores, ROLLING STONE, 8/8/1972).

60 minutos de música contemporânea, da Rádio Jornal do Brasil

Criação de Alberto Carlos de Carvalho, uma das figuras mais importantes e inovadoras do rádio musical brasileiro (que, na época, tinha meros 23 anos), os *60 Minutos* iam ao ar de segunda a sábado, das 15h às 16h, e traziam, em blocos de 20 minutos, as grandes novidades da época. A ênfase era no progressivo, mas pesado, glam, folk e tudo que fosse fora-do-esquadro entrava no ar na íntegra. O teclado de Keith Emerson nas notas iniciais de "Tarkus" anunciando o começo do programa era a senha para largar deveres de casa, aumentar o volume do rádio e pegar papel e lápis para anotar as informações essenciais do que estava acontecendo muito, muito longe daqui, numa galáxia onde, na nossa imaginação, só havia música, juventude e possibilidade.

Uma voz no túnel: Big Boy

No início da década, Big Boy programava e anunciava duas atrações, *Programa do Big Boy*, à tarde, e *Ritmos de Boate*, madrugada adentro. Os programas, produzidos na Rádio Mundial do Rio, eram distribuídos, em formatos personalizados, para diversas outras emissoras do Brasil.

ROLLING STONE: — **Ô Big, como é que começou essa transação toda?**

BIG BOY: — **Olha, bicho, começar... começar mesmo, foi quando eu tinha 12 anos que eu comecei a colecionar 78 rotações. Desde garotinho que eu era amarrado em disco, naquelas transas do rock, nos programas da Mayrink Veiga e eu desde cedo sabia que isso podia dar samba. Tinha um troço dentro de mim que me dizia que ia pintar alguma coisa muito legal dessa transação.**

ROLLING STONE: — **Você tinha alguma vidração especial nessa época do rock?**

BIG BOY: — **Tinha. Elvis e Jerry Lewis.**

ROLLING STONE: — **E como é que você foi parar em rádio?**

BIG BOY: — **Bom... com 20 anos eu já era o maior maníaco de som das paradas. Eu tava cursando a Nacional de Filosofia, fazendo Geografia... saca? E aí eu comecei a ir muito na Tamoio, levava meus discos debaixo do braço e tal. Os caras começaram a sentir que eu era interessado... que tava a fim do negócio mesmo, e um dia aquela mesma história de sempre, aqui, em Hollywood ou em São João de Meriti, faltou um programador e eu estava por lá dando sopa. Os caras me chamaram e eu fui botar meus disquinhos. Acabei ficando com o emprego.**

ROLLING STONE: — **Mas você ainda era o Newton Duarte?**

BIG BOY: — **Era. Na Tamoio eu era só programador. Eu já rodava coisa muito louca mas não tinha muito como botar em prática minhas idéias, pois o rádio brasileiro naquela época era um verdadeiro túmulo dirigido por verdadeiras múmias.**

ROLLING STONE: — **E como é que você foi parar na Mundial?**

BIG BOY: — **Tinha um cara que já me sacava há algum tempo. Esse cara é o maior gênio que eu já encontrei na minha vida, foi o cara que veio salvar o rádio brasileiro com a sua inteligência. Reinaldo Jardim. A quem eu devo tudo que sou hoje. (...)**

ROLLING STONE: — **Esse seu estilo de rádio, assim livre, na base do improviso, como você sabe, já era comum nos rádios americanos antes mesmo dos anos 60. Você ouviu muito os locutores de lá?**

BIG BOY: — **Que nada, quando eu comecei a fazer isso eu nunca tinha escutado rádio americano. Nem sabia que os caras de lá tavam nessa. Foi tudo espontâneo, intuitivo.**

ROLLING STONE: — **Diz uma coisa: como é que você conseguiu furar o esquema da música jovem comercial que estava dominando o rádio brasileiro?**

BIG BOY: — **Foi fogo, bicho. Eu tinha o meu som, entende? Mas não podia jogar ele assim de cara no ar, porque ia ser um choque. (...) (Agora) o desbunde aqui no Rio chegou a tal ponto que até o *Ritmos de Boate* já deixou há muito tempo de ser ritmos de boate. Olha aqui a programação de hoje à noite: Rod Stewart, Deep Purple, Savoy Brown, Humble Pie, Ten Years After, Grand Funk, Red Bone, Santana, Mountain, Eric Burdon, Emerson, Lake and Palmer...**

(Entrevista a Joel Macedo, ROLLING STONE, **1/2/1972)**

Ninguém segura êste pneu
Com o nôvo Pneu Esso você vai até o fim.
E vai firme. E vai seguro.
E vai tranqüilo. A Esso garante.
Quando a Esso faz um pneu é prá rodar mesmo.
Prá durar mesmo.
Nas melhores e nas piores condições.
Em qualquer tipo de pista.
No calor ou frio. Na cidade ou na estrada.
Ponha agora mesmo o Pneu Esso no seu carro.
E esqueça os quilômetros.
Se a Esso garantiu, a durabilidade tá garantida.
Até o último milimetro.
23 24 25 26 27 28 29 30 31 32 33 34 35 36 37

NINGUEM
APAGA
PAÍS.
fios e cabos
desafiam o tempo.

AGORA TODO MUNDO VAI SABER O QUE ACONTECE COM O PROJETO RONDON

CALE A BOCA DESTE REACIONÁRIO.

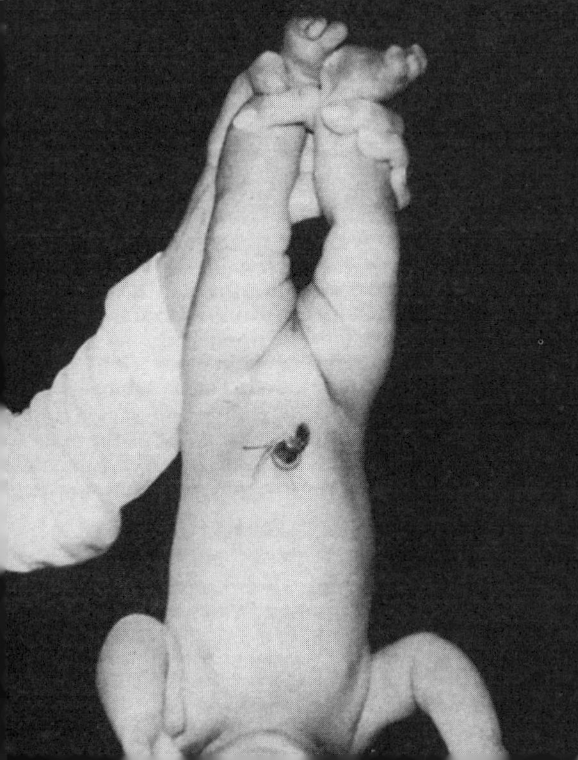

O grito de guerra de seu heròizinho, nada mais é do que um protesto reacionário.

Êle não quer mudanças.

Quer voltar para o lugar onde se considera seguro: dentro de sua mãe.

Devolva-lhe a segurança que êle julga perdida.

Para que êle não seja um reacionário a vida tôda.

Você consegue isso, dando-lhe todo o amor do mundo

E compreendendo que nenhuma segurança é completa, se não tem uma boa base econômica.

Tudo depende de uma decisão sua. Agora.

Associe-se ao Montepio Nacional dos Bancários.

Êle terá tôdas as garantias de um imenso patrimônio, que lhe assegura uma pensão mensal de até 12 salários mínimos ou um pecúlio reajustável de até Cr$ 270.720,00.

Garantindo ainda uma pensão invalidez para você ou a aposentadoria opcional por tempo de contribuição.

Então êle terá a segurança que procura, para enfrentar a vida que você lhe deu.

E será dono do futuro.

MONTEPIO NACIONAL DOS BANCÁRIOS

SEDE: RUA DOS ANDRADAS, 939 FONES: 24-9980 · 24-9929 · 25-2456 E 25-2586 CAIXA POSTAL 1934
ENDERÊÇO TELEGRÁFICO MONTEBANCOS

STE CASAL
ASCEU EM
LUMENAU,
CATARINA.
Você percebe, na hora, que se trata
de um casal super-avançado.
Sempre pronto a lançar idéias novas.
Ou um desenho totalmente inédito.
Ou uma côr mais arrojada.
Sòmente em duas coisas êste casal faz
questão de manter a tradição.
Os padrões têm que ser impecáveis.
As côres da toalha dêle, têm que combinar
perfeitamente com as
côres e os desenhos
da toalha dela.
Como acontece com
todos os casais da
nova coleção
Artex Ela & Êle.
toalhas
ARTEX
a moda em toalha
Blumenau S.C.
COLE
ELA &

A descoberta de um mercado "jovem" e o flerte da publicidade com os novos códigos, costumes e tendências dessa tribo atingiu seu momento definidor em duas campanhas históricas: o lançamento da Pepsi e o reposicionamento da marca de jeans US Top, ambos em 1972. Nos dois casos, *jingles* maravilhosos, marcantes e bem construídos como canções ancoraram as campanhas mesmo depois que os filmes — que mostravam as mesmas coisas, jovens com flores, violões, cabelos compridos, caindo sem preocupações numa "estrada" altamente produzida — foram esquecidos.

Pepsi

Refrigerante ainda era, basicamente, Coca-Cola e Guaraná. Para comprar essa briga, a recém-chegada Pepsi optou por se posicionar como a bebida alternativa, graças a uma bem armada série de comerciais ancorada por este jingle clássico.

Só tem amor quem tem amor pra dar

SÁ, RODRIX & GUARABYRA

Hoje existe tanta gente que quer nos modificar
Não quer ver nosso cabelo assanhados com jeito
Nem quer ver a nossa calça desbotada, o que é que há?
Se o amigo está nessa ouça bem, não tá com nada

Só tem amor quem tem amor pra dar
Quem tudo quer do mundo sozinho acabará
Só tem amor quem tem amor pra dar
Só o sabor de Pepsi lhe mostra o que é amar
Só tem amor quem tem amor pra dar
Só o sabor de Pepsi lhe mostra o que é amar
Só tem amor quem tem amor pra dar

Nós escolhemos Pespi e ninguém vai nos mudar

US Top

Pode parecer estranho, mas até a alvorada dos 70 jeans não era automaticamente sinônimo de juventude. Na verdade, a calça de brim ainda era chamada disso mesmo — calça de brim ou, no máximo, calça rancheira — e usada quase sempre em estado virginal, bem azul e até com vinco. Uma das primeiras marcas a despertar para os novos usos da invenção de Levi Strauss foi a confecção Fjord, que lançou, logo no começo da década, o modelo Hippie, anunciado ao som do tema instrumental "Flying" dos Beatles (sobre o qual um locutor de voz melosa dizia "é Hippie, é da Fjord").

A primeira campanha maciça de reposicionamento da ex-calça rancheira veio em 1972, com a marca US Top, da Alpargatas, e ficou marcada por estes dois *jingles* maravilhosos de Renato Teixeira:

Liberdade

Liberdade é uma calça velha, azul
e desbotada
Que você pode usar do jeito que quiser
(Não usa quem não quer)
US Top
Desbote e perca o vinco
US Top
Delírio Índigo Blues
US Top
Seu jeito de viver.

Dança

A gente leva a vida no riso
Mas se for preciso, também no laço
Sabendo eu fico, não sabendo eu passo
Eu não tenho medo, temos a idade do segredo
Do movimento, das investidas
A juventude é uma asa, vamos voar
E cada um em seu lugar, que a dança não pode parar
A gente veste a roupa que a gente gosta...
US TOP
E vai pro mundo em busca das respostas...
US TOP
E cada um em seu lugar, que a dança não pode parar
E cada um em seu lugar, que a dança não pode parar

Outros jingles que ficaram:

Biscoitos São Luiz (1971)

PROVAVELMENTE O JINGLE MAIS CRIATIVAMENTE REINVENTADO DO BRASIL...

É hora do lanche
Que hora tão feliz
Queremos biscoitos São Luiz

Pergunte à mamãe
Pra ver o que ela diz
O biscoito mais gostoso
É o biscoito São Luiz

É hora do lanche
Que hora tão feliz
Queremos biscoitos São Luiz
Queremos biscoitos São Luiz

Varig

(ROTA PARA LISBOA, 1970)

A PARTE CANTADA ERA EM RITMO DE VIRA E FADO, COM SOTAQUE LUSO AUTÊNTICO:

Seu Cabral ia navegando
Quando alguém logo foi gritando
"Terra à vista"
Foi descoberto o Brasil
A turma gritava:
"Bem-vindo Seu Cabral"

Escreve aí ó Caminha para o nosso
Querido Rei
Que a terra é linda e generosa, que é gente muito bondosa
Mas Cabral sentiu no peito
Uma saudade sem jeito
Volto já pra Portugal
Quero ir pela Varig

...E DEPOIS ENTRAVA O TEXTO:

"Nesta data cumprimentamos carinhosamente a laboriosa comunidade luso-brasileira."

Duchas Corona (1972)

DURAVA APENAS 30 SEGUNDOS E ERA ACOMPANHADO SÓ DE PALMAS, MAS GRUDAVA FEITO COLA POLAR. TAMBÉM GANHAVA VÁRIAS VERSÕES CRIATIVAS EM ACAMPAMENTOS, FÉRIAS, PASSEIOS DE ESCOLA ETC., ESPECIALMENTE MOTIVADOS POR CHUVEIROS QUE NÃO FUNCIONAVAM.

Apanho um sabonete
Pego uma canção e vou cantando sorridente
Duchas Corona um banho de alegria
Num mundo de água quente

Apanho um sabonete
Abro a torneira de repente a gente sente
Duchas Corona um banho de alegria
Num mundo de água quente

Apanho um sabonete
É Duchas Corona dando um banho em tanta gente
Duchas Corona um banho de alegria
Num mundo de água quente

Danoninho (1973)

UM DOS GRANDES LANÇAMENTOS DA NESTLÉ NO COMEÇO DA DÉCADA TINHA COMO MOTE "VALE POR UM BIFINHO" E POR ISSO O ACOMPANHAMENTO DESSES VERSOS ERA... O "BIF", AQUELA TORTURANTE ESCALA DE PIANO.

Dá Danoninho dá
Me dá Danoninho, Danoninho já
Danoninho dá, Danoninho dá
Toda proteína que eu vou precisar, já já
Me dá, me dá, me dá
Me dá Danoninho, Danoninho já
Me dá Danoninho, Danoninho dá
Cálcio e vitamina pra gente brincar
Me dá.
Lipídios, glicídios, protídeos,
Cálcio, Ferro, Fósforo, Vitamina A.
Me dá mais saúde, mais inteligência
Me dá Danoninho, Danoninho já.
Me dá.

"Você acabou de ouvir 'Bifinho'
Oferecimento Danoninho
Aquele que vale por um bifinho"

Slogans, comerciais, propagandas, reclames...

Lanche Mirabel: um bando de escolares cantava: "Eu prefiro Lanche Mirabel/ Eu também prefiro Lanche Mirabel/Nós todos preferimos Lan-che Mi-ra-bel!!!" ::: **"Com Rexona sempre cabe mais um!"** (Rexona) ::: "Se seus cabelos começaram a cair, não adianta disfarçar... use logo Capiloton e resolva seu problema de queda de cabelo." (Capiloton) ::: **"...Caspa, eu???"** (Denorex, que parece remédio, mas não é!) ::: "O tempo passa, o tempo voa e a poupança Bamerindus continua numa boa..." ::: **"Você se lembra da minha voz? Continua a mesma, mas os meus cabelos... quanta diferença!"** (Xampu Colorama) ::: "Abre a booooooooca que é Royal!" ::: **"Açúcar é mais alegria, açúcar é mais energia."** (Copersucar) ::: "Com Skol a gente se entende." ::: **"Coca-Cola/ Isso é que é."** ::: "O bom uísque você conhece no dia seguinte: Old Eight." ::: **"Se a marca é Cica bons produtos indica."** ::: "A Atma é ótima." ::: **"O desodorante que não deixa dúvidas."** (Odorono) ::: "Mais brilho com menos trabalho." (Ceras Tabu) ::: **"Ergue, prende e realça."** (Soutiens DeMillus) ::: "As Havaianas não deformam; As havaianas não têm cheiro; As Havaianas não soltam as tiras; Todo mundo usa; Quem não tem uma sandália havaiana?"

Você se lembra?

De quando Chico Anysio dizia todas essas frases no anúncio das Havaianas, demonstrando com uma sandália na mão?

Você se lembra?

Dos anúncios de cursos por correspondência — em geral de Madureza Ginasial, Rádio, TV e Transistores etc. — que apareciam sempre nos gibis? Eram de coisas como o Instituto Universal Brasileiro e Escolas Internacionais, e sempre mostravam as caras absolutamente sinistras de seus "ex-alunos", acompanhadas de seus depoimentos.

ADORÁVEIS GAROTOS-PROPAGANDA ::: O **SOLDADINHO FLIT** ::: **JOTALHÃO**, O ELEFANTE DA CICA ("O ELEFANTE MAIS AMADO DO BRASIL!") ::: O **TIO WILSON** DO FRIGORÍFICO WILSON ::: AS **GOTINHAS** DA ESSO ::: O ARROZ BREJEIRO E SEU COMPANHEIRO **MARINHEIRO** ::: O **CASTOR** DA BRASILIT

E UMA PRAGA: O LEÃO, SÍMBOLO DO FISCO, CRIADO POR PETIT E ZARAGOZA DA DPZ POR ENCOMENDA DA RECEITA FEDERAL.

O VOTO É DIRETO

BRASIL, OU DE COMO MANTER UMA FALSA IMAGEM POR UMA QUESTÃO DE MARKETING

Que essa terra tudo dá, já dizia Caminha há muito tempo, ...

NÃO ACREDITE SÓ NOS DADOS DO GOVERNO

um jornal ...

ambulantes: ma... um sindicato n... mira da aren...

... os obstáculos insti... ... normal... tempo ... do pelos mineiros ... Butiá, em São ... mineiros lutavam ... condições de trab... mas ...

...nicial de discussão restrita aos problemas do curso ampliou-se, depois, para todo um processo de discussão política, que deu base para a atuação desse grupo dentro do diretório (DAIU). Numa seqüência de expansão, já com elementos de outros DAs, articulou-se no que hoje é o movimento Nova Proposta.

O que Renato considera fundamental para a vitória de 74 nas eleições do DAIU (ele foi o presidente) foi o trabalho desenvolvido por esse grupo nas salas de aula, procurando sempre politizar as questões específicas e relacioná-las dentro de um método de atuação:

Chapa da Nova Proposta: Re... de Oliveira — Ciências Soci... Henrique Finco — Engenha... Paulo Faria — Direito; R... Keller Economia; Luiz Antônio ...ttineri — Agronomia.

LEIA PASQUIM

... dentro da sociedade. Não é momento de se fazer uma disputa de posições políticas dentro do Movimento Estudantil, de se salientar esse ou aquele ponto específico de discordância. É o momento de unidade entre todas as forças progressistas do ME no sentido de se conseguir uma participação cada vez maior do estudantado".

...TRA A REPRESSÃO

...nto das entida... ...o livre e gratui... ...íveis, melhores ...no, liberdades ...da dominação e ...alista são os ...

parte da população, enriquecendo apenas uma pequena parte dela.

Para manter o regime atual, que extinguiu as vantagens anteriormente obtidas através de grandes ...

Integração

Se voce não pensa

USAR LIBERDADE

Prática da liberdade, cultura de oposição e controle estudantil são as três propostas básicas da chapa de oposição às eleições do DCE. Os integrantes da Nova Proposta desenvolvem estes pontos fundamentais propondo a superação na prática dos decretos repressivos, "através da imposição cotidiana de nossa liberdade de fazer". Definem "cultura de oposição", como um enfrentamento da ideologia burguesa pela cultura, propondo uma imprensa estudantil efetiva, a organização política da cultura ...

procurando-se formar administ... dores da exploração, na á... biomédica, poucos questionam ... problemas do exercício social de ... poder que se distri... desigualmente entre várias ca... das da população, e assim ... diante".

O programa da Nova Proposta ... baseia numa nova disposição ... estudantes para a discussão polít... e no «crescimento» e fortalecime... das entidades estudantis, ... processo gerado naturalmente p... desmoronamento do cham...

Proibida apresentação de casal subversivo na TV

Cada vez mais difícil ter uma "Opinião" em Movimento.

O jornalismo no Brasil - pelo menos na Imprensa nanica - é um trabalho que exige grandes esforços para conter as pressões do sistema sobre a informação. Semanários editados em São Paulo, o Opinião e o Movimento, em apenas quatro dos seus últimos números tiveram 155 matérias totalmente censuradas, 131 matérias parcialmente censuradas, num total de 12.880 linhas inutilizadas pela censura prévia que atualmente rege os destinos dos semanários brasileiros. Os dados do Movimento ainda mostram que, no primeiro número do semanário, foram vetadas oito fotografias, 10 ilustrações e 12 charges.

liberdade adiada

JOAQUIM ENFORCADO

"empecilhos ... progresso".

Não posso deixar de esclarecer a bela atuação do CIMI (Conselho Indigena Missionário), que vem fazendo um trabalho de conscientização, junto a nós e denunciando todas as formas de injustiça e explorações feitas contra os silvícolas". De carta de Daniel Matenho Cabixi — da tribo Pareci — que vive em Mato Grosso — enviada para VERSUS expondo o pensamento da nação indígena.

sendo dep...

Cerca de dois mil pequenos agricultores gaúchos deverão ser deportados para a selva amazônica nos próximos anos. Esta transferência foi a solução encontrada pela Cotrijuí (Cooperativa Tritícola Regional Serrana Ltda) para resolver o problema da baixa produtividade dos minifúndios existentes nos 16 municípios de influência da Cooperativa, na região norte do Rio Grande do Sul. O plano prevê que 200 colonos deverão ser transferidos anualmente para o Amazonas, onde a Cotrijuí comprou 400 mil hectares de terra devolutas, pertencentes ao INCRA (Instituto Nacional de Colonização e Reforma Agrária) por Cr$ 15,00 o hectare. Na prática, estas terras serão trocadas pelas pequenas propriedades dos deportados no Rio Grande do Sul em uma proporção média de 10 hectares amazônicos por um hectare gaúcho.

POUCO IMPORTA A HISTÓRIA

O semanário Movimento, em seu último número, traz impo... e detalhada matéria sobre cassações: "A rapidez e a i... idade com que se precipitaram os acontecimentos político... a última semana, levaram o Congresso Nacional a um do... momentos mais agitados. A particularidade que caracteriz... momento é que sua origem não está no círculo restrito d... amento em Brasília. Pelo contrário, enquanto a ...

Reitoria fechou RU para reavaliar custos e qualidade das refeições e deixou 2.000 estudantes em dificuldades.

ESTUDANTES PASSAM FOME

FLOR do MAL
Cr$ 1,00
Nº 4
ICA A FOTO
RIO DE JANEIRO, 4 D
CARTA ESCRITA NO HOSPI
DA MENINA NINON, DE DE
hoje sim. amanhã não.
Para quem sabe amá-lo, o mundo se
religioso promete o mesmo, mas só
ninguém se apercebeu de que o
forma restrita) permanecem muito
MBRO DE 1971. PREÇO: UM
ANTONIN ARTAUD, LOUCO
DE IDADE. RAPTADA EM
CRUZEIRO.
GÊNIO E VE
BELFORT RO
EM LONDRES. ISTO
É A TRANSAÇÃO

AMPIÃO da esquina

● Leitura para maiores de 18 anos

no 1979/cr$ 20,00

ALÔ
SE
ÁRIA:
ARAÍSO, NA

LULA fala de greves, bonecas e feministas:

LAMPIÃO É UMA DROGA

Depois que começo a ler, não consigo p

PASQUIM

Ano XI — Nº 531 — Rio, de 31/8 a 6/9/79 — Cr$ 20,00 — PRA MAU ENTENDEDOR MEIA ANISTIA BASTA.

ESTE É O VERDADEIRO

PAI HERÓI

QUE FOI ANISTIADO DE MANEIRA AMPLA, GERAL E IRRESTRITA

NUM ARTIGO (MUITO SÉRIO) DE FÉLIX DE ATHAYDE PÁG. 4

LEIA MAIS ENTREVISTA COM OS JORNALEIROS PÁG. 6

A VOLTA DE ... AUGUSTO

Antes de ser MAIS
cultural" ao panora
estudantil em geral
em si o pêso da maior
que são ansiadas tentadas e
nós, em particular por nós que trabalhamos com his
que sabemos que condições regem as oportunidades
distância tem entre esse mercado e a pesquisa.
trabalho realmente sério e de sangue novo. Esta re
todos que fazem HQ. FOI produzida pelo GRÊ
ITETURA E URBANISMO & CENTRO ACADÊMICO
COMUNICAÇÕES E ARTES. AMBAS DA
CLAP CLAP
LUIZ GÊ & KIKO

A ROLETA
Cr$ 5,00
CARTUNS
VISUAIS
POESIA
HUMOR
QUADRINHOS
FICÇÃO

SCA
Nº 1
TUM • POESIAS
FERNANDO & Walter

WATERGATE
NIXON! É O CONGRESSO! VOCÊ ESTÁ CERCADO!
BAH!
SABEMOS QUE VOCÊ ESTÁ AÍ!
E DAÍ?
CORTAMOS SUAS VISITAS DE DIPLOMATAS ESTRANGEIROS!
GRANDE COISA.

E TER A SUA HONDA. ACEITA MOTO
DA COMO PARTE DE PAGAMENTO
O CRÉDITO MAIS RÁPIDO E BARATO
E PAÍS. MOTOJUMBO TAMBÉM
OFICINA ESPECIALIZADA HONDA E
ORIGINAIS, ACESSÓRIOS, PRÁ
CÊ CUIDAR DIREITINHO DA SUA
DA, MESMO SEM DINHEIRO.
UM AMIGO MEU...
AINDA É ÊLE!
BALÃO
PRA QUEM NÃO CREU!
ANGELI
BOCA
NÚMERO 2 - ANO I - DEZ.
LAERTE 72
1972
MEU!
CÊ AINDA TA' TRABALHANDO NA TV?
TÔ!
FLAVIO DEL CARLO
HQ DO BRA

LOJA

adid

o ponto de encont
dos verdadeiros de

Na loja Adid
você enco
de espo
é a gra
de mate
primeira
a loja Adidas tem.
Lá você encontra de tudo relac
Tênis de diversos tipos, linha co
para futebol (jogos de camisa,
bolas, calções etc).

Agasalhos e roupas
para ginástica, tênis e judô.
Aparelhos para exercícios.
Skates e acessórios.
Bolsas e sacolas.
Raquetes e bolas para
tênis de campo e mesa.

E mais a linha completa de a

Entre você também para a turm
verdadeiros desportistas.

LOJA
adi

Rua Xavie

Rua M

Rona

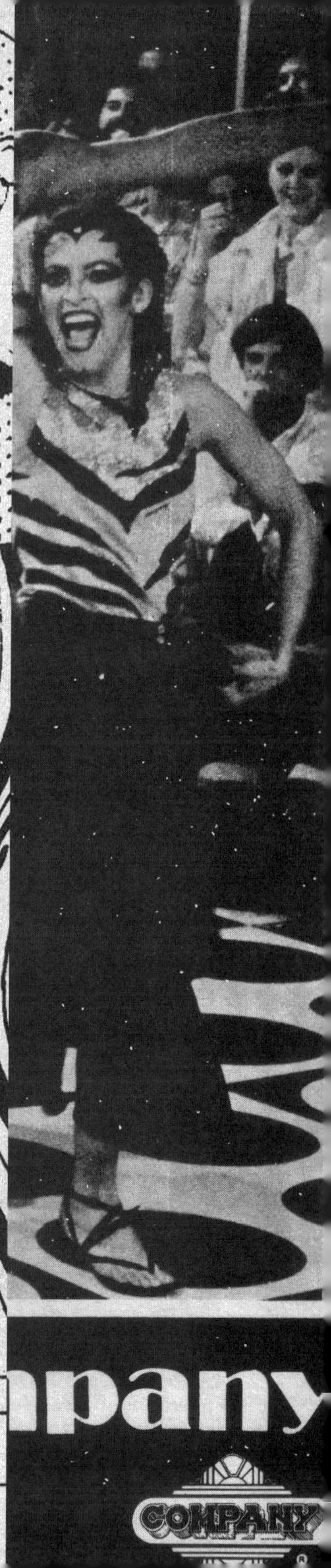

Os Sa
e Luiz Enriquez

REVISTA ESPORTIVA SEMANAL DA EDITO
23/JUNHO/1978 ● CR$ 18
O TETRA
ESTÁ
PINTANDO
VAMOS

parte 2

1975-

1979

Discoteca e

ROCK N' ROL

novos enlata
Bandeirant
REDE

Alice
Coope
Gary Wrig
Rod Stew
Primeiros lugares nas parad
ROD
RY WRIGHT
A NIGHT

TORLAY
SKATEBOARD
"Made in Brazil"
OLHE ESTE SKATE ELE PODE SER SEU!
TORLAY
ETANO
PANTERA NEGRA
LANÇAMENTO
À VEN
NAS MELHO
CASAS
TODO BRA

ATLANTIC
CAFÉ MOINHO DE OURO
De quem sabe para quem conhece.
PHILCO
Ford
Cores 11 anos mais perfeita
Peg Pag
Sears
SENDAS
duchas corona
VÁ AO REVENDEDOR BRASTEMP
E LEIA ISTO
BRASTEMP
ISQUEIRO DE MESA
CRICKET
COMPANY
CREME DE BARBEAR
Gillette
LIMA-LIMÃO
MAZOLA
DANONE
PHEBO
Del Rio
MODA ÍNTIMA
Royal
TRANS BRASIL
Johnson & Johnson
WELLA
Eva
da hevea
VEGA
REDE TUPI

Gelato
Mesbla
SOPA
Campbell's
adidas
exija o autêntico
RADIO
EXCELSIOR
staroup
made in Brasil
1927-1977
CRUZEIRO
fundada em 1º de dezembro de 1927
OLD EIGHT
EXTRA WHISK
Fabrizio Fasano & Ci
CASAS DA BANHA
Lojas Americ
carrefour
rio de janeiro
Casa Sloper
GABRIEL
HABIB
DU LOREN
o conforto pré-moldado.
ALL STAR

"É para abrir mesmo.
Quem quiser que não abra,
eu prendo e arrebento."

(Presidente João Baptista Figueiredo, 1979)

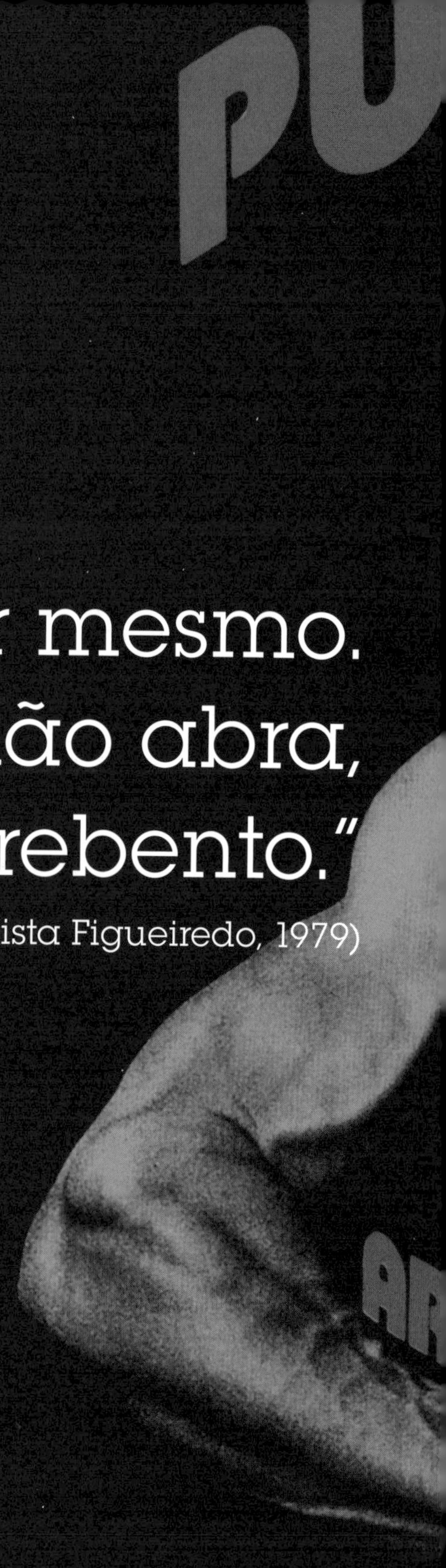

ÍCONES 1975-1979

elas

© Ronaldo Câmara

Misses Brasil

1975 **INGRID BUDAG**, MISS SANTA CATARINA

1976 **KÁTIA CELESTINO MORETTO**, MISS SÃO PAULO

1977 **CÁSSIA JANYS MORAES SILVEIRA**, MISS SÃO PAULO

1978 **SUZANA ARAÚJO DOS SANTOS**, MISS MINAS GERAIS

1979 **MARTA JUSSARA DA COSTA**, MISS RIO GRANDE DO NORTE

Zuzu Angel/Zuleika Angel Jones **(5/6/1923 CURVELO, MINAS GERAIS; 13/4/1976, RIO DE JANEIRO)**

"Quem é essa mulher/ Que canta sempre esse estribilho/ Só queria embalar meu filho/ Que mora na escuridão do mar..." **("ANGÉLICA", CHICO BUARQUE, 1977)**

Sônia Braga **(8/6/1950, MARINGÁ, PARANÁ)**

"Enquanto os pêlos dessa deusa tremem ao vento ateu/ Ela me conta com certeza tudo o que viveu/ Que gostava de política em mil novecentos e sessenta e seis/ E hoje dança no frenetic Dancin' Days/ Ela me conta que era atriz e trabalhou no *Hair*/ Com alguns homens foi feliz, com outros foi mulher/ Que tem muito ódio no coração, que tem dado muito amor/ E espalhado muito prazer e muita dor" **("TIGRESA", CAETANO VELOSO, 1977)**

As Frenéticas **(LEILA NEVES, SANDRA CRISTINA MARZULLO PÊRA, EDIR SILVA DE CASTRO, REGINA MARIA RODRIGUES CHAVES, MARIA LÍDIA MARTUSCELLI, DULCILENE MORAES) — 5/8/1976, RIO DE JANEIRO, RJ**

"Eu sei que eu sou bonita e gostosa/ E sei que você me olha e me quer/ Eu sou uma fera de pele macia/ Cuidado, garoto, eu sou perigosa" **("PERIGOSA", RITA LEE, ROBERTO DE CARVALHO, NELSON MOTTA, 1976)** "Para servir as mesas espalhadas em volta da pista de dança eu não queria garçons, mas garçonetes, como as nova-iorquinas, alegres e divertidas, atrizes representando garçonetes (...) Na noite de estréia, elas estavam com malhas colantes de Lurex prateado, do pescoço aos pés, de saltos altíssimos, bocas vermelhas e bandejas na mão." **(NELSON MOTTA EM *NOITES TROPICAIS*, OBJETIVA)**

Farrah Fawcett **(2/2/1947, CORPUS CHRISTI, TEXAS, EUA)**

A Pantera. Oito milhões de cópias vendidas de seu pôster num maiô vermelho. O cabelo mais copiado do mundo.

As sereias: Rose Di Primo, Cheryl Tiegs

Modelo da nascente grife de biquínis Blue Man, Rose transformou a tanga num objeto de utilidade pública e, a bordo de um colchão flutuante, desafiou a censura numa edição especial da revista *Ele & Ela*. Principal top model americana a partir de 1974, Cheryl estava na capa de todas as revistas. Mas foi como modelo da Edição de Maiô da revista *Sports Illustrated* — num maiô arrastão e num biquíni cor-de-rosa — que ela invadiu as fantasias de milhões, para sempre.

Jessica Lange (20/4/1949, COQUET, MINNESOTA, EUA)

Em 1976 Jessica era apenas mais uma carinha bonita — modelo de passarela, aliás — quando Dino de Laurentiis a escolheu para ser o estranho objeto de desejo da versão-glam de *King Kong*. O filme foi feito em pedaços pela crítica, mas como esquecer Jessica em seu vestido branco esvoaçante na palma do gorilão? Até Bob Fosse/Roy Scheider em *All That Jazz* achou difícil resistir ao seu apelo como Anjo da Morte.

Brooke Shields (31/5/1965, NOVA YORK, EUA)

A prostituta-criança de *Pretty Baby*, de Louis Malle, se transforma na garota-propaganda dos jeans Calvin Klein ("você quer saber o que existe entre mim e minhas calças Calvin? Nada..."). E tudo isso antes de completar 18 anos.

As irmãs: Margaux e Mariel Hemingway

Margaux (16/2/1955, Portland, Oregon, EUA; 1/7/1996, Santa Mônica, Califórnia, EUA), que tinha nome de vinho raro, ficou famosa mais cedo, com o filme *Lipstick*, de 1976, e um contrato milionário com o perfume Fabergé. A caçula Mariel (22/11/1961, Mill Valley, Califórnia, EUA) estreou no cinema, relutantemente, no mesmo *Lipstick*, por sugestão de Margaux. As duas tinham sobrancelhas espessas, olhos cristalinos, uma certa beleza nórdica e o sangue trágico de seu avô Ernest Hemingway.

Carrie Fisher (21/10/1956, BEVERLY HILLS, CALIFÓRNIA, EUA)
A filha rebelde de Debbie Reynolds e Eddie Fisher tinha apenas uma ponta no filme *Shampoo* em seu currículo quando fez o teste para o papel da princesa Leia, que, na verdade, George Lucas estava guardando para Jodie Foster. Ninguém lhe disse que teria que usar duas roscas de padaria sobre as orelhas, e ela passou todo o longo tempo das filmagens odiando os apliques e morrendo de medo de reclamar com Lucas e ser despedida. Tudo foi compensado pelas horas passadas ao lado de Harrison Ford — "eu tinha uma paixonite por ele", diria Carrie depois.

Diane Keaton (5/1/1946, LOS ANGELES, CALIFÓRNIA, EUA)
A inteligência neurótica, a sensualidade oblíqua, as calças largas com suspensórios: em 1977, a Annie Hall (que não era e era Diane: Hall é seu sobrenome verdadeiro, Annie é seu apelido de família) de *Noivo neurótico, noiva nervosa* manifestou o espírito da nova mulher.

Bianca Jagger (2/5/1945, MANÁGUA, NICARÁGUA)
Bianca Perez Morena de Macias, bela da sociedade nicaraguense, tornou-se Bianca Jagger no dia 12 de maio de 1971, vestindo um redingote que não disfarçava muito a gravidez da filha Jade. Quando a década entrou em sua fase final, Bianca e Mick já estavam a caminho do divórcio, mas a diva nicaragüense claramente não precisava mais do Rolling Stone — era uma celebridade por conta própria. Rainha da discoteca Studio 54 de Nova York, em 1977 Bianca comemorou seus 30 anos "oficiais" (na verdade ela fazia 32) com uma megafesta cujo ponto alto foi sua entrada qual nova Lady Godiva, seminua sobre um corcel branco.

Caroline de Mônaco (23/1/1957, MONTE CARLO, MÔNACO)
"Eu cresci com um senso de responsabilidade, obediência e culpa. Aquilo que eu tinha de fazer sempre veio antes daquilo que eu queria fazer." No dia 28 de junho de 1978, quando, diante de seiscentos convidados ilustres, a princesa de Mônaco, filha mais velha de Grace Kelly e do príncipe Rainier, disse "sim" ao noivo Philipe Junot, milhares de corações podiam ser ouvidos caindo aos pedaços pelo mundo afora.

Jaqueline Onassis (28/7/1929 – 19/5/1994, NOVA YORK)
Os óculos. Os lenços. As bolsas Vuitton. As fotos nua. O casamento. O acordo pré-nupcial. As brigas com a enteada Christina. Os iates. Os *papparazzi*. O divórcio. Os 40 anos. Renasce uma lenda.

O casal mais bonito do Brasil

Pedrinho Aguinaga e Monique Evans. Ele tinha 27 anos em 1977 e anunciava uma marca de cigarro fino, mas que satisfazia. Ela tinha 21 anos, começava a ser figura constante nas capas de revistas e, segundo a revista *Veja*, tinha aceitado o casamento com alguma relutância porque "esse negócio de homem mais bonito é muito cafona". Estavam grávidos — seria, segundo a mídia, "o bebê mais bonito do Brasil".

eles

John Travolta (18/2/1954, ENGLWOOD, NEW JERSEY, EUA)

"Um belo rosto latino sublinhado por penetrantes olhos azuis e um corpo elástico e sensual que combina frenéticos rodopios com uma bem estudada timidez são os ingredientes que, personificados num jovem americano descendente de italianos, produziram o mais novo símbolo sexual lançado por Hollywood, para deleite das platéias do mundo."

(Margarida Autran, revista *Rock Espetacular*, 1978)

Zico (ARTUR ANTUNES COIMBRA, 3/3/1953, RIO DE JANEIRO)

"É falta na entrada da área / Adivinha quem vai bater / É o camisa 10 da Gávea / É o camisa 10 da Gávea / Ele tem uma dinâmica física rica rítmica / Seus reflexos lúcidos / Lançamentos dribles desconcertantes / Chutes maliciosos são como flashes eletrizantes / Estufando a rede num possível gol de placa / É falta na entrada da área / Adivinha quem vai bater / É o camisa 10 da Gávea / É o camisa 10 da Gávea / O galinho de Quintino chegou ô ô ô / Com garra fibra e amor ô ô ô / Pode não ser um jogador perfeito mas sua malícia / O faz com que seja lembrado / Pois mesmo quando não está inspirado / Ele procura a inspiração / E cada gol, cada toque, cada jogada / É um deleite para os apaixonados do esporte bretão."

(Jorge Ben, "Camisa 10 da Gávea", 1976)

OS 23 ANOS,
UASE 300 GOLS E SÓ
UAS CAMISAS.

Harrison Ford (13/7/1942, CHICAGO, ILLINOIS, EUA)

Foi um atleta medíocre na universidade, fez uma primeira tentativa frustrada como ator juvenil nos anos 60, trabalhou como *roadie* dos Doors para ganhar uns trocados, aprendeu carpintaria e conheceu George Lucas quando foi recomendado para fazer os armários de seu escritório doméstico próximo a São Francisco. Teve de convencer o diretor a escalá-lo para o papel de Han Solo — Lucas queria apenas caras novas, e Ford havia trabalho em *American Graffiti*, do próprio Lucas.

"Han é um piloto espacial durão, com mais ou menos 30 anos. Piloto mercenário, ele é simples, sentimental e um pouco arrogante.

HAN: — Han Solo. Sou o capitão do Millennium Falcon. O Chewie aqui me diz que vocês estão procurando transporte para o sistema Alderaan.

BEN: — Sim, estamos. Se sua nave for veloz.

HAN: — Veloz? Nunca ouviram falar do Millennium Falcon?

BEN: — Eu deveria ter ouvido?

HAN: — É a nave que completou o trajeto de Kessel em menos de doze parsecs!

Ben reage à tentativa idiota de Solo em tentar impressioná-los com uma mentira óbvia.

HAN: (continua) — Já ultrapassei naves imperiais, não apenas esses cargueiros locais, não. Estou falando de grandes naves Corellianas. Ela é veloz o bastante para você, coroa. Qual é a carga?

BEN: — Apenas passageiros. Eu, o garoto e dois dróides. Sem perguntas.

HAN: — O que é isso? Algum tipo de encrenca local?"

(George Lucas, quarta versão revisada do roteiro de *Guerra nas estrelas*, 15 de janeiro de 1976)

Fernando Gabeira (17/2/1941, JUIZ DE FORA, MINAS GERAIS)

"Ele se considerava líder gay, mas não só isso. Feminista, mas não só isso. Guru da juventude, mas não só isso. Devoto da ecologia, mas não só isso. Antipsiquiatria, mas não só isso. Sua autodefinição é a que deu a uma menina na praia: 'Um político, minha filha'." (*Veja*, 21/12/1979)

João Paulo I (ALBINO LUCIANI, 17/10/1912, FORNO DE CANALE, ITÁLIA; 28/9/1978, CIDADE DO VATICANO, VATICANO)

No dia 27 de agosto de 1978, um cardeal desconhecido, que não estava sequer na lista de papáveis, foi eleito sucessor do papa Paulo VI no escrutínio mais rápido da história do Vaticano desde 1503. Seu nome era Albino Luciani e ele começou seu pontificado já com uma novidade, assumindo, numa homenagem a seus dois antecessores, João XXIII e Paulo VI, o primeiro nome composto da linhagem de líderes da Igreja Católica. Seu papado durou exatamente 33 dias: na manhã de 28 de setembro, João Paulo I foi encontrado sem vida em seu quarto por uma freira que foi levar-lhe café. As circunstâncias de sua morte foram extremamente confusas e misteriosas, e nenhuma autópsia foi autorizada. Seu velório e sepultamento levaram multidões ao Vaticano. Como o próprio João Paulo I dissera várias vezes, "o estrangeiro" sucedeu-o na Sé: num ano de três papas, o polonês Karol Wojtila foi eleito Papa no dia 16 de outubro de 1978, tomando o nome de João Paulo II.

Os mestres exilados da dança

MÁRCIA HAYDEE (18/4/1937, NITERÓI, RJ) trocou o Brasil pela Alemanha em 1968, mas foi no final dos 70 que ela assumiu o posto de diretora do Ballet de Stuttgart e entrou para o *ranking* das cinco melhores bailarinas do mundo. "Sem o ballet, minha vida não seria nada. Nós, bailarinos, somos uma espécie de escravos voluntários do ballet. E não me arrependo de nada do que fiz até agora. Infelizmente não posso morar no Brasil. Aqui o ballet ainda é visto como uma arte de elite." (*Manchete*, 25/8/1977)

MIKHAIL BARYSHNIKOV (28/1/1948, RIGA, LÁTVIA, ENTÃO URSS). Em 1974, durante a excursão do Ballet Kirov pelo Canadá, seu primeiro bailarino desapareceu misteriosamente. Quatro dias depois Baryshnikov apareceu em Nova York, onde já havia dado entrada a um pedido de asilo junto ao Departamento de Estado americano. No mesmo ano, e até 1979, Baryshnikov foi o primeiro bailarino e a grande estrela do American Ballet Theater, "literalmente re-energizando toda a cena da dança norte-americana", segundo a revista *Vanity Fair*.

O aiatolá Khomeini

(SEYYED RUHOLLAH KHOMEINI, 17/5/1900, KHOMEIN, IRÃ; 3/6/1989, TEERÃ, IRÃ)

Líder da revolução islâmica que destronou o xá do Irã em 1979 e instalou a teocracia islâmica no país. "Hoje lida-se com o tirano carregado nos braços do povo e que, paradoxalmente, depôs outro tirano que se assentava sobre o poder das baionetas. O símbolo da treva e o nome da crise política internacional chama-se aiatolá Rumollah Khomeini." (*Veja*, 26/12/1979)

Ernesto Geisel **(3/10/1908, BENTO GONÇALVES, RIO GRANDE DO SUL; 12/9/1996, RIO DE JANEIRO)**

Chefe do Gabinete Militar do Presidente Castelo Branco (1964-1967). Através de eleição indireta passou a exercer o cargo de presidente da República em 15 de Março de 1974. "Prosseguirá o Governo na missão que lhe cabe, de promover para toda a nação, em cada etapa, o máximo de desenvolvimento possível — econômico, social e também político — com o mínimo de segurança indispensável. E deseja mesmo, empenhando-se o mais possível para isso, que esta exigência de segurança venha gradativamente a reduzir-se. Erram — e erram gravemente, porém — os que pensam poder apressar esse processo pelo jogo de pressões manipuladas sobre a opinião pública e, através desta, contra o Governo. Tais pressões servirão, apenas, para provocar contrapressões de igual ou maior intensidade, invertendo-se o processo da lenta, gradativa e segura distensão, tal qual se requer, para chegar-se a um clima de crescente polarização e radicalização intransigente, com apelo à irracionalidade emocional e à violência destruidora. E isso, eu lhes asseguro, o Governo não permitirá." (Discurso a líderes da Arena, Brasília, agosto de 1974)

O vilão: Darth Vader

O corpo era do campeão de fisiculturismo inglês David Prowse. A voz, do ator James Earl Jones, tão relutante em ser associado a um filme-pipoca como *Guerra nas estrelas* que inicialmente pediu que seu nome não aparecesse nos créditos. A máscara foi uma criação do diretor de arte Ralph MacQuarrie, e a primeira idéia é que, com este artifício visual, Vader não apenas ficasse mais assustador — Prowse era um sujeito definitivamente simpático — mas também acreditável como alguém que pode ir de uma nave para outra, no espaço, respirando continuamente. A roupa foi inspirada pelos trajes dos beduínos. A respiração foi criada pelo engenheiro de som depois de 18 tentativas usando de tudo, até tubos de respiração para mergulho.

"No final optamos por algo totalmente ritmado, como num respirador. Essa respiração é um elemento super importante da história, uma narrativa paralela que infelizmente eu tive que cortar do filme. Talvez eu ponha em alguma das continuações. É sobre Ben Kenobi e o pai de Luke quando eles ainda são jovens cavaleiros Jedi. Vader cai num poço vulcânico e é praticamente destruído. Ele tem que usar o traje e a máscara porque sem isso ele não consegue viver. Ele é totalmente deformado." (George Lucas à revista Rolling Stone, 25/5/1977)

João Baptista Figueiredo (15/1/1918; 24/12/1999, RIO DE JANEIRO)
Chefe do Gabinete Militar do governo Médici (1969-1974), tornou-se ministro-chefe do SNI durante o governo de Geisel (1974-1979). Através de eleição indireta, passou a exercer o cargo de presidente da República em 15 de março de 1979.

"DURANTE MUITO TEMPO O GAÚCHO FOI GIGOLÔ DE VACA." ::: "PREFIRO CHEIRO DE CAVALO A CHEIRO DE POVO." ::: "SEI QUE O PAÍS É ESSENCIALMENTE AGRÍCOLA. AFINAL, POSSO SER IGNORANTE, MAS NÃO TANTO." ::: "TODO POVO É UMA BESTA QUE SE DEIXA LEVAR PELO CABRESTO." ::: "UM POVO QUE NÃO SABE NEM ESCOVAR OS DENTES NÃO ESTÁ PREPARADO PARA VOTAR." ::: PERGUNTADO, EM 1979, POR UM GAROTO, SOBRE O QUE FARIA SE SEU PAI GANHASSE O SALÁRIO MÍNIMO: "EU DAVA UM TIRO NA CUCA".

O LUGAR: STUDIO 54

Ficava no número 254 da rua 54 Oeste, em Manhattan, e já tinha sido um teatro e um estúdio de televisão. Seu período glorioso durou um par de anos — o bastante para que a lenda fosse criada. Os empresários Steve Rubell e Ian Schrager herdaram o projeto de Uva Harden, quando a ex-modelo se viu sem dinheiro para continuar seu ambicioso projeto de transformar o local numa superdiscoteca. A futura *promoter* Carmen D'Alessio foi a intermediária, trazendo os dois donos do clube Enchanted Gardens, em Queens, para Manhattan, e dando-lhes carta branca. A inauguração, no dia 26 de abril de 1977, foi um glamoroso caos. Bianca Jagger, Liza Minnelli, Brooke Shields, Cher, Margaux Hemingway e Donald Trump arrasaram na pista, mas Mick Jagger e Frank Sinatra não conseguiram entrar, tamanho era o tumulto na porta. A festa de Bianca, pouco depois, coroou o Studio 54 como "O" lugar para ser visto. "Tudo o que eu quero é que as pessoas se liguem e se divirtam", disse Rubell à *Rolling Stone*. Em dezembro de 1978 agentes do FBI deram uma batida no clube e, em 19 novembro de 1979, Schrager e Rubell começavam a cumprir pena por crimes contra o imposto de renda.

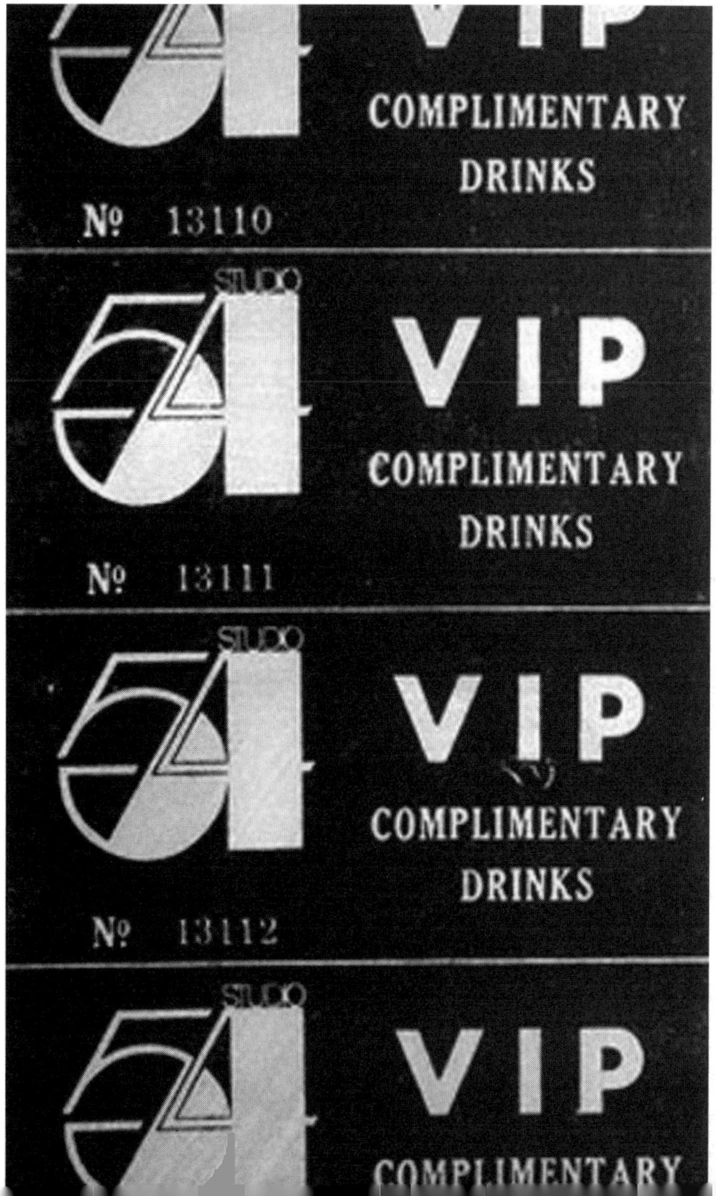

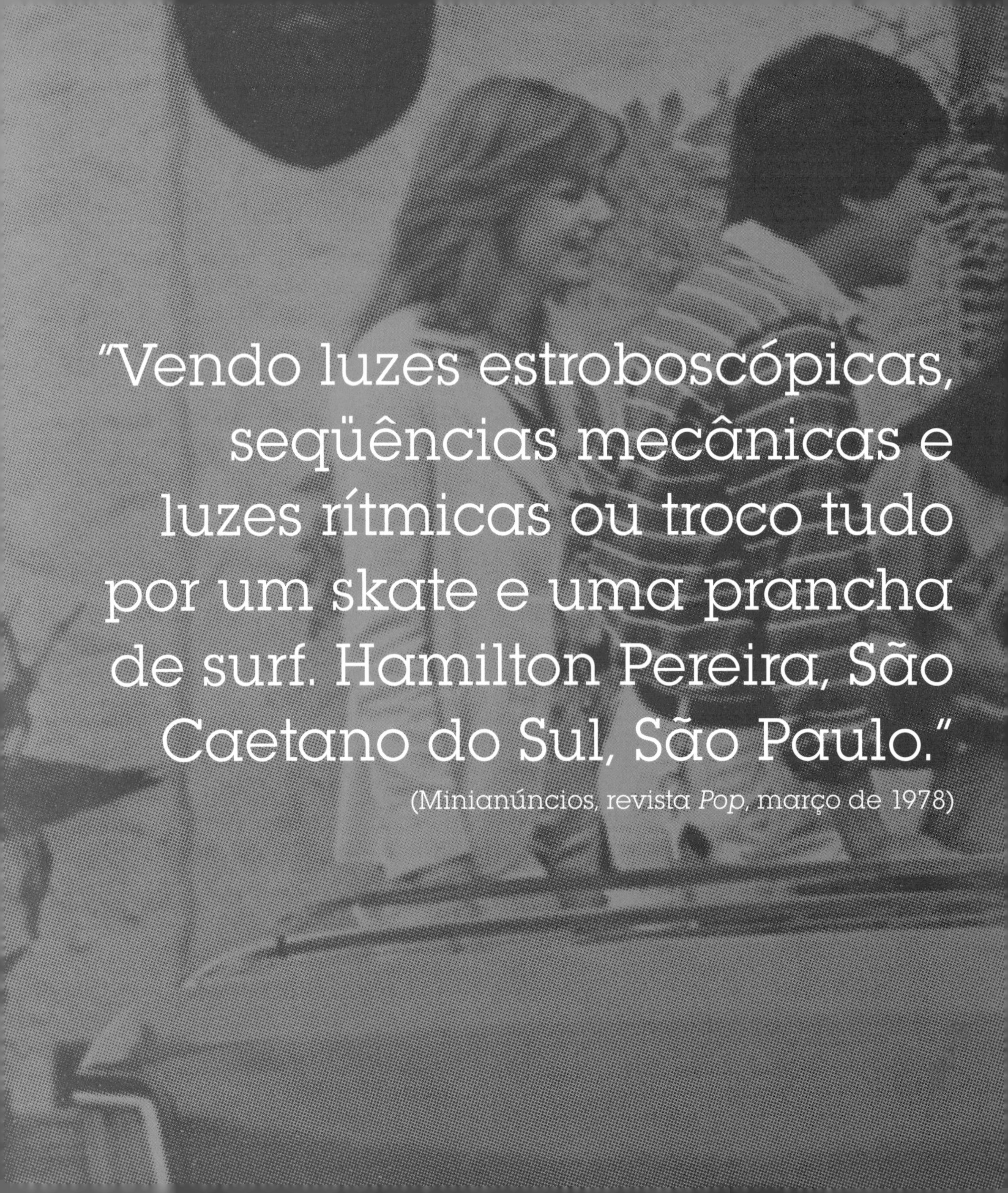

"Vendo luzes estroboscópicas, seqüências mecânicas e luzes rítmicas ou troco tudo por um skate e uma prancha de surf. Hamilton Pereira, São Caetano do Sul, São Paulo."

(Minianúncios, revista *Pop*, março de 1978)

ESTILO 1975-1979

FIGURINO BÁSICO

Para elas:

A apoteose da saiona

A guerra das bainhas do começo da década foi vencida triunfalmente, na segunda metade, pela saia longa. Acompanhada de bustiês, boleros curtos, blusinhas de manga bufante, em estampas floridas, fazendo a linha camponesa. Dramáticas, em cetim, Lurex, usadas com *collants*, tomaras-que-caia e tops de biquíni, no *look* disco. Godês, evasês, em gomos, com detalhes em casa-de-abelha, *patchwork* de tecidos e camurça, em jeans, com sianinha, renda, apliques, bordados, as saias iam sempre até o joelho ou a canela.

Você se lembra?

Uma jaquetinha ou mini-blazer curto, com as mangas ligeiramente bufantes e corte bem redondo era uma coisa muito chique, principalmente se fosse de fustão (no verão) ou veludo liso (no inverno).

A abolição da cintura

O vestido sem cintura marcada ganha vários nomes e faz a festa: vestido-saco (em oposição ao tubinho dos anos 60, mais estreito e mais curto), house, desestruturado. Alguns modelos eram complementados por enormes cinturões com fivelas e ilhoses da mesma proporção, criando um efeito sacolão. Outros seguem retos, num grande quadrado de malha, ou numa sucessão de drapeados. É parte da crescente influência dos estilistas japoneses, que vai dominar a década seguinte.

Vestidos chemisier Diane Von Furstenberg

"Sinta-se mulher, use um vestido" foi o *slogan* que a locomotiva-estilista Diane Von Furstenberg usou em 1975 para contra-atacar o império do sacolão e da pantalona com um modelo ultrafeminino e esguio de vestido amarrado na cintura por um cinto mole do mesmo tecido, em geral jersey de seda estampado. Em 1976 seis milhões de vestidos já haviam sido vendidos e Diane estava na capa da revista *Newsweek* como "a estilista mais copiada desde Chanel". De fato: só aqui no Brasil seu *wrap dress* recebeu incontáveis versões informais.

Calças e pantalonas

As calças continuam largas, com cinturas altas. Na metade da década as pernas são retonas, iguais de cima a baixo, e aos poucos vão evoluindo para uma proporção bizarra, mais larga em cima e mais estreita embaixo, com uma boca de perna que se estreita à medida que a década avança.

Shortinho e shortão

O shortinho era uma espécie de imitação dos calções de jogadores de futebol, em geral de cetim ou tecido similar. Fazia parte do visual discoteca/patins, mas tinha licença para ir a festinhas, desde que devidamente acompanhado (botas até a coxa ou meias arrastão já o colocavam numa área suspeita). O shortão era uma bermuda até acima do joelho, usada com cinto, em geral fazendo conjunto com uma camisa do mesmo tecido. Tinha mil e uma utilidades.

Camisões e batões

Fiéis às proporções que se expandiam no rumo dos 80, camisas e túnicas ficam cada vez maiores e mais retas, usadas sobre calças ou, melhor ainda, os onipresentes *leggings*.

Estampas berrantes, listras

As estampas floridas continuam, mas as grandes flores e outros motivos da estamparia havaiana aparecem à medida que o estilo surfista se impõe para bem além do jardim, aliás da praia. As listras vão chegando também: fininhas, largas, médias, ou zebradas em todas as cores.

Jeans tudo

Depois de ser uniforme do desbunde no início da década, o jeans se democratiza: de luxo, esportivo, social, caríssimo ou popular, ele está em toda parte. Literalmente: não apenas em calças mas também em saias, shorts, bermudas, camisas, vestidos, forração de móveis, cortinas, almofadas, lustres, colchas. Até o biquíni de jeans teve seu momento ao sol. Marcas desejadas são Jordache (com o logotipo do cavalinho), Calvin Klein (o primeiro a incluir jeans em seus desfiles), MacKeen (que custava entre 1.500 e 2.500 cruzeiros em 1978), Fiorucci (quanto mais desbotada, melhor), Dijon (com placa de metal no bolso). Marcas populares são Staroup, US Top, Cukier.

Preto e branco/cores neutras/cores primárias

No meio da década tudo fica preto e branco. Num ricochete do delírio psicodélico dos primeiros 70, a paleta se mantém rigorosa mesmo para quem não estava nas tribos disco e punk/new wave (onde o preto e o *two tone* eram de rigor). A opção eram as cores neutras, especialmente bege e marrom, usados juntos ou com algumas poucas cores pastel em estampas abstratas. Quando as cores voltam, no final da década, elas vêm como na caixa de crayons de uma criança pequena: amarelo-gema, azulão, vermelho, verde-bandeira.

Você se lembra?

O verão de 1978-1979 foi a temporada das fendas — saias continuavam compridas, mas tinham grandes fendas laterais. O complemento ideal era o bustiê tomara-que-caia.

Leggings e collants
Influência direta da discoteca e da mania de *fitness* que começa a pegar com força, os sintéticos perdem a vergonha do começo da década. Os *looks* eram variados e quase sempre catastróficos. O mais comum, dominando a partir de 1978, era o *legging* de Lycra bem justo com um camisetão gigantesco por cima. O *collant* entrava em substituição a tops com saiões, pantalonas, shorts e, para as mais ousadas, *leggings* também.

Plástico e corda
Nos pés femininos dois materiais contraditórios disputavam as preferências: a modesta corda, que, no meio da década, é o acabamento de preferência para sandálias de plataforma e sapatos baixos na linha *espadrille* (ou, na versão popular, come-quieto ou alpargatas); e o plástico, que estréia nas sandálias e sapatilhas da marca Fiorucci, criações da *designer* Nanni Strada. Em 1977 a Grendene gaúcha — fundada em 1971 na cidade de Farroupilha (RS) como fabricante de embalagens plásticas para garrafões de vinho — lança a sandália Júlia e o chinelo Pioneer, sem sucesso. Mas no ano seguinte, depois de verem um modelo numa viagem à Europa, os irmãos Alexandre e Pedro Grendene decidem refazer seu produto, criando a sandália de plástico, fechada, que se chamaria Melissa. As sandálias estouraram quando a personagem Júlia Matos, vivida por Sônia Braga, passou a novela *Dancin' Days* com suas melissinhas com meia de Lurex.

Você se lembra?
Esta é a era de ouro do sapatinho com meia. A abertura da novela *Dancin' Days* consagra a meinha de Lurex, de preferência listradinha e multicor, usada com sapato de salto, como uniforme disco por excelência. Mas na verdade a meia soquete de cor contrastante, branca, preta ou estampadinha é usada com qualquer sapato, a qualquer hora. Isso inclui sandálias — especialmente as de plástico da Fiorucci e suas cópias —, tamancos, chinelos e saltos.

Lingerie natural... mesmo.
Em vez de armações e costuras, linhas simples, materiais finos e aderentes. Novidades: sutiãs para bustiês, sem alça e sem torturantes barbatanas, e calcinhas de malha de algodão. Na real, o mulherio com menos de 40 praticamente não usava mais sutiã.

Você se lembra?
Do anti-sutiã Lib? Eram dois discos de material aderente que deviam ser colados na pele, embaixo dos seios, para dar um apoio estratégico em casos de vestidos tomara-que-caia, com fendas e de tecidos finos — todos muito na moda em 1978-1979, quando o Lib é lançado como "o substituto definitivo do sutiã sem alças e sem colchetes, entre nós para alcançar o mesmo sucesso da Europa".

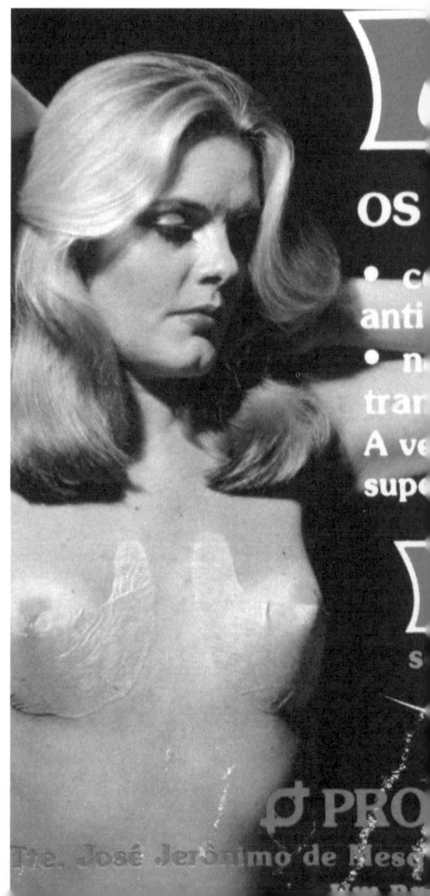

Acessórios
LENÇO COM VISEIRA ::: COLARES, BRINCOS E PULSEIRAS DE CONCHAS ::: ARGOLÕES ENORMES USADOS NUMA ORELHA SÓ ::: BOLSINHAS USADAS ATRAVESSADAS NO CORPO ::: GRANDES CINTOS COM MUITOS ILHOSES E FIVELAS

Enquanto isso, em 1975, David Bowie...

YOUNG AMERICANS. SEM SOBRANCELHAS, APAIXONADO PELO SOUL DA FILADÉLFIA, CHEIRANDO MUITA COCA E HEROÍNA. O EX-EMPRESÁRIO ESPALHA QUE BOWIE ESTÁ ÀS PORTAS DA MORTE. NUMA ENTREVISTA À *ROLLING STONE* ELE JURA QUE VIU UM BEBÊ CAIR PELA JANELA.

© Ronaldo Câmara

Para eles

Tecidos que não amassavam

Camisas Volta ao Mundo, Trevira, Vincent, feitas de tergal e seus variantes, juntavam-se a ternos produzidos em grande escala, como os das lojas Ducal — duas calças para cada paletó — para formar o guarda-roupa básico do homem na segunda metade da década.

Novas proporções

Lapelas menores, ombros maiores, cintura alta. As proporções vão se alterando por completo ao longo da década, até a inversão total do visual dos primeiros anos.

Gravatas finas

Proporcionalmente às lapelas menores, as gravatas largonas do começo dos 70 vão ficando magrinhas e adotando diferentes materiais. No fim da década, graças ao *look* new wave, o crochê e a malharia são a modernidade em gravatas.

Terno safári

Anunciado como a opção prática e confortável entre o terno-e-gravata e a dupla jeans-camisa esporte, o conjunto de calça esporte e camisão com quatro bolsões, mangas curtas ou compridas e dragonas nos ombros foi, por incrível que pareça, amplamente usado no final da década. A princípio o terno safári vinha em cores neutras, com predominância do bege, mas logo quase todas as cores pastel deram sua pinta no bizarro conjunto.

Bolsa masculina

Na primeira metade, bolsa (que não fosse capanga) era tabu, coisa de desbundado (ou pior). Virada a página de 1975, surge a pochete, unissex, e a gogo bag, mais parecida com uma bolsa mesmo, retangular, maior, com uma longa alça para ser usada a tiracolo. Vendida inicialmente como acessório de viagem, complementando a bagagem, rapidamente vira mania, com infinitas reproduções em courvin.

Você se lembra?

Das cuecas Dinamite? A explosiva marca tentou concorrer com a Zorba na disputa do mercado no estilo sunga.

Para os dois

O triunfo da camiseta Não mais a província exclusiva de hippies ou donos de botequim, a prosaica camiseta de malha de algodão entra de vez para o guarda-roupa cotidiano e se adapta a infinitas subculturas. Mais que isso: é aqui, na segunda metade da década, que a *t-shirt* não apenas vira "o básico do Brasil" como se torna o porta-voz de seja lá o que for que as pessoas têm a dizer sobre o mundo. Camisetas com dizeres em português se tornam populares e são anunciadas em tom triunfal. Além dessas, começam a aparecer as camisetas de grife.

Você se lembra?

Duas marcas italianas se estabelecem com grande sucesso no Brasil no final dos anos 70: a Fiorucci e a Benetton. Além dos jeans (que eram um supersímbolo de *status*), a Fiorucci tinha a logomarca dos dois anjinhos de óculos escuros que conferiam grande destaque a camisetas, bolsinhas de plástico, *nécessaires*, pochetes etc. Na Benetton o *must* era a malharia em cores primárias, fortes, com tudo combinando, o chamado *look* total.

Calças com pregas e bolsos

As calças vão ficando maiores para eles e elas, com pregas e mais pregas, até mesmo em jeans. Bolsos de todos os tamanhos por toda parte, inclusive e principalmente pelas pernas abaixo, aparecem em 1978 e emplacam até a nova década.

Camisas exóticas

Imitando os modelos dos caubóis, as estilo *western* tinham um pesponto bem no peito e podiam ser em jeans ou, o que era ainda mais desejável, em dois tecidos diferentes, um acima, outro abaixo do pesponto. A US Top tinha os modelos nacionais, mas as boas butiques vendiam as americanas, com combinações em veludo, cetim, jeans e algodão. Os brechós especializados se encarregavam de popularizar os camisões havaianos e de boliche/frentista de posto, vindos diretamente dos "Esteites". Pontos extras para *aloha shirts* com botões de casca de coco e camisões de frentista com nomes bordados. Os dois estilos são rapidamente copiados pelas cada vez mais numerosas butiques.

Pochete

A famigerada bolsinha presa na cintura torna-se o substituto predileto da capanga para os rapazes — mas não pára aí. A disseminação do cooper e a necessidade de manter as mãos livres nas discotecas conspiram para torná-la um adereço das moças também, inclusive em versões Lurex, cetim, com tachinhas etc.

Você se lembra?

Daquelas canetas que já vinham com um cordãozinho para serem penduradas no pescoço? O nome oficial delas era "julieta", e vinham em vermelho, azul, branco, preto, verde e amarelo.

Roupa indiana

De algumas poucas peças acessíveis apenas aos hippies-de-butique (e muitas cópias improvisadas para os hippies de outros níveis financeiros) a roupa *made in India* — ou, cada vez mais freqüentemente, *made in Bali* — se populariza. O carro-chefe são as camisetas estampadas — um motivo na barra, um detalhe repetido no resto da peça — usadas por mulheres e homens.

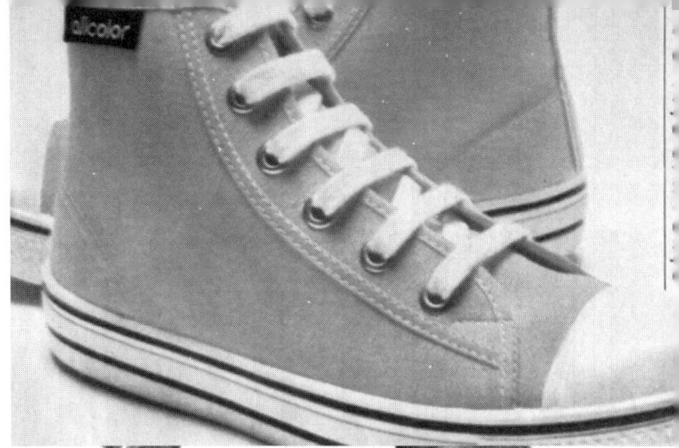

Tênis

O tênis da metade final da década é sobretudo o modelo de cano alto popularizado pela All Star. Preto para punks e new wavers, branco para surfistas, multicolorido para os disco *kids*, o All Star e suas variantes locais (Bamba Maioral All Color, Topper, Rainha, London Fog — "o pisante que vai fazer seu pé") reinam nos pés — usado com as meias apropriadas, é claro. Os esportistas e aficcionados do cooper descobrem a Nike, que começa a fazer séria concorrência às mais estabelecidas Puma e Adidas.

Pasta

Confinada ao universo escolar até os 60, ela surge primeiro em sua versão quadradona, "007", como parte do modelito James Bond. E em breve a pasta começa a galgar popularidade como adereço e símbolo de *status* feminino e masculino. Gucci e Louis Vuitton à frente, estilistas lançam pastas com suas grifes, e os modelos se tornam mais leves, com materiais mais flexíveis, fivelas, bolsos externos, detalhes. "É um misto de *status* e necessidade de organização", diz um gerente de loja de bolsas de Los Angeles em 1977. No Brasil, o grande sucesso são as pastas da Victor Hugo, pioneira no novo adereço.

Moda fitness

O conjunto calça/agasalho de moleton, também conhecido como *training*, torna-se o uniforme universal das tardes de sábado. Complementado por quase tudo, de jóias a tênis, passando por echarpes, bonés e até sapatos de salto (com meia!), o *training* vai a toda parte, vestido por mulheres, homens e crianças. O modelo Adidas, com as tradicionais listras no lado da calça, é a estrela, mas os conjuntos Benetton vêm logo atrás. Nas nascentes academias, as moças querem todas ser Jane Fonda em seu vídeo: collant e meias de Lycra reluzente, tênis com meias grossas e polainas multicoloridas mais grossas ainda. Na cabeça, para elas e eles, aquela tirinha de tecido atoalhado combinando com a roupa.

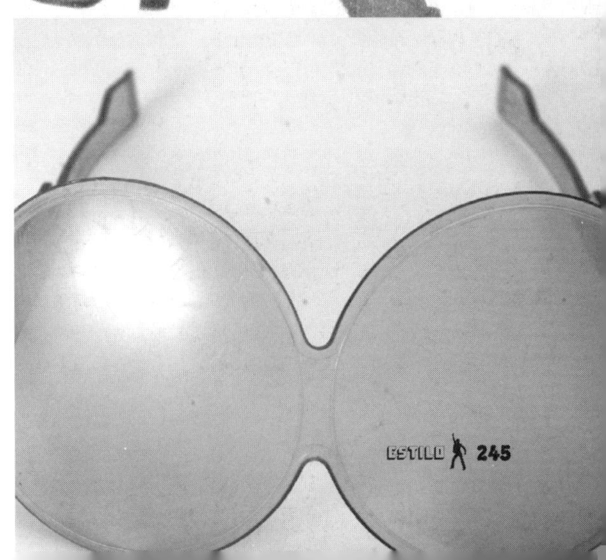

Armações enormes para óculos

Elton John levou ao absurdo a premissa, mas não se punha nada no rosto que não cobrisse pelo menos sobrancelhas. Nos óculos escuros, as armações de metal grosso, popularizadas por Emerson Fittipaldi, competiam com os "óculos de aviador", o modelo clássico da Ray-Ban que tinha até o general MacArthur de garoto-propaganda.

Direto da praia: carinhas e cocotas

Os últimos 70 são uma era de ouro para a moda praiana esportiva. Centrada no Rio, especialmente em Ipanema, seus modismos se espalham por todo o Brasil e influenciam o modo de vestir das ruas, o ano inteiro.

As primeiras lojas especializadas em roupas de praia aparecem bem no meio da década, no Rio de Janeiro. Uma delas, a Arsene Lupin, na praça General Osório, em Ipanema, começa vendendo modelos de várias confecções — os mais populares eram de pano indiano, com elefantinhos — com tanto sucesso que logo migra para o *filé mignon* do bairro, próximo à praça Nossa Senhora da Paz, com uma proposta simples, nas palavras de seu dono, Alcindo Silva Filho: "abranger o mundo do bumbum inteiro! Era como se fosse um banco. Tinha que ter dinheiro pequeno, grande, trocado. Então eu queria ter biquínis para todo o tipo de bunda e peito. Eu queria que a mulher saísse dali com a peça de roupa que não tinha em outro lugar." Com um aviãozinho sobre a praia, num fim de semana de sol em 1979, o nome ficou sacramentado: "BumBum Biquínis, varejo e atacado. Visconde de Pirajá 437".

Apesar de muitos alarmes falsos e uma grande campanha na linha "dessa vez o maiô está de volta", a grande estrela da modelagem feminina do período é a tanga. A gloriosa e singela invenção brasileira — dois triângulos de pano com tirinhas finas na lateral, idealmente soltas, para serem amarradas ao gosto da freguesa — já havia sido testada "nas internas" entre as dunas do agora defunto Píer, mas é eternizada e popularizada pela modelo Rose di Primo num comercial do iogurte Chamburcy. Inês Mynssen contribuiu para tornar o minúsculo adereço ainda mais interessante ao lançar a "cortininha", o top ajustável que corria nos cordões que o prendiam. Em 1979 o triangulinho se torna oficial e controvertidamente unissex quando Fernando Gabeira, em seu primeiro verão carioca depois do exílio, vai à praia em Ipanema trajando a parte de baixo de um biquíni de crochê que sua amiga Leda Nagle tinha deixado em sua casa de exílio, na Suécia. Gostou tanto do modelito que comprou mais um, na loja Fiorucci da praça Nossa Senhora da Paz em Ipanema.

O surfe e seu universo humano se espalham pelos litorais urbanos e levam junto um estilo específico de se vestir e comportar. São as cores lavadas, os shortões, as calças de cintura beeeeem baixa, justíssimas (pontos extras se forem brancas ou listradinhas), as sandálias Dr. Scholl, os chinelões de palha ou borracha colorida, os biquínis tanguinha de flores ou motivos indianos, a pele sempre bronzeada, os cabelos sempre alourados, os colares de *pukka shells* (branquinhos, agarrados no pescoço), as tornozeleiras, as pulseiras de tecelagem. Roupas Hang Ten — especialmente as camisetas listradas, com a marca dos dois pezinhos — e Ocean Pacific são essenciais, e a imprensa chama o combinado de "estilo cocota".

Parte do pacote praiano é a tatuagem. Em 1977, a revista *Veja* registra a passagem do hábito do desbunde e da cultura surfista do Arpoador para o grande público jovem, pelo menos "na zona sul do Rio de Janeiro". Uma tatuagem ainda era algo com certa dose de risco ("de tuberculose, sífilis e hanseníase"), a remoção, apenas parcial e depois de "um caro e doloroso lixamento da pele". E ainda havia apenas um tatuador profissional: o dinamarquês Knud Harold Lykke Gregersen, o Lucky ou Mr. Tatoo do cais de Santos, que cobrava 400 cruzeiros por trabalho e tinha entre seus clientes marinheiros, damas da noite, surfistas e pelo menos um Dzi Croquette, Carlinhos Machado, que mandou tatuar um morango mordido em uma nádega: "fica bonito e é engraçado".

"A jovem família brasileira parou na da VISUAL. E isso é o maior incentivo para acabar com o Tabu de que o jovem não faz parte do grande público consumidor; na verdade a Nova Geração está procurando coisas diferentes. Afinal, quem não está a fim de uma camiseta com uma estamparia supercolorida? Ou um incrível SKATE de URETANO? Na Visual você ainda encontra sandálias de palha e solão, racks do tipo ALOHA, calções TRI-FLORIDOS, parafina, enfim tudo o que você precisa para curtir o SURF numa boa."

(Brasil Surf, julho/agosto 1978)

Você se lembra?

Em 1977, na novela *Duas vidas*, da Globo, o ator Mário Gomes, na pele de seu personagem Dino César, usava um colarzinho de madrepérola rente ao pescoço, uma variante do colar de *pukka shells*, popular entre a turma do surfe. Foi o bastante para o acessório cair no gosto popular e ter versões as mais variadas vendidas por camelôs com o nome de "colar do Dino César".

© Ronaldo Câmara

Estilo made in Brasil: o despertar das grifes locais

O movimento por um *prêt-à-porter* brasileiro, com materiais e estilo locais e preços acessíveis, começou no meio da década entre os Jardins de São Paulo e Ipanema-Leblon no Rio de Janeiro. Multiplicavam-se butiques que propunham modelos originais a um preço que a classe média podia pagar. Era o começo das grifes nativas, um novo universo além da alta moda dos costureiros — eles não se chamavam estilistas ainda e, como Zuzu Angel bem apontava, o nome só adquiria odores refinados quando usado no masculino.

Nos dois anos anteriores à sua morte violenta e prematura, em abril de 1976, a própria Zuzu tinha aderido ao novo modelo de moda em massa, abrindo uma loja no Leblon com peças de uso básico, destacando sua logomarca dos anjos, agora mostrados com manchas de sangue, grades, coroas de espinhos, em memória e como denúncia do desaparecimento, tortura e morte de seu filho Stuart Angel.

Na vizinha Ipanema, na esquina das ruas Garcia D'Ávila com Prudente de Morais, os surfistas Mauro Taubman e Luís de Freitas Machado abriram a Company. A casa de dois andares, típica das construções assobradadas dos primeiros anos do bairro, foi prontamente pintada nas cores da marca, verde e azul, e rapidamente tornou-se o ponto focal de um estilo entre o *surfwear* e o rock, atualizado mas acessível, que incluía vários modelos de calças de brim especialmente importado da Argentina, as célebres camisas polo em mil cores com o "c" de Company bordado no lado esquerdo do peito e, a cada verão, muitas novidades com pinta de terem vindo direto de Nova York, Londres, Los Angeles ou Havaí. Vendedoras e vendedores bonitos e com o jeitão de seu público-alvo, vitrines pintadas (pelo artista plástico Fabio Kerr), presença constante, como patrocinadora, em eventos esportivos e de cultura jovem, camisetas rock e reggae de tiragem limitada e, no fim do ano, as esperadas mega-agendas, sempre em materiais inovadores, tornaram a Company a marca essencial da virada 70-80.

Outras butiques que se lançam na época e rapidamente se tornam marcas e sinônimo de estilo próprio incluem:

NO RIO ::: A **CANTÃO** SEMPRE MULTICOLORIDA ::: O TRIO **MR. KRISHNA**, **KRISHNA** E **RICHARDS**, DO CAMPEÃO DE CAÇA SUBMARINA RICARDO DIAS DA CRUZ FERREIRA, O CHARUTO ::: A **ANIKI BOBÓ** DE CELINA MOREIRA DA ROCHA, COM SUAS CALÇAS DE VELUDO COTELÊ EM TODAS AS CORES ::: A **BLU-BLU** DE MARÍLIA VALLS, COM SEUS CAMISÕES, BATÕES E DRAPEADOS ::: A **DELUI**, E, A PARTIR DE 1978, A **MR. WONDERFUL** DE LUÍS DE FREITAS, QUE CHEGA DE NOVA YORK EM 1974 CHEIO DE NOVIDADES E LOGO SE TORNA O ESTILISTA DE PREFERÊNCIA DA CENA DISCO-DANCIN' DAYS-MORRO DA URCA, COM SEUS CORTES OUSADOS, CORES FORTES E ESTAMPARIAS EXCLUSIVAS ::: NO ESTILO ESPORTE-FINO, A ZZZ E A **GREGÓRIO FAGANELLO** DE SEU ESTILISTA HOMÔNIMO, A **MARIA BONITA**, CRIADA EM 1975 POR MARIA CÂNDIDA SARMENTO E MALBA PIMENTEL DE PAIVA, E A **LA BAGAGERIE** DE SONIA MUREB ::: A **BLUE MAN** DE DAVID AZULAY, REI DOS BIQUÍNIS, LANÇADOR DOS TAMANHOS DIMINUTOS (ROSE DI PRIMO ERA SUA MODELO EXCLUSIVA NA ÉPOCA), DOS BIQUÍNIS DE JEANS E EM ESTAMPARIA TROPICAL ::: A **ELLUS**, QUE NASCE DO ARTESANATO DE UM BANDO DE HIPPIES QUE PINTAVAM CAMISETAS EM 1972 E SE TORNA CÉLEBRE COMO MARCA DE JEANSWEAR E ESPORTE DE ESTILO EM 1979, COM UM COMERCIAL DE TV NO QUAL, AO SOM DE "MANIA DE VOCÊ", DE RITA LEE, UMA MODELO NÃO SE VESTIA COM AS PEÇAS DA MARCA MAS, LENTAMENTE, AS DESPIA ::: **EM SÃO PAULO** ::: A MARCA DO FINAL DA DÉCADA É A **ZOOMP** DE RENATO KHERLAKIAN, QUE COMEÇA EM 1974 COMO UMA LINHA DE JEANS DE CORTE ANATÔMICO, IDENTIFICADA PELA RAPIDAMENTE FAMOSA MARCA DO RAIOZINHO AMARELO. INTERPRETANDO BEM OS ESTILOS PUNK E NEW WAVE, A ZOOMP VIRA O UNIFORME DA CRESCENTE CENA ROCK NA CIDADE.

Semana Moda Rio

Em 1977, a energia desses novos criadores toma sua primeira forma definida no Grupo Moda Rio. Integrado por Luís de Freitas, Sonia Mureb, Marília Valls, Marco Rica (da Moda Rica), Ana Gasparini (da Movie), Beth Brício (da Persona), Suely Sampaio (da Suka), e Teresa Gureg, sob a liderança de José Augusto Bicalho, ex-correspondente de *O Globo* em Paris e na época dono da butique Jo & Co, o Moda Rio estréia com uma semana de moda no Golden Room do Copacabana Palace. Mesmo usando uma "passarela" improvisada — uma estrutura de madeira, do próprio hotel, que servia para o Chá da Acácia Dourada, evento beneficente do soçaite — o evento foi um sucesso, e se firmou como pólo da moda *made in Brazil*. Nos anos seguintes a Semana Moda Rio ganhou sua própria passarela e lançou manequins como: Monique Evans ("uma menina", diz Bicalho), Veluma ("a primeira com carreira internacional, Paris e Japão"), Vick Schneider, Beth Lago, Fátima Osório, Isis de Oliveira ("andava muito bem, muito bem"). Por ser essencialmente carioca, o Grupo realizava todos os desfiles em hotéis da orla marítima, e foi o primeiro a fazer coleções de oitenta, cem peças. O Grupo Moda Rio profissionalizou o mercado e forjou o calendário de moda no Brasil, lançando novas marcas a cada ano, até se desfazer em 1983.

Figurino discoteca

TERNO BRANCO COM CAMISA PRETA POR BAIXO (QUANTO MAIS PARECIDO COM JOHN TRAVOLTA EM EMBALOS DE SÁBADO À NOITE, MELHOR) ::: OU ENTÃO PALETÓS E JAQUETAS DE CETIM, USADOS SEM CAMISA, DE PREFERÊNCIA COM UM MEDALHÃO OU OUTRO ADEREÇO VISTOSO NO PEITO. OU VALE TUDO: MACACÕES COLANTES, PURPURINA, BOTAS DE SALTOS COLOSSAIS ::: LYCRA TUDO: COLLANTS, CALÇAS HIPERJUSTAS OU SUPERLARGAS, SHORTINHOS (HOT PANTS) ::: CORES FORTÍSSIMAS E CONTRASTANTES — FÚCSIA, VERMELHO, VERDE-BANDEIRA, MUITO DOURADO E PRATEADO — OU ENTÃO BRANCO TOTAL, QUE FICA FOSFORESCENTE NA LUZ NEGRA ::: BRILHO, MUITO BRILHO: PAETÊS, LANTEJOULAS, TECIDOS PEROLADOS, LUREX, STRASS, ESPELHINHOS. QUALQUER COISA QUE REFLITA AS LUZES DA PISTA, A BOLA ESPELHADA ::: MACACÕES, MACAQUINHOS, PEÇAS INTEIRAS ::: SAIAS RODADÍSSIMAS ::: LAMÊ DOURADO ::: MEIAS DE LUREX MULTICOLORIDAS (COMO AS DE DANCIN' DAYS) ::: SAPATOS E SANDÁLIAS DE PLATAFORMA, QUANTO MAIS ALTOS MELHOR; PONTOS EXTRAS SE FOSSEM DOURADOS, PRATEADOS OU REBORDADOS COM BRILHOS ::: CORRENTINHA COM UMA LÂMINA DE BARBEAR MINIATURA NO PESCOÇO, IDEALMENTE DE PRATA E COM O NOME GRAVADO. EM 1977 A GLEDSON PAULISTA LANÇOU SUA VERSÃO, EM METAL DOURADO, AO PREÇO DE 20 CRUZEIROS. APELIDADA DE GILETINHA. SEGUNDO A REVISTA POP, ERA ESSENCIAL PARA "FICAR POR DENTRO DA MODA JOVEM".

"Primeiros sintomas da febre travoltiana/ foi como se tivesse surgido um formigamento/ em nossos corpos/ induzindo-nos a dançar/ pelas deiscothèques (sic) da vida/ Travolta é, sem dúvida/ O pai desse fenômeno/ chamado discothèque/ bola pra frente, garotão/ porque só você pôde conseguir/ que os jovens vivessem novamente/ nesses sábados à noite."

(Eden Luiz Santos Pinto, Rio de Janeiro; revista Pop, novembro 1978)

Figurino punk

PRETO, PRETO, PRETO. ÚNICAS OPÇÕES AO PRETOTAL: VERMELHO-SANGUE E BRANCO, DE PREFERÊNCIA, UM POUQUINHO SUJO, AQUELE BRANCO DE UMA CAMISETA QUE SE USA HÁ MUITO TEMPO. E ROSA-CHOQUE IGUAL À CAPA DE NEVER MIND THE BOLLOCKS, DOS SEX PISTOLS ::: TACHEADOS, PREGOS, ALFINETES DE FRALDAS USADOS COMO "BIJUTERIA" ::: RASGADOS, ESGARÇADOS, DESBOTADOS. ROUPAS VELHAS PUÍDAS OU ROUPAS NEM TÃO VELHAS ASSIM, RASGADAS PROPOSITALMENTE, EMENDADAS COM ALFINETES OU COSTURAS GROSSEIRAS. CAMISETAS VELHÍSSIMAS, COM PINTA DE TEREM SIDO MAL LAVADAS OU DESBOTADAS ::: BONDAGE LOOK: PERNAS LIGADAS POR CORRENTES E ATADURAS, COLEIRAS, ALGEMAS, EMBORRACHADOS ::: MUITO COURO, MUITA BORRACHA E VINIL ::: SAPATÕES DOC MARTEN, DE SOLADO ULTRAPESADO, CANO ALTO, LACEADOS. NO BRASIL, VALEM AS BAT-BUTS E OS COTURNOS MILITARES ::: IRONIA POR ABUSO E SUPERPOSIÇÃO: SAINHAS PREGUEADAS USADAS EM CIMA DE CALÇAS DE BORRACHA, VESTIDOS DE BRECHÓ RASGADOS, ROUPAS MILITARES ESGARÇADAS E USADAS COM COURO, BORRACHA.

Punk chique

É uma das grandes ironias universais que o movimento mais violento, agressivo e contestador da cultura pop tenha sido, se não inventado, pelo menos seriamente orquestrado por dois estilistas londrinos: Vivienne Westwood e Malcolm McLaren (nascido Malcolm Edwards). O ex-casal tinha uma butique no número 430 da Kings Road, vendendo o que chamavam de "antimoda" — basicamente roupa reciclada e recortada pelo engenho de Westwood. Peças s&m de couro e borracha e camisetas com imagens pornô eram a base, e a loja, que vivia trocando de nome, chamava-se Sex em 1975, mesmo ano em que Westwood desenha as roupas de palco da banda glam New York Dolls, empresariada por McLaren. No ano seguinte, o vendedor da Sex — que então se chamava Seditionaries — Glen Matlock anunciou que seus amigos Paul Cook e Steve Jones estavam procurando, nessa ordem, um empresário e um vocalista para sua banda recém-formada. McLaren prontamente assumiu os controles, colocou o corrosivo John Lydon — um tipo suspeito que vivia roubando roupas na loja — à frente, com o nome de Johnny Rotten. Batizada Sex Pistols e vestida em preciosos farrapos por Westwood, a banda deu nome, cristalizou e impulsionou a tendência punk que marca todo o final da década.

Em 1977 a estilista inglesa Zandra Rhodes é a primeira a incorporar elementos punk em suas coleções, numa versão mais refinada, na qual as correntes e os alfinetões são de ouro, os rasgões, cuidadosamente rebordados.

A tribalização do estilo

Discoboys & girls e punks polarizam o estilo na segunda metade da década, mas entre e além de uns e outros uma multidão de propostas se multiplica. Não existem mais grandes blocos de subculturas, mas tribos menores aglomeradas em torno de gostos comuns que, muitas vezes, se interpenetram:

"Alguns termos e lugares podem ser usados e freqüentados em comum por surfistas, gente do underground e fiéis do rock. Porém os primeiros são considerados excessivamente jovens, apáticos e até meio bobocas pelos outros dois grupos. A turma underground (udigrúdi) se julga certamente a mais profunda, literária e respeitável." ("O Rio em alta estação", revista **Veja**, 19/1/1977)

Metaleiros

As tachas, couros, camisetas pretas e coturnos militares dos punks aparecem aqui, mas não há rasgões. Ao contrário — tudo é cuidadosamente planejado e arrumado para parecer casual e displicente. Num interessante desdobramento sub-subcultural que vai florescer ainda mais nos anos 80, surge o metal-glam, que prefere *collants* de lycra a jeans, *spandex* a couro e cores berrantes ao preto.

Rastas

Os fãs de reggae têm muitos elementos da tribo surfista, à qual quase sempre pertencem. Grandes camisetas, tecidos naturais, calças largas, boininhas de crochê na cabeça, e as cores da Jamaica: verde, amarelo, vermelho e preto.

Ska/two tone

Entre o reggae e o punk/new wave ficava a turma que foi buscar no ska, ritmo básico da Jamaica, equivalente ao rock'n'roll dos anos 50, a inspiração para um ativismo contra o racismo e o reacionarismo em geral. Seu uniforme era uma versão livre dos ska-men originais: terninhos pretos com camisas brancas, sapatos de verniz e chapeuzinhos Frank Sinatra.

New wave

Primo menos agressivo do punk, o new wave é a mesma atitude de volta-às-raízes do rock menos as roupas rasgadas — e com músicos que sabiam tocar seus instrumentos. Seu visual é uma mistura irônica de roupas dos 40 e 50 — ternos pretos, camisas brancas, gravatas finas, camisetas brancas, jeans apertados e jaquetas de couro do rockabilly — com elementos e materiais produzidos em massa, principalmente de plástico e vinil. Preto e branco sozinho ou misturado com cores primárias formavam a paleta visual.

Funk/black

Calças justas com enorme boca-de-sino, "pisantes incrementados" (em várias cores, solado grosso, plataforma, saltos altos), paletós, camisas e camisetas bem ajustados, minissaias, meias arrastão, lamê, cores fortes.

"Abrimos um departamento especial para vender a moda black e aos poucos lançaremos roupas bem sensuais em tecidos aderentes. A brasileira demora um pouco para aceitar certas coisas."

(Mauro Taubman, da Company, novembro de 1978)

Visual básico

Para elas

O look é "natural", ou seja, desaparecem o delineador e o rímel muito escuro, batons só em tons "de boca". As sombras são nacaradas, em tons pastel. Duas novidades:

O **blush em pó**, aplicado com um pincel, para substituir o já defasado rouge. Ninguém se importava se estas primeiras tentativas mais pareciam pinceladas cubistas, bem marcadas e criando estranhas sombras nas maçãs do rosto.

O **lápis de lábios**, contornando a boca a ser preenchida pelo batom/brilho labial "natural". Mais uma vez, o efeito cubista não era nem notado.

Com tanta "naturalidade" nos rostos, a atenção se volta para os cabelos, que passam por duas fases bem marcadas e opostas:

No meio da década, o máximo eram os **cabelos bem lisos**, semilongos, com franja e com as pontas desfiadas e viradinhas para cima. O modelo eram as Panteras da série de TV, principalmente Farrah Fawcett e seu louro repleto de reflexos platinum. O *look* exigia muito trabalho: escova (o *brushing* é lançado nessa época, obviamente com grande sucesso), meia nos cabelos (para alisá-los), rolinhos aquecidos e *baby-liss* (para fazê-los virar para cima).

No final da década, os cabelos se libertam: o look agora é a **cabeleira crespa**, ondulada, enorme, volumosa, longa ou pelo menos nos ombros. No Brasil, as Frenéticas, Simone e Sônia Braga na novela *Dancin' Days* são os paradigmas da nova juba. Quem não tem os cabelos naturalmente encaracolados como a personagem Lucy dos HQ Peanuts tem que recorrer ao permanente, mousse e rolinhos para conseguir o efeito desejado.

Revolução nos produtos de higiene pessoal, em 1974 a Johnson & Johnson lança os **tampões o.b.**, e prontamente se instala uma enorme controvérsia: estaria a virgindade das moças brasileiras ameaçada pelo produto? Em 1978, mais novidades: os "absorventes diários" Carefree.

Para eles

As costeletas vão diminuindo. Em seu lugar surge o cabelo em camadas, também desfiado, bem liso e sempre comprido, nem que seja apenas para cobrir o pescoço. Os rapazes aprendem as vantagens da touca de meia para alisar os cabelos e do *brushing* para mantê-los arrumados.

Você se lembra?

Para tentar garantir a saúde dos cabelos tão exigida, a grande novidade era o Placentubex, "à base de placenta bovina", que continha "elementos biológicos que estimulam a regeneração e respiração das células".

A grande novidade dos perfumes era Opium, de Yves Saint Laurent. Lançada em 1977 e um megassucesso instantâneo, a sensual mistura de sândalo, incenso, patchuli e madeiras raras era a fragrância perfeita para uma era de excessos, e a assinatura olfativa da discoteca. Perfumes à base de laranja também se tornaram imensamente populares: Ô da Lancôme, Bigarade de Nina Ricci e, na linha mais popular, as colônias Gelatti argentinas. Fragrâncias "verdes", leves e secas antecipavam a tendência executiva dos anos 80: no exterior, a Charlie da Revlon e a Maxi da Max Factor eram os carros-chefe. No Brasil, a grande novidade foi a Rastro, lançada por Aparício Basílio com o nome de sua butique dos Jardins, em São Paulo. Os homens usavam Old Spice ou a linha Executive da Atkinsons.

Você se lembra?

Todo homem de repente queria ficar hiperbem barbeado. Houve uma explosão de ofertas de barbeadores elétricos pequenos, portáteis, coloridos e oferecendo todo tipo de vantagem. Mas quem vendia mesmo era o novo aparelho da Gilette, o GII, que tinha duas lâminas e, segundo o anúncio, uma fazia tchan e a outra fazia tchun, "para um escanhoar suave e perfeito".

Visual disco

Como na roupa, o ideal aqui era brilhar, brilhar, brilhar. A maquiagem perolada do dia se cobre de glitter, e as bocas se tornam dramáticas, com batons vermelhos e fúcsia. Os rapazes são todos Travolta: cabelo bem armado com mousse, barba bem-feita.

Visual punk

Mais do que a música (ou a falta dela) e tanto quanto os cuidadosos farrapos fashion de seus trajes, o visual punk era essencial para seu projeto de contestação. Em repúdio ao look "natural", a maquiagem era extrema, dramática, como uma máscara kabuki-circense, em pólos de branco e preto. O cabelo se tornava material para esculturas: cabeças raspadas ou semi-raspadas, pontas, mohawks, topetes enormes. E no corpo a automutilação era uma arte: *piercings* grosseiros, brincos múltiplos e tatuagens grandes, plenamente visíveis.

O visual das tribos

Metaleiros

Cabelos enormes, gigantescos, crespos ou lisos, tanto fazia, desde que pelo menos chegasse abaixo dos ombros. Tatuagens coloridas.

Rastas

As tradicionais tranças *dreadlock*, visual natureba.

Ska/two tone

Cabelos curtíssimos, cortados à moda dos anos 50.

New wave

Cabelo curto e bem cortado, um visual *clean* em oposição às cabeleiras hippies e progressivas. Meninas bem maquiadas — Debbie Harry do Blondie era o padrão — ou cuidadosamente descuidadas, com um quê andrógino, como Patti Smith.

Funk/black

Cabelos afro, naturais, mantidos com cuidado, produtos próprios e um indispensável pentinho de três dentes.

A casa moderna, 1975-1979

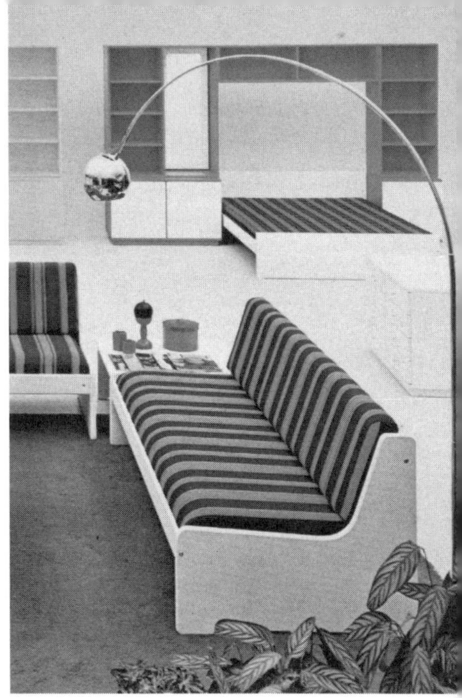

O lar classe média da segunda metade da década é uma casa com assinatura: os móveis passam a ter grife, e comprar móveis "de marca" se torna símbolo de *status*.

Predominam as cores claras e neutras, em adaptações locais de materiais e estilos de design escandinavo, trazidas por novas lojas de móveis modulados, como a Tok & Stok e a Art de Vivre, ambas inauguradas em 1977-1978.

Nas **paredes**, panôs, tapeçarias, pôsteres emoldurados e afrescos. A mania começa nos quartos infantis, com as paredes cobertas de desenhos, paisagens, borboletas, migra para os de adolescentes e deságua nos restaurantes, onde o artista catarinense Juarez Machado capitaliza sua popularidade na TV — ele fazia um quadro de mímica no Fantástico — e se torna onipresente com suas cenas surrealistas, multicoloridas, de contornos arredondados.

Você se lembra?

No meio da década era chiquérrimo ter peças de artesanato brasileiro espalhadas pela casa. Valia bumba-meu-boi de Vitalino, cerâmica marajoara, garrafinhas de areia colorida. Era uma suíte da mania do colonial, que imperou alguns anos antes. Segundo a revista *Veja*, mais de 15 lojas especializadas em artesanato foram abertas no Rio e em São Paulo, entre 1973 e 1975 — O Bode, Escada e Artesania eram algumas das mais badaladas.

A **cozinha** agora era planejada e acompanhava o esquema natural do resto da casa, para melhor realçar os equipamentos em aço e os novíssimos eletrodomésticos, todos multicoloridos.

Copa, cozinha e área de serviço se transformaram radicalmente com uma verdadeira invasão de novidades para facilitar a vida de uma dona de casa que, cada vez mais, tinha uma dupla jornada de trabalho. Geladeiras ganham degelo automático, filtro de água na porta, prateleiras funcionais. Surge o freezer doméstico, separado da geladeira, e começa a moda da comida congelada. Minifornos, torradeiras automáticas, trituradores de lixo na pia, moedores de carne que não precisam de pressão, processadores de alimentos, espremedores e cafeteiras elétricas, e máquina de lavar louça estão entre os muitos lançamentos do final da década.

No **banheiro**, que espetáculo!: a descarga se torna mais silenciosa, suave e regulada com o lançamento do sistema de cunha elástica.

Na sala se instala, triunfalmente, a **TV em cores**. Depois de dois anos de muita cor borrada e imagens inadvertidamente psicodélicas, ver TV colorida começa a se tornar algo habitual. O investimento nos luxuosos eletrodomésticos também passa a ser mais compensador, não apenas porque os preços caem mas também porque há cada vez mais programas transmitidos em cores. Para mudar o canal aparece, no final da década, a caixinha preta que vai mudar radicalmente a estrutura política da paz doméstica: o controle remoto.

Em 1976 a televisão em cores ganha seu companheiro ideal: o **videocassete**. O sistema Betamax da Sony, de qualidade vastamente superior, é lançado em 1975, mas quem acaba ganhando o mercado de massa é o sistema VHS lançado pela Panasonic e JVC em 1976. Os primeiros modelos importados, caríssimos, chegam ao Brasil um ano depois, trazendo consigo os primeiros ecos de uma revolução de hábitos que mudaria todo o final do século — a possibilidade de cópias de obras autorais, a multiplicação acelerada, o hábito de ficar em casa, o controle do consumo de entretenimento mais firmemente nas mãos do espectador. Pelo menos dos mais afortunados e inteligentes que conseguiam programar o enorme aparelho para gravar seus programas favoritos da TV.

Você se lembra?

Do isqueiro de mesa? Era um cilindro decorado com temas variados — primitivo, náutico, abstrato — com um isqueirão dentro. Muito conveniente numa época em que todo mundo ainda fumava, e a hospitalidade exigia, por exemplo, muitos cinzeiros.

O **telefone** ainda fazia triim-trim, mas também tinha companhia: a secretária eletrônica. Também não era, estritamente, uma novidade — o primeiro gravador de conversas telefônicas foi patenteado pelo alemão Willy Müller em 1935 como um produto para facilitar a vida de judeus ortodoxos, que não podem atender o telefone durante o Sabbath. O primeiro modelo comercial, o Phonetel patenteado pelo dr. Kazuo Hashimoto já estava no mercado americano desde 1960. Mas em 1975 começam a aparecer no Brasil as PhoneMates modelo 400, americanas, a primeira produção em massa da novidade — pareciam um tijolão preto, pesavam cinco quilos, gravavam até vinte recados e tinham duas fitas cassete. Foi o começo de uma longa curva de aprendizado pontuada por milhares de "alô, alô, quem é que está aí? Que negócio é esse de sinal? Que sinal? Que sinal? Piiiiiiiii...."

O SOM

O som continuava sendo um elemento fundamental da casa moderna. Na verdade, ele não era mais província exclusiva do quarto do filho metido a roqueiro (ou hippie, ou pior...) Ganhava mais importância a versão *connoisseur*, entronizada como mais um símbolo de *status*. Era sacramentado o *hobby* do "audiófilo", que ganhava até publicações próprias, e para cujo bolso cada vez mais empresas propunham tanto mais produtos cromados, com alavancas, botões, monitores e babilaques de todo tipo. Technics, Sony e National já tinham fábricas instaladas no Brasil, e nenhum audiófilo que se prezasse vivia sem pelo menos um mini-rack no qual se empilhavam um *receiver*, um mixador, pré e *power* amplificadores, um toca-discos de precisão e um gravador/reprodutor de fitas cassete. Em 1978/79, duas novidades: são postos à venda os primeiros conjuntos de áudio integrado do tipo e é apresentado ao mercado o primeiro *receiver* com *display* digital. Lojas como a Bruno Blois, em São Paulo, e Josias Studio, no Rio de Janeiro, eram as mecas dos audiófilos cada vez mais vorazes.

"Até o final da próxima década, várias novidades devem provocar uma revolução no mercado de gravações. O sistema digital, que já começou a ser utilizado na Europa e Estados Unidos, elimina eletronicamente qualquer tipo de distorção. O processo é sofisticadíssimo: grava-se num estúdio normal e, do microfone, o som passa para um amplificador e daí para um computador, que o codifica em números. (...) O compact-disc só deverá estar no mercado dentro de cinco anos." (VEJA, 5/9/1979)

A grande estrela da casa moderna já havia surgido nos EUA mas demoraria ainda algum tempo a chegar ao Brasil: o **computador pessoal de mercado** nasce, oficialmente, em abril de 1977 na West Coast Computer Fair, obra de dois rapazes de 27 anos, Steve Jobs e Steve Wozniak. Chama-se Apple II, tem um acabamento de plástico que racha à toa, 16k de memória e custa 1.195 dólares. Seus anúncios mostram a engenhoca na bancada de uma cozinha, em que um homem satisfeito verifica as cotações da bolsa no Apple II enquanto sua esposa lava pratos. É um enorme sucesso. Em 1979 ele ganha seu primeiro programa escrito especialmente para o Apple II: Visicalc, um *spradsheet*.

A era dos gadgets

A possibilidade de carregar consigo pequenas (na verdade, não tão pequenas assim) engenhocas úteis tem sua alvorada ao longo destes 70 finais. As calculadoras portáteis, até pouco atrás privilégio de arquitetos, engenheiros e altos executivos, passam a ser fabricadas no Brasil, e, com um custo médio de 200 cruzeiros, tornam-se subitamente indispensáveis para donas de casa, estudantes; qualquer um podia, em tese, ter uma. Em tese: as calculadoras eram proibidas na maioria das escolas, sob a alegação de que seu uso "atrofia a mente das crianças".

O som também se tornava mais portátil com combinados de radiogravador movidos a pilha como o Lovesom da National. De 1975 a 1979, eles ganham caixas de som cada vez maiores e um apelido: boombox. Em 1979, o início de uma longa revolução: a Sony lança um tijolinho de alumínio com dois desconfortáveis fones de lata e espuma. Sucesso estrondoso: era o walkman.

As câmeras super-oito finalmente tornavam-se pequenas e baratas o bastante para serem objetos de consumo de não-cineastas de vanguarda. Infelizmente para os fabricantes de super-oito, o videocassete também oferecia a possibilidade de documentar festas de aniversário e viagens a Foz do Iguaçu — e com a satisfação de poder ver as imagens imediatamente, ainda que tendo que carregar ao ombro um volumoso trambolho.

"Num simples cartucho de super-oito cabem 20 minutos de argumento de vendas. Perfeito sincronismo de som, movimento, cores e imagens usando todos os truques e recursos do cinema." (VEJA, 9/4/1975)

maravilhas da modernidade brasileira

1975-1979

O barão, a inflação e a desvalorização

Em dezembro de 1978, dois meses depois da eleição superindireta que colocou o general João Baptista Figueiredo no poder, é lançada a nota de mil cruzeiros, com a efígie do barão do Rio Branco em esquema "carta de baralho", ou seja, podendo ser vista de cabeça para cima ou para baixo. É o começo de uma nova família de cédulas, todas no mesmo esquema. Prontamente a cédula é apelidada de "barão" e passa a ser sinônimo não apenas de "mil pratas" mas também de "muito dinheiro". O melhor seria dizer "muito dinheiro cheio de zeros": a inflação na segunda metade da década atingia níveis calamitosos, com índices de até 40%. Em 1979, ocorre a maxidesvalorização do cruzeiro, e o nosso dinheiro perde de uma só vez 30% do seu valor. Com novas cédulas e tudo.

A verticalização

A especulação imobiliária e o boom da construção civil mudam rapidamente a face das cidades brasileiras no final da década. Surgem novidades: prédios com serviços, condomínios em lugares semi-inexplorados, como a Barra da Tijuca, no Rio de Janeiro, que ganha, em 1977, o Barramares, "para morar, investir ou passar o fim de semana", onde "autênticas camareiras diariamente vão arrumar seu apartamento enquanto você descansa na praia". O impulso construtor põe abaixo casas, vilas, prédios históricos: o chão se torna mais valioso que qualquer coisa que esteja em cima dele. No Rio de Janeiro, o incorporador Sérgio Dourado torna-se sinônimo da proliferação de espigões, e um dos vilões favoritos das tiras do *Pasquim*.

"Rua Nascimento Silva 107/ Eu saio correndo do pivete/ tentando alcançar o elevador/ Minha janela não passa de um quadrado/ A gente só vê Sérgio Dourado/ Onde antes se via o Redentor."
(Carta do Tom [Paródia], Chico Buarque/Tom Jobim/Toquinho, 1977)

O shopping e o megamercado

Paralelamente à mudança da cara das cidades mudam seus hábitos. No lugar da loja da esquina, os shoppings: em São Paulo o Shopping Ibirapuera, em 1975, tem "300 lojas, 30 mil produtos diferentes" e oferece uma tranqüilidade edênica: "de onde quer que você venha, você chega ao Shopping Ibirapuera em poucos minutos, com tráfego desimpedido — escolha onde quer estacionar". Dois anos depois São Paulo tem seis shopping centers. Em vez da quitanda ou mesmo do supermercado do bairro, chega o hipermercado, que vende do feijão ao eletrodoméstico: em 1975 o Rio de Janeiro ganha o Carrefour, também na nova fronteira da Barra da Tijuca. Com o *slogan* "é barratíssimo", o Carrefour se posicionava como "um boulevard de compras".

"A dez minutos da zona sul do Rio de Janeiro, a favela da Rocinha chega a ser um mistério para o carioca. Para quem atravessa o túnel que liga a Gávea a São Conrado, a caminho da Barra da Tijuca, a Rocinha fica escondida atrás de dezenas de casas de alvenaria, a sua fachada nobre na favela." (Lucia Rito, "A favela zona sul", VEJA, 9/8/1978)

O divórcio

No dia 4 de dezembro de 1977 o presidente Geisel sancionou a lei que possibilitava aos casais brasileiros desquitados há três anos ou separados de fato há cinco a dissolução dos laços matrimoniais. A lei, de autoria do infatigável senador Nelson Carneiro, tirava o Brasil do estrito clube que não admitia o divórcio, e que, na época, incluía apenas Espanha, Irlanda do Norte, Paraguai e Argentina. Em 1975 o mesmo projeto havia sido derrotado, depois de intensa campanha movida pelos setores conservadores da Igreja Católica.

"Nossos filhos vão comigo/ vou vencer se Deus quiser/ no amor não se tem sócio/ vou requerer o divórcio." ("ENFIM, DIVÓRCIO", Luiza de Paula, 1977)

Você se lembra?

Além da velha cola Polar e da velhíssima goma arábica, havia uma nova cola, com fama de grudar em qualquer coisa e ali ficar para sempre — mil e uma lendas urbanas nasceram no momento em que a Superbonder, o primeiro adesivo de contato multiuso a chegar ao Brasil, foi lançada em 1976.

O Concorde e os novos aeroportos

Em janeiro de 1976, o supersônico *Concorde* pousou no Aeroporto Internacional do Galeão, vindo do aeroporto Roissy-Charles de Gaulle em Paris. Cercado de superlativos por todos os lados da mídia, o avião tinha "turbinas com a força de 5500 Volkswagen" e transportava "100 passageiros capazes de pagar 23.792,50 cruzeiros pela passagem ida e volta". O vôo inaugural estabelecia uma nova linha regular para a elegante aeronave que voava a duas vezes a velocidade do som. No fim do ano São Paulo retomava o projeto de construção de um novo aeroporto internacional, indeciso ainda entre "Cumbica, Viracopos, Santo Ângelo, Cotia, Ibiúna e Caucaia do Alto". E, em janeiro de 1977, uma cerimônia ao som dos anúncios de chegada e partida, narrados por Iris Lettieri, marcou o início das operações do novo Aeroporto Internacional do Rio de Janeiro, com esteiras de bagagem, equipamentos de raios X para bagagem de mão, muitos sinais luminosos e escadas rolantes. "Agora o Brasil está de acordo com o mundo moderno", o presidente Geisel disse aos repórteres.

A expansão do metrô

Em outubro de 1978 o Rio de Janeiro tem enfim seu primeiro trecho de metrô. As obras, que vinham do meio da década, mudaram radicalmente a face do centro da cidade, acabando com a zona de prostituição e boemia do Mangue.

Interurbano no orelhão

Em meados da década de 70 aparecem dois modelos diferentes de orelhões, um vermelho, para ligações locais, e outro azul, para ligações interurbanas, cada qual com sua correspondente ficha padronizada para todo o território nacional. A primeira central escolhida como piloto do projeto foi a "577", no Jabaquara (São Paulo), e para primeiro ponto interurbano que receberia as chamadas, o Rio de Janeiro, com o código de acesso "021". O código de acesso significava o outro grande avanço da década: a telefonia de longa distância (inclusive internacional) sem operadora. Até mesmo para máquinas de telex!

"Prestigie o produto nacional: em vez de adotar um órfão do Vietnã, dê uma bolsa de estudos para um menor abandonado brasileiro. É verdade que é menos chic do que adotar uma criança do Vietnã, mas em compensação é muito mais coerente." (Veja, 9/4/1975)

sobre rodas

A crise do petróleo, deflagrada em 1974 com o embargo imposto pela Opep, tira completamente o *sex-appeal* do carro grande e gastador. Em seu lugar o mundo todo aprende a gostar de veículos compactos, com cara de caixa de brinquedo, apenas duas portas, nenhuma frescura, muita economia. Alguns deles:

EM 1976 A ITALIANA FIAT INAUGURA SUA FÁBRICA DE AUTOMÓVEIS EM BETIM, MINAS GERAIS E RAPIDAMENTE SE FIRMA NA PREFERÊNCIA NACIONAL, COMPETINDO COM O FUSCA. SEU **MODELO 147**, UM DUAS PORTAS FRUGAL COM JEITO DE BRINQUEDO, SE POSICIONA COMO "UM CARRINHO BONITINHO" MAS TAMBÉM "ENFIM, UM CARRÃO" ::: PARA ENFRENTAR A CONCORRÊNCIA, O **FUSCA** ALARDEIA QUE O CONSUMIDOR "NUNCA PRECISOU TANTO" DELE ::: **CHEVETTE GP II**, "A MANEIRA MAIS INTELIGENTE DE COMBINAR ECONOMIA E ESPORTIVIDADE" ::: **OPALA** "COLOCA VOCÊ NUMA POSIÇÃO MUITO CONFORTÁVEL PARA FALAR DE ECONOMIA" ::: **PASSAT**, GRANDE NOVIDADE DA VOLKSWAGEN A PARTIR DE 1974, "COM UMA BOA DOSE DE TEMPERAMENTO LATINO", "É COISA NOSSA". EM 1979 O PASSAT INOVA DE NOVO, LANÇANDO OS ASSENTOS COM PROTEÇÃO PARA CABEÇA ::: **CARAVAN SS**, UTILITÁRIO QUE "LEVAVA TUDO NA ESPORTIVA" ::: **BELINA**, UM DOS PRIMEIROS VEÍCULOS A ÁLCOOL.

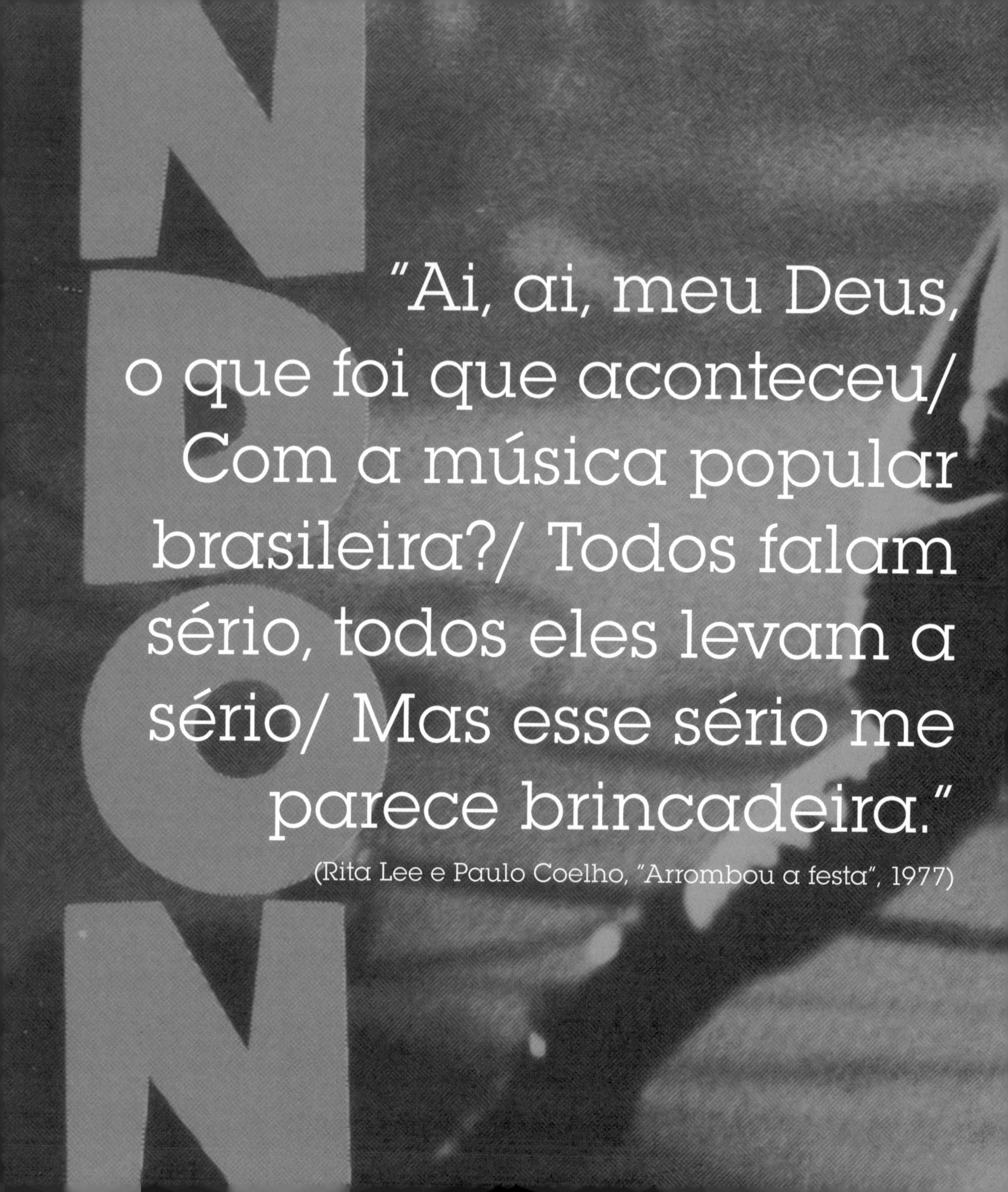

"Ai, ai, meu Deus,
o que foi que aconteceu/
Com a música popular
brasileira?/ Todos falam
sério, todos eles levam a
sério/ Mas esse sério me
parece brincadeira."

(Rita Lee e Paulo Coelho, "Arrombou a festa", 1977)

MÚSICA 1975-1979

A trilha básica do final da década:

Algumas canções essenciais

"FÉ CEGA, FACA AMOLADA" (1975) ::: "DE FRENTE PRO CRIME" (1975) ::: "ARGUMENTO" (1975) ::: "PONTA DE AREIA" (1975) ::: "BEIJO PARTIDO" (1975) ::: "OVELHA NEGRA" (1975) ::: "MUITO TUDO" (1975) ::: "REFAZENDA" (1975) ::: "ESSA É PRA TOCAR NO RÁDIO" (1975) ::: "MODINHA PARA GABRIELA" (1975) ::: "A PALO SECO" (1975) ::: "CRIATURAS DA NOITE" (1975) ::: "O MESTRE-SALA DOS MARES" (1975) ::: "ÉBANO" (1975) ::: "IMUNIZAÇÃO RACIONAL (QUE BELEZA)" (1975) ::: "JORGE DA CAPADÓCIA" (1975) ::: "COMO NOSSOS PAIS" (1976) ::: "GOTA D'ÁGUA" (1976) ::: "CORDA DE AÇO" (1976) ::: "A LUA E EU" (1976) ::: "RODÉSIA" (1976) ::: "APENAS UM RAPAZ LATINO-AMERICANO" (1976) ::: "JUVENTUDE TRANSVIADA" (1976) ::: "PAVÃO MISTERIOSO" (1976) ::: "OLHOS NOS OLHOS" (1976) ::: "O QUE SERÁ" (1976) ::: "PONTA DE LANÇA AFRICANO (UMBABARAUMA)" (1976) ::: "AS ROSAS NÃO FALAM" (1976) ::: "XICA DA SILVA" (1976) ::: "TAJ MAHAL" (1976) ::: "O MUNDO É UM MOINHO" (1976) ::: "LÍGIA" (1976) ::: "PECADO CAPITAL" (1976) ::: "ÁFRICA BRASIL (ZUMBI)" (1976) ::: "EU NASCI HÁ DEZ MIL ANOS ATRÁS" (1976) ::: "COMEÇARIA TUDO OUTRA VEZ" (1977) ::: "FLOR-DE-LIS" (1977) ::: "ESPANHOLA" (1977) ::: "SOMOS TODOS IGUAIS NESTA NOITE" (1977) ::: "SEM ESSA" (1977) ::: "MALUCO BELEZA" (1977) ::: "ROMARIA" (1977) ::: "ARROMBOU A FESTA" (1977) ::: "TIGRESA" (1977) ::: "FLOR DA PAISAGEM" (1977) ::: "PAULA E BEBETO" (1977) ::: "CÁLICE" (1978) ::: "NASCENTE" (1978) ::: "A BANDA DO ZÉ PRETINHO" (1978) ::: "FORÇA ESTRANHA" (1978) ::: "FREVO MULHER" (1978) ::: "DANCIN' DAYS" (1978) ::: "MARIA, MARIA" (1978) ::: "NÃO EXISTE PECADO AO SUL DO EQUADOR" (1978) ::: "SAMPA" (1978) ::: "TERRA" (1978) ::: "BANDEIRA DO DIVINO" (1978) ::: "DIA BRANCO" (1978) ::: "PERIGOSA" (1978) ::: "AVÔHAI" (1978) ::: "VILA DO SOSSEGO" (1978) ::: "SOSSEGO" (1978) ::: "REALCE" (1979) ::: "EXPLODE CORAÇÃO" (1979) ::: "SUPER-HOMEM — A CANÇÃO" (1979) ::: "O BÊBADO E A EQUILIBRISTA" (1979) ::: "ÁLIBI" (1979) ::: "AMOR, MEU GRANDE AMOR" (1979) ::: "LÁ VEM O BRASIL DESCENDO A LADEIRA" (1979) ::: "AS APARÊNCIAS ENGANAM" (1979) ::: "BELEZA PURA" (1979) ::: "CHEGA MAIS" (1979) ::: "BYE BYE BRASIL" (1979) ::: "COMEÇAR DE NOVO" (1979) ::: "ABRI A PORTA" (1979) ::: "PERDIDO EM ABBEY ROAD" (1979) ::: "ORAÇÃO AO TEMPO" (1979) ::: "MENINO DO RIO" (1979) ::: "CAJUÍNA" (1979) ::: "ARROMBOU A FESTA II" (1979)

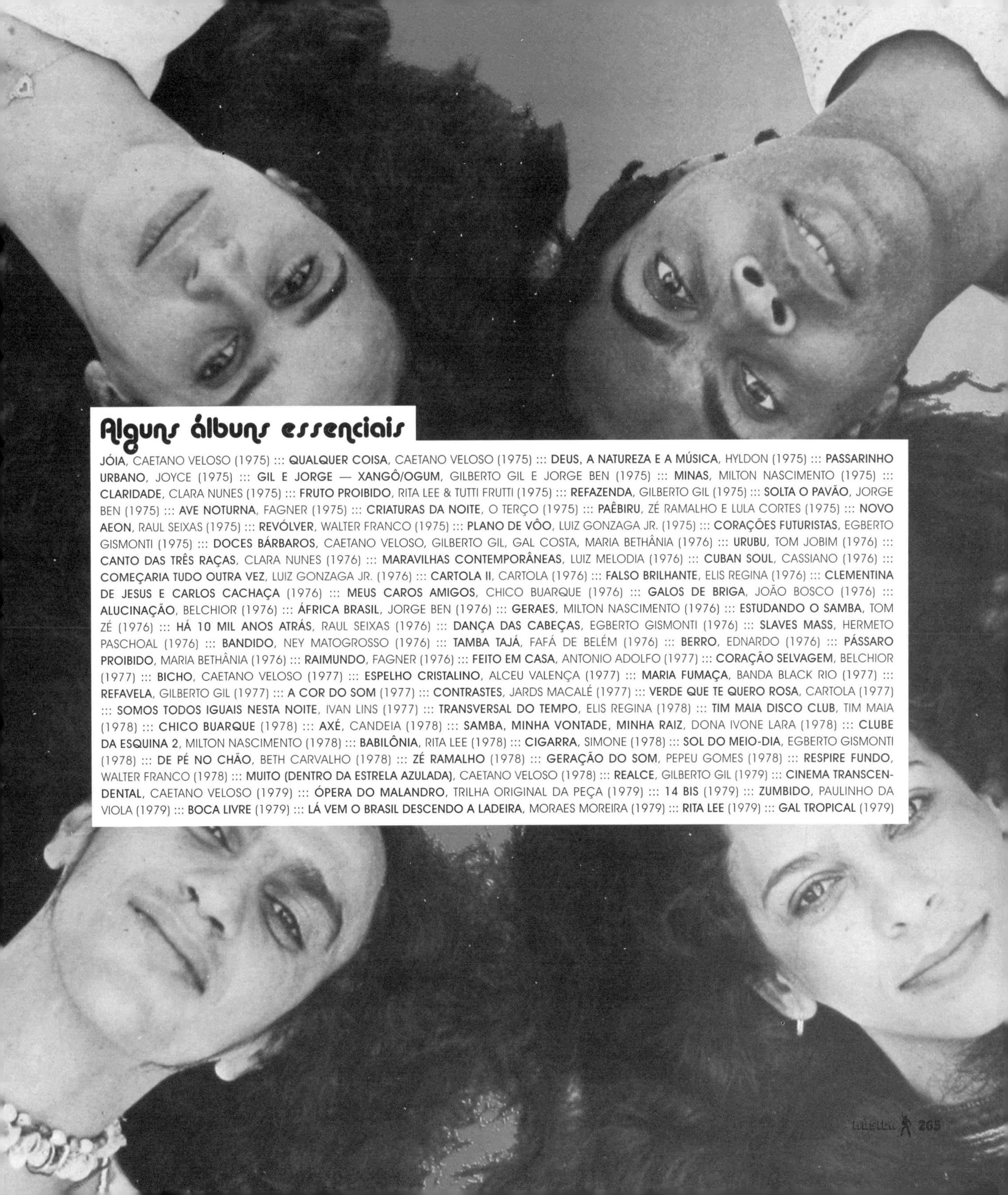

Alguns álbuns essenciais

JÓIA, CAETANO VELOSO (1975) ::: **QUALQUER COISA**, CAETANO VELOSO (1975) ::: **DEUS, A NATUREZA E A MÚSICA**, HYLDON (1975) ::: **PASSARINHO URBANO**, JOYCE (1975) ::: **GIL E JORGE — XANGÔ/OGUM**, GILBERTO GIL E JORGE BEN (1975) ::: **MINAS**, MILTON NASCIMENTO (1975) ::: **CLARIDADE**, CLARA NUNES (1975) ::: **FRUTO PROIBIDO**, RITA LEE & TUTTI FRUTTI (1975) ::: **REFAZENDA**, GILBERTO GIL (1975) ::: **SOLTA O PAVÃO**, JORGE BEN (1975) ::: **AVE NOTURNA**, FAGNER (1975) ::: **CRIATURAS DA NOITE**, O TERÇO (1975) ::: **PAÊBIRU**, ZÉ RAMALHO E LULA CORTES (1975) ::: **NOVO AEON**, RAUL SEIXAS (1975) ::: **REVÓLVER**, WALTER FRANCO (1975) ::: **PLANO DE VÔO**, LUIZ GONZAGA JR. (1975) ::: **CORAÇÕES FUTURISTAS**, EGBERTO GISMONTI (1975) ::: **DOCES BÁRBAROS**, CAETANO VELOSO, GILBERTO GIL, GAL COSTA, MARIA BETHÂNIA (1976) ::: **URUBU**, TOM JOBIM (1976) ::: **CANTO DAS TRÊS RAÇAS**, CLARA NUNES (1976) ::: **MARAVILHAS CONTEMPORÂNEAS**, LUIZ MELODIA (1976) ::: **CUBAN SOUL**, CASSIANO (1976) ::: **COMEÇARIA TUDO OUTRA VEZ**, LUIZ GONZAGA JR. (1976) ::: **CARTOLA II**, CARTOLA (1976) ::: **FALSO BRILHANTE**, ELIS REGINA (1976) ::: **CLEMENTINA DE JESUS E CARLOS CACHAÇA** (1976) ::: **MEUS CAROS AMIGOS**, CHICO BUARQUE (1976) ::: **GALOS DE BRIGA**, JOÃO BOSCO (1976) ::: **ALUCINAÇÃO**, BELCHIOR (1976) ::: **ÁFRICA BRASIL**, JORGE BEN (1976) ::: **GERAES**, MILTON NASCIMENTO (1976) ::: **ESTUDANDO O SAMBA**, TOM ZÉ (1976) ::: **HÁ 10 MIL ANOS ATRÁS**, RAUL SEIXAS (1976) ::: **DANÇA DAS CABEÇAS**, EGBERTO GISMONTI (1976) ::: **SLAVES MASS**, HERMETO PASCHOAL (1976) ::: **BANDIDO**, NEY MATOGROSSO (1976) ::: **TAMBA TAJÁ**, FAFÁ DE BELÉM (1976) ::: **BERRO**, EDNARDO (1976) ::: **PÁSSARO PROIBIDO**, MARIA BETHÂNIA (1976) ::: **RAIMUNDO**, FAGNER (1976) ::: **FEITO EM CASA**, ANTONIO ADOLFO (1977) ::: **CORAÇÃO SELVAGEM**, BELCHIOR (1977) ::: **BICHO**, CAETANO VELOSO (1977) ::: **ESPELHO CRISTALINO**, ALCEU VALENÇA (1977) ::: **MARIA FUMAÇA**, BANDA BLACK RIO (1977) ::: **REFAVELA**, GILBERTO GIL (1977) ::: **A COR DO SOM** (1977) ::: **CONTRASTES**, JARDS MACALÉ (1977) ::: **VERDE QUE TE QUERO ROSA**, CARTOLA (1977) ::: **SOMOS TODOS IGUAIS NESTA NOITE**, IVAN LINS (1977) ::: **TRANSVERSAL DO TEMPO**, ELIS REGINA (1978) ::: **TIM MAIA DISCO CLUB**, TIM MAIA (1978) ::: **CHICO BUARQUE** (1978) ::: **AXÉ**, CANDEIA (1978) ::: **SAMBA, MINHA VONTADE, MINHA RAIZ**, DONA IVONE LARA (1978) ::: **CLUBE DA ESQUINA 2**, MILTON NASCIMENTO (1978) ::: **BABILÔNIA**, RITA LEE (1978) ::: **CIGARRA**, SIMONE (1978) ::: **SOL DO MEIO-DIA**, EGBERTO GISMONTI (1978) ::: **DE PÉ NO CHÃO**, BETH CARVALHO (1978) ::: **ZÉ RAMALHO** (1978) ::: **GERAÇÃO DO SOM**, PEPEU GOMES (1978) ::: **RESPIRE FUNDO**, WALTER FRANCO (1978) ::: **MUITO (DENTRO DA ESTRELA AZULADA)**, CAETANO VELOSO (1978) ::: **REALCE**, GILBERTO GIL (1979) ::: **CINEMA TRANSCENDENTAL**, CAETANO VELOSO (1979) ::: **ÓPERA DO MALANDRO**, TRILHA ORIGINAL DA PEÇA (1979) ::: **14 BIS** (1979) ::: **ZUMBIDO**, PAULINHO DA VIOLA (1979) ::: **BOCA LIVRE** (1979) ::: **LÁ VEM O BRASIL DESCENDO A LADEIRA**, MORAES MOREIRA (1979) ::: **RITA LEE** (1979) ::: **GAL TROPICAL** (1979)

Alguns dos maiores sucessos nacionais

1975 "MOÇA", WANDO ::: "ALÉM DO HORIZONTE", ROBERTO CARLOS ::: "CHARLIE BROWN", BENITO DI PAULA ::: "NA SOMBRA DE UMA ÁRVORE", HYLDON ::: "VAI LEVANDO", CAETANO VELOSO E CHICO BUARQUE ::: "FATO CONSUMADO", DJAVAN ::: "MULHER BRASILEIRA", BENITO DI PAULA ::: "TAMANCO MALANDRINHO", TOM E DITO

1976 "OS MENINOS DA MANGUEIRA", ATAULFO JÚNIOR ::: "ILEGAL, IMORAL OU ENGORDA", ROBERTO CARLOS ::: "MOÇA BONITA", ÂNGELA MARIA ::: "MEU MUNDO E NADA MAIS", GUIHERME ARANTES ::: "NUVEM PASSAGEIRA", HERMES AQUINO ::: "SERAFIM E SEUS FILHOS", RUY MAURITY ::: "PARE O MUNDO QUE EU QUERO DESCER", SILVIO BRITO

1977 "AMIGO", ROBERTO CARLOS ::: "PERDIDO NA NOITE", AGNALDO TIMÓTEO ::: "COLEÇÃO", CASSIANO ::: "TRANQUEI A VIDA", RONNIE VON ::: "SONHOS", PENINHA ::: "FALANDO SÉRIO", ROBERTO CARLOS ::: "POMBO CORREIO", MORAES MOREIRA

1978 "CAFÉ DA MANHÃ", ROBERTO CARLOS ::: "SANDRA ROSA MADALENA, A CIGANA", SYDNEY MAGAL ::: "QUE PENA", PENINHA ::: "GOSTO DE MAÇÃ", WANDO ::: "EU PECADOR", AGNALDO TIMÓTEO ::: "OS AMANTES", PERLA

1979 "PAI", FÁBIO JÚNIOR ::: "DESCAMINHOS", JOANNA ::: "EMOÇÕES", WANDO ::: "FIQUE UM POUCO MAIS", ROSANA ::: "O PRETO QUE SATISFAZ", AS FRENÉTICAS ::: "TODA MENINA BAIANA", GILBERTO GIL

A palo seco: a migração dos nordestinos

Uma coisa curiosa aconteceu quando a Tropicália foi traduzida localmente Brasil afora: em cada lugar ela assumiu uma conotação diferente. Por exemplo — enquanto no Rio e em São Paulo parte da libertação tropicalista incluía a licença para explorar o rock, no Nordeste essa liberdade significava a eletrificação de tudo o que já estava à mão (ou no ouvido): baião, coco, xaxado, martelos, maracatus, frevos. A mistura ferve no início dos 70 e, a partir de 1975, é filtrada afinal para o sul, numa curiosa volta ao princípio. No que pode muito bem ser a maior presença da música nordestina no mercadão brasileiro desde Luiz Gonzaga e Jackson do Pandeiro, grandes grupos de cantores e compositores nordestinos fazem sucesso em diferentes proporções e de acordo com seus talentos diversos. Do Ceará vêm Belchior, Fagner e Ednardo, os imediatamente mais visíveis graças às novelas e à Elis Regina; e a cantora Amelinha, que aparece para o público um pouco mais tarde. De Pernambuco, Alceu Valença e Geraldo Azevedo, que se destacam imediatamente depois. Da Paraíba, Elba Ramalho e, na leva final, Zé Ramalho, com um trabalho quase psicodélico, e uma vertente diferente apurada com um nome intrigante que preferiu não "descer", Lula Cortes.

> "Em termos de cearense, o mais burro sou eu. Sou o mais burro porque nunca quis ser inteligente, dentro dessa "inteligência" que existe aí. O Ednardo e o Belchior são pessoas que já sabem o que querem há muito tempo. Eu sempre vim desesperadamente e angustiadamente querendo fazer alguma coisa, sem saber que coisa era essa." (Fagner, Jornal de Música, 2/12/1976)

O encanto e o desencanto de Tim Maia

A figura de Sebastião Rodrigues Maia domina a década de 70 como poucas. Embora lançado por Elis Regina nos 60, depois de sua pitoresca estada nos EUA, Tim é uma presença constante em toda a década, emplacando sucessos populares desde muito cedo, como Nelson Motta recorda em *Noites tropicais* — já em seu primeiro LP, de 1970, havia pelo menos duas canções perfeitas para trilhas de novelas e, como tal, se tornaram super-hits: "Azul da cor do mar" e "Padre Cícero". Mas na segunda parte dos 70 ele está ainda mais à vontade. A música negra impera em todas as latitudes, e Tim é o *soul man* do momento. Abastecido pelo melhor do gênero desde sua volta dos EUA em 1968, apadrinhado por Elis e amigo de muitos roqueiros, Tim tem livre trânsito por todas as áreas, e emplaca um sucesso atrás do outro: "Gostava tanto de você", "Sossego", "Acende o farol", "A fim de voltar", "Verão carioca", "Dance enquanto é tempo".

Só para tornar as coisas ainda mais interessantes, em 1974, Tim aderiu com tudo à seita Universo em Desencanto do guru Manuel Jacinto Coelho, de Nova Iguaçu, Rio de Janeiro — uma espécie de Cientologia cabocla misturando ufos, cristianismo e espiritismo. Passou a andar só de branco, com os livrinhos da Imunização Racional nas mãos e gravou por conta própria, no seu selo Seroma, um LP só de material devocional inspirado pela seita — "Que beleza", "O caminho do bem". Vendido de porta em porta às lojas de discos por Tim e seus músicos — que foram convertidos também — o LP foi abominado, execrado e quase empurra Tim, no auge da carreira, para o ostracismo. Seu fracasso, na época, contribuiu para que Tim se desencantasse de vez com o Desencanto, abandonando a seita em 1976 e voltando aos seus souls e funks carnais.

Morrer por acaso: a tragédia de Tenório Júnior

Até o dia 18 de março de 1976, o tecladista Francisco Tenório Cerqueira Jr. era apenas um músico brasileiro extremamente talentoso, trabalhando regularmente com alguns dos principais nomes da cena. Naquela fatídica noite de fim de verão, Tenório estava em Buenos Aires acompanhando Toquinho & Vinicius numa bem-sucedida temporada portenha. Ao fundo, ameaçadora, pairava a sombra de uma ditadura militar, muito parecida com o pior que o Brasil já tinha conhecido e do qual estava começando a se livrar. Como a maioria dos músicos, Tenório usava barbicha e cabelo cobrindo o pescoço. Teria sido esse visual o responsável por seu seqüestro, na madrugada de 19 de março? Depois de seu trabalho no show Teatro Grand Rex e de já ter-se retirado ao Hotel Normandie, saiu às três da manhã para comer um sanduíche e comprar um remédio. "Volto logo", como disse no bilhete deixado debaixo da porta de Vinicius. Tenório nunca mais voltou: foi seqüestrado, preso, torturado por nove dias e finalmente morto quando ficou claro que os facínoras oficiais haviam apreendido a pessoa errada. Deixou Carmen Cerqueira Magalhães, sua mulher, grávida e quatro filhos. A quinta criança nasceu um mês após o seu desaparecimento. Nos estertores da censura de 1976, o tema "Tenório Jr." ainda era tabu. O máximo que se podia fazer — e se fazia — era perguntar regularmente onde estaria o músico que gravou o LP *Embalo* em 1964 e que, além de Toquinho & Vinicius, trabalhara com Milton Nascimento, Edu Lobo, Joyce, Lô Borges e Beto Guedes.

Preto é lindo: quando o Brasil ficou black

Quando o Caderno B do *Jornal do Brasil* de 17 de julho de 1976 publicou a magnífica reportagem "Black Rio" de Lena Frias, a zona sul carioca — ainda a elite cultural do país — tomou conhecimento e deu um nome a algo que vinha acontecendo há pelo menos seis anos, longe de sua atenção, interesse ou preocupação. Nos Bailes da Pesada de Ademir e Big Boy no Canecão — "agrupava gente da zona sul e norte, não havia discriminação entre black e branco, era um negócio puro, de alma mesmo" (Ademir disse ao *Jornal de Música* em 17 de fevereiro de 1977) — ou nas domingueiras promovidas por Dom Filó, da Equipe Soul Grand Prix, no Clube Renascença, com "o refugo das boates da zona sul", uma juventude predominantemente negra procurava alegria, contato e um senso de identidade cultural ao som não de samba, mas de funk, soul e r&b, algo que irritava profundamente os guardiões da pureza cultural. Apesar da irritação, o movimento — que não se chamava movimento, e era mais como uma maré — se espraiou rapidamente por todas as cidades brasileiras grandes o bastante para ter suas refavelas, fascinou Caetano e Gil (imediatamente gerando mais reações contrárias) e interessou as gravadoras, que rapidamente cataram ou manufaturaram produtos para atender a um mercado que não gostava que lhe ditassem os hábitos.

"E quem quer que se preocupe com esses jovens – e não apenas com essa coisa tão difusa e diversamente definida, que é a cultura brasileira (roubada dos negros) – não pode negar os efeitos benéficos da nova imagem sobre o pessoal que hoje não se envergonha mais de se olhar no espelho (o que é característico dos nego véio, de qualquer idade, esses que hoje picham o soul)..."

(Carlos Alberto Medeiros, diretor do Instituto de Pesquisa das Culturas Negras, Jornal de Música, agosto de 1977)

Grandes sucessos internacionais

Disco Fever!

Qual foi a primeira gravação essencialmente disco? O tema de *Shaft*, de Isaac Hayes, de 1971? "Soul Makossa", de Manu Dibango, em 1972? Na verdade, não importa — sua eclosão aconteceu na segunda metade dos 70, representou uma mistura de estilos negros e latinos guiados por um padrão rítmico de 120 batidas por minuto, veio diretamente da cultura gay, de seus clubes e DJs, para o mercadão e, graças a John Travolta e ao filme *Embalos de sábado à noite*, tornou-se uma pandemia mundial. Eis os sucessos que emplacaram nas pistas e rádios brasileiras:

"I'LL BE HOLDING ON (MELÔ DO BANJO)" — AL DOWNING (1975) ::: "KUNG FU FIGHTING", CARL DOUGLAS — (1975) ::: "LADY MARMALADE", LABELLE (1975) ::: "PHILADELPHIA FREEDOM", ELTON JOHN (1975) ::: "SHAME, SHAME, SHAME", SYLVIA ROBINSON (1975) ::: "LOVE TO LOVE YOU BABY", DONNA SUMMER (1976) ::: "FLY, ROBIN, FLY", KC & SUNSHINE BAND (1976) ::: "MORE, MORE, MORE", THE ANDREA TRUE CONNECTION (1976) ::: "AUTOMATIC LOVER", DEE D. JACKSON (1978) ::: "BOOGIE OOGIE OOGIE", A TASTE OF HONEY (1978) ::: "DON'T LET ME BE MISUNDERSTOOD", SANTA ESMERALDA (1978) ::: "MACHO MAN", THE VILLAGE PEOPLE (1978) ::: "LE FREAK", CHIC (1979) ::: "I WILL SURVIVE", GLORIA GAYNOR (1979) ::: "RING MY BELL", ANITA BYRD (1979) ::: "Y.M.C.A", THE VILLAGE PEOPLE (1979)

"O embuste mais bem 'empacotado' de 1977 foi (e ainda é) o vício da atual geração pão com cocada: a virulenta disco-music, despigmentação chatíssima e esclerosada da gostosa soul-music crioula. Não se sabe de onde, nem como (pois sim!) surgiram de repente inúmeros subprodutos do gênero e tentar dedurar os bois seria tão monótono e cansativo quanto as sacudidas multidões glamourizadas que vicejam por aí. (...) No fundo é tudo a mesma coisa: DROGA! LIXO COMERCIAL!"

(José Emílio Rondeau, Jornal de Música, janeiro de 1978)

A segunda vida dos Bee Gees

Pelas mãos do conterrâneo Robert Stigwood, os irmãos australianos (nascidos na Inglaterra) Barry, Robin e Maurice Gibb se reinventaram dos cantores pop/folk que tinham sido nos anos 60 em cantores pop/disco:

"LOVE SO RIGHT" (1976) ::: "EMOTION" (1978) ::: "HOW DEEP IS YOUR LOVE" (1978) ::: "NIGHT FEVER" (1978) ::: "STAYIN' ALIVE" (1978) ::: "TOO MUCH HEAVEN" (1979) ::: "TRAGEDY" (1979)

Peter Frampton

Descontados todos aqueles hits de uma canção só, este deve ter sido o sucesso mais rápido da década: em 1976, este ex-guitarrista e cantor das bandas Humble Pie, Herd e Camel, ex-músico de estúdio de George Harrison, Nilsson e Ringo Starr gravou um álbum duplo ao vivo no Winterland de San Francisco, reunindo as canções mais bem recebidas pelo público em seus cinco anos de trabalho solo, árduo, mas pouco reconhecido. O álbum, chamado *Frampton Comes Alive!*, imediatamente começou a disparar um compacto de sucesso atrás do outro, numa sucessão tão rápida que nem as fábricas de disco conseguiam manter as lojas estocadas.Com sua vasta cabeleira loura no frescor de seus 26 anos, Frampton era o *popstar* perfeito, e suas canções tinham a dose certa de eletricidade e açúcar para agradar as multidões. Em 1977 Frampton já tinha vendido quase vinte milhões de cópias de *Comes Alive!*, e apurado mais de 70 milhões de dólares em *royalties*. Em 1978, estava enterrado em profunda depressão e alcoolismo e, em junho, sofreu um acidente de carro quase fatal nas Bahamas. No final daquele ano, mais ninguém se lembrava dele. Seus sucessos, no Brasil, foram:

"BABY I LOVE YOUR WAY" (1977) ::: "SHOW ME THE WAY" (1977) ::: "DO YOU FEEL LIKE WE DO" (1977) ::: "I'M IN YOU" (1978)

Abba

Os 70 têm dessas coisas — sua banda de maior sucesso comercial foi este quarteto sueco, que cantava em inglês seguindo anotações fonéticas. Anna-Frid Synni, Agnetha Faltskog, Bjorn Ulvaeus e Benny Andersson já eram astros solo na Suécia quando se uniram, pessoal — Benny com Anna Frid, Agnetha com Bjorn — e profissionalmente — Abba é um acrônimo com as iniciais de cada um — em 1973. Depois de vencer o Festival Eurovisão de 1974 com "Waterloo", o Abba optou por gravar exclusivamente em inglês — mesmo não sendo fluente na língua de Shakespeare — e excursionar pelos Estados Unidos, mesmo sabendo que a sonoridade bolo-de-noiva que o grupo criava no estúdio (e que era a chave de seu sucesso) era quase impossível de ser reproduzida ao vivo. Seu fenomenal sucesso — mais de cem milhões de discos vendidos no mundo todo até o final da década — resistiu a tudo, inclusive à separação dos dois casais. Os hits no Brasil:

"DANCING QUEEN" (1977) ::: "FERNANDO" (1977) ::: "CHIQUITITA" (1979)

Outros sucessos internacionais:

"FLYING", CHRIS DEBURGH (1975) ::: "SILLY LOVE SONGS", PAUL MCCARTNEY & WINGS (1975) — FÃS APAIXONADOS DOS BEATLES COMPRAVAM ESTE COMPACTO SÓ PARA QUEBRÁ-LO RITUALISTICAMENTE. PAUL ASSUMINDO SEU LADO MAIS SACARINA DEFINITIVAMENTE NÃO PEGOU BEM COM OS ROQUEIROS, MAS EMPLACOU NO RÁDIO. ::: "I'M NOT IN LOVE", 10CC (1975) — SOLITÁRIO SUCESSO DESTA BANDA SUI-GENERIS — NA VERDADE, DOIS MÚSICOS INGLESES PIONEIROS DA MÚSICA SINTETIZADA, LOL CREME E KEVIN GODLEY, QUE, POUCO DEPOIS, LARGARAM A MÚSICA PARA SE DEDICAR EXCLUSIVAMENTE À CRIAÇÃO DE VIDEOCLIPES, ASSINANDO TODOS OS PRIMEIROS CLIPES DO POLICE. ::: "JULY, JULY, JULY", BILLY PAUL (1975) ::: "LOVIN' YOU", MINNIE RIPPERTON (1975) — O GRANDE LANCE ERA O AGUDINHO AGUDÍSSIMO QUE MINNIE MANDAVA NO REFRÃO. TODO MUNDO PARAVA PARA OUVIR QUANDO A CANÇÃO, NO RÁDIO, CHEGAVA NESSA PARTE. ::: "ONLY YESTERDAY", THE CARPENTERS (1975) ::: "ALL BY MYSELF", ERIC CARMEN (1976) — MÚSICA-TEMA DO PERSONAGEM ROBERVAL TAYLOR, O UNTUOSO LOCUTOR DE RÁDIO CRIADO POR CHICO ANYSIO EM SEU PROGRAMA CHICO CITY. A "SONOPLASTIA" DO "PROGRAMA ROBERVAL TAYLOR" SOLTAVA "ALL BY MYSELF" E ROBERVAL RECITAVA UMAS COISAS MELOSAS EM CIMA, ATINGINDO O CLÍMAX NO REFRÃO, ONDE GEMIA "TUDO EU! TUDO EU!" ::: "DON'T GO BREAKING MY HEART", ELTON JOHN E KIKI DEE (1976). ELTON JOHN TINHA SIDO BACK-VOCALISTA DE NEIL SEDAKA, E QUERIA GRAVAR UMA CANÇÃO NO ESTILO. O RESULTADO FOI ESTA AQUI, UM DUETO COM A AUSTRALIANA KIKI DEE, CONTRATADA DE SEU SELO ROCKET. A MÚSICA ESTOUROU MESMO QUANDO ELTON CANTOU-A AO VIVO NO PROGRAMA DOS MUPPETS DA TV AMERICANA, COM MISS PIGGY DUBLANDO KIKI DEE. ::: "LOVE HURTS", NAZARETH (1976) — A BALADA HEAVY-BABA QUE TROUXE O HOMEM DE NAZARETH AO BRASIL. ::: "SAILING", ROD STEWART (1976) ::: "DON'T CRY FOR ME, ARGENTINA", JUDY COVINGTON (1977) ::: "I NEVER CRY", ALICE COOPER (1977) ::: "ISN'T SHE LOVELY", STEVIE WONDER (1977) ::: "TONIGHT'S THE NIGHT", ROD STEWART (1977) ::: "IF YOU LEAVE ME NOW", PETER CETERA (1977) ::: "THE CLOSER I GET TO YOU", ROBERTA FLACK (1978) ::: "EASY", LIONEL RITCHIE (1978) ::: "WE ARE THE CHAMPIONS", QUEEN (1978) ::: "WUTHERING HEIGHTS", KATE BUSH (1978) ::: "RIVERS OF BABYLON", BOB MARLEY & WAILERS (1978) ::: "NO WOMAN NO CRY", BOB MARLEY & WAILERS (1978) — GILBERTO GIL EMPLACOU COM SUA VERSÃO "NÃO CHORE MAIS" EM 1979 ::: "DO YA THINK I'M SEXY?", ROD STEWART (1979) — TAMBÉM CONHECIDA COMO "TAJ MAHAL". ROD NEGAVA VEEMENTEMENTE, NA ÉPOCA ::: "I'D RATHER HURT MYSELF (MELÔ DA ASA)", RANDY BROWN (1979) ::: "SULTANS OF SWING", DIRE STRAITS (1979) ::: "SOY REBELDE", MANUEL ALEJANDRO (1979) — RAPIDAMENTE GANHOU UMA VERSÃO EM PORTUGUÊS CANTADA POR LILIAN: "SIM, SOU REBELDE PORQUE A VIDA QUIS ASSIM..." ::: (FONTE: *A CANÇÃO NO TEMPO*, ZUZA HOMEM DE MELLO E JAIRO SEVERIANO)

Interessantes e inusitadas

Grandes e breves sucessos com histórias curiosas

Severina Xique Xique

Concunhado de Jackson do Pandeiro e afilhado musical de Luiz Gonzaga, o paraibano Genival Lacerda já havia tentado a sorte no Sul-Maravilha no início da década. Mas foi de volta à sua Campina Grande, no comando do programa *O Forró do seu Vavá*, na rádio Borborema, que ele retomou seu repertório de cocos e xaxados maliciosos. Em 1975 um deles — "Severina Xique Xique" — atravessou todos os estados brasileiros com seu refrão "ele está de olho na butique dela", transformando Genival e seu chapeuzinho em celebridade nacional, e vendeu mais de oitocentas mil cópias do disco.

Vou batê pra tu batê

Além de comediante, Chico Anysio era letrista e compositor desde o início de sua carreira nos anos 50, na Rádio Mayrinck Veiga. Em 1974, ao criar para seu programa de TV Chico City o personagem Baiano, líder do grupo Novos Caetanos — uma sátira mais carinhosa que mordaz a Caetano Veloso e Gilberto Gil — Chico e seu parceiro Arnaud Rodrigues trataram de municiar a "banda" com canções originais. "Vou batê pra tu batê" — cuja letra não passava muito disso — acabou estourando em 1975/1976.

Farofa-fá e Bilu tetéia

Nascido e criado em Osasco, São Paulo, Mauro Celso Semenzzatto era integrante do grupo Neto (Novo Elenco Teatral de Osasco) formado por estudantes da Escola Estadual Newton Espírito Santo Ayres, todos do bairro Jardim Santo Antônio. Depois de alguns anos em festivais locais, Mauro Celso e sua turma voaram alto, inscrevendo a anticanção "Farofa-fá" ("Comprei um quilo de farinha/ pra fazer farofa, pra fazer farofa-fá) no festival Abertura, promovido pela Rede Globo no teatro Municipal de São Paulo. Não passou das eliminatórias — o festival tinha concorrentes como Luiz Melodia, Walter Franco e Djavan — mas pôs o teatro inteiro para cantar, entusiasticamente, o refrão niilista "farofa-fá/ farofa-fá". Gravada num solitário LP, a canção se tornou um dos maiores hits do ano, ao lado de outra faixa igualmente anárquica, "Bilu tetéia" — "Quando eu era criança, mamãe dizia/ Bilu, bilu, bilu, bilu tetéia"

Você se lembra?

Dos disquinhos de histórias infantis com canções de Braguinha? Aquele de vinil colorido com canções como o maxixe "abana o fogo/ macacada abana o fogo" ou a tristíssima balada "longe, longe/ junto aos anjos/ mamãezinha está dormindo"? Essas adaptações bem brasileiras de histórias clássicas como Chapeuzinho Vermelho, Branca de Neve e Dona Baratinha existiam em 78 rotações desde a década de 1940, quando Braguinha trabalhou nas versões das trilhas de desenhos da Disney. Mas em 1976 ele cria o selo "Disquinho" para a Continental, e todas as historinhas e suas canções são relançadas com enorme sucesso, atingindo a marca dos cinco milhões de cópias editadas.

samba

Os grandes sucessos do samba

"O MAR SERENOU", CLARA NUNES (1975) ::: "MIL E OITOCENTAS COLINAS", BETH CARVALHO (1975) ::: "SALVE A MOCIDADE", LUIZ REIS (1975) ::: "NÃO DEIXE O SAMBA MORRER", CLARA NUNES (1976) ::: "O SURDO", ALCIONE (1976) ::: "BARRA PESADA", DICRÓ (1976) ::: "MORTE DE UM POETA", ALCIONE (1976) ::: "OI, COMPADRE", MARTINHO DA VILA (1976) ::: "MENINA DOS CABELOS LONGOS", AGEPÊ (1976) ::: "SUFOCO", ALCIONE (1977) ::: "PROPOSTA AMOROSA", MONARCO (1977) ::: "MEU DRAMA (SENHORA TENTAÇÃO)", ROBERTO RIBEIRO (1978) ::: "VOU FESTEJAR", BETH CARVALHO E FUNDO DE QUINTAL (1978) ::: "NA LINHA DO MAR", CLARA NUNES (1979) ::: "PEGA EU", BEZERRA DA SILVA (1979) ::: "COISINHA DO PAI", BETH CARVALHO (1979)

Os sambas-enredo que estouraram

"MACUNAÍMA" (1975), SAMBA-ENREDO DA PORTELA, QUARTA COLOCADA NO DESFILE ::: "SONHAR COM REI DÁ LEÃO" (1976), SAMBA-ENREDO DA BEIJA-FLOR, VENCEDORA DO DESFILE ::: "AMANHÃ" (1978), SAMBA-ENREDO DA UNIÃO DA ILHA, QUARTA COLOCADA NO DESFILE ::: "A CRIAÇÃO DO MUNDO NA TRADIÇÃO NAGÔ" (1978), SAMBA-ENREDO DA BEIJA-FLOR, VENCEDORA DO DESFILE ::: "O QUE SERÁ?" (1979), SAMBA-ENREDO DA UNIÃO DA ILHA, QUINTA COLOCADA NO DESFILE.

"No futuro será assim: 'A Coca-Cola e a Mangueira saúdam o povo e pedem passagem'. A tendência é essa e não vejo saída."

(Ismael Silva, Jornal de Música, 17/2/1977)

Outros fatos marcantes do mundo do samba:

É na segunda metade da década que as cantoras tomam conta do samba: Clara Nunes, Beth Carvalho e Alcione se revezam em sucessos e se tornam, de direito e de fato, as Damas do Samba. Em 1978, Beth Carvalho lança, no seu disco *De pé no chão*, uma turma de sambistas do bloco Cacique de Ramos que tinha um jeito todo especial de transar o ritmo. Em pouco tempo eles ficam conhecidos como Fundo de Quintal. É um belo, ainda que fugaz, momento para a Velha Guarda da elite do samba carioca. Cartola tem lançamentos regulares de discos, assim como seu amigo e ex-rival Carlos Cachaça e Dona Ivone Lara. Clara Nunes, Beth Carvalho e Alcione também se encarregam de popularizar sambas de Silas de Oliveira, Dona Ivone Lara e Monarco.

O samba definitivamente perde uma certa aura pastoral, evocativa de Orfeu da Conceição. Novas vozes e uma nova temática trazem a barra pesada das periferias inchadas, de uma malandragem mais agressiva que transa uma outra realidade. Seus arautos são Dicró (Carlos Roberto de Oliveira), filho de uma famosa mãe-de-santo da favela de Jacutinga, em Mesquita, na Baixada Fluminense, e o recifense Bezerra da Silva, criado na favela do Cantagalo, no Rio de Janeiro.

A inocência se perdeu também nas escolas. Cachês e salários de grande vulto se tornam rotina na disputa por puxadores, carnavalescos, mestres-salas e porta-bandeiras. O divisor de águas é a contratação, em 1975, de Joãozinho Trinta para a Beija-Flor de Nilópolis, escola da Baixada Fluminense que nunca passara do sétimo lugar, nem mesmo com sambas chapa-branca como "Educação para o desenvolvimento", "Brasil ano 2000" e "O grande decênio" (aquele que dizia "lembrando PIS e Pasep/ e também o Funrural"). Mas em 76, com Joãozinho Trinta e uma polpuda injeção de dinheiro de Anísio Abrahão David, o patrono da escola, a Beija-Flor mudou as regras do jogo na avenida — e venceu o carnaval.

> "Isso tudo é uma esculhambação. Não tem nada a ver com a gente. Não dá mais para entrar numa escola, qualquer escola. Há uma invasão, um cinismo. Isso virou uma indústria e cada um quer levar o seu."
>
> (Cartola, Jornal da Tarde, janeiro de 1976)

Em 1978, depois de muito peregrinar por vários pontos do Rio de Janeiro, empurrados pelas obras do metrô, os desfiles se instalam na rua Marquês de Sapucaí, próximo ao próprio berço do samba, a Praça Onze. Em 1979 o local não só se estabelece como se fixa como pista oficial dos desfiles das Escolas de Samba, no sentido da avenida Presidente Vargas para o Catumbi. É o começo de intensas discussões sobre a necessidade de criação de um local fixo para o evento.

OS SHOWS QUE TODO MUNDO COMENTOU

Falso Brilhante, Elis Regina DEZEMBRO DE 1975-1977

A presença de César Camargo Mariano na vida e no trabalho de Elis aparece com grande impacto no show que é um marco na carreira da cantora. Um ano e dois meses em cartaz no teatro Bandeirantes de São Paulo, sempre com casa lotada para ouvir o lançamento das canções de Belchior — "Como nossos pais", "Velha roupa colorida", trechos da ópera *O Guarani*, e a valsa "Fascinação".

Bandido, Ney Matogrosso 1976

Ney de botas, bombachas, chapelão. "Quero deixar de ser um cantor que era assistido e entrar em comunhão total com a platéia", disse ele a Ezequiel Neves. Ney cantava "Gaivota", a canção que Gil compôs na prisão, em Florianópolis.

Bicho Baile Show, Caetano Veloso 1978

A Banda Black Rio acompanhava Caetano no repertório do LP *Bicho*, num clima de "uma pessoa que gosta de música dançante", na definição do próprio Caetano. Foi o estopim de centenas de ataques e contra-ataques, discussões, polêmicas e brigas de bar.

Refestança, Rita Lee e Gilberto Gil SETEMBRO DE 1977

Rita tinha sido presa, Gil tinha sido preso — nada melhor do que reunir no palco as duas "ovelhas negras" da família da MPB. Rita vinha com o Tutti Frutti, Gil, com sua banda, e faziam dois shows em um, com alguns números juntos também — inclusive "Giló", de Rita para Gil, "Refestança", dos dois, e "Aníbal", um samba de Gil para Rita.

Alta Rotatividade, Rogéria e Agildo Ribeiro 1976

A combinação insólita transformou Rogéria em estrela e reacendeu o *vaudeville* carioca de alto nível.

Doces Bárbaros, Caetano Veloso, Gilberto Gil, Gal Costa e Maria Bethânia 1976

O quarteto que veio da Bahia para mudar a música brasileira dos anos 60 nunca tinha feito um trabalho realmente junto. O pacote agora era completo: show, disco, documentário. Caetano vestia um modelito amarelo-ouro que Ezequiel Neves chamou de "high faquir"; Gil, de trancinhas, parecia um saci. No meio da turnê, o bode: Gil é preso por porte de maconha em Florianópolis e condenado à prisão, comutada por internamento em sanatório. Mas o show prossegue.

Gal Tropical, Gal Costa 1979

Guilherme Araújo estava determinado a tirar de Gal todo e qualquer ranço udigrudi e dar uma guinada na direção de Grande Diva da Canção. Conseguiu — o ponto alto era o vestido de babados vermelho-sangue, com uma rosa nos cabelos.

Feitiço, Ney Matogrosso 1979

Em plena área de pegação gay, na Galeria Alaska, em Copacabana, Ney lançava seu novo trabalho jogando bananas na platéia e cantando "Não existe pecado do lado de baixo do Equador".

"A Rita tinha aquele corpo andrógino, mas não gostava da música glitter. Ela venerava o Emerson, Lake and Palmer. Mas a gente conseguiu cortar o cabelo da Rita à la Bowie. Eu a considero uma atriz do nível de Cacilda Becker. Quando voltei do show *Atrás do Porto* para o Rio, a Bethânia me deu uma bronca: 'Sim senhor, seu Antônio Bivar! Depois de dirigir uma estrela do meu nível foi trabalhar com dona Rita Lee...'"

(Antônio Bivar falando sobre a temporada do show solo de Rita Lee em 1975)

ROCK

O mundo ainda era dividido em "lá fora" e "aqui", mas as distâncias começavam a diminuir. Os discos eram lançados em intervalos razoáveis, mais pessoas viajavam, a informação circulava com mais facilidade, as rádios FM tocavam um repertório bastante atual. A sensação de isolamento se dissipava, mas a de magia e comunidade também. Fazer sucesso se tornava mais que possível: desejável. Na cena brasileira, as raízes do rock BR estão, agora, cada vez mais visíveis:

Raul Seixas

Raul vem de antes, muito antes, mas é a partir de 1974 que ele atinge em cheio o consciente do Brasil como uma espécie de míssel não identificado — um baiano em calças de couro cantando sobre magia, alienação, anarquia, amor livre e sociedades alternativas ao som de um rock'n'roll que parecia vir direto da Sun Records de Memphis. Entre 1975 e 1978, de volta de duas viagens forçadas e malsucedidas aos EUA, Raul emplaca um sucesso atrás do outro, vende 250 mil cópias de cada disco (Roberto Menescal, gerente de produtos da sua gravadora, a PolyGram, considera Raul, oficialmente, "um ótimo produto"), excursiona incansavelmente pelo país — em Porto Alegre, em dezembro de1976, entra em cena sem calças, de cueca colorida, para protestar contra os gaiatos que haviam cortado os fios de sua aparelhagem de som —, forma uma parceria quase umbilical com o então jornalista alternativo Paulo Coelho, descobre magia, ocultismo e Aleister Crowley, briga com Paulo, troca de mulher, de banda, de parceiro. Na verdade, está numa espécie de processo público de autocombustão, mas ainda não se sabe disso — a trilha de chamas é luminosa demais.

"NOVO AEON" (1975) ::: "HÁ 10 MIL ANOS ATRÁS" (1976) ::: "RAUL ROCK SEIXAS" (1977) ::: "O DIA EM QUE A TERRA PAROU" (1977) ::: "MATA VIRGEM" (1978) ::: "POR QUEM OS SINOS DOBRAM" (1979)

"Eu e Raul sempre tivemos um relacionamento dificílimo, uma amizade marcada pela inimizade, uma guerra íntima que termina necessariamente se refletindo na música. Talvez seja uma das fórmulas da nossa boa aceitação pelo público; não procuramos esconder nossos conflitos." (Paulo Coelho sobre Raul Seixas, JORNAL DE MÚSICA, 11 de novembro de 1976)

"Sou só um homem que quer dizer as coisas à sua moda, sem obedecer nada e a ninguém. (...) Importa transformar a arte em algo acessível, um acontecimento como outro qualquer, de que ninguém tenha medo." (Raul Seixas a Antônio Chrysóstomo, VEJA, 8 de dezembro de 1976)

Rita Lee

Duas separações — dos Mutantes, no início da década, da empresária Mônica Lisboa, no meio — e uma prisão — por porte de maconha, em 1976 — não poderiam pressagiar a formidável virada de Rita no final da década. Na primeira fase Rita tem um som mais pesado, cortesia da banda Tutti Frutti, liderada pelo guitarrista Luis Sérgio Carlini e pelo baixista Lee Marcucci, que Rita coopta direto do reduto roqueiro da Pompéia, em São Paulo. Na seqüência, torna-se cada vez mais pop e dance, graças às parcerias com Paulo Coelho (da qual se destaca o megassucesso "Arrombou a festa", duzentas mil cópias do compacto vendidas), e Roberto de Carvalho, o "doce vampiro" que se torna pai do primeiro filho de Rita em 1977. Rita fecha os 70 como a primeira rockstar brasileira.

FRUTO PROIBIDO (1975) ::: ENTRADAS E BANDEIRAS (1976) ::: BABILÔNIA (1978) ::: RITA LEE (1979)

"Sabe que eu não gosto de ficar dizendo que faço rock? Sabe que isso não quer dizer nada pra mim? Aí eu já pego e escrevo r-o-q-q-u-e, com q mesmo, já é uma outra coisa, não é ficar fazendo rock, rock, radicalmente. (...) Não curto roqueiro radical. São tão radicais e preconceituosos quanto os radicais da MPB." (Rita Lee, Jornal de Música, setembro 1977)

O Terço/14 Bis

Depois de um começo produtivo mas tumultuado, o Terço (aliás Sergio Hinds) se muda para São Paulo e, com Moreno, Magrão e Flávio Venturini (teclados, viola, vocal), lança o álbum *Criaturas da Noite*, com arranjos de Rogério Duprat. É o momento de maior repercussão da banda, com uma sonoridade própria que mistura rock progressivo, folk e MPB.

CRIATURAS DA NOITE (1975) ::: CASA ENCANTADA (1976) ::: MUDANÇA DE TEMPO (1978) ::: 14 BIS (1979)

Made in Brazil

Diretamente da Pompéia, em São Paulo, a banda dos irmãos Celso (guitarra) e Oswaldo (baixo) Veccione se dedicava ao hard rock com abandono e paixão. Cornélius Lúcifer foi seu vocalista mais famoso, mas Ezequiel Neves, em sua *persona* Zeca Jagger, era seu mais fiel back-vocalista. E, como Ezequiel mesmo, estréia na produção trazendo uma sonoridade Stones para *Jack, o estripador*.

MADE IN BRAZIL (1974) ::: JACK, O ESTRIPADOR (1976) ::: PAULICÉIA DESVAIRADA (1978)

"Aconteceu em Brusque, Santa Catarina. Depois de duas espetaculares apresentações, a turma do Made in Brazil preparava-se para deixar a cidade quando (...) na portaria do hotel o vocalista Percy pegou por engano uma valise idêntica à sua Luis Vuitton e só percebeu o mistake ao chegar à rodoviária. (...) Acabaram todos na polícia. (...) O delegado de plantão fez dois pedidos: 1) que esperassem uns 20 minutos e 2) que cantassem algumas músicas dos Stones. E depois de fazer os backing vocals de "Satisfaction" o delegado explicou a razão dos 20 minutos: tinha mandado um ordenança à sua casa pegar dois LPs do Made para os devidos autógrafos."

(Ezequiel Neves, "Zeca Jagger News", Jornal de Música, maio de 1976)

Azymuth

O nome veio de uma composição de Marcos e Paulo Sérgio Valle, e o som era uma mistura de jazz, bossa, prog e mpb. José Roberto Bertrami, teclados; Ivan Conti "Mamão", bateria, e Alexandre Malheiros, baixo, tiveram seu *big break* em 1975 quando sua canção "Linha do horizonte" entrou numa trilha de novela, seguida, no ano seguinte, pela instrumental "Melô da cuíca", que também emplacou.

AZYMUTH (1975) ::: ÁGUIA NÃO COME MOSCA (1976) ::: LIGHT AS A FEATHER (1979)

Joelho de Porco

Pré-punk em atitude, ideologia e música, o bem humorado Joelho surgiu em São Paulo em 1972, e passou por várias encarnações — sempre com Tico Terpins, ex-Baobás, à frente — até gravar o primeiro LP em 1975. Com o argentino Billy Bond nos vocais a partir de 1976, o Joelho investe firme numa postura punk-tropicalista.

SÃO PAULO 1554/HOJE (1975) ::: 45 RPM (1977) ::: JOELHO DE PORCO (1978)

Vímana

Formado no Rio em 1974 pelos ex-Veludos Fernando Gama (baixo) e Lulu Santos (guitarra) e os ex-Módulo Mil Luiz Paulo Simas (teclados) e Candinho (outro ex-Módulo 1000 — bateria), o Vímana tem um começo conturbado que culmina com uma apresentação caótica no Festival Hollywood Rock de 1975. Logo depois, com a saída de Candinho, entram Ritchie nos vocais e flauta e, na bateria, João Luís Woenderbarg — o popular Lobão. O egípcio-suíco Patrick Moraz, substituto de Rick Wakeman no Yes, toma-os sob sua tutela em 1976 quando visita o Brasil e decide que eles serão uma banda de apoio. O Vímana ensaia constantemente para um LP que, gravado, não é lançado.

ZEBRA/MASQUERADE (COMPACTO, 1977)

Veludo

Sem Lulu Santos e Fernando Gama, e, em breve, sem Paul de Castro, um dos fundadores, o ex-Veludo Elétrico prosseguiu pelos anos 70 com um som mais próximo do jazz-rock. A nova formação era: Aristides (guitarra e bandolim), Nelson Laranjeiras (baixo), Elias Mizhari (teclados), Afonso Correa (percussão), Paulo Norte (flauta), Flávia Cavaca (vocal, percussão, violão) e Pedro Pedra (vocais).

"Fui ver o novo Veludo numa segunda-feira, no Teresão, e saí de lá ouriçadíssimo. (...) A banda está mesclando muito bem o balanço da percussão, um som latino ao extremo, com investidas bem próximas ao som progressivo não muito elitista. E o rock come solto, deixando a garotada na maior euforia."

(Ezequiel Neves, Jornal de Música, 7 de outubro de 1976)

A Cor do Som

Os Novos Baianos se estilhaçam no final dos 70, e de sua vasta galáxia vários planetas e constelações se formam. A Cor do Som era inicialmente um grupo dentro de um grupo nos NB, e, a partir de 1976, a banda de apoio de Moraes Moreira: Dadi, baixo e guitarra; Armandinho, guitarra e bandolim; Mu, teclados; Gustavo Schroeter, bateria; Ary Dias, percussão e Didi, baixo. O sucesso da instrumental "Arpoador", faixa de abertura de seu primeiro LP, pavimentou o caminho para sua fusão de samba, reggae, baião e rock.

A COR DO SOM (1977) ::: AO VIVO EM MONTREUX (1978) ::: FRUTIFICAR (1979)

"Os suíços não gostaram de ver um grupo brasileiro eletrificado. E, quando atacamos um frevo, eles pensaram que fosse rock".

(Gustavo Schroeter explicando as vaias recebidas à Cor do Som no festival de Montreux, **Veja**, 19 de setembro de 1979)

A Patrulha do Espaço

Em 1976, Arnaldo Baptista dá continuidade ao trabalho individual esboçado dois anos antes com o genial LP *Loki?*, montando esta banda como suporte: o guitarrista John Flavin (vindo do Broadcast, Humauaca e o primeiro disco dos Secos & Molhados), o baterista Júnior (ex-Made in Brazil e Aeroblues) e o baixista Cokinho (Oswaldo Gennari, ex-Neblina). A parceria durou apenas um par de anos. Em 1978, sem Arnaldo e sem John Flavin, a Patrulha seguiu seu caminho pelo rock pesado, mantendo-se na seara alternativa e excursionando constantemente pelo Brasil e América Latina.

FAREMOS UMA NOITADA EXCELENTE (1977) ::: ELO PERDIDO (1978)

Enquanto isso, em 1976, **David Bowie...**

STATION TO STATION. TERNOS BEM CORTADOS, SAPATOS ENGRAXADOS, CABELO GOMALINADO PARA TRÁS, BOWIE SE TRANSFORMA NO *THIN WHITE DUKE*: FRIO, DISTANTE. MUDA-SE PARA BERLIM E ADOTA UM ESTILO SEMIMONÁSTICO DE VIDA PARA LARGAR AS DROGAS E REFAZER A CABEÇA.

O Peso

Formado em Fortaleza no início da década, o Peso migra para o Rio na época do VII Festival Internacional da Canção, no qual interpreta "O pente". No Rio, participa do Hollywood Rock, ganha um guitarrista novo — o americano Gabriel O'Meara, fluente em rock, r&b, salsa, blues e soul — e um contrato de gravação com a Polydor, da qual sai um LP com uma faixa de sucesso, "Cabeça feita".

EM BUSCA DO TEMPO PERDIDO (1975)

A Barca do Sol

Na fusão entre folk, progressivo e MPB, a Barca era um dos grupos mais musicalmente ambiciosos do cenário. Richard Court, o Ritchie, era o flautista da primeira formação, e o núcleo essencial do grupo era Jacques Morelenbaum, violoncelo, piano e voz; Nando Carneiro, violão e voz; Muri Costa, violão e viola; Marcelo Costa, bateria e percussão; Beto Resende, guitarra. Egberto Gismonti produziu seu primeiro LP, Olivia Byington era uma colaboradora constante nos vocais (e a Barca foi sua banda de apoio em seu primeiro álbum, *Corra o risco*), e a canção "Lady Jane" tornou-se um sucesso cult no circuito rock.

A BARCA DO SOL (1974) ::: DURANTE O VERÃO (1976) ::: PIRATA (1979)

E TAMBÉM: ALMÔNDEGAS ESTRELAS DO POP GAÚCHO, COM OS IRMÃOS KLEITOR E KLEDIR RAMIL À FRENTE. ESTOURARAM EM 1976, QUANDO A SUA "CANÇÃO DA MEIA-NOITE" FOI INCLUÍDA NA TRILHA DA NOVELA *SARAMANDAIA* ::: **AVE SANGRIA** DE RECIFE, COM O SOM QUE ALCEU VALENÇA POPULARIZARIA — ROCK + BAIÃO, XAXADO, COCO, EMBOLADA, MARACATU —, MAS MAIS PESADO, COM MARCO POLO NOS VOCAIS, IVINHO NA GUITARRA E PAULO RAPHAEL NA GUITARRA-BASE E SINTETIZADOR. GRAVAM UM ÁLBUM HOMÔNIMO EM 1975 E PAULO RAPHAEL SEGUE ACOMPANHANDO ALCEU ::: **CASA DAS MÁQUINAS** NETINHO (BATERIA, PERCUSSÃO), EX-INCRÍVEIS, ERA A PRINCIPAL MÁQUINA DESTA CASA, AO LADO DO VOCALISTA SIMBAS, DO GUITARRISTA PISCA E DO TECLADISTA MARINHO. SEU FORTE ERA O CIRCUITO DE BAILES DE SÃO PAULO, E DEIXARAM TRÊS LPS LANÇADOS ENTRE 1974 E 1978 ::: **A CHAVE** HARD-ROCK CURITIBANO COM IVO RODRIGUES (GUITARRA E VOCAL), PAULINO DE OLIVEIRA (GUITARRA E VOCAL), CARLÃO GAERTNER (BAIXO) E ORLANDO AZEVEDO (BATERIA) ::: **BLINDAGEM** O POETA PAULO LEMINSKI ERA O MENTOR INTELECTUAL E LETRISTA DA MAIORIA DAS CANÇÕES DESTA BANDA CURITIBANA NASCIDA DE UMA FUSÃO N'A CHAVE. SOM BEM MAIS PESADO E UMA CANÇÃO-FAIXA CULTUADA, "ORAÇÃO DE UM SUICIDA" ::: **BACAMARTE** ROCK PROGRESSIVO CARIOCA COM JANE DUBOC (VOCAIS), MÁRIO NETTO (GUITARRA), DELTO SIMAS (BAIXO), SÉRGIO VILLARIM (TECLADOS), MARCO VERÍSSIMO (BATERIA) E MARCUS MOURA (FLAUTA) ::: **AERO BLUES** CELSO BLUES BOY (GUITARRA), RENATO LADEIRA (EX-BOLHA — VOCAIS E TECLADOS), MARCELO SUSSEKIND (OUTRO EX-BOLHA — BAIXO) E GERALDO D'ARBILLY (BATERIA) FORMARAM ESTE VERDADEIRO SUPERGRUPO NATIVO EM 76 COMO BANDA RESIDENTE DO CLUBE APALOOSA, REDUTO ROQUEIRO EM COPACABANA, NO RIO DE JANEIRO. NÃO DEVE SER CONFUNDIDA COM A BANDA ARGENTINA AEROBLUES, INTEGRADA POR PAPPO NAPOLITANO (GUITARRA), ALEJANDRO MEDINA (DO MANAL, BAIXO) E O BATERISTA JÚNIOR, EX-PATRULHA DO ESPAÇO ::: **FLAMBOYANT** OUTRA BANDA CARIOCA COM CELSO BLUES BOY, MAIS O LEGENDÁRIO ZÉ DA GAITA, E OS EX-PESOS GABRIEL O'MEARA E CONSTANT PAPINEAU ::: **HUMAUACA** ANTES DO JOELHO DE PORCO, O ARGENTINO BILLY BOND MILITAVA NESTA CULTÍSSIMA BANDA PAULISTA AO LADO DE AMÉRICO IÇA (VOCAIS), DANIEL MENCINI (GUITARRA), EMÍLIO CARREIRA (TECLADOS), WILLY VERDAGUER (BAIXO), DUDU PORTES (BATERIA — DEPOIS SUBSTITUÍDO POR CHICO DE MEDORI) E MÁRCIO WERNECK (FLAUTA, SAX E PERCUSSÃO) ::: **PAPA POLUIÇÃO** ROCK-FORRÓ NORDESTINO EM EXCURSÃO PELO BRASIL (EM SUA INSEPARÁVEL KOMBI SOFIA-BUNDETE), ENTRE 1976 E 1979, COM OS SHOWS ADOTE UM ARTISTA E MAMÃE, RÁDIO NÃO TOCA MEU DISCO: BETO CARERA, BILL SOARES, ZÉ LIMA PENA, PAULINHO DA COSTYA, TIAGO ARARIPE E XICO CARLOS ::: **TELLAH** ROCK PROGRESSIVO DE BRASÍLIA COM CLÁUDIO FELÍCIO (GUITARRA), JOSÉ VERÍSSIMO DA SILVA (BAIXO) E FELIPE DE ANDRADE GUEDES (BATERIA). EM 1977 MONTARAM A PEÇA MUSICAL *O CAVALO DE GUERRA*.

É punk!

As raízes vêm de longe — em qualquer garagem, ao longo das já quase três décadas de rock, onde garotos entediados se reuniam para fazer uma zoadeira infernal com seus instrumentos estão sementes férteis da explosão que tomou conta de Londres e Nova York (e, em rápida seqüência, Los Angeles, São Francisco e o resto do mundo) em 1976. Sinais marcantes podem ser os Stooges e o MC 5 na contramão dos 60, toda a cena da Factory de Andy Warhol culminando no Velvet Underground e, já no começo dos 70, nos New York Dolls. Os Dolls por sua vez se conectam a Malcolm McLaren, e, em 1974, à butique Sex, na King's Road de Londres... e o resto é, mais ou menos, história.

Com a facilidade de contágio que essas epidemias têm — essas que ninguém consegue precisar de onde vêm, mas que claramente se adaptam ao tom dos tempos — milhares de jovens começaram a expressar em sons de três acordes (no máximo!) a suprema insatisfação com uma recessão longa demais, um tédio pegajoso demais e um rock que se tornara excessivamente gordo e complacente para sua própria saúde.

No Brasil, a coisa chega dois anos depois, em 1978, exatamente quando a discoteca está se tornando mania nacional graças à novela *Dancin' Days*. A tensão, que no exterior é entre o rock "clássico", udigrudi, bicho-grilo, e os punks, aqui se traduz entre rock — punk incluído — e discotequeiros. É um acorde novo na confusão, que também adquire sua própria coloração política quando os primeiros punks emergem do mesmo local onde se registra a primeira greve do país em uma década: o ABC paulista. As primeiras bandas são o AI-5 e Restos de Nada, logo seguidas por Olho Seco, Cólera, Ratos de Porão e Os Inocentes (resultado da fusão do Restos com os Condutores de Cadáveres). Na mesma época, Minas produziu a Banda do Lixo que, de acordo com uma matéria da revista *Pop*, jogava lixo fresco e cusparadas sobre o público durante seu show Matança dos Porcos.

"Como na Inglaterra defrontam-se punks e teddy boys (...) aqui poderão ocorrer conflitos entre punkeiros (punkistas? punkadas?) e os disco-boys, a juventude dourada que hoje abarrota as sadias e dispendiosas discothèques. Surgirá para estes últimos, por certo, um adjetivo de gíria novíssimo, para classificá-los de ultrapassados (pois "careta" já estará ultrapassado). (VEJA, 28 de setembro de 1977)

DISCOGRAFIA BÁSICA ::: THE RAMONES (1976) ::: TEENAGE DEPRESSION, EDDIE AND THE HOT RODS (1976) ::: NEVER MIND THE BOLLOCKS, HERE'S THE SEX PISTOLS (1977) ::: THE CLASH (1977) ::: PURE MANIA, THE VIBRATORS (1977) ::: BLANK GENERATION, RICHARD HELL (1977) ::: ROCKET TO RUSSIA, THE RAMONES (1977) ::: DAMNED, DAMNED, DAMNED, THE DAMNED (1977) ::: RATTUS NORVEGICUS, THE STRANGLERS (1977) ::: GIVE 'EM ENOUGH ROPE, THE CLASH (1978) ::: THE SCREAM, SIOUXSIE AND THE BANSHEES (1978) ::: NERVOUS BREAKDOWN, BLACK FLAG (1978) ::: ANOTHER MUSIC IN A DIFFERENT KITCHEN, BUZZCOCKS (1978) ::: LONDON CALLING, THE CLASH (1979) ::: THE UNDERTONES (1979) ::: CUT, THE SLITS (1979) ::: THE GREAT ROCK'N'ROLL SWINDLE, SEX PISTOLS (1979)

Os grandes shows internacionais...

Rick Wakeman (ESTÁDIO DA PORTUGUESA, SÃO PAULO, 13 E 14 DE DEZEMBRO; GIGANTINHO, PORTO ALEGRE, 18 DE DEZEMBRO; MARACANÃZINHO, 20 E 21 DE DEZEMBRO DE 1975)

Interessada em investir nesse tal de mercado jovem, as Organizações Globo pensaram em trazer o Yes ao Brasil como parte do Projeto Aquarius. Quando os custos se mostraram impossíveis, e uma pesquisa apontou o Brasil como terceiro maior consumidor dos discos solo do ex-tecladista da banda, Rick Wakeman, a saída pareceu clara. O fato de Wakeman estar em sérios apuros financeiros por conta de uma mal planejada excursão americana ajudou bastante. Wakeman chegou com 22 toneladas de equipamento e o seu English Rock Ensemble, mas deixou nos EUA as tralhas dos megacenários de seus shows. Jogou futebol no campo do Fluminense com um time arranjado às pressas — Paulinho da Viola, Ivan Lins, Jair Rodrigues, Jorge Ben, Odair José, Francisco Cuoco, Miele, Sérgio Chapelin —, rasgou as calças sambando sem jeito na quadra na Mangueira, mergulhou de cueca na piscina do hotel em São Paulo e tocou coisas de seus três LPs acompanhado da narração nada entusiasmada de Paulo Autran e grande orquestra regida por Isaac Karabtchevsky. Acabou se encantando com a Pedra da Gávea, no Rio, e compondo um rock sinfônico sobre ela.

Você se lembra?

Do manto de lantejoulas que Wakeman usava em todos os shows? A coisa brilhava tanto que às vezes não dava para ver mais nada do que se passava no palco.

Genesis (IBIRAPUERA, SÃO PAULO; MARACANÃZINHO, RIO DE JANEIRO; GIGANTINHO, PORTO ALEGRE, 1977)

O Projeto Aquarius e o rock progressivo casaram que nem goiabada com queijo. Em 77 foi a vez do Genesis, já sem Peter Gabriel, mas com Phil Collins e Steve Hackett (que caiu fora do grupo pouco depois, e voltou várias vezes ao Brasil, onde se apaixonou por Angra dos Reis, ou Bay of Kings, como ele chamou em uma das canções que compôs inspirado pelo lugar). O repertório era basicamente o do novo disco (de então) *Wind and Wuthering*, e o que mais impressionou o povo foi o show de *laser*, grande novidade no Brasil.

Joe Cocker (SÃO PAULO E RIO DE JANEIRO, JULHO DE 1977)
Mike Lang, um dos organizadores do Festival de Woodstock, trouxe seu amigo Joe para shows quase catastróficos no Brasil. O som estava péssimo, o primeiro espetáculo no Maracanãzinho do Rio começou quase três horas atrasado, com 4 mil pessoas num espaço que comporta 23 mil. Mas isso não impediu o nativo de Sheffield de suar a camisa e cantar tudo o que sabia, concentrando-se mais em seus sucessos — "A Little Help From My Friends", "Feelin' Allright" — em vez de promover seu novo LP, *Stingray*, que tinha acabado de ser lançado. O dublê de guitarrista e jornalista Gabriel O'Meara serviu de cicerone num *tour* pelos botequins e lojas de discos do Rio e, entre uma sessão e outra de Brahmas e fitas cassete, Joe, Gabriel, Cassiano, Dom Charles e Bobby Keyes fizeram uma *jam session* de blues no estúdio caseiro de Paulinho Zdanowski, parceiro de Cassiano. Infelizmente, nada foi gravado para a posteridade...

"Gabriel, estou querendo me conformar em ser um cantor de sucessos, sabe como é, as pessoas querem ouvir as músicas de sucesso, e aí vira show. Eu não agüento trabalhar assim. Chega uma hora em que... (enxuga uma lágrima). Bem, eu não consigo. Eu entro no palco com a mesma roupa com que ando na rua. Minha música é mais que show business."
(Joe Cocker a Gabriel O'Meara, JORNAL DE MÚSICA, agosto de 1977)

Festival Internacional de Jazz (ANHEMBI, SÃO PAULO, 11 A 18/9/1978)
Andre Midani, presidente e um dos donos da novíssima gravadora WEA apresentou Claude Nobs, o homem do Festival de Montreux, ao Secretário de Cultura de São Paulo (e fã de jazz) Max Feffer, e a festa foi feita. Vieram John McLaughlin, Chick Corea, Larry Coryell, Etta James, George Duke, Al Jarreau que se apresentaram com Gil, Hermeto, Milton e até a Banda De Frevo de José Menezes.

"Entendam, eu não sou hippie, mas realmente não tolero a burguesia. É tudo gente falsa e arrogante." (Etta James, VEJA, 20/9/1978)

E os visitantes ilustres

O verão de 1978 foi uma festa. Rod Stewart chegou ao Rio na tarde de 11 de janeiro de 1978, e foi saudado por uma pane elétrica do Aeroporto Internacional do Galeão e gritos e uivos de uma pequena multidão que apertava febrilmente cópias do compacto *You're in My Heart*, cortesia da gravadora WEA. Mas Rod, no auge de sua carreira como pop-baladista, não estava em missão oficial, ou seja, não vinha divulgar discos ou fazer shows. Ele queria mesmo era ver e jogar futebol. Instalou-se numa suíte no Copacabana Palace, deu uma festa de arromba para 250 convidados — que acabou com boladas desfechadas contra as paredes do luxuoso hotel, resultando em expulsão imediata. Rod, the Mod, não se apertou, mudando-se para o ainda mais luxuoso (e privado) Edifício Chopin, ao lado do Copa, dando continuidade à temporada de peladas na praia e idas ao Maracanã de dia, e festanças à noite. Obviamente, teve bastante tempo de ouvir "Taj Mahal", de Jorge Ben, que era um dos hits do verão.

No mesmo mês de janeiro de 1978, os Sex Pistols já estavam de saco cheio uns dos outros, de Londres, do sucesso e, principalmente, das jogadas de Malcolm McLaren. Sem maiores avisos, dois deles, o guitarrista Steve Jones e o baterista Paul Cook desembarcaram no calor abrasador do verão carioca sem maiores planos além de curtir o sol e ver seu ídolo, o ladrão foragido do trem pagador, Ronald Biggs. O jornalista José Emílio Rondeau foi seu cicerone na maior parte do tempo, levando-os para gravar um programa na Rádio Roquete Pinto e comprar discos em Copacabana, onde os Pistols ficaram intrigados com a figura do guardador de carros ("por que você tem que dar dinheiro a ele? O que ele vai fazer? Fingir que sabe que o carro não vai sair andando sozinho?"). Steve e Paul foram ver Raul Seixas no teatro Teresa Raquel e não gostaram muito ("acho que tem que entender as letras, não é?"). Ficaram no balcão, vendo Ezequiel Neves jogar cinzas de cigarro em Joni Mitchell, sentada logo embaixo, na platéia. Comportaram-se como príncipes num almoço oferecido pelo fotógrafo Maurício Valladares em sua casa na Barra da Tijuca, brincando na piscina com a cadela da casa, Chica, elogiando a lasanha preparada por dona Lia, mãe de Maurício, e levando educadamente os pratos sujos de volta para a cozinha. Só assumiram seu lado punk

Paul Cook e Steve Jones: cerveja, roupas rasgadas, couro e medalhas. Apesar de tudo, muito bem comportados.

OS REIS DO PUNK SÃ
PENAS BONS MENIN

EDER ACCORSI JR.

na hora de posar para fotos, e quando ameaçaram dar um calote no produtor Liminha, se recusando a pagar por instrumentos alugados. Segundo a revista *Pop*, "não faltaram cenas que fariam inveja a Muhammad Ali e James Bond", que culminaram com Liminha indo "acordar os garotos às sete da manhã no dia da partida".

Antes disso tudo, em setembro de 1976, o Homem de Nazareth nos visitou. Não, não aquele que, dizem, multiplicava pães e peixes e caminhava na água, mas Dan McCafferty, vocalista da banda Nazareth, que havia conseguido um outro tipo de milagre: emplacar uma faixa de um disco de rock pesado nas paradas brasileiras. Certo que a faixa era a baladíssima "Love Hurts", mas mesmo assim McCafferty, mulher, filho e empresário baixaram no Rio para coletar um disco de ouro e falar brevemente com a pouca imprensa que sabia quem ele era ou se importava com isso. McCafferty esclareceu que o Naz não tocava heavy metal mas "rock básico", e que o nome bíblico tinha sido inspirado pela canção "The Weight", de The Band. "Lá no meio do disco eles cantavam 'não sei que em Nazareth'. Soa bem, pensamos". (McCafferty ao *Jornal de Música*, 21/10/1976)

Em dezembro de 1975, Mick Jagger veio passar seu quarto verão no Brasil. Veio com a mulher Bianca e a filha Jade e ficou hospedado na casa de Florinda Bulcão, na Joatinga, Barra da Tijuca, Rio de Janeiro, onde Bianca nadava nua na piscina e Mick afugentava fotógrafos com uma cara feia, vestindo um roupão de bolinhas. Joaquim Ferreira dos Santos, da *Veja*, extraiu do motorista posto à disposição da família a revelação de que Mick passava o tempo todo ouvindo o mesmo disco — dos Stones, aliás.

Em fevereiro de 1979, George Harrison tornou-se o primeiro Beatle a pôr os pés em solo brasileiro. Fã de automobilismo, George veio ver a corrida de Interlagos e aproveitou para divulgar um pouco seu novo álbum solo, *George Harrison*. "Há muito tempo eu me considero um músico aposentado. O mundo da música é tão intenso, eu estava metido nele, estava ficando maluco", ele disse à *Manchete*.

Festivais: de Camburock a Saquastock

Hollywood Rock, Campo do Botafogo RIO DE JANEIRO, JANEIRO DE 1975
Bolação de Nelson Motta com a cumplicidade de Carlos Alberto Sion, então o über-rock — empresário carioca. Quatro sábados no gramado do antigo campo do Botafogo, na rua General Severiano, com Mutantes, Rita Lee, Raul Seixas, Erasmo Carlos, Veludo, Vímana, O Peso e Celly Campello, que voltava à ativa graças ao sucesso da novela *Estúpido cupido*. O primeiro sábado foi calmo, com Rita Lee, mas o som estava péssimo. No segundo, desabou uma tempestade de verão daquelas, o público saiu correndo e o palco desabou. O terceiro não houve, mas o *gran finale* foi apoteótico, com Raul conclamando o povo a cerrar fileiras pela Sociedade Alternativa. O evento foi registrado em disco e no filme *Ritmo alucinante*.

Som, Sol e Surf, Saquarema RIO DE JANEIRO, ABRIL DE 1976
Tentando se recuperar do rombo do Hollywood Rock, Nelsinho Motta acata uma idéia do músico Flávio Spiritu Santo e, sob a chancela semi-oficial da prefeitura de Saquarema — point de surfistas duas horas ao norte do Rio de Janeiro — resolve fazer um festival de rock no estádio de futebol do time local. A idéia era ter um fim de semana de shows, com Rita Lee, Raul Seixas, Made in Brazil, Vímana e a grande estréia de Angela Rorô, que Nelsinho tinha acabado de conhecer e por quem estava encantado, dizendo que Ângela era uma mistura exata de Maysa e Janis Joplin. A primeira noite não houve: tempestade inclemente. Nelsinho abriu seu estoque de garrafinhas de cerveja para celebrar a não-abertura de "Saquastock", como o festival já estava sendo chamado. A solução foi acumular todo o *line-up* num dia só, mas os shows foram fracos e a platéia, pífia — cinco mil pessoas apenas, e mais prejuízos para Nelsinho. Mas o clima de festa continuou reinando.

Camburock BALNEÁRIO CAMBORIÚ, SANTA CATARINA, 28, 29 E 30/1/1977
Setecentos mil cruzeiros foram investidos no que deveria ser o "Woodstock do Sul", onde cem mil jovens eram esperados para curtir O Terço, Mutantes, A Chave, Made in Brazil, Casa das Máquinas, Eduardo Araújo, Som Nosso de Cada Dia, Bixo da Seda e Blindagem, entre outros, durante um fim de semana, num clima de total paz e amor à beira-mar: embora o local escolhido se chamasse Mato Camboriú e ficasse 10 minutos distante do centro do Balneário, por uma surrada estrada de terra, tinha também uma prainha morna que logo ficou cercada de barracas. Terço e Mutantes cancelaram a presença, Eduardo Araújo não conseguiu embarcar, várias bandas se apresentaram de graça, a Polícia Federal ameaçou suspender tudo se os roqueiros continuassem a usar palavrões em cena, o vocalista Simbas, do Casa das Máquinas tirou a roupa no palco, trinta "jovens maiores de idade" foram presos. Em vez de cem mil, apenas 12 mil pessoas apareceram, deixando um prejuízo de 300 mil cruzeiros. Mas foi uma farra.

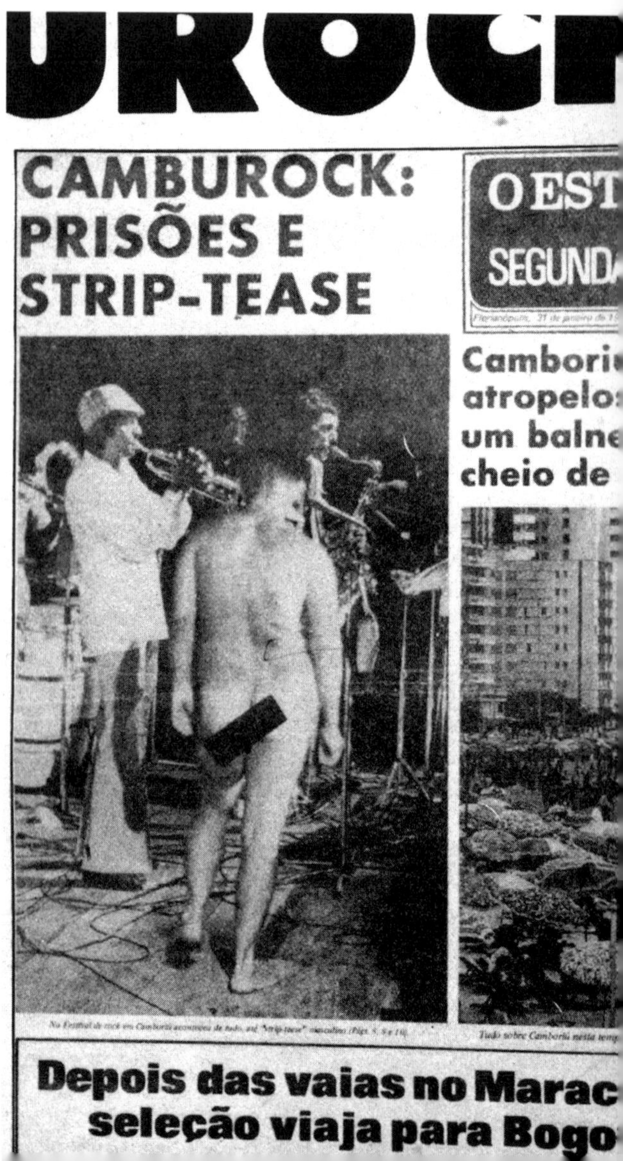
CAMBUROCK: PRISÕES E STRIP-TEASE

Homenagem a Milton Nascimento TRÊS PONTAS, MINAS GERAIS, JULHO DE 1977
O *vibe* era de "Woodstock à mineira": um grande show ao ar livre no alto da colina Paraíso, nos arredores da cidade natal de Milton, com a presença de convidados ilustres como Clementina de Jesus, Chico Buarque, Gonzaguinha, Francis Hime, Fafá de Belém e Azymuth, precedido por solenidade que batizaria de Travessia a praça em frente à casa onde Milton cresceu. Uma romaria de dezenas de milhares de jovens se deslocou para a pequena cidade e esperou pacientemente por mais de duas horas até que o evento começasse. Os artistas fizeram o melhor que podiam num clima de desorganização e falta de estrutura técnica, mas o pôr-do-sol, lindo, foi aplaudidíssimo.

Festival de Águas Claras IACANGA, SÃO PAULO, ANUAL, A PARTIR DE 1974
Consta que a idéia do Festival mais longevo da cena brasileira veio a Antônio Cecchin (Leivinha) Júnior, flautista da banda local Nushkurallah, como uma visão: "quando estava passeando pelo pasto em que eu brincava muito nos meus tempos de criança, apareceu tudo colorido. Na época não entendi bem", ele contou à revista *Manchete* em fevereiro de 1975. Com patrocínio de seu pai, o fazendeiro Antônio Cecchin, Leivinha organizou o primeiro Festival na fazenda da família mesmo, e 15 mil jovens vieram curtir bandas a princípio obscuras, como a Orquestra Azul, adolescentes que tocavam o repertório de John McLaughlin e a Mahavishnu Orchestra. Com o passar dos anos, Iacanga — município predominantemente rural a 13 quilômetros de São Paulo — tornou-se parada obrigatória no calendário musical alternativo, atraindo platéias cada vez maiores num esquema woodstockiano — acampamento, banhos coletivos, lamaceira lúdica, corpos pintados — mesmo quando prisões e mortes (duas, por atropelamento) interrompiam o alto astral. Rita Lee e Tutti Frutti, Terço, Mutantes, Joelho de Porco, Raul Seixas, Vímana, Wanderléia (que tomou uma tremenda vaia), Milton Nascimento, Lô Borges, Beto Guedes, Egberto Gismonti, entre muitos outros, leves e pesados, famosos e estreantes, passaram pelo ritual de Águas Claras.

rock internacional/ uma discografia selecionada

A década em que o rock rachou

Exatamente no meio dos anos 70, nada ficou como antes. A expressão "classic rock" ainda não havia sido cunhada mas seria, em breve, porque o espírito já estava presente — a jornada que começou com a geração dos Beatles redescobrindo e reinventando o rhythm'n blues e o rock'n'roll americano do pós-guerra havia se esgotado numa overdose de tudo. Voltar às raízes apenas não era bastante, era preciso rasgar, sacudir, demolir. Então de um lado havia o que se chamaria um dia de "classic" — os remanescentes dessa geração. De outro, os novos iconoclastas, que não eram apenas punks, mas também atendiam pelo rótulo *new wave* e suas ramificações.
No exterior, as opções se radicalizavam, embora alguns nomes — como Bruce Springsteen, por exemplo — ficassem curiosamente equilibrados no gume da faca, ao mesmo tempo revisionistas e conservadores. No Brasil, contudo, as pessoas ouviam de tudo com a mesma voracidade, tentando recuperar o descompasso do começo da década.

QUEEN

Suspenso em sua própria nave espacial de rock operístico, o Queen é o dono do rock no final da década, a mais perfeita encarnação de tudo o que tinha acontecido com o antigo ritmo bastardo. Tudo era excessivo, over, imenso, na órbita do Queen: luzes, palcos, cabelos, a voz de Freddie Mercury, as duzentas guitarras dubladas de Brian May. Não importava que os críticos odiassem a banda — o *Melody Maker* chamou um show deles, em 1975, de "um balde de urina", e a *Rolling Stone* disse que o álbum *Jazz*, de 1978, era "fascista" — na metade da década, nenhum outro grupo era mais popular que Freddie Mercury, Brian May, John Deacon e Roger Taylor.

A NIGHT AT THE OPERA (1975) ::: A DAY AT THE RACES (1976) ::: NEWS OF THE WORLD (1977) ::: JAZZ (1978) ::: LIVE KILLERS (1979)

De um lado...

VENUS AND MARS, PAUL MCCARTNEY & WINGS (1975) ::: **ZUMA**, NEIL YOUNG (1975) ::: **TONIGHT'S THE NIGHT**, NEIL YOUNG & CRAZY HORSE (1975) ::: **STILL CRAZY AFTER ALL THESE YEARS**, PAUL SIMON (1975) ::: **WHO BY NUMBERS**, THE WHO (1975) ::: **BONG FURY**, FRANK ZAPPA (1975) ::: **TOYS IN THE ATTIC**, AEROSMITH (1975) ::: **ATLANTIC CROSSING**, ROD STEWART (1975) ::: **BLOOD ON THE TRACKS**, BOD DYLAN (1975) ::: **WISH YOU WERE HERE**, PINK FLOYD (1975) ::: **BEAUTIFUL LOSER**, BOB SEGER (1975) ::: **CRISIS? WHAT CRISIS?**, SUPERTRAMP (1975) ::: **YOUNG AMERICANS**, DAVID BOWIE (1975) ::: **ROCK'N'ROLL**, JOHN LENNON (1975) ::: **BLACK AND BLUE**, THE ROLLING STONES (1976) ::: **HEJIRA**, JONI MITCHELL (1976) ::: **SONGS IN THE KEY OF LIFE**, STEVIE WONDER (1976) ::: **STATIONTOSTATION**, DAVID BOWIE (1976) ::: **WINGS AT THE SPEED OF SOUND**, PAUL MCCARTNEY & WINGS (1976) ::: **SPITFIRE**, JEFFERSON STARSHIP (1976) ::: **DESIRE**, BOB DYLAN (1976) ::: **BLUE MOVES**, ELTON JOHN (1976) ::: **2112**, RUSH (1976) ::: **THE PRETENDER**, JACKSON BROWNE (1976) ::: **HIGH VOLTAGE**, AC/DC (1976) ::: **PRESENCE**, LED ZEPPELIN (1976) ::: **LOW**, DAVID BOWIE (1977) ::: **ANIMALS**, PINK FLOYD (1977) ::: **RAINBOW RISING**, RITCHIE BLACKMORE & RAINBOW (1976) ::: **RUN WITH THE PACK**, BAD COMPANY (1976) ::: **33 1/3**, GEORGE HARRISON (1976) ::: **DESTROYER**, KISS (1976) ::: **LOVE YOU LIVE**, THE ROLLING STONES (1977) ::: **SLOWHAND**, ERIC CLAPTON (1977) ::: **RUMOURS**, FLEETWOOD MAC (1977) ::: **GOING FOR THE ONE**, YES (1977) ::: **FOREIGNER** (1977) ::: **PETER GABRIEL** (1977) ::: **WIND AND WUTHERING**, GENESIS (1977) ::: **SOME GIRLS**, THE ROLLING STONES (1978) ::: **LONDON TOWN**, PAUL MCCARTNEY & WINGS (1978) ::: **INFINITY**, JOURNEY (1978) ::: **WHO ARE YOU**, THE WHO (1978) ::: **VAN HALEN** (1978) ::: **TOTO** (1978) ::: **PETER GABRIEL** (1978) ::: **LODGER**, DAVID BOWIE (1979) ::: **TUSK**, FLEETWOOD MAC (1979) ::: **IN THROUGH THE OUT DOOR**, LED ZEPPELIN (1979) ::: **THE WALL**, PINK FLOYD (1979) ::: **SHEIK YERBOOTY**, FRANK ZAPPA (1979) ::: **BREAKFAST IN AMERICA**, SUPERTRAMP (1979) ::: **RUST NEVER SLEEPS**, NEIL YOUNG (1979)

...E de outro

HORSES, PATTI SMITH (1975) ::: **BORN TO RUN**, BRUCE SPRINGSTEEN (1975) ::: **AUTOBAHN**, KRAFTWERK (1975) ::: **SIREN**, ROXY MUSIC (1975) ::: **BLONDIE** (1976) ::: **WARREN ZEVON** (1976) ::: **VIVA!**, ROXY MUSIC (1976) ::: **SECOND THOUGHTS**, SPLIT ENZ (1976) ::: **THE RUNAWAYS** (1976) ::: **IN THE CITY**, THE JAM (1977) ::: **MARQUEE MOON**, TELEVISION (1977) ::: **ULTRAVOX!** (1977) ::: **THIS IS THE MODERN WORLD**, THE JAM (1977) ::: **MY AIM IS TRUE**, ELVIS COSTELLO (1977) ::: **THE BOOMTOWN RATS** (1977) ::: **PLASTIC LETTERS**, BLONDIE (1977) ::: **GET IT**, DAVE EDMUNDS (1977) ::: **NEW BOOTS AND PANTIES!**, IAN DURY (1977) ::: **CHEAP TRICK** (1977) ::: **WALK ON THE WILD SIDE**, LOU REED (1977) ::: **TRANS-EUROPE EXPRESS**, KRAFTWERK (1977) ::: **CABRETTA**, MINK DEVILLE (1977) ::: **THIS YEAR'S MODEL**, ELVIS COSTELLO (1978) ::: **EXCITABLE BOY**, WARREN ZEVON (1978) ::: **ALL MOD CONS**, THE JAM (1978) ::: **DARKNESS AT THE EDGE OF TOWN**, BRUCE SPRINGSTEEN (1978) ::: **DIRE STRAITS** (1978) ::: **Q: ARE WE NOT MEN? A: WE ARE DEVO!**, DEVO (1978) ::: **THE KICK INSIDE**, KATE BUSH (1978) ::: **STREET HASSLE**, LOU REED (1978) ::: **PURE POP FOR NOW PEOPLE**, NICK LOWE (1978) ::: **REAL LIFE**, MAGAZINE (1978) ::: **OUTLANDOS D'AMOUR**, THE POLICE (1978) ::: **THE MODERN DANCE**, PERE UBU (1978) ::: **THE CARS** (1978) ::: **WHITE MUSIC**, XTC (1978) ::: **MIDNIGHT OIL** (1978) ::: **FIRST ISSUE**, PUBLIC IMAGE LTD. (1978) ::: **ARMED FORCES**, ELVIS COSTELLO (1979) ::: **LIVE AT THE WITCH TRIALS**, THE FALL (1979) ::: **THE ROCHES** (1979) ::: **COMMUNIQUÉ**, DIRE STRAITS (1979) ::: **REGATTA DE BLANC**, THE POLICE (1979) ::: **HEAD INJURIES**, MIDNIGHT OIL (1979) ::: **DIRK WEARS WHITE SOX**, ADAM & THE ANTS (1979) ::: **DUTY NOW FOR THE FUTURE**, DEVO (1979) ::: **PRINCE** (1979) ::: **THE B52'S** (1979) ::: **LOOK SHARP!**, JOE JACKSON (1979) ::: **GET THE KNACK**, THE KNACK (1979) ::: **UNKNOWN PLEASURES**, JOY DIVISION (1979) ::: **THE MOTELS** (1979) ::: **TUBWAY ARMY**, GARY NUMAN (1979) ::: **COOL FOR CATS**, SQUEEZE (1979) ::: **SQUEEZIN' OUT SPARKS**, GRAHAM PARKER (1979)

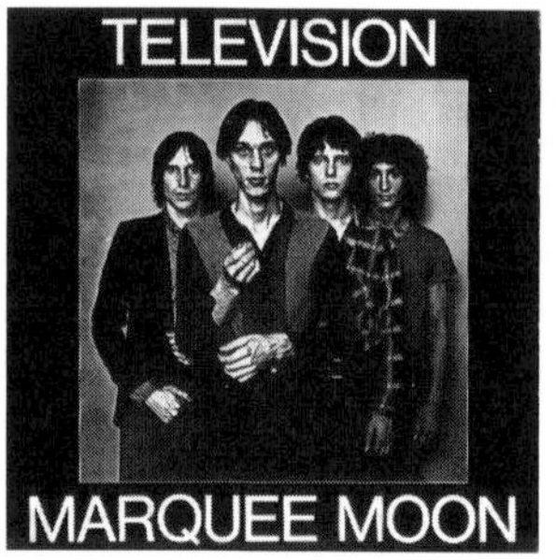

Reggae

"O grande acontecimento musical dos anos 70 não veio da Europa nem dos Estados Unidos, os costumeiros donos do jogo. Furando o bloqueio, veio de uma ilha pobre e mestiça das Américas, ex-colônia como todos nós: Jamaica. Seu nome é reggae, e os Wailers são seus profetas." (JORNAL DE MÚSICA, 26 de dezembro de 1976)

Cozinhando no caldeirão de misturas do Caribe desde os anos 40, calipso, mento, rhythm and blues, big band jazz das orquestras americanas, soul music e mais uma dezena de condimentos locais fervem e produzem, na Jamaica, uma linhagem de ritmos hipnóticos e altamente dançáveis, do ska ao rock-steady e finalmente, no final dos anos 60, o reggae.

Nos primeiros 70 o ritmo começa a migrar para comunidades de imigrantes jamaicanos nos Estados Unidos e Inglaterra. Pela metade da década, o reggae tem o mesmo efeito que seus parentes próximos, o soul e o rock'n'roll, tiveram sobre jovens brancos influenciáveis por tudo que seja novo e contra-corrente: captura corações e mentes, criando uma espécie de alternativa menos brutal ao punk. No exterior, Bob Marley ascende ao *status* de estrela, e bandas brancas, negras e misturadas começam a adotar a postura e a música de reggaeiros e skamen, a integração racial uma atitude a mais de desafio. E, é claro, o embasamento cultural-místico para fumar maconha era quase irresistível. No Brasil, Gilberto Gil e o jornalista Júlio Barroso são os maiores entusiastas e divulgadores do gênero, e os surfistas os primeiros devotos.

DISCOGRAFIA SELECIONADA ::: **LIVE!**, BOB MARLEY & WAILERS (1975) ::: **NATTY DREAD**, BOB MARLEY & WAILERS (1975) ::: **LEGENDARY SKATALITES**, THE SKATALITES (1975) ::: **MARCUS GARVEY**, BURNING SPEAR (1975) ::: **FUNKY KINGSTON**, TOOTS & THE MAYTALS (1975) ::: **BRAVE WARRIOR**, JIMMY CLIFF (1975) ::: **RASTAMAN VIBRATION**, BOB MARLEY & WAILERS (1976) ::: **LEGALIZE IT**, PETER TOSH (1976) ::: **BLACKHEART MAN**, BUNNY WAILER (1976) ::: **EXODUS**, BOB MARLEY & WAILERS (1977) ::: **CATCH A FIRE**, BOB MARLEY & WAILERS (1977) ::: **EQUAL RIGHTS**, PETER TOSH (1977) ::: **DRY & HEAVY**, BURNING SPEAR (1977) ::: **KAYA**, BOB MARLEY & WAILERS (1978) ::: **SURVIVAL**, BOB MARLEY & WAILERS (1979) ::: **THE SPECIALS** (1979) ::: **THE BEAT** (1979) ::: **TOO MUCH PRESSURE**, SELECTER (1979)

"A música dos Wailers é fruto de um movimento de gente muito grande, é fruto do movimento de negros através da América, através do mundo. Cultura ancestral e moderna, a única que pretende levar o homem em liberdade através das estrelas." (Júlio Barroso, JORNAL DE MÚSICA, 26 de dezembro de 1976)

"Esse papo já tá qualquer coisa
você já tá pra lá de Marrakesh
mexe qualquer coisa dentro, doida
já qualquer coisa doida, dentro, mexe."

(Caetano Veloso, "Qualquer coisa", 1975)

"Propriamente eu sou Durango Kid
Eu vim trazer, eu vim mostrar
Novo jornal, novo sorriso
Propriamente dizer o só exato
Pois hoje eu sou o que eu fui
Não desmenti o meu passado
Esse jornal é o meu revólver
Esse jornal é o meu sorriso"

(Toninho Horta e Fernando Brant, "Durango Kid", 1970; trecho reproduzido no convite para a festa de lançamento do *Jornal de Música*, em 1977)

machão

Vg exemplar de seu jornal Vg manifesto que não quero receber outroPt

Bruno E. C.

Porto Alegre -- RS

R. — Há algo de errado com Carlos,, o carioca, e o gaúcho Bruno; LAMPIÃO provocou uma enorme curiosidade entre os machões, todos ansiosos por receber, assinar, ler o jornal. Por que será que esses dois se mostraram tão indiferentes?

Abertura, patrulha, anistia

Abertura

Em 1975, a morte do jornalista Vladimir Herzog, chefe do Departamento de Jornalismo da TV Cultura, foi um divisor de águas: o pior pesadelo da ditadura se instalava dentro de casa. O Sindicato de Jornalistas e a OAB cobraram apuração de inquérito pelo governo. Ao saber da morte de Herzog, Geisel advertiu o comandante do II Exército, o general linha dura Ednardo D'Avilla Mello, dizendo que não admitiria mais nenhuma morte naquelas circunstâncias. Uma semana depois, cerca de 7 mil pessoas participaram de um culto ecumênico em memória de Herzog, na Catedral da Sé em São Paulo — foi a primeira manifestação pública desde a promulgação do AI-5, em 1968, e, num acontecimento igualmente inédito, foi manchete em todos os jornais. O *Jornal do Brasil* de 1º de novembro de 1975, disse: "cerca de 7 mil pessoas assistiram, na Catedral da Sé, num clima de serenidade e ordem, ao culto ecumênico em memória do jornalista Vladimir Herzog, morto há sete dias nas dependências do DOI-Codi, do II Exército". Tudo neste *lead* era absolutamente extraordinário, inédito desde 1968 e impossível nos primeiros cinco anos da década.

A vitória maciça do MDB — o partido da oposição "autorizada" — nas eleições para o Congresso, em novembro de 1974, e a louca espiral da inflação — um cafezinho em 1970 custava dez centavos; em 1979, dois cruzeiros e cinqüenta centavos, um aumento de 2400% — ajudam a empurrar a "distensão lenta, gradual e segura" que Geisel havia delineado. A imprensa vai, aos poucos, testando limites e ocupando brechas. As pautas mudam: política volta a ser um tópico nas redações.

Em 1978 o presidente do Senado, Petrônio Portella, negocia com o governo o fim do AI-5, enquanto os metalúrgicos do ABC, liderados por Luiz Inácio da Silva, fazem a primeira greve do país em uma década.

Em junho de 1978 é abolida a censura prévia dos órgãos de mídia e o semanário independente *Movimento* publica a história da censura prévia do próprio jornal. A capa é a reportagem sobre a morte de Vladimir Herzog, que fora vetada em 3 de novembro de 1975. *O Pasquim* passa a incluir um aviso em sua capa: "Enquanto você estiver lendo isto, *O Pasquim* estará SEM CENSURA PRÉVIA."

Em 10 de dezembro de 1978, a *Folha de S.Paulo* publica matérias inventariando os horrores e atrasos causados pela promulgação do Ato Institucional. No dia 31 de dezembro de 1978, o *Jornal do Brasil* escreve, comentando a revogação do AI-5: "À meia-noite de hoje o Brasil sai de uma das mais longas noites de sua história".

Patrulha

Lá pela metade dos 70, dez anos de ditadura e cinco de AI-5 haviam criado um fenômeno curioso, diametralmente oposto aos planos dos poderosos: aparentemente, toda a cultura, a mídia e a intelectualidade brasileira era de esquerda. E da velha esquerda ortodoxa, linha dura. Coisas dos pêndulos dos tempos — muita força para um lado cria uma resistência igual e contrária. O que significava que além de temer a violação das regras de um lado, havia que se guardar contra as heresias cometidas contra o outro.

Em agosto de 1978, numa entrevista ao *Estado de S. Paulo*, Cacá Diegues cunhou a expressão que definiria a tensão de idéias e palavras do final da década: "Acho muito grave essa espécie de patrulha ideológica que existe no Brasil. Uma espécie de polícia política que fica te vigiando nas estradas da criação, para ver se você passou na velocidade permitida".

A expressão pegou, virou tema de conversa, matéria, entrevista, discussão, pauta e polêmica. Além de Cacá — sucesso popular com seu filme *Xica da Silva*, que foi rotulado de "alienado" —, Caetano Veloso (com o álbum *Bicho* que, ele me disse em entrevista em outubro de 1977, era o trabalho "de quem gosta de música para dançar") e Gilberto Gil (com *Refavela* em 1977, que assinava em baixo do Black Rio e da juju music africana, e, em 1979, com o assumidamente pop *Realce*) estavam no topo da lista dos mais patrulhados, mas sobrou até para Paulo Pontes e Chico Buarque, chamados de demagogos por conta da peça *Gota d'água*. Henfil portava galhardamente o estandarte de "patrulheiro" e enterrou no seu cemitério dos mortos-vivos — cartum constante do *Pasquim* — Cacá Diegues,

Glauber Rocha, Belchior, Rita Lee e praticamente todos os tropicalistas. Henfil batizou a turma de "patrulha odara" e lhes deu um *slogan*: "Quer parar de ficar me cobrando?"
Do lado de lá da trincheira, Caetano liderava a artilharia chamando críticos de "canalhas" e "imbecis" e, numa hiperpolêmica entrevista ao *Diário de São Paulo*, em dezembro de 1978, desfechando verdadeiros mísseis atômicos contra a "esquerda medíocre, de baixo nível cultural e repressora", que praticava "uma linguagem completamente esquizofrênica, uma mistura de Roberto Marinho e Luís Carlos Prestes". Henfil retrucou dando a Caetano o troféu "Simonal de ouro" por dedurismo e, por uns bons quatro anos depois disso, a briga ainda rendeu.

Anistia

Em 1977 advogados e familiares de presos políticos formam o Comitê Brasileiro pela Anistia, que denuncia "desaparecimentos" e começa a divulgar a idéia de uma "anistia ampla, geral e irrestrita" para os militantes de esquerda. Em 17 de junho de 1979, é enviado ao Congresso o projeto da Anistia, sancionada pelo recém-empossado presidente João Baptista Figueiredo dois meses depois. A Anistia não era nenhuma das três coisas almejadas: não se estendia a guerrilheiros que participaram de ações armadas e ainda tinham pena a cumprir, não restaurava cargos e patentes retirados e se eximia de investigar torturas e atos ilegais cometidos contra presos políticos. No jornal *Movimento* de 4 de julho de 1979, o repórter Flávio Andrade comentava: "o projeto de anistia anunciado quarta-feira pelo regime é ainda mais parcial do que se esperava. Todos os condenados por práticas de terrorismo, assalto, seqüestro e atentado pessoal estão excluídos — e não apenas os que praticaram 'crimes de sangue' (...). Enfim, Figueiredo estende sua mão enquanto, na outra, guarda bem forte, intocável, todo o aparelho repressivo da ditadura".
De fato, continuava em vigor a Lei de Segurança Nacional que ainda mantinha na ilegalidade o Partido Comunista Brasileiro e o PTB de Leonel Brizola — mas todas as suas figuras principais voltaram ao Brasil e ao noticiário amplo, geral e irrestrito nos últimos meses de 1979.
Ninguém, contudo, com mais proeminência que Fernando Gabeira: recebido no Aeroporto do Galeão do Rio pela Banda de Ipanema, o seqüestrador do embaixador Charles Elbrick tornou-se primeiro autor de sucesso com seu livro de memórias *O que é isso companheiro?*, um dos best-sellers de 1979, e depois, muso da praia do Posto Nove de Ipanema, com sua famosa sunga. "O último verão da década havia anistiados da moda", observou a *Veja* de 26 de dezembro de 1979.

As muitas falas do Brasil

Como as tribos, as linguagens se multiplicam, se regionalizam ao sabor de novos usos e costumes, numa curiosa contramão da "integração nacional" via TV.

Pequeno glossário do uso comum

A NÍVEL DE PREÂMBULO PARA QUALQUER COISA, DANDO A IMPRESSÃO DE QUE A PESSOA ESTAVA FALANDO DIFÍCIL. POR EXEMPLO: "A NÍVEL DE CALOR, A TEMPERATURA ESTÁ DE FATO MUITO ELEVADA" ::: **ASSUMIR, ASSUMIDO** PESSOAS QUE VIVEM ABERTAMENTE SUAS PREFERÊNCIAS SEXUAIS; SAIR DO ARMÁRIO ::: **BAGULHO** MACONHA ::: **CAMELO** BICICLETA ::: **CHOCANTE** EXTRAORDINÁRIO, MUITO BOM ::: **CORTE, CORTAR, DAR UM CORTE** DISPENSAR, TERMINAR, INTERROMPER SUBITAMENTE ::: **DANÇAR** *STRICTO SENSU*, IR PRESO; *LATO SENSU*, SER EJETADO DE UMA EMPREITADA, EMPREGO, NEGÓCIO, RELACIONAMENTO ::: **DAR UM TAIME** ESPERAR UM POUCO, PARAR ALGUMA ATIVIDADE TEMPORARIAMENTE, AGUARDAR. POR EXEMPLO: "DEI UM TAIME NO BAGULHO PORQUE EU TAVA FICANDO TODO AMARELO" ::: **DE MONTÃO** MUITO, EM GRANDE QUANTIDADE ::: **GATAS, GATOS** MULHERES E HOMENS JOVENS E BONITOS ::: **JÓIA** MUITO BOM, EXCELENTE. RAPIDAMENTE PASSA A SIGNIFICAR COISA ESPALHAFATOSA, EXAGERAMENTE PRODUZIDA, CAFONA, COMO NA EXPRESSÃO "SAMBÃO JÓIA" ::: **LANCE** TERMO GERAL PARA "COISA" — ALGO GENÉRICO, QUE NÃO PODE OU NÃO PRECISA SER DEFINIDO. POR EXEMPLO: "ESSE TEU LANCE TÁ JÓIA" ::: **LIMPEZA** TUDO BEM, TUDO TRANQÜILO ::: **MANEIRO** MUITO BOM, EXCELENTE ::: **PORRETA** MUITO BOM, CORAJOSO, VALENTE ::: **PINEL** MALUCO ::: **PRA LÁ DE MARRAKECH** MUITO LOUCO(A), DESVAIRADO(A), CHAPADO(A) ::: **QUALQUER COISA** INCOMPREENSÍVEL, CAÓTICO, BAGUNÇADO ::: **RUSSO** COMPLICADO, DIFÍCIL, RUIM ::: **SUFOCO** PERIGO, SUSTO, SITUAÇÃO DIFÍCIL ::: **TARRAR** ROUBAR ::: **TCHAN** ALGO MAIS, CHARME, *GLAMOUR* ::: **TIETE** FÃ ::: **TIPO** EXPRESSÃO GENÉRICA PARA NÃO DETERMINAR COISA ALGUMA, OU CRIAR UMA IMPRESSÃO DE IMPRECISÃO. "FULANA ESTAVA VESTIDA ASSIM TIPO DISCOTECA, MAS NÃO MUITO." TAMBÉM SINÔNIMO DE INDIVÍDUO ESQUISITO ::: **TOU CONTIGO E NÃO ABRO** JURAMENTO DE LEALDADE INTEGRAL, RARAMENTE CUMPRIDO ::: **TREMENDO** SUPERLATIVO, MUITO, EM GRANDE QUANTIDADE ::: **VACILAR** MARCAR BOBEIRA, DAR UMA DE OTÁRIO, FAZER BESTEIRA. MUITO USADO NA MÁXIMA TÍPICA DOS ÚLTIMOS 70: "VACILOU, DANÇOU"

"Alguns modismos, cuja existência pudesse ser posta em dúvida, não entraram. Desses casos mais óbvios da zona sul carioca, por exemplo, muitos não terão entrado. Exemplo: 'pô', 'duca'. Acho que seria um pouco prematuro incluir essas palavras. Depois, há o risco de perdê-las. Se prevalecerem na língua, sem dúvida serão incorporadas. O substantivo 'barato', por exemplo, de 'curtir um barato', já foi adotado." (Antônio Houaiss a respeito do seu recém-lançado DICIONÁRIO ORTOGRÁFICO BRASILEIRO DA LÍNGUA PORTUGUESA, VEJA, 30 de agosto de 1978)

Pequeno glossário regional

APRONTAR (PORTO ALEGRE) SACANEAR ::: **ARCO** (SALVADOR) BEBIDA ::: **ARRASO** (SÃO PAULO) DEPRESSÃO, FOSSA ::: **BACURAU** (BRASÍLIA) MULHER FEIA ::: **BAIA** (PORTO ALEGRE), **TOCA** (SALVADOR) CASA ::: **BARRÃO** (RIO DE JANEIRO) SITUAÇÃO DIFÍCIL, PESSOA BARRA PESADA ::: **BLEC** (PORTO ALEGRE), **PISANTE** (RIO DE JANEIRO) SAPATO ::: **BRUNA LOMBARDI** (SALVADOR) GRIPE FORTE ::: **BUELO** (BELO HORIZONTE) SOCO ::: **DE CARA** (PORTO ALEGRE) SE DECEPCIONAR ::: **DE DEZ** (SÃO PAULO) COISA MUITO ANTIGA, QUE JÁ ERA ::: **DEU PRA TI** (PORTO ALEGRE) ADEUS, CHEGA, BASTA ::: **CALOR** (RIO DE JANEIRO), **DURA** (BRASÍLIA) POLÍCIA, FORÇAS DA REPRESSÃO ::: **CAMUNDONGA** (BRASÍLIA) NAMORADA ::: **CANOSO** (SALVADOR) DEDO DURO, ALCAGÜETE ::: **CAPETA** (BRASÍLIA), **PORRETA** (SALVADOR), **TUMATI** (SÃO PAULO) MARAVILHA, ÓTIMO ::: **CARETA** (SALVADOR), **PIOLA** (BRASÍLIA) CIGARRO ::: **CHAMAR O RAUL** (RIO DE JANEIRO) VOMITAR ::: **CHAMAR UM ZÉ** (SÃO PAULO) PEDIR AJUDA ::: **DEPARTAMENTO** (BELO HORIZONTE) ASSUNTO ::: **DESARNORADO** (BRASÍLIA) ALUCINADO, DESATINADO ::: **DUQUE** (SALVADOR) DUZENTOS CRUZEIROS ::: **FULERAGEM** (BRASÍLIA), **OBARDE** (SÃO PAULO) SITUAÇÃO CONFUSA, CAOS, BAGUNÇA ::: **FERA** (RIO DE JANEIRO) CRAQUE, PESSOA MUITO BOA EM SUA ATIVIDADE ::: **FOLHINHA** (SALVADOR) CHEQUE ::: **GALO** (SALVADOR) CINQÜENTA CRUZEIROS ::: **GIQUIMIM** (BELO HORIZONTE) PESSOA ::: **HORRIBILÊ** (BELO HORIZONTE) PESSOA MAL EDUCADA ::: **LEPRÉIA** (RIO DE JANEIRO) TROUXA, OTÁRIO ::: **LOUCO** (SALVADOR) AMIGO, CHAPA ::: **MURUNFO** (RIO DE JANEIRO) CABELO BLACK POWER ::: **NUMAS** (PORTO ALEGRE) DE CERTA FORMA ::: **PELOS** (PORTO ALEGRE), **TEIADO** (BELO HORIZONTE) CABELO ::: **PONTE** (PORTO ALEGRE) ENCONTRO MARCADO, COMPROMISSO ::: **RAPEIZE** (RIO DE JANEIRO) TURMA ::: **RETADO** (SALVADOR) COM MUITA RAIVA ::: **TERESA** (PORTO ALEGRE) TELEVISÃO ::: **TRAMPO** (SÃO PAULO) TRABALHO ::: **TRI** (PORTO ALEGRE) MUITO ::: **XAROPE** (PORTO ALEGRE) CHATO

Os muros falam: o fascinante universo de Lerfá Mu, Celacanto e Megalodon

Uma bela manhã no Rio de Janeiro de 1977, Ipanema amanheceu com tapumes de obra riscados a giz com a bizarra mensagem: CELACANTO PROVOCA MAREMOTO. Os dizeres — crípticos para todos os que não haviam acompanhado as aventuras de National Kid contra os Seres Abissais no início da década — vinham dentro de um quadrado com uma seta embaixo, apontando para uma gota trêmula, signo gráfico do possível tsunami iminente. Praticamente ao mesmo tempo, do outro lado da cidade, os muros começaram a ser marcados pelo desenho de um tubarão com a palavra MEGALODON. E, em claro desafio ao CELACANTO, um indivíduo misterioso passou a marcar os mesmos muros do sinistro ser marinho com a assinatura LERFÁ MU!

Seria o fim dos tempos? Indicadores de localização de bocas de fumo? Sinais de vida extraterrestre? Nenhuma das respostas anteriores?

O Celacanto era o futuro jornalista e especialista em informática Carlos Alberto Teixeira, e esta é sua história:

"Um dia, após a aula, peguei giz e enchi a sala com tal representação. Era na parede, era no quadro-negro, era no chão, no teto, enfim, enchi a sala de aula e aquele negócio virou um símbolo. Na época eu tinha 17 anos, e fazia esse grafismo com giz em tapume de obra, o que gerava um contraste legal do giz branco com a madeira de coloração escura. Depois, comecei a comprar Pilot (caneta hidrocor, conhecida como pincel atômico). Ensinei alguns amigos a fazer a pichação CELACANTO PROVOCA MAREMOTO, pois havia um estilo que indicava que era eu quem estava fazendo, e não uma mera cópia (havia gente que copiava e dava para perceber que não eram da minha linhagem).

O grande salto foi usar spray e aí começou a se formar uma equipe que chegou a totalizar 25 pessoas, com gente pichando até em Washington e em Paris. Como era um trabalho que a gente fazia na madrugada, havia muita pichação na zona sul do Rio, em Ipanema, Leblon e Copacabana. Por ser uma região de gente muito cabeça, as pessoas começaram a perguntar: Ah, Celacanto, o que será isso? Na mesma época, havia uma outra pichação, o Lerfá Mu, uma coisa de maconha. Tanto eu quanto esse Lerfá Mu estudávamos na PUC do Rio, e começamos uma batalha nos banheiros, que ficavam totalmente rabiscados: eu ofendendo o Lerfá Mu, ele respondendo... Até que um dia surgiram outros pichadores na área do Jardim Botânico e Leblon lutando contra o Celacanto e o Lerfá Mu, o que ocasionou uma aliança entre nós dois. Nos banheiros da PUC marcamos um encontro numa esquina de Copacabana. Para nos reconhecermos mutuamente, deveríamos ir com um chapéu ou com uma vassoura. Eu fui de chapéu e ele de vassoura; nos reconhecemos e nos abraçamos e tal. Há alguns anos, soube que o Guilherme — autor do Lerfá Mu — faleceu de cirrose hepática.

A imprensa começou a investigar as pichações, afirmando que o CELACANTO era um código de encontro entre traficantes, imagina. Outros afirmavam que eram mensagens de extraterrestres, pois naquele tempo, e até hoje, é difícil encontrar uma pichação que seja uma frase, e ali havia um período completo, sujeito, verbo e objeto. Geralmente o cara botava o nome, ou um grafismo só, ou uma sigla, e essa frase, justamente por ser uma oração completa, despertava a curiosidade das pessoas.

Com a intensa especulação dos repórteres sobre "o que será?", "quem será", o então prefeito da cidade, o falecido Marcos Tamoio, instituiu uma multa exorbitante para aqueles que fossem apanhados pichando. Os moradores da Tijuca pegaram um dos pichadores que tinha um dos grafites mais lindos, o Megalodon (com o desenho de um tubarão), encheram o cara de porrada, deixaram-no de cueca e picharam-no todinho, largando o rapaz no meio da rua.

Meu pai trabalhava no *Jornal do Brasil*, um dos mais importantes do Rio, e uma das repórteres procurava descobrir quem era o Celacanto. Meu pai chegou pra mim e disse: Carlos, não é uma hora boa para você aparecer? Aí você passa a ser domínio público, é visto como uma figura interessante e, quem sabe, escapa dessa multa, caso te peguem numa dessas aí de noite. Os meus pais sempre foram contra essa história de pichação, ficavam preocupados, mas eu fazia mesmo, não tinha jeito. Resultado: Topei, a repórter foi lá em casa, tirou fotos e publicou uma entrevista com meu nome, idade, o que eu fazia (na época eu cursava Física) e tudo o mais. Então eu saía na rua e era reconhecido, olha lá o Celacanto e o meu ego explodia... Pichei mais um tempo e aí fui diminuindo, pois precisava começar a ter que estudar mais para a faculdade (que era uma dureza) até que terminei abandonando o grafite."

(CARLOS ALBERTO TEIXEIRA, HTTP://CATALISANDO.COM/CELACANTO)

Das páginas dos jornais...

O caso Lou

Em novembro e dezembro de 1974, com menos de duas semanas de intervalo entre uma e outra data, dois homens apareceram baleados na então semideserta região da Barra da Tijuca, no Rio de Janeiro. O primeiro, Vantuil de Matos Lima, fuzilado com 11 tiros, estava sem vida ao ser encontrado. O segundo, Almir da Silva Rodrigues, viveu o bastante para dizer que Lourdes, sua ex-namorada, tinha tentado matá-lo. A história por trás dos crimes era uma verdadeira cápsula do machismo brasileiro: Lou (Maria de Lourdes Leite de Oliveira) e seu namorado Van (Wanderley Gonçalves Quintão) haviam-se unido num bizarro projeto de eliminar os antigos parceiros da moça, uma espécie de restabelecimento a bala de sua virgindade. Julgados em 1975, ambos foram condenados.

Adriana Prieto

Na madrugada de 19 de dezembro de 1974, no auge de sua popularidade com os filmes *Toda nudez será castigada*, *A viúva virgem* e *Os paqueras* e a participação na novela *Anjo Mau*, a atriz Adriana Prieto sofreu um acidente automobilístico no Rio de Janeiro, morrendo quatro dias depois. Adriana tinha acabado de filmar uma seqüência de *O casamento*, adaptação do romance de Nelson Rodrigues dirigida por Arnaldo Jabor, na qual dava entrada, de maca, num pronto-socorro. Horas depois, Adriana foi vista discutindo à porta de um prédio com um desconhecido. Uma rádio patrulha interveio e a discussão terminou. Adriana arrancou no seu fusca, bateu com uma roda no meio-fio, perdeu o controle do carro, atravessou a avenida Copacabana e colidiu com uma viatura policial.

Roberto Lee

No dia 25 de junho de 1975, a *socialite* Elza Leonetti do Amaral entrou intempestivamente no escritório do industrial Roberto Lee, na praça Simon Bolívar, em São Paulo. Seguiu-se uma acalorada discussão que terminou com Elza desfechando dois tiros em Roberto com um Colt calibre 32 de cano curto e longa história — o marido de Elza, Anézio Amaral, havia se suicidado em 1966 com a mesma arma. Colecionador de carros e figura querida pela sociedade paulistana, Roberto era amante de Elza, e o pivô do crime teria sido sua recusa em assumir a paternidade da sua filha de um ano, Cristina. Um mês depois Elza se apresentou às autoridades acolitada por dois advogados, vestindo um casaco de pele, um turbante e gigantescos óculos escuros à la Jackie O. Foi condenada a seis anos de prisão mas jamais os cumpriu — no dia 31 de outubro de 1978, Elza saiu do país após declarar que era "uma questão de justiça ". Ela não podia passar "anos num presídio havendo tantos criminosos soltos na cidade".

Lúcio Flávio: o epílogo

Após uma breve passagem pelo presídio Frei Caneca, no Rio de Janeiro, Lúcio Flávio Vilar Lírio, o criminoso de alto QI e charme à altura, fugiu como havia prometido, em janeiro de 1974. Preso novamente, Lúcio contou, sem hesitação, tudo que sabia sobre as intrincadas redes entre bandidos e mocinhos, marginais e policiais, que há muito se estendiam sobre o Rio de Janeiro. Falou de corrupção endêmica nos presídios, declarou-se "um homem acossado e perseguido pelos representantes de uma lei falsa e traiçoeira". E se dispôs a depor contra Mariel Mariscot de Matos, processado por roubos de carros e crimes variados ligados ao Esquadrão da Morte carioca. Na manhã de 28 de janeiro de 1975, Lúcio Flávio foi encontrado morto a estocadas na sua cela no presídio Hélio Gomes.

Cláudia Lessin Rodrigues

Com mais de 20 quilos de pedras amarrados a seu pescoço por um arame, o corpo nu de Cláudia Lessin Rodrigues, estudante de 21 anos e irmã da atriz Márcia Rodrigues, foi descoberto entre as rochas de um despenhadeiro na avenida Niemeyer, no Rio de Janeiro, na manhã de 25 de julho de 1977, trinta metros abaixo de uma plataforma conhecida como Chapéu dos Pescadores. Cláudia teria passado a noite anterior num apartamento do Leblon numa festa de natureza não especificada, na companhia do cabeleireiro George Khour, de 32 anos, e de Michel Frank, de 26 anos, filho do industrial Egon Frank. Grandes doses de álcool, cocaína e pílulas do sonífero Mandrix também faziam parte da noitada. Frank fugiu para a Suíça dizendo não acreditar na justiça brasileira. Khour foi sentenciado a um ano e meio de prisão por ocultação de cadáver.

Ângela Diniz e Doca Street

A *socialite* mineira Ângela Diniz, de 32 anos, foi assassinada com quatro tiros disparados à queima-roupa por seu amante, o *playboy* Raul Fernando do Amaral "Doca" Street, em 30 de dezembro de 1976, em sua casa na praia dos Ossos, em Búzios. Segundo empregados da "Pantera de Minas", os disparos da Bereta 7.65 vieram depois de mais uma das violentas discussões que pontuaram a relação do casal. Em janeiro de 1977, Ângela ganhou dois terços da coluna de seu ex-namorado Ibrahim Sued, no *Globo*, que, com o título "O rebu hoje é sobre uma mulher marcada pelo destino", defendia a complicada vida da "Pantera". Alegando "legítima defesa da honra" e pintando Ângela como uma devassa, Doca foi absolvido em 1979 e saiu do fórum sob aplausos.

As ariranhas assassinas

No dia 28 de agosto de 1977, o sargento do exército Silvio Delmar Holembach, de 33 anos, passeava com a família no Zoológico de Brasília, comemorando final do vestibular que prestara na UnB, quando, na saída, percebeu uma comoção em torno do fosso das ariranhas. O menino Adílson Florêncio da Costa, de 13 anos, havia caído no tanque e estava sendo atacado pelos animais. O sargento pulou na água suja e conseguiu salvar o garoto, mas foi retirado do local com mais de cem mordidas e arranhões. Levado ao Hospital da Forças Armadas, morreu de infecção generalizada dois dias depois de internado.

Jonestown

Em novembro de 1978, depois de meses de negociações, o "Reverendo" Jim Jones, líder do Templo do Povo, uma seita que misturava cristianismo e marxismo, concordou que o deputado Leo Ryan e sua comitiva visitassem a comunidade Jonestown, na Guiana, onde viviam centenas de seus seguidores. Ryan estava investigando queixas de seqüestros, abusos e prisões domiciliares em Jonestown, e foi recebido cordialmente por Jones e seus acólitos. Ao final da visita, contudo, Ryan e sua comitiva foram assassinados a tiros no avião que os levaria de volta aos Estados Unidos, enquanto, em Jonestown, mais de 900 mulheres, homens e crianças bebiam ou eram forçados a beber uma mistura de suco e veneno. Jim Jones, que se matou com um tiro na cabeça, teria vivido durante dez meses em Belo Horizonte, em 1962.

A chacina de Cantagalo

Como um filme de terror classe z horrendamente verdadeiro, a seqüência de crimes que abalou a comunidade rural de Cantagalo, no Estado do Rio, parece impossível. O começo não tem data sabida, mas um grupo de praticantes de magia negra vinha se reunindo havia algum tempo na fazenda Bom Vale, onde, sob a liderança do proprietário, Moacir Valente e de um pai de santo conhecido como Ogir, crianças eram sacrificadas, e seu sangue, bebido pelos participantes. Em outubro de 1979, a descoberta do corpo mutilado de uma das vítimas, o menino Juninho Vieira, levou à prisão vários empregados da fazenda. Quando Moacir se apresentou para prestar depoimento, dois dias depois, duas mil pessoas cercaram a delegacia e de lá arrancaram o fazendeiro e seu empregado Anezino Ferreira. Os dois foram espancados, castrados e queimados vivos. A multidão seguiu dali para a Fazenda Bom Vale e ateou fogo à sede.

A chacina de Piabetá

Três irmãos — Sônia, Wilson e José Carlos Rodrigues Matos — e seus três amigos — Sílvio Roberto, Bruno Lima e Nádia Bastos — apareceram mortos a tiros, as mãos amarradas nas costas, às margens de um riacho na cidade de Piabetá, no Estado do Rio, no começo de dezembro de 1979. Todos os seis eram figuras conhecidas no circuito de tráfico e consumo de cocaína da zona sul do Rio, e a chacina, na seqüência do caso Cláudia Lessin, foi um dos primeiros sinais de que algo novo, estranho e sinistro se armava no avesso na Cidade Maravilhosa. As investigações revelaram uma guerra de facções com uma conexão famosa que logo deixou a mídia excitada — um dos acusados dos crimes, Jair Orestes, teria cometido outro assassinato, também ligado a drogas, num apartamento que pertencia a Raul Seixas, em Copacabana.

...para as páginas dos livros:

Um novo gênero literário começava a fazer sucesso no final dos 70 — a reportagem-narrativa e suas variantes, o romance inspirado em fatos reais, principalmente os saídos das páginas policiais. A editora Codecri (COmando de DEfesa do CRIouléu), filhote do *Pasquim*, assume a liderança do novo filão, no qual brilha o estranhamente profético *Terror e êxtase*, de José Carlos Oliveira, retrato de um Rio de Janeiro estilhaçado e violento.

OUTROS TÍTULOS ::: **O CASO LOU** CARLOS HEITOR CONY (1975) ::: **LÚCIO FLÁVIO, PASSAGEIRO DA AGONIA** JOSÉ LOUZEIRO (1976) ::: **ARACELLI MEU AMOR** JOSÉ LOUZEIRO (1976) ::: **BARRA PESADA** OCTÁVIO RIBEIRO (1977) ::: **PORQUE CLÁUDIA LESSIN VAI MORRER** VALÉRIO MEINEL (1978) ::: **SEQÜESTRO** VALÉRIO MEINEL (1979)

Os livros de cabeceira

O QUE AS PESSOAS LIAM E COMENTAVAM ::: **FAZENDA MODELO** FICÇÃO POLÍTICA DE CHICO BUARQUE (1975) ::: **CATATAU** PAULO LEMINSKI REVISITA O CONFLITO ENTRE RAZÃO EUROPÉIA E PAIXÃO TROPICAL. (1975) ::: **POEMA SUJO** FERREIRA GULLAR, NO EXÍLIO, REVÊ SUA TRAJETÓRIA (1976) ::: **BAGAGEM** ADÉLIA PRADO, "SEGURAMENTE A MAIOR REVELAÇÃO DA POESIA BRASILEIRA EM 1976" (1976) ::: **GOTA D'ÁGUA** MEDÉIA REVISTA POR CHICO BUARQUE E PAULO PONTES (1976) ::: **O OUTONO DO PATRIARCA** O BRASIL CONTINUA SE APAIXONANDO POR GARCIA MARQUEZ (1976) ::: **TIETA DO AGRESTE** O NOVO JORGE AMADO (1977) ::: **CABEÇA DE PAPEL** ESTRÉIA DE PAULO FRANCIS NA FICÇÃO (1977) ::: **A ILHA** FERNANDO MORAIS VAI A CUBA (1977) ::: **A HORA DA ESTRELA** O ADEUS DE CLARICE LISPECTOR (1977) ::: **REFLEXOS DO BAILE** O CAOS DE UM BRASIL POLITICAMENTE FRACIONADO, PELO OLHAR DE ANTONIO CALLADO (1977) ::: **O RELATÓRIO HITE** A PESQUISADORA AMERICANA SHERE HITE CONFIRMA QUE, SIM, AS MULHERES TÊM DESEJO SEXUAL. TODOS OS EXEMPLARES DA EDIÇÃO BRASILEIRA SÃO PRONTAMENTE CONFISCADOS NO DIA DO LANÇAMENTO. A POETA ANA CRISTINA CÉSAR FOI A TRADUTORA (1978) ::: **A PSICANÁLISE DOS CONTOS DE FADAS** A CONTROVERTIDA OBRA DE BRUNO BETTELHEIM (1978) ::: **ÓPERA DO MALANDRO** OUTRO DO CHICO (1979) ::: **OS PRAZERES DO SEXO** ALEX COMFORT ENSINA TU-DI-NHO, COM TODAS AS PALAVRAS E OS FAMOSOS DESENHOS EM BICO DE PENA (1979) ::: **O COBRADOR** O RUBEM FONSECA QUE ESCAPOU (1979) ::: **O QUE É ISSO, COMPANHEIRO?** A VIAGEM LONGA E ESTRANHA DE FERNANDO GABEIRA DO SEQÜESTRO DE UM EMBAIXADOR A UM MERGULHO DE TANGA NO ARPOADOR (1979)

E a censura?

"No que se refere aos livros, é interessante notar que foi sobretudo a partir de 1975 que as restrições se tornaram mais rigorosas. (...) Percebia-se, então, uma mudança de tendência nos cortes, com mais livros censurados do que filmes. Dos 2.313 filmes submetidos à censura, apenas dez foram vetados à época. Enquanto isso, 49 livros eram proibidos. Segundo o *Opinião* (25 de julho de 1975, 'O volume de cortes é sempre maior"), os motivos para esta súbita preferência da censura pela literatura não estariam unicamente na ampliação do mercado editorial. A explicação seria outra: 'As razões dessa mudança são fáceis de serem percebidas. Os gastos na importação de um filme, mais suas legendas em português e a feitura de cópias para distribuição, pressupõem um investimento muito maior do que a tradução e a tiragem de um livro — ou a simples importação de edições portuguesas. E como a censura se preocupava mais com os filmes, as próprias companhias de cinema acabavam fazendo uma seleção prévia do que deveria ser importado'.

(...) Preencher as lacunas de informação dos jornais e veículos de massa, aproveitando-se de seu próprio caráter artesanal e de um conhecimento prévio de seu público restrito: estas são algumas preocupações da produção literária durante os anos 70. Estratégia que receberia uma resposta mais violenta da parte dos mecanismos de censura, principalmente depois de 1975, quando os media já exerciam uma autocensura forte a ponto de liberar a atenção dos censores em direção a outras áreas."

(Em *Literatura e vida literária*, Flora Sussekind, Jorge Zahar Editor)

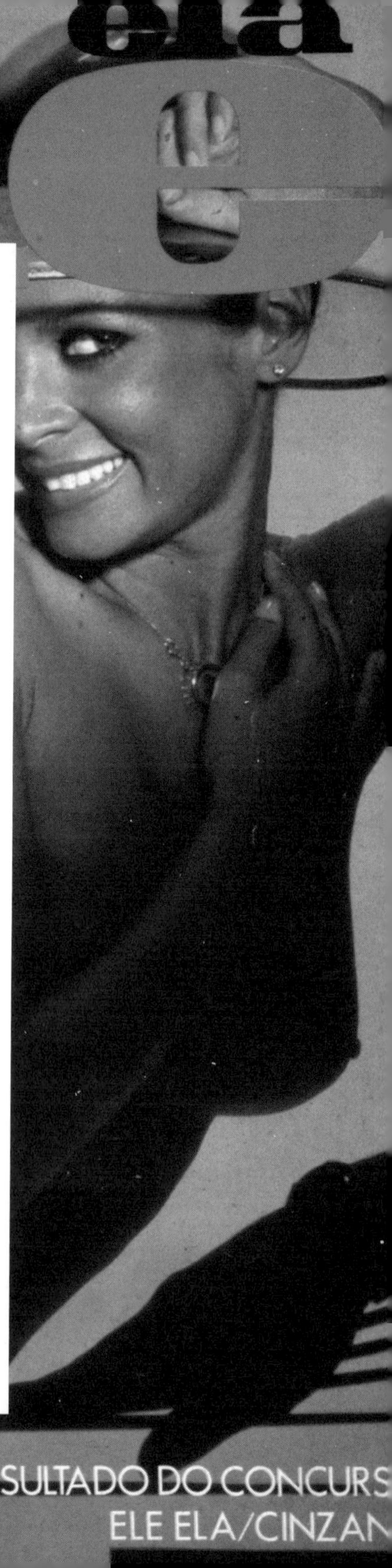

Posições luxuriosas e curiosidades malsãs: o Brasil descobre a revista de mulépelada

Em setembro de 1977, a revista *Veja* registrava mais uma apreensão de revistas nas bancas brasileiras: o número mais recente de *Ele & Ela*. Mas o mais interessante era o contexto da apreensão: o título "masculino" da editora Bloch era apenas mais uma das 11 revistas especializadas em "vários níveis de nudez" do corpo feminino, uma proliferação fulminante ocorrida no espaço de três anos, e que, naquele mês primaveril, colocava no papel as carnes de 83 mulheres diferentes. Não contando as confiscadas pelos poderes oficiais, as revistas vendiam, todas juntas, algo da ordem de 600 mil unidades por mês, atendendo cerca de dois milhões de leitores.

O grau de classe das ofertas variava tanto quanto os propósitos de seus consumidores. No topo do espectro havia a *Homem* da Abril, a *Status* da Editora Três, e a *Ele & Ela* da Bloch. Na curva descendente, *Pô!*, *Lui*, *Fiesta*, *Psiu!*, *Personal*, *Peteca*, *New Girl* e *Relax*, afluente de uma rede de "institutos de fisioterapia para cavalheiros" de São Paulo.

O nível de nudez também era flutuante de acordo com a abertura lenta, gradual e progressiva — a política, é claro. No meio da década, apenas um seio podia ser visto por inteiro, e pêlos pubianos, jamais — o principal motivo da apreensão da *Ele & Ela* de setembro de 1977 (sua edição número 100) eram exatamente as indiscrições capilares e os dois bicos dos seios da supermusa Rose di Primo através de colchão flutuante, no pôster gigante. Além disso, por ofício expresso da Censura Federal lavrado em janeiro de 1977, estavam vetadas sumariamente fotos que mostrassem, em tais publicações "ilustradas com fotos de mulheres desnudas em posições luxuriosas", "atos sexuais, nádegas completamente nuas, modelos em poses lascivas e relacionamentos homossexuais" porque "despertavam em adolescentes uma curiosidade prematura e malsã".

A *Homem*, líder do segmento, existia desde agosto de 1975 e publicava matérias e ensaios fotográficos da *Playboy* americana, usando o *slogan* "*Homem*, com o melhor da *Playboy*". Mas em 1978 apareceu uma concorrente tentando pegar carona no sucesso alheio — entitulava-se *Homem, a revista do Playboy*, e tinha a justiça do seu lado — afinal, "homem" era uma palavra inteiramente genérica.... A Abril resolveu a pendenga jogando sua carta mais alta: a partir de 1978 a sua *Homem* passou a se chamar *Playboy, a Revista do Homem*...

> "Trata-se de uma linha educativa, pois 90% dos brasileiros formam-se sexualmente nas ruas."

Faruk El-Khatib, editor das revistas **Peteca** e **Personal**, VEJA, 14 de setembro de 1977.

Do armário para a festa

"Brasil, março de 1978. Ventos favoráveis sopram no rumo de uma certa liberalização do quadro nacional." Assim começava o editorial de apresentação do número zero de *Lampião*, o mais ousado e ambicioso projeto editorial independente dos últimos 70 — um semanário gay. O Conselho Editorial — que assinava o texto de apresentação, intitulado "Saindo do Gueto" — tinha nomes como Darcy Penteado, João Silvério Trevisan, Jean-Claude Bernadet e Clóvis Marques, mas Lampião era prioritariamente uma criatura do jornalista e escritor Aguinaldo Silva. As pautas eram luxuosas e arriscadas — Village People e Foucault podiam estar lado a lado, feminismo (inclusive um manifesto a favor da descriminilização do aborto, publicado em 1979), homossexualidade no futebol, denúncias de achaques, intimidações e discriminação, a destruição da zona de prostituição carioca para a passagem do metrô e uma coluna de dicas e fofocas chamada Bixórdia cabiam alegremente em suas vastas páginas de impecável texto. Não impunemente: ainda em 1978 *Lampião* é alvo de um inquérito da Polícia Federal, alegando que o jornal era dirigido por "pessoas que sofriam de graves problemas comportamentais". O inquérito é arquivado em meados de 1979.

Lampião não estava sozinho nem no brilho nem no risco — apenas navegava com mais fôlego uma maré cultural que, do ritmo disco (nascido nas boates gay) às escolhas andróginas da moda, flertava abertamente com um estilo de vida que, até alguns anos atrás, não ousaria jamais dizer seu nome, quanto mais imprimi-lo em papel jornal. Na *Última Hora* de São Paulo o jornalista Celso Curi assinava, de fevereiro de 1976 até 1979, uma salerosa Coluna do Meio que, por toda a sua existência, foi alvo de um processo movido pelo Ministério Público por ofensa à moral e aos bons costumes (*Lampião* faz extensa matéria sobre Celso em seu número zero). "Logo na primeira semana começou a receber ameaças de morte em cartas escritas com sangue", conta Celso (em *Anos 70: enquanto corria a barca*, Lucy Dias).

Imprensa alternativa: política e poesia

A pequena imprensa — ou "nanica", palavra mais exata — tem uma cara muito diferente no final da década. Um lado seu é militantemente político — além do *Opinião*, chegam às bancas sua dissidência, o semanário *Movimento* e o *Repórter* de Luiz Alberto Bittencourt, Luiz Augusto Gollo, Elias Fajardo da Fonseca, Chico Júnior e Paulo Adário.

Sua outra face é literária e poética. Em 1976 a *Veja* constatava, espantada, que três publicações independentes voltadas exclusivamente para idéias e literatura — a carioca *Ficção*, e as paulistas *Escrita* e *Versus* — "conseguem sobreviver exclusivamente da venda em bancas e livrarias, num conjunto de 50 mil exemplares vendidos a cada mês". *Versus* era dirigida por Marcos Faerman, o Marcão, e tinha Julio Cortazar entre seus colaboradores; *Ficção* tinha Cícero Sandroni à frente e tinha uma novidade — pagava, e bem, seus colaboradores.

Num estrato diferente em dimensão mas não em espírito, dezenas de publicações regionais, muitas feitas em mimeógrafos e vendidas de mão em mão em bares, praias e cinemas, disseminavam o trabalho de poetas e artistas gráficos de Porto Alegre — *Há Margem*, *Teia*, comandada por Valdir Zwetsch — a Fortaleza — *Intercâmbio* — passando por Minas Gerais, Recife e até Brusque, Santa Catarina (*Cogumelo Atômico*).

Outros títulos dessa safra tardia de alternativos de vários calibres — impressos ou mimeografados — incluem *Ovelha Negra*, *Paralelo*, *Gam*, *Patata*, *Coojornal*, *De Fato*, *Bagaço*, *Brasil Mulher*, *O Saco-Folhetim* e *Ide*.

Entre prelo e mimeógrafo pairava a "Nuvem Cigana", coletivo carioca de jovens poetas — Ronaldo Bastos, Bernardo Vilhena, Chacal, Charles Peixoto, Ronaldo Santos, Guilherme Mandaro — que gostavam de praia, música e Carnaval e que, em 1976, lançou, com uma festa no Museu de Arte Moderna, o *Almanaque Biotônico Vitalidade*, três mil exemplares de um projeto "preocupado em oficializar a geração do mimeógrafo", segundo Ronaldo. *O Almanaque* tinha poesias, comix, artes gráficas e um minimanifesto "contra a inércia/ contra a lei da gravidade/ contra a contrariedade/ contra marcar bobeira/ contra a cultura oficial/ contra a cópia/ a favor da liberdade/ contra o irremediável".

Você se lembra?

Encostar numa banca ficou momentaneamente perigoso no final da década. No segundo semestre de 1979, várias bombas explodiram em bancas que vendiam (segundo os panfletos anônimos que acompanhavam os ataques) "jornais alternativos e revistas e jornais pornográficos". Os grupos Falange Pátria Nova, Brigadas Moralistas e Comando de Caça aos Comunistas assumiram a responsabilidade pelos atentados.

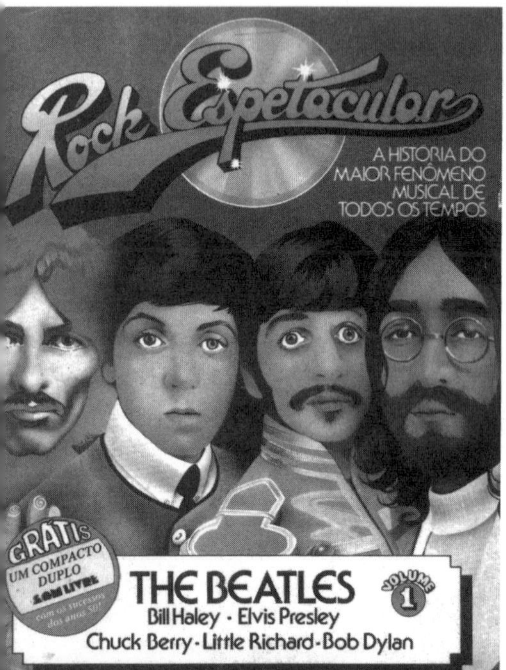

Na fronteira: lendo música

Grandes e pequenos dividiram momentaneamente a mesma paixão nos últimos 70: por um breve instante, música era assunto de jornal. E de revista também.

No lado empresarial, a já veterana *Pop* da editora Abril, a partir de 1976, tentou multiplicar seus leitores incluindo um *Jornal das Coisas* como encarte. Assim, enquanto a revista (em cores) se tornava cada vez mais uma publicação de moda, consumo e comportamento voltada para adolescentes, especialmente meninas, o *Jornal das Coisas* (em preto-e-branco e papel jornal, numa versão corporativa da estética alternativa) tinha liberdade para falar de música, ainda que em pílulas. Editado por Oscar Pitta, o *Jornal* tinha uma coluna punk de Antônio Bivar — substituído mais tarde por Seca Rotee, que podia ser Ezequiel Neves ou outra pessoa da redação — e, ao menos no início, espetaculares matérias de ficção jornalística rock'n'roll, essas sim assinadas por Ezequiel em pessoa (obra típica: "Tudo sobre o seqüestro das Frenéticas!"). Numa derradeira cartada, a publicação adquire tripla personalidade, dividindo o *Jornal das Coisas* com uma nova tentativa de cobrir música, o *Hit Pop*.

Voltada para um público mais velho e abonado, a *SomTrês* da Editora Três nasce em 1979, a partir de um projeto de Maurício Kubrusly, voltado prioritariamente para o audiófilo interessado na última palavra em equipamentos e, tangencialmente, nos discos que neles podiam ser tocados. Seu forte eram as resenhas, que recebiam espaço generoso e total liberdade.

A Rio Gráfica e Editora pega carona na tendência com a *Rock Espetacular*, título ocasional que se ocupa de edições temáticas como Elvis Presley e discoteca.

Em 1977, Júlio Barroso lança a revista *Música do Planeta Terra*, publicação independente voltada principalmente para as grandes paixões de Júlio, música africana e reggae.

Tive grande alegria e orgulho em participar do independente *Jornal de Música*, publicação que, pondo a modéstia inteiramente de lado, considero o melhor título do gênero na época. O *JM* começou como um encarte da revista *Rock*, a *História e a Glória*, criada em novembro de 1974 por Tárik de Souza, Ezequiel Neves e eu. Usando sua *expertise* em fascículos, vinda de sua experiência com a clássica série de mpb da Abril, Tárik formatou

a *Rock* como um produto colecionável, cada edição mensal, preto-e-branco (uma bela programação visual de Diter Stein), contendo uma biografia de grandes nomes do rock (escritas, na maior parte, por mim mesma, num penoso mas eletrizante processo que me tomava uma semana de pesquisa numa montoeira épica de papéis e dois dias de trabalho braçal numa máquina de escrever Hermes Baby cor-de-abóbora). O *JM* vinha dentro, em papel jornal, cuidando dos assuntos musicais do momento e trazendo a sempre ótima, às vezes sublime, coluna "Zeca Jagger News" de Ezequiel Neves. Em agosto de 1976, como previsto desde a criação do projeto, os papéis se inverteram, e o *Jornal de Música* tomou a dianteira, com a *Rock* encartada. A primeira edição da nova vida do *JM* trazia na capa Egberto Gismonti num perfil de Tânia Carvalho, e os colaboradores incluíam, entre outros, Júlio Hungria, Alberto Carlos de Carvalho, Aloysio Reis, Guerra (Luís Sérgio Nacinovic), Gabriel O'Meara, Waldemar Falcão, e as ilustrações de Luís Trimano e Cássio Loredano. O *JM* teria uma longa vida para este tipo de publicação — três anos, comemorados com um show no morro da Urca com Jards Macalé, Moraes Moreira, A Cor do Som, Sérgio Dias, Ney Matogrosso, mas sem Caetano Veloso, que ficou com medo de pegar o bondinho na noite de ventania (mas mandou, por um convidado, um bilhete amoroso se desculpando). Ao longo desse tempo o *JM* cobriu todos os principais acontecimentos, antecipou tendências, debateu questões, lançou nomes, e, sobretudo, reuniu uma das mais notáveis equipes de colaboradores que uma publicação desse tipo pode ter: Júlio Barroso, Nelson Motta, Joaquim Ferreira dos Santos, Antônio Carlos Miguel, José Emílio Rondeau, José Márcio Penido, Maurício Valladares, Valdir Zwetsch, Maurício Kubrusly, Milton Montenegro, Fernando Natalici, Ana Helena Gomes, Okky de Souza, Aramis Millarch, Ricky Goodwin, Ruy Fabiano, Luiz Fernando Borges, Paulo Ricardo (que não é o mesmo do RPM...), Nico Queirós, Liana Fortes, o ilustrador Bag, e muitos mais. E tinha, também, o mais formidável, fiel e passional público leitor que já, indiretamente, conheci.

Gibilândia: quadrinhos e figurinhas

Na segunda metade da década, praticamente todas as revistas em quadrinhos brasileiras tinham diminuído de tamanho, seguindo o modelo dos gibis da Abril — que concentrava as histórias da Disney, já inteiramente produzidas no Brasil. Mas os quadrinhos não eram mais nem só para crianças nem só para fãs — estavam começando a virar mania.

Em 1977, no embalo do sucesso da série da Globo, a Abril lançou o gibi do *Sítio do Pica-Pau Amarelo*, mantendo o mesmo clima da TV, misturando temas folclóricos e assuntos do dia-a-dia. No número 13, em 1978, Tia Nastácia é convocada para ser a cozinheira oficial da Seleção Brasileira, rumo à Copa da Argentina.

No dia 24 de junho de 1975, a Rio Gráfica e Editora lançou o que muitos consideram um dos títulos mais importantes dos quadrinhos no Brasil: o *Almanaque do Gibi Nostalgia*, uma edição especial, em formato tablóide, 132 páginas, reunindo antigas histórias de personagens clássicos. Entre elas, a primeira aventura do Fantasma, de Lee Falk com desenhos de Ray Moore, de 1936, mais histórias de Mandrake, Dick Tracy, Agente Secreto X-9 e Jim das Selvas e The Spirit. O *Almanaque* era uma edição especial do *Gibi Semanal* lançado pela Rio Gráfica em setembro de 1974, e, em mais cinco edições, publicou histórias de Flash Gordon, Little Nemo, Príncipe Valente, Ferdinando e um clássico dos quadrinhos brasileiros, o Garra Cinzenta, de Renato Silva e Francisco Armond, de 1937. Em 1976, foi lançado um solitário número do *Almanaque do Gibi Atualidade*, com trabalhos contemporâneos, como a primeira história de Valentina, de Guido Crepax, e uma história de Corto Maltese, de Hugo Pratt. A última edição do *Gibi Semanal* saiu em 30 de julho de 1975. O *Gibi Mensal* deixou de circular em dezembro do mesmo ano. E o *Almanaque do Gibi Nostalgia* sobreviveu até o final de 1977.

Em agosto de 1977, a Ebal — Editora Brasil América — lança a Coleção Invictus, com os personagens Flash, Lanterna Verde e Arqueiro Verde. As revistas tinham capas e contracapas que funcionavam separadamente, no formato "flip flop" e saíam a cada dois meses.

Em matéria de revistas de antologia de tiras, a *Patota* continuava dominando. Mas, a partir do final de 1974 e até 1979, ela tinha uma concorrente: a *Eureka*, da Editora Vecchi, que, além das tiras, também trazia uma ou duas histórias completas. Editada pelo legendário Otacílio D'Assunção, o Ota (também editor da *Mad* brasileira), por suas páginas circularam, entre outros, Versus, de Jack Wohl; Feiffer, de Jules Feiffer; Pafúncio, de Kavanagh e Camp; O Mago de ID, de Brant Parker & Johnny Hart; Hagar o Horrível, de Dik Browne.

Numa peculiar e saborosa confluência de duas tendências do final da década — os comix e as mulheres peladas —, a revista *Status*, da Editora Três, lança a mensal *Status Humor*, com quadrinhos e charges principal mas não exclusivamente eróticos de grandes nomes internacionais como Hoviv, Mordillo, Quino, Sempé, Kiraz, Lassalvy, Tetsu, Anscomb, Aldebert, Pat Mallet, Du Buillon, Siné, Wolinsky e outros. A prata da casa também brilhava com Nani, Juarez Machado, Daniel Azulay, Carlos Estevão, Henfil, Jaguar, Millôr Fernandes e Duayer.

A explosão dos quadrinhos brasileiros

Não mais a província exclusiva nem do desbunde nem da substituição de importações, os quadrinhos feitos aqui mesmo parecem jorrar de todos os cantos nos últimos 70. Além da multiplicação de espaços na ainda chamada grande imprensa, vários títulos independentes pipocam reunindo e lançando uma nova geração de artistas. Entre eles estão a *Ovelha Negra*, de São Paulo, editada por Geandré (Laerte estreou nela); a *Vírus*, carioca, editada por Luiz dos Santos Mermelsteim e Roberto Ainbinder (Luiz Stein publicava trabalhos nela com o pseudônimo Leib); a hilária *Quadrins*, gaúcha, só com temática gaudéria; a *Cabramacho*, do Rio Grande do Norte, editada por Lindberg, apenas com HQs nordestinas; A *Roleta*, editada por Pimentel, com colaborações de Luscar, Nani, Ota; e a *Crás!*, da editora Abril, que durou apenas seis edições, trazendo Renato Canini (Kaktus Kid, Lobisomem), Ruy Perotti (Satanésio), Zélio, Xalberto, Ciça, Ivan Saidenberg, Jayme Cortez, Waldir Igayara de Souza, Miguel Paiva e muitos outros, numa proposta ousada para um título de uma grande empresa: "mostrar o trabalho de argumentistas e desenhistas, profissionais ou amadores, que, nos mais variados gêneros e estilos, buscam valorizar as histórias em quadrinhos brasileiras" (texto da apresentação do primeiro número).

"Uma revista de quadrinhos, humor e outras mumunhas que pretende questionar os valores da estética, da moral e da cultura de massa, revelando, em sua maioria, nomes que só agora passam a despontar nos quadros da produção artística brasileira."

(Moacy Cirne, Prefácio da revista VÍRUS, outubro/novembro de 1976)

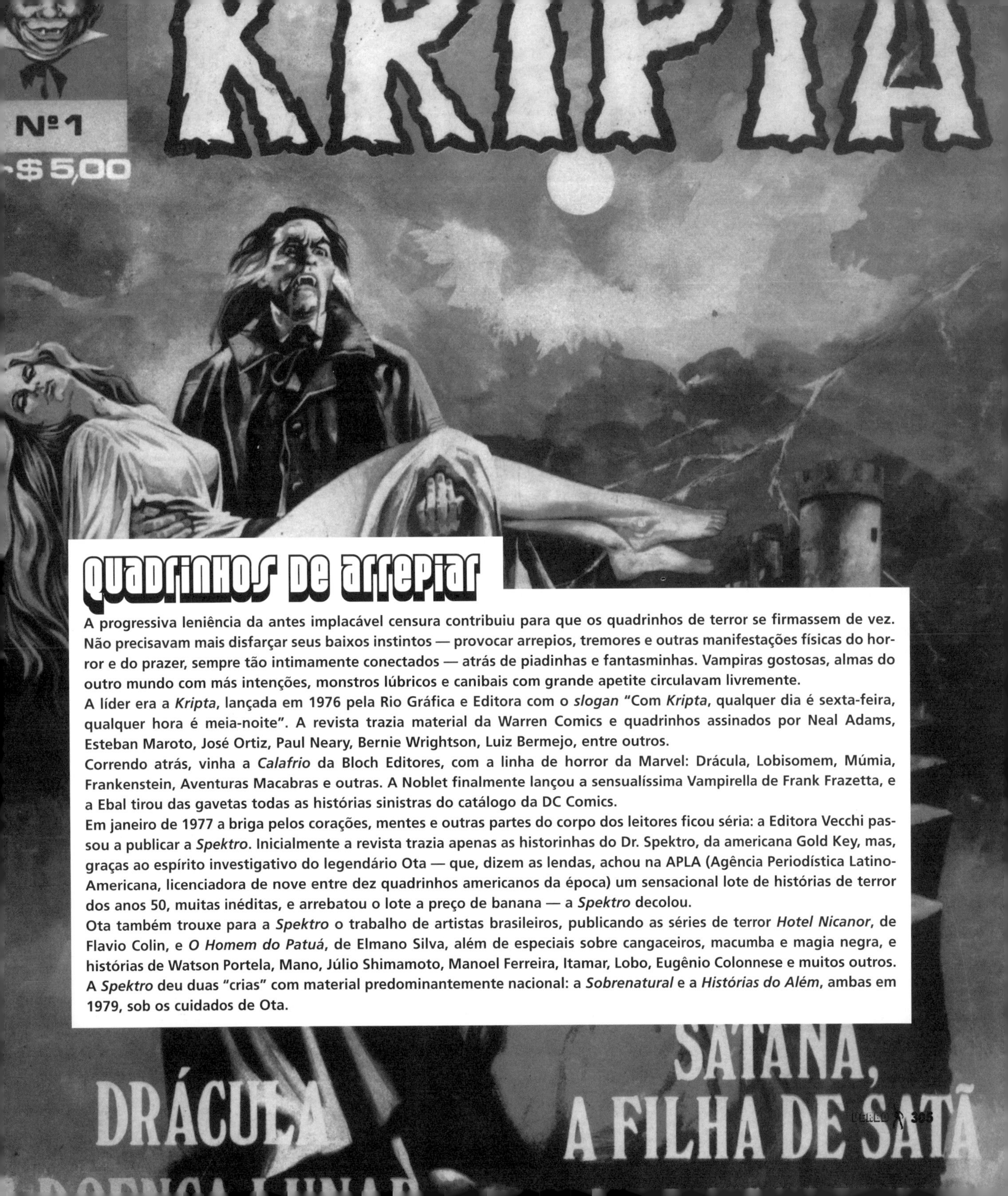

Quadrinhos de arrepiar

A progressiva leniência da antes implacável censura contribuiu para que os quadrinhos de terror se firmassem de vez. Não precisavam mais disfarçar seus baixos instintos — provocar arrepios, tremores e outras manifestações físicas do horror e do prazer, sempre tão intimamente conectados — atrás de piadinhas e fantasminhas. Vampiras gostosas, almas do outro mundo com más intenções, monstros lúbricos e canibais com grande apetite circulavam livremente.

A líder era a *Kripta*, lançada em 1976 pela Rio Gráfica e Editora com o *slogan* "Com *Kripta*, qualquer dia é sexta-feira, qualquer hora é meia-noite". A revista trazia material da Warren Comics e quadrinhos assinados por Neal Adams, Esteban Maroto, José Ortiz, Paul Neary, Bernie Wrightson, Luiz Bermejo, entre outros.

Correndo atrás, vinha a *Calafrio* da Bloch Editores, com a linha de horror da Marvel: Drácula, Lobisomem, Múmia, Frankenstein, Aventuras Macabras e outras. A Noblet finalmente lançou a sensualíssima Vampirella de Frank Frazetta, e a Ebal tirou das gavetas todas as histórias sinistras do catálogo da DC Comics.

Em janeiro de 1977 a briga pelos corações, mentes e outras partes do corpo dos leitores ficou séria: a Editora Vecchi passou a publicar a *Spektro*. Inicialmente a revista trazia apenas as historinhas do Dr. Spektro, da americana Gold Key, mas, graças ao espírito investigativo do legendário Ota — que, dizem as lendas, achou na APLA (Agência Periodística Latino-Americana, licenciadora de nove entre dez quadrinhos americanos da época) um sensacional lote de histórias de terror dos anos 50, muitas inéditas, e arrebatou o lote a preço de banana — a *Spektro* decolou.

Ota também trouxe para a *Spektro* o trabalho de artistas brasileiros, publicando as séries de terror *Hotel Nicanor*, de Flavio Colin, e *O Homem do Patuá*, de Elmano Silva, além de especiais sobre cangaceiros, macumba e magia negra, e histórias de Watson Portela, Mano, Júlio Shimamoto, Manoel Ferreira, Itamar, Lobo, Eugênio Colonnese e muitos outros.

A *Spektro* deu duas "crias" com material predominantemente nacional: a *Sobrenatural* e a *Histórias do Além*, ambas em 1979, sob os cuidados de Ota.

Novelas gráficas e anti-heróis: quadrinhos a sério

Nos Estados Unidos, os dois gigantes — DC Comics e Marvel — passavam por uma entressafra na qual só *Daredevil*, de Frank Miller, violento e urbano se destaca. Mas a multiplicação de lojas especializadas em HQ davam uma nova amplitude e seriedade para um gênero até então visto como descartável.

Em 1976, dois amigos de Seattle, fãs de quadrinhos — Gary Groth e Kim Thompson — fundaram a editora Fantagraphics, dedicada a quadrinhos independentes. Além da revista de ensaios *Comics Journal*, a Fantagraphics repescava obras dos quadrinhos desbundados dos 60 e lançava uma nova geração de artistas alternativos e suas criaturas anti-heróicas, *cool*, irônicas: os irmãos Jaime, Gilbert e Mario Hernandez e sua *Love and Rockets*, Daniel Clowes e *Ghost World*, Harvey Pekar e *American Splendor*, Chris Ware e *Acme Novelty Library*.

Em outubro de 1978, a Baronet Books de Nova York lança um livro com um título inusitado: *A Contract with God (and Other Tenement Stories)*, uma novela gráfica. *Contract* era uma obra do veterano Will Eisner, reunindo várias histórias ambientadas nos bairros mais pobres de Manhattan. Não era a primeira vez que a expressão "novela gráfica" era usada, mas era o uso mais notório do termo, logo na capa de um volume, para definir uma narrativa de ficção em quadrinhos. Segundo o próprio Eisner, o termo lhe veio à cabeça no meio de uma conversa telefônica com o presidente da editora: "Uma voz na minha cabeça me disse: Não diga a ele que é uma HQ, ele vai bater o telefone na sua cara. Então eu falei: Ah, é uma novela gráfica. E o presidente respondeu: Uau! Que interessante! Venha me mostrar!"

Do outro lado do Atlântico, na França, quatro amigos — os artistas Jean Giraud (mais conhecido como Moebius), Bernard Farkas e Philippe Druillet e o jornalista e escritor Jean-Pierre Dionnet lançavam, em dezembro de 1974, a revista que define a HQ do período: *Métal Hurlant*. Esta primeira revista começou com uma periodicidade de três meses e 68 páginas, das quais só 18 em cores. Além de Moebius e Druillet — com personagens como Arzach, Gail e Lone Sloane — a *MH* publicava histórias de Richard Corben (Den), Alexandro Jodorowsky, Enki Bilal, Philippe Caza, H. R. Giger, Alain Voss, Berni Wrightson, os italianos Stefano Tamburini e Tanino Liberatore (RanXerox) e o brasileiro Sérgio Macedo. O estilo era cinematográfico, complexo, cuidado, fantástico, erótico, onírico e eventualmente ultraviolento. Em abril de 1977, a *MH* começou a ser publicada nos Estados Unidos com o nome *Heavy Metal* — seu ponto alto foi a adaptação em forma de novela gráfica do poema épico "Paraíso perdido", de Milton, assinada por Terrance Lindalls.

Figurinhas

Entre as meninas, duas coleções causaram furor: *Hello Kitty* em 1975 e, em 1978, *Amar É...*, que se transformou numa verdadeira epidemia, gerando papéis de carta, decalques e mil babilaques afins.

Para os meninos, poucas coisas eram mais *cool* que o álbum *Guerra nas Estrelas*, seguido muito de perto pelas *Chapinhas de Ouro*, da editora Dimensão Cultural, ambos em 1977. As *Chapinhas* eram exatamente isso — pequenos discos de metal com desenhos coloridos, ponteados por um chapão ocasional e muito desejado. Tinham, contudo, alguns percalços: o manuseio desatento podia resultar em precisos filés de dedo; uma vez completo, ou quase, o álbum exigia, nas palavras de um colecionador, "um guindaste para carregá-lo"; e, como a cola tinha água na composição, os famosos chapinhas e chapões acabavam enferrujando, criando um trambolho pesado e feio.

Muito cobiçado por meninas e meninos era o *Galeria Walt Disney*, lançado em 1976: 256 personagens Disney, inclusive a diabólica Baleia do Pinóquio, praticamente impossível de achar. Além desse, os últimos 70 tiveram outros álbuns famosos da Disney — *Festival Disney* em 1975 e *Show Disney Profissões* em 1978 (Donald locutor, Pinóquio ator, Pateta vidraceiro...)

OUTROS ÁLBUNS DE FIGURINHA DA ÉPOCA ::: COPA BRASIL 1976 ::: MUNDO ANIMAL 1976 ::: KING KONG 1977 ::: HOMEM DO FUNDO DO MAR 1978 ::: ÁLBUM HANNA BARBERA 78 1978 ::: A GAIOLA DE NOÉ 1979 ::: A TURMA DA MÔNICA 1979

A Mania dos Transfers

Em 1978 foi lançado um produto diferente de todos os outros que disputavam as atenções e mesadas das garotadas nas bancas: os *transfers*.

Os *transfers* eram um tipo de jogo/brinquedo colecionável em duas partes: um cenário base em geral dobrado em 4 partes e uma folha de "adesivos" transferíveis colados em papel manteiga. Em três marcas diferentes — Transfer da Editora Abril, Kalkitos da Paper Mate/Gillette do Brasil e Presto Magix da American Publishing Corporation —, os adesivos vinham sem ordem definida e cada usuário podia usá-los da forma que bem entendesse. Alguns transfers/kalkitos famosos da época eram o Legião Estrangeira, o Jogos Olímpicos, Chapeuzinho Vermelho, Assalto à Diligência, Exploração Lunar, Animais da Fazenda, Grand Prix, Sandokan, Barão Vermelho, Beduínos, Animais Pré-Históricos, Mundo Submarino e Ataque ao Castelo.

"Antigamente, o que o surfista ou o jovem falavam vinha entre aspas, em negrito, sempre relegado a uma coisa meio babaca, e o que a gente estava discutindo eram coisas importantíssimas, que estavam mudando o mundo lá fora, e aqui o underground fervilhando, querendo ocupar um espaço (...)"

(Evandro Mesquita sobre a criação da peça *Trate-me Leão*, abril de 1977)

"O novo cinema que está se delineando no mundo vai ser o cinema de grande envolvimento sensorial, o cinema com nova cor, com novo som. O que o cinema underground fazia na década passada agora cabe ao grande cinema, armado num esquema comercial de produção."

(Glauber Rocha, revista *Veja*, 18/1/1978)

ARTES E MANHAS 1975-1979

cinema

Os grandes sucessos

GUERRA NAS ESTRELAS (1977) — 513 MILHÕES DE DÓLARES ::: **TUBARÃO** (1975) — 471 MILHÕES DE DÓLARES ::: **NOS TEMPOS DA BRILHANTINA** (1978) — 341 MILHÕES DE DÓLARES ::: **SUPER-HOMEM** (1978) — 300 MILHÕES E 200 MIL DÓLARES. STEVEN SPIELBERG FOI A PRIMEIRA ESCOLHA DOS PRODUTORES PORQUE ACHARAM QUE O JOVEM DIRETOR IA COBRAR BARATO. ESTAVAM REDONDAMENTE ENGANADOS — E RESOLVERAM ESPERAR PELO "FILME DO PEIXE" (TUBARÃO) PARA DECIDIR. AÍ ERA SPIELBERG QUEM NÃO QUERIA, E O VETERANO E COMPETENTE RICHARD DONNER ACABOU PILOTANDO CHRISTOPHER REEVE, GENE HACKMAN E MARGOT KIDDER NUMA VERSÃO DESAVERGONHADAMENTE ROMÂNTICA DA CLÁSSICA HISTÓRIA DOS COMIX. O ARGUMENTO ERA DE MARIO "PODEROSO CHEFÃO" PUZO ::: **CONTATOS IMEDIATOS DO TERCEIRO GRAU** (1977) — 300 MILHÕES DE DÓLARES ::: **OS EMBALOS DE SÁBADO À NOITE** (1977) — 237 MILHÕES DE DÓLARES ::: **ROCKY, UM LUTADOR** (1976) — 225 MILHÕES DE DÓLARES ::: **007 CONTRA O FOGUETE DA MORTE** (1979) — 210 MILHÕES DE DÓLARES. JAMES BOND (ROGER MOORE) VEM PARAR ATÉ NO BRASIL NO AFÃ DE RECUPERAR UM ÔNIBUS ESPACIAL DESAPARECIDO. ALÉM DAS CATARATAS DO IGUAÇU, A MELHOR COISA É O VILÃO JAWS, AQUELE DOS DENTES DE AÇO ::: **TUBARÃO 2** (1978) 208 MILHÕES DE DÓLARES. — EXPLORAÇÃO BARATA DO SUPER-HIT DE 1975. O POBRE ROY SCHEIDER FOI O ÚNICO DO ELENCO ORIGINAL A RETORNAR — NEM O TUBARÃO, EXPLODIDO NO OUTRO FILME, ERA O MESMO. MAS A JOGADA DEU CERTO, E O FILME FEZ SUCESSO ::: **ROCKY II, A REVANCHE** (1979) — 200 MILHÕES DE DÓLARES.

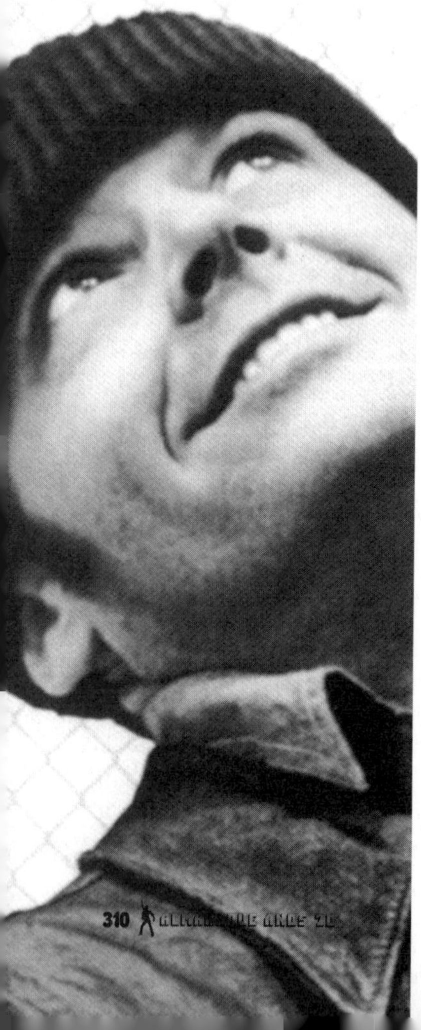

Os Oscarizados

47th Academy Awards: 8-4-1975

FILME *O PODEROSO CHEFÃO II (THE GODFATHER PART II)* ::: **DIRETOR** FRANCIS FORD COPPOLA POR *O PODEROSO CHEFÃO II (THE GODFATHER PART II)* ::: **ATOR** ART CARNEY POR *O AMIGO DE TONTO (HARRY AND TONTO)* ::: **ATRIZ** ELLEN BURSTYN POR *ALICE NÃO MORA MAIS AQUI (ALICE DOESN'T LIVE HERE ANYMORE)* ::: **ATOR COADJUVANTE** ROBERT DE NIRO POR *O PODEROSO CHEFÃO II (THE GODFATHER PART II)* ::: **ATRIZ COADJUVANTE** INGRID BERGMAN POR *ASSASSINATO NO EXPRESSO ORIENTE (MURDER ON THE ORIENT EXPRESS)* ::: **ROTEIRO ADAPTADO** FRANCIS FORD COPPOLA, MARIO PUZO POR *O PODEROSO CHEFÃO II (THE GODFATHER PART II)* ::: **ROTEIRO ORIGINAL** ROBERT TOWNE POR *CHINATOWN (CHINATOWN)* ::: **MONTAGEM** HAROLD F. KRESS, CARL KRESS POR *INFERNO NA TORRE (THE TOWERING INFERNO)* ::: **DIREÇÃO DE ARTE** DEAN TAVOULARIS, ANGELO GRAHAM E GEORGE R. NELSON POR *O PODEROSO CHEFÃO II (THE GODFATHER PART II)* ::: **FOTOGRAFIA** FRED J. KOENEKAMP, MERGEFORMATINET JOSEPH BIROC POR *INFERNO NA TORRE (THE TOWERING INFERNO)* ::: **TRILHA SONORA** NINO ROTA, CARMINE COPPOLA POR *O PODEROSO CHEFÃO II (THE GODFATHER PART II)* ::: **CANÇÃO** "WE MAY NEVER LOVE LIKE THIS AGAIN", MÚSICA DE AL KASHA E JOEL HIRSCHHORN PELO FILME *INFERNO NA TORRE (THE TOWERING INFERNO)* ::: **FILME ESTRANGEIRO** *AMARCORD (AMARCORD)*, ITÁLIA ::: **PRÊMIO HUMANITÁRIO JEAN HERSHOLT** ARTHUR B. KRIM ::: **HONORARY AWARD HOWARD HAWKS** JEAN RENOIR

48th Academy Awards: 29-3-1976

FILME *UM ESTRANHO NO NINHO (ONE FLEW OVER THE CUKOO'S NEST)* ::: **DIRETOR** MILOS FORMAN POR *UM ESTRANHO NO NINHO (ONE FLEW OVER THE CUKOO'S NEST)* ::: **ATOR** JACK NICHOLSON POR *UM ESTRANHO NO NINHO (ONE FLEW OVER THE CUKOO'S NEST)* ::: **ATRIZ** LOUISE FLETCHER POR *UM ESTRANHO NO NINHO (ONE FLEW OVER THE CUKOO'S NEST)* ::: **ATOR COADJUVANTE** GEORGE BURNS POR *UMA DUPLA DESAJUSTADA (THE SUNSHINE BOYS)* ::: **ATRIZ COADJUVANTE** LEE GRANT POR *SHAMPOO (SHAMPOO)* ::: **ROTEIRO ADAPTADO** LAWRENCE HAUBEN, BO GOLDMAN POR *UM ESTRANHO NO NINHO (ONE FLEW OVER THE CUKOO'S NEST)* ::: **ROTEIRO** FRANK PIERSON POR *UM DIA DE CÃO (DOG DAY AFTERNOON)* ::: **MONTAGEM** VERNA FIELDS POR *TUBARÃO (JAWS)* ::: **DIREÇÃO DE ARTE** ROY WALKER, KEN ADAM E VERNON DIXON POR *BARRY LYNDON (BARRY LYNDON)* ::: **FOTOGRAFIA** JOHN ALCOTT POR *BARRY LYNDON (BARRY LYNDON)* ::: **TRILHA SONORA** JOHN WILLIAMS POR *TUBARÃO (JAWS)* ::: **CANÇÃO** "I'M EASY", MÚSICA DE KEITH CARRADINE PELO FILME *NASHVILLE (NASHVILLE)* ::: **FILME ESTRANGEIRO** DERSU UZALA *(DERSU UZALA)*, JAPÃO/UNIÃO SOVIÉTICA ::: **PRÊMIO HUMANITÁRIO JEAN HERSHOLT** JULES C. STEIN ::: **IRVING G. THALBERG MEMORIAL AWARD** MERVYN LEROY ::: **HOMENAGEM** MARY PICKFORD

49th Academy Awards: 28-3-1977

FILME *ROCKY, UM LUTADOR (ROCKY)* ::: **DIRETOR** JOHN G. AVILDSEN POR *ROCKY, UM LUTADOR (ROCKY)* ::: **ATOR** PETER FINCH POR *REDE DE INTRIGAS (NETWORK)* ::: **ATRIZ** FAYE DUNAWAY POR *REDE DE INTRIGAS (NETWORK)* ::: **ATOR COADJUVANTE** JASON ROBARDS POR *TODOS OS HOMENS DO PRESIDENTE (ALL THE PRESIDENT'S MEN)* ::: **ATRIZ COADJUVANTE** BEATRICE STRAIGHT POR *REDE DE INTRIGAS (NETWORK)* ::: **ROTEIRO ADAPTADO** WILLIAM GOLDMAN POR *TODOS OS HOMENS DO PRESIDENTE (ALL THE PRESIDENT'S MEN)* ::: **ROTEIRO ORIGINAL** PADDY CHAYEFSKY POR *REDE DE INTRIGAS (NETWORK)* ::: **MONTAGEM** RICHARD HALSEY, SCOTT CONRAD POR *ROCKY, UM LUTADOR (ROCKY)* ::: **DIREÇÃO DE ARTE** GEORGE JENKINS E GEORGE GAINES POR *TODOS OS HOMENS DO PRESIDENTE (ALL THE PRESIDENT'S MEN)* ::: **FOTOGRAFIA** HASKELL WEXLER POR *ESTA TERRA É MINHA TERRA (BOUND FOR GLORY)* ::: **TRILHA SONORA** JERRY GOLDSMITH POR *A PROFECIA (THE OMEN)* ::: **CANÇÃO** "EVERGREEN — LOVE THEME FROM A STAR IS BORN", MÚSICA DE BARBRA STREISAND E PAUL WILLIAMS PELO FILME *NASCE UMA ESTRELA (A STAR IS BORN)* ::: **FILME ESTRANGEIRO** *PRETO E BRANCO EM CORES (LA VICTOIRE EN CHANTANT)*, FRANÇA/SUÍÇA/COSTA DO MARFIM ::: **IRVING G. THALBERG MEMORIAL AWARD** PANDRO S. BERMAN

50th Academy Awards: 3-4-1978

FILME *NOIVO NEURÓTICO NOIVA NERVOSA (ANNIE HALL)* ::: **DIRETOR** WOODY ALLEN POR *NOIVO NEURÓTICO, NOIVA NERVOSA (ANNIE HALL)* ::: **ATOR** RICHARD DREYFUSS POR *A GAROTA DO ADEUS (THE GOODBYE GIRL)* ::: **ATRIZ** DIANE KEATON POR *NOIVO NEURÓTICO, NOIVA NERVOSA (ANNIE HALL)* ::: **ATOR COADJUVANTE** JASON ROBARDS POR *JÚLIA (JULIA)* ::: **ATRIZ COADJUVANTE** VANESSA REDGRAVE POR *JÚLIA (JULIA)* ::: **ROTEIRO ADAPTADO** ALVIN SARGENT POR *JÚLIA (JULIA)* ::: **ROTEIRO ORIGINAL** WOODY ALLEN E MARSHALL BRICKMAN POR *NOIVO NEURÓTICO, NOIVA NERVOSA (ANNIE HALL)* ::: **MONTAGEM** FRANÇOISE MARCIA LUCAS, PAUL HIRSCH, RICHARD CHEW POR *GUERRA NAS ESTRELAS (STAR WARS)* ::: **DIREÇÃO DE ARTE** JOHN BARRY, NORMAN REYNOLDS, LESLIE DILLEY E ROGER CHRISTIAN POR *GUERRA NAS ESTRELAS (STAR WARS)* ::: **FOTOGRAFIA** VILMOS ZSIGMOND POR *CONTATOS IMEDIATOS DO TERCEIRO GRAU (CLOSE ENCOUNTERS OF THE THIRD KIND)* ::: **TRILHA SONORA** JOHN WILLIAMS POR *GUERRA NAS ESTRELAS (STAR WARS)* ::: **CANÇÃO** "YOU LIGHT UP MY LIFE", MÚSICA DE JOSEPH BROOKS PELO FILME *LUZ DA MINHA VIDA (YOU LIGHT UP MY LIFE)* ::: **FILME ESTRANGEIRO** *MADAME ROSA, A VIDA À SUA FRENTE (LA VIE DEVANT SOI)*, FRANÇA ::: **PRÊMIO HUMANITÁRIO JEAN HERSHOLT** CHARLTON HESTON ::: **IRVING G. THALBERG MEMORIAL AWARD** WALTER MIRISCH ::: **HOMENAGENS** MARGARET BOOTH

51st Academy Awards: 9-4-1979

FILME *O FRANCO-ATIRADOR (THE DEER HUNTER)* ::: **DIRETOR** MICHAEL CIMINO POR *O FRANCO-ATIRADOR (THE DEER HUNTER)* ::: **ATOR** JON VOIGHT POR *AMARGO REGRESSO (COMING HOME)* ::: **ATRIZ** JANE FONDA POR *AMARGO REGRESSO (COMING HOME)* ::: **ATOR COADJUVANTE** CHRISTOPHER WALKEN POR *O FRANCO-ATIRADOR (THE DEER HUNTER)* ::: **ATRIZ COADJUVANTE** MAGGIE SMITH POR *CALIFORNIA SUITE (CALIFORNIA SUITE)* ::: **ROTEIRO ADAPTADO** OLIVER STONE POR *O EXPRESSO DA MEIA-NOITE (MIDNIGHT EXPRESS)* ::: **ROTEIRO ORIGINAL** NANCY DOWD, ROBERT C. JONES POR *AMARGO REGRESSO (COMING HOME)* ::: **MONTAGEM** PETER ZINNER POR *O FRANCO-ATIRADOR (THE DEER HUNTER)* ::: **DIREÇÃO DE ARTE** PAUL SYLBERT, EDWIN O'DONOVAN E GEORGE GAINES POR *O CÉU PODE ESPERAR (HEAVEN CAN WAIT)* ::: **FOTOGRAFIA** NESTOR ALMENDROS POR *CINZAS NO PARAÍSO (DAYS OF HEAVEN)* ::: **TRILHA SONORA** GIORGIO MORODER POR *O EXPRESSO DA MEIA-NOITE (MIDNIGHT EXPRESS)* ::: **CANÇÃO** "LAST DANCE", MÚSICA DE PAUL JABARA PELO FILME *ATÉ QUE ENFIM É SEXTA-FEIRA (THANKS GOD, IT'S FRIDAY)* ::: **FILME ESTRANGEIRO** *PREPAREM SEUS LENÇOS (PREPAREZ VOS MOUCHOIRS)*, FRANÇA ::: **PRÊMIO HUMANITÁRIO JEAN HERSHOLT** LEO JAFFE ::: **HOMENAGENS** WALTER LANTZ, LAURENCE OLIVIER E KING VIDOR

Coisas estranhas que aconteceram nos Oscars

Em 1975, a melhor atriz Louise Fletcher fez seu discurso de agradecimento sem dizer uma palavra. Em consideração a seus pais surdos, ela usou a linguagem de gestos para dizer: "quero agradecer a vocês por me ensinarem a sonhar. Agora vocês estão vendo... meu sonho se realizou".

O negócio era protestar: em 1977, grupos judeus e pró-Palestina trocavam impropérios do lado de fora do Dorothy Chandler Pavillion por conta da indicada (e depois vitoriosa) Vanessa Redgrave, que tinha feito declarações bombásticas a respeito do sionismo e a situação no Oriente Médio. No mesmo ano ativistas negros fizeram piquete contra a ausência completa de afro-americanos na festa (a única exceção eram os guarda-costas de Vanessa, que chegou escondida numa ambulância). Em 1978, veteranos da guerra do Vietnã, pacifistas e ativistas asiáticos marchavam na porta do Oscar contra o favorito da noite, *O franco-atirador* — acusavam o filme de Michael Cimino de ser racista e dourar a pílula amaríssima do conflito no Sudeste Asiático.

Em 1978 Woody Allen estava o mais próximo que jamais chegaria da elite de Hollywood, com seu aclamado e super bem-sucedido *Noivo neurótico, noiva nervosa* vencendo em várias categorias importantes. Mas deu uma esnobada solene na Academia não aparecendo para a festa, alegando que, na mesma noite, tinha que se apresentar em Nova York tocando clarinete com sua banda de jazz Ragtime Rascals. Nem Hollywood nem a Academia esqueceriam a afronta.

1979 foi um ano de amor e ódio. O ódio veio de dois ilustres diretores de fotografia — Caleb Deschanel e Gordon Willis — que puseram a boca no trombone quando não foram indicados pela Academia (respectivamente por *O Corcel negro* e *Manhattan*). O indicado Conrad Hall comentou curtamente: "As pessoas deviam se acostumar com as injustiças da Academia". O amor veio na explosão de Sally Field ao receber sua estatueta de melhor atriz por Norma Rae. "Vocês gostam de mim! Vocês gostam mesmo de mim!", ela desabafou, com cara de quem estava se sentindo resgatada de anos de esnobação por ser uma mera ex-atriz de TV que voava vestida de freira.

A Academia deu algumas escorregadelas célebres, dessas que entraram para a história: em 1976 preferiram *Rocky, um lutador* (escrito por Sylvester Stallone, que foi indicado ao Oscar de Melhor Roteiro Original e ao de Melhor Ator) a *Taxi Driver*, de Martin Scorsese. E, em 1979, optaram pelo melodrama doméstico *Kramer versus Kramer*, esnobando *Apocalypse, Now*, de Francis Ford Coppola.

Os Liberados

Em 1979 outra leva de anistiados veio ao Brasil: as dezenas de filmes que haviam sido proibidos pela censura desde o AI-5 de 1968. Foi uma farra para os espectadores que, em um ano, tiveram um banquete de filmes depois da longa estiagem. Uma lista parcial dos lançamentos de 1979 com datas velhas de até 10 anos inclui alguns dos filmes mais importantes da década:

ZABRISKIE POINT, DE MICHELANGELO ANTONIONI (DE 1968) ::: **LARANJA MECÂNICA**, DE STANLEY KUBRICK (DE 1971) ::: **O ÚLTIMO TANGO EM PARIS**, DE BERNARDO BERTOLUCCI (DE 1972) ::: **DECAMERON**, DE PIER PAOLO PASOLINI (DE 1971) ::: **CADÁVERES ILUSTRES**, DE FRANCESCO ROSI (DE 1976) ::: **PERFORMANCE**, DE DONALD CAMMELL E NICOLAS ROEG (DE 1970) ::: **MIMI**, O METALÚRGICO, DE LINA WERTMULLER (DE 1972) ::: **UM DOIDO GENIAL**, DE PAUL MAZURSKY (DE 1970) ::: **QUEIMADA**, DE GILLO PONYECORVO (DE 1969) ::: **ESTE OBSCURO OBJETO DE DESEJO**, DE LUIS BUÑUEL (DE 1977) ::: **SACCO & VANZETTI**, DE GIULIANO MONTALDO (DE 1971) ::: **OS DEMÔNIOS**, DE KEN RUSSEL (DE 1971) ::: **IMPÉRIO DOS SENTIDOS**, DE NAGISA OSHIMA (DE 1976)

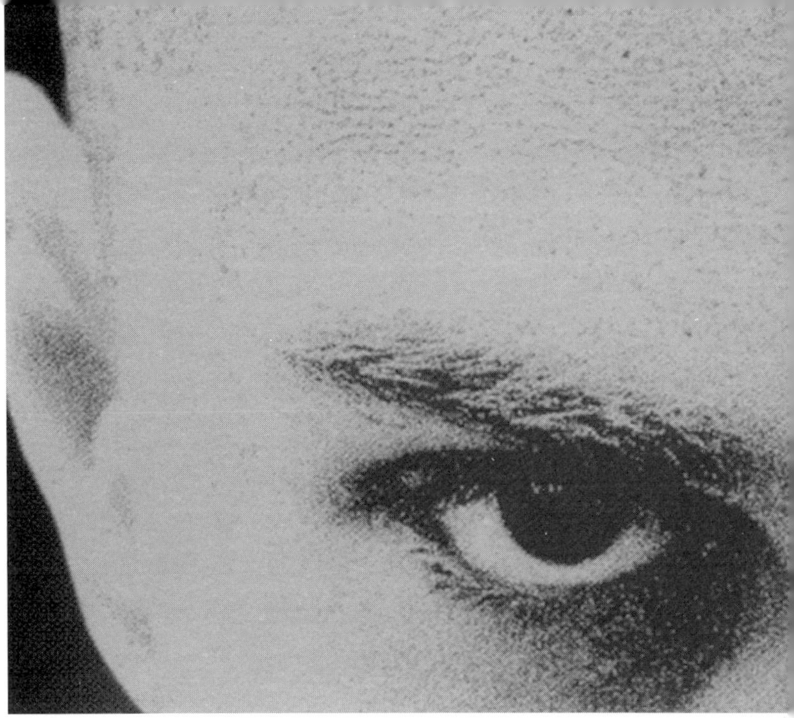

Você se lembra?

O próprio Scorsese faz um papel pequeno mas substancial em *Taxi Driver:* o passageiro obcecado em matar a mulher. E Jodie Foster tinha 14 anos quando fez a prostituta Iris.

"Você tá falando comigo? Você tá falando comigo? Você tá falando comigo? Então tá falando com quem? Você tá falando comigo? Só tem eu aqui. Com quem você pensa que tá falando? Ah, é? Ok."

(Travis Bickle/Robert De Niro falando com o espelho em TAXI DRIVER, roteiro de Paul Schrader, 1976)

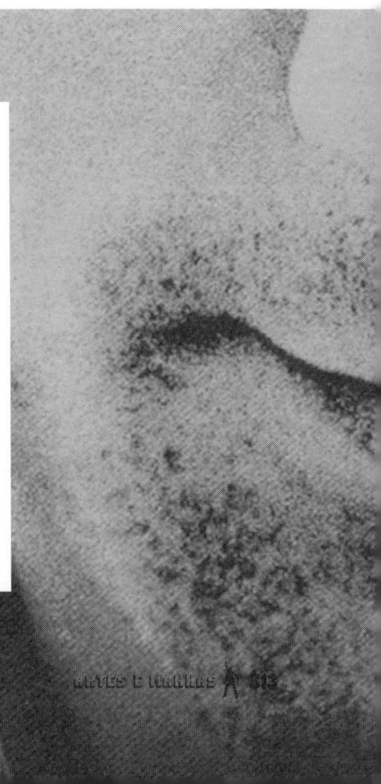

A geração que reinventou Hollywood mostra a que veio...

Na segunda metade da década, entrando por seus 30 anos, Martin Scorsese estava se aproximando do apogeu de sua forma, e Robert De Niro era seu avatar. Quando os então superquentes produtores Julia e Michael Phillips começaram a pesquisar opções de jovens diretores para o roteiro de *Taxi Driver*, de Paul Schrader, Brian de Palma era sua primeira escolha. Scorsese, apaixonado pelo texto, convenceu o casal Philips forçando-os a ver *Ruas do medo* e garantindo que conseguiria De Niro para o papel do solitário Travis Bickel, o motorista de táxi do título (não seria difícil: Martin e "Bobby" dividiam um apartamento em Nova York). Após um breve desvio com Liza Minnelli em *New York, New York*, de 1978, Scorsese encerra a década trabalhando num projeto-do-coração: *Touro indomável*, a biografia do boxeador Jake La Motta, mais uma vez com Schrader e De Niro.

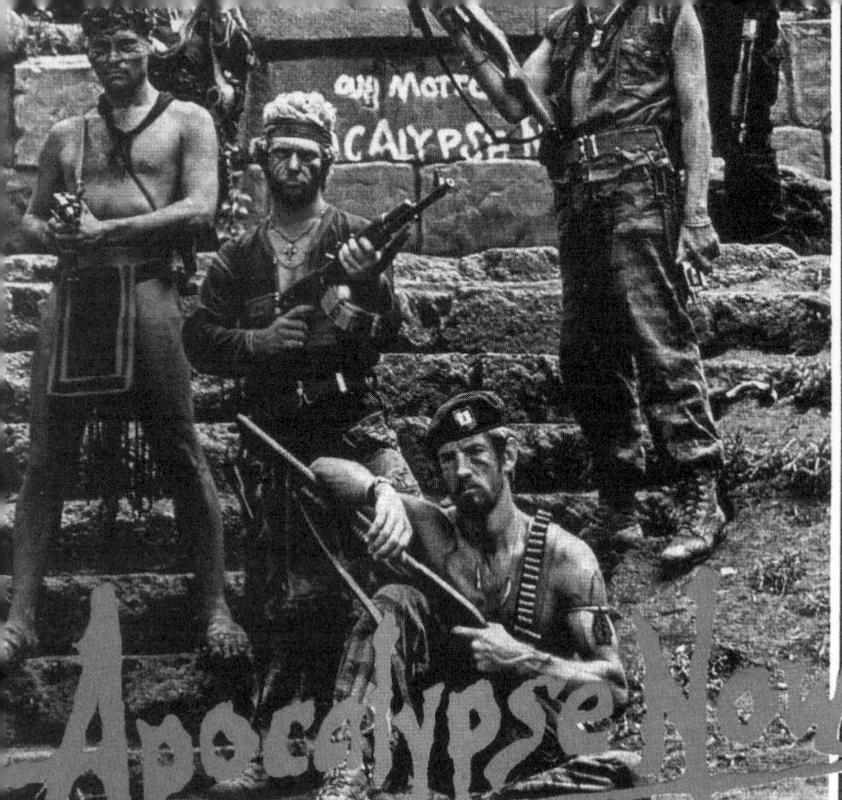

Apocalypse Now

Enquanto isso, em 1977, David Bowie...

LOW. FASE GERMÂNICA. BOWIE TEM OS CABELOS RUIVOS, CURTOS, AFASTADOS DA TESTA, UMA MISTURA DE DEUS NÓRDICO E EXTRATERRESTRE. BRIAN ENO PRODUZ O PRIMEIRO TRABALHO DA SUA "TRILOGIA BERLIM".

Francis Ford Coppola recebeu a imensa aclamação popular e crítica aos dois *Chefões* com uma dose de ambigüidade que beirava a rejeição: afinal, ambos haviam sido serviços de encomenda, trabalhando como um diretor de aluguel. Seu coração estava em outro lugar: numa adaptação do livro *Heart of Darkness*, de Joseph Conrad, que ele mesmo e seu amigo John Milius vinham escrevendo há anos. Era algo praticamente impossível de ser filmado — Coppola e Milius haviam deslocado a história da África colonial e do tráfico escravagista para o Vietnã contemporâneo e sua guerra neocolonialista — e por isso mesmo Francis estava absolutamente consumido, devorado, ensandecido de paixão por ele. Com a colaboração do correspondente de guerra Michael Herr, Coppola encerra a primeira versão do roteiro em 1975 e se põe a procurar um ator para ser seu Coronel Kurtz. James Caan, Steve McQueen, Robert Redford, todos são convidados e ou dizem não ou cobram uma fortuna. Coppola, num acesso de fúria, joga longe seus Oscars e consegue espatifar quatro das cinco estatuetas. O anti-herói Willard não é menos difícil — Al Pacino e Robert De Niro estão ocupados. Finalmente, com Martin Sheen como Willard e um Marlon Brando fora de forma substituindo Harvey Keitel na última hora, Coppola passa o ano de 1976 a 1977 filmando nas Filipinas. Praticamente tudo o que pode acontecer de ruim acontece — até um ataque do coração no jovem Martin Sheen. A montagem, em 1977-1978, não é muito melhor — Coppola entra em depressão, tem um caso, quase termina seu casamento de 17 anos com a mulher Eleanor. Em 1979, enfim, o projeto é lançado — ele se chama *Apocalypse, Now*.

"Sob um certo aspecto, o script trata de um confronto entre a morte e a volta para o lado de cá, isto é, da vida. Marty enfrentou o problema na vida real. Imaginem como essa experiência o ajudará nas cenas finais do filme. Pois bem, quando Marty passou mal, Francis também apagou. Ele me disse que sentiu-se mais perto da morte do que nunca." (Diário de Eleanor Coppola, março de 1977)

Depois do sucesso de *American Graffiti*, ofertas não faltavam a **George Lucas** — mas ele tinha um ambicioso projeto pessoal que vinha armando com grande cuidado desde os tempos da faculdade: um tributo aos filmes serializados de sua adolescência (especialmente *Flash Gordon*) e às leituras e influências de sua juventude (principalmente a obra do antropólogo Joseph Campbell e os filmes de samurai de Akira Kurosawa) na forma de uma saga de aventura intergalática que se chamaria *Guerra nas estrelas* e teria no mínimo três capítulos. Isso, os estúdios não queriam fazer. Numa frase quase tão célebre quanto aquela que recebeu os Beatles em suas primeiras tentativas ("Conjuntos de guitarra não fazem mais sucesso"), um executivo disparou que "Filmes de ficção científica estão acabados". Sem esmorecer, Lucas (que na época tinha 31 anos) propôs custear a maior parte dos oito milhões de dólares do orçamento em troca da posse integral do *copyright*. Para os inauditos efeitos especiais que o filme exigia, chamou Douglas Trumbull e a equipe que havia trabalhado em *2001, uma odisséia no espaço*, de Stanley Kubrick. Para o personagem Han Solo — inspirado em seu amigo Coppola — ele acabou ficando com outro velho amigo, o ator-carpinteiro Harrison Ford, que tão gentilmente havia-se oferecido para ler as cenas com os outros atores testados (Al Pacino, Kurt Russel e Nick Nolte, entre outros, recusaram o papel). O dinheiro era tão curto que elenco, equipe e o próprio Lucas voaram de classe econômica para Londres, onde a produção ocupava a totalidade dos estúdios Shepperton (Debbie Reynolds, mãe de Carrie Fisher/Princesa Leia, ficou furiosa com a penúria) e o som da "Estrela da Morte" era o ruído do ar-condicionado do escritório da produção, incrementado com um filtro. Fora Lucas, ninguém acreditava no filme — os donos de cinemas tiveram que ser pressionados para aceitá-lo, e jogaram o lançamento para o mais longe possível do prestigioso final de ano: 25 de maio de 1977. O resto, é claro, é história.

Jovem, ambicioso, disposto a correr riscos por um salário econômico, **Steven Spielberg** parecia o diretor ideal para levar à tela o best-seller de Peter Benchley sobre ataques de tubarões a uma tranqüila cidadezinha costeira. Não era um projeto autoral, mas Spielberg se dedicou a ele com todo o entusiasmo de seus 28 anos. Apesar do tubarão mecânico não funcionar, Robert Shaw e Richard Dreyfuss brigarem o tempo todo e os prazos estourarem, *Tubarão* foi um enorme sucesso e abriu definitivamente as portas de Hollywood para um verdadeiro projeto pessoal — *Contatos imediatos do terceiro grau*, um roteiro sobre um tema que sempre o fascinou, desenvolvido com Paul Schrader (quando Spielberg mexeu demais no texto, Schrader retirou seu crédito). A maré de ouro de Spielberg foi bruscamente interrompida em 1979, com a sátira de guerra *1941*, unanimemente mal recebida. Mas a essa altura Spielberg e seu amigo George Lucas já estavam envolvidos na criação de *Indiana Jones*.

O inesperado sucesso de *M.A.S.H* abriu portas para **Robert Altman** e ele aproveitou todas as oportunidades. De 1975 a 1979, Altman faz praticamente um filme por ano, explorando temas, métodos, amplitudes, estilos. Há lugar para grandes panoramas da vida americana, como *Nashville* e *Oeste selvagem* (Paul Newman como Búfalo Bill), projetos intimistas como *Três mulheres* e *Cerimônia de casamento* e até uma estranha ficção científica existencial, *Quinteto*.

...a segunda safra da Nova Hollywood se apresenta...:

Brian de Palma (11/9/1940, NEWARK, NEW JERSEY)

Filho de um cirurgião, considerado superdotado em criança, com um marcante interesse por ciência, Brian estudou física antes de capitular a um apelo vindo de seu mais profundo córtex cerebral — o cinema, por intermédio do voyeurismo. É ele mesmo quem admite: quando seus pais se separaram turbulentamente, Brian, minigênio aos 9 anos, passou semanas seguindo o pai com uma câmera, tentando pegá-lo em flagrante adultério. Todos esses temas — obsessão, traição, engodo, mulheres fatais, tocaias — brotam de seus filmes, influenciados tanto por outro obsessivo voyeur — Alfred Hitchcock — quanto pelo cinema *giallo*, o *noir trashy* italiano. Sempre disposto a ajudar os amigos, Brian escreveu o texto de abertura de *Guerra nas estrelas* — aquele que "rola" na tela no começo do filme — quando George Lucas, em pânico, achou que o público não teria a menor noção de quando, onde e por que aconteciam as coisas no filme.

SEUS FILMES DA ÉPOCA ::: **IRMÃS DIABÓLICAS** (1973) ::: **O FANTASMA DO PARAÍSO** (1974) ::: **TRÁGICA OBSESSÃO** (1976) ::: **CARRIE, A ESTRANHA** (1976) ::: **A FÚRIA** (1978) ::: **TERAPIA DE DOIDOS** (1979) ::: **SEUS AMIGOS** PAUL SCHRADER, DAVID MAMET, GEORGE LUCAS, OLIVER STONE, NANCY ALLEN (PRIMEIRA ESPOSA), BRUCE SPRINGSTEEN

Hal Ashby (2/9/1929, OGDEN, UTAH – 27/12/1988, MALIBU, CALIFÓRNIA)

Tímido, quieto, trabalhador, Hal Ashby é provavelmente o menos conhecido dos cineastas de sua geração. E no entanto, ao morrer prematuramente, aos 59 anos, Ashby deixou um corpo de obra notável, sólido, no qual se destacam seu talento como montador — seu primeiro ofício em Hollywood — e sua sensibilidade no trabalho com atores — que, sem exceção, o adoravam, e que, com ele no comando, em geral acabavam indicados para o Oscar, quando não o ganhavam. Nascido numa família pobre e ultra-religiosa, Ashby deixou o Utah depois do suicídio do pai, e conseguiu um trabalho como supervisor de cópias nos estúdios da Universal. Diligentemente galgou degraus para assistente de produção, assistente de direção e montador. Uma desistência de seu amigo e mentor Norman Jewison levou-o a dirigir seu primeiro filme em 1970 — *The Landlord* — e à oportunidade de trabalhar em eu primeiro projeto pessoal, o supercult *Harold e Maude*, de 1971. Mas é na segunda metade dos 70 que Ashby faz seu melhor trabalho, numa seqüência espetacular de filmes oscarizados, populares e criticamente aclamados culminando com a literal reinvenção de Peter Sellers em *Muito além do jardim*.

SEUS FILMES DA ÉPOCA ::: **SHAMPOO** (1975) ::: **ESTA TERRA É MINHA** (1976) ::: **AMARGO RETORNO** (1978) ::: **MUITO ALÉM DO JARDIM** (1979) ::: **SEUS AMIGOS** NORMAN JEWISON, PAUL MAZURSKY, JOHN CASSAVETES, JACK NICHOLSON

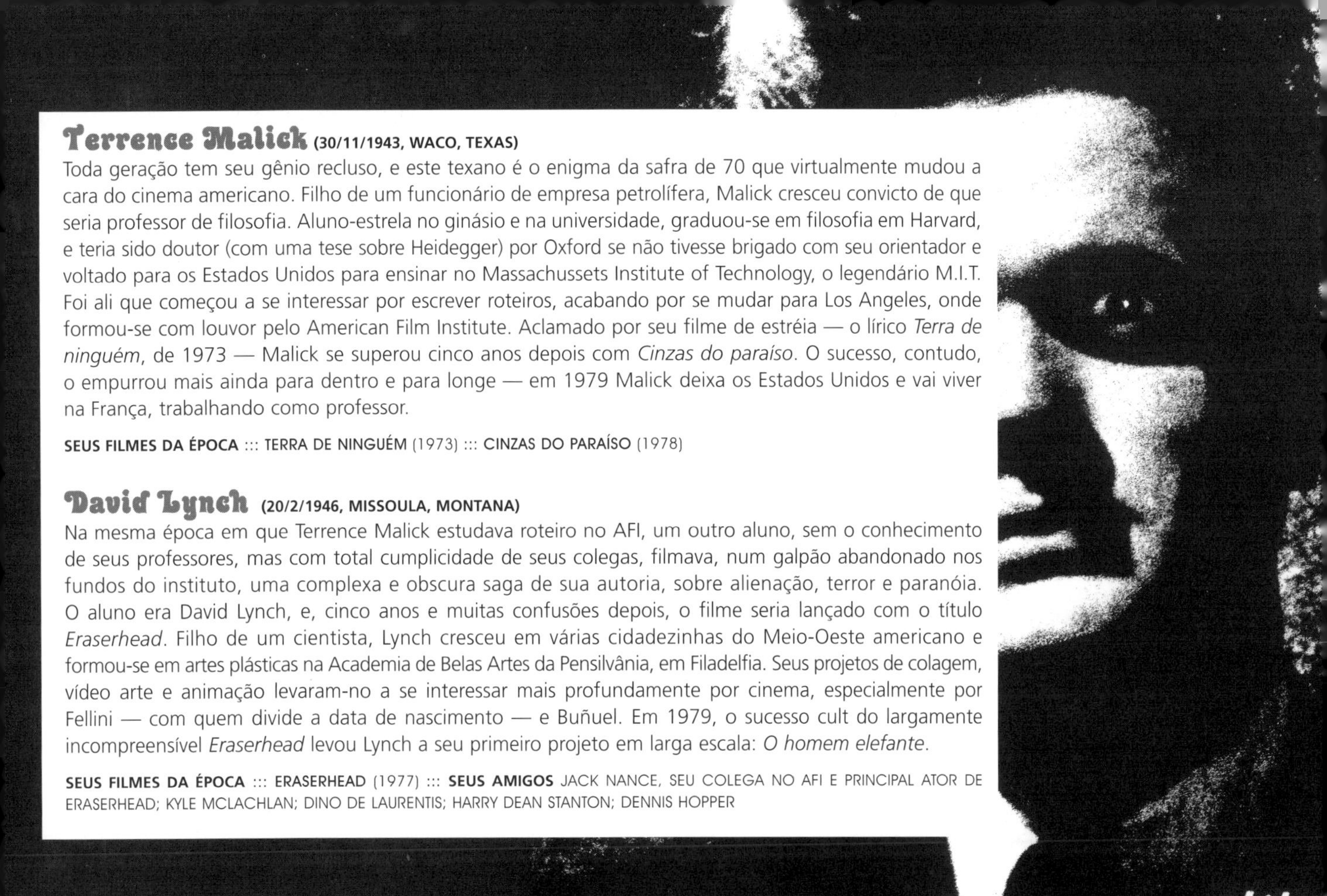

Terrence Malick (30/11/1943, WACO, TEXAS)

Toda geração tem seu gênio recluso, e este texano é o enigma da safra de 70 que virtualmente mudou a cara do cinema americano. Filho de um funcionário de empresa petrolífera, Malick cresceu convicto de que seria professor de filosofia. Aluno-estrela no ginásio e na universidade, graduou-se em filosofia em Harvard, e teria sido doutor (com uma tese sobre Heidegger) por Oxford se não tivesse brigado com seu orientador e voltado para os Estados Unidos para ensinar no Massachussets Institute of Technology, o legendário M.I.T. Foi ali que começou a se interessar por escrever roteiros, acabando por se mudar para Los Angeles, onde formou-se com louvor pelo American Film Institute. Aclamado por seu filme de estréia — o lírico *Terra de ninguém*, de 1973 — Malick se superou cinco anos depois com *Cinzas do paraíso*. O sucesso, contudo, o empurrou mais ainda para dentro e para longe — em 1979 Malick deixa os Estados Unidos e vai viver na França, trabalhando como professor.

SEUS FILMES DA ÉPOCA ::: TERRA DE NINGUÉM (1973) ::: CINZAS DO PARAÍSO (1978)

David Lynch (20/2/1946, MISSOULA, MONTANA)

Na mesma época em que Terrence Malick estudava roteiro no AFI, um outro aluno, sem o conhecimento de seus professores, mas com total cumplicidade de seus colegas, filmava, num galpão abandonado nos fundos do instituto, uma complexa e obscura saga de sua autoria, sobre alienação, terror e paranóia. O aluno era David Lynch, e, cinco anos e muitas confusões depois, o filme seria lançado com o título *Eraserhead*. Filho de um cientista, Lynch cresceu em várias cidadezinhas do Meio-Oeste americano e formou-se em artes plásticas na Academia de Belas Artes da Pensilvânia, em Filadelfia. Seus projetos de colagem, vídeo arte e animação levaram-no a se interessar mais profundamente por cinema, especialmente por Fellini — com quem divide a data de nascimento — e Buñuel. Em 1979, o sucesso cult do largamente incompreensível *Eraserhead* levou Lynch a seu primeiro projeto em larga escala: *O homem elefante*.

SEUS FILMES DA ÉPOCA ::: ERASERHEAD (1977) ::: **SEUS AMIGOS** JACK NANCE, SEU COLEGA NO AFI E PRINCIPAL ATOR DE ERASERHEAD; KYLE MCLACHLAN; DINO DE LAURENTIS; HARRY DEAN STANTON; DENNIS HOPPER

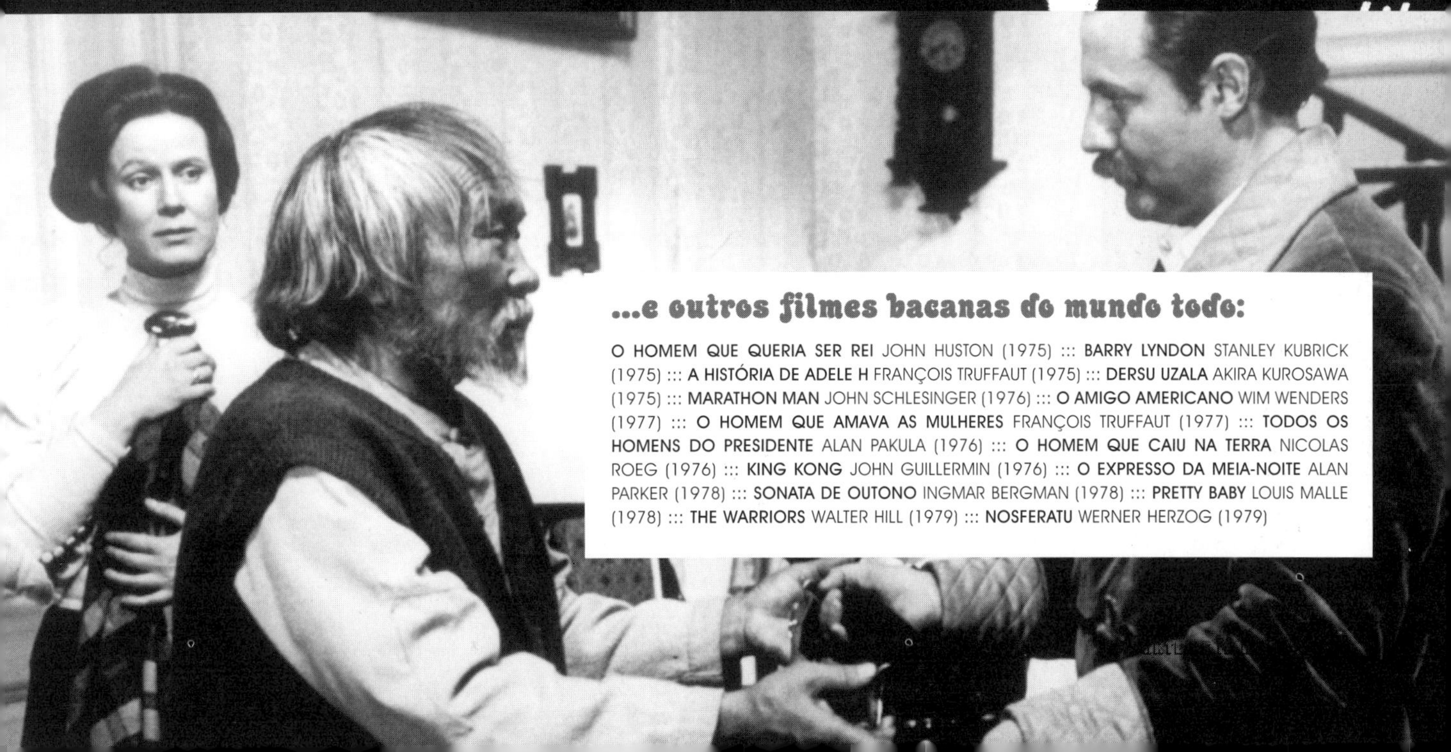

...e outros filmes bacanas do mundo todo:

O HOMEM QUE QUERIA SER REI JOHN HUSTON (1975) ::: **BARRY LYNDON** STANLEY KUBRICK (1975) ::: **A HISTÓRIA DE ADELE H** FRANÇOIS TRUFFAUT (1975) ::: **DERSU UZALA** AKIRA KUROSAWA (1975) ::: **MARATHON MAN** JOHN SCHLESINGER (1976) ::: **O AMIGO AMERICANO** WIM WENDERS (1977) ::: **O HOMEM QUE AMAVA AS MULHERES** FRANÇOIS TRUFFAUT (1977) ::: **TODOS OS HOMENS DO PRESIDENTE** ALAN PAKULA (1976) ::: **O HOMEM QUE CAIU NA TERRA** NICOLAS ROEG (1976) ::: **KING KONG** JOHN GUILLERMIN (1976) ::: **O EXPRESSO DA MEIA-NOITE** ALAN PARKER (1978) ::: **SONATA DE OUTONO** INGMAR BERGMAN (1978) ::: **PRETTY BABY** LOUIS MALLE (1978) ::: **THE WARRIORS** WALTER HILL (1979) ::: **NOSFERATU** WERNER HERZOG (1979)

Sexo!

Em 1976, os filmes pornôs representavam 16% do total da bilheteria dos Estados Unidos, com cem novos títulos lançados apenas naquele ano. Os produtores anunciavam seus novos produtos na *Variety*, e o acabamento dos filmes explícitos era tão apurado que muitas vezes a linha entre "pornô" e "erótico" era impossível de ser delineada. Na verdade, juntamente com a facilidade de cópias domésticas possibilitada pela sofisticação e proliferação dos videocassetes (que, ironicamente, haviam sido fundamentais para a expansão do setor), a competição dos filmes "legítimos", como o "musical erótico" *Alice no país das maravilhas* (versão *softcore* do livro de Lewis Carrol que foi uma das maiores bilheterias de 1976, segundo a *Variety*), eram os principais competidores das ofertas mais tradicionais.

A indústria do entretenimento adulto — como começou a ser chamada nos últimos 70 — contra-atacou à altura. Em 1976 o veterano diretor-produtor norte-americano Jonas Middleton comprou espaços em *Playboy*, *Penthouse* e *Variety* para anunciar o seu *Through The Looking Glass*, uma produção caprichada (sobre uma socialite possuída por um demônio muito assanhado) que, segundo os anúncios, era "destinado à mesma platéia sofisticada de casais que foi tão atraída por *Emmanuelle* no ano passado". *Looking Glass* passou 16 semanas entre as maiores bilheterias dos Estados Unidos, segundo a *Variety*.

O grande sucesso adulto do final da década veio em 1978 com *Debbie Does Dallas*, a crônica das aventuras eróticas de duas moças do interior cujo grande sonho era ser líder de torcida do time Dallas Cowboys. Suas estrelas, Bambi Woods — que de fato tentou ser *cheerleader* dos Cowboys — e Misty Winter tornaram-se as Lindas Lovelaces dos últimos 70.

Quem preferia manter sua dose de cinema erótico dentro dos lançamentos convencionais teve dois assuntos favoritos nos últimos 70: o trágico *Império dos sentidos*, de Nagisa Oshima, de 1976, e, em 1977 (1979 no Brasil), *À procura de Mr. Goodbar*, de Richard Brooks, com Diane Keaton e Richard Gere, que já antecipava a tendência dominante a partir dos 80 — violência em vez de prazer, e punição para quem ousava ser sexualmente livre.

"Faço um pouco de tudo, um pouco de tudo. Eu sou como o Darryl Zanuck. Gosto de mexer em tudo nos meus filmes."

(David Cardoso à **Veja**, 7/1/1976)

O produto brasileiro de substituição de importações no setor ainda era a pornochanchada, que atingiu seu pico nos últimos 70. Não era explícita ("pornografia é proibida em todo o território nacional", lembrava a *Veja* em 1976) e não primava pelo capricho, mas pornochanchadas eram um sucesso — segundo Carlo Mossy, elas representavam, em 1978, "85% do faturamento do cinema brasileiro". De fato, nos últimos 70 era comum o dilema de distribuidores sem data para lançar filmes estrangeiros porque as telas estavam lotadas por títulos nacionais, especialmente as "comédias eróticas". Mossy (que também era diretor) e David Cardoso (que também era produtor) reinavam — seu *A ilha do desejo* suplantou a bilheteria de *O poderoso chefão*, em muitos cinemas.

ALGUNS TÍTULOS DA SAFRA ::: UM SOUTIEN PARA PAPAI (1975), COM AS CALÇAS NA MÃO (1975) ::: TANGARELLA — A TANGA DE CRISTAL (1975) ::: QUANDO AS MULHERES QUEREM PROVAS (1975) ::: AMADAS E VIOLENTADAS (1975) ::: AS SECRETÁRIAS QUE FAZEM DE TUDO (1975) ::: AS MASSAGISTAS PROFISSIONAIS (1976) ::: A SUPERFÊMEA (1976) ::: 19 MULHERES E UM HOMEM (1977) ::: O BEM DOTADO HOMEM DE ITU (1977) ::: A ILHA DOS PRAZERES PROIBIDOS (1977) ::: AS TARADAS ATACAM (1978) ::: MANICURES A DOMICÍLIO (1978) ::: BONITAS E GOSTOSAS (1978) ::: AS 1001 POSIÇÕES DO AMOR (1979) ::: AS GRÃ-FINAS E O CAMELÔ (1979)

Você se lembra?

Dos berros de Jamie Lee Curtis? A heroína Laurie Strode, obsessão de Meyers, era o primeiro papel da filha de Janet Leigh e Tony Curtis, que tinha 19 anos quando o filme foi rodado. Nascia uma estrela...

Sangue!

Brian de Palma, seu voyeurismo e o banho de sangue de *Carrie, a estranha* não estavam sozinhos no final dos 70. Do Canadá vinha um novo mestre, o jovem David Cronenberg (15/3/1943, Toronto) com uma interessante obsessão por medicina, ciência e objetos cortantes. Depois de um longo aprendizado na TV, em 1977 Cronenberg deixa os cabelos das platéias de pé com *Rabid* (que no Brasil tem o apetitoso título de *Enraivecida na fúria do sexo*), em que uma transfusão de sangue contém muito mais que glóbulos vermelhos e brancos. Dois anos depois, em *Filhos do medo*, Cronenberg dá sua versão horripilante para a idéia de "exteriorizar traumas". Na Itália, Dario Argento continuava a trilha de sucesso do *Pássaro das plumas de cristal* com *Suspiria* (1977), em que um colégio interno de moças é um verdadeiro antro de mortes violentas e a inevitável possessão demoníaca.

O diabo, aliás, ainda estava solto, embora com menos entusiasmo. Mas o sucesso de *O exorcista* era incentivo suficiente para que Hollywood continuasse investindo em projetos como *A profecia* (1976) — Gregory Peck e Lee Remick adotam o Anticristo em pessoa! — e *Terror em Amityville* (1979) — uma casa é possuída por um espírito maligno. Na verdade, a atração fatal pelo demo quase acabou com a carreira do diretor inglês John Boorman — contratado para dirigir *O exorcista II — O herege*, ele tentou cair fora quando viu o quão horrendo era... o roteiro (não conseguiu: os produtores ameaçaram processá-lo). Linda Blair, Max Von Sydow e Louise Fletcher enfrentaram bravamente o tormento, ao lado de um cada vez mais bêbado Richard Burton. Quando o filme estreou, em 1977, a platéia da *première*, furiosa, exorcizou o filme jogando na tela tudo o que estava à mão.

Os terrores mais interessantes vinham de novos nomes e novas idéias e, em vez de assombrações e demônios, o terror nascia de horríveis mutações do próprio ser humano:

George Romero (4/11/1940, Nova York), um verdadeiro artista do filme B, retomou em 1978 uma idéia de um título seu de dez anos antes, e fez o que possivelmente é sua obra-prima: *Madrugada dos mortos*, onde uma estranha epidemia transforma os Estados Unidos numa nação de zumbis canibais, e os últimos sobreviventes se aquartelam num shopping.

Depois de alguns filmes de TV e um par de longas malsucedidos, Wes Craven (2/8/1939, Cleveland, Ohio) se deixa inspirar por *Massacre da serra elétrica* e vai buscar num episódio da história medieval britânica o suprimento para *Quadrilha de sádicos* (1978): uma família se vê perdida no deserto de Nevada, tornando-se presa fácil de um verdadeiro clã que parece saído de uma versão tenebrosa da pré-história.

Em *Halloween* (1978), John Carpenter (16/1/1948, Carthage, Nova York) cria uma das imagens mais marcantes do final da década: o rosto coberto por uma máscara de hóquei do seu monstro particular, o assassino psicótico Michael Meyers. Era o terceiro filme autoral de Carpenter depois de anos nas trincheiras dos monstros-b, e ele coloca na trama todos os ingredientes que depois se tornariam essenciais para o subgênero terror-slasher: vítimas adolescentes (em geral meninas gostosas e indefesas), massacres sádicos intercalados com momentos eróticos e cômicos, os amigos que desaparecem um por um.

Em 1979 *Alien, o oitavo passageiro* propõe um subgênero novo, o terror espacial. O filme que Walter Hill não teve tempo de dirigir lançou a carreira de um novato inglês vindo da publicidade, Ridley Scott (30/11/1937, South Shields, Inglaterra) e encheu as salas de cinema de gritos na escuridão e suspiros por Sigourney Weaver, de calcinha e top, enfrentando o monstrão baboso em pleno espaço.

ERREIRA
joão nogueira
ESPELHO
MONARCO
walter franco
revolver
Frenéticas
Soltas na Vida
CARTOL
QUALQUER COISA
LOU REED
STREET HASSLE
KRAFTWERK
TRANS-EUROPE EXPRESS
DURANTE O VERÃO
A BARCA DO SOL
JÓIA
CHEIO DE RAZÃO
Os Saltimbancos
Chico Buarque
ROSA DO POVO
MARTINHO DA VILA
MARIA BETHÂNIA
PÁSSARO PROIBIDO
Realce
Gilberto Gil
ELIS "TRANSVERSAL DO TEMPO" ELIS "TRANS
ALUCINAÇÃO
belchior
THE POLICE
Reggatta de Blanc
TOSTATIONDAVIDBOWIE
MANO DÉCIO DA VIOLA.
CAPÍTULO MAIOR DA HISTÓRIA DO SAMBA
CLUBE DA ESQUINA 2
milton nascimento
NOVO AEON
Raul Seixas

O MAIS VI
PROFESSOR
E O QUE É
QUE EU V
DO SER
GOIABINHA
DUCHEN
SEJA
doce de leite
CCPL
PESO LÍQUIDO
320g
Rotulo Registrado na SIPA
SUCO DE MARACUJA
MAGUARY
Consul
ba-oba
HOCOLATES
Garoto

Batedeira
Enceradeira
Brink-Mini
igualzinho aos de verdade.
Brink-Mini
igualzinho aos de verdade.
BOMBA
BOMBA
ESPIÃO
FRONT
REVESES
Aumentaram o aluguel de
casa em 100%.
O jeito é residir
de um Viaduto.
Pague:
100

REVISTA
MASCULINA
EDITORA TRÊS
LOURÊNIA
ESMERALDA
NEIDE
SUSANA GONÇALV
12
STÓRIAS
ARREPIAN
CABELOS

EM CORE
ESPECIAL 50
DOS SUPERFILHOS
AINDA BEM QUE NÃO SO FILHO DELE!
OS-VIVOS
garei a você r, Jabba. É ão de tempo.
Será riscad sempre do Civiliza
Eu lhe pag Jabba, mas n ameaça.
e sim porque eu quero.
anto isso a esa Léia se a falar sobre os gravados.
Mas ela a cedendo p

BLAUPUNKT
1
2
3
4
5
6
7
8
9
10
11
12
COLORADO
+
-
PAUSE
AV
AUTOM.
de mesa.Com muita
Apresentamos o Isqueiro de Mesa Cricket.
Mais uma idéia infalível da Gillette.
Para você usar e decorar sua casa, escritório;
ambiente de bom gosto.
E quando acaba o gás, basta substituir o Cricket
por um novo, conservando a mesma base moderna
Isqueiro de Mesa Cricket. Quatro desenhos
Compre para você, como presente.
Compre para os amigos também.
ISQUEIRO DE MESA
CRICKET

Technics
Technics

raun Rallye,
âmina de barbear
étrica jovem.
a novidade mais
eficiente do ano:
llye.
eçar pelo exclusivo
oil, uma lâmina
moldada em
ue tem 0,05 mm de
a e eliminou de vez
ia entre o bloco de
pele do seu rosto.
so, o corte é mais
em mais: com o
llye você realmente
pode se escanhoar.
A cabeça de corte tem
desenho anatômico de
verdade. Dai a facilidade para
atingir até as áreas mais
difíceis do seu rosto.
Quanto às cores, repare,
nenhum outro tem: azul,
verde, vermelho e preto.
Todas elas em perfeita
harmonia com o barbeador
elétrico mais moderno que
existe. Braun Rallye.
Braun do Brasil
Produtos Eletrô

Songs In The Key of Life
Stevie Wonder
POST CARD
LODGER
David Bowie
The CLASH
CLEMENTINA
Beth Carvalho
de pé no chão
MPB4 EM "BONS TEMPOS, HEIN?!"
MINAS
David Bowie
NEVER MIND THE BOLLOCKS
HERE'S THE
SEX PISTOLS
AVE SANGRIA
PUBLIC IMAGE
first issue
ATTACK
Dicró
Martinho da Vila
Terreiro
Sala e Salão
THE ROLLING STONES
BLACK AND BLUE
AC/DC
HIGH VOLTAGE
AEROSMITH
Toys in the Attic
TELEVISION
MARQUEE MOON
DEVO
GAL COSTA ÁGUA VIVA
jorge
LOU REED
BERLIN
Patti Smith
Horses
PAULINHO DA VIOLA
ZUMBIDO
KRAFTWERK AUTOBAHN
BOB MARLEY & THE WAIL
SURVIVAL

PORRADA!

A segunda metade da década é dominada por um novo tipo de herói: musculoso, grandalhão, calado, sem muito senso de humor. Sua mais perfeita tradução é Sylvester Stallone (6/7/1946, Nova York), filho de um cabeleireiro e uma astróloga, cujo rosto semiparalisado (por um acidente durante seu nascimento) parecia fazer a combinação perfeita com a vastidão da massa muscular de seu corpo. Stallone teve sua primeira chance no cinema em 1970 num filme pornô (com um cachê de 500 dólares), mas, na metade da década, sua jornada de sucesso pelas diversas faces do mesmo herói taciturno já estava a todo vapor:

ROCKY, UM LUTADOR (DIR. JOHN AVILDSEN, 1976). CHUVA DE OSCARS PARA ESTA HISTÓRIA DE ROCKY BALBOA, UM BOXEADOR DESCONHECIDO E SEM HORIZONTES QUE INESPERADAMENTE GANHA A OPORTUNIDADE DE ENFRENTAR O CAMPEÃO DOS PESOS-PESADOS. UM CRÍTICO CHEGOU A COMPARAR STALLONE COM MARLON BRANDO ::: **F.I.S.T** (DIR. NORMAN JEWISON, 1978). STALLONE COMO LÍDER SINDICAL NA CHICAGO DOMINADA POR GÂNGSTERES ::: **A TABERNA DO INFERNO** (DIR. SYLVESTER STALLONE, 1978). TRÊS IRMÃOS (STALLONE É UM DELES, É CLARO) IMIGRANTES LUTAM CONTRA A POBREZA E O CRIME NOS CORTIÇOS DE NOVA YORK. STALLONE ERA UM DIRETOR TÃO INEXPERIENTE QUE ESQUECIA DE DIZER "AÇÃO" NA HORA DE RODAR AS CENAS. TOM WAITS FAZ UMA PONTA ::: **ROCKY II, A REVANCHE** (DIR. SYLVESTER STALLONE, 1979). A CONTINUAÇÃO DO SUPER SUCESSO DE 76 ERA UMA PROPOSTA IRRESISTÍVEL — E LÁ SE VAI ROCKY BALBOA FAZER MAIS ABDOMINAIS E ENFRENTAR APOLLO CREED (CARL WEATHERS)

Música!

A mania da dança era contagiosa, e pegou nas telas também, trazendo o que pode muito bem ser a derradeira floração dos musicais.

Os documentários *Isto era Hollywood* (1974) e *Isto também era Hollywood* (1976) forneceram uma interessante moldura para os tempos, oferecendo uma antologia do que música e dança significavam para o cinema americano em épocas mais amenas, sem recessão e sem crise de petróleo. Uma nova geração descobriu Gene Kelly, Fred Astaire, Leslie Caron e Ginger Rogers graças a estes dois filmes dirigidos e produzidos por Jack Haley Jr., filho do ator e dançarino que interpretou o Homem de Lata em *O mágico de Oz* — e que, na época, era casado com Liza Minnelli, a filha de Dorothy.

Bob Fosse veste a pele da cobra na versão musical de *O pequeno príncipe*, de St. Exupéry, dirigida por Stanley Donen (1975), e acaba aclamado como a melhor coisa do filme. Mas seu melhor momento vem em 1979, como diretor e roteirista, com o autobiográfico *All that Jazz*, no qual Jessica Lange é um irresistível Anjo da Morte, e Roy Scheider, o alter-ego de Fosse, um dançarino/coreógrafo mulherengo, autodestrutivo e brilhante.

É mais um numa série de filmes em que o balé é a verdadeira estrela, e que inclui *Momento de decisão*, de Herbert Ross (1977) — com Shirley McLaine, Anne Bancroft, e a sensação do momento, Mikhail Barishnikov, que havia desertado para os Estados Unidos em 1974.

Filmes discoteca

Como sempre, Hollwyood descobriu a onda quando ela já se espraiava, e o grande boom de filmes com trilhas ou temas disco vem a partir de 1980. Mas o eixo central — Travolta como Tony Manero — e suas primeiras ramificações acontecem agora:

Os embalos de sábado a noite (DIR. JOHN BADHAM, 1977)

Um artigo do jornalista Nik Cohn na revista *Esquire* — "Tribal Rites of the New Saturday Night" — chamou a atenção do espertíssimo produtor Robert Stigwood, uma rara combinação de empresário de música que tinha livre trânsito em Hollywood. A combinação de um diretor competente mas não muito original (Badham, que substituiu John Avildsen na última hora), um rosto novo — Travolta, que vinha da TV — e uma trilha com grande poder de atração — na qual se destacavam os Bee Gees, contratados de Stigwood — transformou num fenômeno mundial a historinha prosaica do rapaz suburbano que faz sucesso nas pistas de dança de Nova York. Anos depois Nik Cohn confessou que sua "matéria" não passava de obra de ficção. Mas aí já não fazia diferença.

Car Wash (DIR. MICHAEL SCHULTZ, 1976)

Uma trilha constante de soul, funk e todas as suas ramificações dançáveis faz a base para uma série de incidentes hilários num lava-carros de Los Angeles — que existia mesmo, e serviu de locação para o filme. Richard Pryor está no elenco, assim como as Pointer Sisters. O DJ do rádio é J. J. Jackson, que viria a ser um dos primeiros *veejays* da MTV.

O mágico inesquecível (DIR. SIDNEY LUMET, 1978)

Michael Jackson e Diana Ross lideram o elenco desta adaptação para a tela do musical da Broadway que recontava a história do *Mágico de Oz* nas ruas de Nova York. Quincy Jones produziu a trilha, que tinha Luther Vandross e Asford & Simpson, além de Jackson, é claro.

Roller Boogie (DIR. MICHAEL LESTER, 1979)

Cansada de cuspir sopa de ervilha, Linda Blair põe patins nesta clara exploração do sucesso dos *Embalos*: um grupo de jovens patinadores se une para salvar a sua discoteca-ringue.

Filmes rock'n'roll

A era dos grandes documentários de rock já tinha acabado, com algumas interessantes exceções:

The Blank Generation (DIR. AMOS POE E IVAN KRAL, 1976)

Talking Heads, Patti Smith, Television, Ramones e Blondie, ao vivo no CbGB de Nova York, em autêntico preto-e-branco, fiel ao espírito da cena pós-punk de Manhattan.

O último concerto de rock (DIR. MARTIN SCORSESE, 1978)

Quando The Band resolveu debandar, o guitarrista Robbie Robertson pediu ao seu amigo Scorsese para documentar o show de despedida no Salão de Baile Winterland de San Francisco. Com toda a sua paixão pelo rock e a experiência de quem operou uma das câmeras em Woodstock, Scorsese fez muito mais que isso, adicionando entrevistas, números em estúdio e câmeras coreografadas.

Rock é rock mesmo (THE SONG REMAINS THE SAME, JOE MASSOT E PETER CLIFTON, 1976)

O filme que converteu muita gente ao rock pesado da tradição zepelínica mistura imagens de um concerto no Madison Square Garden de Nova York com "seqüências de fantasia" nas quais os zeps e seu empresário Peter Grant se imaginam como gângsteres, cavaleiros medievais e magos. Já o título em português é um espetáculo de falta de imaginação.

FILMÃO REÚNE OS MELHORES DO SOM FOLK

Vá se preparando para assistir a um dos melhores filmes de rock de todos os tempos. A qualquer momento estará pintando por aqui *The Last Waltz*, um documentário sobre a apresentação de despedida do grupo The Band, em São Francisco (Califórnia), há dois anos. Dirigido por Martin Scorcese (o cara que fez *Taxi Driver*), o filme está arrancando aplausos de todos os críticos, até dos mais carrancu-

dos carinhas do grupo The Bar (Levon Helm, Robbie Robertso Rick Danco, Richard Manuel Garth Hudson), pintam na te rockeiros como Bob Dylan, Va Morrison, Joni Mitchell e Ne Diamond. Mas a grande estrel de acordo com os críticos, é me mo Robbie Robertson, o guita rista do grupo The Band: além c tocar com muita garra, ele dá u banho de interpretação, de cha me e de sensualidade em *Th*

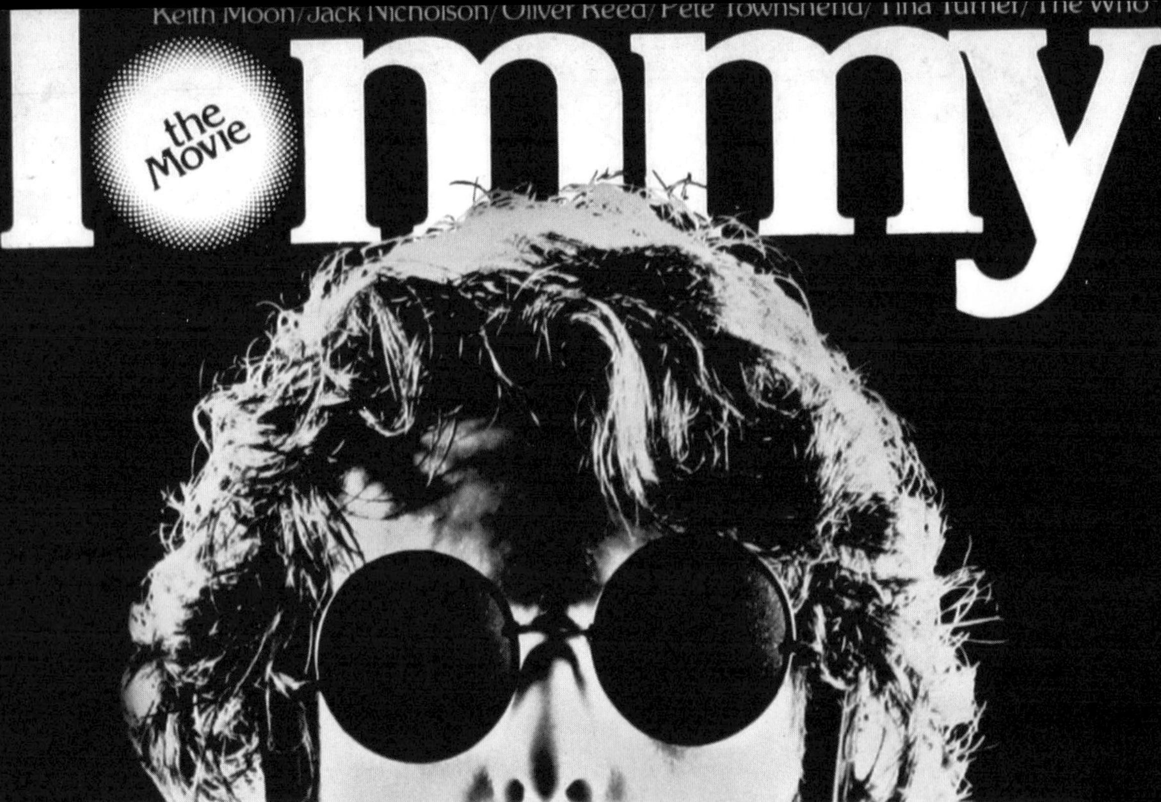

OS MUSICAIS DE ROBERT STIGWOOD

Robert Stigwood (16/4/1934, Adelaide, Austrália) é provavelmente a figura mais influente da transformação do rock num produto de consumo, no final dos 70. Vinha de boa escola: ele havia sido assistente de Brian Epstein nos áureos tempos dos Beatles. Com interesses em teatro, cinema e discos (através de sua gravadora RSO), Stigwood foi um pioneiro do que se chamaria depois de "sinergia" e "convergência". Em torno do imenso sucesso de *Embalos de sábado à noite*, Stigwood construiu um pequeno império que, no cinema, inclui:

Tommy (DIR. KEN RUSSEL, 1975)

O barroco diretor teve rédea livre para fazer o que bem entendesse com a ópera-rock do Who. E fez: botas gigantes para Elton John, o Pinball Wizard, um cenário roxo e vermelho para Tina Turner, a Acid Queen (David Bowie teria sido a escolha inicial de Russel para esse papel), Eric Clapton vestido de padre tocando guitarra numa igreja, uma TV que vomita champanhe e feijões em cima de Ann Margret, a mãe do menino cego, surdo e mudo (Roger Daltrey) que se transforma em líder místico.

Sgt. Pepper's Lonely Hearts Club Band (DIR. MICHAEL SCHULTZ, 1978)

O diretor de *Car Wash* pilota este confeito cinematográfico que não tem quase nada a ver com o álbum dos Beatles, a não ser o fato de tomar ao pé da letra todas as canções de Sgt. Pepper's e algumas de Abbey Road. Dois contratados de Stigwood — os Bee Gees e Peter Frampton — têm os papéis principais como os irmãos Henderson e Billy Shears, respectivamente. Alice Cooper, Earth Wind & Fire e Aerosmith completam a salada musical.

Nos tempos da brilhantina (DIR. RANDAL GLEISER, 1978)

Stigwood viu este musical na Broadway, onde fizera boa carreira e ganhara prêmios, depois de um começo modesto em Chicago no início dos anos 70. Imediatamente pensou em levá-lo para a tela. Sua escalação inicial era um pouco diferente: Stigwood queria o ator Harry Winkler, que fazia na série *Happy Days*, da TV, um papel muito semelhante ao Danny de *Grease*. Mas o ator recusou, temendo entrar de cara em mais um projeto saudosista do final dos anos 50. Marie Osmond teria sido Sandy se não tivesse se oposto ao "incentivo à libertinagem" do roteiro. A descoberta do potencial de John Travolta e a aparição de uma cantora pop de sucesso na Austrália — Olivia Newton John — resolveram esses problemas. O fato de ambos não serem adolescentes ginasianos há muito tempo — Travolta tinha 24 anos, e Olivia, 29 — parecia não ter problema algum (afinal Stockard Channing, a líder das Pink Ladies, já estava com bons 34).

"É preciso que os teen-agers de hoje estejam muito carentes de ídolos para tomar como modelo a figura de John Travolta. A geração dos Beatles soube escolher melhor, sem dúvida. Porque o rapazola (...) é sério candidato ao título de pior ator do mundo no momento e, como dançarino, evidentemente nada tem a ver com um eventual Gene Kelly ou Fred Astaire das discotecas. Nos tempos da brilhantina de fato volta ao passado, mas ao que de pior produzia o musical americano de vinte anos atrás: as canastrices de Elvis Presley e Pat Boone."

(José Haroldo Pereira, **Manchete**, 21/11/1978)

Cine BR: o Brasil descobre o Brasil

O cinema brasileiro fazia sucesso no final dos 70. Muito sucesso. Uma boa parte eram as "comédias eróticas", é claro — mas, como dizia uma elaborada matéria da *Veja* em janeiro de 1976, elas podiam ser consideradas "uma espécie de grupo de assalto, (conseguindo) estabelecer determinadas cabeças-de-ponte" no mercado consumidor de cinema, embora utilizassem "armas de discutível valor estético e moral". Na presidência da Embrafilme, Roberto Farias (27/3/1932, Nova Friburgo, RJ) dizia que "não era contra a existência das comédias eróticas" por ser "a favor da mais irrestrita liberdade de se fazer qualquer gênero de filme", mas afirmava que "nem um tostão" dos cofres públicos havia sido encaminhado para títulos como *Cada um dá o que tem*.

Para felicidade geral da nação, outros títulos mais substanciais caíram nas graças do público. Entre eles:

A rainha Diaba (DIR. ANTÔNIO CARLOS DA FONTUORA, 1974)
Livremente inspirado na figura de Madame Satã, com um argumento de Plínio Marcos, Antônio Carlos da Fontoura (1939, São Paulo, SP) mergulha num submundo de prostituição e tráfico de drogas no Rio de Janeiro. Stepan Nercessian é o herói, mas Milton Gonçalves, como a terrível e trágica Rainha Diaba do título, é inesquecível.

O amuleto de Ogum (DIR. NELSON PEREIRA DOS SANTOS, 1975)
Pilar do Cinema Novo, Nelson Pereira dos Santos (22/10/1928, São Paulo, SP) explora o virtualmente intocado universo do crime organizado no Rio de Janeiro, seguindo a trama de Gabriel (Nei Sant'Anna, filho de Nelson), rapaz pobre que vem do Nordeste para Caxias, na Baixada Fluminense, e se emprega como pistoleiro. Como o verdadeiro poderoso chefão Tenório Cavalcanti (em quem o roteirista Francisco Santos, de Caxias, se inspirou), Gabriel tem o corpo fechado graças à proteção do amuleto que dá título ao filme. Macalé faz o cantador cego que narra a história.

"Um garoto vem do Nordeste e vai ser pistoleiro em Caxias, contratado por uma organização criminosa. E o filme acredita nisso, não faz nenhuma crítica: trata o tema como se fosse a realidade mesmo." (Nelson Pereira dos Santos à MANCHETE, 1/2/1975)

Xica da Silva (DIR. CARLOS DIEGUES, 1976)
Versão apimentada, quase carnavalesca da história da escrava Xica (Zezé Motta) que seduz seu senhor (Walmor Chagas) e se torna grande dama das Minas Gerais. Maior sucesso de bilheteria de Cacá Diegues (19/5/1940, Maceió, AL) até então — e com uma canção-tema de Jorge Ben, que basicamente musicou a sinopse que Cacá havia lhe enviado à guisa de pesquisa.

Dona Flor e seus dois maridos (DIR. BRUNO BARRETO, 1976)
Vindo do sucesso de *A estrela sobe*, com Bete Faria, Bruno Barreto (16/3/1955, Rio de Janeiro, RJ) emplaca, aos 21 anos, o maior hit brasileiro da década, depois que Glauber Rocha desiste de dirigir a adaptação do *best-seller* de Jorge Amado que Luiz Carlos Barreto havia comprado. Sônia Braga, a estrela do momento, é Dona Flor, às voltas com seu falecido mas sensual Vadinho (José Wilker) e seu vivo e caretérrimo Teodoro (Mauro Mendonça). O filme foi comprado pela distribuidora americana New Yorker e exibido nos EUA, e acabou indicado para o Globo de Ouro em 1979. Virou *remake made in Hollywood* em 1982, com o título *Kiss me Goodbye* e Sally Field, James Caan e Jeff Bridges nos papéis que foram de Sônia, Wilker e Mauro.

"Eu li a história. E a possibilidade de fazer uma comédia me fascinou. Eu andava mesmo querendo fazer uma comédia, mas não dentro da perspectiva realista. Dona Flor é uma farsa. Uma espécie de Tom Jones baiano."
(Bruno Barreto à FATOS E FOTOS, 18/8/1975)

Se segura malandro (DIR. HUGO CARVANA, 1977)
Diretor, produtor e roteirista, Hugo Carvana (4/6/1937, Rio de Janeiro, RJ) ainda fazia o papel de Paulo Otávio, dono e DJ de uma rádio clandestina. Denise Bandeira era sua repórter de campo, Calói Volante.

A dama do lotação (DIR. NEVILLE D'ALMEIDA, 1978)
Vindo do cinema marginal dos anos 60, Neville d'Almeida (1941, Belo Horizonte, MG) cai nos braços do público refinando os elementos da "comédia erótica" com uma base de Nelson Rodrigues e a presença da superstar Sônia Braga como Solange, a moça que só se satisfaz com os contatos fugazes em transportes públicos.

Bye Bye Brasil (DIR. CARLOS DIEGUES, 1979)
A Caravana Rolidei — José Wilker, Bete Faria e Príncipe Nabor — roda pelo interior do Brasil tentando entreter um público que, cada vez mais, prefere a televisão. A eles se juntam um sanfoneiro (Fábio Júnior) e sua mulher grávida (Zaira Zambelli). O filme que todo mundo comentava no final da década — com o sucesso adicional da canção do Chico Buarque, aquela da "última ficha caiu".

As últimas de Glauber

Glauber Rocha (14/3/1938, Vitória da Conquista, BA – 22/8/1981, Rio de Janeiro, RJ) havia passado os primeiros 70 num auto-imposto exílio, vivendo e trabalhando na Europa. Em março de 1974 manda para a revista *Visão* uma carta apoiando o projeto de "distensão lenta, gradual e segura" do presidente Ernesto Geisel e chamando o general Golbery do Couto e Silva, criador do Serviço Nacional de Informações, de "gênio da raça". É o equivalente a um míssil ideológico na cada vez mais agitada comunidade intelectual e criativa do Brasil.

Em 1976, volta ao Brasil e em outubro, seguindo um desejo de Di Cavalcanti, que havia combinado com ele que quem morresse primeiro documentaria o enterro do outro, Glauber filma o velório e o sepultamento do pintor. As filmagens em si, com Glauber falando alto e berrando instruções para a equipe, já dão o que falar; quando o curta é exibido pela primeira vez em março de 1977, a família de Di se revolta e pede a interdição da obra. Entre outras coisas, há um close do artista no caixão, chumaços de algodão no nariz, e o sepultamento ao som da marchinha "O teu cabelo não nega". Exibido no Festival de Cannes, dois meses depois — com o título de *Ninguém assistirá ao enterro da tua última quimera, somente a ingratidão, aquela pantera, foi sua companheira inseparável*, verso de Augusto dos Anjos — o filme ganha o Prêmio Especial do Júri.

Em março de 77, morre a irmã de Glauber, a atriz Anecy Rocha, que havia acabado de filmar *A lira do delírio* com Walter Lima Jr. O impacto da morte prematura e absurda — Anecy, 35 anos, caiu no poço de um elevador — é imenso em Glauber.

Em 1978, usando recursos próprios em uma árdua co-produção com a Embrafilme, Glauber começa a filmar *A idade da Terra* na Bahia. Chamando o projeto de "transposição dos quatro evangelhos para o Brasil de hoje", ele diz à *Veja*, em janeiro de 78, que o filme é "*Deus e o Diabo na terra do Sol* multiplicado por *Terra em transe*". Jece Valadão é "um Cristo-tupi", e o elenco tem Tarcísio Meira, Glória Menezes, Norma Benguel, Antônio Pitanga e Danuza Leão.

Em 1979, Glauber é uma das personalidades em cena no programa Abertura, da TV Tupi, e escreve textos polêmicos para *O Pasquim*, *Correio Braziliense*, *Folha de S.Paulo*, *Jornal do Brasil* e *Enfim*: "Busco um outro cinema. Um filme que o espectador deverá assistir como se estivesse numa cama, numa festa, numa greve ou numa revolução. É um novo cinema, antiliterário e metateatral, que será gozado, e não visto e ouvido".

Teatro

Em 1975, o Serviço Nacional de Teatro retomou seu Concurso de Dramaturgia, suspenso desde 1969, quando a peça vitoriosa — *Papa Highirte*, de Oduvaldo Vianna Filho, sobre os sonhos de poder de um ditador latino-americano deposto — foi proibida pela Censura. A volta do Concurso, contudo, foi tudo, menos amena: outra peça de Vianinha, *Rasga coração*, venceu. E foi também proibida. (Vianinha teria ainda proibidas ou canceladas, nos anos seguintes, *A longa noite de cristal* e *Moço em estado de sítio*.)

Em 1977 o Concurso ficou ainda mais animado: logo no início da reunião final do júri, que homologaria a vitória de *Patética*, de João Ribeiro Chaves Netto, o SNT foi invadido por agentes dos órgãos de segurança, que confiscaram o texto (que não tinha nome, apenas número de inscrição) e o envelope de identificação do autor. João Ribeiro Chaves Netto era cunhado de Vladimir Herzog, e *Patética* abordava a tragédia e farsa da morte do jornalista.

Em 1979, *Papa Highirte* e *Rasga coração* são finalmente liberadas e encenadas, com grande sucesso. Vianinha, falecido prematuramente em 1974, tornou-se o autor mais festejado do ano, e *Rasga coração* liderou praticamente todas as listas de melhores de 1979.

"Creio que (Rasga coração) incomodava muito o então ministro da Justiça Armando Falcão por conter referências ao Partido Integralista, ao qual o ministro havia pertencido." (O diretor José Renato à **Veja**, 16/5/1979)

Você se lembra?

Em dezembro de 1976 os jornais noticiaram a "descoberta de material de guerrilha" no teatro Arcádia, em Nova Iguaçu, estado do Rio de Janeiro. O "estoque" foi descoberto por acaso, quando bombeiros foram combater um incêndio no teatro. Na verdade eram botas, capacetes e mosquetões emprestados pela Brigada Paraquedista local para uma montagem de *Pic Nic no Front*, de Arrabal.

Cantando nos palcos: os novos musicais

Mesmo com sua *Calabar* engavetada por forças alheias à sua vontade, Chico Buarque não desiste e, a partir de 1976, lidera uma retomada do musical à brasileira com *Gota d'água*, sua e de Paulo Pontes. Baseado na tragédia *Medéia*, de Eurípides, a história da mulher que mata seus filhos para se vingar de um amor traidor veio da Grécia do século V antes da era cristã para o subúrbio carioca dos anos 70, com Bibi Ferreira (mulher de Paulo na época) como a heroína trágica, Roberto Bonfim como o traidor Jasão, e Bete Mendes como a rival, tudo pontuado por grandes canções de Chico. Dirigida por Gianni Ratto, *Gota d'água* estreou em janeiro de 1976 no teatro Teresa Raquel no Rio de Janeiro e valeu a Bibi o prêmio Moliére de melhor atriz. Numa tragédia particular, Paulo Pontes faleceu em dezembro do mesmo ano, vítima de câncer do estômago.
Em 1977 Chico atacou novamente, escrevendo, com o italiano Sergio Bardotti, o musical infantil *Os saltimbancos*, baseado no conto "Os músicos de Bremen". E, no ano seguinte, toma emprestado a *Ópera dos três vinténs*, de Brecht e Weill, para fazer a sua *Ópera do malandro*. Dirigida por Luiz Antônio Martinez Correa, a *Ópera* tinha Nadinho da Ilha como o herói João Alegre, em sua escalada social pelo Brasil getulista de 1943, e foi supersucesso de crítica e público desde sua estréia em agosto de 1978, no teatro Ginástico do Rio de Janeiro.
No exterior, a era dos musicais hippies tinha acabado. Tim Rice e Andrew Lloyd Weber, responsáveis por um deles — *Jesus Cristo Superstar* — interessaram-se agora pelo pólo oposto, a figura calculista e manipuladora de Eva Perón. *Evita* começou como um álbum conceitual lançado em 1975. Puxado pela canção "Don't Cry For Me, Argentina", o LP chegou ao topo das paradas na Europa. Em 1978, finalmente, *Evita* chegou ao palco, primeiro em Londres e depois na Broadway, numa produção do diligente Robert Stigwood. Elaine Page, Joss Ackland e o cantor pop David Essex eram, respectivamente, Evita, Juan Peron e Che na montagem londrina, com Patti LuPone, Bobby Gunton e Mandy Patinkin nos mesmos papéis em Nova York.
Com um conceito diferente e até então inédito, *A Chorus Line* estreou no teatro Shubert de Nova York no dia 25 de julho de 1975. A peça se resumia aos testes de um grupo de cantores e dançarinos para um fictício musical, e contava suas vidas e dramas à medida que as provações da *audition* se desenrolavam. Quando a década virou, *A Chorus Line* ainda estava sendo apresentado, sem interrupções, no mesmo Shubert.

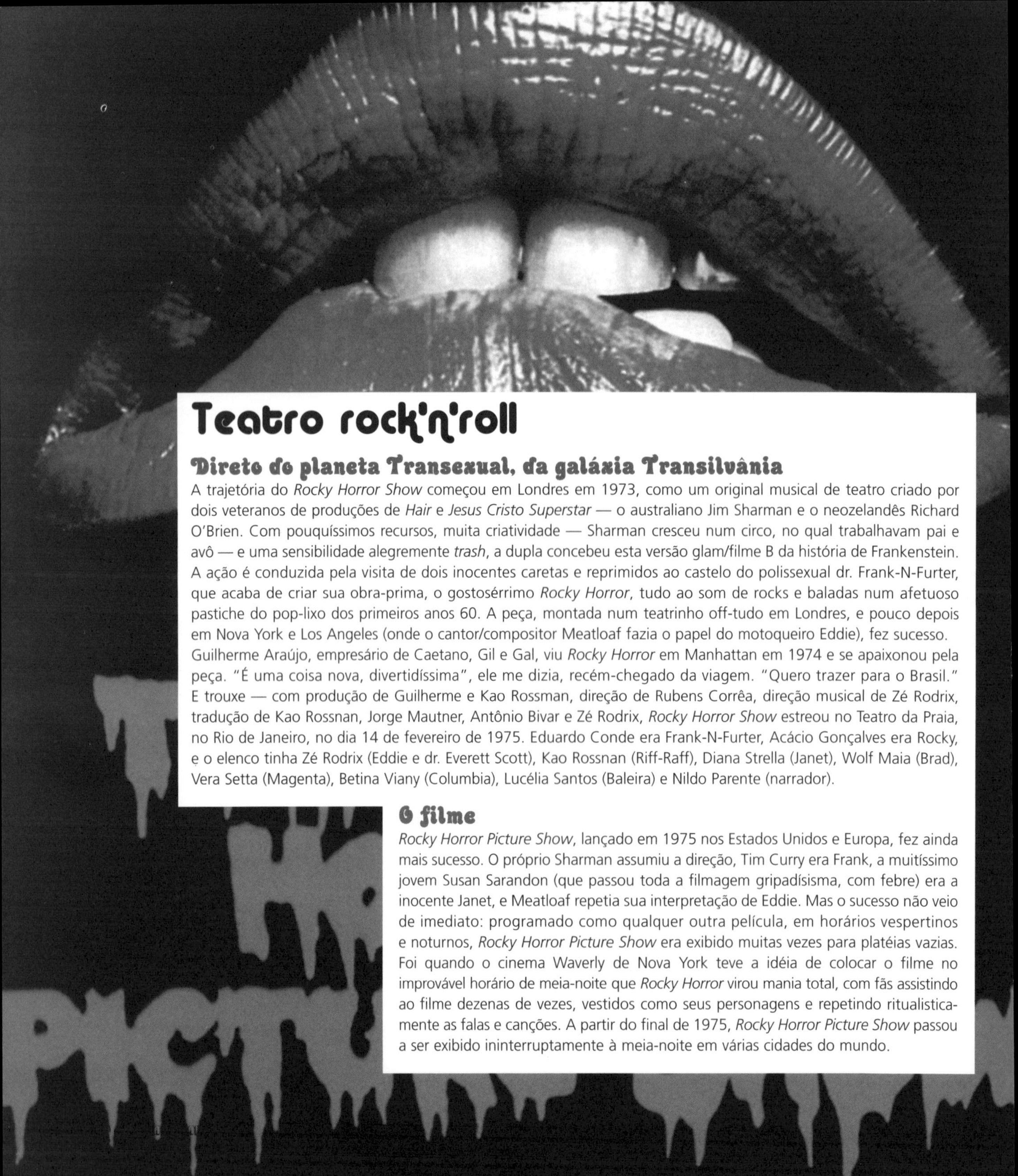

Teatro rock'n'roll

Direto do planeta Transexual, da galáxia Transilvânia

A trajetória do *Rocky Horror Show* começou em Londres em 1973, como um original musical de teatro criado por dois veteranos de produções de *Hair* e *Jesus Cristo Superstar* — o australiano Jim Sharman e o neozelandês Richard O'Brien. Com pouquíssimos recursos, muita criatividade — Sharman cresceu num circo, no qual trabalhavam pai e avô — e uma sensibilidade alegremente *trash*, a dupla concebeu esta versão glam/filme B da história de Frankenstein. A ação é conduzida pela visita de dois inocentes caretas e reprimidos ao castelo do polissexual dr. Frank-N-Furter, que acaba de criar sua obra-prima, o gostosérrimo *Rocky Horror*, tudo ao som de rocks e baladas num afetuoso pastiche do pop-lixo dos primeiros anos 60. A peça, montada num teatrinho off-tudo em Londres, e pouco depois em Nova York e Los Angeles (onde o cantor/compositor Meatloaf fazia o papel do motoqueiro Eddie), fez sucesso.

Guilherme Araújo, empresário de Caetano, Gil e Gal, viu *Rocky Horror* em Manhattan em 1974 e se apaixonou pela peça. "É uma coisa nova, divertidíssima", ele me dizia, recém-chegado da viagem. "Quero trazer para o Brasil." E trouxe — com produção de Guilherme e Kao Rossman, direção de Rubens Corrêa, direção musical de Zé Rodrix, tradução de Kao Rossnan, Jorge Mautner, Antônio Bivar e Zé Rodrix, *Rocky Horror Show* estreou no Teatro da Praia, no Rio de Janeiro, no dia 14 de fevereiro de 1975. Eduardo Conde era Frank-N-Furter, Acácio Gonçalves era Rocky, e o elenco tinha Zé Rodrix (Eddie e dr. Everett Scott), Kao Rossnan (Riff-Raff), Diana Strella (Janet), Wolf Maia (Brad), Vera Setta (Magenta), Betina Viany (Columbia), Lucélia Santos (Baleira) e Nildo Parente (narrador).

O filme

Rocky Horror Picture Show, lançado em 1975 nos Estados Unidos e Europa, fez ainda mais sucesso. O próprio Sharman assumiu a direção, Tim Curry era Frank, a muitíssimo jovem Susan Sarandon (que passou toda a filmagem gripadísisma, com febre) era a inocente Janet, e Meatloaf repetia sua interpretação de Eddie. Mas o sucesso não veio de imediato: programado como qualquer outra película, em horários vespertinos e noturnos, *Rocky Horror Picture Show* era exibido muitas vezes para platéias vazias. Foi quando o cinema Waverly de Nova York teve a idéia de colocar o filme no improvável horário de meia-noite que *Rocky Horror* virou mania total, com fãs assistindo ao filme dezenas de vezes, vestidos como seus personagens e repetindo ritualisticamente as falas e canções. A partir do final de 1975, *Rocky Horror Picture Show* passou a ser exibido ininterruptamente à meia-noite em várias cidades do mundo.

Asdrúbal Trouxe o Trombone

O nome veio da "linguagem cifrada" inventada por Geraldo Casé, pai de Regina, e foi escolhido pelo grupo exatamente porque era o oposto do aceitável para um grupo sério de teatro na metade dos 70, quando todo mundo se chamava Oficina, Arena, Opinião. Nem os próprios integrantes — Hamilton Vaz Pereira, Regina Casé, Jorge Alberto Soares, Luiz Arthur Peixoto, Daniel Dantas, João Carlos Motta, Julita Sampaio e Janine Goldfield, em maio de 1974 — conseguiam pronunciar Asdrúbal Trouxe o Trombone sem tropeçar em tantos Ts e Rs.

A primeira peça montada foi *O inspetor geral*, de Gogol, em várias apresentações pelo Rio de Janeiro — Museu de Arte Moderna, PUC — Curitiba e São Paulo, sempre com críticas altamente positivas. Em 1975, com uma composição diferente, mas com a mesma postura rock'n' roll, aberta, circense, flertando com a anarquia, o Asdrúbal montou *Ubu rei*, de Alfred Jarry. Era uma produção muito grande para um grupo tão jovem em todos os sentidos e, no final do ano, o núcleo sobrevivente do Asdrúbal original — Hamilton, Regina, João Carlos, Luiz Fernando e Jorge Alberto — resolveu suspender a temporada.

A parada levou a uma auto-examinação, novos integrantes — Evandro Mesquita, Patrícia Travassos, Luiz Fernando Guimarães, Perfeito Fortuna, Nina de Pádua, Fábio Junqueira — e uma proposta ousada: criar seu próprio material, em vez de montar textos alheios. Num grupo de pessoas em seus 20 anos o que surgiu foi uma cuidadosa e bem humorada catarse de suas vidas até então — curtas mas repletas de todos os momentos marcantes que definem uma pessoa. Casa, família, escola, independência, drogas, amor, sexo, amizades, trabalho, grana, carreira e um buraco assassino de metrô compunham o espetáculo que, inicialmente, tinha quatro horas de duração: *Trate-me Leão*. Foi, literalmente, uma explosão: como Perfeito Fortuna recorda, havia gente brigando para entrar no teatro Dulcina, no Rio de Janeiro, onde a peça ficou em cartaz, com casa lotada, em 1977 e 1978, e depois em excursão pelo país. No dia 26 de dezembro de 1978, com bilheteria revertida para o Chacal, marido de Regina Casé na época, que havia sofrido um acidente de carro, *Trate-me Leão* foi apresentado pela última vez no alto do morro da Urca, no Rio.

"A gente era rock'n'roll, tanto podia estar fazendo aquilo como estar numa banda de rock. Acho que foi um corte epistemológico, mesmo. Não foi outra coisa."

(Regina Casé sobre Trate-me Leão)

"Dancemos todos, dancemos
Amadas, mortos, amigos
Dancemos todos até
Não mais saber-se o motivo."

(Poema de Mário Quintana impresso nos convites para a inauguração da Frenetic Dancing Days Dicothèque, no Rio de Janeiro, 5/8/1976)

CURTIÇÃO 1975-1979

bebidas

Os grandes lançamentos foram mesmo na primeira metade — estávamos aqui num interlúdio entre a era de garrafas com casco e latas descartáveis, sabores ultradoces e diet/light, refrigerantes na mesa do almoço ou no balcão da lanchonete, em copo de papel ou garrafa tamanho família. O vinho brasileiro tenta emplacar, e os sucos de frutas espremidos na hora viram mania.

Os lançamentos do final da década têm aquele sabor inconfundível de fruta artificial: Sukita, Brahma Soda Limonada, Pop Laranja da Antarctica.

Uma grande estrela era a Groselha Vitalizada Milani, que tinha um *jingle* inesquecível: Groselha Vitalizada Milani. Iahu!/ É uma delícia/ Iahu!/ No leite/ Iahu!/ No refresco e no lanche/ Iahu!

A Coca-Cola resolve levar para as ruas a novidade da bebida *ready-mix* lançada no início da década: vendedores em uniformes vermelhos e brancos aparecem nas praias, shows e saídas das discotecas com um estranho aparato às costas, do qual emergia uma mangueira com uma torneirinha pressurizada. A idéia é que eles serviriam a Coca Cola "fresquinha", misturada na hora. Mas era difícil o vendedor que conseguia mandar uma coca "na pressão", certinha, sem parecer xarope com espuma por cima.

Aproveitando a maré maciça de substituição de importações, as vinícolas brasileiras enchem o mercado com suas primeiras propostas mais sérias, inclusive os primeiros espumantes, quase todos insuportavelmente doces. Entre elas: Château Mont Clair (tinto, rosê e branco), Marjolet, Marquês de Borba, Saint Michel, Château Duvalier, Liebfraumilch, da Dreher (que também tinha um Rosê Dreher e um tinto chamado Velho Capitão).

Duas

Você se lembra?

Independentemente da hesitante qualidade dos vinhos nativos, o primeiro namoro sério do brasileiro com a nobre bebida se dá nesta segunda metade dos 70. A mania do *fondue* e da recém-descoberta degustação de queijos (além dos provolones em pedaços dos botecos) e vinhos contribuiu para esse caso de amor. Restaurantes tipo *cave à vins* apareceram nas cidades, sempre com um ótimo ar refrigerado. Numa ironia sem fim, um dos mais populares do Rio de Janeiro ficava na casa que tinha sido do desaparecido Rubem Paiva, na avenida Delfim Moreira, no Leblon.

OS UÍSQUES DA MODA ::: **BELL'S** ::: **TEACHER'S** ::: **J&B** ::: **QUEEN ANNE** ::: **CHIVAS** ::: **OLD SMUGGLER** ::: **HAIG** ::: E O NOSSO **OLD EIGHT**, O QUE "SE CONHECE NO DIA SEGUINTE".

A cachaça faz sua primeira tentativa de subir de nível: em 1975 é lançada a Cachaça de São Francisco, "envelhecida em barris de carvalho", com um rótulo *clean*, bem produzido, mostrando um monge sorridente. Em 1976, capitalizando o sucesso na novela *Saramandaia*, a Hofer lançou a cachaça Saramandaia, que aparecia na trama do folhetim, bebiba pelos personagens da fictícia cidade de Bole-Bole, na zona canavieira da Bahia. Em 1978 a tradicionalíssima Pirassununga 51 é reposicionada no mercado com o *slogan* "uma boa idéia".

OS DRINKS DA MODA ::: BITTER SAFARI ::: **CARPANO PUNT E MES** ::: **CAIPIRÍSSIMA** (A CLÁSSICA, DE LIMA COM RUM) ::: **CAIPIROSKA** (COM VODCA) ::: **PIÑA COLADA** (RUM, SUCO DE ABACAXI, LEITE DE COCO) ::: MARTINI EXTRA DRY COM GIM, VODCA OU SODA ::: **CAIPIRINHA** AINDA ERA BEBIDA DE POBRE, RELEGADA AO PÉ-SUJÍSSIMO.

GULOSEIMAS

Chocolates

Em 1976 a Nestlé lança o Croquete, delícia intensamente incontrolável por vir em pequenos tubinhos de puro chocolate ao leite, mais substanciais que as moedinhas e cigarrinhos e menos enjoativos que uma barra inteira; outros duradouros lançamentos da Nestlé no final da década são o Pralinete — "pra mim e pra você, Pralinete Nestlé!" — e o crocante Kri; a Kibon acrescenta suas barrinhas às delicias da carrocinha amarela: Kibamba (recheado de marshmallow), Lingote e Krema (com caramelo); a Garoto tinha espessas barras: Dessert branco e ao leite, e, a partir de 1976, o Baton, que era exatamente isso, um bastãozinho de chocolate; o chocolate Sensação com recheio líquido de baunilha, morango e limão. E na Páscoa, além dos luxuosos ovos da Kopenhagen, havia os da Lacta e os coelhinhos de chocolate Mirabel, que vinham em fêmea e macho.

Você se lembra?

Dos iôiôs de chocolate, embrulhados em papel verde metálico? O cordão era um elástico bem fininho

Biscoitos

DUCHEN ::: **ZAMBINOS** DA ELMA CHIPS ::: OS **"VITAMINADOS"** DA SÃO LUIZ ::: E AS GRANDES ESTRELAS — AS **BOLACHAS CREK CREK**, QUE JÁ VINHAM "MORDIDAS PELO MONSTRO"

Você se lembra?

A marca perdeu-se na espiral do tempo, mas a grande mania era uns biscoitos bem crocantes, alguns com castanha de caju, outros com passas, que vinham em sacos transparentes fechados, em cima, por uma tira de papelão com imagens de contos de fadas — Chapeuzinho Vermelho, João e Maria. Eram absolutamente viciantes.

Balas, pirulitos e drops

Além dos tradicionais sabores morango, limão e laranja, a Kibon lança o infernal pirulito de chocolate, que era meio áspero, grudava no céu da boca e era, portanto, absolutamente irresistível; havia o Chucola, um drops quadradinho, numa embalagem como o Dulcora, só que era de Coca-Cola, com a embalagem vermelha e um aroma tentador que contaminava as salas de aula e pátios de recreio; a bala Skate, bem comprida; o Sugus da Suchard, caramelos em vários sabores, quadradinhos, danados para arrancar obturação. A grande novidade, contudo, eram as balas Pez — não por causa do gosto, que era de nada, mas pela embalagem, um tubinho quadradinho (como a bala) encimada por um bonequinho que lembrava aqueles do Lego. O charme é que a criaturinha era também o dispensador das balas, apertando a cabeça, saía uma bala embaixo. Outra estrela dos últimos 70 são as Balas de Leite Kids, aquela que era para pegar "quando o baleiro parar".

Gomas de mascar

A nascedoura mania *fitness* pode explicar o surgimento de um chiclete "bom para a saúde" — o Dentyne, que favorecia a limpeza dos dentes. Lançado com uma campanha de TV na qual um sujeito escovava os dentes à mesa do jantar num restaurante fino, o Dentyne foi um sucesso. Outro que pegou carona na onda esportiva foi o Freshen-up, em 1979, uma goma de mascar com recheio líquido nos sabores hortelã, tutti frutti e menta que ganhou fiéis consumidores entre surfistas e skatistas. Havia também o gigantesco chiclete Splash, um verdadeiro tijolão que inflava as bochechas de quem o mascava. E Bollets, o pirulito que era chiclete.

Sorvetes

Grandes conquistas na área dos sorvetes. Na praia carioca, surgem os competidores mais aguerridos da supremacia da Kibon — os artesanais de Maria Teresa Weiss e os ultra-artesanais do Dragão Chinês. Ainda no Rio, mas a alguns quarteirões da praia, a sorveteria Alex lança o mais diabólico de todos os sabores já criados pelo ser humano — o sorvete de doce de leite. Três anos depois de sua estréia, a Yopa diversificava com picolés de formatos, sabores e cores diferentes: Lolly Pop, Jatos e Cones. Já a Gelato lança o Kalipo ("Kalipo... todo de limão! Kalipo... todo framboesa!")

Delícias modernas

AMENDOCREM, PASTA DE AMENDOIM À AMERICANA ::: **4 EM 1 DA CICA** UM LATÃO COM PESSEGADA, FIGADA, GOIABADA E MARMELADA (TAMBÉM VINHA NA VERSÃO 3 EM 1, COM OS DOCES EM FORMATO DE UM TRIÂNGULO ISÓSCELES) ::: **GELÉIA DE AVIÃO** — UMA GELÉIA MAIS PARA GELATINA, EM CAIXINHAS QUADRADAS (A RITTER ERA A MAIS CONHECIDA)

Naturebas

A onda estritamente macrô começa a gerar alternativas mais flexíveis — era o começo da "comida natural". Não se falava ainda em "orgânicos" mas o cardápio tinha sempre arroz integral, molho de soja e nada de carne vermelha ou açúcar refinado. O resto ficava por conta da criatividade de cada um. Um marco da nova tendência é a inauguração, em setembro de 1975, do Restaurante Natural na rua Barão da Torre, em Ipanema, no Rio de Janeiro. O dono era o surfista e freqüentador do Arpoador Guilhermão.

Você se lembra?

Em contraste com os naturebas, as churrascarias ganham nova popularidade e se tornam points quentes. No Rio, quem precisava ser visto ia à Carreta em Ipanema e à Plataforma no Leblon (onde Tom Jobim tinha mesa cativa e podia ser encontrado todos os dias). Em São Paulo, o lugar "por dentro" era a Rodeio.

"Guilhermão inaugura no início de setembro na Barão da Torre o 1º restaurante vegetariano integralmente natural. Guilherme pretende introduzir um costume de muitos surfistas havaianos e californianos que preferem comer mais qualidade substancial em menos quantidade, ao invés de rangos sintéticos"

(Brasil Surf, set./out. 1975)

Dois hambúrgueres, alface, queijo, molho especial

No dia 13 de fevereiro de 1979 às 10:30h, a história do *fast food* no Brasil mudou de vez: estava inaugurada a primeira loja do McDonalds do país, na rua Hilário de Gouveia em Copacabana, no Rio de Janeiro. Seu cardápio inicial era o básico: cheeseburguer, hambúrguer, filé de peixe, fritas, torta de maçã, sundae, Coca-Cola e suco de laranja. Entre os hambúrgueres, as estrelas eram o quarteirão (com queijo e sem tradução literal do *quarter pounder* americano, ou quarto de libra) e o sanduíche-assinatura, o Big Mac, que, de acordo com a inesquecível musiquinha do comercial vinha com os tais "dois hambúrgueres, alface etc. num pão com gergelim!"

Numa era que adorava a novidade, o McDonalds pegou de cara e virou programa: videogame e pinball, discoteca, McDonald's.

Ele não tinha realmente concorrente — era um novo tipo de lanchonete que se apresentava. Mas na mesma época a Chaika de Ipanema, quase tão antiga quanto o bairro, fez uma reforma e ampliou suas instalações, adicionando uma infinidade de sanduíches, doces e tortas ao cardápio. E em São Paulo a rede Viena virou moda com seus cafés e chocolates com chantilly.

Os novos prazeres da praia

"OOOOlha o saaanduíiiche naaturaaal!" O grito de guerra dos primeiros ambulantes da gastronomia informal carioca representava o fim de fome, larica e outras aflições para dezenas de surfistas, artistas, poetas e pessoas cabeludas e de tanga. Os sanduíches — pão de Graham Plus Vita e pastas à base de ricota — eram uma alternativa mais substancial aos biscoitos Globo, e mais próxima que o Geneal, na calçada, ou os pães de queijo da Eldorado e da Ipanema (que em 1977 foi reformada, ampliada e ganhou uma nova saída para a rua Joana Angélica), a dois ou três quarteirões de distância. Sua competição não tardou a aparecer: as tortinhas vegetarianas dos hare krishna e, é claro, os picolés do Dragão Chinês, de origem incerta e não muito sabida, e composição possivelmente suspeita, mas nem por isso menos eficientes, especialmente os de coco (duros de tanto coco ralado) e pistache.

Em 1975 começava também a era dos barraqueiros, que tomavam para si porções privilegiadas de areia e não iam atrás dos fregueses, mas esperavam que viessem até eles. Mil e um serviços e delícias eram possíveis com esta nova conquista do empreendedorismo informal — de acarajés feitos na hora a saladas de frutas. E mais alguma coisa. "Pedrão começou a trabalhar (na praia) em 75. Em meados de 78 ele viajou para Serra Pelada atrás de ouro e grana. Voltou com cocaína de São Luís. Fez a festa." (Alexandre do Posto Nove em *Posto Nove*, de Chacal, Relume Dumará)

Esta praia não tinha mais o píer e os luaus com violão entre as dunas, mas tinha sua própria trilha. "O Pedrão tinha um som movido à bateria de automóvel. (...) A malucada levava fitas de Led Zeppelin, Janis Joplin, Raul Seixas e ficava lá até dez, 11 da noite." (id. ibid)

Guloseimas fora da lei

O preto...

Desde 1977 a maconha estava descriminalizada na Holanda, e quatro estados americanos, liderados pela Califórnia, haviam feito o mesmo com o uso pessoal da *Cannabis sativa*.

O norte da Califórnia, de San Francisco para cima, começava a se tornar o paraíso americano da tolerância à *cannabis*, e as primeiras plantações locais de uma excepcional *sinsemilla*.

No estado da Carolina do Norte o Instituto Research Triangle, contratado pelo governo americano, fabricava seus próprios baseados e pagava felizardos estudantes locais para puxarem um fuminho — a parte chata é que depois de queimar unzinho eles tinham que ficar numa cama de hospital sendo submetidos a enjoados exames médicos. Por uma boa causa, é claro — o governo americano queria saber, de uma vez por todas, se maconha fazia ou não mal à saúde.

A exposição da cultura rastafári ao resto do mundo, fora de sua nativa Jamaica, na esteira da popularidade do reggae, traz consigo uma nova onda de interesse pela erva que, na crença de Bob Marley e seu pessoal, é um sacramento sagrado, que leva à contemplação de Deus.

No Brasil, contudo, Rita Lee e Gilberto Gil conseguiram contemplar apenas a cara revoltada de um juiz e, no caso de Gil, o interior de um quarto de hospital. Em 1976 os dois foram, em instâncias separadas, presos por porte de maconha.

Rita cumpriu um ano de prisão domiciliar e teve que lidar com o lado mais desagradável da fama. "Você se lembra daquelas fotos da época da prisão? As manchetes... 'PRESA RITA LEE COM MACONHA'... aquela coisa toda de... ah... maconheira... lembra? Eu arrasada...", disse Rita ao *Jornal de Música* em setembro de 1977. Ao que seu namorado Roberto de Carvalho retrucou: "Eu sempre dizia pra ela, não se aflija, Rita, é chiquíssimo ser preso, Jagger, Richards, todo mundo já foi preso..."

Gilberto Gil foi preso em Florianópolis quando excursionava com Caetano Veloso, Gal Costa e Maria Bethânia com o projeto Doces Bárbaros. Apesar de argumentar com o juiz que a maconha "não lhe fazia mal e não o levava a fazer o mal" foi condenado a se internar num sanatório.

Raul Seixas teve uma experiência um pouco diferente com a ganja — em 1975, ao se auto-exilar nos Estados Unidos depois de ter levado uma prensa do Dops por conta da Sociedade Alternativa (cujos contornos místicos passaram despercebidos às forças da repressão), Raul verificou que a bela partida de maconha que tinha ocultado no cinto, envolta em lenços perfumados para driblar os cachorros da alfândega americana, estava completamente danificada graças ao aromático expediente.

Enquanto isso, em 1978,
David Bowie...

HEROES. FASE DISCO ARTÍSTICA. MUDA-SE PARA A SUÍÇA E TRABALHA EM VIENA NUMA PEÇA SOBRE O ARTISTA EGON SCHIELE, MAS LANÇA REMIXES DISCO DE SEUS SINGLES. OS CABELOS ESTÃO BEM CURTOS E MÚSICA É, BASICAMENTE, ABSTRATA.

...e o branco

A droga da segunda metade da década, contudo, é a cocaína. Sagrada e comum nos países andinos, querida de Freud, cantada por Sinhô nos anos 1920 num samba docemente entitulado "Cocaína" dedicado "ao bom amigo Roberto Marinho", a droga (oficialmente cocaína hidroclorido, composto orgânico extraído das folhas da coca) faz um retorno triunfal em 1975 e estabelece seu domínio sobre o final da década. Essencial à cena disco, combustível dos novos costumes nada contemplativos, altamente aeróbicos, da cena hip, a cocaína chega rapidamente aos centros urbanos do Brasil.

Há um elemento de rito de passagem na popularidade do pó (também brilho, brisa, brizola, branquinha, branco, cristina, novidade, neve, cheirosa) — o fim do desbunde contracultural herdado dos 60, que preferia os alucinogênicos e a apaziguadora erva, o início do domínio de uma nova geração que queria dançar, malhar, surfar, jogar frescobol, namorar, dançar, malhar, surfar, jogar futevolei, namorar etc. *ad infinitum*.

Mas sua disseminação é maior e mais rápida que isso. Em setembro de 1977, uma matéria da revista *Veja* garante que a brizola "anima as festas do industrial, levanta o ânimo do burocrata, pesa na produção do cineasta, alivia a memória do tira e protege a vigília do homem de televisão" e que "os grupos mais badalados da crônica social são fãs do pó".

O fato de ser cara — 200 a 1.200 cruzeiros o grama, em 1977 — e exigir um esquema muito mais complexo de produção e distribuição, de um lado confere *status* instantâneo aos cheiradores e de outro exige uma outra estrutura à margem das leis, maior, mais organizada, de grande volume de capital de giro. Quadrilhas organizadas se formam — instruídas pelo treinamento de guerrilheiros colocados em celas com criminosos comuns —, roubos mudam de perfil, organogramas e impérios particulares se formam nos assentamentos informais das grandes cidades.

Progressivamente, a cocaína e depois o crack — pasta de coca mais barata, usada em forma de vapor volátil após a combustão — mudam, uma a uma, a face das cidades brasileiras.

A branquinha exigia seus próprios artefatos de consumo — afinal, era uma droga de estilo. Nunca se vendeu tanto espelho como no final dos anos 70 — sua superfície lisa é ideal para bater uma carreira, e ainda há o prazer acessório da autocontemplação, essencial ao narcisismo do pó. Havia também pedras de ágata maciça e bandejas de prata (passadas por garçons) usadas para o mesmo fim, giletinhas de prata e ouro (da Cartier) para preparar a fileira, e, para aspirar o pó, colherinhas de prata, ouro 14 quilates, madrepérola do Marrocos e canudinhos de prata da Tiffany's. Além, é claro, da clássica nota novinha em folha, idealmente de dólar, melhor se fosse de valor alto — cem dólares, segundo um astro hollywoodiano muito chegado, dava "um tremendo *status*".

> Raul (Seixas) falava mal da maconha, dizendo que ela deixava as pessoas prostradas e sem vontade de fazer nada, que a cocaína dava força e velocidade. Tim (Maia) contradizia dizendo que a planta era santa, dava paz e inspiração. (...) Tim encerrou a discussão advertindo o machista Raul para tomar cuidado porque a cocaína, além de impotência, provoca no usuário uma irresistível vontade de ser sodomizado. Ou, em suas palavras imortais, "afrouxa o brioco".
>
> (Nelson Motta, NOITES TROPICAIS, Objetiva)

"Antigamente, quando se era convidado para uma festa, a preocupação era conseguir uma boa garrafa de bebida para oferecer aos anfitriões. Mas atualmente em Hollywood o que todos levam para as festas é mesmo uma boa quantidade de drogas."

(Fred Otasha, gerente do Hollywood Palladium, uma das principais casas de show de Los Angeles, novembro de 1979)

Um hit parade ligado

"COCAINE" ERIC CLAPTON E JACKSON BROWNE. UM BLUES AINDA MAIS ANTIGO QUE O SAMBA DE SINHÔ GANHA UM NOVO APELO. A VERSÃO DE BROWNE, GRAVADA NUM QUARTO DE HOTEL DURANTE UMA TURNÊ, TEM UM NOVO VERSINHO: "UMA CARREIRA TÃO BONITINHA/ DETESTO QUANDO ELA SE ACABA" ::: **"CABEÇA FEITA"** O PESO "COM A CABEÇA FEITA PRÁ NÃO DAR BANDEIRA/ COM A CABEÇA FEITA PRA NÃO MARCAR BOBEIRA" ::: **"MAMÃE NATUREZA"** RITA LEE. "ESTOU NO COLO DA MÃE NATUREZA/ ELA TOMA CONTA DA MINHA CABEÇA" ::: **"KOKA KOLA"** THE CLASH. "A COCA DÁ VIDA/ ONDE NÃO EXISTE NADA/ ENTÃO CONGELA, CARA, CONGELA!" ::: **"REALCE"** GILBERTO GIL. "SE A VIDA FERE/ COM A SENSAÇÃO DO BRILHO/ DE REPENTE A GENTE BRILHARÁ" ::: **"KAYA"** BOB MARLEY. "EU ESTOU TÃO ALTO/ QUE POSSO TOCAR O CÉU/ ACIMA DA CHUVA QUE CAI" ::: **"LEGALIZE IT"** PETER TOSH. "AS ENFERMEIRAS FUMAM/ OS JUÍZES FUMAM/ ATÉ OS ADVOGADOS FUMAM/ LEGALIZE, SIM, SIM!" ::: **"SILVER TRAIN"** THE ROLLING STONES. "O TREM DE PRATA ESTÁ VINDO/ E EU VOU PULAR NELE" ::: **"O PENTE"**, O PESO. NO JÁ NATURALMENTE DESBUNDADO VII FIC DE 1972, A PRIMEIRA ENCARNAÇÃO DA BANDA O PESO, VINDA DE FORTALEZA, MANDOU ESTA. "E PERGUNTARAM O QUE HAVIA, O QUE ERA, O QUE ESTAVA A BRILHAR/ EU DISSE A ELE QUE ERA A LUZ, A LUZ DA LUA, A LUZ DO GRANDE LUAR/ SEM DAR BANDEIRA BEM TRANQÜILO EU MUDEI MEU PLÁ/ E DISSE PENTE, PENTE, PENTE, PENTE PRA PODER FECHAR"

Nicotina

Em 1979, 15 anos depois do primeiro relatório oficial denunciando os perigos do cigarro para a saúde, o Ministério da Saúde norte-americano divulgou o mais completo documento já compilado até então sobre o assunto. O documento reunia 22 monografias científicas sobre os danos do fumo sobre mulheres, homens, adolescentes, crianças, gestantes, lactentes, seu impacto no crescimento e no ambiente de trabalho e sua conexão com doenças cardíacas. Mas a ficha não caiu: as pessoas continuaram fumando, ainda mais com o Detetive Kojak na TV tornando os cigarros longos e escuros tão incrivelmente charmosos.

CIGARRO GALAXY. DIZIA TER "49% MENOS NICOTINA, 44% MENOS ALCATRÃO" E SER UM "SABER SEGURO, PRAZER MAIS PURO" ::: **CIGARRO DU MAURIER 120'S**. LONGOS, FINOS E CASTANHOS, ERAM "OS CIGARROS DO KOJAK". OS ANÚNCIOS ABUSAVAM DA IMAGEM DO *GLAMOUR*. NUM DELES, SOB A IMAGEM DE UMA MOÇA LOURA NUMA ESTOLA DE PELES, CERCADA DE OBRAS DE ARTE, VINHA O SEGUINTE MONÓLOGO: "SINCERAMENTE NÃO POSSO RECLAMAR DA VIDA QUE LEVO. (...) SER FELIZ É UMA ARTE, SABE? A RECEITA? AH! ISSO NÃO EXISTE. É A SOMA DE UMA PORÇÃO DE COISAS. (...) ARTE, ROUPAS, DECORAÇÃO, LIVROS, O CIGARRO." ::: O DUMAURIER GEROU FEROZ CONCORRÊNCIA DE OUTROS TUBINHOS DE NICOTINA FINOS. O MAIS FAMOSO ERA O **CHANCELLER 100**, NÃO POR SEUS ATRIBUTOS, MAS PELO GAROTO PROPAGANDA PEDRINHO AGUINAGA, QUE GARANTIA QUE O CHANCELLER ERA "O FINO QUE SATISFAZ" ::: A MODA DO CIGARRO LONGO E ESCURO LEVOU TAMBÉM A UM NOVO INTERESSE PELAS CIGARRILHAS. **ST. JAMES** ERA A MARCA MAIS POPULAR ::: O CIGARRO **LUIZ XV** APELAVA PARA A ONDA NATUREBA. ERA "NATURALMENTE SUAVE" ::: EM 1975 O BRASIL SE TORNA, OFICIALMENTE, A 167ª TERRA DE **MARLBORO**: A FAMOSA MARCA AMERICANA É LANÇADA NO PAÍS, SIMULTANEAMENTE NAS PRAÇAS DE RIO E CURITIBA, EM JULHO, COM A MESMA CAMPANHA EM CIMA DA IMAGEM DE MACHEZA WESTERN. "VENHA PARA ONDE ESTÁ O PRAZER, VENHA À TERRA DE MARLBORO." EMERSON FITTIPALDI É PATROCINADO PELA MARLBORO ::: **CIGARRO LS** "PESSOAS DE BOM GOSTO FUMAM LS"

brinquedos e etc.

Brincar começa a querer dizer assistir, interagir, interferir, controlar — e não necessariamente correr, aprontar, se mover. Os grandes lançamentos da época — Bonecas para meninos, engenhocas de construir — competiam cada vez mais com uma novidade que mudou o conceito de "brincadeira" — os videogames.

As novidades:

Playmobil

Seja senhor do seu próprio mundo! Construa uma casa, uma cidade, um país! Com uma população inteira de carinhas redondinhas e cabelo pagem! Em 1976 o Playmobil da alemã Geobra Brandstätter chega ao Brasil através da Trol. Na verdade a aparição de bonecos de plástico em escala menor era um resultado da crise do petróleo imposta pelo embargo da Opep e, a princípio, o mercado reagiu negativamente. Mas em 1975 o minimundo do Playmobil já era um sucesso na Europa, rapidamente reproduzido aqui no Brasil.

Pula Pirata

Um instrumento de tortura transformado em inocente jogo infantil: uma pobre cabeça de pirata pulava longe se os jogadores enfiavam a espada no barril no ângulo errado.

Pé na tábua

Em treinamento para o futuro autorama? Este era o brinquedo ideal — um carrinho de corrida que disparava para longe na medida da força do pisão na bombinha de ar acoplada à sua traseira.

Action Figures

Menino brinca de boneca? Brinca, se chamarem as criaturas de plástico de "*action figures*". No início da década já haviam os caubóis, índios e soldados dos dioramas da Guliver, mas em 1977 a Estrela lança um herói de verdade — o superguerreiro Falcon, versão brasileira do GI Joe da Hasbro americana. Falcon tinha cabelo e barba imitando os de verdade e olhos que se mexiam, e vinha inicialmente em versões moreno com barba e sem barba. Em 1978 ele passou a ser louro também. A campanha de lançamento foi maciça — nos anúncios de TV Falcon corria, subia pelas paredes, dava tiros — na vida real, é claro, ele mexia braços e pernas e o resto ficava por conta da imaginação da garotada. Falcon também vinha com sua própria linha de acessórios: um helicóptero que girava as hélices e uma tinha corda de resgate com gancho, um jipe de guerra com carreta e canhão que atirava de verdade, uma lancha que vinha com um enorme tubarão de borracha e kits para combate na selva e no mar.

O enorme sucesso do Falcon abre caminho para ondas sucessivas de *action figures* voltadas para o público infantil masculino — em 1978 os Comandos em Ação da Estrela são sua primeira expansão, abrindo todo o leque de "encarnações" do Falcon e seus aliados e inimigos. A imagem militar, tão marcante na série americana, se dilui em favor de uma aura mais aventureira na série Adventure Team, em que o objetivo não era guerrear, mas resgatar — lembre-se de que a guerra do Vietnã tinha terminado recentemente de modo catastrófico para os EUA. Os integrantes do Adventure Team eram completamente diferentes dos GI Joes: rostos novos, corpos mais musculosos, mãos articuladas com *kung fu gripping* (podiam pegar pequenos objetos), cabelo e barba realistas (*life like hair*). Em vez de armas tinham uma variedade equipamentos que iam desde trajes especiais para missões na selva, na água, no ar e no espaço até jipes, batiscafos e helicópteros de resgate. Em 1979 Falcon ficou também ruivo, e foi lançada a série Olhos de Águia, de modelagem ainda mais realista. Falcon se torna super-herói espacial e, como todo super-herói que se preza, ganha um aliado, o ciborgue Condor de pele vermelha e prateada e um capacete removível que escondia um rosto cheio de botões; e um inimigo mortal, o Torak de pele cinza com um gancho meio esquisito no lugar de uma das mãos, mais uma enorme capa preta cobrindo um botão que, pressionado, acendia uma lampadinha em seu peito.

Além dos bonecos articulados, os últimos 70 vêem uma multiplicação de *action figures* simples, sem articulação, mais sofisticadas que os antigos caubóis e soldadinhos de plástico, mas igualmente duros e imóveis. A Gulliver tinha uma série com embalagens simples e figuras em plástico com a base do pé removível. A série incluía Batman (com Robin), Capitão América, Zorro (em seu cavalo negro Tornado), Rei Arthur (com Camelot e Távola Redonda opcionais), Homem-Aranha e Fantasma (com seu cavalo Herói e seu lobo Capeto). Em 1978 foi lançada a coleção Super Heróis Gulliver, com heróis Marvel e heróis DC, em embalagens mais sofisticadas.

Você se lembra?

Os bonecos de *Guerra nas estrelas* eram um verdadeiro sonho de consumo — porque eram importados, caros e raros. Quem tinha um Millenium Falcon era rei.

KIKOS MARINHOS!

Eles apareceram primeiro nos anos 60, mas atingiram o auge da popularidade nos últimos 70. Na verdade, eram artêmias, uma espécie de minúsculos crustáceos que fazem parte do plâncton e dele se alimentam. Mas não diga isso às crianças que ganharam uma caixinha de *sea monkeys* em 1978.

"Ao lado da descoberta do verdadeiro sexo da Vovó Mafalda, esses kikos marinhos devem encabeçar a lista dos traumas infantis mais graves. Psicanalistas devem agradecer aos céus todos os dias pela tragédia que foi a existência desses kikos. E sim, os Kikos Marinhos são a coisa mais bizarra de toda essa assustadora lista. Deixe-me refrescar sua memória: era o fim dos anos 70. Tudo estava normal até o dia em que começaram a ser vendidos pacotinhos cujo conteúdo eram ovinhos que dariam origem a uma... família de seres vivos! Sim, uma linda família pertencente a alguma espécie primitiva, que qualquer criança podia criar em seu próprio aquário! O treco virou uma febre. Todo mundo comprava o pacotinho em uma loja de brinquedos ou algo que o valha, e recebia junto um aquário, um pacote com os alimentos para seus novos amiguinhos, um purificador de água, e, claro, a promessa de que um dia seria dono de uma verdadeira família de pequenos humanos marinhos pré-históricos. Sim, porque para aumentar a expectativa dos pequeninos, na embalagem tinha uma estampa que mostrava uma família de kikos crescidos: seres amorfos, mas com características bem humanas, diga-se de passagem. O tempo passou, e nenhum kiko virou gente grande. Apesar de algumas crianças felizes jurarem ter visto seus bichos de estimação fumando cachimbo como o tio da embalagem (o que, eu lamento informar, deve ter sido uma pequena ilusão de óptica), foi uma decepção geral: os kikos marinhos eram uma farsa. Não passavam de comedores de plâncton sem graça. Só sei que os criadores dos kikos marinhos devem ter ganhado bastante dinheiro com essa história toda, e devem viver hoje isolados em alguma ilha com muitos seguranças, sombra e água fresca. E kikos marinhos amestrados."

(SRTA. NI, WWW.A-ARCA.COM)

Diversões eletrônicas: Atari, Telejogo e companhia

O primeiro console doméstico de jogos "para a TV" foi o Odyssey 100, lançado nos EUA em 1972. O primeiro fliperama de que se tem notícia foi o Computer Space de Nolan Bushnell, em 1971. Mas a popularidade dessa nova forma de divertimento só se consolida mesmo no final da década.

O sucesso do Computer Space foi tamanho que Bushnell uniu-se a amigos e partiu para a produção em massa de jogos para árcades e uso doméstico. Como a marca que haviam escolhido — Syzygy — já estava tomada, Bushnell e amigos optaram pela expressão que, no jogo de Go, significa "xeque-mate": Atari! Com seu logotipo, o monte Fuji estilizado, surgia uma das marcas mais célebres do final da década. Seu primeiro jogo foi o Pong, lançado em 1975 — uma cópia do Odyssey 100 que lembrava vagamente pingue-pongue — duas "raquetes", na verdade risquinhos luminosos, tentando rebater uma "bola". Entre 1975 e 1979. surgiram dezenas de clones do Pong, por todo o mundo, produzidos por diversos fabricantes. Em 1976 a Fairchild Camera and Instrument introduziu o Channel F, o primeiro console caseiro baseado em cartuchos, e a nascente indústria de jogos eletrônicos rapidamente adota o cartucho como padrão: em 1977, a RCA lança o Studio II, outro sistema baseado em cartuchos e a Atari apresenta seu maior sucesso da época, o Atari VCS (Video Computer System) oferecendo nove jogos em cartucho. Este sistema, depois renomeado para Atari 2600, dominou o mercado por anos a fio.

Em 1978, o videogame já é um produto estabelecido no mercado norte-americano, e a Atari lança os jogos Outlaw, Spacewar e Breakout.

Os primeiros Ataris começam a chegar do exterior, no Brasil, em torno de 1975. A mania pega rápido, e como a palavra de ordem era "substituição de importações", em 1977 a Philco lançou o Telejogo, que permitia aos usuários escolher entre três tipos diferentes de jogos: futebol, tênis e squash, brincando em dupla ou contra o aparelho, diretamente na tela de um televisor comum. Logo depois, em 1978, a Estrela coloca na praça o Genius, que nos EUA se chamava Simon: quatro luzes que se acendiam ao acaso ("de forma randômica" seria o mais exato..) e que o jogador deveria repetir. Cada luz vinha com seu próprio som, num efeito que parecia o diálogo entre François Truffaut e a Nave-Mãe em *Contatos imediatos do terceiro grau*.

A evolução natural de arcades e consoles era o jogo individual — e nos últimos 70 isso significava basicamente relógio com joguinhos bem simples. A Casio era a campeã no setor, com seus relógios que tocavam musiquinhas enquanto se jogava. O grande sucesso era o Casio Game-10, no qual se controlavam "naves" usando os microscópicos botões do relógio. Quando a Nintendo entrou na brincadeira, rapidamente tomou conta do mercado com os Game Watches, de telas de cristal líquido, lançados nos últimos 70.

Em 1978 os jogos se livram do relógio com o Soccer da Mattel — uma engenhoca portátil na qual luzinhas piscavam ao som de sons eletrônicos para simular uma eletrizante partida de futebol.

Enquanto os jogos domésticos se aperfeiçoavam, o programa antes da discoteca (ou do MacDonalds) era ir ao fliperama. Em 1975, os jogos eletrônicos são oficialmente liberados do estigma de "jogos de azar" e a Taito, uma das maiores fabricantes e operadoras de jogos eletrônicos do mundo, começa a montar suas próprias máquinas no Brasil. Jogava-se Pong, Space Invaders, Cosmic e o tradicional pinball — a bolinha que ia batendo nos obstáculos e acumulando pontos em engenhocas com sotaque — porque as vozes das máquinas falantes eram feitas com material importado, utilizando sílabas do inglês.

manias e gadgets

Pirâmides

"A força da pirâmide pode mudar a sua cabeça", apregoava uma matéria da revista *Pop* de janeiro de 1979. No texto, Caio Fernando Abreu ensinava a fazer réplicas da Grande Pirâmide de Gizé — "se você não tiver um quintal para construir uma pirâmide grande o bastante para que você possa entrar nela (e fundir a cuca dos vizinhos...) pode fazer uma pequenina mesmo, para colocar plantas (elas ficam lindas), copos d'água ou giletes, que não vão envelhecer nunca". Réplicas da Grande Pirâmide eram encontradas em vários tamanhos e materiais, nas feiras de artesanato e em restaurante naturais.

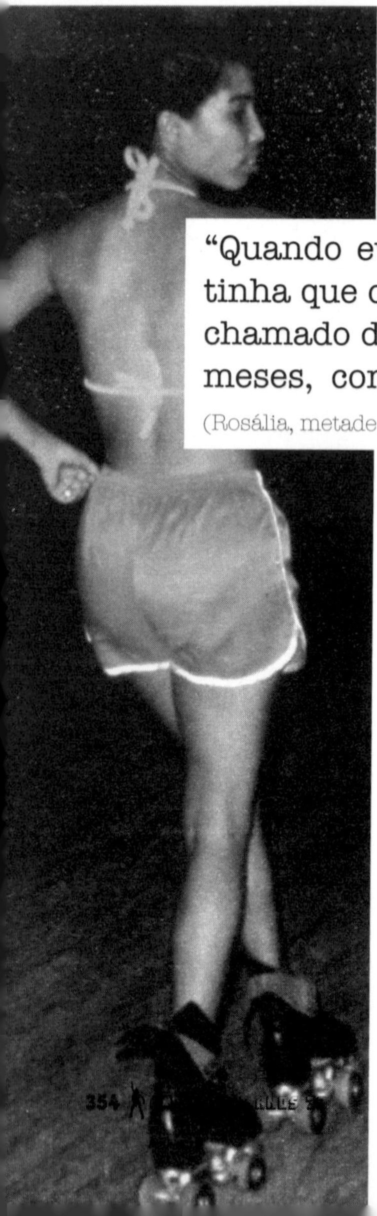

Patins

Numa espécie de subproduto da discoteca, a onda era patinar, de preferência fazendo coreografias travoltianas sobre rodas (que ainda eram quatro) e custavam entre 4.500 e 7.900 cruzeiros, os nacionais, e 20 mil cruzeiros, os importados. Eventos como I Festival de Patins do Rio de Janeiro, em 1979, e filmes como *Xanadu*, com Olivia Newton John, contribuíam para disseminar a mania.

"Quando eu comecei a patinar no Flamengo, o Luiz Fernando tinha que comprar muita briga, já que homem que patinava era chamado de bicha. Quando os patins viraram uma febre há seis meses, começamos a receber muitos convites para desfilar."

(Rosália, metade da dupla-estrela de patins do Rio Rosália & Luiz Fernando, dezembro de 1979)

Pegas

Endêmicas desde a invenção do automóvel, as corridas de rua — ilegais, perigosas e por isso mesmo super atraentes — voltaram com força no final dos 70 em quase todas as grandes cidades brasileiras. Quem sabe se aspirando aos feitos de Emerson Fittipaldi, dezenas de pilotos amadores se despencavam pelo Alto da Boa Vista, no Rio, pela estrada Leopoldo Fróes, em Niterói, ou em torno da 708/9 Sul em Brasília para ganhar aplausos, efêmera notoriedade e, possivelmente, múltiplas fraturas e contusões (ou coisa pior). Brasília, com seus retões, era particularmente bem dotada para o selvagem esporte, que lá se chamava "caseb", em honra ao colégio Caseb que servia de ponto de partida e chegada para as disputas — e até ônibus entravam na corrida.

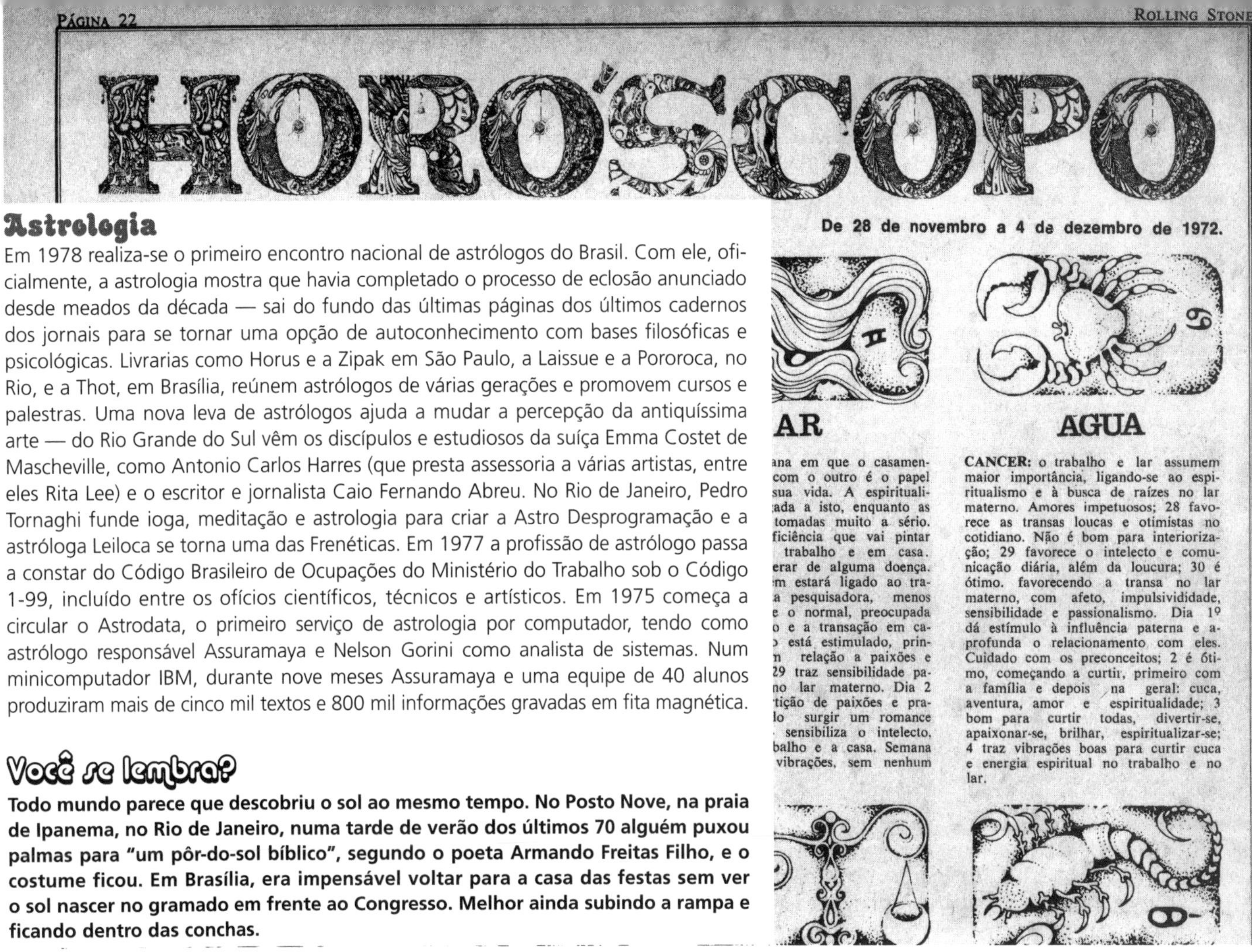

Página 22 Rolling Stone

HORÓSCOPO

De 28 de novembro a 4 de dezembro de 1972.

AR

AGUA

CANCER: o trabalho e lar assumem maior importância, ligando-se ao espiritualismo e à busca de raízes no lar materno. Amores impetuosos; 28 favorece as transas loucas e otimistas no cotidiano. Não é bom para interiorização; 29 favorece o intelecto e comunicação diária, além da loucura; 30 é ótimo, favorecendo a transa no lar materno, com afeto, impulsividade, sensibilidade e passionalismo. Dia 1º dá estímulo à influência paterna e aprofunda o relacionamento com eles. Cuidado com os preconceitos; 2 é ótimo, começando a curtir, primeiro com a família e depois na geral: cuca, aventura, amor e espiritualidade; 3 bom para curtir todas, divertir-se, apaixonar-se, brilhar, espiritualizar-se; 4 traz vibrações boas para curtir cuca e energia espiritual no trabalho e no lar.

Astrologia

Em 1978 realiza-se o primeiro encontro nacional de astrólogos do Brasil. Com ele, oficialmente, a astrologia mostra que havia completado o processo de eclosão anunciado desde meados da década — sai do fundo das últimas páginas dos últimos cadernos dos jornais para se tornar uma opção de autoconhecimento com bases filosóficas e psicológicas. Livrarias como Horus e a Zipak em São Paulo, a Laissue e a Pororoca, no Rio, e a Thot, em Brasília, reúnem astrólogos de várias gerações e promovem cursos e palestras. Uma nova leva de astrólogos ajuda a mudar a percepção da antiquíssima arte — do Rio Grande do Sul vêm os discípulos e estudiosos da suíça Emma Costet de Mascheville, como Antonio Carlos Harres (que presta assessoria a várias artistas, entre eles Rita Lee) e o escritor e jornalista Caio Fernando Abreu. No Rio de Janeiro, Pedro Tornaghi funde ioga, meditação e astrologia para criar a Astro Desprogramação e a astróloga Leiloca se torna uma das Frenéticas. Em 1977 a profissão de astrólogo passa a constar do Código Brasileiro de Ocupações do Ministério do Trabalho sob o Código 1-99, incluído entre os ofícios científicos, técnicos e artísticos. Em 1975 começa a circular o Astrodata, o primeiro serviço de astrologia por computador, tendo como astrólogo responsável Assuramaya e Nelson Gorini como analista de sistemas. Num minicomputador IBM, durante nove meses Assuramaya e uma equipe de 40 alunos produziram mais de cinco mil textos e 800 mil informações gravadas em fita magnética.

Você se lembra?

Todo mundo parece que descobriu o sol ao mesmo tempo. No Posto Nove, na praia de Ipanema, no Rio de Janeiro, numa tarde de verão dos últimos 70 alguém puxou palmas para "um pôr-do-sol bíblico", segundo o poeta Armando Freitas Filho, e o costume ficou. Em Brasília, era impensável voltar para a casa das festas sem ver o sol nascer no gramado em frente ao Congresso. Melhor ainda subindo a rampa e ficando dentro das conchas.

Biodança, psicodrama

As expansões da mente dos primeiros 70 se traduzem aqui como busca de si, ou de psi. Fora com Freud e o divã, viva Jung, Reich, música como terapia, dança como terapia, teatro como terapia, ludoterapia, análise transacional, grupos de encontro, grupos lúdicos. Em São Paulo os psis da moda eram o doutor José Ângelo Gaiarsa e o chileno Rolando Toro, o introdutor da biodança no Brasil. No Rio, a dra. Katarina Kemper e Hélio Pelegrino — que comentava, em 1975 à *Veja*: "Para o pobre mesmo, para o operário, a idéia de fazer terapia é tão remota quanto a de comprar um Mercedes-Benz".

Homeopatia

Esquecida nas prateleiras das avós, a abordagem terapêutica criada pelo dr. Samuel Hahnemann no século XVIII faz uma *rentrée* triunfal nos 70. Em setembro de 1978 o 14º Congresso de Homeopatia reúne o dobro de participantes, o tradicional Laboratório Almeida Prado vendia 50% a mais medicamentos do que em 1977 e duas vezes mais doutores se inscreviam para a pós-graduação em homeopatia oferecida pela Associação Paulista de Homeopatia.

Dançar para não dançar

"Dance, dance, dance
Gaste um tempo comigo
Não, não tenha juízo
Dê-se ao luxo de estar sendo fútil agora"
(RITA LEE, "DANÇAR PARA NÃO DANÇAR", 1975)

Dançava-se. Os tempos de ficar sentado, de olhos semicerrados, balançando len-ta-men-te a cabeça ao som de músicas ouvidas ou imaginadas estava terminando. O corpo exigia participação, os componentes químicos eram outros, uma inquietação vaga e precisa, dispersa, sem nome e muito real circulava pelas correntes sangüíneas. A força, como Gilberto Gil cantava em Realce, era neutra, e por isso tomava as formas dadas pelos corpos em movimento. Como você dançava definia sua tribo, também.

Puro disco podia ser atlético, acrobático e coreografado com precisão, como Lennie Dale (no Brasil) e Jojo Smith (em Nova York) ensinavam em suas academias a diligentes e aplicados alunos. Com muitos rodopios e gestos de braços, o estilo eternizado no filme *Embalos de sábado à noite* (que Jojo coreografou) era na verdade uma versão simplificada do *hustle*, uma dança de origem latina que proliferava nos clubes de Nova York e Miami desde o começo dos 70. O *hustle* incluía uma dança em fileiras, aos pares, com passos sincronizados, que se tornou superpopular no Brasil. Era especialmente confortador para adolescentes do sexo masculino, pouco dotados nas artes da dança mas ansiosos em fazer contato nos mandatórios rituais de acasalamento da idade.

O verdadeiro *hustle* bem suingado era privilégio dos bailes black. Em Nova York começava a surgir uma combinação de dança super acrobática e fluida — *break dancing* —, batidas bem marcadas e texto livre que formaria uma das bases da nascente cultura hip hop. Os desafios de break promovidos pelo DJ Afrika Bambaataa no Bronx de Nova York a partir de 1976 são considerados por muitos como os pontos de ignição da subcultura.

O pessoal do rock também dançava, de modo diametralmente oposto — sem coreografia, sem acrobacia e praticamente sem exigências atléticas maiores do que bater os pés no chão e balançar a cabeça. *Headbanging* — a arte de sacudir a cabeça de forma circular, para cima e para a baixo ou de um lado para o outro, no compasso de rock pesado — se populariza no final dos 70 (embora o termo exista desde 1968, cunhado pelos fãs do Led Zeppelin).

New-wavers dançavam num passinho curto, suingado, os braços balançando em grandes semicírculos, acompanhando o ritmo de Blondie, Television ou Talking Heads, ou com sacolejos mais frenéticos e violentos, em stacatto, se o ska two tone entrava em cena. Skanking — descrito como "tentar dar uma joelhada na própria cara, ao ritmo da música" — também se torna popular entre new wavers, skate punks e fãs do ska. A versão câmera lenta do skanking era a preferida da turma do reggae — balançar a cabeça, oscilar o corpo no compasso do contrabaixo e erguer um joelho de cada vez bem de-va-gar, erguendo os braços de modo igualmente fluido.

Punks, é claro, faziam mosh e slam dancing, chocando-se com violência cuidadosamente coreografada e abrindo grandes espaços nos clubes com grandes passadas circulares e agressivas, que precediam os empurrões sacramentais.

Moshing e headbanging tinham um problema básico para adolescentes masculinos heterossexuais movidos a hormônios: eram praticados quase que exclusivamente por outros adolescentes masculinos heterossexuais movidos a hormônios.

"Garson garante o seu embalo de todas as noites. Entre nessa festa. Sem fantasia e sem exagero: você pode prolongar os seus embalos de sábado à noite todos os dias da semana ao som dos mesmos equipamentos sofisticados da sua discoteca preferida. A coisa é simples: basta uma visita ao Music Hall da Garson. A Garson tem de tudo."
(MANCHETE, 9/12/1978)

Alguns lugares da moda

Baixo Leblon RIO DE JANEIRO

Três quarteirões entre o final da avenida Ataulfo de Paiva e a rua Dias Ferreira, dominados pelos bares e restaurantes Diagonal, Gatão, Pizzaria Guanabara, La Mole, Jobi e Luna Bar. "São oito restaurantes, dois botequins, uma uisqueria e duas lanchonetes percorridas, nas noites de sexta-feira e sábado, por um número calculado em torno de 2.500 pessoas. Com uma idade média abaixo dos 30 anos, elas consomem, apenas numa noite, algo perto de 23 barris ou 1.150 litros ou ainda 3.400 tulipas de chope." (Revista *Veja*, 2/5/1979)

Búzios

"A cada verão, lá se refugiam aqueles que sabem e podem viver bem. (...) As praias de Búzios são ainda selvagens, mas os seus freqüentadores são os mais sofisticados personagens da nossa vida social e artística. (...) Curtir Búzios não é para qualquer um. O local não tem cinemas nem casas de diversão." (Revista *Manchete*, 15/2/1975) "Búzios vai cair em 1977 porque é uma cidade esculhambada pela tragédia." (Ibrahim Sued à *Veja*, 19/1/1977) "Já aconteceram coisas piores por lá. A festa acontece todos os dias." (Scarlet Moon, id)

Posto Nove/Sol Ipanema RIO DE JANEIRO

"O ponto quente da praia permanece em Ipanema, em frente ao hotel Sol Ipanema, depois que o píer foi desmontado." (revista *Veja*, 19/1/1977) "O Nove era uma praia de artistas, intelectuais, pessoas que pensavam a cultura. A praia pra mim era o centro, era onde você articulava tudo. Articulação em vários níveis. Para saber das festas, para bater papo, transar idéias." (Carla, psicanalista, a Chacal, em *Posto Nove*, Relume Dumará)

Igrejinha BELA VISTA, SÃO PAULO

"O bairro da Bela Vista, Bexiga, ainda representa uma espécie de Greenwich Village da Paulicéia. A Igrejinha, situada na estratégica esquina formada pelas ruas Santo Antônio e 13 de Maio, (é) a mais esperta, diversificada e convidativa casa noturna de São Paulo", graças a "duas séries de shows, Proibido para Jovens" e "Qualé a Sua". Na primeira desfilavam veteranos como Isaurinha Garcia, Angela Maria e Aracy de Almeida. Na outra, cantavam os novos como Carlinhos Vergueiro, Fagner e João Bosco." (revista *Veja*, 28/1/1976)

Cafofo e Drugstore BRASÍLIA

O Cafofo era um bar da EQN 407 onde, nos últimos 70, apresentavam-se os novos nomes — Renato Russo cantou ali acompanhando-se apenas com um violão, com o pseudônimo Trovador Solitário. Drugstore foi o primeiro bar moderninho da capital, tocando músicas de sucesso e servindo de ponto de concentração para os pegas.

Galpão, Galpãozinho e Garagem BRASÍLIA

O eixo monumental dos teatros que dominaram a cena cultural do Planalto nos últimos 70, com eventos como Feira de Música e o Jogo de Cena.

Praia dos Artistas/Boca do Rio SALVADOR

Ponto da intelectualidade e dos artistas soteropolitanos, que se concentravam em torno de barracas como a Yellow Sky, de Aloisio Souza de Almeida (o Aloisio Sky). Em 1978 a barraca mudou de nome: um buraco na lona que permitia avistar o céu inspirou um dos clientes mais fiéis, o funcionário da Pan Am Rowney Scott a batizar o espaço de Blue Sky Beach House. As moças iam com lenços soltos fazendo o top dos biquínis, Caetano usava uma sunga de chita e Gil, com conchas nos cabelos, uma de crochê. "Sarará miolo", de Gil, e "Odara", de Caetano, eram as canções-assinatura do point.

Rua XV CURITIBA

"Com a inauguração do *petit-pavê* da rua XV, a maioria dos bares aderiu às mesinhas na rua, sendo o principal deles, o Bar Cometa, efervescente nessa época, encontro de boêmios e intelectuais, ficando próximo às Livrarias Gighone e à Confeitaria Schaffer e das Famílias. E os até hoje famosos Bar Triângulo, Bar Cinelândia e Stuart, com seu famoso prato típico de testículos de boi. Foi quando apareceu o pessoal com livros de Marshal McLuhan e de Herman Hesse debaixo do braço e os homens vestindo roupas multicoloridas, principalmente calças vermelhas, o que lhes dava um ar de porteiro do Circo Tihany." (Luiz Solda)

Bonfim PORTO ALEGRE

"Tudo acontecia no Bonfim. Tinha a Esquina Maldita, que reunião jornalistas, músicos etc. Era uma esquina com três bares: Alaska, Estudantil e Copa 70. Depois, mais no miolo do Bonfim tinha o Lola e o Bar João. Famoso era um *trailer* de cachorro-quente chamado "Zé do Passaporte", que ficava em frente à feira do Bonfim. Este fazia umas experiências como o cachorro com galinha desfiada etc." (Dedé Ribeiro)

Para o pessoal do rock

BE BOP A LULA SANTO AMARO, SÃO PAULO. UMA DISCOTECA PARA QUEM ODIAVA DISCOTECA: O GUITARRISTA SÉRGIO BANDEYRA ERA O GERENTE, A CASA TINHA TRÊS AMBIENTES — ENTRADA, BAR E PISTA DE DANÇA — O INGRESSO CUSTAVA 40 CRUZEIROS PARA CAVALHEIROS E 20 PARA DAMAS, E O "SONOPLASTA" CARLOS RODRIGUES TOCAVA DE LED ZEPPELIN A JAMES BROWN (QUE ELE NÃO CONSIDERAVA ROCK), TENDO COMO PONTO ALTO UMA MIXAGEM DE 15 MINUTOS DE "SATISFACTION", DOS ROLLING STONES. HAVIA SHOWS AO VIVO TAMBÉM — NOVOS BAIANOS E SOM NOSSO DE CADA DIA TOCARAM LÁ. "AQUI TODO MUNDO FAZ DE TUDO, SACA? PORTARIA, SOM, SEGURANÇA, A GENTE TRANSA TUDO, NA MAIOR. E É ISSO QUE VOCÊ ESTÁ VENDO: 300, 400 GATINHAS DANÇANDO NO FIM DE SEMANA. E VAI MELHORAR, PODES CRER" (SÉRGIO BANDEYRA À REVISTA *VEJA*, 11/2/1976) ::: **BARATOS AFINS** E A **GALERIA DO ROCK**, SÃO PAULO: O NOME OFICIAL ERA SHOPPING CENTER GRANDES GALERIAS, E O PRÉDIO DA AVENIDA SÃO JOÃO COM UMA FACHADA ONDULADA INSPIRADA EM NIEMEYER EXISTIA DESDE 1963. MAS NO DIA 24 DE MAIO DE 1978, QUANDO O COLECIONADOR E AUDIÓFILO LUIZ CARLOS CALANCA ALI ABRIU A LOJA BARATOS AFINS, O LUGAR COMEÇOU UMA VELOZ TRANSFORMAÇÃO, AGREGANDO NUM SÓ LOCAL TODOS OS ELEMENTOS DE INTERESSE PARA A GALERA ROCK EM SUAS VÁRIAS VERTENTES: CAMISETAS, PÔSTERES, INSTRUMENTOS MUSICAIS, E, É CLARO, MUITOS DISCOS.

Para a turma disco

REGINE'S RIO DE JANEIRO E SALVADOR: "FALTAVA (A SALVADOR) A BOATE DA MODA, A DISCOTECA OU DISCÔ, INVENÇÃO FRANCESA DE CERCA DE DUAS DÉCADAS, ADOTADA NO RIO DE JANEIRO E SÃO PAULO HÁ DOIS ANOS" (REVISTA *VEJA*, 16/3/1977). OS REGINE'S FUNCIONAVAM NOS HOTÉIS MERIDIEN COMO CLUBES PRIVADOS E, NO RIO DE JANEIRO, AS MESAS QUENTES ERAM AS DO FUNDO DA CASA, PRÓXIMAS À PISTA DE DANÇA ::: **PAPAGAIO DISCO CLUB** RIO DE JANEIRO E SÃO PAULO: UM CARTAZ NA PORTA DIZIA QUE O LOCAL ERA "DESACONSELHÁVEL PARA QUEM NÃO GOSTA DE SOM ALTO, ALEGRIA E DESCONTRAÇÃO". RICARDO AMARAL ERA O DONO. ERA A DISCO DA JUVENTUDE DOURADA, MAIS BEM COMPORTADA ::: **HIPPOPOTAMUS** E **CROCODILUS** RIO DE JANEIRO, SÃO PAULO E SALVADOR: ERAM AS DISCO TOPO DE LINHA DE AMARAL. RICARDO LAMOUNIER ERA O DISCOTECÁRIO ::: **BANANA POWER** SÃO PAULO — O GRANDE SUCESSO ERA O JINGLE DO BOMBRIL GRAVADO EM RITMO DE DISCOTECA ::: **NEW YORK CITY** RIO DE JANEIRO — PRÓXIMA À PRAÇA GENERAL OSÓRIO, EM IPANEMA, REUNIA A GALERA ADOLESCENTE NOS MAIS ANIMADOS SORVETES DANÇANTES ::: **LOOKING GLASS** PORTO ALEGRE — SERVIA CAFÉ COLONIAL ALÉM DE DRINQUES ::: **SÓTÃO** RIO DE JANEIRO — CASA GAY NA GALERIA ALASKA, EM COPACABANA, PRINCIPAL POINT DE AZARAÇÃO ENTENDIDA DA ÉPOCA. ERA A GRANDE LANÇADORA DOS HITS DISCO, GRAÇAS AO DISCOTECÁRIO AMÂNDIO, MESTRE DAS CARRAPETAS. "PARA ANIMAR O PESSOAL JÁ USEI APITO, PANDEIRO, MAS AGORA USO MESMO É MEU CORPO", DISSE AMÂNDIO À *VEJA* EM 1978.

Você se lembra?

O cara que tocava as músicas era sonoplasta ou discotecário. A expressão DJ, pronunciada di-jei, só começa a aparecer em 1978, e mesmo assim por insistência dos próprios.

Para os surfistas:

SAQUAREMA UMA PACÍFICA CIDADEZINHA DO LITORAL AO NORTE DO RIO DE JANEIRO REUNIA BOAS ONDAS E, A PARTIR DE 1976, FESTIVAIS DE ROCK E COMPETIÇÕES DE SURFE ::: **GALERIA RIVER** RIO DE JANEIRO: NO CORAÇÃO DA ZONA SUL, ENTRE O ARPOADOR E COPACABANA, A PEQUENA GALERIA COMEÇOU A CONCENTRAR AS PRIMEIRAS "SURFSHOPS" DO RIO, COMO A SURF'S, A K&K E A OCEAN.

Frenetic Dancing Days - a fogueira de todas as tribos

A primeira encarnação, aberta ao público dia 5 de agosto de 1976, ficava no quarto andar de um Shopping da Gávea recém-inaugurado e ainda às moscas, no Rio de Janeiro. Nelson Motta tinha, numa intensa "viagem de estudos noturnos" se abastecido com volumosa inteligência sobre o que havia de mais quente na noite nova-iorquina — além de "uma bola espelhada, refletores, equipamento de som e discos, muitos discos de Gloria Gaynor". O resultado se traduziu numa pista de dança preta e branca, uma trilha sonora — a cargo do DJ Dom Pepe — que misturava jovem guarda, Rolling Stones e Donna Summer. E uma trupe de garçonetes performáticas, as Frenéticas, que cantavam um hino composto especialmente por Rita Lee — "eu sei que eu sou/ bonita e gostosa" — no meio da pista, à meia-noite.

"Em duas semanas o Dancing Days se tornou a febre da cidade. Misturados ao jovem público da zona sul que enchia a casa, estrelas e personagens das noites cariocas, músicos, intelectuais, esportistas e até artistas que não freqüentavam a noite, como Milton Nascimento e Maria Bethânia, dançavam no frenético Dancing Days. (...) O ambiente era tão sexy e liberal que as escadas escuras do shopping deserto se enchiam de gemidos e de casais de todos os sexos." (Nelson Motta, Noites tropicais, Objetiva)

No final do ano estava fechado de vez, depois de ter cumprido seu objetivo de esquentar o shopping (e, no processo, enlouquecer os vizinhos). Em 1978 o Dancing Days reencarnou no alto do Morro da Urca, com uma vista deslumbrante do Rio de Janeiro a seus pés, uma pista de dança cercada de árvores tropicais e um show das Frenéticas. Mas o público era outro: "Todas as sextas e sábados três mil pessoas lotavam os bondinhos, vindos não mais da zona sul, mas principalmente da zona norte e dos subúrbios". O motivo: o supersucesso da novela *Dancing Days*, que havia licenciado a marca de Nelson Motta. "Muita gente que confundia a novela com a discoteca, que imaginava 'estar' na novela, que esperava encontrar a Sônia Braga dançando na pista." (id. ibid)

"Chora Brasil, chora Brasil/ Argentina canta/ chora Brasil"

(Canto da torcida argentina, estádio Gigante de Arroyito, Rosário, Argentina, 21/6/1978, ao final da partida Argentina 6 X 0 Peru, XI Copa do Mundo)

ESPORTE 1975-1979

COPAS

XI Copa do Mundo, Argentina

1 A 25 DE JUNHO, 1978

O TEMA: "CAMPEÕES MORAIS"

A DELEGAÇÃO ::: **TÉCNICO** CLÁUDIO COUTINHO ::: **CHEFE DA DELEGAÇÃO** ANDRÉ GUSTAVO RICHER ::: **DIRETOR** CARLOS ALBERTO CAVALHEIRO ::: **TREINADOR** CLÁUDIO COUTINHO ::: **MÉDICOS** LÍDIO TOLEDO E MAURO POMPEU ::: **PREPARADORES FÍSICOS** ADMILDO CHIROL, RAUL CARLESSO, KLEBER CALDAS CAMERINO ::: SEBASTIÃO ARAÚJO ::: **ASSESSOR** RADAMÉS LATARI ::: **SUPERVISOR** MARIO TRAVALINI ::: **TESOUREIRO** MÁRCIO PAPA ::: **DELEGADOS** JOSÉ ERMÍRIO DE MORAES, CARLOS OSÓRIO DE ALMEIDA, MOZART DI GIORGIO ::: **JORNALISTA** DÁCIO DE ALMEIDA ::: **ADMINISTRADOR** ANTÔNIO DURO FERREIRA ::: **MASSAGISTAS** NOCAUTE JACK E JOÃO CARLOS BRASIL BANDEIRA ::: **CONVIDADO ESPECIAL** HELENO NUNES

OS JOGADORES ::: **LEÃO** (PALMEIRAS) ::: **TONINHO** (FLAMENGO) ::: **OSCAR** (PONTE PRETA) ::: **GIL** (BOTAFOGO) ::: **AMARAL** (CORINTHIANS) ::: **EDINHO** (FLUMINENSE) ::: **TONINHO CEREZZO** (ATLÉTICO MINEIRO) ::: **RIVELINO** (FLUMINENSE) ::: **BATISTA** (INTERNACIONAL) ::: **REINALDO** (ATLÉTICO MINEIRO) ::: **ZICO** (FLAMENGO) ::: **WALDIR PEREZ** (SÃO PAULO) ::: **CARLOS** (PONTE PRETA) ::: **NELINHO** (CRUZEIRO) ::: **ABEL** (VASCO) ::: **RODRIGUES NETO** (BOTAFOGO) ::: **POLOZI** (PONTE PRETA) ::: **CHICÃO** (SÃO PAULO) ::: **DIRCEU** (VASCO) ::: **JORGE MENDONÇA** (PALMEIRAS) ::: **ROBERTO DINAMITE** (VASCO) ::: **ZÉ SERGIO** (SÃO PAULO)

O árbitro brasileiro nesta Copa foi Arnaldo Cezar Coelho. Ele apitou o jogo França 2 x Hungria 1 e atuou como auxiliar nas partidas Escócia 1 x Irã 1 e Alemanha Ocidental 2 x Holanda 2.

Resultados Gerais

OITAVAS-DE-FINAL

GRUPO 1 ::: ARGENTINA 2 X 1 HUNGRIA ::: ITÁLIA 2 X 1 FRANÇA ::: ARGENTINA 2 X 1 FRANÇA ::: ITÁLIA 3 X 1 HUNGRIA ::: ITÁLIA 1 X 0 ARGENTINA ::: FRANÇA 3 X 1 HUNGRIA ::: **ITÁLIA E ARGENTINA SE CLASSIFICARAM** ::: **GRUPO 2** ::: ALEMANHA OCIDENTAL 0 X 0 POLÔNIA ::: TUNÍSIA 3 X 1 MÉXICO ::: POLÔNIA 1 X 0 TUNÍSIA ::: ALEMANHA OCIDENTAL 6 X 0 MÉXICO ::: POLÔNIA 3 X 1 MÉXICO ::: ALEMANHA OCIDENTAL 0 X 0 TUNÍSIA ::: **POLÔNIA E ALEMANHA OCIDENTAL SE CLASSIFICARAM** ::: **GRUPO 3** ::: BRASIL 1 X 1 SUÉCIA ::: ÁUSTRIA 2 X 1 ESPANHA ::: ÁUSTRIA 1 X 0 SUÉCIA ::: BRASIL 0 X 0 ESPANHA ::: ESPANHA 1 X 0 SUÉCIA ::: BRASIL 1 X 0 ÁUSTRIA ::: **ÁUSTRIA E BRASIL SE CLASSIFICARAM** ::: **GRUPO 4** ::: PERU 3 X 1 ESCÓCIA ::: HOLANDA 3 X 0 IRÃ ::: ESCÓCIA 1 X 1 IRÃ ::: HOLANDA 0 X 0 PERU ::: PERU 4 X 1 IRÃ ::: ESCÓCIA 3 X 2 HOLANDA ::: PERU E HOLANDA SE CLASSIFICARAM

QUARTAS-DE-FINAL

GRUPO A ::: ITÁLIA 0 X 0 ALEMANHA OCIDENTAL ::: HOLANDA 5 X 1 ÁUSTRIA ::: ITÁLIA 1 X 0 ÁUSTRIA ::: ALEMANHA OCIDENTAL 2 X 2 HOLANDA ::: HOLANDA 2 X 1 ITÁLIA ::: ÁUSTRIA 3 X 2 ALEMANHA OCIDENTAL ::: HOLANDA E ITÁLIA SE CLASSIFICARAM ::: **GRUPO B** ::: ARGENTINA 2 X 0 POLÔNIA ::: POLÔNIA 1 X PERU 0, MENDOZA, 18/6/1978 ::: ARGENTINA 6 X 0 PERU, ROSÁRIO, 21/6/1978 ::: PERU 0 X 3 BRASIL ::: **ARGENTINA 0 X 0 BRASIL** ::: POLÔNIA 1 X 3 BRASIL

DECISÃO DO 3º LUGAR ::: BRASIL 2 X 1 ITÁLIA

FINAL ::: ARGENTINA 1 X 1 HOLANDA (TEMPO REGULAMENTAR) ::: ARGENTINA 2 X 0 HOLANDA (PRORROGAÇÃO)

A campanha do Brasil

ELIMINATÓRIAS

20/2/1977 **BRASIL 0 X 0 COLÔMBIA** ::: 9/3/1977 **BRASIL 6 X 0 COLÔMBIA** ::: 13/3/1977 **BRASIL 1 X 0 PARAGUAI** ::: 20/3/1977 **BRASIL 1 X 1 PARAGUAI** ::: 14/7/1977 **BRASIL 8 X 0 BOLÍVIA**

OITAVAS-DE-FINAL ::: **GRUPO 3**

BRASIL 1 X 1 SUÉCIA DATA3/6/1978, **LOCAL** MAR DEL PLATA ::: **BRASIL** LEÃO, TONINHO, OSCAR, AMARAL, EDINHO, BATISTA, TONINHO CEREZO, (DIRCEU), ZICO, GIL (NELINHO) REINALDO E RIVELINO ::: **SUÉCIA** HELLSTROEM, BORG, ROY ANDERSON, NORDQVIST, ERLANDSSON, TAPPER, LENNART LARSSON (EDSTROM), LINDEROTH, BO LARSSON, SJOBERG E WENDT ::: **GOLS** BRASIL: REINALDO, AOS 45', SUÉCIA: SJOBERG, AOS 37'

BRASIL 0 X 0 ESPANHA DATA 7/6/1978, **LOCAL** MAR DEL PLATA ::: **BRASIL** LEÃO, NELINHO (GIL), OSCAR, AMARAL, EDINHO, BATISTA, TONINHO CEREZO, DIRCEU, ZICO, (JORGE MENDONÇA) REINALDO E TONINHO ::: **ESPANHA** MIGUEL ANGEL, MARCELINO, MIGUELI (BIOSCA), OLMO, URIA (GUZMAN), SAN JOSÉ, LEAL, ASENSI, JUANITO, SANTILLANA E CARDEÑOSA

BRASIL 1 X 0 ÁUSTRIA, **DATA** 11/6/1978, **LOCAL** MAR DEL PLATA, **BRASIL** LEÃO, TONINHO, OSCAR, AMARAL, RODRIGUES NETO, BATISTA, TONINHO CEREZO (CHICÃO), DIRCEU, JORGE MENDONÇA (ZICO), GIL, ROBERTO DINAMITE ::: **ÁUSTRIA** KONCILIA, SARA, OBERMAYER, BREITENBERGER, PEZZEY, HICKERSBERGER (WEBER), PROHASKA, KRANKL, KREUZ, JARA E KRIEGER (HAPPICH) ::: **GOL** BRASIL: ROBERTO DINAMITE, AOS 40'

QUARTAS-DE-FINAL ::: **GRUPO B**

PERU 0 X 3 BRASIL ::: **DATA** 14/6/1978, **LOCAL** MENDOZA ::: **ÁRBITRO** NICOLAE RAINEA (ROMÊNIA) ::: PÚBLICO: 31.278 ::: **BRASIL** LEÃO, TONINHO, OSCAR, AMARAL, RODRIGUES NETO, BATISTA, TONINHO CEREZO (CHICÃO), DIRCEU, GIL (ZICO), JORGE MENDONÇA E ROBERTO DINAMITE ::: **PERU** QUIROGA, MANZO, DUARTE, CHUMPITAZ, DIAZ (NAVARRO), VELÁSQUEZ, CUETO, CUBILLAS, MUÑANTE, LA ROSA E OBLITAS (PERCY ROJAS) ::: **GOLS** BRASIL: DIRCEU (2) E ZICO (PÊNALTI), AOS 14', 27' E 70'

ARGENTINA 0 X 0 BRASIL ::: **DATA** 18/6/1978 ::: **LOCAL** ROSÁRIO ::: **ÁRBITRO** KAROLY PALOTAI (HUNGRIA) ::: PÚBLICO: 37.326 ::: **ARGENTINA** FILLOL, OLGUIN, GALVÁN, PASSARELLA, TARANTINI, ARDILES (VILLA), GALLEGO, ORTIZ (BETO ALONSO), LUQUE, DANIEL BERTONI E KEMPES ::: **BRASIL** LEÃO, TONINHO, OSCAR, AMARAL, RODRIGUES NETO (EDINHO), BATISTA, CHICÃO, DIRCEU, JORGE MENDONÇA (ZICO), GIL E ROBERTO DINAMITE ::: **ARGENTINA E BRASIL SE CLASSIFICARAM**

POLÔNIA 1 X 3 BRASIL ::: **DATA** 21/6/1978 ::: **LOCAL** MENDOZA ::: **ÁRBITRO** JUAN SILVAGNO (CHILE) ::: PÚBLICO: 39.586 ::: **POLÔNIA** KUKLA, MACULEWICZ, ZMUDA, GORGON, SZYMANOWSKI, KASPERCZAK (LUBANSKI), DEYNA, NAWALKA, LATO, SZARMACH E BONIEK. ::: **BRASIL** LEÃO, NELINHO, TONINHO, OSCAR, AMARAL, BATISTA, TONINHO CEREZO (RIVELINO), DIRCEU, ZICO (JORGE MENDONÇA), GIL E ROBERTO DINAMITE ::: **GOLS** POLÔNIA — LATO, AOS 44'. BRASIL — NELINHO E ROBERTO DINAMITE (2), AOS 13', 57' E 62'.

DECISÃO DO 3º LUGAR

BRASIL 2 X 1 ITÁLIA ::: DATA: 24/6/1978 ::: **LOCAL** ESTÁDIO DO RIVER PLATE "MONUMENTAL" BUENOS AIRES ::: **ÁRBITRO** ABRAHAM KLEIN (ISRAEL) ::: PÚBLICO: 69.659 ::: **BRASIL** LEÃO, NELINHO, OSCAR, AMARAL, RODRIGUES NETO, BATISTA, TORINHO CEREZZO (RIVELINO), DIRCEU, JORGE MENDONÇA, GIL (REINALDO) E ROBERTO DINAMITE ::: **ITÁLIA** DINO ZOLF, GENTILE, CUCCUREDDU, SCIREA, CABRINI, MALDERA, CAUSIO, PAOLO ROSSI, ANTOGNONI (CLÁUDIO SALA), PATRIZIO SALA E BETTEGA ::: **GOLS** BRASIL — NELINHO E DIRCEU, AOS 46' E 70'. ITÁLIA: CAUSIO, AOS 38'.

Como se jogou

O Brasil não conseguia sair da entressafra, mas pelo menos, politicamente, o país marchava rumo à prometida "abertura". Enquanto isso o oposto se passava com a Argentina: escolhida como sede da XI Copa em uma conferência da Fifa em julho de 1966, 12 anos depois o país vivia sob a brutal ditadura do general Jorge Videla, marcada pelos infelizmente muito familiares costumes do desaparecimento, tortura e assassinatos de seus cidadãos.

Como se sabe, um governo desse tipo ama eventos esportivos como Copas do Mundo — como no Mundial de 34, disputado na Itália de Mussolini, a anfitriã seleção argentina precisava vencer a qualquer custo, para provar aos opositores a eficiência do regime militar. Houve também quem comparasse a Copa de 78 à de 1966, quando um país anfitrião — no caso, a Inglaterra — ganhou mas não convenceu. A sombra de uma arbitragem fraca — ou mais que isso — também pairou sobre a foz do rio de la Plata como havia pairado sobre o Tâmisa.

Em conversas, matérias, debates e mesas de bar o tema não era nem a prática do nosso futebol, mas sua teoria — estaria o Brasil definitivamente ultrapassado em estilo, técnica e tática?

Além disso, a CBD havia passado por uma intervenção política: no lugar de João Havelange foi indicado o Almirante Heleno Nunes, presidente da Arena, partido político do Governo no Estado do Rio de Janeiro. Heleno escolheu Oswaldo Brandão como técnico, mas o primeiro tropeço do Brasil no humilhante ritual dos classificatórios, no dia 20 de fevereiro de 1977 — um inadmissível 0 x 0 contra a Colômbia — levou à sua substituição por Cláudio Coutinho.

Coutinho chegou falando em "quadrado mágico", "ponto futuro", "overlapping", "cobertura flutuante" e decretando que "polivalência" era a palavra de ordem para trazer o futebol brasileiro ao nível do europeu e, finalmente, abocanhar o tão desejado Tetra.

Uma série de amistosos na Europa, em abril de 1978, começou muito mal, com uma derrota contra uma desfalcada seleção francesa, deixando Coutinho com um tique nervoso, piscando sem cessar — "estou perfeitamente consciente de tudo o que terei de enfrentar no caso de uma má apresentação", disse ele à revista *Placar*. O bom desempenho de Zico acabou elevando os humores e placares, e na volta para casa já se dizia que a seleção canarinho tinha "jeito de campeã".

Mas as duras críticas que Coutinho recebera antes da Copa voltaram rapidamente e aumentaram nos dois primeiros jogos na Argentina. Mostrando um futebol pobre, o Brasil não saiu do empate. Na estréia, contra a Suécia, o jogo terminou 1 x 1. Já na segunda partida, contra a Espanha, o placar terminou em branco. Coutinho tentava as mais variadas experiências, chegando a escalar o quarto-zagueiro Nelinho na lateral direita ou, ainda pior, deixando Falcão no Brasil para levar, em seu lugar, o volante Chicão.

O mau desempenho da seleção levou Heleno Nunes a exigir alterações na equipe. Para o jogo contra a Áustria, o último da primeira fase, entraram Roberto Dinamite, Jorge Mendonça e Rodrigues Neto, no lugar, respectivamente, de Reinaldo, Zico e Edinho. O time melhorou e garantiu a primeira posição do grupo ao bater os austríacos por 1 x 0.

O Brasil passou assim à fase final, caindo no mesmo grupo de Peru, Argentina e Polônia. O time deslanchou e conseguiu uma convincente vitória sobre o Peru por 3 x 0. "Começamos a engrenar", "a seleção ressuscitou!", saudou a imprensa esportiva.

Agora era a vez dos arqui-rivais argentinos. O jogo ficou conhecido como a "batalha de Rosário": 18 de junho de 1978, o modesto estádio de Rosário lotado com mais de 37 mil argentinos torcendo ferozmente por sua seleção. Mas o Brasil resistiu à pressão e conseguiu um empate de 0 x 0, levando a decisão para a última rodada. "Ninguém discute: nosso time está em ascensão", escreveu a revista *Placar*. "Pelo que mostrou contra a Argentina, vai faturar também a Polônia."

De fato: contra a Polônia o Brasil obteve uma boa vitória por 3 x 1, que dava ao time de Coutinho uma vantagem considerável de quatro gols de saldo sobre os argentinos. Para que a Argentina fosse para a final, tinha que passar pelo Peru de goleada — pelo menos mais de quatro gols. No mesmo dia 21 de junho em que o Brasil vencia a Polônia em Mendoza — no único jogo que não foi em horário simultâneo — a Argentina vencia o Peru em Rosário por 6 x 0, com uma atuação suspeita do goleiro peruano Quiroga. O Brasil estava fora da final da Copa.

Restava assim ao Brasil disputar o terceiro lugar contra a Itália. O time venceu por 2 x 1, de virada, e obteve a honrosa medalha de bronze. De volta ao Brasil, Cláudio Coutinho declarou que o Brasil tinha sido "o campeão moral" da XI Copa do Mundo.

(www.gazetaesportiva.net)

Algumas histórias e personagens

O Brasil foi a única seleção invicta da Copa.

Coutinho acreditava mesmo na polivalência, na "seleção de 14 titulares": o Brasil utilizou 17 dos 22 jogadores inscritos. Apenas quatro disputaram todos os jogos completos: Leão, Oscar, Amaral e Batista.

O atacante Mario Kempes (15/7/1954, Rosário Central), da Argentina, autor de seis gols, foi festejado como o astro da competição e ganhou o apelido de El Matador. O adolescente Maradona, cortado pelo técnico Menotti antes do Mundial por ser "muito jovem", só assistiu.

Para disputar suas sete partidas, o Brasil percorreu 4.659 quilômetros pela Argentina. Já a Argentina percorreu apenas 618 quilômetros.

O jornal inglês *Sunday Times* denunciou que os argentinos estavam fraudando os testes anti-doping: um indivíduo teria sido contratado exclusivamente para fornecer sua urina no lugar da dos jogadores, que estaria repleta de anfetaminas.

O goleiro Ramon Quiroga, do Peru, teria facilitado a partida contra a Argentina, era a voz corrente da mídia depois do jogo. Quiroga nasceu na Argentina e saiu de lá fugido para o Peru depois de ter sido acusado de entregar um jogo de campeonato.

No jogo contra a Espanha, Jorge Mendonça passou uma eternidade se aquecendo. Coutinho mandou o jogador se preparar no início do segundo tempo, mas o atleta só entrou aos 38 min.

Um torcedor argentino teve um infarto nas arquibancadas durante a final, no último minuto do tempo regulamentar, quando Rensenbrink chutou a bola na trave direita de Ubaldo Fillol (21/7/1950, Riverplate). O torcedor, de 49 anos, foi socorrido e se recuperou para festejar a vitória.

Os melhores da Copa 1978

GOLEIRO FILLOL (ARGENTINA) ::: **LATERAIS** OLGUÍN (ARGENTINA), TARANTINI (ARGENTINA) ::: **ZAGUEIROS** PASSARELA (ARGENTINA), AMARAL (BRASIL) ::: **MEIO-DE-CAMPO** CEREZZO (BRASIL), ARDILES (ARGENTINA), PLATINI (FRANÇA) ::: **ATACANTES** KEMPES (ARGENTINA), REP (HOLANDA), ZICO (BRASIL)

O que se disse

"Caímos de pé."

Ramon Quiroga, goleiro peruano que tomou seis gols da Argentina, depois da partida.

"Tínhamos fé em nossas chuteiras. Quem fala que o Peru facilitou as coisas não merece o menor respeito. Uma declaração dessas só pode partir de alguém que não acompanhou o jogo, ou de alguém com o coração cheio de rancor."

Mario Kempes, artilheiro da seleção argentina

"Os dois vão disputar o verdadeiro título. Um será o campeão moral."

Cláudio Coutinho sobre o jogo que decidiria o terceiro lugar da Copa, Brasil X Itália, coletiva de imprensa em Mendoza, 21/6/1978

"É dose. Burrice demais. Irresponsabilidade além da conta. Chega de incompetência! Basta de irresponsabilidade! Fim para a covardia!"

Jairo Régis, revista **Placar**, 30/6/1978

O CAMPEONATO NACIONAL

Nada como futebol na terra do futebol, principalmente com jejum de Copas. Nascido com a década, como ela coberto de manipulações políticas, o Campeonato Nacional emplaca sem dificuldade nos últimos 70 e se torna mais um ritual da vida brasileira.

Em 1975 já são 42 times, e o regulamento classificatório segue uma fórmula mirabolante pela qual uma vitória valia dois pontos, mas com dois ou mais gols de diferença, valia três.

Ao longo do final da década, mais e mais times vão aderindo ao torneio, fechando com o número recorde de 94 esquadrões em 1979. É a grande era do Internacional de Porto Alegre, que, depois de ganhar seu primeiro título em 1975, ainda emplaca mais dois antes dos 70 fecharem a tampa — inclusive o histórico título de 1979, invicto.

ANO	CAMPEÃO	VICE	3º LUGAR	4º LUGAR	ARTILHEIRO	CLUBE	GOLS
1975	INTERNACIONAL	CRUZEIRO	FLUMINENSE	SANTA CRUZ	FLÁVIO	INTERNACIONAL	16
1976	INTERNACIONAL	CORINTHIANS	ATLÉTICO-MG	FLUMINENSE	DARIO	INTERNACIONAL	16
1977	SÃO PAULO	ATLÉTICO-MG	OPERÁRIO-MS	LONDRINA	REINALDO	ATLÉTICO-MG	28
1978	GUARANI	PALMEIRAS	INTERNACIONAL	VASCO	PAULINHO	VASCO	19
1979	INTERNACIONAL	VASCO	CORITIBA	PALMEIRAS	ROBERTO CESAR	CRUZEIRO	12

Os 94 times de 1979

ABC ::: AMÉRICA-RN ::: ATLÉTICO-MG ::: BOTAFOGO-PB ::: CALDENSE ::: CAXIAS ::: COLORADO ::: CORITIBA ::: CSA ::: FERROVIÁRIO-CE ::: FLUMINENSE-BA ::: GOIÂNIA ::: GUARÁ ::: ITABAIANA ::: JUVENTUDE ::: MARINGÁ ::: NÁUTICO ::: OPERÁRIO-PR ::: POTIGUAR ::: RIVER ::: SÃO PAULO-RS ::: TREZE ::: VASCO ::: XV JAÚ ::: AMÉRICA-MG ::: ANAPOLINA ::: ATLÉTICO-PR ::: BOTAFOGO-RJ ::: CAMPINENSE ::: CEARÁ ::: COMERCIAL-MS ::: CRB ::: DESPORTIVA ::: FIGUEIRENSE ::: FORTALEZA ::: GOIÁS ::: GUARANI ::: ITABUNA ::: LEÔNICO ::: MIXTO ::: NOVO HAMBURGO ::: PALMEIRAS ::: REMO ::: SAMPAIO CORRÊA ::: SERGIPE ::: TUNA LUSO ::: VILA NOVA-GO ::: XV PIRACICABA ::: AMERICANO ::: ASA ::: AVAÍ ::: BRASIL ::: CAMPO GRANDE ::: CENTRAL ::: COMERCIAL-SP ::: CRICIÚMA ::: DOM BOSCO ::: FLAMENGO ::: FRANCANA ::: GOYTACAZ ::: INTERNACIONAL ::: ITUMBIARA ::: LONDRINA ::: MOTO CLUBE ::: OPERÁRIO-MS ::: PAYSANDU ::: RIO BRANCO-ES ::: SANTA CRUZ ::: SPORT RECIFE ::: UBERABA ::: VILLA NOVA-MG ::: AMÉRICA-RJ ::: ATLÉTICO-GO ::: BAHIA ::: BRASÍLIA ::: CAPECOENSE ::: COLATINA ::: CONFIANÇA ::: CRUZEIRO ::: FAST CLUBE ::: FLUMINENSE ::: GAMA ::: GRÊMIO ::: INTERNACIONAL-SP ::: JOINVILLE ::: MARANHÃO ::: NACIONAL ::: OPERÁRIO-MT ::: PIAUÍ ::: RIO NEGRO ::: SÃO BENTO ::: TIRADENTES ::: UBERLÂNDIA ::: VITÓRIA-BA

Alguns casos

Em 1976, na semifinal, um número recorde de corintianos — 70 mil "fiéis" — invadiu o Maracanã, no Rio de Janeiro. Resultado: Fluminense 0 X 2 Corinthians

De 1977 a 1978, o Botafogo conseguiu manter a maior seqüência de jogos invictos no Campeonato Brasileiro. Foram 42 jogos sem derrota. Mesmo assim, em ambas as competições, não chegou nem entre os quatro primeiros colocados, por conta de uma overdose de empates em 1977, foram 18 jogos e 11 empates; em 18 partidas no Brasileirão de 78, o time empatou sete vezes. (www.gazetaesportiva.net)

1978 foi um torneio superlativo e inesquecível: 74 times, divididos em 20 grupos em suas três fases, com 792 partidas disputadas em apenas quatro meses, num inacreditável total de 1.771 gols marcados.

1978 foi histórico também por outro motivo: ao vencer o Palmeiras na final, o Guarani foi a primeira equipe do interior a se sagrar campeã.

Em 1979, apenas dois jogadores do Goiás sobraram para contar história das partidas contra o Cruzeiro. Os outros nove haviam sido expulsos pelo árbitro Aluísio Felisberto — que também conseguiu expulsar cinco atletas do Cruzeiro. (www.gazetaesportiva.net)

O período não foi muito feliz para o Fluminense. Em 1978 o tricolor carioca tinha uma dívida de oito milhões de cruzeiros graças às grandes aquisições de seu presidente Francisco Horta — Doval, Rivelino, Dirceu Lopes. Horta, presidente até 1978, tinha o hábito de "alimentar o noticiário com frases espirituosas" (segundo a revista *O Cruzeiro*).

UM GOL ILUMINADO INAUGURA A ERA COLORADA

Para conquistar o título tão desejado, o Inter começou a montar o time vencedor de 75 um ano antes. Do Fluminense veio o ponta-esquerda Lula, e do Nacional de Montevidéu o goleiro Manga chegou para ser o titular absoluto. Já no ano da conquista o atacante Flávio Almeida da Fonseca, o Flávio Bicudo, desembarcara em Porto Alegre oriundo do Porto de Portugal. Mas a grande estrela desse vitorioso time já estava no colorado desde o final de 71.

Atuando entre os anos de 72 a 76 no Internacional, Elias Figueroa foi comandado por dois técnicos (Dino Sani e Rubens Minelli), ganhou campeonatos regionais, e dois brasileiros. Considerado por muitos o melhor zagueiro da época, Dom Elias deu nova dimensão ao futebol do Internacional. Ídolo da torcida, ele foi o capitão de um feito inédito para os colorados em uma campanha na qual o Inter não só venceu, mas encantou o país.

Foram apenas três derrotas em todo o campeonato, e muitas vitórias que estão até hoje na memória do torcedor. Como a partida válida pela semifinal, em que o colorado derrotou o Fluminense em pleno Maracanã. E olha que não era um Fluminense qualquer. Craques como Rivelino e Paulo César Caju faziam parte daquela equipe. O resultado foi 2 x 1 para o Inter, com gols de Lula e Carpeggiane. Depois disso foi só esperar a final.

O Beira-Rio lotou para ver as duas melhores equipes do Brasil. Ou Inter ou Cruzeiro, uma sairia campeã. O time de Minas Gerais tinha armas poderosas: Nelinho, Piazza, Zé Carlos e Palhinha eram algumas. Todos sabiam que o jogo seria decidido em detalhes. Que bom que esse único detalhe foi em favor do Internacional.

Aos 11 minutos do segundo tempo, Piazza faz falta em Valdomiro ao lado da área. O próprio Valdomiro ajeitou a bola para a cobrança, que seria feita por elevação. Quando o atacante bateu na bola os torcedores colorados mal sabiam que iriam estremecer a cidade. O inesquecível Figueroa subiu mais alto que a zaga cruzeirense e desviou de cabeça. No momento do cabeceio, um facho de luz único naquele setor do gramado, provindo dos entremeios das arquibancadas e de um sol poente, iluminou o zagueirão. Apesar do imenso esforço do goleiro Raul, a bola foi adormecer no fundo das redes. Delírio no Gigante da Beira-Rio. O "Gol Iluminado" estava feito e o 1 x 0 permaneceria até o final do jogo. 14 de dezembro de 1975: o Inter é Campeão Brasileiro.

(www.internacional.com.br)

A final de 1975

INTER 1 X 0 CRUZEIRO ::: **DATA** 14/12/1975, NO BEIRA-RIO ::: **INTERNACIONAL** MANGA; VALDIR, FIGUEROA, HERMÍNIO, CHICO FRAGA; CAÇAPAVA, FALCÃO, CARPEGIANI; VALDOMIRO (JAIR), FLÁVIO E LULA. TÉCNICO: RUBENS MINELLI. ::: **CRUZEIRO** RAUL; NELINHO, DARCI MENEZES, MORAIS, ISIDORO; PIAZZA, ZÉ CARLOS, EDUARDO; ROBERTO BATATA, PALHINHA E JOÃOZINHO. TÉCNICO: ZEZÉ MOREIRA ::: **GOL** FIGUEROA ::: **ÁRBITRO** DULCÍDIO WANDERLEI BOSCHILA

A CAMPANHA DO CAMPEÃO ::: 30 JOGOS ::: 58 PONTOS GANHOS ::: 19 VITÓRIAS ::: 8 EMPATES ::: 3 DERROTAS ::: 51 GOLS PRÓ ::: 12 GOLS CONTRA

A ressurreição do Corinthians

Dia 13 de outubro de 1977. A data é inesquecível para todo corintiano que, com orgulho, brada o bordão "maloqueiro e sofredor" que sintetiza a paixão de milhares de pessoas por uma instituição chamada Sport Clube Corinthians Paulista.

No dia 13 de outubro de 1977, em um estádio chamado Morumbi, abarrotado com mais de 80 mil torcedores, Basílio fez o gol que arrancou o Corinthians do dolorido jejum de 22 anos e sete meses sem levantar uma taça.

Aquele dia 13 de outubro de 1977 fez heróis, arrancou gritos de alegria, lágrimas de emoção. Enfim, marcou a vida de corintianos apostólicos romanos em São Paulo e em todo o Brasil.

Mas não foi uma decisão tranqüila para o time do Parque São Jorge. Aquela temporada não havia começado bem para o Timão. O clube havia disputado pela primeira vez a Copa Libertadores da América, e o fracasso do alvinegro ainda na primeira fase da competição fez a torcida imaginar mais um ano de fracassos e derrotas.

Não foi bem assim. Sob o comando de Oswaldo Brandão, o Corinthians concentrou todas suas forças no Campeonato Paulista. E após alguns tropeços, o Timão chegou na histórica final contra a Ponte Preta.

Surgia, então, a primeira polêmica da decisão. Ignorando a força do interior do Estado, a Federação Paulista de Futebol marcou as três partidas decisivas para o Morumbi. A Macaca reclamou, mas não foi muito além disso.

Empolgado, o Timão venceu o primeiro jogo por 1 x 0. Festa e euforia pelas ruas de São Paulo. Bastava um empate na segunda final para o Corinthians sair, finalmente, da fila. Mas a Ponte Preta, que havia feito a melhor campanha da competição, surpreendeu e venceu o confronto seguinte de virada. Vaguinho abriu o placar para o clube do Parque São Jorge, mas Dicá e Rui Rei marcaram para a Ponte Preta.

A frustração evidente da torcida corintiana, que havia registrado o recorde do Morumbi na segunda partida ao superlotar o estádio com 138 mil pessoas, deu ainda mais forças para o elenco corintiano.

E Basílio acabou com o sofrimento aos 36 minutos do segundo tempo. Não havia tempo para a recuperação da Macaca. Não havia força para a Ponte Preta calar os milhares de gritos de "é campeão, é campeão". No momento que Dulcídio Wanderley Boschíllia encerrou a partida, o estádio do Morumbi foi tomado por uma multidão de corintianos agradecidos e emocionados, que cruzaram o gramado de joelhos como conclamando aos céus a conquista de um título inesquecível, que ficará para sempre na memória corintiana.

(www.gazetaesportiva.net)

Ficha técnica

CORINTHIANS 1 X 0 PONTE PRETA ::: **LOCAL** ESTÁDIO DO MORUMBI, EM SÃO PAULO (SP) ::: **DATA** 13/10/1977 ::: **PÚBLICO** 86.677 PAGANTES, PARA UMA RENDA DE CZ$3.325.470,00 ::: **CORINTHIANS** TOBIAS; ZÉ MARIA, MOISÉS, ADEMIR E WLADIMIR; RUSSO, LUCIANO, BASÍLIO E VAGUINHO; GERALDÃO E ROMEU. TÉCNICO: OSVALDO BRANDÃO ::: **PONTE PRETA** CARLOS; JAIR, OSCAR, POLOZZI E ANGELO; VANDERLEI, MARCO AURÉLIO, DICÁ E LÚCIO; RUI REI E TUTA (PARRAGA). TÉCNICO: ZÉ DUARTE ::: **GOL DO CORINTHIANS** BASÍLIO AOS 36 MINUTOS DO SEGUNDO TEMPO ::: **CARTÕES VERMELHOS** RUI REI, OSCAR E GERALDO ::: **ÁRBITRO** DULCÍDIO WANDERLEY BOSCHÍLLIA (SP) ::: (GAZETA ESPORTIVA.NET © TODOS OS DIREITOS RESERVADOS À GAZETA ESPORTIVA.NET)

No Time dos Sonhos, o adeus de Pelé

Determinados a entender por que o futebol (*soccer*, em suas terras) era uma paixão mundial, os americanos criaram, em 1968, o North American Soccer League. Em 1971, com o básico dominado — quem chuta o quê para onde, quando, como e com que objetivo — a NASL ganhou seu primeiro time, o New York Cosmos, ou simplesmente Cosmos, como ficou conhecido de 1977 em diante. Em termos estratégicos, táticos e atléticos, o Cosmos e a NASL tinham um grande trunfo: fundos quase ilimitados, graças à participação da Warner Brothers entre seus donos. Não é difícil entender por que suas contratações da época incluíram, entre muitos outros, Carlos Alberto, Franz Beckenbauer, Vladislav Bogicevic, Giorgio Chinaglia, Johan Neeskens. E Pelé.

No início da década Edson Arantes do Nascimento já havia se despedido da seleção e dos campos do Brasil. Mas depois de três gordos anos (seu contrato: 7 milhões de dólares) no Time dos Sonhos da NASL/Warner Communications — durante os quais garantiu para o Cosmos o título de campeão norte-americano — Pelé finalmente encerrou sua carreira de atleta profissional em 1º de outubro de 1977, num amistoso contra o time no qual tudo tinha começado, o Santos. Foi o segundo maior público do Giant Stadium até então — o primeiro também tinha sido graças a Pelé e o Cosmos, em agosto do mesmo ano, 8 Cosmos contra 3 Fort Lauderdale.

Pelé atuou o segundo tempo vestindo a camisa do Santos, clube no qual pretendia marcar o seu último gol da carreira. Mas na verdade ele foi o autor de um dos gols da vitória do Cosmos, por 2 x 1.

FICHA TÉCNICA ::: **COSMOS (NOVA YORK) 2 X 1 SANTOS (BRASIL)** ::: **LOCAL** GIANTS STADIUM (NOVA YORK) ::: **DATA** 1/10/1977 ::: **FINAL** COSMO 2 X 1 SANTOS ::: **MARCADORES DE GOLS** REINALDO (SANTOS), AOS 14 MINUTOS; PELÉ (COSMOS), AOS 42, DA ETAPA INICIAL; RAMON MIFLIN (COSMOS), AOS 4 DA FINAL ::: **ÁRBITRO** GINO HIPÓLITO ::: **AUXILIARES** TONNY NOBILE E TIM ROSSI ::: **COSMOS** MESSING (YASIN), NELSI (HUNTER), ROTH, CARLOS ALBERTO (BOB SMITH) E RILDO (FORMOSO); GARBETT (VITOR) E BECKENBAUER; TONY FIELD (ORD), CHINAGLIA, PELÉ (RAMON MIFLIN) E HUNT (OLIVEIRA) ::: **SANTOS** ERNANI, FERNANDO, JOÃOZINHO, ALFREDO E NETO; ZÉ MARIO E AILTON LIRA (PELÉ); NILTON BATATA, RUBENS (BIANCHI), CARLOS ROBERTO E REINALDO (JUARI)

Algo de podre no reino da zebrinha: o escândalo da Loteca

Pelo menos 25 anos antes de estourar a bomba da fabricação de resultados de jogos dos Campeonatos Paulista e Brasileiro, envolvendo um árbitro da Fifa, essa prática criminosa corria frouxa alterando resultados de jogos incluídos na Loteria Esportiva da Caixa. Ao contrário da máfia encabeçada pelo bicheiro Nagib Fayad, o Gibão, e os árbitros Edilson Pereira de Carvalho e Paulo José Danelon, em 2005, a da Loteria Esportiva chegou a relacionar 125 pessoas direta e indiretamente ligadas ao delito, desde árbitros e ex-árbitros, dirigentes, jogadores e ex-jogadores, radialistas e ex-treinadores. A máfia da Loteria Esportiva começou sorrateiramente no final dos anos 70, para ser "estourada" somente em 1982. Muita gente já havia se beneficiado da trama. Sem os recursos eletrônicos de hoje, quando grampos colocados em telefones fixos e celulares desmascaram facilmente os envolvidos, a turma que agia alterando resultados na Loteria Esportiva deixava poucos rastros, até porque havia agentes em praticamente todos os estados. Provas auditivas através de conversas telefônicas (os famosos grampos) inexistiam com as facilidades de hoje, e as conversas gravadas só se fossem com o conhecimento das partes. Não havia ainda os minúsculos microfones dos dias atuais. Daí, por falta de provas materiais poucos foram os envolvidos indiciados, e muitos os suspeitos, dos quais os mais citados foram os radialistas Flávio Moreira e Alberto Damasceno, segundo o repórter Sérgio Martins, da revista *Placar*.

Flávio Moreira era empregado da Sport Press, homem da estreita confiança do jornalista José Dias, proprietário daquela agência noticiosa. A Sport Press era quem fornecia à Caixa a relação dos jogos que podiam constar dos Testes (hoje denominados Concursos) semanais. Lentamente, a gangue foi-se ampliando, praticamente mantendo uma espécie de representante nos pontos estratégicos, para "cantar" os jogadores escolhidos para facilitar a derrota do clube. Como a L. E. sempre colocava alguns clássicos do Campeonato Italiano, o ex-campeão mundial Amarildo seria o nome para os contatos naquele país. Segundo a imprensa da época, os nomes envolvidos, na ocasião, eram os dos ex-árbitros Neri José Proença, Valquir Pimentel, Airton Vieira de Morais (Sansão), e José Aldo Pereira, os técnicos Dreyer, Oberdã, Daniel Pinto, Janos Trattai, os ex-jogadores Rubens Galaxe, Romero, Tadeu, Sapatão, "Pintinho", o goleiro Jairo, Tobias, Daltro, Marco Antônio, Osires, Zezinho Figueroa, Mazaroppi, o empresário baiano Todé.

(Everaldo Lopes, "Apito Final", www.tribunadonorte.com.br)

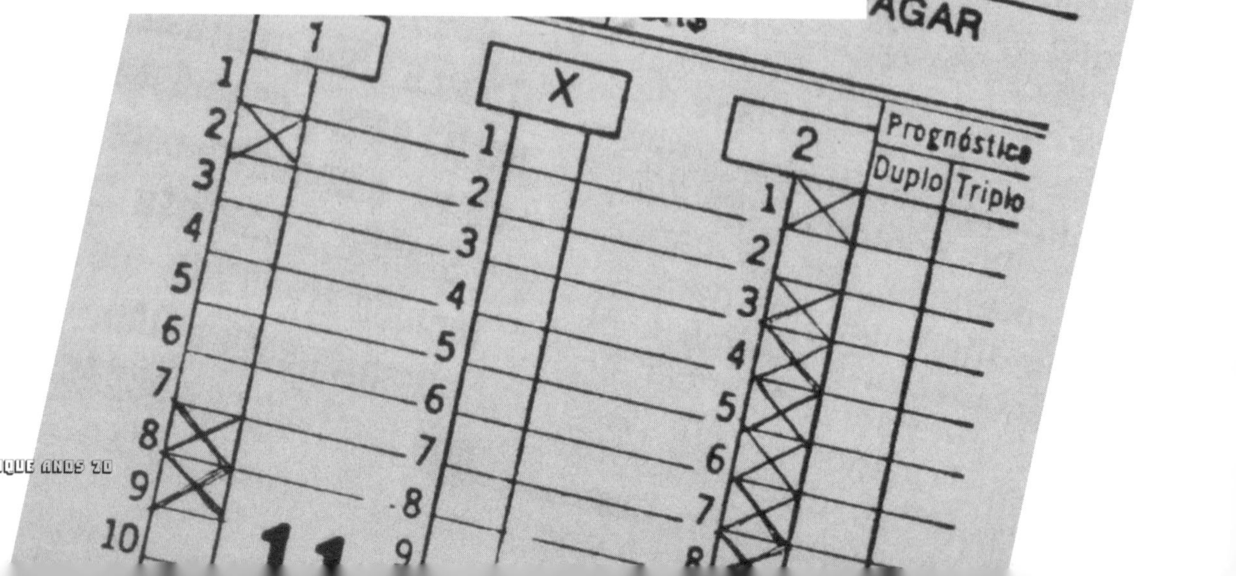

Com a musa na cabeça e a bola nos pés. Ou vice-versa.

Se havia escassez de hinos e bordões esportivo-patrióticos, a safra de músicas sobre futebol é vasta nestes 70. Gonzaguinha inclui o jogo como metáfora em seu "Geraldinos e arquibaldos", do álbum Plano de vôo, de 1975:

Melhor se cuidar/ No campo do adversário/ É bom jogar com muita calma/ Procurando pela brecha/ Pra poder ganhar/ Acalma a bola, rola a bola, trata a bola

Limpa a bola que é preciso faturar/ E esse jogo tá um osso/ É um angu que tem caroço/ É preciso desembolar/ E se por baixo não tá dando/ É melhor tentar por cima/ Oi com a cabeça dá
Você me diz que esse goleiro/ é titular da seleção/ Só vou saber mas é quando eu chutar.

Jorge Ben, então, estava inspiradíssimo. Também em 1975, no álbum *Solta o pavão*. Ele homenageia a sempre sofrida defesa com a música "Zagueiro", tributo ao zagueiro Rondinelli, do Flamengo, conhecido como o Deus da Raça.

Arrepia, zagueiro/ Zagueiro/ Limpa a área, zagueiro/ Zagueiro
Sai jogando, zagueiro/ Zagueiro/ Ele é um zagueiro/ É o anjo da guarda da defesa/ Mas para ser um bom zagueiro/ Não pode ser muito sentimental/ Tem que ser sutil e elegante/ Ter sangue frio/ Acreditar em si/ E ser leal/ Zagueiro tem que ser malandro/ Quando tiver perigo com a bola no chão/ Pensar rápido e rasteiro/ Ou sai jogando ou joga a bola pro mato/ Pois o jogo é de campeonato/ Tem que ser ciumento/ E ganhar todas as divididas/ E não deixar sobras pra ninguém/ Tem que ser o rei e o dono da área/ Nessa guerra maravilhosa de 90 minutos.

No ano seguinte, no sensacional LP *África Brasil*, Jorge já começa com uma de suas melhores músicas, "Umababaraumа", homenagem ao futebol africano.

Umbabarauma, homem gol/ Joga bola, joga bola Jogador/ joga bola, joga bola/ Corocondô.

Mas não dava para deixar o rubro-negro carioca de fora, e mais adiante Jorge manda "Camisa 10 da Gávea" em honra a Zico, o Galinho de Quintino.

Ele tem uma dinâmica física rica rítmica/ Seus reflexos lúcidos/ Lançamentos dribles desconcertantes/ Chutes maliciosos são como flashes eletrizantes/ Estufando a rede num possível gol de placa/ O galinho de Quintino chegou ô ô ô/ Com garra fibra e amor ô ô ô.

XXI JOGOS OLÍMPICOS

SEDE: MONTREAL, CANADÁ

17/7 A 1/8/1976

92 PAÍSES PARTICIPANTES

6.085 ATLETAS PARTICIPANTES

(1.247 MULHERES, 4.781 HOMENS)

198 EVENTOS EM 21 MODALIDADES ESPORTIVAS

O que aconteceu

O Canadá tornou-se o país-sede com pior participação na história olímpica: o único a não obter medalha de ouro alguma. O mesmo fenômeno só tinha acontecido nos Jogos de Inverno — em 1924 (Chamonix, França) e em 1928 (St. Moritz, Suíça).

A cidade de Montreal também se portou de modo atípico, e teve prejuízo e não lucro com os Jogos. Por conta de uma série de inovações — que incluíam um novíssimo estádio olímpico, de arquitetura ousada, desenhado pelo arquiteto francês Roger Taillibert, e completas medidas de segurança, motivadas pelo ataque terrorista em Munique — as Olimpíadas de 1976 foram as mais caras da história dos jogos.

Outra novidade foi o modo de transmissão da chama olímpica, através de um pulso eletrônico de Atenas, na Grécia, até Ottawa, capital do Canadá. De Ottawa a Montreal a chama viajou nas mãos de atletas, seguindo a tradição.

Vinte e duas nações africanas, lideradas pela Tanzânia, boicotaram os Jogos Olímpicos e não enviaram atletas, em protesto contra uma excursão do time olímpico de rugby da Nova Zelândia à África do Sul, que ainda vivia sob estrito regime racista de apartheid.

A grande estrela dos Jogos foi a ginasta romena Nadia Comaneci. Aos 14 anos, Nadia atingiu a perfeição, recebendo sete notas 10 e levando para casa três medalhas de ouro.

O novo interesse do público em corridas destacou ainda mais o feito do cubano Alberto Juantorena — o primeiro homem a vencer as provas de 400 e 800 metros.

A princesa Anne da Grã-Bretanha concorreu como parte do time de hipismo de seu país, e foi a única atleta a não ter que se submeter a exames de sangue antidoping e para estabelecimento do sexo.

Estrearam eventos de remo, basquete e handball feminino.

A delegação brasileira voltou para casa com apenas duas medalhas, ambas de bronze: atletismo (salto triplo masculino), para João do Pulo (João Carlos de Oliveira, Pindamonhangaba, São Paulo, 1954 – São Paulo, 1999), e iatismo (classe Flying Dutchman) para Peter Ficker e Reinaldo Conrad.

Quadro de medalhas

		OURO	PRATA	BRONZE
1	**UNIÃO SOVIÉTICA**	**49**	**41**	**35**
2	**ALEMANHA OCIDENTAL**	**40**	**25**	**25**
3	**ESTADOS UNIDOS**	**34**	**35**	**25**
4	ALEMANHA ORIENTAL	10	12	17
5	JAPÃO	9	6	10
6	POLÔNIA	7	6	13
7	BULGÁRIA	6	9	7
8	CUBA	6	4	3
9	ROMÊNIA	4	9	14
10	HUNGRIA	4	5	13
11	FINLÂNDIA	4	2	0
12	SUÉCIA	4	1	0
13	INGLATERRA	3	5	5
14	ITÁLIA	2	7	4
15	FRANÇA	2	3	4
16	IUGOSLÁVIA	2	3	3
17	TCHECOSLOVÁQUIA	2	2	4
18	NOVA ZELÂNDIA	2	1	1
19	CORÉIA DO SUL	1	1	4
20	SUÍÇA	1	1	2
21	JAMAICA	1	1	0
22	NORUEGA	1	1	0
23	CORÉIA DO NORTE	1	1	0
24	DINAMARCA	1	0	2
25	MÉXICO	1	0	1
26	TRINIDAD E TOBAGO	1	0	0
27	CANADÁ	0	5	6
28	BÉLGICA	0	3	3
29	HOLANDA	0	2	3
30	PORTUGAL	0	2	0
31	ESPANHA	0	2	0
32	AUSTRÁLIA	0	1	4
33	IRÃ	0	1	1
34	MONGÓLIA	0	1	0
35	VENEZUELA	0	1	0
36	BRASIL	0	0	2
37	ÁUSTRIA	0	0	1
38	BERMUDAS	0	0	1
39	PAQUISTÃO	0	0	1
40	PORTO RICO	0	0	1
41	TAILÂNDIA	0	0	1

outros esportes

Boxe

Don King arranjou outra luta internacional para seu campeão Muhammad Ali: no dia 1º de outubro de 1975 ele enfrentou Joe Frazier no Coliseu Aranetta em Manila, nas Filipinas. Astutamente, King vendeu os direitos internacionais de transmissão da luta usando uma novidade — a rede paga HBO, que também estréia na segunda metade da década. Muitos fãs e especialistas consideram o embate de Manila a maior luta de boxe de todos os tempos: Frazier e Ali se detestavam e tinham uma longa história de rivalidade, culminando com a Luta do Século em 1971. A brutalidade de Ali foi tamanha que o treinador de Frazier jogou a toalha quando seu atleta, caído na lona no 15º round, não ouviu o sino do juiz.

Depois de Manila, Ali continuou a enfrentar oponentes variados — e menos prestigiosos — ganhando sempre, embora com entusiasmo e forma atlética cada vez menores. Em 15 de fevereiro de 1978, em Las Vegas, Ali perde seu título para o campeão olímpico Leon Spinks — mas retoma o título no dia 15 de setembro do mesmo ano, em Nova Orleans. Um ano depois, no dia 27 de junho de 1979, Muhammad Ali anunciou que estava se aposentando do esporte profissional.

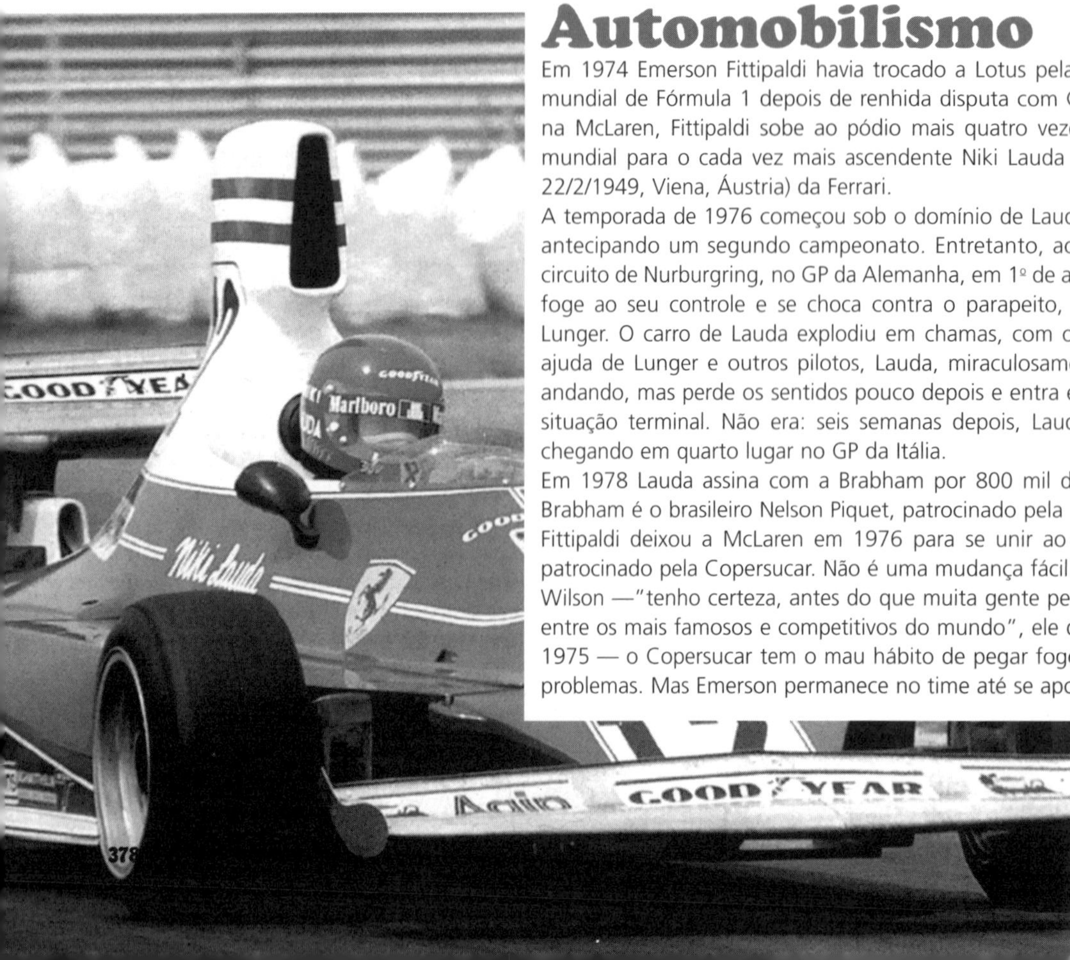

Automobilismo

Em 1974 Emerson Fittipaldi havia trocado a Lotus pela McLaren, sagrando-se campeão mundial de Fórmula 1 depois de renhida disputa com Clay Reggazzoni. Em 1975, ainda na McLaren, Fittipaldi sobe ao pódio mais quatro vezes, mas acaba perdendo o título mundial para o cada vez mais ascendente Niki Lauda (Andreas Nikolaus "Niki" Lauda, 22/2/1949, Viena, Áustria) da Ferrari.

A temporada de 1976 começou sob o domínio de Lauda: cinco vitórias em seis corridas, antecipando um segundo campeonato. Entretanto, ao completar uma longa curva no circuito de Nurburgring, no GP da Alemanha, em 1º de agosto de 1976, a Ferrari de Lauda foge ao seu controle e se choca contra o parapeito, no caminho do veículo de Brett Lunger. O carro de Lauda explodiu em chamas, com o piloto preso no *cockpit*. Com a ajuda de Lunger e outros pilotos, Lauda, miraculosamente, consegue sair de seu carro andando, mas perde os sentidos pouco depois e entra em coma, no que parece ser uma situação terminal. Não era: seis semanas depois, Lauda voltava ao volante da Ferrari, chegando em quarto lugar no GP da Itália.

Em 1978 Lauda assina com a Brabham por 800 mil dólares/ano. O segundo piloto da Brabham é o brasileiro Nelson Piquet, patrocinado pela Brastemp.

Fittipaldi deixou a McLaren em 1976 para se unir ao time do irmão Wilson Fittipaldi, patrocinado pela Copersucar. Não é uma mudança fácil ou feliz. Apesar das ambições de Wilson —"tenho certeza, antes do que muita gente pensa, o Fórmula 1 brasileiro estará entre os mais famosos e competitivos do mundo", ele disse à *Fatos & Fotos* em julho de 1975 — o Copersucar tem o mau hábito de pegar fogo espontaneamente, entre outros problemas. Mas Emerson permanece no time até se aposentar da Fórmula 1 em 1980.

Brasil Surf
ESPECIAL: SAQUAREMA 76
SKATE
ULUWATU
SURF EM S. PEDRO

Surfe

Com um calendário nacional de campeonatos e presença nas competições internacionais, o surfe está definitivamente incorporado ao panorama esportivo do país. Um novo point se junta à agenda dos eventos: Ubatuba, São Paulo, "uma das pequenas cidades localizadas às margens da ainda nem inaugurada Rio–Santos", diz a *Brasil Surf* de outubro de 1975. "Para quem está acostumado a ver a inflamação característica das praias perto das grandes cidades não dá nem para tentar explicar o que significa surfar nessas praias desertas."
Em 1976 surge a primeira federação brasileira de surfe — em Salvador: a Federação Baiana de Surf era apoiada pela loja especializada Sunsurf. Popó Avena é o primeiro campeão baiano de surfe, também em 1976.
A popularidade do esporte leva a conflitos com banhistas e, como conseqüência, ao estabelecimento de horários para pegar onda, fora dos quais, pelo menos em tese, os surfistas podiam ser apreendidos pela polícia.

Tênis

Surge uma nova estrela: um estudante da universidade de Stanford, Califórnia, chamado John McEnroe (16/2/1959, Wesbaden, Alemanha). Em 1978, depois de vencer os *singles* e duplas do torneio universitário de tênis, McEnroe assina um dos primeiros contratos publicitários do esporte — com a Nike.
O arquiinimigo de McEnroe era o sueco Bjorn Borg (6/6/1956, Estocolmo, Suécia) que, em 1974, antes de completar 18 anos, havia se tornado o mais jovem atleta a vencer o Campeonato Francês. Em 1975, mantendo o título francês, Borg venceu a Copa Davis; e, em 1976, contra a descrença de todos os especialistas (e do esnobíssimo público local), tornou-se o mais jovem campeão de Wimbledon, derrotando o superfavorito Ilie Nastase. A flamejante rivalidade entre dois tenistas jovens, agressivos e talentosos contribuiu para colocar o esporte na moda no final dos 70.

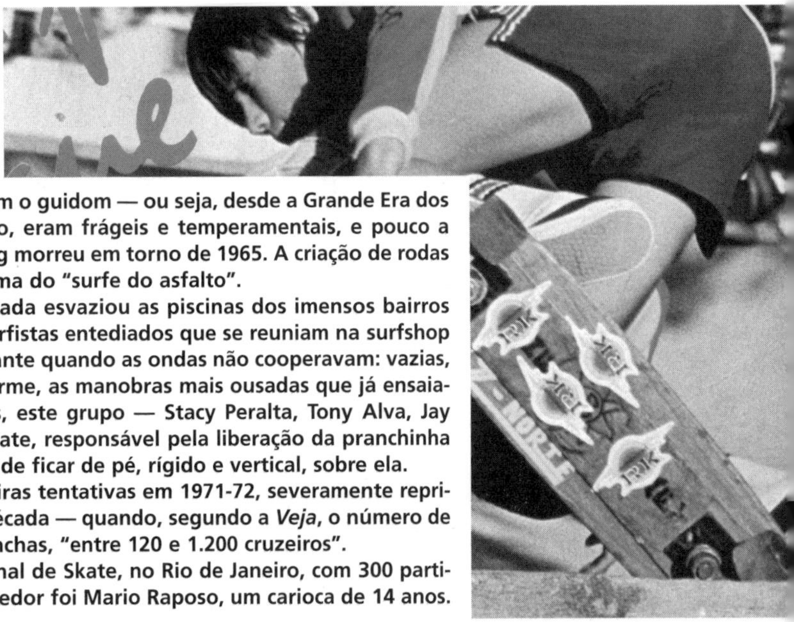

Esporte rock'n'roll: skate

Pranchinhas com rodas existem desde que patinetes perderam o guidom — ou seja, desde a Grande Era dos Modismos Inúteis, o final dos anos 50. Suas rodas, contudo, eram frágeis e temperamentais, e pouco a pouco a primeira encarnação do que viria a ser skateboarding morreu em torno de 1965. A criação de rodas de poliuretano, no início da década de 1970, reavivou a chama do "surfe do asfalto".
O empurrão final veio em 1976, quando uma seca prolongada esvaziou as piscinas dos imensos bairros residenciais de Los Angeles, dando a um grupo de jovens surfistas entediados que se reuniam na surfshop Zephyr uma oportunidade para fazer alguma coisa emocionante quando as ondas não cooperavam: vazias, as piscinas eram pistas perfeitas para reproduzir, em terra firme, as manobras mais ousadas que já ensaiavam nas ondas. Conhecidos coletivamente como os Z-Boys, este grupo — Stacy Peralta, Tony Alva, Jay Adams, Sid Gianetti — é creditado como o reinventor do skate, responsável pela liberação da pranchinha de sua obrigação de seguir a lei da gravidade — e do corpo de ficar de pé, rígido e vertical, sobre ela.
No Brasil o esporte segue o mesmo cronograma, com primeiras tentativas em 1971-72, severamente reprimidas pela polícia, e um crescimento rápido na metade da década — quando, segundo a *Veja*, o número de skatistas era "perto de 4.000", apesar do alto preço das pranchas, "entre 120 e 1.200 cruzeiros".
No dia 24 de outubro de 1976 houve o I Campeonato Nacional de Skate, no Rio de Janeiro, com 300 participantes do Rio, São Paulo, Belo Horizonte e Brasília. O vencedor foi Mario Raposo, um carioca de 14 anos.

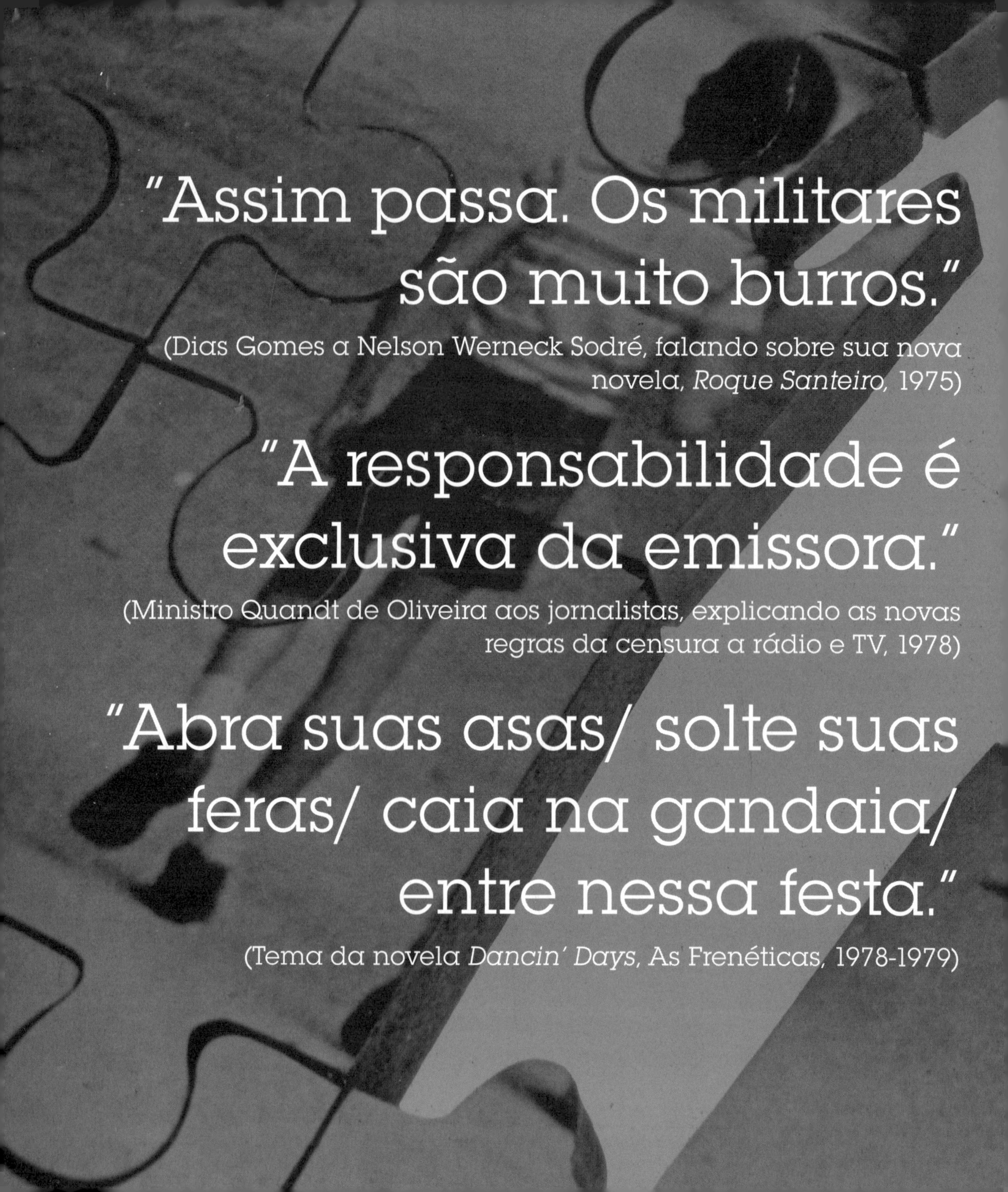

"Assim passa. Os militares são muito burros."

(Dias Gomes a Nelson Werneck Sodré, falando sobre sua nova novela, *Roque Santeiro*, 1975)

"A responsabilidade é exclusiva da emissora."

(Ministro Quandt de Oliveira aos jornalistas, explicando as novas regras da censura a rádio e TV, 1978)

"Abra suas asas/ solte suas feras/ caia na gandaia/ entre nessa festa."

(Tema da novela *Dancin' Days*, As Frenéticas, 1978-1979)

MÍDIA 1975-1979
PAI
HERÓI

TV

A globalização do Brasil

Inexorável como o capítulo final de uma novela, a hegemonia da Rede Globo avança ao longo da década. O Brasil via Embratel, cada vez menos regional e mais homogêneo, aprende a ver, nos mesmos horários as mesmas novelas, o mesmo telejornal, os mesmos shows. O fenômeno do modismo nacional induzido pela TV começa a se tornar cada vez mais freqüente, e a Globo, cada vez mais consciente de seu poder, ensaia mais amiúde novos projetos de interferência direta — merchandising, controle sobre as trilhas musicais. É claro que, acima dela, continuava a existir o governo, atuando como um superego de controle, determinado a colocar no ar exclusivamente aquilo que ele queria ver.

Ao terminar a década, o público espectador era de 60 milhões de pessoas diante de 17 milhões de aparelhos, em mais de 90% do território nacional (mas 50% dos lares brasileiros ainda não tinham TV). O Brasil era o quarto maior usuário do satélite de comunicação Intelsat. 56,2% da verba publicitária está na mídia televisiva, e 85% dessa verba vai para a Globo.

Você se lembra?

A partir de 1976, todas as emissoras transmitiam toda a sua programação em cores. Já não havia mais aquele apelo do "especial! Exclusivo! Em cores!"

Estréias...

Iniciativas, pessoas e programas importantes que começaram na metade final dos 70.

EMPRESA BRASILEIRA DE RADIODIFUSÃO — RADIOBRÁS — CRIADA EM 1975 PARA OPERAR AS EMISSORAS DE RÁDIO E TELEVISÃO DO GOVERNO FEDERAL ::: CARNAVAL EM CORES — A REDE GLOBO É A PRIMEIRA A OFERECER TRANSMISSÃO DOS EVENTOS MOMESCOS INTEIRAMENTE EM CORES. A COBERTURA INCLUI O DESFILE DAS ESCOLAS DE SAMBA AO VIVO NA AVENIDA PRESIDENTE ANTÔNIO CARLOS (RIO DE JANEIRO) E OS CONCURSOS DE FANTASIAS DO HOTEL GLÓRIA, DO TEATRO MUNICIPAL, DO CLUBE SÍRIO LIBANÊS E DO HOTEL NACIONAL, TODOS NO RIO, ALÉM DE FLASHES DOS DEMAIS ESTADOS NO *JORNAL NACIONAL* (1975) ::: *SESSÃO DA TARDE* (1975) ::: VENDA DE NOVELAS E PROGRAMAS DA REDE GLOBO PARA O EXTERIOR (1976) ::: TVS, RIO DE JANEIRO — PRIMEIRO CANAL CONCEDIDO A SILVIO SANTOS (1976) ::: *GLOBINHO*, VERSÃO LONGA, COM PAULA SALDANHA (1977, REDE GLOBO) ::: *VOX POPULI*, DE CARLOS QUEIROZ TELLES E ROBERTO MUYLAERT (1977, TV CULTURA/SP) ::: *OS TRAPALHÕES* (1977; REDE GLOBO) ::: *SÍTIO DO PICA-PAU AMARELO* (1977, REDE GLOBO) ::: *BAMBALALÃO* (1977, TV CULTURA/SP) ::: REDE BANDEIRANTES (DEPOIS DA TUPI E DA GLOBO, A TV BANDEIRANTES AGREGA SEIS EMISSORAS EM DIVERSOS ESTADOS — INCLUSIVE A TV GUANABARA CANAL 7 NO RIO DE JANEIRO — E PASSA A OPERAR EM REDE EM SETEMBRO DE 1977) ::: PROPAGANDA ELEITORAL GRATUITA REGULAMENTADA POR DECRETO EM 1977 ::: JOSÉ BONIFÁCIO DE OLIVEIRA SOBRINHO, O BONI, ASSUME A DIREÇÃO GERAL DA REDE GLOBO, VINDO DO POSTO DE DIRETOR-SUPERINTENDENTE (1977) ::: JOSÉ-ITAMAR DE FREITAS TORNA-SE DIRETOR GERAL DO *FANTÁSTICO*, LEVANDO O ENFOQUE DO PROGRAMA PARA O JORNALISMO (1977) ::: FUNDAÇÃO ROBERTO MARINHO (CRIADA A 31 DE DEZEMBRO DE 1977 PARA ASSUMIR OS PROGRAMAS DE EDUCAÇÃO A DISTÂNCIA DA REDE GLOBO) ::: *TELECURSO SEGUNDO GRAU* (1978, REDE GLOBO/FUNDAÇÃO PADRE ANCHIETA) ::: ABERTURA, CRIAÇÃO E APRESENTAÇÃO DE GLAUBER ROCHA (1979, REDE TUPI) ::: *JORNAL DA GLOBO* (1979, REDE GLOBO) ::: *SÉRIES BRASILEIRAS* (1979, REDE GLOBO)

...e despedidas

O *PROGRAMA SILVIO SANTOS* SAI DA REDE GLOBO EM 1976 — IMEDIATAMENTE COMEÇA A SER TRANSMITIDO PELA TVS NO RIO E PELA REDE TUPI NO RESTANTE DO PAÍS. EM 1977 A REDE RECORD PASSA A TRANSMITIR O PROGRAMA ::: EM ABRIL DE 1977 A TV RIO, NO RIO DE JANEIRO, TEM SUA LICENÇA CASSADA PELO PRESIDENTE GEISEL, APÓS SUCESSIVOS EPISÓDIOS DE FALTA E ATRASO DE PAGAMENTOS A FUNCIONÁRIOS E FORNECEDORES. SUA ÚLTIMA TRANSMISSÃO É O *PROGRAMA HENRIQUE LAUTTER* ::: O PUBLICITÁRIO MAURO SALLES DEIXA A CO-PRESIDÊNCIA DA REDE TUPI DOIS MESES DEPOIS DE TER ASSUMIDO O CARGO COM O MANDATO DE RESTAURAR AS EMISSORAS AOS SEUS DIAS DE GLÓRIA (1977) ::: WALTER CLARK, CAPITÃO DA REDE GLOBO DESDE SUA FUNDAÇÃO, DEIXA A DIREÇÃO DA EMPRESA, SUBSTITUÍDO POR BONI (1977)

Vladimir Herzog

Na noite de 24 de outubro de 1975, o jornalista Vladimir Herzog, diretor-responsável do Departamento de Jornalismo da TV Cultura, de São Paulo, fechou o jornal noturno da emissora. Na manhã seguinte, às oito horas, ele entrava no prédio do DOI-Codi, na rua Tutóia, Paraíso, zona sudeste de São Paulo, respondendo a uma intimação para prestar esclarecimentos sobre suas "atividades criminosas ligadas ao PCB". Foi a última vez que foi visto com vida.

Às quatro da tarde do dia 25 de outubro, o corpo de Vlado — como era conhecido pela família e amigos — foi encontrado sem vida em uma cela. O comando do Exército divulgou nota oficial caracterizando a morte como suicídio: "(...) Encontrado morto, enforcado, tendo para tanto utilizado uma tira de pano". Seu corpo foi apresentado à imprensa pendurado em uma grade pelo pescoço por um cinto. A grade era mais baixa que a altura do jornalista.

A nota oficial continuava: "As prisões até hoje efetuadas se encontram rigorosamente dentro dos preceitos legais, não visando a atingir classes, mas tão-somente salvaguardar a ordem constituída e a segurança nacional".

Em repúdio à *causa mortis* oficial, Henry Sobel, presidente do Rabinato da Congregação Israelita Paulista, deu ordem para que Herzog fosse sepultado no centro do cemitério judeu, e não na área remota reservada tradicionalmente aos suicidas.

Em outubro de 1978, a Justiça Federal responsabilizou e condenou a União a indenizar Clarice Herzog, viúva do jornalista. Ao morrer, Vladimir Herzog tinha 38 anos.

A grande novidade: TV por assinatura

A tecnologia que possibilita a TV de alcance dirigido existia nos Estados Unidos desde o final dos anos 50. Em 1965, o empresário Charles Francis Dolan investe na criação da primeira rede de TV local utilizando cabos subterrâneos e não microondas: a Sterling Cable em Manhattan, Nova York. Em 1970, Dolan criou o primeiro canal a cabo — o Green Channel, que, por um *fee* fixo, permitia que seus usuários vissem filmes e eventos esportivos sem cortes, e não apenas a repetição da programação das TVs. Um programa rapidamente se tornou célebre entre seus pioneiros assinantes: *Midnight Blue*, que exibia apenas filmes pornôs e shows de *strip tease* e "contorcionismo erótico".

Em 1972, com um investimento maciço do grupo Warner, o Green Channel se transformou em Home Box Office (HBO), um canal inteiramente por assinatura, que se anunciava com o *slogan* "isto não é televisão, é HBO".

Analistas, mídia e consumidores receberam a novidade com extremo ceticismo — que idiota iria pagar por algo que se podia ter gratuitamente na TV "normal"? O desafio da HBO — observado muito de perto tanto por seus competidores da TV aberta quanto por dezenas de investidores e empresários pensando em entrar no novíssimo segmento — era provar que, de fato, sua programação era tão diferenciada que valia pagar por ela.

A oportunidade veio, afinal, em 1975, com a transmissão ao vivo da luta Muhammad Ali X Joe Frazier em Manila, nas Filipinas. Utilizando satélites para a transmissão em tempo real, a HBO provou que podia ser mais ágil, mais dinâmica e mais especial que suas rivais "gratuitas", oferecendo, ainda por cima, uma programação sem comerciais. Este pode ser considerado o nascimento real da HBO e da TV por assinatura.

"...é difícil estabelecer um padrão de moralidade numa cidade como Nova York, com um bem estabelecido mercado pornográfico, com cinemas, livrarias e lojas especializadas praticamente em cada esquina. Assim, a solução talvez esteja numa tentativa que agora começa a se esboçar, e que pretende dotar os televisores com uma espécie de chave, através da qual os pais poderão "trancar" determinado canal a seus filhos."
(Veja, 7/1/1975)

A nova mania nacional: as novelas dominam as noites brasileiras

"A telenovela parece ser a mais popular e eficiente fórmula que a televisão mundial já encontrou."
(Texto sobre telenovelas no Terceiro Mundo, Universidade de Harvard, 1977)

Incrível: em meros cinco anos, o que era considerado (quando era considerado) um arremedo mal feito de um subgênero literário não muito bem visto — a radionovela — ganhou *status* de dramaturgia. O teatro, sufocado pela censura, mandava para a TV seus melhores atores e, mais que isso, seus melhores autores. Na Globo, que apostava superagressivamente na hegemonia do gênero, as novelas já ocupavam quatro faixas de horário, eram em cores e, com o casal Janete Clair-Dias Gomes à frente, levantavam os padrões de texto e estrutura a níveis impensados, enquanto amealhavam espectadores da ordem de 40 milhões de almas.
Incomodavam, também, o que era um importante sinal de qualidade no contexto dos tempos: em 1975 *Roque Santeiro (ou a incrível história da viúva que foi sem nunca ter sido),* de Dias Gomes, teve a dúbia honra de ser a primeira novela a ser censurada em sua totalidade, por conter "ofensa à moral, à ordem pública e aos bons costumes, bem como achincalhe à Igreja." Nada mais justo do que começar por ela a geral das novelas mais populares dos últimos 70:

Roque Santeiro (ou a incrível história da viúva que foi sem nunca ter sido) (TV GLOBO, AGOSTO 1975)
Escrita por Dias Gomes, baseado em sua peça *O berço do herói*, de 1963, proibida em 1964. Com Francisco Cuoco (Roque Santeiro), Betty Faria (Viúva Porcina), Lima Duarte (Sinhozinho Malta), Lutero Luiz (Florindo Abelha), Eva Todor (Pombinha), Emiliano Queiróz (Zé das Medalhas), Débora Duarte (Lulu). Na fictícia Asa Branca, em algum lugar do sertão nordestino, vive o mito do heróico Roque Santeiro, fazedor de estátuas, morto por bandidos defendendo a cidade, em plena noite de núpcias com sua prometida Porcina. Ou talvez a história não seja bem essa — um detalhe que incomodou demais a censura, principalmente depois que uma conversa telefônica entre Dias Gomes e seu amigo Nelson Werneck Sodré foi gravada num grampo —, o autor garantia que o roteiro ia passar pela censura, mesmo sendo uma adaptação da já vetada *O berço do herói*. Em vez de novela, no dia 27 de agosto de 1975, entrou no ar um texto de Armando Nogueira, lido por Cid Moreira no *Jornal Nacional*, explicando o histórico *veto in toto*, seguido de uma reprise compacta do maior sucesso da casa até então, *Selva de pedra*.

"Sei que você tem mais pena é do galã de suas novelas/ e isso faz do nosso caso duas vidas paralelas/ e pra aumentar o meu ciúme e me deixar quase louco/ você morre de amores por um tal Francisco Cuoco." ("EU NÃO SOU NENHUM BANDIDO", Lindomar Castilho, 1977)

"Não fiz Pecado Capital para imitar o Dias, mas, pelo menos, para me igualar um pouco ao estilo dele. Levei meu romantismo para o lado realista. Parece que de Pecado Capital em diante eu dei uma melhorada".

(Janete Clair em depoimento ao Museu da Imagem e do Som)

Pecado capital (TV GLOBO, 24/11/1975 A 5/7/1976)

Escrita por Janete Clair, dirigida por Daniel Filho e Jardel Mello. Com Lima Duarte, Betty Faria, Francisco Cuoco, Rosamaria Murtinho, Dennis Carvalho, Débora Duarte, Luiz Armando Queiroz, Emiliano Queiroz, Lutero Luiz.

Em três meses, Janete Clair teve que criar uma nova novela que utilizasse a mesma equipe e elenco da proibida *Roque Santeiro*. Não apenas conseguiu como colocou no ar um dos maiores sucessos da televisão brasileira, e um de seus melhores trabalhos. Centrado no triângulo amoroso formado pelo motorista de táxi Carlão (Cuoco), o milionário Salviano Lisboa, dono da frota (Lima Duarte) e a operária Lucinha (Betty Faria), a trama ainda tinha um dilema moral que na época fazia sentido — Carlão deveria ou não entregar o dinheiro deixado em seu carro, produto de um assalto? — e uma escolha ousadíssima de elenco, Milton Gonçalves no papel do psiquiatra dr. Percival, algo até então impensado para um ator negro. Com um magnífico samba de Paulinho da Viola como abertura e um final não-feliz (pelo qual Daniel Filho teve que pelejar muito com Janete Clair, que queria "salvar" Carlão), que obteve 100% de audiência, *Pecado Capital* foi o marco de uma nova era de teledramaturgia brasileira.

Pecado capital (Tema de abertura)

PAULINHO DA VIOLA

Dinheiro na mão é vendaval
É vendaval
Na vida de um sonhador
De um sonhador
Quanta gente aí se engana
E cai da cama
Com toda a ilusão que sonhou
E a grandeza se desfaz
Quando a solidão é mais
Alguém já falou

Mas é preciso viver
E viver não é brincadeira não
Quando o jeito é se virar
Cada um trata de si
Irmão desconhece irmão
E aí dinheiro na mão é vendaval
Dinheiro na mão é solução
E solidão

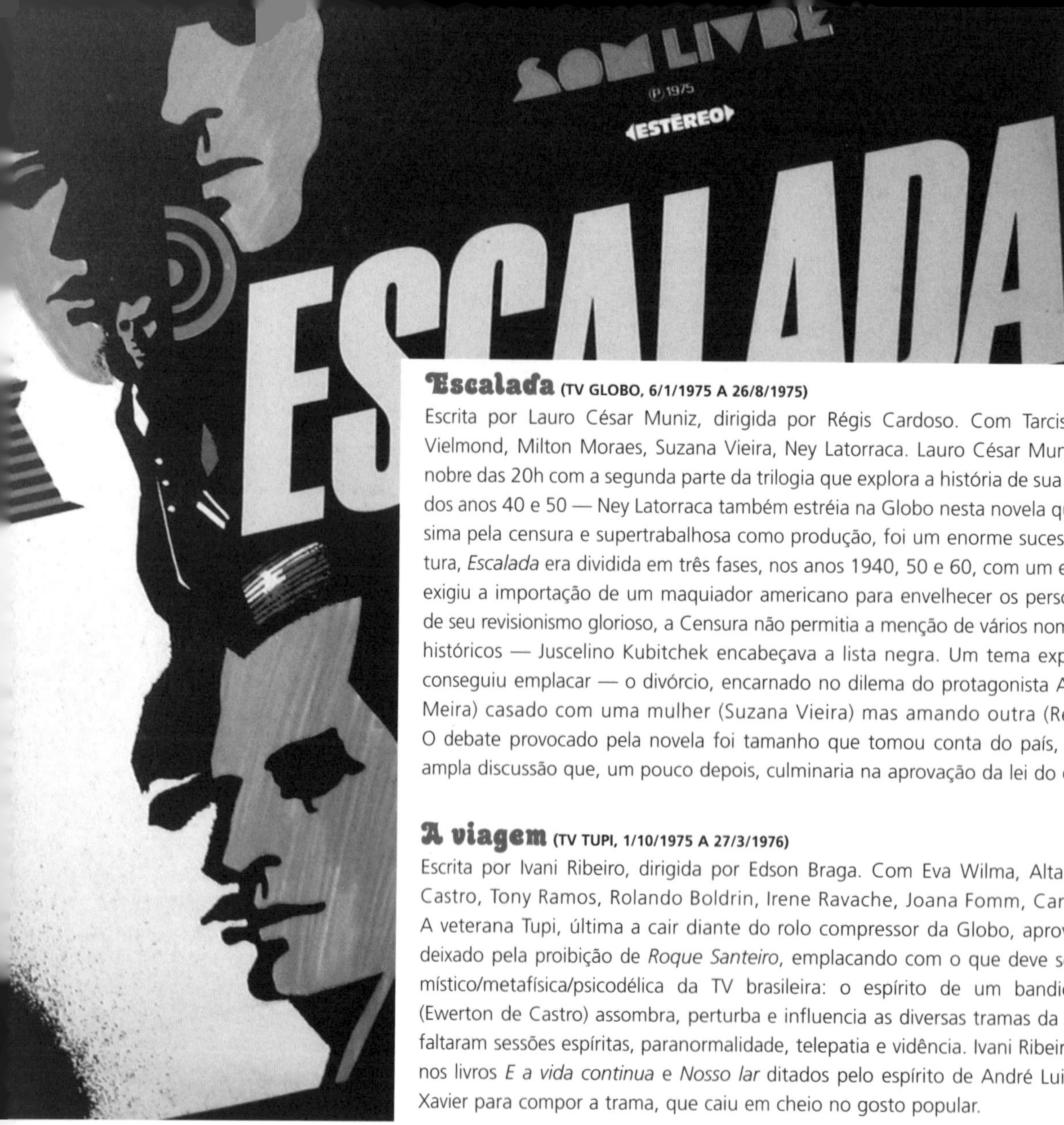

Escalada (TV GLOBO, 6/1/1975 A 26/8/1975)

Escrita por Lauro César Muniz, dirigida por Régis Cardoso. Com Tarcisio Meira, Renée de Vielmond, Milton Moraes, Suzana Vieira, Ney Latorraca. Lauro César Muniz estréia no horário nobre das 20h com a segunda parte da trilogia que explora a história de sua família, na São Paulo dos anos 40 e 50 — Ney Latorraca também estréia na Globo nesta novela que, apesar de visadíssima pela censura e supertrabalhosa como produção, foi um enorme sucesso. Ousada na estrutura, *Escalada* era dividida em três fases, nos anos 1940, 50 e 60, com um epílogo em 1975 que exigiu a importação de um maquiador americano para envelhecer os personagens. No apogeu de seu revisionismo glorioso, a Censura não permitia a menção de vários nomes e acontecimentos históricos — Juscelino Kubitchek encabeçava a lista negra. Um tema explosivo para a época conseguiu emplacar — o divórcio, encarnado no dilema do protagonista Antônio Dias (Tarcísio Meira) casado com uma mulher (Suzana Vieira) mas amando outra (Renée de Vielmond). O debate provocado pela novela foi tamanho que tomou conta do país, contribuindo para a ampla discussão que, um pouco depois, culminaria na aprovação da lei do divórcio no Brasil.

A viagem (TV TUPI, 1/10/1975 A 27/3/1976)

Escrita por Ivani Ribeiro, dirigida por Edson Braga. Com Eva Wilma, Altair Lima, Ewerton de Castro, Tony Ramos, Rolando Boldrin, Irene Ravache, Joana Fomm, Carlos Alberto Riccelli. A veterana Tupi, última a cair diante do rolo compressor da Globo, aproveitou bem o vácuo deixado pela proibição de *Roque Santeiro*, emplacando com o que deve ser a primeira novela místico/metafísica/psicodélica da TV brasileira: o espírito de um bandidinho classe média (Ewerton de Castro) assombra, perturba e influencia as diversas tramas da novela, na qual não faltaram sessões espíritas, paranormalidade, telepatia e vidência. Ivani Ribeiro diz ter-se baseado nos livros *E a vida continua* e *Nosso lar* ditados pelo espírito de André Luiz ao médium Chico Xavier para compor a trama, que caiu em cheio no gosto popular.

"Chega a noite em toda casa/ é sempre a mesma novela/ a gente/ já não é são por causa da televisão."

("Novelas", Odair José, 1978)

Gabriela (TV GLOBO, 14/4/1975 A 24/10/1975)

Escrita por Walter George Durst adaptando o romance *Gabriela, cravo e canela* de Jorge Amado. Dirigida por Walter Avancini e Gonzaga Blota. Com Sônia Braga, Armando Bógus, Paulo Gracindo, José Wilker, Fúlvio Stefanini, Gilberto Martinho, Nívea Maria, Dina Sfat. Projeto de luxo, concebido para marcar o aniversário de 10 anos da Globo, a novela consagrou Sônia Braga como estrela e objeto de desejo e foi um dos maiores produtos de exportação da casa. Sônia, na verdade, foi uma escolha difícil, vinda depois de meses de testes com, nas palavras de Daniel Filho, "incontáveis mulheres por dia, modelos e mulatas exportação, o diabo a quatro", e um convite a Gal Costa recusado com um singelo "sei representar não". A trilha produzida por Guto Graça Mello foi um sucesso, reunindo 12 canções inéditas, como "Coração ateu", com Maria Bethânia, "Guitarra baiana", com Moraes Moreira, "Alegre menina", com Djavan, "São Jorge dos Ilhéus", com Alceu Valença, "Filho da Bahia", com Fafá de Belém, "Caravana", com Geraldo Azevedo e, é claro, o tema de abertura composto por Dorival Caymmi, "Modinha para Gabriela", cantado por Gal Costa.

Modinha para Gabriela

(DE DORIVAL CAYMMI, CANTADA POR GAL COSTA)

Quando eu vim para esse mundo
Eu não atinava em nada
Hoje eu sou Gabriela
Gabriela ê meus camaradas
Eu nasci assim eu cresci assim e sou mesmo assim
Vou ser sempre assim Gabriela, sempre Gabriela
Quem me batizou quem me nomeou
Pouco me importou é assim que eu sou
Gabriela sempre Gabriela

Gabriela sempre Gabriela
Eu nasci assim eu cresci assim e sou mesmo assim
Vou ser sempre assim Gabriela, sempre Gabriela

Eu sou sempre igual não desejo o mal
Amo o natural etc. e tal

TRILHA

O casarão (TV GLOBO, 7/6/1976 A 11/12/1976)

Escrita por Lauro César Muniz, dirigida por Daniel Filho e Jardel Mello. Com Oswaldo Loureiro, Tony Correia, Gracindo Júnior, Sandra Barsotti, Dennis Carvalho, Flávio Migliaccio, Paulo José, Renata Sorrah, Bete Mendes. Lauro César Muniz encerra sua trilogia paulista com mais uma novela ousada temática e estruturalmente. As três épocas, aqui — início do século 20, anos 30 e anos 70 — eram mostradas simultaneamente, e mais uma vez havia um triângulo amoroso no meio, vivido, nos anos 30, por Gracindo Júnior, Sandra Barsotti e Dennis Carvalho; e em 1976 por Paulo Gracindo, Yara Cortes e Mário Lago. A Censura pintou e bordou com a trama, suprimindo fatos históricos, vetando palavras e proibindo que a personagem Lina, de Renata Sorrah, tivesse um caso extraconjugal. Até um "pronunciamento político" fictício, numa campanha política de mentirinha, foi vetado, alegando a Lei Falcão, que regulamentava a propaganda eleitoral. Diante da alegação de Lauro César de que se tratava de ficção, o censor retrucou: "A Lei Falcão é muito ampla". Na trilha, Elis Regina fez o maior sucesso cantando a versão brasileira da valsa "Fascinação", juntamente com "Só louco", na voz de Gal Costa e "Nuvem passageira", do gaúcho Hermes Aquino.

"Não foi permitido mostrar que Lina usava anticoncepcionais; (...) os comícios do candidato Aldo não puderam ser levados ao ar e foi reduzida a participação do padre e da jornalista na campanha política. Na primeira fase da novela (1900), muitos detalhes da revolta de Cardosão (Paulo Gonçalves) contra o Partido Republicano Paulista (PRP) não puderam ser mostrados (...); ainda na fase de 1900 teve que ser tirada da fala dos personagens a palavra 'ceroula'. Na fase de 1926 não puderam ser empregados os termos 'prenhe' e 'parir'."
(Lauro César Muniz à revista AMIGA, 17/11/1976)

Saramandaia (TV GLOBO, 3/5/1976 A 31/12/1976)

Escrita por Dias Gomes, dirigida por Walter Avancini, Roberto Talma e Gonzaga Blota. Com Juca de Oliveira, Sônia Braga, Wilza Carla, Ary Fontoura, Dina Sfat, Antônio Fagundes, Castro Gonzaga. Dias Gomes refoga num molho picante de realismo fantástico à la Gabriel Garcia Marquez — coisa que ele refutava veementemente, apontando o cordel nordestino como principal inspiração — alguns personagens e situações da vetada Roque Santeiro e faz um tremendo sucesso com a bizarra coleção de habitantes da fictícia cidade baiana de Bole-Bole: a felliniana Dona Redonda (Wilza Carla) que come até explodir, o cronicamente insone professor Aristóbulo (Ary Fontoura) que ocasionalmente vira lobisomem, o Coronel Zico Rosado (Castro Gonzaga) que põe formigas pelo nariz, e a gostosérrima Marcina (Sônia Braga) cujo corpo ardente literalmente ateia fogo em seus pretendentes. Cenários de Gabriela foram reutilizados, e Ednardo estourou com a música-tema, "Pavão mysteriozo".

Você se lembra?

Do nome do personagem vivido por Rafael de Carvalho, que ameaçava cuspir fora o coração toda vez que se emocionava? Pois é: Cazuza.

Estúpido cupido (TV GLOBO, 25/8/1976 A 28/2/1977)

Escrita por Mario Prata, dirigida por Régis Cardoso. Com Ricardo Blat, Françoise Forton, Ney Latorraca, Luiz Armando Queiroz. Estréia do dramaturgo Mario Prata na televisão, ousando logo uma novela que se passava numa época até então inexplorada — a passagem dos 50 para os 60, era de inocência e otimismo no Brasil. Com esse clima, mais uma trilha recheada de Celly Campello (que vendeu um milhão de cópias), Ney Latorraca como Medeiriquis, um James Dean tropical de botas de bico e jeans pretas justíssimas, o bordão "fala, danadinha, fala" das fofoqueiras Célia Biar e Kleber Macedo, a novela foi um enorme sucesso, marcando o ano de 1976. Usou muito bem, também, o fato de ter sido a derradeira novela global em preto-e-branco, aumentando o clima de nostalgia e arrematando a trama com um capítulo final em cores, que mostrava os personagens no presente, ou seja, em 1977.

O astro (TV GLOBO, 6/12/1977 A 8/7/1978)

Escrita por Janete Clair, dirigida por Daniel Filho e Gonzaga Blota. Com Francisco Cuoco, Thereza Rachel, Dionísio Azevedo, Dina Sfat, Tony Ramos, Elizabeth Savalla, Ewin Luisi.

Janete Clair já havia tentado uma vez, em 1973, escrever este *riff* em cima da vida do ex-ministro de Peron, Luiz Lopes Rega, mas não conseguira passar pelo cérebro da censura. Desta vez, apenas o título original — *O Bruxo*, apelido de Rega — ficou nas grades, e o Brasil pôde enfim se perguntar, durante cinco meses, quem havia matado Salomão Hayala (Dionísio Azevedo) rico imigrante libanês que havia encontrado seu trágico destino no capítulo 43, de 23 de janeiro de 1978. Mas sobrava tempo e atenção — a novela atingiu índices de 80%, superiores aos da transmissão dos jogos do Brasil na Copa, no mesmo ano — para seguir as artimanhas de Herculano Quintanilha (Cuoco), vidente e cartomante de churrascaria que manipula a fortuna dos Hayala e o coração da empresária Amanda (Dina Sfat). Quem matou Salomão? Edwin Luisi, na pele do cabeleireiro Felipe Cerqueira, jovem amante de Clô Hayala/Thereza Rachel, a esposa do milionário libanês. Como ele era mesmo o principal suspeito — e como o *Jornal do Brasil* tinha dado um furo anunciando o nome do assassino três dias antes — os espectadores ficaram decepcionados. O que não impediu que o país parasse, literalmente, no dia em que o capítulo final foi ao ar.

Você se lembra?

Houve um suspense adicional na reta final da novela — Tereza Rachel (que vivia Clô Hayala) sofreu um grave acidente de carro em junho de 1978. O Passat de Tereza capotou quatro vezes e transformou-se num monte de ferragens. Felizmente Tereza sofreu apenas escoriações e a fratura de um tornozelo, voltando às gravações da novela dias depois.

> "Diga uma coisa, quem matou Salomão Hayala?"
> "Isso é segredo de Estado, e disso sei que vocês entendem!"

(diálogo entre o presidente Geisel e Daniel Filho, em Brasília, 1978)

Dancin' days (TV GLOBO, 10/7/1978 A 27/1/1979)

Escrita por Gilberto Braga a partir do argumento de *A Prisioneira*, de Janete Clair. Dirigida por Daniel Filho, Gonzaga Blota, Dennis Carvalho, Marcos Paulo e José Carlos Piéri. Com Sônia Braga, Gloria Pires, Lídia Brondi, José Lewgoy, Lauro Corona, Ary Fontoura, Reginaldo Faria, Pepita Rodrigues. Uma união feliz de talentos narrativos, merchandising e oportunismo criou "A" novela do final da década, a mais que perfeita tradução do espírito dos tempos. Graças à bem urdida trama, um fenômeno razoavelmente isolado — uma danceteria de sucesso e brevíssima vida num shopping do Rio de Janeiro — tornou-se mania nacional, pegando carona na popularidade do filme *Embalos de sábado à noite* e multiplicando seu efeito à centésima potência. De repente, era como se houvesse uma discoteca em cada esquina e toda moça usasse meias soquete de Lurex. E tudo por causa da história da ex-presidiária Júlia Mattos (Sônia Braga, mais moça que sua personagem, no papel que a tornou *superstar*) e sua disputa com a *socialite* Yolanda Pratini (Joana Fomm, substituindo Norma Bengell, que não se entendeu bem nem com a TV, nem com Daniel Filho) pelo afeto da filha Marisa (Glória Pires). Tomando emprestado todos os ganchos possíveis do eternamente emprestador Billy Wilder, Júlia tem um chilique no casamento de conveniência da filha, vai em cana de novo, casa-se com seu próprio milionário-da-vez (Ary Fontoura) e faz uma *rentrée* sensacional, dançando qual Travolta na discoteca de Reginaldo Faria, vestindo um *training* de cetim com listras laterais, sandalinha de salto fino e as tais meias, tudo criação da figurinista Marília Carneiro. A Dancin' Days da novela virou point de personagens reais: Djenane Machado, Ney Latorraca, Moacyr Deriquém, Lauro César Muniz, Daniel Filho, e até o próprio Gilberto Braga "apareceram" por lá. Outras celebridades e *socialites* de verdade fizeram participações especiais na trama: Nana Caymmi (cantando "Prá você"), Gal Costa (cantando "Folhetim" e "Solidão"), Danuza Leão, Hildegard Angel, Jorginho Guinle e Edgar Moura Brasil. *Dancin' Days* foi um megahipersucesso, vendendo um milhão de cópias de sua trilha sonora, quatrocentas mil unidades da boneca Pepa (que era companheira constante da personagem vivida por Pepita Rodrigues) e acabando até nas páginas da revista americana *Newsweek*.

Você se lembra?

Da cena do confronto de Júlia e Yolanda, em pleno Copacabana Palace, no capítulo final? Sônia Braga e Joana Fomm saíram no tapa, puxando cabelos e rolando pelo chão, antecipando muitas outras cenas do gênero que, por todo o sempre, fariam sucesso...

“Minha primeira cena foi um fracasso. Tinha que jogar um copo de cerveja no vestido da Glória Menezes. Eu tremia tanto que joguei tudo na cara dela!”
(Jorge Fernando à revista AMIGA, agosto de 1979)

Pai herói (TV GLOBO, 29/1/1979 A 18/8/1979)

Escrita por Janete Clair, dirigida por Walter Avancini, Roberto Talma e Gonzaga Blota. Com Tony Ramos, Paulo Autran, Lima Duarte, Glória Menezes, Elizabeth Savalla. Mais um vez Janete Clair foi chamada para, às pressas, apagar um incêndio — agora, substituir o adoentado Lauro César Muniz no horário das 20h — e mais uma vez ela recorre ao seu baú mágico para soluções, reciclando uma trama da Rádio Nacional, já então velha de 21 anos. Tony Ramos era André Cajarana, obcecado em limpar o nome do pai Malta Cajarana (Lima Duarte), chocando-se de frente com o vilão Bruno Baldaracci (Paulo Autran, estreando em novelas) e envolvendo-se com a bailarina clássica Carina (Elizabeth Savalla, que teve que fazer um severo regime e muitas aulas de balé para o papel) e Ana Preta, dona da gafieira Flor de Lys (Glória Menezes). Além do vilão Autran, Jorge Fernando estreava em novelas, como o malvado irmão desconhecido de Tony Ramos. Na trilha, Fábio Júnior emplacou a canção-tema "Pai", seguido de perto por Maria Bethânia com "Explode coração", de Gonzaguinha, e Beth Carvalho com o samba "Passarinho".

Você se lembra?

Da cena final da novela? Depois de mil e um crimes, cafajestadas e tramóias cruéis, Paulo Autran fugia impune, num helicóptero, vestido de palhaço. Uma dessas imagens-ícone que de alguma forma sintetizam o tal do inconsciente coletivo.

E também:

Meu rico português (TV TUPI, 17/2/1975 A 20/9/1975)

Escrita e dirigida por Geraldo Vietri. Com Jonas Mello, Cláudio Corrêa e Castro, Márcia Mara. A Tupi deu uma surra na *Cuca Legal* da Globo no horário das 19h com este semi-*revival* de um dos maiores sucessos da casa do indiozinho, o Antonio Maria dos anos 60. Desta vez, além de imigrantes portugueses, a trama tinha também um casal alemão (Elizabeth Hartmann e Cláudio Corrêa e Castro) com um filho adotivo negro (Odair Toledo) que falava alemão.

Anjo mau (TV GLOBO, 2/2/1976 A 24/8/1976)
Escrita por Cassiano Gabus Mendes, dirigida por Régis Cardoso. Com Suzana Vieira, José Wilker, Luiz Gustavo e Renée de Vielmond. Babá (Suzana Vieira) cheia de amor para dar ameaça à estabilidade de diversos relacionamentos e ainda distribui conselhos e máximas. Famosa sobretudo por ter deslanchado a carreira de Suzana Vieira em hipervelocidade, além de marcar as estréias globais de Cassiano Gabus Mendes (que dizia ter-se inspirado no filme *O criado*, de Joseph Losey) e Luiz Gustavo.

"Os ricos perambulam de calção e biquíni a qualquer hora do dia pela piscina do palacete. E, para demonstrar o luxo deste mesmo palacete, a cenografia da Globo parece ter lançado mão de todas as luminárias existentes no depósito. Quando a ação muda para a vila dos pobres, ela evidentemente mostra Vanda Lacerda empunhando um ferro de passar. Enfim, tudo obedece a rigoroso e planejado esquema destinado a evitar qualquer audácia criativa, possíveis escorregões para a qualidade ou partículas de realidade."

(Joaquim Ferreira dos Santos na revista **Veja**, 18/2/1976)

Escrava Isaura (TV GLOBO, 11/10/1976 A 5/2/1977)
Escrita por Gilberto Braga, adaptando o romance de Bernardo Guimarães, dirigida por Herval Rossano. Com Lucélia Santos, Rubens de Falco, Norma Blum, Roberto Pirillo, Átila Iório, Gilberto Martinho. Em plena modernização da novela, um folhetim à moda antiga, com perucas, desmaios, identidades secretas, castigos cruéis e saias balão, se torna um megasucesso nacional e internacional, estabelecendo a boa trilha de vendas de novelas da Globo no mercado estrangeiro. Lucélia Santos, estreando na Globo na pele da escrava branca mais branca que a história já viu, torna-se um ícone, um camafeu levemente estrábico alternando entre a doce resignação e a furiosa obstinação. A censura não podia deixar de dar o ar de sua desgraça e, lá pelo meio da novela, proibiu o uso da palavra "escravo".

Duas vidas (TV GLOBO, 13/12/1976 A 11/6/1977)

Escrita por Janete Clair, dirigida por Daniel Filho, Gonzaga Blota e Marco Aurélio Bagno. Com Francisco Cuoco, Betty Faria, Isabel Ribeiro, Suzana Vieira, Mario Gomes, Arlete Salles, Stepan Nercessian, Cecil Thiré, Sadi Cabral, Luiz Gustavo. O metrô do Rio de Janeiro — projeto do governo federal — e suas poeirentas, barulhentas e destruidoras obras eram os vilões desta trama das 20h que fez Janete Clair sofrer quase tanto quanto seus personagens. Acuada pela censura de um lado — que vetava tanto a poeira do metrô quanto o caso de Sônia, uma mulher madura (Isabel Ribeiro) com o jovem Maurício (Stepan Nercessian) — e pela crítica do outro, ela fez o que pôde para seguir a trilha aberta por *Pecado capital*.

"De fato não posso entender que conceitos morais ou de qualquer natureza possam determinar a proibição de um romance de amor entre um jovem e uma mulher madura, ambos solteiros. (...) Não posso entender igualmente o porquê da proibição de outra cena em que o dono de uma casa de móveis reclama contra a poeira produzida pelas obras do metrô, que lhe emporcalha os móveis e afugenta a freguesia, quando todos nós sabemos dos transtornos ocasionados por essa obra pública (...)"

(Carta de Janete Clair à censura federal, junho de 1977)

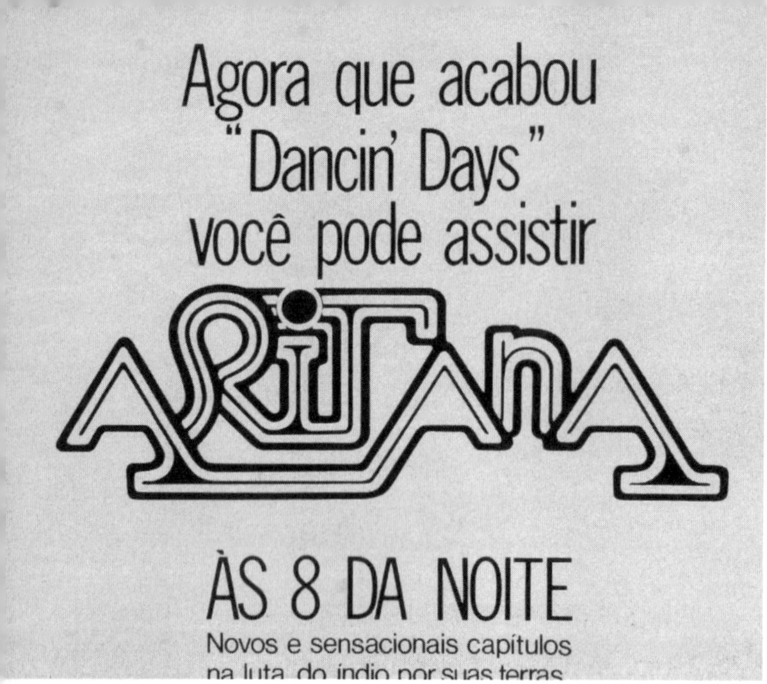

Aritana (TV TUPI, 13/11/1978 A 30/4/1979)
Escrita por Ivani Ribeiro, dirigida por Luiz Gallon e Álvaro Fugulin. Com Bruna Lombardi, Carlos Alberto Ricceli, Carlos Vereza, John Herbert. Revolucionária no tema — os direitos indígenas — e nas locações — o posto Leonardo Villas Boas, da Funai, no Alto Xingu — a novela fez sucesso com Ricceli exibindo sua forma no papel-título, e apaixonando-se pela loura Bruna Lombardi, dentro e fora da telinha.

Sem lenço, sem documento (TV GLOBO, 13/9/1977 A 4/3/1978)
Escrita por Mario Prata, dirigida por Régis Cardoso e Dennis Carvalho. Com Ana Maria Braga, Bruna Lombardi, Isabel Ribeiro, Arlete Salles, Ney Latorraca, Marcelo Picchi, Christiane Torloni. Empregadas domésticas e suas patroas em várias tramas paralelas. Mais memorável por ter lançado a bicicleta Caloi Ceci como parte da trama, e por ter "Alegria, alegria", de Caetano Veloso, como música de abertura.

Cinderela 77 (TV TUPI, MAIO A AGOSTO DE 1977)
Escrita por Wálter Negrão e Chico de Assis, dirigida por Antônio Moura Mattos. Com Vanusa, Ronnie Von, Ricardo Petraglia. Uma boa idéia — uma atualização da história de fadas, com gangues (Gatos e Ratos), dois astros pop (Vanuza e Ronnie Von) nos papéis principais e até um andróide (Older Cazarré). Mas a produção foi uma catástrofe, as "cenas do próximo capítulo" nunca iam ao ar e a novela ficou mais como uma curiosidade dos tempos.

Dona Xepa (TV GLOBO, 24/5/1977 A 24/10/1977)
Escrita por Gilberto Braga adaptando a peça de Pedro Bloch. Dirigida por Herval Rossano. Com Yara Cortes, Nívea Maria, Reinaldo Gonzaga. Teste definitivo da maturidade de Gilberto Braga, estreou um tema contemporâneo no horário das 18h com a imensamente popular saga da feirante Dona Xepa (Yara Cortes), que cria sozinha seus dois filhos Edson (Reinaldo Gonzaga) e Rosália (Nívea Maria). Na trilha, o sucesso foi a valsa "Pela luz dos olhos teus", com Tom Jobim e Miúcha.

Cara a cara (TV BANDEIRANTES, 16/4/1979 A 30/12/1979)
Escrita por Vicente Sesso, dirigida por Jardel Mello e Arlindo Barreto. Com Fernanda Montenegro, Débora Duarte, Irene Ravache, Luiz Gustavo, David Cardoso, Márcia de Windsor. Recém-transformada em rede, a Bandeirantes fez grande estardalhaço com esta sua primeira novela da nova fase, que além de tudo tinha um elenco de grandes estrelas. A produção era luxuosa, mas a novela — sobre uma alemã que vem ao Brasil procurar um filho perdido — não emplacou.

"Hoje em dia estou muito mudada, não procuro mais só temas românticos, já escrevo procurando contestar alguma coisa. Mas o público gosta só de sofrer!
(Janete Clair à revista AMIGA, julho de 1977)

Cabocla (TV GLOBO, 4/6/1979 A 15/12/1979)
Escrita por Benedito Ruy Barbosa, inspirada no romance homônimo de Ribeiro Couto, dirigida por Herval Rossano. Com Fábio Júnior, Glória Pires, Neuza Amaral, Kadu Moliterno. O ambiente da vida simples do campo, somado às estrelas ascendentes de Glória Pires e Fábio Júnior contribuiu para criar um enorme sucesso. No último capítulo falava-se da importância do voto, antecipando a grande discussão dos anos 80.

Em vez de enlatados, Séries Brasileiras

A ordem do dia era substituição de importações, e a Globo pulou a frente vendo uma oportunidade, não uma crise. Desde o início dos 70 a Globo vinha experimentando, com outras formas de teledramaturgia nos Casos Especiais, programas únicos de ficção de uma hora de duração. O desafio agora era adaptar para o público brasileiro o formato americano da série, na qual grupos fixos de personagens vivem diferentes histórias a cada novo programa. Com o nome genérico de Séries Brasileiras, o ambicioso projeto foi um marco na teledramaturgia do Brasil.

Ciranda Cirandinha (26/4/1978 A 11/10/1978) Foi o primeiro balão de ensaio. Com um time notável de roteiristas — Luis Carlos Maciel, Euclydes Marinho, Domingos de Oliveira, Lenita Plonczynski, Antônio Carlos Fontoura — e diretores — Paulo José e Sérgio Dionísio, com direção geral de Daniel Filho — a série mostrava, com grande fidelidade, o universo jovem na ressaca pós-desbunde, mesmo com a censura resfolegando no cangote. Lauro Corona e Jorge Fernando estreavam na TV, e as cenas eram gravadas no Baixo Leblon e no posto Nove. Infelizmente não foi o sucesso de audiência que a casa esperava.

O problema foi rapidamente contornado com a série seguinte, **Malu Mulher (24/5/1979 A 22/12/1980)**. Livremente inspirado no filme *Uma mulher descasada*, de Paul Mazursky, a série trazia Regina Duarte como uma jovem recém-divorciada, refazendo sua vida pessoal, familiar, profissional e amorosa. Porque era muito bem escrita (Armando Costa, Lenita Plonczynski, Renata Palottini, Euclydes Marinho, Manoel Carlos), tinha Regina Duarte e ecoava tão bem o cotidiano de cada vez maior número de mulheres brasileiras, a série emplacou rapidamente, contribuindo no processo para acelerar a popularidade de Simone, que cantava a música de abertura, "Começar de novo", de Ivan Lins e Victor Martins.

Motivado pelo sucesso do Caso Especial Jorge, um Brasileiro, a série **Carga Pesada (22/5/1979 A 2/1/1981)** tinha Dias Gomes como principal roteirista ao lado de Gianfrancesco Guarnieri, Wálter George Durst e Carlos Queiroz Telles e criou uma das duplas de personagens mais populares da época, os caminhoneiros Pedro e Bino (Antônio Fagundes e Stênio Garcia).

Criação do talento de um grupo notável de roteiristas — jornalista Aguinaldo Silva, estreando na TV, mais Doc Comparato, Antônio Carlos Fontoura, Leopoldo Serran, Bráulio Pedroso e Ivan Ângelo — **Plantão de Polícia (25/5/1979 A 22/10/1981)** também emplacou facilmente. Hugo Carvana, na pele do repórter policial Waldomiro Pena, liderava o elenco que também tinha Denise Bandeira como a jovem repórter e Marcos Paulo como o editor cético. O Rio de Janeiro era bem mais simples em 1979.

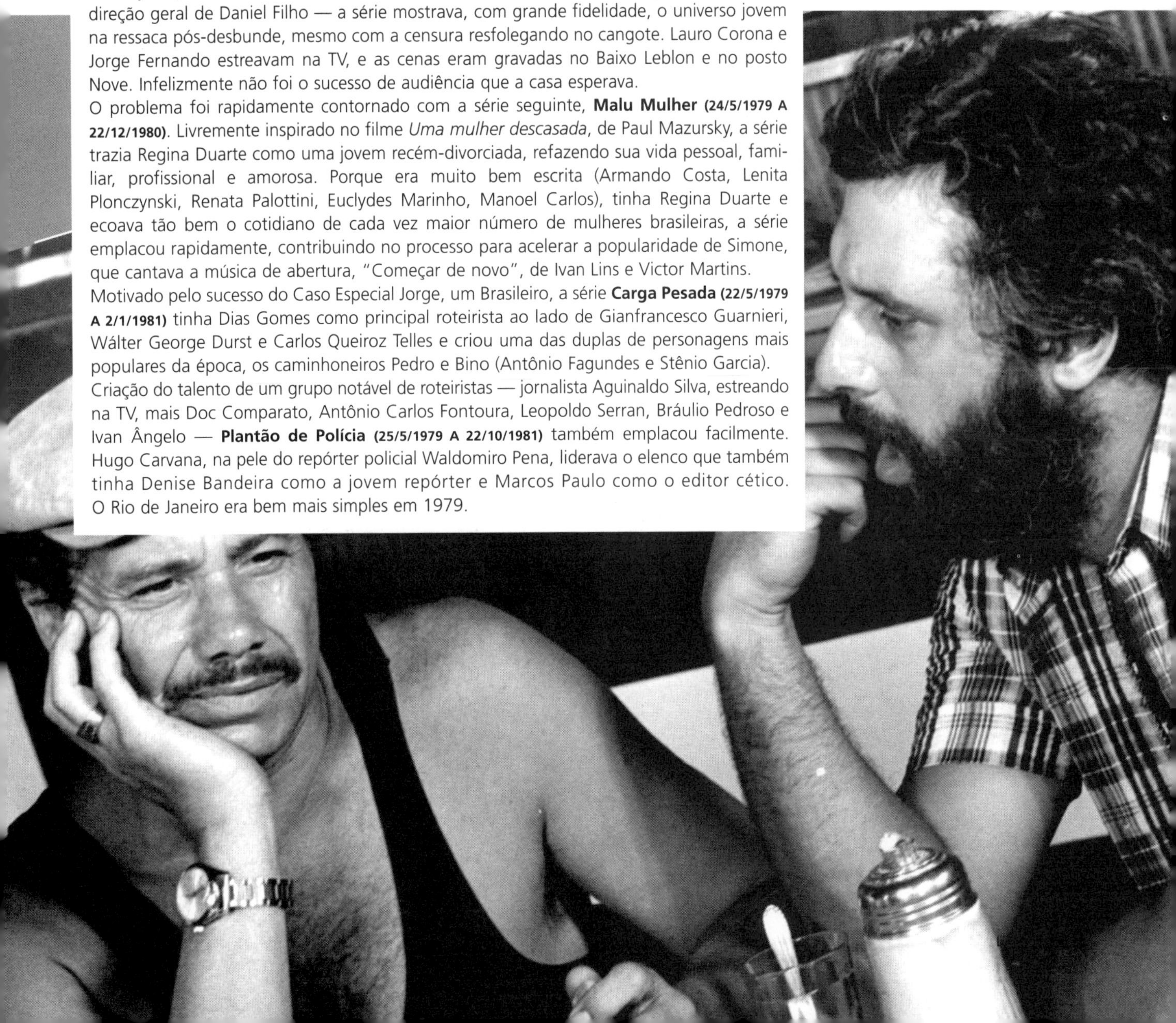

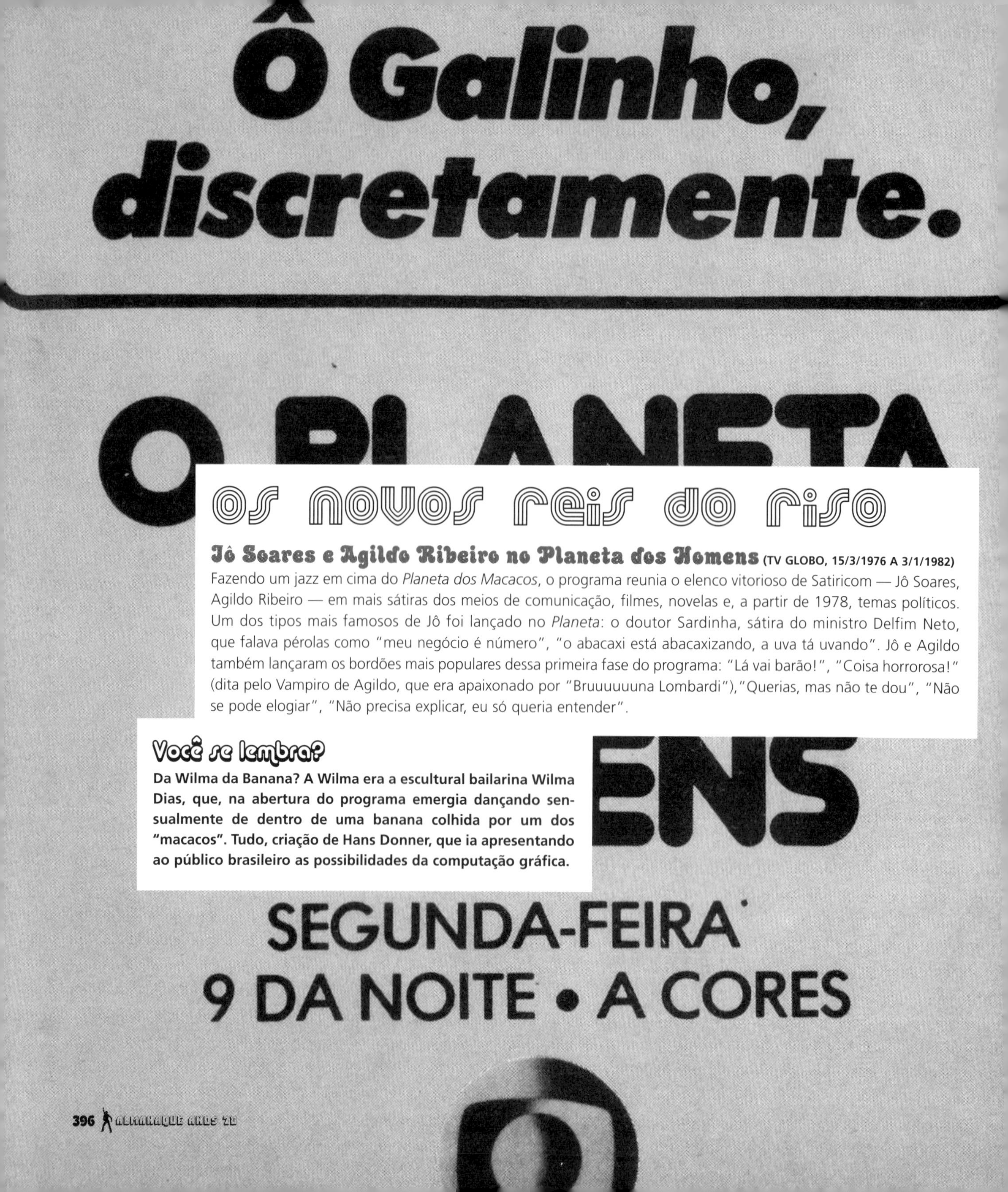

Os novos reis do riso

Jô Soares e Agildo Ribeiro no Planeta dos Homens (TV GLOBO, 15/3/1976 A 3/1/1982)

Fazendo um jazz em cima do *Planeta dos Macacos*, o programa reunia o elenco vitorioso de Satiricom — Jô Soares, Agildo Ribeiro — em mais sátiras dos meios de comunicação, filmes, novelas e, a partir de 1978, temas políticos. Um dos tipos mais famosos de Jô foi lançado no *Planeta*: o doutor Sardinha, sátira do ministro Delfim Neto, que falava pérolas como "meu negócio é número", "o abacaxi está abacaxizando, a uva tá uvando". Jô e Agildo também lançaram os bordões mais populares dessa primeira fase do programa: "Lá vai barão!", "Coisa horrorosa!" (dita pelo Vampiro de Agildo, que era apaixonado por "Bruuuuuuna Lombardi"),"Querias, mas não te dou", "Não se pode elogiar", "Não precisa explicar, eu só queria entender".

Você se lembra?

Da Wilma da Banana? A Wilma era a escultural bailarina Wilma Dias, que, na abertura do programa emergia dançando sensualmente de dentro de uma banana colhida por um dos "macacos". Tudo, criação de Hans Donner, que ia apresentando ao público brasileiro as possibilidades da computação gráfica.

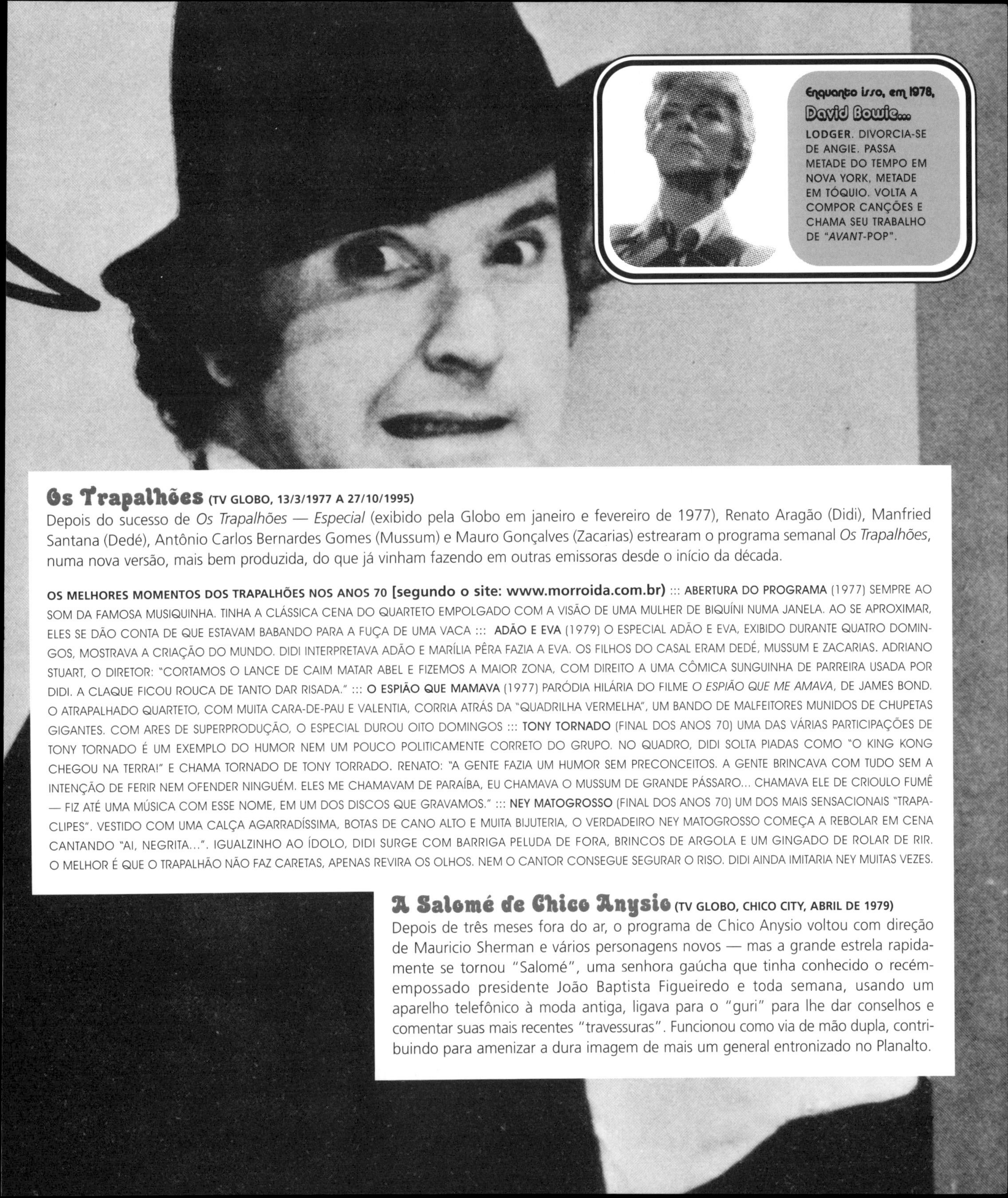

Enquanto isso, em 1978, **David Bowie...**

LODGER. DIVORCIA-SE DE ANGIE. PASSA METADE DO TEMPO EM NOVA YORK, METADE EM TÓQUIO. VOLTA A COMPOR CANÇÕES E CHAMA SEU TRABALHO DE "*AVANT*-POP".

Os Trapalhões (TV GLOBO, 13/3/1977 A 27/10/1995)

Depois do sucesso de *Os Trapalhões — Especial* (exibido pela Globo em janeiro e fevereiro de 1977), Renato Aragão (Didi), Manfried Santana (Dedé), Antônio Carlos Bernardes Gomes (Mussum) e Mauro Gonçalves (Zacarias) estrearam o programa semanal *Os Trapalhões*, numa nova versão, mais bem produzida, do que já vinham fazendo em outras emissoras desde o início da década.

OS MELHORES MOMENTOS DOS TRAPALHÕES NOS ANOS 70 [segundo o site: www.morroida.com.br] ::: **ABERTURA DO PROGRAMA** (1977) SEMPRE AO SOM DA FAMOSA MUSIQUINHA. TINHA A CLÁSSICA CENA DO QUARTETO EMPOLGADO COM A VISÃO DE UMA MULHER DE BIQUÍNI NUMA JANELA. AO SE APROXIMAR, ELES SE DÃO CONTA DE QUE ESTAVAM BABANDO PARA A FUÇA DE UMA VACA ::: **ADÃO E EVA** (1979) O ESPECIAL ADÃO E EVA, EXIBIDO DURANTE QUATRO DOMINGOS, MOSTRAVA A CRIAÇÃO DO MUNDO. DIDI INTERPRETAVA ADÃO E MARÍLIA PÊRA FAZIA A EVA. OS FILHOS DO CASAL ERAM DEDÉ, MUSSUM E ZACARIAS. ADRIANO STUART, O DIRETOR: "CORTAMOS O LANCE DE CAIM MATAR ABEL E FIZEMOS A MAIOR ZONA, COM DIREITO A UMA CÔMICA SUNGUINHA DE PARREIRA USADA POR DIDI. A CLAQUE FICOU ROUCA DE TANTO DAR RISADA." ::: **O ESPIÃO QUE MAMAVA** (1977) PARÓDIA HILÁRIA DO FILME *O ESPIÃO QUE ME AMAVA*, DE JAMES BOND. O ATRAPALHADO QUARTETO, COM MUITA CARA-DE-PAU E VALENTIA, CORRIA ATRÁS DA "QUADRILHA VERMELHA", UM BANDO DE MALFEITORES MUNIDOS DE CHUPETAS GIGANTES. COM ARES DE SUPERPRODUÇÃO, O ESPECIAL DUROU OITO DOMINGOS ::: **TONY TORNADO** (FINAL DOS ANOS 70) UMA DAS VÁRIAS PARTICIPAÇÕES DE TONY TORNADO É UM EXEMPLO DO HUMOR NEM UM POUCO POLITICAMENTE CORRETO DO GRUPO. NO QUADRO, DIDI SOLTA PIADAS COMO "O KING KONG CHEGOU NA TERRA!" E CHAMA TORNADO DE TONY TORRADO. RENATO: "A GENTE FAZIA UM HUMOR SEM PRECONCEITOS. A GENTE BRINCAVA COM TUDO SEM A INTENÇÃO DE FERIR NEM OFENDER NINGUÉM. ELES ME CHAMAVAM DE PARAÍBA, EU CHAMAVA O MUSSUM DE GRANDE PÁSSARO... CHAMAVA ELE DE CRIOULO FUMÊ — FIZ ATÉ UMA MÚSICA COM ESSE NOME, EM UM DOS DISCOS QUE GRAVAMOS." ::: **NEY MATOGROSSO** (FINAL DOS ANOS 70) UM DOS MAIS SENSACIONAIS "TRAPACLIPES". VESTIDO COM UMA CALÇA AGARRADÍSSIMA, BOTAS DE CANO ALTO E MUITA BIJUTERIA, O VERDADEIRO NEY MATOGROSSO COMEÇA A REBOLAR EM CENA CANTANDO "AI, NEGRITA...". IGUALZINHO AO ÍDOLO, DIDI SURGE COM BARRIGA PELUDA DE FORA, BRINCOS DE ARGOLA E UM GINGADO DE ROLAR DE RIR. O MELHOR É QUE O TRAPALHÃO NÃO FAZ CARETAS, APENAS REVIRA OS OLHOS. NEM O CANTOR CONSEGUE SEGURAR O RISO. DIDI AINDA IMITARIA NEY MUITAS VEZES.

A Salomé de Chico Anysio (TV GLOBO, CHICO CITY, ABRIL DE 1979)

Depois de três meses fora do ar, o programa de Chico Anysio voltou com direção de Mauricio Sherman e vários personagens novos — mas a grande estrela rapidamente se tornou "Salomé", uma senhora gaúcha que tinha conhecido o recém-empossado presidente João Baptista Figueiredo e toda semana, usando um aparelho telefônico à moda antiga, ligava para o "guri" para lhe dar conselhos e comentar suas mais recentes "travessuras". Funcionou como via de mão dupla, contribuindo para amenizar a dura imagem de mais um general entronizado no Planalto.

A babá eletrônica se sofistica

Um "tio", um cenário com brinquedos gigantes e alguns desenhos animados já não bastavam — a década se encerra com algumas das mais ambiciosas e complexas propostas de programação infantil.

Pluft, o Fantasminha **(TV GLOBO/TV EDUCATIVA, 1/4/1975 A 1/5/1975)**
Anunciada como uma "novela jovem", a adaptação da mais famosa peça de Maria Clara Machado foi a primeira produção para crianças realizada em cores no Brasil, testando as águas de um novo horário para teledramaturgia, o das 18h (que, na seqüência, seria ocupado pela novela Helena). Dirce Migliaccio era Pluft, o fantasma assustadiço, Norma Blum era Marivel e Flavio Migliaccio era o Pirata da Perna de Pau.

A Turma do Lambe Lambe **(TV EDUCATIVA/ TV BANDEIRANTES, 1976)**
Daniel Azulay não era bem um "titio" mas um irmão mais velho, ensinando a garotada a desenhar, esculpir, fazer montagens e brinquedos usando dobraduras, colagens e sucata. Azulay era "assessorado" pela vaidosa e sentimental vaquinha Gilda, o grande mágico Pita, a galinha cozinheira Xicória e o sabe-tudo Professor Pirajá.

O novo Globinho **(TV GLOBO, 1977)**
Paula Saldanha passou a ser a apresentadora, e o programa ganhou duas edições diárias, às 11:30h e às 17:45h, bem a tempo de pegar o pessoal voltando da escola. Era jornalismo sério, de qualidade, feito por equipes com repórteres mirins em cinco capitais, cobrindo assuntos da pauta diária, mas com enfoque e interesses infanto-juvenis. E como era o único telejornal a não sofrer censura prévia, servia de abrigo para várias matérias barradas nos jornais "adultos" — como a epidemia de meningite, que oficialmente não aconteceu no final dos 70.

Você se lembra?

Do macaquinho-marionete que acompanhava Paula na apresentação do Globinho? E o nome dele? (Resposta: Loyola.)

Tema de Sítio do Pica-Pau Amarelo

(GILBERTO GIL)

Marmelada de banana
Bananada de goiaba
Goiabada de marmelo
Sítio do Pica-Pau-Amarelo

Boneca de pano é gente
Sabugo de milho é gente
O sol nascente é tão belo
Sítio do Pica-Pau-Amarelo

Rios de prata piratas
Vôo sideral na mata
Universo paralelo
Sítio do Pica-Pau-Amarelo

No país da fantasia
Num estado de euforia
Cidade Polichinelo
Sítio do Pica-Pau-Amarelo

O Sítio do Pica-Pau Amarelo (TV GLOBO, 7/3/1977 A 31/1/1986)

O clássico de Monteiro Lobato já havia sido levado duas vezes antes à telinha, mas desta vez a proposta era muito mais ampla — vinda das experiências da *Vila Sésamo* e de *Pluft*, a Globo queria criar a sua própria série infantil, pedagógica como a *Vila*, mas cem por cento brasileira. Com o apoio do Ministério da Educação e uma equipe de professores como consultores, o *Sítio* foi instalado num sítio verdadeiro (embora cenograficamente correto) em Barra de Guaratiba, no Rio de Janeiro. No seu elenco original, Dirce Migliaccio era a boneca Emília, Júlio César era Pedrinho, Rosana Garcia, Narizinho, André Valli, o Visconde de Sabugosa, Zilka Salaberry, Dona Benta, Jacyra Sampaio, Tia Nastácia e Samuel Santos, o Tio Barnabé. Em plena fase Refazenda, a canção-tema, imortalizada nos anos seguintes, era de Gilberto Gil.

Os desenhos

Mesmo com tanta programação original, sempre havia espaço para desenhos animados. Entre as estréias dos últimos 70 estão:

O JUDOKA ::: AS NOVAS AVENTURAS DO BATMAN ::: MULHER ARANHA ::: A PANTERA COR-DE-ROSA ::: O PODEROSO CACHORRÃO ::: TUTUBARÃO ::: HONG KONG FU ::: MAFALDA

Os enlatados

Com a crescente supremacia da produção nacional, a era de ouro dos enlatados começava a entrar em declínio. Mais e mais, eles ficavam confinados aos shows infanto-juvenis, ou como tapa-buracos para emissoras sem o poder de fogo da Globo. Na rede do Jardim Botânico, as séries importadas ocupavam em geral o horário do final da noite, depois do *Jornal Internacional* (o antepassado direto do *Jornal da Globo*).

Os super-sucessos:

Os Waltons (THE WALTONS, TV GLOBO, 1975)

"Boa noite John Boy, boa noite Mary Ellen, boa noite Jim Bob, boa noite Erin." Essa ladainha, dita em *off* enquanto a câmera se afastava do casarão dos Waltons, ao pé da Montanha Walton em Virgínia, Estados Unidos, era sinal de que estava terminando mais um episódio de um dos mais improváveis sucessos dos 70 — um drama familiar ambientado no interior dos Estados Unidos durante a Grande Depressão da década de 30. Seria a crise do petróleo e a ressaca pós-Vietnã que tornava o casal Walton, seus sete filhos e sua serraria sempre à beira da falência tão atraentes?

Kung Fu (KUNG FU, TV GLOBO, 1975)

"Um jovem Mestre Shaolin perambula por uma terra inóspita em busca de seu irmão, mas também de si próprio. Dentre os maiores perigos por ele enfrentados, não estão os pistoleiros e nem mesmo os caçadores de recompensa, mas a intemperança, o racismo e o preconceito humanos. Aventure-se ao lado de Kwai Chang Caine, o Gafanhoto, nessa formidável busca ao Infinito que nos habita." A narração em *off*, enquanto David Carradine caminhava em silhueta contra o sol poente, apresentava a série que levou para o mercadão, pela primeira vez, a mania pelas artes marciais. Fruto da admiração do produtor Ed Spielman pela Ásia (ele estudou mandarim e artes marciais), a saga do mestiço Caine (meio chinês, meio americano) pelo Oeste americano, fugindo dos guardas imperiais de sua terra natal e praticando a não-violência num ambiente completamente hostil, chegou ao Brasil quando, nos EUA, já estava acabando. Mas a loucura foi exatamente a mesma. Todo mundo queria conhecer as novas máximas de Pô (Keye Luke), o mestre cego de Caine, e ver mais *flash-backs* da educação de Gafanhoto no templo Shaolin (o jovem ator Radamés Pera, de origem uruguaia, fazia Caine criança), com direito a muitas lutas em câmera lenta à luz de centenas de velas e a famosa iniciação carregando o caldeirão em brasa com os alto-relevos do tigre e do dragão. Harrison Ford, Robert Duvall, Jodie Foster menina, Don Johnson, Gary Busey e os demais Carradines trabalharam na série — e consta que Bruce Lee quase foi o Gafanhoto.

As Panteras (CHARLIE'S ANGELS, TV GLOBO, 1977)

A série que mudou mais penteados em toda a década estreou nos EUA em 22 de setembro de 1976 (o piloto que testou o conceito foi ao ar em março do mesmo ano, nos EUA) com o elenco "clássico": Farrah Fawcett, Jaclyn Smith e Kate Jackson, todas com cabelos de cortes desfiados, pontinhas reviradas para cima. Farrah, ainda por cima, tinha mechas platinadas, uma combinação perfeita para a era disco — seu pôster de maiô, de divulgação da série, é uma imagem tão icônica da época que aparece até no filme *Os embalos de sábado à noite*. O elenco mudaria algumas vezes até o final da década — Farrah saiu em 1977, e foi substituída por Cheryl Ladd, e em 1979 Kate Jackson foi trocada por Shelley Hack —, mas o conceito era sempre o mesmo, o das três policiais supereficientes e charmosas que resolviam casos impossíveis para seu chefe, o misterioso Charlie. Ou, como dizia a abertura: "Era uma vez três panterinhas que entraram para a polícia feminina..."

Raízes (ROOTS, TV GLOBO, 1979)

Adaptada do *best-seller* de Arthur Haley sobre a busca de sua ancestralidade, a minissérie estreou nos EUA em 1977 e mudou completamente o esquema de programação das grandes redes. Encomendada pela ABC, inicialmente, para "fazer média" com o público negro, a minissérie de 12 horas foi programada para seis noites consecutivas, coisa impensada até então. A rede queria se ver livre rapidamente do que julgava ser um abacaxi politicamente correto — mas quando o episódio do dia 30 de janeiro de 1977 bateu todos os recordes de audiência da TV americana até então, estava configurado o fenômeno. Como no livro de Haley, *Roots* começa numa aldeia africana com o jovem Kunta Kintê (LeVar Burton) sendo aprisionado por mercadores de escravos, e termina nos Estados Unidos da época, com a família de seus descendentes. Temas tabu até então — escravidão, racismo, estupro, servidão sexual, luta pelos direitos civis — apareciam com grande realismo, contrapondo-se a uma visão idílica da África perdida.

Detetives cheios de personalidade:

Kojak

Criado à imagem e semelhança do ator Telly Savalas, o detetive nova-iorquino Theo Kojak era sarcástico, um tanto cínico, carequinha como uma bola de bilhar e os freudianos diriam que tinha algum tipo de fixação oral: vivia chupando pirulitos ou fumando uns cigarros extralongos, finos e marrons que logo viraram mania nacional. Ganhou até uma marchinha de sucesso no carnaval de 1976: "Kojak mete bronca na moçada/ é tira valente, respeitado".

Baretta

O maior rival de Kojak pelos corações e mentes dos espectadores fãs de uma série *made in USA* era este tira de hábitos e visual opostos. Na pele de Robert Blake, Tony Baretta era musculoso, bem humorado, meio folgadão, tinha uma cacatua chamada Fred como confidente e resolvia os casos com base em informações e aprontações de indivíduos que outras séries considerariam suspeitos.

Você se lembra?

Da música tema de Baretta? Era "Eye on the Sparrow", cantada por Sammy Davis Jr.

Os Muppets (THE MUPPET SHOW, TV GLOBO, 1977)

No dia 10 de abril de 1977, um domingo de Páscoa, crianças e marmanjos brasileiros tiveram seu primeiro contato com um dos mais geniais importados da década — os *Muppets*. Apesar de usar as mesmas técnicas — marionetes tradicionalmente manipuladas — e mesma equipe criadora — Jim Henson, Frank Oz, Richard Hunt, Dave Goelz, Jerry Nelson — da já vitoriosa *Vila Sésamo (Sesame Street)*, o *Muppet Show* não era, estritamente, um programa infantil. Muito pelo contrário — Henson e Oz, núcleo criador da série, estavam determinados a fazer um show para adultos, satírico, mordaz, acompanhando a nova maré internacional de humor inteligente e surreal que proliferava pela TV (*Monty Python* na Grã-Bretanha, *Saturday Night Live* nos EUA) e cinema (Woody Allen em sua melhor fase). A única diferença é que, em vez de seres humanos, seus astros eram um bando de criaturas fantásticas, movendo-se e falando graças às mãos e vozes de seus manipuladores. O conceito era simples: num teatro em algum lugar do mundo o produtor Kermit/Caco (que por acaso era um sapo bem verde, manipulado e dublado originalmente por Henson) tentava organizar um show de variedades com um elenco que incluía um comediante simpático, mas muito ruim (que por acaso era um urso), uma diva passional e glamorosa (que por acaso era uma porquinha), um imperturbável pianista (que por acaso era um cachorro), mais uma banda de rock ultra *cool* e vários outros personagens bizarros, inclusive dois velhinhos solitários e irônicos sentados na platéia. De tempos em tempos Caco desabafava cantando sua triste balada-tema: "Não é fácil ser verde".

Pessoas extraordinárias:

O Homem de Seis Milhões de Dólares

"Steve Austin. Astronauta. Um homem à beira da morte. Nós podemos reconstruí-lo. Temos a tecnologia. Podemos melhorá-lo ainda mais. Melhor. Mais forte. Mais rápido!" Assim começavam os episódios da série que eternizou Lee Majors no papel do ex-astronauta que tem partes de seu corpo substituídas por hardware de última geração (de 1975, é claro) e se torna uma espécie de super-herói com controle remoto. A série deu problemas — muita criança se machucava de propósito na esperança de ganhar não uma tala de gesso, mas um superbraço biônico.

Mulher Biônica

A namorada do Homem de Seis Milhões de Dólares — literalmente. A personagem Jaime Sommers (Lindsay Wagner) apareceu primeiro em 1975 num episódio especial do *Homem*, como a namorada juvenil de Steve Austin que (será urucubaca?) também sofre um acidente quase fatal (saltando de pára-quedas) e passa pela mesma transformação *high-tech*. No episódio especial Jamie morria em conseqüência da rejeição dos aparatos, mas o sucesso da personagem foi tamanho que ela foi não apenas devidamente "ressuscitada" mas também ganhou sua própria série, produzida a partir de 1976.

Mulher Maravilha

Em 1975 Raquel Welch, Farrah Fawcett, Lindsay Wagner e Suzanne Sommers, entre outras, disputaram acirradamente o direito de entrar no *collant* tomara-que-caia da Wonder Woman, mas a Miss Mundo Lynda Carter foi quem acabou emplacando esta verdadeira personagem-ícone da TV pós-liberação feminina. Curiosamente, as raízes da Mulher Maravilha estão nos DC Comics da época da Segunda Guerra Mundial, quando era importante (por razões estratégicas e econômicas) criar modelos femininos fortes. A primeira série da *MM* — produzida em 1976 — se passava nos anos 40, e não fez tanto sucesso quanto a segunda, que estreou em 1977 e trazia Lynda Carter, de shortinho estrelado e tiara na cabeça combatendo vilões e males modernos — discoteca e o Triângulo das Bermudas, por exemplo. Debra Winger estreou na TV fazendo a irmã da Mulher Maravilha, Drusilla.

Você se lembra?

A Mulher Maravilha perdia os poderes se ficasse sem seu cinturão. E se transformava dando uns rodopios dentro de uma nuvenzinha de fumaça azul-e-vermelha.

Televisão rock'n'roll: O nascimento dos videoclipes

Testando seus novos, vastos e poderosos músculos, a televisão continuava determinada a cortejar seu futuro — o público jovem. O problema era saber como: o "público jovem", fosse ele quem fosse, parecia não estar interessado em televisão, simplesmente. Por isso as fórmulas pareciam nunca dar certo: a Globo fez um breve experimento com Nelson Motta aos sábados, o *Sábado Som*, que durou até fevereiro de 1975. Em 1976 a novíssima TVS carioca flertou com a idéia de trazer de volta o programa *Hello Crazy People* de Big Boy, mas não foi adiante.

Sem que quase ninguém percebesse, a solução já estava a caminho: em 1975, impedida de se apresentar ao vivo no programa *Top of the Pops*, da BBC britânica, a banda Queen, em excursão pela Alemanha, desembolsou 3.500 dólares e, usando seu próprio estúdio de ensaios, um caminhão de externa da produção e o diretor de comerciais Bruce Cowers, gravou, durante três horas, o videoclipe para sua canção "Bohemian Rhapsody". A banda de Freddie Mercury usava efeitos então ousadíssimos para reproduzir o clima da capa de seu álbum *A Night At The Opera*.

Não era o primeiro conjunto de imagens-sobre-canção — esta láurea pertence a Tony Bennett que, em 1956, se deixou filmar caminhando pensativamente às margens do lago Serpentine do Hyde Park, em Londres, ao som de seu "Stranger in Paradise". Não era nem mesmo o primeiro promo rock'n'roll — Bob Dylan no ultraclássico e hipercopiado "Subterranean Homesick Blues" e Beatles, Who, Doors, Pink Floyd e Rolling Stones em várias instâncias já haviam feito filmetes promocionais para alavancar lançamentos. David Bowie, em 1972, havia criado a coisa mais próxima de uma narrativa de videoclipe contemporâneo, com um filmete em torno de "Jean Genie", dirigido pelo fotógrafo Mick Rock em San Francisco. E, mais adiante, o próprio Queen e os suecos do Abba haviam criado o seus promos (muitos do Abba dirigidos pelo futuramente famoso cineasta Lasse Hallstrom). O que havia de novo em "Bohemian Rhapsody" era, de um lado, seu suporte: vídeo e não filme. E, de outro, seu uso — para substituir uma apresentação ao vivo num programa lançador. E, é claro, seu enorme, imenso, espetacular sucesso. Em coisa de

semanas todas as grandes gravadoras estavam providenciando videoclipes de seus artistas, e os programas jovens das TVs estrangeiras, cavando espaços para a novidade.

No espaço de três anos, shows dedicados exclusivamente a videoclipes multiplicaram-se epidemicamente pela Europa e Estados Unidos: *Nightclubbing* (Manhattan Cable, 1975), *Album Tracks* (NBC, 1977), *The Kenny Everett Video Show* (Grã-Bretanha, 1978), *America's Top Ten* (independente, 1979). Em 1978, como parte do pacote promocional do filme *Guerra nas estrelas*, a banda Jefferson Starship gravou um clipe especial para TVs com a canção "Light The Sky on Fire".

Em 1979, duas novas experiências se tornam extremamente importantes para o futuro da nova linguagem — ambas, significativamente, fazendo uso de outra novidade da época, a TV a cabo: o lançamento do Video Concert Hall, canal a cabo da cidade de Atlanta, nos Estados Unidos, dedicado apenas a videoclipes e shows musicais, e o programa *PopClips*, criado e produzido por um diretor pioneiro no formato — o ex-Monkee Mike Nesmith — para a Warner Cable de Nova York. Três anos depois, a experiência vitoriosa do *PopClips* se transformaria na MTV.

No Brasil, o equivalente a um videoclipe era o "musical do Fantástico". Com a nova direção de José-Itamar de Freitas, o popularíssimo programa dominical tinha agora o jornalismo como propulsor, e o único espaço disponível para atrações musicais eram os quadros de três a quatro minutos, produzidos pelo próprio programa. Externas eram comuns — a praia da Macumba, no Rio, era um cenário favorito — e o corpo de dançarinos da Globo, figura quase obrigatória. Como o programa, os "musicais" eram ecléticos: Rita Lee e Clara Nunes, Alcione e as Frenéticas, música nordestina, romântica, samba, valia de tudo. A produção parecia luxuosa mas era tão frugal quanto as dos pioneiros Bowie e Queen: artistas e canções eram selecionados na segunda-feira, roteiros aprovados na terça, produção fechada entre quarta e quinta, gravação entre quinta e sexta, edição no sábado, para ir ao ar no dia seguinte.

Os primeiros videoclipes *made in Brazil* são, de fato, estes "musicais do Fantástico", criados e dirigidos por (entre outros), Nilton Travesso, Aloysio Legey, Paulo Neto e, um pouco mais tarde, Eid Walesko, Jorge Monclar e José Emílio Rondeau.

rádio: freqüência modulada

No dia 1º de maio de 1977 um novo som ecoou dos rádios cariocas: um corinho de vozes femininas dizendo, quase cantando "Ci-daaa-deee.... Ôoooi!" Era o começo de uma nova era na radiofonia brasileira.

Rádio FM existia no Brasil desde 1959, data da outorga da Rádio Imprensa do Rio de Janeiro. Mas, até aquela manhã de maio, rádio FM era sinônimo de música de elevador, ou acompanhamento para brocas de dentista. Era o que se passava também no mais voraz mercado de rádio do mundo, os EUA, até o início dos 70. Entre 1973 e 1974, duas emissoras pioneiras — a KROQ de Los Angeles e a WBLS de Nova York — lançaram dois formatos diametralmente opostos que, pela energia própria da ousadia assim polarizada, deram um saudável choque na morna freqüência modulada: a KROQ propunha rock sem limites, ignorando compactos, tocando faixas de álbuns sem considerações com o tempo, álbuns conceituais inteiros, às vezes, tudo escolhido por DJs com inteira liberdade; a WBLS concedia igual autonomia aos seus DJs/programadores, mas investia firme na música negra, r&b, soul, funk e a grande novidade, disco.

Entre uma e outra, mas com a mesma idéia básica — uma rádio FM para acordar, e não para dormir, para ser ouvida com a atenção e a delícia que até então se reservava aos melhores momentos da AM — nascia a Cidade FM carioca. Parte do Grupo Jornal do Brasil, a Cidade foi conceitualizada por um grupo de programadores/produtores da Rádio JB — Alberto Carlos de Carvalho (o mesmo dos 60 Minutos de Música Contemporânea), Carlos Townsend e Clever Pereira. Carlos Lemos era o superintendente do sistema JB que comandava o projeto, e os primeiros locutores incluíam as primeiras estrelas do rádio FM: Romilson Luiz, Fernando Mansur ("diga-me tudo, não me esconda nada") e Eládio Sandoval, todos falando em vez de berrar, e com um tom informal, coloquial, sem gravata na voz. Conceitualmente, a Cidade estava mais próxima da WBLS e das rádios da Filadélfia e da Flórida, ou seja, priorizava a dance music e a discoteca; mas também tocava as novidades do rock nacional e importado, com ênfase na new wave, ska e reggae (foi a lançadora do Police no Brasil, por exemplo).

Sua principal rival era a Jovem Pan paulista pilotada por Tutinha, que pegava mais pesado no disco — Gloria Gaynor, K. C. and The Sunshine Band, Village People, Kool and the Gang, Donna Summer, Rick James, Chic — e investia em vinhetas bem-humoradas. Na trilha mais próxima das FMs californianas vinham a Eldo Pop do Rio, com Big Boy no comando até sua morte em 1977, e a Excelsior FM de São Paulo, "A Máquina do Som", que contava com Maurício Kubrusly e tinha programas de punk, reggae e new wave.

Já em sua primeira semana no ar a Rádio Cidade se tornou líder de audiência. Um ano depois, as novas FMs brotavam em todas as cidades brasileiras, com DJs espirituosos, programação atualizada — muitas vezes polarizada entre rock e disco. O que era a cara da época.

RÁDIO
EXCELSIOR
SÃO PAULO

Na hora do intervalo: alguns jingles que ficaram

Banco Nacional

COMPOSITOR: PASSARINHO (1975)

Quero ver você não chorar
Não olhar pra trás
Nem se arrepender do que faz
Quero ver o amor vencer
Mas se a dor nascer
Você resistir e sorrir

Se você pode ser assim
Tão enorme assim eu vou crer
Que o Natal existe
Que ninguém é triste
Que no mundo há sempre amor
Bom Natal um feliz Natal
Muito amor e paz pra você
Pra você...

Sem parar

COMPOSITOR: FRANCIS MONTE (1975)

Se você come um sem parar
Nunca mais você para de comer
Sem parar só pode ser
Biscoitinhos cobertos com chocolate Nestlé
Sem parar é só começar
pra nunca mais parar
E se você come, come, come,
come, come, come mais um
Você nunca mais,
nunca mais você pára de comer
Sem parar só pode ser
Biscoitinhos cobertos com chocolate Nestlé

Rexona

COMPOSITOR: CHIQUINHO DE MORAES (1976)

Solte-se!
Liberte-se
Abrace nessa vida o que ela tem de melhor
Solte-se!
Liberte-se

Levando o dia inteiro o cheiro bom da manhã
Em sua volta o mundo se acorda
E você também
E Rexona protege,
Garante o seu vai e vem

Solte-se com Rexona
Liberte-se com Rexona
No mundo inteiro
A pessoa mais linda é você!

Balas de leite Kids

COMPOSITOR: RENATO TEIXEIRA (1978)

Roda, roda, roda baleiro, atenção!
Quando o baleiro parar, põe a mão.
Pegue a bala mais gostosa do planeta,
Não deixe que a sorte se intrometa.
Bala de Leite Kids,
A melhor bala que há.
Bala de Leite Kids,
Quando o baleiro parar.

Drops Kids hortelã

COMPOSITOR: RENATO TEIXEIRA (1978)

E depois de fumar...
Drops Kids Hortelã!
Corta o sabor do seu cigarro
Que sucesso!
Kids, kids hortelã
Pra depois de fumar...
Drops kids hortelã
Chuáa!!!
É tão refrescante!

Itaú

COMPOSITOR: JOÃO DERADO (1979)

Pegue o I e cante iii
Pegue o t e faça tatata
Pegue o a e faça a-a-a
Diga uuuu pra quem não quer cantar

Cremogema

COMPOSITOR: TAVITO (1979)

Crem, cremo, cremo, Cremogema!
É a coisa mais gostosa desse mundo
Eu esqueço minha boneca
Eu esqueço a minha bola
quando tomo
quando tomo
quando tomo
quando tomo
Crem, cremo, cremo, Cremogema
Tem um gosto que a gente gosta muito

A mamãe quer sempre o melhor pra gente
Crem, cremo, cremo, Cremogema!
Bom demais!

O GRUPO SILVIO SANTOS SAÚDA
SUA MAIS NOVA EMPRESA ASSOCIADA
A NOVA
TV RECORD
COM BOTAS
DE 7 LÉGUAS
A TV RECORD
ESTÁ DANDO
MAIS UM PASSO
GIGANTESCO,
COM A INAUGURAÇÃO
DO MAIOR TRANSMISSOR
DA AMÉRICA LATINA!
AGORA SUA IMAGEM
IRÁ MUITO MAIS LONGE,
CADA VEZ MAIS VIVA,
EM CORES MAIS BRILHANTES
E FALANDO
MAIS ALTO E MAIS FORTE.
PARABÉNS
TV RECORD!
E QUE, DO ALTO DA
AVENIDA PAULISTA,
VOCÊ LEVE MUITA
DIVERSÃO E INFORMAÇÃO
A TODAS AS FAMÍLIAS
DO ESTADO DE SÃO PAULO!
• RÁDIO RECORD S.A.
• FM RECORD S.A.
• TV RIO PRETO - CANAL 8
• TV FRANCA DO IMPERADOR - CANAL 4
• TV RECORD CANAL 7 - SÃO PAULO

SOM

ISTO É TECNOLOGIA.

car
dia
res
e,
de
rio,
faz
cau
vaç
I
esta

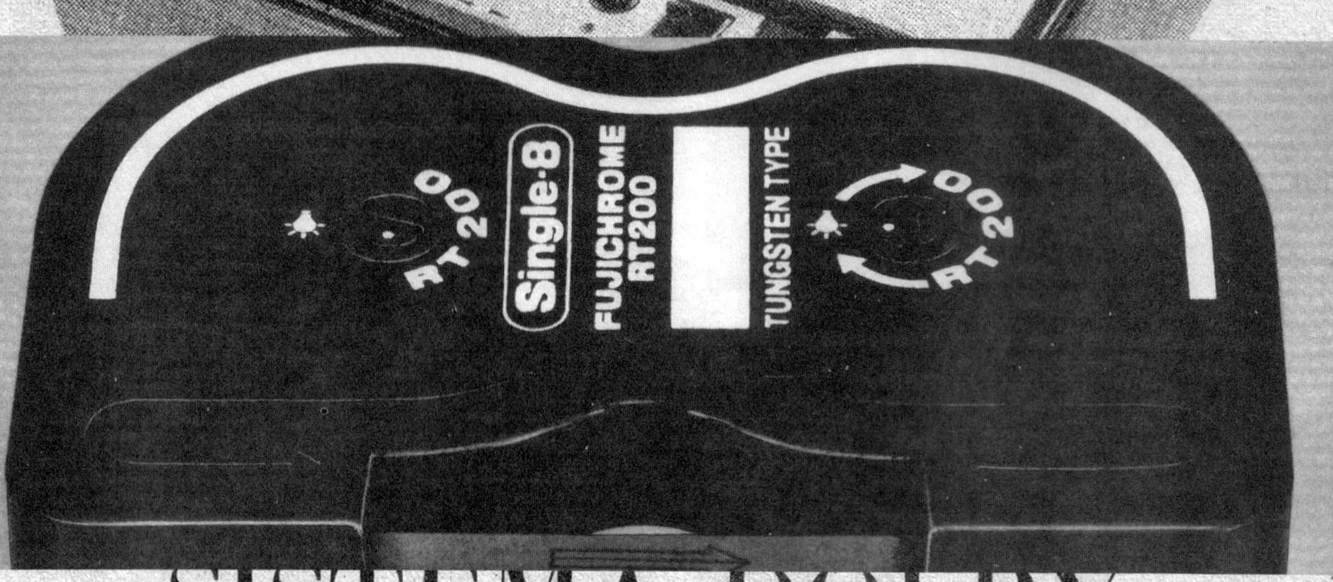

SISTEMA DOLBY

cial,
figu

Single-8 O SISTEMA MAIS ATUALIZADO NO MUNDO DO CINEMA 8 mm

PRÊMIO
TV a cores Philco - Ford,
modelo B-818.
3.º PRÊMIO
1 camara Kodak
Instamatic 60.
6.º PRÊMIO
1 Rádio Transglobe
Philco-Ford,
PRÊMIO
OMÁT

1.° PRÊMIO
1 FORD MAVERICK
Super Coupê, 4 cilindros, 197
4.° PRÊMIO
1 camara Kodak Pocket
Instamatic 50.
16.° ao 25.° PRÊMI

Agradecimentos

AGUINALDO SILVA, ALINE (ABI), ANTÔNIO SEABRA (LIVRARIA BETA DE AQUARIUS), ARNALDO BRANCO, BEBÊ BAUMGARTEN, BETH RITTO, BILLY BACON, BLUE BUS, BRUNO PORTO, CARLA SIQUEIRA, CARLOS ALBERTO TEIXEIRA, CARLOS SÁVIO (O PASSADO ME CONDENA), COLEÇÃO SABINE COLL (COLL@GBL.COM.BR), CRISTINA PAMPLONA, DAVID PIRAINO, DEDÉ RIBEIRO, ELIETE TOLEDO, ELISA ARAÚJO, EVERALDO LOPES, FERNANDO GABEIRA, FRANCINE GUILEN, HEITOR ZANATTA, HELOISA BUARQUE DE HOLLANDA, JOÃO FERRAZ, JULIO HUNGRIA, LÍDIO TOLEDO, LUCIO BRANCO, LUIS ERLANGER, LUIS FERNANDO, LUIZ AUGUSTO BICALHO, LUIZ SOLDA, MAÍRA ALVES, MARCELO JUNIOR, MARCELO MARTINEZ, MARCELO NARANJO, MARCOS DANTAS, MARCOS LESSA, MARIA ALICE FONTES, MARIO JORGE DOURADO, MAURÍCIO (AL FARABI), MAURÍCIO VIEL, MÔNICA DE SOUZA (TEMPO COMPOSTO), NÉLIO RODRIGUES, NOBU CHINEN, OTA, PATRÍCIA PAMPLONA, PÉRICLES DE BARROS, PÉRICLES DE BARROS FILHO, RAQUEL SCRIVANO, RENATO LADEIRA, SÉRGIO BOITEUX, SILVIA FIUZA, VALÉRIA (DEP. COMUNICAÇÃO PUC-RIO), VILMA (ABI)

Bibliografia

Obras

ABREU, Caio Fernando. *Caio 3D: O essencial da década de 1970*. Rio de Janeiro: Agir, 2005

AGOSTINHO, Gilberto. *"Aquela corrente pra frente", Nossa História*, nº 14, dez. 2004

ALBAGLI, Fernando. *Tudo sobre o Oscar*. Rio de Janeiro: Zit, 2003

ARAÚJO, Paulo César. *Eu não sou cachorro, não: música popular cafona e ditadura militar*. Rio de Janeiro: Record, 2002

BAHIANA, Ana Maria. *Nada será como antes: MPB nos anos 70*. Rio de Janeiro: Civilização Brasileira, 1979

BALSA, Marilena (org.). *Ipanema de rua em rua*, Rio de Janeiro: Editora Rio, 2005

CABRAL, Sergio. *As escolas de samba do Rio de Janeiro*. Rio de Janeiro: Lumiar, 1996

CHACAL. *Posto nove*. Rio de Janeiro: Relume Dumará, 1998

DIAS, Lucy. *Anos 70: enquanto corria a barca*. São Paulo: Senac, 2003

ESSINGER, Silvio. *Batidão: uma história do funk*. Rio de Janeiro: Record, 2005

GEORGE-WARREN, Holly; Romanowski, Patricia; Pareles, Jon. *The Rolling Stone Encyclopedia of Rock & Roll*. Nova York: Fireside/Rolling Stone, 2001

KUSHNIR, Beatriz: *Cães de guarda, jornalistas e censores: do AI-5 à Constituição de 1988*. São Paulo: Boitempo, 2004

MCDONALD, Ian. *Revolution in the Head*. Nova York: Pimlico/Random House, 1998

MELLO, Zuza Homem de. *A canção no tempo: 85 anos de músicas brasileiras, vol. 2*. São Paulo: Editora 34, 1998

______. *A era dos festivais: uma parábola*. São Paulo: Editora 34, 2003

MOTTA, Nelson. *Noites tropicais*. Rio de Janeiro: Objetiva, 2000

NOVAES, Adauto (org.). *Anos 70: ainda sob a tempestade*. Rio de Janeiro: Aeroplano/Senac Rio, 2005

PIRES, Paulo Roberto (org.). *Torquatália: obra reunida de Torquato Neto. vol. I e II*. Rio de Janeiro: Rocco, 2003

PROJETO MEMÓRIA DAS ORGANIZAÇÕES GLOBO (org.). *Dicionário da TV Globo. vol. I*. Rio de Janeiro: Jorge Zahar Editor, 2003

SAILORMOON, Waly. *Me segura que eu vou dar um troço*. Rio de Janeiro: Aeroplano/Biblioteca Nacional, 2003

Periódicos

Almanaque Biotônico, 1977 (número avulso)
Fatos & Fotos, 1975-1979 (números avulsos)
Flor do Mal, 1971 (coleção completa)
Fluir, 1975-1976 (números avulsos)
Grilo, 1974-1976 (números avulsos)
Jornal de Amenidades, 1971 (coleção completa)
Jornal de Música, 1975-1978 (coleção completa)
Lampião, 1975-1977 (números avulsos)
Manchete, 1970-1978 (números avulsos)
Melody Maker, 1974-1977 (números avulsos)
Movimento, 1976-1979 (números avulsos)
New Musical Express, 1974-1978 (números avulsos)
O Bondinho, 1970-1974 (números avulsos)
O Cruzeiro, 1970-1975 (números avulsos)
O Pasquim, 1970-1979 (números avulsos)
Opinião, 1973-1978 (números avulsos)
POP/Jornal das Coisas, 1973-1979 (números avulsos)
Presença, 1971 (coleção completa)
Revista de Domingo, Jornal do Brasil, 1979 (números avulsos)
Rock, a História e a Glória, 1974-1975 (coleção completa)
Rolling Stone edição brasileira, 1971-1972 (coleção completa)
Rolling Stone, edição americana, 1970-1979 (números avulsos)
Veja, 1970-1979 (números avulsos)
Versus, 1976-1977 (números avulsos)

Sites

ARQUIVO ANA LAGOA, www.arqanalagoa.ufscar.br
http://hq.cosmo.com.br
MEMORY CHIPS, DANIEL F. BONINI, www.memorychips.com.br
MUSEU NOSTALGIA, FABIANO SUASSUNA MONTENEGRO, http://members.fortunecity.com/museunostalgiahp/index2.html
SINTONIA — O GUIA DAS RÁDIOS DO RIO, http://paginas.terra.com.br/lazer/sintonia/
www.allmusic.com
www.arcadovelho.com.br
www.audiorama.com.br
www.bricabrac.com.br
www.canal100.com.br
www.centralretrotv.com.br
www.cliquemusic.com.br
www.costumegallery.com
www.costumes.org
www.detrivela.com.br
www.dicionariompb.com.br
www.fashion-era.com
www.galeriadosbrinquedos.com.br
www.gibindex.com
www.gibiteca.com.br
www.guiadoscuriosos.com.br
www.imdb.com
www.infantv.com.br
www.jogos.antigos.nom.br
www.memoriadapropaganda.org.br
www.memoriaviva.digi.com.br
www.museudatv.com.br
www.museudosesportes.com.br
www.museum.tv
www.oscars.org
www.portatreko.blog.aol.com.br
www.retrospace.com.br
www.senhorf.com.br
www.teledramaturgia.com.br
www.telehistoria.com.br
www.tudosobretv.com.br
www.universohq.com.br

ESTE LIVRO FOI COMPOSTO EM **FRUTIGER** E **AVANT GARDE** E IMPRESSO PELA **EDIOURO GRÁFICA** SOBRE PAPEL OFFSET 120g PARA A **EDIOURO PUBLICAÇÕES** EM MAIO DE 2006.

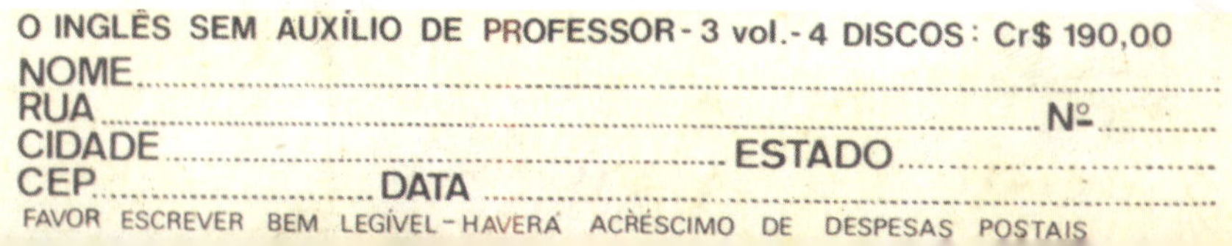